Teaching Mathematics in Primary School

2022 개정 교육과정을 반영한

초등수학의 내용과 그 지도

강문봉 · 김정하 지음

KYOWOO

머리말

우리는 4차 산업혁명 시대에 살고 있으며, 여러분은 지금보다 더욱 발전한 사회에서 살아갈 미래 세대를 지도하고 있거나 지도할 준비를 하고 있을 것입니다. 4차 산업혁명은 초연결성과 초지능화의 특성을 가지고 있습니다. 세상은 지금 사물 인터넷과 클라우드 등 정보통신기술을 통해 인간과 인간, 사물과 사물, 인간과 사물이 상호 연결되고, 빅데이터와 인공지능 등으로 과거보다 훨씬 지능화된 사회로 변화되고 있습니다.

4차 산업혁명으로 인해 인간이 기계로 대체되어 벌써 일자리가 많이 사라지고 있으며 동시에 인공지능이나 3D 프린팅, 스마트 팩토리, 산업 로봇, 소프트웨어 분야에서 양질의 일자리가 만들어지기도 합니다. 새로운 산업이나 일자리들을 살펴보면 주로 컴퓨터 관련 일들이 많으나, 그 출발은 수학에 있음을 짐작할 수 있습니다. 이와 같이 수학은 미래의 직업과 산업에 큰 역할을 차지하게 될 것임에 분명합니다.

그러나 학교 교육에서 수학은 점점 위축되어가는 실정입니다. 수학을 포기하거나 수학에 흥미를 잃는 학생들이 점점 많아지고 있으며, 교육과정을 개정할 때마다 수학 포기자를 줄여야 한다면서 수학의 많은 내용을 삭감하거나 위의 학년으로 이동하여 수학의 학습량을 줄이고 있는 것은 안타까운 일이 아닐 수 없습니다. 미래 산업은 발전된 수학 내용을 필요로 하는데, 수포자를 줄이는 방법을 수학의 학습량을 줄이는 데서 찾는 것은 잘못된 방향이라고 생각합니다.

수포자를 줄이는 방법은 학습량의 감축이 아니라 지도 방법의 개선에서 찾아야 할 것입니다. 학생들에게 도전 의식을 가지게 하고, 인내심을 기르고, 수학의 가치를 인식하게 하고, 수학을 학습하는 데서 흥미와 즐거움을 가지게 하고, 수학을 만들어 보는 경험을 가지게 해야 하는 것입니다. 어려운 내용이라고 해서 삭제하거나 위의 학년으로 옮기는 것이 아니라, 시대에 뒤떨어진 내용은 삭제하되 새로운 미래 사회에서 필요한 것은 어렵더라도 지도해야 하며, 오히려 새로운 내용을 추가하여 더 지도해야 할지도 모릅니다. 수학적 능력이 뒤떨어지는 아동을 배려해야 하지만 동시에 수학적 능력이 우수한 학생을 위한 고려도 있어야 합니다.

필자는 수학을 학습하면서 '왜 이런 것을 배워야 할까?', '왜 이렇게 하지?' 하는 궁금증을 가진 적이 있으며, 문제를 해결하지 못해 고민하다가 잊어버렸는데 1년 정도 시간이 흐른 후에 갑자기 그 문제의 해법이 떠오른 적도 있었습니다. 그때의 기쁨은 오래 지속되었고 수학을 공부하는 동력이 되었습니다. 필자는 학생들이 수학을 학습하면서 흥분과 희열을 느끼고 뭔가를 스스로 발견하는 기쁨을 누리게 하고 싶습니다. '교사들은 수학을 그렇게 가르칠 수 없을까?' '교과서의 수학을 아동들에게 전달하는 것이 아니라 아동들이 수학을 스스로 학습하고 그 필요성과 흥미를 느껴 새로운 것을 발견하게 할 수 없을까?'

이 책은 그런 바람으로, 초등수학을 가르치려는 예비교사를 위해서 그리고 어느 정도는 수학 수업을 개선하려는 현직교사를 위해 집필한 것입니다. 교직 현장에서의 경험과 대학의 예비교사들과의 소통을 통해 얻은 아이디어를 구체화하려고 시도하였습니다.

이 교재는 '2022 개정 수학과 교육과정'에서 구분한 영역을 중심으로 구성하되 '수와 연산' 영역은 분량이 많아서 여러 장으로 세분하였고, 2022 개정 교육과정에서 통합된 '도형과 측정' 영역은 내용의 분량과 성격을 고려하여 그전처럼 두 개의 장으로 구성하였습니다. 3장부터는 각 장의 첫 페이지에 '생각할 문제'를 수록하였습니다. 이 문제는 각 장에 들어가기 전에 생각해 볼 문제 또는 각 장을 학습한 후에 해답을 찾기를 기대하는 문제들입니다.

끝으로, 이 교재를 출판해 준 교우사 사장님과 편집진들에게 감사드립니다.

저자 **강문봉, 김정하**

차 례

1장

수학교육의 기초

1장

수학교육의 기초

1 수학은 무엇인가?

가. 수학의 의미

수학이란 무엇일까? 수학이 무엇인지를 정의하는 것이 쉬운 일이 아니지만, 그 의미를 살펴보자.

영어 mathematics의 어원은 '배운 것'이라는 뜻의 그리스어 máthema 또는 máthemata에서 유래했다. μαθεῖν에서 유래한 μάθημα(máthema)는 '배운 것'을 의미한다. 플라톤(Platon) 시대에는 이 단어가 연구나 교육에서 일반적인 의미로 사용되었지만 아리스토텔레스(Aristoteles) 시대에는 우리가 '수학'이라고 부르는 특정한 연구에만 국한하여 사용하였다. 수학에 이런 이름을 사용한 것에 대해 아리스토텔레스 학파는 수사학이나 시, 음악은 어떤 교수의 과정 없이도 얻을 수 있지만 수학이라고 부르는 주제의 내용은 누구도 그에 대한 교수의 과정을 거치지 않고서는 얻을 수 없기 때문이라고 하였다. 피타고라스(Pythagoras) 학파는 기하학과 산술에만 수학이라는 이름을 붙였다(Thomas, 1939, pp.2-3).

한편, 동양의 전통 수학은 산학(算學)이라는 이름으로 발전해 왔다. 산학은 계산에 관한 학문이다. 누가 언제 mathematics를 '수학'으로 번역했는지는 분명하지 않다. 아마도 1853년에 영국 선교사 알렉산더 와일리(Wylie, A.)가 서양 수학책을 중국어로 번역하면서 펴낸 〈수학계몽〉(한성구 역, 2021, 129쪽)이란 책의 제목에서 mathematics가 처음 '수학'으로 번역되지 않았을까 추정된다. 그런데 수학이라는 글자의 뜻을 그대로 해석하면 '수(數)에 관하여 연구하는 학문(學)'이라고 할 수 있다. 그런 점에서 mathematics를 수학으로 번역한 것은 원래의 의미를 충분히 살리지 못한 매우 협소한 의미의 번역이라고 할 수 있다. 그러므로 수학을 글자 그대로 해석해서 수에 대한 학문으로 이해할 것이 아니라 보다 폭넓은 관점에서 수학을 바라보아야 할 것이다.

수학은 오랜 역사를 거치면서 발전해 왔고, 그 과정에서 수학의 의미가 확대되고 수학의 대상이 확대되었다. 요즘에 수학은 어떤 의미로 이해되고 있는지 알아보자.

첫째, 수학은 패턴의 과학이다. 과거에는 수와 계산 또는 수와 공간에 관한 학문으로 여겼으나 이제 수학자는 수의 패턴, 형태의 패턴, 운동의 패턴, 행동의 패턴 등을 연구한다(Devlin, 1994, p.3). 자연현상이나 사회현상 속에서 수학적 현상을 연구하는 학문이라고 할 때의 수학적 현상 역시 어떤 질서와 패턴이다.

둘째, 수학은 체계적이고 연역적인 과학으로서, 정의, 정리, 알고리즘과 그 연역 체계라고 하는 입장이 있지만, 수학은 인간의 활동이며 사회적 현상, 인간 문화의 일부로 보는 입장(Hersh, 1997, p.xi)도 있다. 전자는 수학자들이 만들고 최종적으로 완성한 결과물을 수학으로 보고 있는 반면, 후자는 그러한 결과물을 만들고 다듬어 가는 과정을 수학으로 보는 것이다. 수학은 사고실험이라고 하는 입장 그리고 비형식적이고 준경험적인 수학은 추측의 끊임없는 개선을 통해 성장한다(Lakatos, 1976, p.5)고 보는 입장이 이와 같다.

셋째, 수학은 문제해결이다. "사고를 한다는 것은 문제를 해결하기 위한 것이며, 수학을 한다는 것도 결국 수학적으로 문제를 해결하기 위한 것이며, 계산법도 개념적 사고도 결국은 문제를 해결하기 위한 수단 도구에 불과하다고 볼 수 있다"(우정호, 2017, 380쪽)[1].

이와 같이 수학이 무엇인가에 대한 관점은 다양하다. 그러므로 수학을 한마디로 정의하려고 하기보다는 수학이 이러한 다양한 측면을 가지고 있다는 것을 이해하고 수학의 다양한 측면을 고려하여 수학을 지도해야 할 것이다.

나. 수학의 특성

수학이 무엇인가에 대한 관점이 다양한 것처럼 수학이 가지고 있는 특성 역시 다양하다.

첫째, 수학은 추상적인 학문이다. 수학적 개념은 어떤 구체물이 아니라 구체물 혹은 인간의 활동을 추상화하여 얻어진 개념이다. 추상화란 어떤 구체물의 집합이나 인간의 활동에서 이질적인 속성을 제거하고 동질적인 속성만을 끄집어내는 과정이다. 수학의 개념인 '삼각형'을 구체화하는 주변의 물건은 많이 있으나 그 물건 어느 것도 삼각형은 아니며, 사과가 접시 위에 3개가 놓여 있을 때 그것은 수 3을 나타내는 사물이기는 하지만 그

1) 우정호(2017, 376-381쪽)는 수학에는 알고리즘적 수학, 개념적 수학, 추론으로서의 수학, 문제해결로서의 수학이라는 네 가지 얼굴이 있으며, 개념적 사고도 알고리즘도 추론도 결국은 문제를 해결하기 위한 수단에 불과하다고 말하고 있다.

사물 자체가 수 3은 아닌 것이다.

둘째, 수학은 형식적인 학문이다. 수학의 출발은 현실의 어떤 상황에서 비롯되었겠지만 수학이 성장하면서 그 의미를 버리고 형식만 취하게 된다. 수 언어가 인도·아라비아 기수법에 의해 형식화되면서 그 알고리즘적 특성이 부각되며, 자연수의 계산 형식은 소수의 계산, 나아가 정수, 유리수, 실수의 계산 형식이란 틀을 만들어낸다. 이렇게 형식화되면서 의사소통이 원활해지고 그 적용성이 높아지게 된다.

셋째, 수학은 계통성이 있는 학문이다. 수학의 여러 개념이나 알고리즘은 각각 따로 떨어져 있는 것이 아니라 논리적 연결성을 가지고 있으며, 어떤 내용을 기반으로 하여 그 기반 위에 다른 내용들이 첨가되면서 그 수준이 높아지고 그 범위가 확장해 가는 학문이다. 이와 같은 수학의 특징으로 인해 어느 학습 단계에서 낙오하게 되면 그다음 단계로 나아가기 어렵다. 예를 들어 곱셈구구를 알지 못하면 곱셈은 물론이고 나눗셈, 약수와 배수 등을 이해하기 어렵게 된다.

넷째, 수학은 실용적인 학문이다. 실생활에 필요해서 생겨난 수학 내용이 많이 있다. 또한 수학이 추상적이고 형식적일수록 실용성과 거리가 있을 것으로 생각되지만 오히려 새로운 영역에 적용되는 경우들도 많이 있다.

다섯째, 수학은 논리적인 학문이다. 귀납이나 유추 등에 의해 발견된 어떤 사실들이 논리적으로 정당화되지 않으면 그것은 '추측'일뿐 수학의 '정리'로 인정받지 못한다. 논리적으로 정당화된 여러 내용은 정의와 정리 등에 의해 치밀하게 조직화되어 연역적인 체계를 이루게 된다.

여섯째, 수학은 역동적인 학문이다. 수학 체계는 완성되어 정적인 학문으로 보이지만, 그러한 수학이 만들어지고 완성되는 과정은 직관적이고 역동적이다. 수학은 연역적으로 생성되기보다는 직관에 의해 발명 또는 발견되고, 많은 시행착오를 거치면서 성장해 나가는 인간 활동이다.

2 수학은 왜 가르치는가?

'수학을 왜 배우는가?'라는 질문과 '수학을 왜 가르치는가?'라는 질문은 질문의 주체가 학생인가 교사인가의 차이만 있을 뿐 그 해답은 동일하다고 생각하기 쉽다. 그러나 학습자가 자발적으로 학습할 때는 학습할 필요성을 인식하고 있거나 혹은 호기심이나 즐거움으로 학습하게 된다. 그러지 않을 때 학습자는 '왜 배우는가?'라는 의문을 가지게 되는데,

그때 교사가 생각하고 있는 가르치는 이유는 학습자에게 그리 의미 있게 다가오지 않을 수 있다. 게다가 학교 교육에서는 학습자의 관심과 무관하게 학습의 시기와 학습 내용이 정해져 있다. 그러므로 교사의 입장에서는 '왜 배우는가?'라는 질문보다 '왜 가르치는가?'라는 질문에 대한 해답을 고민하는 것이 더 적절할 것이다.

수학을 가르치는 이유로 보통 실용적 목적, 도야적 목적, 심미적 목적, 문화적 목적을 거론한다.[2)] 이에 대해 살펴보자.

첫째, 실용적인 목적이다. 수학은 실생활에 많은 도움을 준다. 간단한 계산과 어림은 물론 수학적인 용어를 이용한 일상적인 의사소통도 실생활에 매우 유용하다. 수학은 국가의 정보 산업 또는 국방 등과 같은 국가 보안과 발전에도 큰 도움을 주며, 과학이나 의학, 경제학 등에 종사하거나 각종 소프트웨어를 개발하기 위해서도 필요하다. 이런 부분을 전문적인 목적으로 따로 분류하기도 하지만 넓은 의미로 실용적 목적에 포함하기도 한다. 실용적 목적의 문제점은 오늘 유용한 것이 미래에는 유용하지 않을 수도 있다는 점이다. 그러므로 수학의 학습 후 즉각적인 사용과 최종적인 사용을 구별하는 것이 중요하다.

둘째, 정신을 훈련하는 도야적 목적이다. 수학을 학습하게 됨으로써 논리적, 창의적, 비판적, 종합적 사고능력과 같은 정신 능력을 기르게 된다는 것이다. 수학을 단순한 계산을 위한 학문이 아니라 생각하고 마음을 바로잡는 학문으로 보는 것이다. 페스탈로찌(Pestalozzi)가 "기초적으로 다루어지는 수 및 도형의 교육은 정신적 기술력의 수련"(김정환, 1970)이라고 주장한 것이나, 푸앵카레(Poincaré, 1952, p.128)가 "수학 교육의 주된 목적은 정신 능력을 개발하는 것"이라고 주장한 것들은 모두 수학의 도야적 가치를 강조한 것이다. 도야적 목적의 문제점은 수학은 지루하고 반복적이며 어렵다는 인상을 줄 수 있다는 점이다. 그러나 문제해결 능력이나 추론 능력은 매우 강력한 지적 능력이고 이러한 능력은 수학 학습에서의 훈련을 통해 효과적으로 얻어진다.

셋째, 심미적 목적이다. 기하학적 도형이나 황금분할, 프랙탈 등을 보면 수학적 대상이 음악이나 미술 작품처럼 아름답다는 것을 느낄 수 있다. 또한 '박사가 사랑한 수식'이라는 소설에 등장하는 오일러의 항등식 $e^{\pi i}+1=0$을 보자. 수학에서 가장 기본이 되는 1과 0, 허수인 i, 기본적인 무리수 π와 e가 수학에서 중요한 연산인 덧셈과 곱셈, 지수와 함께 등호로 연결되었다는 사실은 전율을 느낄 정도로 수학에서 가장 아름다운 식으로 인정받고 있다. 그러므로 도형의 아름다움뿐만 아니라 수학적 아이디어와 추론의 아름다움을

2) Travers, et.al., 1977, 2-13면에서 수학의 정신 도야성, 응용성, 심미성에 대한 상세한 논의를 찾아볼 수 있다.

인식하게 할 필요가 있다.

넷째, 문화적 목적이다. 인류가 만든 많은 문화유산을 유적지나 박물관에 잘 보존해 두는 것처럼 수학자들이 발견하거나 혹은 창조한 수학을 정신문화로서 후대에 계승 보관하려는 목적이다.

여기에 더하여 교양 있는 민주 시민의 양성이라는 목적도 생각할 수 있다. 수학은 교양인이 가져야 할 상식이며 민주 시민으로 살아가는 데 필요한 수단이라는 것이다. 지구가 자전하며 태양의 주변을 공전하고 있다는 사실을 모르고 태양이 지구 둘레를 돈다고 믿더라도 일상적으로 생활하는 데는 전혀 문제가 없다. 그럼에도 불구하고 이것은 현대인의 과학적 상식이다. 수학적 지식도 마찬가지이다. 우리는 일상생활에서 황금분할, 함수, 신뢰수준, 피타고라스, 페르마 등 많은 수학 용어나 기호, 수학자들을 쉽게 접하게 된다. 우리가 가르치는 많은 수학 내용을 제대로 이해하지 못한다 하더라도 그러한 것을 어느 정도 알지 못하면 상식이 부족하게 된다. 게다가 수많은 정보가 난립하는 현대 사회에서 정보의 진위를 판단하고 합리적으로 의사 결정을 하기 위해서도 수학은 필요하다.

3 수학을 통해 길러야 할 역량은 무엇인가?

2015 개정 교육과정에서는 수학 교과 역량으로 문제해결, 추론, 창의·융합, 의사소통, 정보 처리, 태도 및 실천의 6가지를 제시하였다. 반면에 2022 개정 교육과정에서는 문제해결, 추론, 의사소통, 연결, 정보 처리의 5가지를 제시하고 있다. 그런데 2022 개정 교육과정에서는 이러한 교과 역량을 함양할 수 있는 교수·학습 방법과 교과 역량을 평가할 때의 고려 사항을 제시하면서도 정작 위의 5개의 교과 역량이 무엇인지는 설명하지 않고 있다. 그러므로 수학 교과 역량을 제대로 이해하고 지도하기 위해서는 2022 개정 교육과정에서 언급하는 교수·학습 방법과 평가시 고려 사항은 물론 2015 개정 교육과정에서 밝히고 있는 교과 역량의 개념을 함께 살펴볼 필요가 있다.

수학 교과 역량과 그 하위 요소에 대해서 자세히 살펴보자.

가. 문제해결

문제해결은 해결 방법을 알고 있지 않은 문제 상황에서 수학의 지식과 기능을 활용하여 해결 전략을 탐색하고 최적의 해결 방안을 선택하여 주어진 문제를 해결하는 능력으로, 문제해결 역량의 하위 요소 및 그 의미와 기능은 다음과 같다.

표 1-1 문제해결 역량의 하위 요소(박경미 외, 2015, 39-40쪽)

하위요소	의미	기능
문제 이해 및 전략 탐색	문제에서 구하고자 하는 것과 주어진 조건 및 정보를 파악하고, 적절한 해결 전략을 탐색하여 풀이 계획을 수립하는 능력	(문제) 이해하기, 분석하기, (조건, 정보) 파악하기, (관계) 파악하기, 계획하기, 탐구하기, 일반화하기, 특수화하기, 유추하기, 분류하기, 조사하기, 거꾸로 생각하기, 단순화하기, 그림으로 나타내기, 표 만들기, 식 세우기, (다양한 전략) 구사하기
계획 실행 및 반성	계획한 풀이 과정을 수행하고 검증 및 반성을 통하여 해결 방법과 해답을 평가하는 능력	계산하기, (절차) 수행하기, 문제 해결하기, 적용하기, 활용하기, 점검하기, 반성하기, 평가하기
협력적 문제해결	균형 있는 책임 분담과 상호작용을 통해 집단적으로 문제해결을 수행하는 능력	설명하기, 정당화하기, 질문하기, 비판하기, (의견) 존중하기, (의견) 조정하기, 의사결정하기, 토론하기, 제안하기, 종합하기
수학적 모델링	실생활 문제 상황을 수학적으로 나타내고 분석하여 결론을 도출하고 이를 상황에 맞게 해석하는 능력	(상황) 모델링하기, 변환하기, 분석하기, 적용하기, 활용하기, 해석하기, 결론 도출하기, 점검하기
문제 만들기	주어진 문제를 변형하거나 새로운 문제를 만들어 해결하는 능력	(조건) 변경하기, 유사성 찾기, 비교하기, 관련짓기, 확장하기, 생성하기, (문제) 만들기

문제해결 역량을 함양하기 위해 2022 개정 교육과정에서는 다음과 같이 교수·학습 방법(표 1-2)과 평가시 고려 사항(표 1-3)을 제시하고 있다.

표 1-2 문제해결 역량 함양 방법(교육부, 2022)

① 다음과 같은 교수·학습 방법을 통해 문제해결 역량을 함양하게 한다.

㉠ 수학의 개념, 원리, 법칙을 이용하여 해결 가능한 문제를 학생에게 제시한다. 이때 다양한 방법으로 해결 가능한 문제, 여러 가지 해답이 나올 수 있는 문제 등을 활용할 수 있다.

㉡ 문제에 주어진 조건과 정보를 분석하고 적절한 문제해결 계획을 수립하고 실행하며 문제해결 과정을 반성하도록 구체적인 발문과 권고를 제시한다.

㉢ 문제해결 과정 및 결과의 의미를 재해석하여 주어진 문제를 변형하거나 새로운 문제를 만들어 해결하게 한다.

㉣ 성공적인 문제해결 경험을 바탕으로 적극적이고 자신감 있게 문제해결에 참여하게 하고, 단번에 답이 나오지 않는 문제라도 끈기 있게 도전하여 성취감을 느끼게 한다.

표 1-3 문제해결 역량 평가시 고려 사항(교육부, 2022)

① 문제해결 역량의 평가는 수학의 개념, 원리, 법칙을 문제 상황에 적절히 활용하는지, 주어진 조건과 정보를 분석하고 적절한 해결 전략을 탐색하여 해결하는지, 문제해결 과정을 돌아보며 절차에 따라 타당하게 결과를 얻어내고 이를 반성하는지, 적극적이고 자신감 있게 문제해결에 참여하는지, 적절한 방법을 찾기 위해 끈기 있게 도전하는지 등을 고려한다.

나. 추론

추론은 수학적 사실을 추측하고 논리적으로 분석하고 정당화하며 그 과정을 반성하는 능력으로, 추론 역량의 하위 요소 및 그 의미와 기능은 다음과 같다.

표 1-4 추론 역량의 하위 요소(박경미 외, 2015, 40쪽)

하위요소	의미	기능
관찰과 추측	관찰과 탐구 상황에서 귀납, 유추 등의 개연적 추론을 사용하여 수학적 사실을 추측하는 능력	관찰하기, 추측하기, 규칙찾기, 탐구하기, 일반화하기, 특수화하기, 유추하기
논리적 절차 수행	수학적 절차와 수학적 사실 도출 과정을 논리적으로 수행하는 능력	형식화하기, 작도하기, 순서 짓기, 대입하기, 단순화하기, 계산하기, 절차 따르기, 풀기, (해) 구하기, 함수 구하기
수학적 사실 분석	수학적 개념, 원리, 법칙을 분석하는 능력	이해하기, (조건, 정보 등) 파악하기, 분석하기, 정의하기, 관계 짓기, 비교하기, 구별하기, 측정하기, (단위, 식) 변환하기, 공식 유도하기, (수, 개수, 경우의 수) 세기, 어림하기, 분해하기, 합성하기
정당화	수학적 사실이 참임을 보이기 위해 증거를 제시하고 이유를 설명하는 능력	정당화하기, 반례 찾기, 예증하기, 증명하기, 설명하기, 규칙 정하기
추론 과정의 반성	자신의 추론 과정이 옳은지 비판적으로 평가하고 되돌아보는 능력	반성하기, 되돌아보기, 비판하기, 평가하기, 검토하기, 판단하기, 판별하기, 확인하기

추론 역량을 함양하기 위해 2022 개정 교육과정에서는 다음과 같이 교수·학습 방법(표 1-5)과 평가시 고려 사항(표 1-6)을 제시하고 있다.

표 1-5 추론 역량 함양 방법(교육부, 2022)

② 다음과 같은 교수·학습 방법을 통해 추론 역량을 함양하게 한다.
㉠ 관찰, 실험, 측정 등 구체적 조작 활동을 통해 수학의 개념, 원리, 법칙에 흥미와 관심을 갖고 다양한 방법으로 탐구하고 이해하게 한다.
㉡ 귀납, 유추 등의 개연적 추론을 통해 수학적 추측을 제기하고 정당화하며, 수학적 증거와 논리적 근거를 바탕으로 비판적으로 사고하는 태도를 갖게 한다.
㉢ 수학의 개념, 원리, 법칙을 도출하는 과정과 수학적 절차를 논리적이고 체계적으로 수행하고 반성하게 한다.

표 1-6 추론 역량 평가시 고려 사항(교육부, 2022)

② 추론 역량의 평가는 수학의 개념, 원리, 법칙을 이해하는지, 논리적으로 절차를 수행하는지, 수학적 지식을 다양한 방법으로 탐구하는지, 관찰에 근거하여 추측하고 일반화를 할 수 있는지, 추측의 근거를 제시하는지, 타당한 정당화를 하는지, 수학에 대한 흥미와 관심을 갖는지, 체계적으로 사고하려는 성향이 있는지, 수학적 증거와 논리적 근거를 바탕으로 비판적으로 사고하는 태도를 갖는지 등을 고려한다.

다. 의사소통

의사소통은 수학의 지식이나 아이디어, 수학적 활동의 결과, 문제해결 과정, 신념과 태도 등을 말이나 글, 그림, 기호로 표현하고 다른 사람의 아이디어를 이해하는 능력으로, 의사소통 역량의 하위 요소 및 그 의미와 기능은 다음과 같다.

표 1-7 의사소통 역량의 하위 요소(박경미 외, 2015, 42쪽)

하위요소	의미	기능
수학적 표현의 이해	수학적 표현의 의미를 이해하고 정확하게 사용하는 능력	그리기, (수, 시각) 읽기·쓰기, 표현하기, 형식화하기, 서술하기, 작도하기, 이해하기
수학적 표현의 개발 및 변환	자신의 아이디어를 나타내는 표현을 만들고 수학적 표현들끼리 변환하는 능력	(표) 만들기, (그래프) 그리기, 꾸미기, 채우기, 이름짓기, (그림, 식, 표 등으로) 나타내기, 표현하기, 선택하기, 변환하기(바꾸기)
자신의 생각 표현	수학 학습 활동 과정과 결과를 다른 사람에게 표현하는 능력	설명하기, 쓰기, 말하기, 보여주기, 토론하기
타인의 생각 이해	다른 사람의 생각을 이해하고 평가하는 능력	경청하기, 질문하기, 파악하기, 토론하기

의사소통 역량을 함양하기 위해 2022 개정 교육과정에서는 다음과 같이 교수·학습 방법(표 1-8)과 평가시 고려 사항(표 1-9)을 제시하고 있다.

표 1-8 의사소통 역량 함양 방법(교육부, 2022)

③ 다음과 같은 교수·학습 방법을 통해 의사소통 역량을 함양하게 한다.
㉠ 수학 용어, 기호, 표, 그래프 등의 수학적 표현을 정확하게 사용하고 표현끼리 변환하게 한다.
㉡ 학생이 자신의 사고와 전략을 수학적 표현으로 나타내고 설명하면서 수학적 표현의 편리함을 인식하게 한다.
㉢ 학생 간 상호 작용과 질문이 활발한 교실 문화를 조성하고 수학적으로 의미 있는 의사소통이 이루어지도록 적절한 과제를 제시하고 안내한다.
㉣ 수학적 아이디어에 대해 상호 작용하는 과정에서 타인을 배려하고 의견을 존중하는 태도를 기르게 한다.

표 1-9 의사소통 역량 평가시 고려 사항(교육부, 2022)

③ 의사소통 역량의 평가는 수학 용어, 기호, 표, 그래프 등 수학적 표현을 이해하고 정확하게 사용하는지, 적절한 수학적 표현을 선택할 수 있는지, 수학적 표현 간에 변환을 할 수 있는지, 수학적 아이디어나 수학 학습 과정 및 결과에 대해 표현하고 다른 사람의 견해를 이해하는지, 수학적 표현의 편리함을 인식하는지, 타인을 배려하고 의견을 존중하는지 등을 고려한다.

라. 연결

연결 역량은 2015 개정 교육과정에서 창의·융합 역량의 하위 요소인 수학 내적인 연결과 수학 외적인 연결 및 연결을 통한 융합 역량에 해당되는 것이라고 할 수 있다. 즉, 여러 수학적 지식, 기능, 경험을 연결하거나 타 교과나 실생활의 지식, 기능, 경험을 수학과 연결·융합하여 새로운 지식, 기능, 경험을 생성하고 문제를 해결하는 능력이라고 할 수 있다. 그러므로 연결 역량의 하위 요소 및 그 의미와 기능을 창의·융합 역량에서 가져오면 다음과 같다.

표 1-10 연결 역량의 하위 요소(박경미 외, 2015, 41쪽)

하위요소	의미	기능
수학 내적 연결	여러 수학적 지식, 기능, 경험 등을 연결하여 새로운 수학적 지식, 기능, 경험 등을 생성하고 수학 문제를 해결하는 능력	(서로 다른 주제 또는 서로 다른 학년의 수학 지식, 기능, 경험 사이의) 관계 찾기/관련짓기/연결하기/통합하기/재구성하기, (수학 문제 상황에 두 가지 이상의 지식, 기능) 적용하기/문제 해결하기
수학 외적 연결 및 융합	수학과 타 교과나 실생활의 지식, 기능, 경험 등을 연결·융합하여 새로운 지식, 기능, 경험 등을 생성하고 문제를 해결하는 능력	(실생활 경험이나 타 교과 상황과 관련된 수학적 지식, 기능, 경험 등) 찾아보기, (실생활이나 타 교과 상황에 수학적 지식, 기능, 경험 등) 적용하기/연결하기/관련짓기/융합하기

연결 역량을 함양하기 위해 2022 개정 교육과정에서는 다음과 같이 교수·학습 방법(표 1-11)과 평가시 고려 사항(표 1-12)을 제시하고 있다.

표 1-11 연결 역량 함양 방법(교육부, 2022)

④ 다음과 같은 교수·학습 방법을 통해 연결 역량을 함양하게 한다. ㉠ 영역이나 학년(군) 내용 간에 관련된 수학의 개념, 원리, 법칙 등을 유기적으로 연계하여 새로운 지식을 생성하면서 창의성을 기르게 한다. ㉡ 수학과 실생활, 사회 및 자연 현상, 타 교과의 내용을 연계하는 과제를 활용하여 수학의 유용성을 인식하게 한다.

표 1-12 연결 역량 평가시 고려 사항(교육부, 2022)

④ 연결 역량의 평가는 영역이나 학년(군) 내용 사이에서 개념, 원리, 법칙을 적절하게 관련지어 이해하는지, 수학의 개념, 원리, 법칙을 연계하여 새로운 지식을 생성할 수 있는지, 수학을 실생활이나 타 교과의 지식, 기능, 경험에 적용할 수 있는지, 실생활이나 타 교과의 지식, 기능, 경험을 수학적으로 해석할 수 있는지, 수학을 바탕으로 창의적으로 관련성을 찾을 수 있는지, 수학의 유용성을 인식하는지 등을 고려한다.

마. 정보 처리

정보 처리는 다양한 자료와 정보를 수집, 정리, 분석, 활용하고 적절한 공학적 도구나 교구를 선택, 이용하여 자료와 정보를 효과적으로 처리하는 능력으로, 정보 처리 역량의 하위 요소 및 그 의미와 기능은 다음과 같다.

표 1-13 정보 처리 역량의 하위 요소(박경미 외, 2015, 42쪽)

하위요소	의미	기능
자료와 정보 수집	실생활 및 수학적 문제 상황에서 적절한 자료와 정보를 탐색 및 생성하여 수집하는 능력	(자료를) 수집하기, 조사하기, 기록하기, 탐색하기, 생성하기
자료와 정보 정리 및 분석	수집한 자료와 정보를 목적에 맞게 분류, 정리, 분석, 평가하는 능력	표현하기, 분류하기, 정리하기, 열거하기, 배열하기, 비교하기, 묶기, 분석하기, 분류하기, 분할하기, 시각화하기, 평가하기
정보 해석 및 활용	분석한 정보에 내재된 의미를 올바르게 파악하여 해석, 종합, 활용하는 능력	예측하기, 설명하기, 해석하기, 종합하기, 활용하기
공학적 도구 및 교구 활용	수학적 아이디어와 개념을 탐구하고 문제를 해결하는 데 적합한 공학적 도구 및 교구를 선택하고 이용하는 능력	선택하기, 조작하기, 공학적 도구 활용하기, 시각화하기

정보 처리 역량을 함양하기 위해 2022 개정 교육과정에서는 다음과 같이 교수·학습 방법(표 1-14)과 평가시 고려 사항(표 1-15)을 제시하고 있다.

표 1-14 정보 처리 역량 함양 방법(교육부, 2022)

⑤ 다음과 같은 교수·학습 방법을 통해 정보처리 역량을 함양하게 한다.
㉠ 실생활 및 수학적 문제 상황에서 자료를 탐색하고 수집하며 수학적으로 처리하여 합리적인 의사 결정을 하는 태도를 기르게 한다.
㉡ 교구나 공학 도구를 활용하여 추상적인 수학 내용을 시각화하고 수학의 개념, 원리, 법칙에 대한 직관적 이해와 논리적 사고를 돕는다.
㉢ 학생이 주도적으로 교구나 공학 도구를 활용하여 탐구하게 한다.
㉣ 계산 기능 함양을 목표로 하지 않는 교수·학습 상황에서는 복잡한 계산을 할 때 공학 도구를 이용할 수 있게 한다.

표 1-15 정보 처리 역량 평가시 고려 사항(교육부, 2022)

⑤ 정보처리 역량의 평가는 자료와 정보를 목적에 맞게 수집하고 변환하고 정리하는지, 자료를 바탕으로 도출한 결론이 적절한지, 교구나 공학 도구를 적절하게 활용하는지, 수학적 근거를 바탕으로 합리적으로 의사 결정하는 태도를 갖는지 등을 고려한다.

바. 태도 및 실천

2022 개정 교육과정에서 수학 교과 역량에서 제외되기는 했지만, 2015 개정 교육과정에서 교과 역량의 하나로 제시했던 수학의 가치 인식과 자주적 학습 태도, 시민 의식은 수학을 지도하면서 함께 길러야 할 중요한 정의적 능력인 것은 분명하다.[3] 그러므로 그 의미와 기능 역시 살펴볼 필요가 있다.

태도 및 실천 역량의 하위 요소 및 그 의미와 기능은 다음 〈표 1-16〉과 같다.

표 1-16 태도 및 실천 역량의 하위 요소(박경미 외, 2015, 43쪽)

하위요소	의미	기능
가치 인식	수학에 대해 관심과 흥미를 갖고, 수학의 실용적, 도야적, 심미적, 문화적 가치를 인식하는 능력	(수학에 대해) 관심과 흥미 갖기, (수학의) 가치 인식하기, (수학의) 역할 이해하기, (수학의) 필요성/유용성 인식하기, (수학의) 편리함) 인식하기
자주적 학습 태도	수학 학습 의지와 자신감, 끈기를 갖고 자신 스스로 목표를 설정하여 자율적으로 학습을 수행하며 학습 결과를 평가하는 태도	(즐거움, 성취감, 동기화, 안정감, 만족감, 도전의식, 적극성, 자신감, 끈기) 갖기, 목표 설정하기, 계획 세우기, 조절하기, 점검하기, 평가하기, 시간 관리하기, 자율적으로 행동하기
시민의식	수학적 활동을 통하여 정직하고 공정하며 책임감 있게 행동하고 어려움을 극복하기 위해 도전하는 용기 있는 태도, 타인을 배려하고 존중하며 협력하는 태도, 논리적 근거를 토대로 의견을 제시하고 합리적으로 의사결정하는 태도를 갖고 이를 실천하는 능력	(공정, 정직)한 태도 취하기, (책임감, 도전정신, 용기) 갖기, 배려하기, 존중하기, 협력하기, 논리적 근거를 토대로 의견 제시하기, 이유 설명하기, 합리적으로 의사결정하기

3) 2022 개정 교육과정에서 교과 내용 체계를 지식·이해, 과정·기능, 가치·태도의 세 가지 범주로 구성하면서, '태도 및 실천' 역량은 '가치·태도'로 재정리되면서 2015 개정 교육과정에서보다 더욱 강조되고 있다고 봐야 할 것이다. 가치·태도에 대해서는 11장에서 좀 더 깊게 다루어진다.

2장

수학과 수업 방법과 평가

1. 교수·학습 방법
2. 수업 모형
3. 수업 방법
4. 평가

2장

수학과 수업 방법과 평가

1 교수·학습 방법

다음 〈표 2-1〉은 수학과 교수·학습과 관련하여 2022 개정 교육과정에서 제안하는 내용이다. 수학과 수업은 학생의 학습 능력과 수준 등을 고려하여 설명식 교수, 토의·토론 학습, 협력 학습, 탐구 학습, 프로젝트 학습, 수학적 모델링, 놀이 및 게임 학습 등을 적절히 선택하여 적용할 것을 권고하고 있다.

표 2-1 수학과 교수·학습 방법(교육부, 2022)

(2) 교수·학습 방법 (다) 수학과의 수업은 학습 내용, 학생의 학습 능력과 수준 등을 고려하여 다음의 교수·학습 방안을 적절히 선택하여 적용한다. ① 설명식 교수는 교사가 설명과 시연을 통해 수업을 주도하는 교수·학습 방안으로, 수업 내용을 구조화하여 체계적으로 지도하는 데 효과적이다. 이때, 교사는 학생의 적극적인 수업 참여를 유도하고, 사고를 촉진하는 발문을 적절히 활용한다. ② 토의·토론 학습은 특정 주제에 대해 협의하거나 논의하는 교수·학습 방안으로, 학생들이 수학 내용을 폭넓게 이해하고 자신의 주장을 효과적으로 표현하고 다른 사람의 의견을 비판적 사고를 통해 수용하여 합리적으로 의사 결정하는 태도를 기를 수 있게 한다. ③ 협력 학습은 모둠 내의 상호 작용, 의사소통, 참여를 통해 공동의 학습 목표에 도달하도록 하는 교수·학습 방안으로, 다른 사람을 존중하고 배려하며 모둠 내의 역할을 수행하고 책임감을 기를 수 있게 한다. ④ 탐구 학습은 학생이 중심이 되어 수학의 개념, 원리, 법칙을 발견하고 구성하는 교수·학습 방안으로, 학생 스스로 자료와 정보로부터 지식을 도출하거나 지식의 타당성을 확인하는 것이 중요함을 알게 할 수 있다. ⑤ 프로젝트 학습은 학생 스스로 특정 주제나 과제를 탐구하고 해결하기 위해 계획을 수립하고 수행하여 결과물을 산출하고 공유하는 교수·학습 방안으로, 자기주도적으로 수학 지식과 경험을 통합하게 할 수 있다. ⑥ 수학적 모델링은 학생의 삶과 연계된 현상을 다양한 수학적 표현 방식을 이용하여 수학적 모델로 만

들고 수학적 모델을 다시 실생활이나 사회 및 자연 현상에 적용하는 교수·학습 방안으로, 수학의 응용에 대한 넓은 안목을 갖게 할 수 있다.

⑦ 놀이 및 게임 학습은 호기심과 흥미를 유발하는 놀이 및 게임 활동을 활용하는 교수·학습 방안으로, 활동 속에서 수학 개념이나 원리를 탐구하고 동료와 경쟁 또는 협력하면서 자연스럽게 수학에 접근하고 수학 학습에 대한 자신감 및 의사소통 역량을 기르게 할 수 있다.

또한 학생의 다양성을 고려하고 학생의 성장을 지원하기 위한 맞춤형 지도, 범교과 학습 및 타 교과와의 연계, 온라인 교수·학습에 대해서도 언급하고 있다.

2 수업 모형

가. 수업 모형의 의미

수업이란 특정한 수업 목표를 학습자가 달성할 수 있도록 시행, 조정하는 매우 복잡한 과정이다. 이와 같이 복잡하게 전개되는 과정을 단순화하여 모형으로 제시한 것이 (절차적) **수업 모형**이다. 수업 모형을 통해 복잡하게 전개되는 수업의 과정이나 현상을 이해하거나 설명할 수 있고 효과적인 수업의 전개를 준비할 수 있다.

수업 목표를 가장 효과적으로 달성할 수 있을 것이라고 판단하여 고안된 절차가 수업 모형이다. 그러나 그 목표를 달성하는 방법과 과정은 학습자와 환경에 따라 유연해야 한다. 즉, 수업 모형을 선정하여 수업을 전개할 수는 있으나 선택한 수업 모형에 고정되어서는 안된다. 학습자의 특성에 맞추어 수업 모형을 변화시킬 필요도 있다(윤기옥 외, 2009, 39쪽).

수업은 대략적으로 동기유발과 전개, 정리 및 평가 단계로 진행된다. 동기유발 단계는 학생들의 흥미를 끌어내기 위한 단계이지만 단순히 흥미만을 위해서는 아니다. 흥미보다는 학습을 계속하려는 의욕을 가지게 하는 단계이다. 전개 단계에서는 그 수업에서 계획한 목표를 달성하기 위한 활동이 이루어지는데, 수업 목표에 따라 전개 방식이 달라진다. 정리 및 평가에서는 전개 단계에서의 활동이 간단하게 요약·정리되고 수업 목표가 달성되었는지를 확인하기 위한 평가가 이루어진다.

수학 수업에서 고려하는 수업 목표와 그에 적합한 수업 모형 또는 수업 방법은 다음과 같다.

① 개념이나 원리를 이해시키려고 할 때 설명식 수업 모형

② 기능을 숙달시키려고 하면 직접교수법

③ 개념을 획득 또는 형성하려고 할 때는 개념학습 모형
④ 원리를 탐구하고자 할 때는 원리탐구 수업 모형
⑤ 추론 능력, 특히 귀납적 추론 능력을 기르려고 할 때는 귀납적 추론 수업 모형
⑥ 문제해결 능력을 신장시킬 때는 문제해결 수업 모형
⑦ 의사소통 능력을 기르고 논의를 활성화하려 할 때는 효과적인 수학적 논의를 위한 수업 방법

이하에서는 개념학습 모형과 원리탐구 모형, 귀납적 추론 수업 모형, 문제해결 수업 모형에 대해서 살펴본다.

나. 개념학습 모형

개념은 다양한 사실이나 현상들을 공통 성질에 따라 범주화한 것이다. 개념 형성은 다루고자 하는 대상들을 분류하고 공통 성질을 추상화하는 정신 작용이다. **분류**는 다양한 사실들을 공통 성질에 근거하여 모으는 활동이고 **추상화**는 공통 성질을 명확하게 인식하는 활동이다. 그러므로 개념학습에서는 언어적 정의만을 학습하는 것으로는 부족하며 분류하고 추상화하는 활동을 할 수 있어야 한다.

1) 용어 정리

개념을 지도하기 위해서 몇 가지 알아야 할 용어를 생각해 보자.

① 속성

사물을 분류하는 기준 또는 특성을 **속성**이라고 한다. 이때 다른 개념과 구별되는 가장 중요한 속성을 결정적 속성, 덜 중요한 속성을 비결정적 속성이라고 한다. 예를 들어 남녀를 구별할 때 출산 가능 유무는 결정적 속성이지만 성격은 비결정적 속성이다.

② 예, 비례(예가 아닌 것), 원형

예는 개념에 속하는 보기를 말하며 **비례**는 예가 아닌 것을 말한다. 예와 비례를 모두 합해서 **범례**라고 한다. 예에는 여러 가지가 있을 수 있으나 그 개념을 가장 잘 대표할 수 있는 전형적인 예를 **원형**(prototype)이라고 한다.

③ 오개념, 상투개념

오개념은 개념의 결정적 속성 또는 비결정적 속성을 잘못 이해하여 형성된 개념이며, **상투개념**(stereotype)은 비결정적 속성을 결정적 속성으로 잘못 생각하여 형성된 개념으

로 이 또한 오개념이다.

2) 개념학습 모형의 종류

개념을 지도할 때 기존 개념을 학생들에게 제시하고 그 개념을 획득하도록 할 수 있다. 그러한 수업 절차에는 속성모형과 원형모형, 상황모형이 있는데(윤기옥 외, 2009, 99쪽), 수학과에서는 원형모형과 상황모형은 거의 사용하지 않는다. 반면에 존재하지 않은 새로운 개념을 형성하도록 할 수도 있다. 학교에서 지도하는 대부분의 개념은 존재하지 않은 개념이 아니라, 교사의 입장에서는 이미 알고 있는 개념이지만 아동의 입장에서는 알지 못하는, 그래서 아동의 심리 속에 존재하지 않은 개념이라고 할 수 있다. 그러므로 아동의 입장에서는 개념을 획득하는 것이 아니라 형성하는 것이 된다. 이와 같이 아동이 개념을 형성할 수 있도록 하는 수업 모형을 개념획득 모형과 구별하여 개념형성 모형이라고 한다. 그리고 개념을 획득하거나 개념을 형성하는 것 모두 개념 학습이라고 한다.

가) 속성모형

속성모형은 개념은 속성들의 묶음으로 이루어진다고 가정한다. 개념을 가르칠 때 예나 상황보다 개념이 가지고 있는 속성을 중심으로 가르치는 것이다. 그러므로 결정적인 속성을 쉽게 찾을 수 있는 개념의 지도에 효과적이다. 속성모형은 다음과 같은 과정을 거친다.

① 개념의 정의

아동이 배울 개념을 정의한다. 예를 들어 평행사변형 개념을 지도할 때 '평행사변형은 두 쌍의 대변이 평행한 사각형이다.'와 같이 평행사변형의 개념을 먼저 정의한다.

② 개념의 속성 검토

개념을 정의한 후 그 개념의 결정적 속성과 비결정적 속성을 제시하고 이를 검토한다. 평행사변형의 경우 '두 쌍의 대변이 평행하다.'는 성질은 결정적 속성이며, 평행사변형의 이웃한 두 변이 이루는 각의 크기나 평행사변형의 모양 등은 비결정적 속성이다.

③ 예와 비례의 검토

예와 예가 아닌 것을 제시하고 이를 검토함으로써 개념의 속성을 명확히 이해하게 한다. 이때 예와 예가 아닌 것은 대략 3 : 1 정도로 제시하는 것이 효과적이다.

④ 가설 검증 및 개념 분석

새로운 대상에 이 속성이 잘 적용되는지 시험해 보고, 학습한 개념과 관련된 개념이나 확대된 개념을 사용함으로써 학습한 개념의 위치를 파악한다.

나) 개념형성 모형

속성모형에서는 개념을 먼저 정의한다. 그러나 존재하지 않는 개념이라고 하면 개념을 먼저 정의할 수도 그 예를 제시할 수도 없다. 이런 경우에는 새로운 개념을 형성해야 하는데, **개념형성 모형**의 절차는 다음과 같다.

① 범례 제시하고 분류하기

지도하려고 하는 개념의 예와 예가 아닌 것을 제시하고 아동들에게 이 대상들을 분류하도록 한다. 아동들은 나름의 기준을 가지고 이 대상들을 분류하게 된다. 그러므로 교사가 의도하지 않은 분류의 결과가 나올 수도 있다. 교사는 수업에서 의도한 개념을 형성하기 위하여 여러 분류의 결과 중에서 수업 목표와 일치하는 분류를 선택하여 수업을 진행할 수 있으며, 경우에 따라서는 의도치 않은 분류를 가지고 수업 계획에서 의도하지 않았던 새로운 개념을 형성하도록 할 수도 있다. 혹은 그러한 분류를 적절한 시간에 다룰 수도 있다.

② 공통 성질 확인하기

아동이 분류한 기준이 무엇인지 확인하고, 분류 기준에 맞게 대상을 분류하였는지 점검한다. 분류 기준이 애매하면 어떤 대상이 그 기준에 해당할 수도 있고 안 할 수도 있기 때문에 분류 기준이 명확한지도 점검할 필요가 있다. 분류한 기준을 포함하여 분류된 대상들이 어떤 공통 성질을 가지고 있는지를 확인한다.

③ 개념 정의하기

분류한 대상들의 집단을 부르는 이름을 정하고 개념을 정의한다. 개념의 이름을 정하는 것은 개념화한 사람의 자유이지만 분류한 기준을 가지고 이름을 정하는 것이 합리적이고 기억하기 쉽다. 그러나 그러한 이름이 이미 확립된 이름과 다를 수도 있으므로 교육적 조치가 필요할 수 있다.

예를 들어, 여러 사각형 중에서 네 각이 모두 직각인 사각형을 분류하였을 때, 이러한 사각형을 발견한 사람의 이름으로 정할 수도 있다. 그러나 그보다는 직각이 있는 사각형이므로 아동들은 '직각삼각형'과 같이 이미 경험한 바가 있어서 '직각사각형'으로 명명할 수 있다. 그런데, 이러한 사각형에 이미 확립된 명칭은 '직사각형'이므로 이러한 갭을 어떻게 메울 것인지를 고려해 보아야 한다.

이와 같이 대상의 이름을 정했으면 이것이 무엇인지를 정의해야 한다. 즉, '직사각형은 … 이다.'와 같이 정의해야 하는데 이것 역시 분류했던 기준이 사용될 가능성이 높다. 그러나 반드시 그래야 하는 것은 아니므로 여러 가지 속성들을 파악하고 이를 이용해야 한다.

④ 개념의 속성 조사하기

범례를 분류하고 개념을 정의하는 과정에서 개념의 여러 가지 속성과 성질을 찾게 된다. 이러한 속성이 개념의 결정적 속성인지 비결정적 속성인지를 조사할 필요가 있다.

⑤ 개념 익히기

개념을 익히고 개념을 적용하며 다른 개념과의 관련성을 파악한다.

수학적 개념은 개별 개념, 관계 개념, 조작 개념으로 구분할 수 있다. 개별 개념은 삼각형이나 자연수와 같이 개별적인 대상을 나타내는 개념이다. 관계 개념은 몇 개의 대상 사이의 관계를 나타내는 개념으로 공약수나 평행, 수직 등이 여기에 해당한다. 조작 개념은 하나 또는 둘 이상의 어떤 대상을 조작하여 새로운 것을 얻는 개념으로, 덧셈, 확대, 함수 등이 해당한다.

이러한 모든 개념을 속성모형이나 개념형성 모형으로 지도할 수 있는 것은 아니다. 개념형성 모형은 분류 활동을 기반으로 하기 때문에 분류가 가능한 개념, 특히 도형의 개념 지도에 적합하며, 분류 활동이 어렵거나 불가능한 개념, 예를 들어 수 개념이나 비율과 같은 관계 개념 등은 개념형성 모형으로 지도하기는 적절하지 않다.

속성모형과 개념형성 모형을 적용한 수업 지도안의 예시는 〈부록 1〉과 〈부록 2〉에 제시되어 있다.

다. 원리탐구 수업 모형

원리란 사물이나 현상의 근본이 되는 이치로, 기초가 되는 근거 또는 보편적 진리를 말한다. 수학과에서 지도해야 할 원리에는 두 자리 수의 덧셈 원리, 곱셈 원리, 위치적 기수법의 원리 등과 같이 '원리'라는 이름이 붙은 것이 있고, '삼각형의 세 내각의 크기의 합은 180°이다.'와 같은 기본적이고 중요한 정리도 있다.

2022 개정 수학과 교육과정에서 성취기준으로 제시한 원리는 다음과 같다.

표 2-2 2022 개정 수학과 교육과정에서 제시한 여러 원리

[2수01-06] 두 자리 수의 범위에서 **덧셈과 뺄셈의 계산 원리**를 이해하고 그 계산을 할 수 있다.
[4수01-03] 세 자리 수의 **덧셈과 뺄셈의 계산 원리**를 이해하고 그 계산을 할 수 있다.
[4수01-04] 곱하는 수가 한 자리 수 또는 두 자리 수인 **곱셈의 계산 원리**를 이해하고 그 계산을 할 수 있다.

[4수01-06] 나누는 수가 한 자리 수인 **나눗셈의 계산 원리**를 이해하고 그 계산을 할 수 있으며, 나눗셈에서 몫과 나머지의 의미를 안다.
[4수01-07] 나누는 수가 두 자리 수인 **나눗셈의 계산 원리**를 이해하고 그 계산을 할 수 있다.
[4수01-13] **자릿값의 원리**를 바탕으로 소수 두 자리 수와 소수 세 자리 수를 이해하고 읽고 쓸 수 있다.
[4수01-15] 분모가 같은 분수의 **덧셈과 뺄셈의 계산 원리**를 이해하고 그 계산을 할 수 있다.
[4수01-16] 소수 두 자리 수의 범위에서 소수의 **덧셈과 뺄셈의 계산 원리**를 이해하고 그 계산을 할 수 있다.
[6수01-08] 분모가 다른 분수의 **덧셈과 뺄셈의 계산 원리**를 탐구하고 그 계산을 할 수 있다.
[6수01-09] 분수의 **곱셈의 계산 원리**를 탐구하고 그 계산을 할 수 있다.
[6수01-11] 분수의 **나눗셈의 계산 원리**를 탐구하고 그 계산을 할 수 있다.
[6수01-13] 소수의 **곱셈의 계산 원리**를 탐구하고 그 계산을 할 수 있다.
[6수01-15] 소수의 **나눗셈의 계산 원리**를 탐구하고 그 계산을 할 수 있다.

이러한 수학의 여러 원리는 교사가 설명식 수업을 통하여 의미 있게 잘 설명해 줄 수 있다. 그러나 수학의 여러 절차가 왜 그렇게 되는지의 원리를 아동들이 스스로 탐구하게 할 수도 있다. 아동들이 원리를 잘 이해하는 것도 중요하지만, 이러한 원리를 아동들이 스스로 탐구해보는 경험도 중요하다. **원리탐구 수업 모형**은 아동 스스로 수학의 원리를 탐구하도록 하기 위한 수업 모형이다. 원리탐구 수업 모형은 다음과 같은 과정을 거친다.

① 수학적 원리의 필요성 인식

이미 학습한 방법 혹은 잘 적용되는 방법으로는 해결하기 어렵거나 비효율적인 새로운 문제 상황을 제시한다. 이러한 문제 상황은 기존의 방법으로 해결할 수 있는 문제 상황과 겉보기에는 아주 유사할 수 있다.

아동들은 기존의 방법을 적용하여 겉보기에 유사한 문제를 해결해 보려고 하지만 해결이 어렵거나 비효율적임을 깨닫고 인지적 갈등을 겪게 된다. 그리하여 새로운 어떤 원리나 방법이 필요함을 인식한다.

② 수학적 원리가 내재된 조작 활동

새로운 문제를 해결할 수 있는 원리가 내재된 조작 활동을 통해 문제를 해결하게 한다. 교사는 '원리가 내재된' 조작 활동을 잘 구성해 내어야 한다. 이때 교사는 이미 표준화된 어떤 방법을 지도할 목적으로 아동들의 조작 활동을 의도적으로 이끌어갈 것이 아니라 아동들의 자연스러운 활동이 가능하도록 보장해야 한다. 예를 들어, 받아올림이 있는 두 자리 수의 덧셈 원리를 탐구하기 위하여 수 모형을 이용하여 조작 활동을 하도록 하면서 낱개를 먼저 더해 보게 하고 이어서 십 모형을 더해 보게 한다면 이것은 자연스러운 조작 활동이 아니라 표준 알고리즘을 지도하기 위해 의도적으로 아동들의 사고 활동을 이끌어

가는 것이다. 역사적 발달 과정을 보거나 인간의 심리를 보거나 십 모형을 낱개보다 먼저 조작하는 것이 자연스럽기 때문이다.

③ 수학적 원리의 형식화

원리가 내재된 조작 활동을 반성하고 음미하여 이를 형식화하게 한다. 형식화할 때 최종적으로 완성된 형태의 원리나 방법으로 형식화하는 것이 아니라 아동이 수행한 조작 활동을 제대로 반영한 원리나 방법으로 형식화되어야 한다. 이어서 또는 적절한 시기에 이를 점진적으로 수정하고 개선하여 최종적인 원리나 방법을 이끌어 내어야 한다.

④ 수학적 원리 익히기 및 적용하기

형식화한 수학적 원리를 익히고 숙달하며 이를 적용해 본다.

원리탐구 수업 모형을 적용한 수업 지도안의 예시는 〈부록 3〉에 제시되어 있다.

라. 귀납적 추론 수업 모형

일반적 진리로부터 개별적 진리를 추론하는 것을 연역적 추론, 개별적 진리로부터 일반적 진리를 추론하는 것을 귀납적 추론이라고 한다. 연역적 추론의 결과는 필연적이지만 귀납적 추론의 결과는 개연적이다. 포퍼(Popper)는 귀납을 부정하고 추측과 반박의 방법을 제안하고 라카토스(Lakatos)는 발견 수단으로서 귀납이 아니라 추측과 증명 및 반박의 과정을 제안하고 있는데(강문봉, 1993, 143쪽), 이는 귀납은 한순간에 즉각적으로 참인 진리를 얻어내는 것이라고 생각하는 문제를 지적한 것이며 추측하고 반례가 출현하면 새로운 추측을 하는 과정을 접목하는 방식으로 귀납의 과정을 확장하면 그리 문제가 되지는 않을 것이다.

2022 개정 수학과 교육과정에서 수학 교과 역량으로 강조하는 것 중의 하나가 추론이다. 추론은 크게 논증적 추론(연역)과 개연적 추론(귀납, 유추)으로 구분된다. 이 중에서 귀납적 추론을 경험하게 하거나 귀납적 추론 능력을 길러주기 위한 수업 모형은 다음과 같이 진행된다. **귀납적 추론 수업 모형**은 주장하는 사람에 따라 그 단계와 명칭이 약간씩 다를 수 있다.

① 귀납적 추론의 필요성 인식

먼저 귀납적 추론이 필요한 문제가 인식되거나 교사에 의해서 제시된다. 예를 들어 '두 자리 수에서 일의 자리의 수와 십의 자리의 수를 바꾼 수와 처음 수와의 차는 어떻게 될까?'와 같은 문제를 생각하고 이 문제를 해결하기 위해서 자료를 수집해야겠다는 생각을 한다. 중학생의 경우 이런 문제를 접하게 되면 귀납적 추론을 하려고 생각할 수도 있지만, 식을 만들어서 연역적으로 추론해 보려고 할 수도 있다.

② 자료 수집(관찰 및 실험)

교사가 몇 개의 자료를 제공하거나 아동들이 어떤 문제를 해결하기 위해 관련 자료를 수집한다. 실험하여 관련 자료를 얻을 수도 있다. 예를 들어 위의 문제를 해결하게 하기 위해서 교사는 〈그림 2-1〉과 같은 뺄셈을 제공하거나 아동 스스로 이러한 뺄셈 문제를 만들어서 자료를 수집할 수 있다.

▶다음 뺄셈을 하여라.

52	72	61	91
−25	−27	−16	−19

그림 2-1 귀납 추론을 위한 뺄셈 문제

③ 추측하기

수집한 자료를 관찰하여 공통점을 찾아낸다. 추측한다는 것은 찾아낸 공통 성질을 관찰한 몇 개의 자료에 한정하지 않고 더 넓은 범위로 일반화한다는 것이다. 예를 들어 위의 4개의 뺄셈 문제를 통해 두 수의 차는 9의 배수임을 관찰하였다고 하자. 이러한 공통점이 관찰한 위의 4개의 뺄셈에서만 성립하는 것이 아니라 "**두 자리 수에서** 일의 자리의 수와 십의 자리의 수를 바꾼 수와 처음 수와의 차는 9의 배수이다."와 같이 일반화하는 것이 추측하는 것이다.

이 단계에서 추측한 규칙 또는 성질을 수학적 식이나 용어로 표현하기도 한다.

④ 추측의 검증

귀납을 포함한 개연적 추론의 결과가 항상 참은 아니다. 그러므로 다른 사례에서도 이러한 추측이 성립하는지를 확인하고 검증한다. 만약 추측이 틀렸다는 반례가 나오면 이 추측은 잘못되었기 때문에 버리거나 혹은 추측을 보완, 개선할 수 있다. 예를 들어 55-55=0과 같이 검증한 결과 차가 9의 배수가 아닐 수도 있다. 0도 사실은 9의 배수이므로 이 추측에 문제는 없다. 그러나 아직 자연수의 범위에서만 배수를 학습한 경우에는 이 추측이 문제가 될 수 있다. 이때 배수의 개념을 0으로 확장하거나, "**십의 자리의 수와 일의 자리의 수가 다른** 두 자리 수에서"와 같이 예외배제법을 적용하여 추측을 수정할 수도 있다.[4]

4) 추측에서 성립하지 않는 예를 '...를 제외한'과 같은 방식으로 배제하는 방법을 예외 배제법이라고 한다.

⑤ 발전

반례가 나오지 않거나 반례가 나와서 추측을 개선하여 더 이상 반례가 나오지 않을 것 같으면 이 추측을 잠정적으로 참인 것으로 보고 연역적으로 정당화하려고 시도할 수 있다. 이러한 정당화의 과정은 귀납의 과정이 아니라 연역적인 과정으로 넘어가는 것이다. 경우에 따라서 정당화의 과정이 아니라 조건을 변경하여 새로운 발견으로 이어지는 발전적 사고로 이어질 수도 있다. 예를 들어, '세 자리 수에서는 어떻게 될까?'라거나 '십의 자리의 수와 일의 자리의 수를 바꿔서 더하면 어떻게 될까?'와 같은 생각은 발전적 사고가 된다.

자료를 수집할 때 계산기나 컴퓨터를 이용할 수도 있다. 예를 들어 소수의 곱셈을 배우지 않은 아동이 다음과 같이 계산기를 이용하여 소수의 곱셈을 할 수 있다.

$$0.2 \times 0.4 = 0.08$$
$$0.2 \times 4 = 0.8$$
$$0.02 \times 0.4 = 0.008$$

이러한 결과를 통해 '소수의 곱셈은 소수점이 없다고 생각하여 자연수의 곱셈으로 곱을 구한 후에 각 소수점 이하의 자릿수를 더해서 그 합만큼 곱의 오른쪽에서부터 왼쪽으로 가서 소수점을 찍으면 된다'는 사실을 귀납적으로 발견할 수 있다. 그러나 왜 그렇게 되는지는 귀납적 추론이 설명해 주지 못한다. 그 이유는 연역적 추론을 통해서 찾아야 한다. 그러므로 아동이 귀납적으로 추론하는 경험을 가지는 것이 매우 중요하고 귀납적으로 사고하는 방법을 배워야 하지만, 교사는 이러한 귀납적 추론이 가지는 한계도 이해할 필요가 있다.

귀납적 추론 수업 모형을 적용한 수업 지도안의 예시는 〈부록 4〉에 제시되어 있다.

마. 문제해결 수업 모형

문제해결은 수학교육의 중요한 목표 중의 하나이면서 동시에 수학을 지도하는 중요한 방법 중의 하나이기도 하다. 문제를 해결하는 과정에서 아동이 가지고 있는 수학적 지식과 기능을 동원하기도 하고 문제를 해결하는 데 필요한 지식과 기능을 개발할 수도 있기 때문이다.

폴리아(Polya)는 문제해결 과정으로 〈표 2-3〉과 같이 문제 이해, 계획 작성, 계획 실행, 반성의 4단계를 제시하고, 각 단계에서 적합한 발견술(발문과 권고)을 제안하였다(Polya, 1973).

표 2-3 폴리아의 문제해결 단계 및 발견술(Polya, 1973, p.xvi)

단계	발견술
문제 이해	• 구하려는 것은? 주어진 것은? 조건은? • 그림을 그리고 적절한 기호를 붙여 보아라.
계획 작성	• 전에 이 문제를 본 적이 있는가? • 관련된 문제를 알고 있는가? • 미지인 것이 같은 문제를 살펴보아라. • 문제를 달리 진술할 수 있을까? • 보다 특수한 문제는? • 조건의 일부분만 생각해 보아라.
계획 실행	• 계획을 실행하고 매 단계를 점검하여라. • 각 단계가 올바른지 명확히 알 수 있는가?
반성	• 결과를 점검할 수 있는가? • 결과를 다른 방법으로 이끌어 낼 수 있는가? • 결과나 방법을 다른 문제에 활용할 수 있는가?

* 발문과 권고는 일부만 발췌함.

문제해결 수업 모형으로 폴리아가 제안한 문제해결 4단계를 제시하는 경우가 많다. 문제해결 4단계가 간편하기는 하지만, 이것은 수업 모형이 아니라 문제를 해결하는 바람직한 과정이기 때문에 강옥기 외(1985, 50쪽)가 수업에 적합한 수업 모형을 개발하였다. 이 수업 모형은 다음 〈그림 2-2〉와 같이 교사가 중심이 되어 아동들과 함께 문제를 해결하는 단계를 거쳐 소집단 또는 개인별로 아동들이 비슷한 방법과 과정으로 문제를 해결해 보도록 하는 단계로 이루어져 있다.

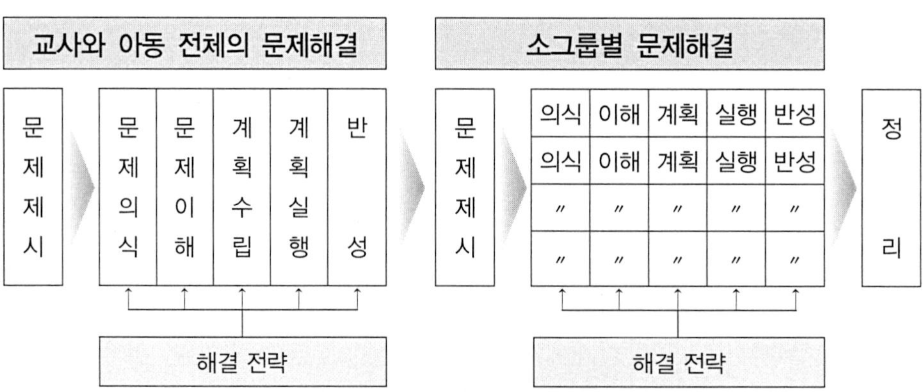

그림 2-2 한국교육개발원의 문제해결 수업 모형

그런데 문제를 해결하는 과정은 매우 복잡하고 또한 문제를 해결하는 데 시간이 많이 걸릴 수 있다. 그러므로 문제해결 수업을 하려면 그 목표를 명확히 하고 그 목표에 집중하는 것이 좋다. '일상생활의(또는 수학의) 문제를 해결할 수 있다.'와 같은 목표는 애매하고 막연한 목표라서 문제해결 수업의 목표로는 적절하지 않다. 문제해결에서 말하는 문제는 '진정한' 문제, 즉 아동들이 일시적으로 해결에 곤란함을 느끼는 그런 문제여야 하기 때문이다.

문제해결 수업에서 설정할 수 있는 목표에는 문제해결 과정에 대해서 이해하는 것, 문제해결 전략에 관한 것, 문제해결과 관련한 정의적인 것 등이 있을 수 있다. 보다 구체적으로 다음과 같은 목표를 설정할 수 있다.

- 문제의 주요 부분을 파악한다.[5)]
- 문제를 해결하기 위해 필요한 정보 또는 해결하는 데 필요하지 않은 정보를 찾을 수 있다.
- 문제를 해결하기 위한 계획을 체계적으로 구상한다.
- 거꾸로 풀기 전략을 이해한다.
- 문제를 해결하기 위한 여러 가지 방법을 생각한다.
- 해결 과정의 타당성을 검토한다.
- 더 나은 해결 방법을 찾으려 한다.
- 새로운 문제를 만들어 본다.
- 여러 사람이 협력하여 해결한다.
- 인내심을 기른다.

목표가 설정되면 전개 과정의 세부적인 사항은 수업 목표에 따라 조정될 수 있다. 예를 들어 특정한 문제해결 전략이 수업 목표라면 폴리아의 문제해결 과정 중에서 반성 단계는 약화할 수 있다. 문제의 주요 부분을 파악하는 능력을 기르는 것이 수업의 목표라면 계획이나 실행, 반성 단계가 약화될 수 있다. 반면에 문제를 해결하고 나서 더 나은 방법을 찾아보려는 태도를 기르는 것이 수업 목표라면 폴리아의 반성 단계에 집중할 수 있다.

소집단별 학생 활동은 유사 문제를 제시하고 개인별 또는 모둠별로 해결하게 하고, 발표하게 하는 것으로 구성할 수 있다.

2022 개정 교육과정에서는 문제해결과 관련하여 〈표 2-4〉와 같이 학년군별로 약간씩

---

5) 문제의 '주요 부분'은 답을 구하는 문제의 경우 구해야 할 것, 주어진 것, 조건을 말하며, 증명 문제의 경우 가정과 결론을 말한다(Polya, 1962, p.119).

다르게 그 목표를 제안하고 있다.

표 2-4 2022 개정 교육과정에서 제시한 학년군별 문제해결 목표

학년군	영역에서 제시된 문제해결 관련 사항
1-2	• '00' 영역의 문제 상황에 적합한 문제해결 전략을 지도하여 문제해결 역량을 기르게 한다.
3-4	• '00' 영역의 문제 상황에 적합한 문제해결 전략을 지도하고, 문제해결 과정을 설명하게 하여 문제해결 역량을 기르게 한다. • '00' 영역에서 문제해결 과정을 설명할 때 다른 친구의 의견을 존중하고 경청하는 태도로 참여하게 한다.
5-6	• '00' 영역의 문제 상황에서 문제해결 전략 비교하기, 주어진 문제에서 필요 없는 정보나 부족한 정보 찾기, 조건을 바꾸어 새로운 문제 만들기, 문제해결 과정의 타당성 검토하기 등을 통하여 문제해결 역량을 기르게 한다. • '00' 영역에서 자신의 문제해결 과정을 논리적으로 설명하고 다른 친구의 문제해결 과정과 비교함으로써 비판적으로 사고하는 태도를 기르게 한다.

이 제안을 분석해 보면, 2022 개정 교육과정에서 문제해결에서 지도해야 할 목표는 1-2학년군에서는 문제해결 전략을, 3-4학년군에서는 여기에 더하여 해결 과정의 설명을, 5-6학년군에서는 여기에 더해서 문제해결 전략의 비교, 필요 없는 정보의 파악, 부족한 정보의 파악, 조건을 바꾸어 문제 만들기, 해결 과정의 타당성 검토, 의사소통(논리적 설명, 타인의 존중), 비판적 사고 등을 지도하도록 하고 있다.

이러한 요구를 반영할 수 있는 문제해결 수업의 모형은 수업 목표에 따라 달라질 것이다. 여기서는 수업 목표에 따라 다음과 같은 수업 모형을 제안한다.

1) 일반적인 문제해결 수업 모형

이 모형은 문제해결 전략을 지도하거나, 부족한 정보가 있는 문제나 정보가 과다인 문제의 해결 과정을 지도할 때, 또는 문제해결 전략을 비교하거나 해결 과정의 타당성을 검토하는 것을 지도할 때 사용될 수 있다. 물론, 정보가 부족하거나 불필요한 정보가 있는 문제의 경우, 문제를 이해하고, 계획을 세우고, 계획을 실행하는 단계에서 정보가 부족하거나 불필요한 정보가 있음을 파악할 수도 있을 것이다. 그래서 정보의 과부족을 처리하고 나서 다시 되돌아가서 문제를 이해하거나 계획을 세울 수도 있다. 그러나 이러한 과정을 모두 담아서 수업을 하기에는 너무 복잡해지기 때문에, 여기서는 단순하게 폴리아의 4단계를 적용한다.

일반적인 문제해결 수업 모형의 단계 및 단계별 유용한 발문은 다음 〈표 2-5〉와 같다.

표 2-5 일반적인 문제해결 수업의 단계 및 단계별 발문

수업단계	발문	목표별 비고
문제 이해	• 구하려고 하는 것은 무엇인가요? • 알고 있는 것은 무엇인가요? • 그림을 그리고 적절한 기호를 붙여 보세요.	공통
계획 작성	• 어떤 방법으로 문제를 해결할 수 있는지 생각해 보세요.	공통
	• 주어진 정보를 가지고 문제를 해결할 수 있나요? 해결할 수 없다면 더 알아야 할 정보는 무엇인가요? • 부족한 정보를 추가하여, 문제를 어떻게 해결할 것인지 생각해 보세요.	정보 부족의 경우
	• 문제를 해결하는 데 필요하지 않은 내용이 있나요? • 필요하지 않은 내용을 삭제하고, 문제를 어떻게 해결할 것인지 생각해 보세요.	정보 과다의 경우
	• 다른 방법도 있을지 생각해 보세요.	전략 비교의 경우
	• OO이가 다음과 같이 해결했습니다. 이 방법이 옳은지 혹은 어떤 점이 잘못인지 써 보세요.	해결 과정의 타당성 검토의 경우
계획 실행	• 생각한 방법으로 풀어 보세요. • 각 단계가 맞는지 확인하면서 풀어 보세요.	공통
반성	• 바르게 구했는지 확인해 보세요. • 더 좋은 방법을 생각해 보세요. • 구한 방법을 친구에게 설명해 보세요.	공통
	• 두 가지 방법 중 어느 것이 더 편리하였는지 이야기해 보세요.	전략 비교의 경우

2) 조건 변경 문제만들기 수업 모형

조건을 바꾸어 문제 만들기를 지도할 때는 문제를 해결하고, 이 문제의 조건을 바꾸어 새로운 문제를 만들고, 새로운 문제를 해결하는 일련의 과정이 요구되기 때문에 지도 단계가 매우 복잡하다. 또한 조건을 바꾸는 what if not 전략을 지도하는 것도 초등학교 수준에서 어려움이 많을 것이다.[6] 그러므로 다음과 같이 단순화하는 것이 좋을 것이다.

표 2-6 조건 변경 문제 만들기 수업의 단계 및 단계별 발문

수업 단계	발문	비고
주어진 문제 해결하기	• 구하려고 하는 것은 무엇인가요? • 알고 있는 것은 무엇인가요? • 계획을 세워서 문제를 해결해 보세요.	문제해결 단계를 강조하지 않고 해결에 초점을 둔다.
조건 변경 문제 만들기	• 문제에서 바꿀 수 있는 조건을 찾아보세요. • 이러한 조건을 바꿔서 문제를 만들어 보세요.	가급적 한 개의 조건만 변경하게 한다.
새로운 문제 해결하기	• 새로운 문제를 해결해 보세요.	
반성하기	• 만들고 해결한 문제가 타당한지 검토해 보세요.	

6) 문제를 만드는 방법은 여러 가지가 있는데, 그중에서 브라운과 월터가 제안한 what if not 전략의 단계는 ① 속성을 열거하기, ② 속성을 부정하기, ③ 문제 만들기, ④ 문제 분석하기이다(Brown, S. I., Walter, M. I., 2005, p.64).

아동들이 문제에서 바꿀 수 있는 조건을 찾는 것이 쉽지 않을 수 있으므로 〈그림 2-3〉과 같이, 바꿀 수 있는 여러 조건들을 나열해서 그중 한 두 조건을 바꿔서 문제를 만들어 보게 할 수도 있다. 어쨌든 아동들이 조건을 변경하여 만든 문제가 풀리지 않을 수도 있고, 풀 수는 있지만 답이 타당하지 않을 수도 있다. 점검하기 단계에서는 왜 이런 결과가 나왔는지를 확인해 보는 것도 문제해결 능력을 기르고 수학적 지식에 대한 이해를 깊게 하는 데 도움이 될 수 있다.

문제해결 수업 모형을 적용한 수업 지도안의 예시는 〈부록 5〉에 제시되어 있다.

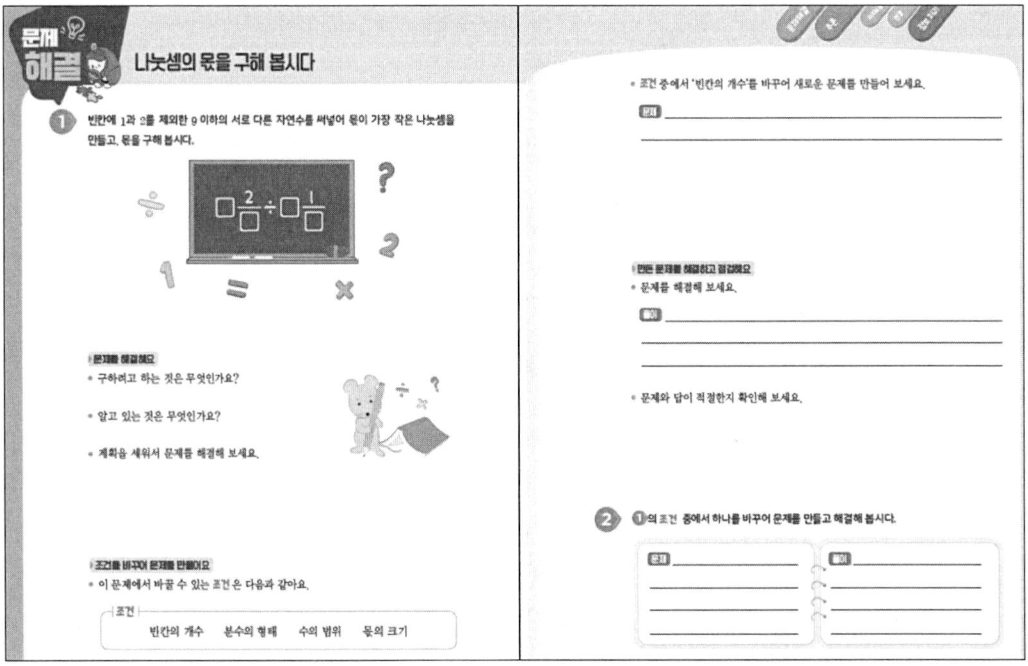

그림 2-3 조건 변경 문제 만들기(강문봉 외, 출판예정d, 24-25쪽)

3 수업 방법

단위 수업에서 적용할 수 있는 절차적 수업 모형은 아니지만 유용한 수업의 방법이나 수단도 있다. 그중에서 의사소통을 위한 수업 방법과 프로젝트 활동, 놀이나 게임을 활용한 방법 등에 대해서 살펴본다.

가. 효과적인 수학적 논의를 위한 수업 방법

수학적 의사소통은 2022 개정 수학과 교육과정에서 수학 교과 역량 중의 하나로 설정된 것으로서, 오래전부터 수학교육에서 강조되어 왔다. 수학 수업에서는 의사소통 외에도 더 나아가서 여러 가지 방법에 대해 논의를 할 수도 있다.

토론은 어떤 문제에 대하여 대립되는 의견을 내세워 그것의 정당함을 논하는 것이며 토의는 어떤 문제를 해결하기 위하여 여럿이 이야기를 주고받는 것을 말한다. 또한, 논의는 어떤 문제에 대하여 서로 의견을 말하며 토의하는 것을 말한다. 수학 수업에서는 대립되는 의견의 정당함을 논하기보다는 여러 가지 방법에 대하여 장단점을 찾아보는 경우가 많다. 그런 점에서 수학과에서는 토론수업보다는 의사소통과 수학적 논의를 효율적으로 전개하기 위한 수업 모형을 생각해 볼 수 있다. 보통 '수학적 토론' 수업 모형이라고 부르고 있기도 하지만 본질적 의미는 **수학적 논의를 위한 수업 모형**이라고 부르는 것이 더 적합하다고 할 수 있다.

효율적인 수학적 논의를 위해서는 수업 전부터 교사가 치밀하게 준비할 필요가 있다. 수업 전의 준비 단계를 포함하여 수업 중의 단계는 다음과 같다(방정숙 역, 2013).

① 수업 목표 및 과제 선정

수학적 논의를 위한 수업의 목표에는 당연히 의사소통 역량의 하위 요소인 '수학적 표현의 이해나 자신의 생각 표현, 타인의 생각 이해' 등이 포함될 것이다. 그러나 이외에도 '사다리꼴의 넓이를 구할 수 있다'와 같은 인지적 영역의 목표도 선정되어야 한다.

이러한 목표가 선정되면 인지적 목표를 달성함과 동시에 논의를 효과적으로 전개할 수 있는 과제를 선정해야 한다. 그러한 과제는 수업 목표와 일치하는 것이어야 하며, 다양한 수준의 아동들이 자신의 수준에서 접근 가능해야 하고, 여러 가지 방법으로 해결 가능한 것이어야 한다.

② 과제에 대한 아동들의 반응을 예상하기

논의를 효율적으로 전개하기 위해서는 교사가 미리 아동들의 해결 방법을 예상해 보아야 한다. 정답을 찾는 올바른 해결 방법은 물론 아동들이 오류를 범하기 쉬운 잘못된 해결 방법도 예상해야 한다. 그러기 위해서는 교사가 수업 전에 아주 다양한 방법으로 과제를 해결해 볼 필요가 있다.

수업을 전개하기 전에 교사는 자신이 예상한 여러 반응(전략)을 〈표 2-7〉과 같은 체크리스트로 만들어 둘 필요가 있다.

표 2-7 체크리스트(방정숙 역, 2013, 78쪽)

전략	누가 그리고 무엇	순서
표	• 1모둠은 1씩 증가하는 것으로 시작했지만 포기했고 20씩 증가시킴 • 2모둠, 3모둠, 4모둠은 10씩 증가시킴	둘째(소윤) 첫째(지혁)
그래프	• 1모둠은 표로부터 그래프를 그리기 위해 계산기를 사용함 • 2모둠은 대략적으로 그래프를 그렸지만 점을 찍지는 않음 • 3, 4모둠 각각은 표로부터 그래프를 그림	셋째(상윤)
방정식	• 5모둠은 식을 세운 다음 0분과 100분을 사용하여 그래프를 그림 • 6모둠은 식으로 시작하고 이를 이용하여 5씩 증가하는 값으로 표를 만듦	넷째(태경)
기타	• 3모둠은 문제의 맥락을 이해하는 데 어려움을 겪음 • 4모둠은 초기에 그래프의 축을 혼동함 • 6모둠은 표기법을 혼동해서 처음에 0.04 대신에 0.4를 사용했었음	

아동들의 반응을 예상하고 체크리스트를 만들었으면 수업을 시작할 준비가 되어 있는 셈이다. 수업 중 적절한 시기에 준비한 과제를 제시하고 모둠별 또는 개인별로 과제를 수행하게 한다. 아동들이 과제를 수행하는 동안 교사는 아동들의 반응을 확인하고 제대로 수행하지 못하는 아동이나 모둠에 대해서 개별지도를 하곤 한다. 그러나 이런 개별지도를 넘어서서 다음 단계와 같이 아동들의 반응을 점검하고 기록해야 한다.

③ 아동들의 실제적인 반응을 점검하기

아동들의 사고와 전략을 세밀히 관찰하고 그들이 어떤 반응을 보였는지를 사전에 준비한 〈표 2-7〉의 체크리스트에 기록한다.

④ 특정 아동과 특정 활동을 선정하기

아동들의 반응 중에서 어떤 반응을 발표시킬 것인지를 선정하고, 어느 모둠의 누구를 발표시킬 것인지를 체크리스트에 근거하여 선정한다. 이때 아동들의 반응이 수업 목표에 어떤 기여를 할 것인지를 평가하여 선정하여야 한다.

⑤ 발표 순서를 계열 짓기

선정된 활동 중에서 어느 것을 먼저 발표할 것인지 그 순서를 정하고 그 순서에 따라 발표하게 한다. 발표 순서는 논의를 효율적으로 할 수 있는지를 결정하는 중요한 요인이다. 발표 순서는 대략 다음과 같은 기준으로 정한다.

- 대다수 아동들이 사용한 전략을 먼저 발표한다.
- 여러 아동들이 드러낸 공통적인 오개념은 먼저 발표하여 오류를 해소한다.

- 구체적인 전략에서 추상적인 전략의 순서로 발표한다.
- 관련되거나 대조적인 것은 잇달아 발표하여 비교하기 쉽게 한다.

아동들은 그들이 활동한 것을 발표하고 다른 아동의 발표 내용을 경청한다. 교사는 각각의 방법의 장점과 단점(또는 부족한 점)을 이해하게 하고 여러 방법의 중심적인 아이디어가 드러날 수 있도록 논의를 이끌어야 한다.

⑥ 다양한 반응끼리 또는 반응과 수업 목표를 연결하기

아동들의 여러 가지 해결 방법을 연결하고 핵심적인 수학적 아이디어를 연결하여 이를 수업 목표와 관련시킨다.

아동들이 발표하고 논의하는 과정에서 교사는 아동들의 논의가 효율적으로 진행할 수 있도록 적절히 도움을 주어야 한다. 이때 논의를 진행하기 위해서 교사가 사용할 수 있는 팁 또는 전략에는 다음과 같이 몇 가지가 있다.

① 교사가 다시 말하기

발표하는 아동이 너무 작은 소리로 말하면 논의가 진행되지 않는다. 이런 경우에 교사는 모든 아동들이 들을 수 있도록 발표한 아동을 대신해서 다시 말을 한다. 이때 교사가 주의할 점은 아동의 아이디어를 그대로 또는 약간만 변경해서 최대한 아동이 한 그대로 말해야 한다는 점이다.

② 다른 아동의 추론을 다시 말하게 하기

한 아동이 말한 것을 다른 아동이 자신의 언어로 다시 말해보게 한다. 이것은 먼저 말한 아동의 것을 평가하거나 비평하는 것이 아니라 그저 다시 말해보게 하는 것이다.

③ 자신의 추론을 다른 사람의 추론에 적용하게 하기

서로 추론 방법은 다르지만 둘 다 옳을 수 있으며 같은 해결 방법에 이를 수 있다. 그러므로 자신의 방법을 다른 사람의 방법에 적용해 보게 하고 서로 비교해 보게 한다. 다른 방법으로 해결한 모둠에게 “이 모둠의 해결 방법에 대해서 어떻게 생각하니?”와 같이 질문할 수 있다.

④ 후속 참여를 독려하기

“다른 생각을 가진 사람 있니?” “여기에 누가 더 보충할 수 있을까?” 등과 같이 더 많은 아동이 그 다음 논의에 참여할 수 있도록 독려한다.

⑤ 기다리기

아동들이 자신의 응답을 생각할 시간을 줌으로써 더 많은 아동들이 논의에 참여할 수 있는 기회를 제공하게 된다.

나. 프로젝트 학습 방법

2022 개정 교육과정은 프로젝트 학습을 학생 스스로 특정 주제나 과제를 탐구하고 해결하기 위해 계획을 수립하고 수행하여 결과물을 산출하고 공유하는 교수·학습 방안으로, 자기주도적으로 수학 지식과 경험을 통합하게 할 수 있으며, 가정, 학교, 지역사회와의 연계나 타 교과와의 연계를 고려하여 범교과 학습 주제에 대한 프로젝트를 수행할 수 있다고 설명하고 있다.

프로젝트 학습은 학습 활동에 대한 확실한 동기를 부여할 수 있고, 자발적이고 능동적인 학습 활동을 가능하게 하며, 학습 내용과 실제 생활을 연결시킬 수 있고, 만족감과 성취감을 제공할 수 있다는 장점이 있다. 그러나 스스로 계획하고 실천하지 못하는 학생에게는 시간과 노력이 낭비될 우려가 있고, 수업이 무질서해질 수 있으며, 교재의 논리적 체계가 무시될 가능성도 있음을 고려해야 한다(강문봉 외, 2025b, 66쪽).

프로젝트에 기반한 학습은 학자에 따라 다양한 용어와 다양한 단계로 설명되지만 ① 주제 정하기, ② 계획 세우기, ③ 계획 수행하기, ④ 발표 및 평가하기의 과정을 따른다. 다만, 아동들의 수준과 시간을 고려하여 주제를 정하는 시간과 노력을 절약하기 위해 〈그림 2-4〉와 같이 주제 정하기 단계를 주제 확인하기로 약화할 수도 있다.

프로젝트에 기반한 수업은 한 차시로는 거의 불가능하며 적어도 2차시 이상 5, 6차시까지 필요할 수 있으므로, 학생의 능력과 가용 시간을 고려하여 진행하는 것이 좋다.

그림 2-4 프로젝트(강문봉 외, 2025a, 151쪽)

① 주제 정하기(확인하기)

주제 정하기 단계에서는 개인 또는 모둠이 주도적으로 탐구할 주제를 정한다. 주제를 정할 시간이 충분하지 않거나 아동들이 주제를 주도적으로 정하기 어려운 경우에는 교사가 주제에 대하여 어느 정도 제시해 주고 아동들은 개인별 모둠별로 이를 좀더 명확하게 구체화하고 확인하는 방식으로 진행할 수도 있다.

② 계획 세우기

결과물을 예상하면서 자료 수집 방법, 수행 방법과 장소, 모둠 내에서의 역할 분담 등을 논의한다.

③ 계획 수행하기

계획에 따라 탐구 활동을 수행하고, 수행한 내용을 표나 그래프로 정리하거나 보고서를 만든다. 보고서는 프로젝트의 결과물일 수도 있고, 탐구의 전 과정을 기록한 것일 수도 있다.

④ 발표 및 평가하기

탐구 결과를 발표하고, 탐구 과정과 결과에 대해 평가하고 개선책이나 앞으로의 과제 등을 도출한다. 이때 비판보다는 칭찬할 점이나 서로 다른 점을 찾아보도록 한다. 프로젝트 수행 결과를 학급 게시판이나 인터넷 등에 공유할 수도 있다.

다. 놀이 및 게임 학습

2022 개정 교육과정은 놀이 및 게임 학습을 호기심과 흥미를 유발하는 놀이 및 게임 활동을 활용하는 교수·학습 방안으로, 활동 속에서 수학 개념이나 원리를 탐구하고 동료와 경쟁 또는 협력하면서 자연스럽게 수학에 접근하고 수학 학습에 대한 자신감 및 의사소통 역량을 기르게 할 수 있다고 설명하고 있다.

놀이나 게임은 수학이 활용되는 맥락을 제공하며, 수학을 창조하는 경험을 제공하고, 수학 불안을 야기하지 않아서 학생들을 적극적이고 능동적으로 수업에 참여하게 만들 수 있으며, 학생들의 사회성을 발달시키고 규칙을 준수하게 만들어 준다. 또한 동기 유발에도 효과적이며, 놀이나 게임에서 자신의 차례가 되었을 때의 상황을 미리 알 수 없기 때문에 놀이 및 게임 학습은 기계적 학습과는 거리가 멀다는 장점이 있다(강문봉, 2001, 202-203쪽).

수업에서 활용할 수 있는 게임에는 수학의 알고리즘과 기능을 숙달하기 위한 연습 게임, 수학적 사고나 전략을 사용하거나 숙달하게 하기 위한 전략 게임, 특정한 내용을 이해하고 발견하게 하거나 개념을 형성하기 위한 개념학습 게임으로 구분할 수 있으며, 각각의 게임을 활용하는 시기와 방법은 게임 유형에 따라 다르기 때문에 이를 고려하여 놀이나 게임을 활용하는 것이 바람직하다.

4 평가

평가는 아동들을 경쟁으로 몰아넣기도 하지만, 아동들의 주도적 학습과 성장을 지원하고 교사의 수업을 개선하는 데 기여하는 방식으로 평가가 이루어질 수도 있다. 2022 개정 교육과정에서는 특별히 평가에서 학생의 사회 문화적 배경, 신체 특성 등이 불리하게 작용하지 않도록 할 것을 요구하고 있다. 다음 〈표 2-8〉은 교육과정에서 제시하고 있는 평가 방향이다.

표 2-8 평가 방향(교육부, 2022)

(1) 평가의 방향
(가) 학생의 수학 학습에 대한 정보를 수집·활용하여 학생의 주도적 학습과 성장을 지원하고 교사의 수업 개선을 돕도록 지속적으로 평가를 실시한다.
(나) 수학과 교육과정에 제시된 성격, 목표, 내용 체계, 성취기준, 교수·학습과 일관성을 가지도록 평가를 실시한다.
(다) 학생의 수학 학습을 돕기 위해 수업과 평가를 통합하여 과정을 중시하는 평가를 실시한다.
(라) 수학 내용 체계의 지식·이해, 과정·기능, 가치·태도를 학습 결과뿐 아니라 학습 과정에서 균형 있게 평가한다.
(마) 학생이 평가 과정에 적극적으로 참여하고 스스로 설정한 수학 학습 목표에 대한 달성 여부를 점검할 수 있게 한다.
(바) 학생의 사회 문화적 배경, 신체 특성 등이 불리하게 작용하지 않도록 평가를 실시하고, 학생의 사전 지식, 수학에 대한 흥미, 학습 유형, 학습 수준을 고려하여 평가 목적, 교수·학습 내용 및 방법에 따라 다양한 평가 방법을 적용한다.
(사) 진단평가, 형성평가, 총괄평가 등을 적절히 활용하여 수학 학습 과정과 결과에 대한 구체적인 정보를 바탕으로 학생의 특성과 학습 결손을 파악하고 개별적 지원 방안을 마련한다.
(아) 온라인 수학 수업에서 평가를 할 때 학습 환경 등의 외적 요소가 수학 학습 과정과 평가 결과에 영향을 미치지 않도록 한다.
(자) 평가 절차를 개방적이고 공정하게 시행하고 학생의 수학 학습에 대한 의미 있는 정보를 학생, 학부모에게 제공한다.

다음 〈표 2-9〉는 교육과정에서 제시하고 있는 다양한 평가 방법이다.

표 2-9 평가 방안(교육부, 2022)

(다) 학생의 수학 학습 과정과 결과는 다양한 평가 방안을 사용하여 양적 또는 질적으로 평가한다.

① 지필평가는 수학 내용 체계의 지식·이해, 과정·기능을 평가하는 데 활용할 수 있고, 선택형, 단답형, 서·논술형 등의 다양한 문항 유형을 사용할 수 있다.

② 프로젝트 평가는 학생 스스로 특정 주제나 과제를 탐구하고 해결하기 위해 계획을 수립하고 수행하는 과정과 그 결과물을 평가하는 방안으로, 수학 내용 체계의 세 범주를 종합적으로 평가할 때 활용할 수 있다.

③ 포트폴리오 평가는 학생의 성장에 대한 정보를 얻기 위해 수학 학습 수행과 그 결과물을 일정 기간 수집하여 평가하는 방안으로, 수학 교과 역량의 발달을 종합적으로 평가할 때 활용할 수 있다.

④ 관찰 평가, 면담 평가, 구술 평가는 학생 개인 및 소집단을 관찰, 학생과의 질의·응답, 학생의 발표를 통해 평가하는 방안으로, 학생의 사고 방법, 수행 과정, 수학 내용 체계의 가치·태도 등을 평가할 때 활용할 수 있다.

⑤ 자기 평가는 학생 스스로 자신의 학습 과정과 결과를 평가하는 방안으로, 수학 내용의 이해와 수행 과정, 문제해결과 추론 과정의 반성, 자신의 생각 표현, 수학 내용 체계의 가치·태도 등을 평가할 때 활용할 수 있다.

⑥ 동료 평가는 동료 학생들이 상대방을 서로 평가하는 방안으로, 협력 학습 상황에서 학생 개개인의 역할 수행이나 집단 활동의 기여를 평가할 때 활용할 수 있다.

3장

0과 자연수

1. 관련 이론

2. 0과 자연수의 지도

3장

0과 자연수

생각할 문제

이 단원을 학습하기 전에 다음 문제를 생각해 봅시다.

1 수와 숫자, 수사는 어떻게 다른가?

2 수는 어떻게 생겨났을까?

3 수의 이름은 어떻게 만들어졌을까?

4 숫자는 어떻게 만들어졌을까?

5 숫자 0이 없어진다면 어떤 일이 벌어질까?

6 큰 수를 쓸 때 왜 3자리마다 콤마를 붙일까?

7 수를 어떻게 읽을까? '5시 5분'을 왜 '다섯 시 다섯 분'이라고 읽지 않고 '다섯 시 오 분'이라고 읽을까?

1 관련 이론

가. 자연수의 의미

자연수는 우리 일상에서 많이 사용되고 있으며 그 의미도 다양하다. 자연수는 어떤 의미를 가지고 있는지 살펴보자.

1) 집합수

과일 3개, 어린이 3명 등과 같이 집합의 원소의 개수를 나타낼 때 사용하는 수가 **집합수**이다. 집합수로서의 수 개념은 〈그림 3-1〉과 같이 두 집합에서 원소의 종류나 모양, 크기, 위치 등의 이질적인 속성을 배제하고 공통점, 즉 '같은 개수'만을 추상하여 얻어진다. 이 추상화에서 얻어진 수는 3이다. 집합수로서의 수의 크기나 순서는 두 집합 간 원소를 일대일로 대응시켜 남는 집합의 원소의 개수가 더 크거나 나중 순서의 수로 정의된다. 〈그림 3-2〉에서와 같이, 일대일대응 결과 4가 3보다 더 크다.

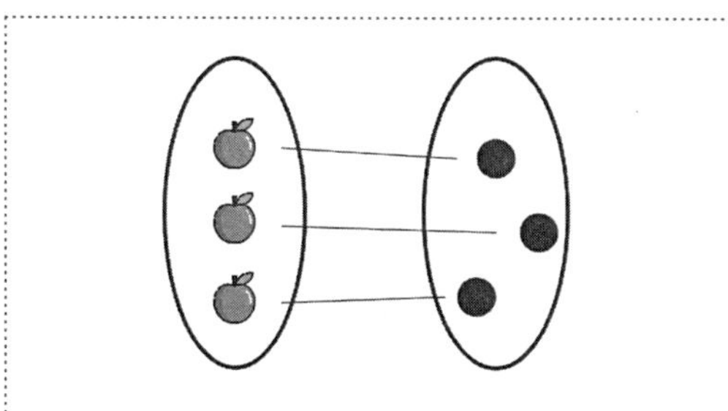

그림 3-1 집합수 3

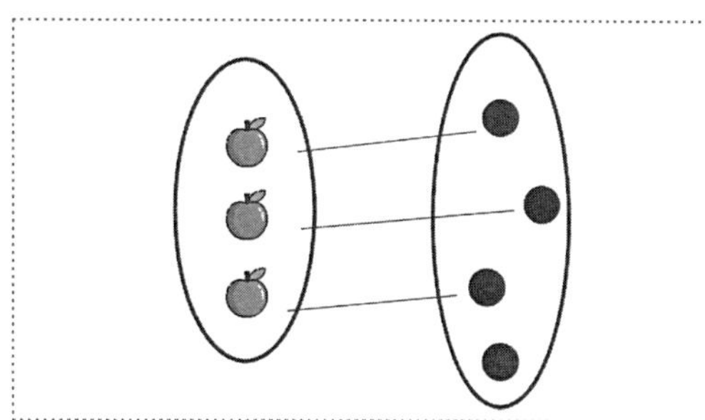

그림 3-2 4가 3보다 더 크다.

2) 순서수

첫째, 둘째, 혹은 1층, 2층과 같이 순서나 위치를 나타낼 때 사용하는 수가 **순서수**이다. 달리기를 하면서 먼저 온 순서를 말한다거나 계단의 위치를 말할 때 순서수가 사용된다.

집합수든 순서수든 하나하나의 대상에 대응하며 수의 이름이 지정된다. 그러나 집합수의 경우는 가장 마지막의 수사가 그 집합 전체의 개수를 의미하며 순서수의 경우는 그 수사가 지정된 특정한 대상을 의미하게 된다. 이러한 차이로 인해 자연수를 집합수 개념으로 지도하거나 순서수 개념으로 지도할 때 덧셈을 정의하거나 덧셈의 교환법칙을 설명하는 방식이 달라지게 된다. 교육과정에서는 집합수와 순서수 모두 언급하고 있지만 덧셈을 정의할 때는 주로 집합수 개념으로 다루어지고 있다.

그림 3-3 집합수(교육부, 2024a, 16쪽)

그림 3-4 순서수(교육부, 2024a, 24쪽)

3) 측정수

멕렐란(McLellan)과 듀이(Dewey)는 "수는 균형을 이루기 위한 목적으로 주어진 양을 정확하게 측정하는 과정에서 발생한다."(McLellan & Dewey, 1895, p.42)고 하였다. 즉, 인간은 생활의 필요에 의해 막연한 전체를 명확히 하기 위한 분석 수단으로 단위를 도입하여 단위량과 비교하여 전체를 명확히 하려는 측정 활동을 하게 되고 이러한 측정으로부터 수가 생겨난다. 그러므로, 수는 전체량과 단위량 사이의 상대적인 관계, 즉 '비'가 된다. **측정수**는 이와 같이 자연수의 발생을 설명하는 개념이다.

이러한 관점에서 보면 수는 사물이 가지고 있는 속성이 아니라 사물에 가해진 인간의 활동, 즉 측정에서 비롯된다. 예를 들어 〈그림 3-5〉의 (1)에서 우리는 개수가 '여섯'이라는 생각을 떠올리게 되지만 (2)에서는 '여섯'보다는 묶음이 '셋'이라는 생각이 떠오르게 된다. 이것은 사물을 단위로 측정하였다는 것을 의미한다.

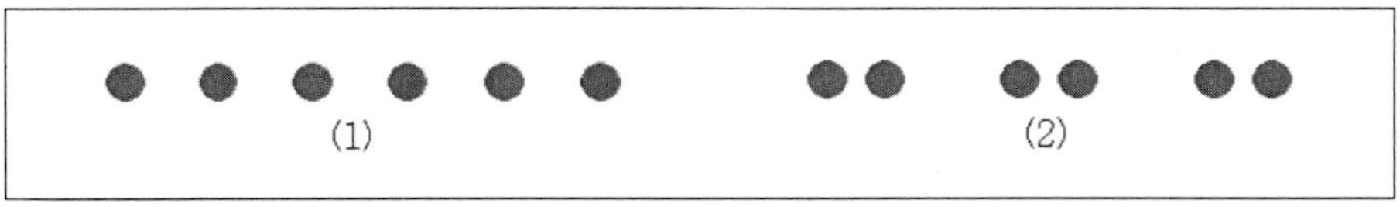

그림 3-5 여섯과 셋

일반적으로 세기 활동은 측정 활동의 한 부분으로 생각하지만, 멕렐란과 듀이는 "세는 것은 모두 측정하는 것이며 측정하는 것은 모두 세는 것이다"(McLellan & Dewey, 1895, p.48)라고 말하면서 아동의 경우에 세기 활동은 측정 활동과 불가분의 관계에 있다고 주장한다. 그러므로 측정수의 개념은 연속량과 이산량 모두에 적용된다.

참고사항 명목수

일상생활에서 자연수는 사물을 구별하기 위한 일종의 이름으로 사용되는 경우가 많다. 서울의 간선버스는 출발권역과 도착권역, 일련번호(1~9)로 구성된 3자리 수, 지선버스는 출발권역과 도착권역, 일련번호 2자리(1~99)로 구성된 4자리 수, 광역버스는 0~99의 노선 일련번호로 구성되는데, 이러한 버스의 노선 번호나 전화번호 등은 어떤 집합의 원소의 개수도 아니고 순서도 아니다. 이름 대신 편리하게 사용하는 것이다. 이렇게 사용되는 수를 **명목수** 또는 **이름수**라고 한다. 그러므로 명목수는 자연수가 가진 의미라기보다는 자연수가 일상생활에서 사용되는 방법을 말한다고 할 수 있다.

나. 자연수 개념의 발달

자연수 개념은 어느 한순간에 형성되는 것이 아니라 인간이 태어나는 순간부터 시작하여 오랜 기간에 걸쳐서 발달한다. 그 발달 과정은 다음과 같다.

첫째, 수사를 순서대로 말하는 단계이다. 하나, 둘, 셋과 같은 수의 이름을 알고 이 이름을 순서대로 말할 수 있는 단계이다.

둘째, 수사와 대상을 일대일 대응시키는 단계이다. 아주 어린 아동들은 손으로 물건을 가리키는 동작과 입에서 내뱉는 수사를 대응시키지 못하는 경우가 있다. 물건의 개수를 세면서 물건 하나하나에 대하여 수사를 하나씩 순서대로 대응할 수 있어야 한다.

셋째, 마지막에 대응된 수사가 그 집합 전체의 개수임을 아는 단계이다. 수사와 대상을 일대일 대응을 시켰어도 마지막에 대응된 수사가 그 집합 전체를 나타내는 것임을 알지 못하는 경우가 있다.

넷째, 세는 방법을 달리 해도 전체의 수가 변하지 않음을 아는 단계이다. 피아제(Piaget)의 연구에 의하면, 보존 개념이 형성되지 않은 아동은 대상의 배열을 바꾸거나 물건의 개수를 왼쪽에서부터 세거나 오른쪽에서부터 세든지 혹은 부분 부분 센다고 하더라도 그 전체의 개수가 변하지 않는다는 사실을 알지 못하는 단계가 있다. 이런 단계를 벗어나서, 대상의 배열이나 세는 방법을 달리 하더라도 전체의 개수가 같다는 보존 개념을 형성하게 되는 단계이다.

다. 명수법

명수법은 수의 이름을 만드는 방법이다. 수의 이름을 만드는 방법은 나라마다 다양했다. 우리나라는 하나, 둘, 셋, 넷, 다섯, 여섯, 일곱, 여덟, 아홉, 열까지의 이름이 있고 그다음에는 열하나, 열둘과 같이 '열'에 그다음 이름을 붙여서 사용하였으며, '열'씩 모일 때마다 스물, 서른, 마흔, …, 백과 같이 새로운 이름을 만들어서 사용하였다. 지금은 사용하지 않는 온(백), 즈믄(천), 드먼(만), 골(경), 잘(정)과 같은 큰 수를 나타내는 이름도 있다. '온'은 지금은 수의 이름으로 사용되지는 않지만 전세계를 뜻하는 '온누리', 우리나라 최초의 쇄빙선 이름인 '아라온' 등에서와 같이 '모두'를 뜻하는 의미로 사용되고 있다.

반면, 중국에서는 우리와 비슷한 방법이기는 하지만 매 '열'마다 새로운 이름을 만드는 것이 아니라 이십, 삼십과 같이 이미 만든 수의 이름을 곱셈적으로 이용하였다.

영어권에서는 이와 달리 twenty(스물)까지 각각의 새로운 이름을 만들어 사용하였음을 알고 있다. 반면에 캄보디아에서는 1에서 5까지를 뭐이, 뻬, 바이, 부언, 쁘람이라고 읽고 6, 7, 8, 9는 각각 쁘람뭐이, 쁘람뻬, 쁘람바이, 쁘람부언와 같이 읽는다. 10은 덥이라고 읽는다.

이와 같이 수의 이름은 각각의 문화적 환경에 따라 다르게 만들어 사용되었다. 그러나 수가 커질수록 새로운 이름을 만드는 것은 엄청난 지적 낭비일 수밖에 없다. 그래서 큰 수를 만드는 체계적인 방법을 고안해야 하며, 대표적인 것이 중국의 명수법과 서양의 명수법이다.

1) 중국의 명수법

중국에서는 4자리마다 새로운 이름을 만들어서 사용하였다. 4자리 마디 속에는 일, 십, 백, 천이 순환된다. 그러므로 4자리마다 끊어서 읽는 것이 편리하다. 그런 점에서 만진법이라고도 부른다.

10^4	만(萬)	10^8	억(億)	10^{12}	조(兆)	10^{16}	경(京)
10^{20}	해(垓)	10^{24}	자(秭)	10^{28}	양(穰)	10^{32}	구(溝)
10^{36}	간(澗)	10^{40}	정(正)	10^{44}	재(載)	10^{48}	극(極)
10^{52}	항하사(恒河沙)			10^{56}	아승기(阿僧祇)		
10^{60}	나유타(那由他)			10^{64}	불가사의(不可思議)		
10^{68}	무량수(無量數)						

그림 3-6 큰 수의 이름(수술기유, 190년경; 산학계몽, 1299)

2) 서양의 명수법

서양에서는 3자리마다 새로운 이름을 만들어서 사용하였다. 1000은 thousand, thousand의 1000배는 million, million의 1000배는 billion 등이다. 그런 점에서 천진법이라고도 부른다. 서양의 명수법에 따르면 세 자리마다 콤마(,)를 찍어서 나타내면 수를 읽기에 편리하다. 그러나 이런 표기법은 4자리마다 새로운 이름을 사용하는 동양에서는 혼란스럽다.

10^{100}을 나타내는 **구골**이라는 수의 이름은 1920년에 미국의 수학자 카스너(Kasner)의 9살 조카인 시로타가 만들어냈다고 한다. 이 이름은 학문적으로 중요한 의미를 가지지는 않으며 다만 아주 큰 수를 나타내는 이름 중의 하나로서의 흥미를 가지고 있다.

참고사항

중국에서 처음부터 4자리 수마다 새로운 이름을 확정한 것은 아니었다. 수가 열 배가 될 때마다 혹은 4자리 수마다 혹은 8자리 수마다 새로운 이름을 사용하기도 하였다. 그러나 열 배가 될 때마다 새로운 이름을 만드는 것은 너무 비효율적이며 8자리마다 이름을 만드는 것도 너무 복잡하여 4자리마다 이름을 만드는 것으로 통일되었다.

서양에서도 6자리마다 새로운 이름을 사용하기도 하였으나 너무 복잡하여 3자리마다 수의 이름을 만드는 것으로 통일되었다.

'아승기'는 '항하사'의 만 배이지만, 사전을 찾아보면 옛날에는 항하사의 억 배로 사용되기도 했음을 알 수 있다. 마찬가지로 billion은 million의 천 배이지만 million의 백만 배로 사용되곤 했다. 이러한 사실은 수의 이름을 만들고 통용되는 역사 속에서의 경쟁적 흔적을 말해준다.

라. 기수법

기수법은 숫자를 사용하여 수를 표기하는 방법이다. 여기에는 숫자를 만드는 방법과 표기하는 방법 두 가지가 관련된다. 숫자를 만들 때도 이름을 만들 때처럼 작은 수에 대해서는 하나하나 기호를 만들게 된다.

수를 표기하는 가장 원시적인 방법은 단위를 나타내는 기호를 반복하는 방법이다. 예를 들어 단위 1을 나타내는 기호가 /라면 5는 /////, 10은 //////////로 표기한다. 이런 방법을 단항 기수법(unary numeral system)이라고 하는데, 고대 바빌로니아 숫자나 이집트의 숫자, 심지어 중국의 숫자나 로마 숫자, 마야 숫자에서도 단항 기수법의 흔적이 남아 있다.

표기가 많아지다 보면 쉽게 파악하기 어렵기 때문에 점차 효과적인 표기 방법을 생각하게 된다. ///// 대신 ~~////~~과 같이 표기할 수도 있고, 이집트나 바빌로니아의 기수법에서처럼 줄을 바꾸어 표기한다든가 중국이나 마야, 로마 숫자처럼 4 이상의 경우에는 새로운 기호를 만들기도 한다.

더욱 큰 수의 경우에는 단항 기수법으로 수를 표기하는 것이 불가능해지기 때문에 큰 수를 표기하는 체계적인 방법이 필요하다. 하나의 기호 옆에 다른 기호를 첨가하여 수를 나타내는 가법적 기수법, 이웃한 기호의 곱으로 그 값을 나타내는 승법적 기수법, 수가 놓이는 자리를 이용하는 위치적 기수법, 그리고 적절한 큰 수의 기호를 새로 만들어 사용하는 절대 기수법 등이 그러한 체계적인 방법이다.

1) 가법적 기수법과 승법적 기수법

가) 가법적 기수법

고대 이집트나 로마에서는 가법적 기수법을 사용하였다. 가법적 기수법은 몇 개의 숫자를 합하여 새로운 수를 나타내는 방법이다. 예를 들어 고대 이집트에서는 십 기호(∩) 2개와 일 기호(|) 3개를 합하여 23을 ∩∩|||와 같이 나타내며 고대 로마에서는 5 기호(V)와 일 기호(I)를 합하여 6을 VI와 같이 나타낸다. 4의 경우는 IV로 나타내는데 I을 기호 V의 왼쪽에 쓰면 빼는 것을 오른쪽에 쓰면 더하는 것을 의미하므로, 로마의 수체계는 더하는 방법과 빼는 방법을 모두 사용한 것이다.

가법적 방법으로 수를 나타내면 쉽게 수를 파악하는 데 도움이 되기는 하지만 큰 수를 나타내는 데는 매우 불편하다. 56,789를 이집트 숫자로 나타내어 보면 그 불편함을 알 수 있을 것이다.

나) 승법적 기수법

중국은 승법적 기수법을 채택하였다. 예를 들어, 이십은 二十과 같이 二(이)와 十(십)을, 오백은 五百과 같이 五(오)와 百(백)을 곱한 수로 나타낸다. 四百五十三(사백오십삼)은 4×100+5×10+3을 의미하며 승법적 방식과 가법적 방식을 함께 사용하여 수를 나타낸다.

바빌로니아 기수법 역시 승법적, 가법적 방식을 모두 채택하고 있다. 〈과 Y⊢은 각각 10과 100을 나타내는데, 〈Y⊢은 10×100, 즉 1000을 나타낸다(Cajori, 1993, p.2).

2) 절대 기수법과 위치적 기수법

가) 절대 기수법

절대 기수법은 하나하나의 기호가 특정한 수의 값을 나타내는 방법이다. 중국의 기수법이나 이집트 기수법, 로마 기수법이 대표적이다. 중국의 기수법이나 이집트 기수법은 열이 되면 새로운 기호를 사용하는 십진법을 채택하고 있다.

절대 기수법에서는 계속해서 새로운 기호를 만들어 내야 한다는 어려움이 있으며, 작은 수를 표현하더라도 꽤 많은 기호가 필요할 수 있다.[7] 고대 이집트의 경우 〈그림 3-7〉과 같이 십은 발뒤꿈치로, 백은 두루마리로, 천은 나일강에 많이 피어 있는 연꽃으로, 만은 손가락으로, 십만은 올챙이로, 백만은 수가 너무 많아서 놀라는 사람(혹은 수의 신)으로 나타내고 있다. 기호는 그 의미를 쉽게 알 수 있는 모양으로 만들게 된다는 점에서 이집트의 숫자가 흥미롭기는 하지만 계속해서 큰 수의 기호를 만드는 것은 그리 쉽지 않다.

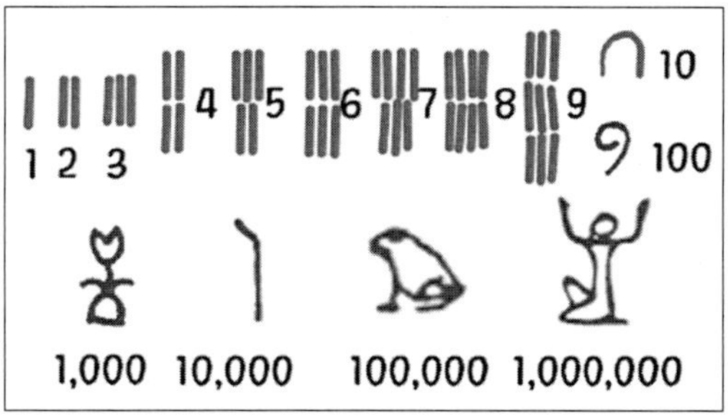

그림 3-7 고대 이집트의 숫자

고대 로마에서는 〈그림 3-8〉과 같이 5는 V, 10은 X, 50은 L, 100은 C와 같은 기호를 사용했다. 그러므로 400은 CCCC와 같이 나타낼 수 있다. 그러나 같은 기호가 4번 반복되면 불편하기 때문에 이를 피하기 위하여 500에서 100을 빼는 아이디어를 생각해 내었다. 즉, CD와 같이 왼쪽에 쓴 작은 값은 빼는 것으로, DC와 같이 오른쪽에 쓴 작은 값은 더하는 것으로 나타내었다.

절대 기수법은 수를 나타내는 데는 비교적 편리하나 수의 계산을 하는 데는 불편하여 주판과 같이 계산을 하는 도구가 필요하게 된다.

1 = I	10 = X	100 = C	1000 = M
2 = II	20 = XX	200 = CC	2000 = MM
3 = III	30 = XXX	300 = CCC	3000 = MMM
4 = IV	40 = XL	400 = CD	
5 = V	50 = L	500 = D	29 = XXIX
6 = VI	60 = LX	600 = DC	99 = XCIX
7 = VII	70 = LXX	700 = DCC	3456 = MMMCDLVI
8 = VIII	80 = LXXX	800 = DCCC	
9 = IX	90 = XC	900 = CM	

그림 3-8 로마 숫자

나) 위치적 기수법

위치적 기수법은 같은 기호라도 그 기호가 놓인 위치에 따라 그 값이 달라지는 기수법이다. 그러므로 한 자리에 놓일 수 있는 몇 개의 기호만 있으면 충분하다. 고대 바빌로니아의 수체계나 인도·아라비아 수체계, 마야의 수체계가 위치적 기수법을 적용하고 있다. 위치적 기수법을 제대로 사용하려면 어떤 자리가 비어 있다는 것을 나타내는 기호가 있

7) 999를 이집트 숫자로 나타내려면 27개의 기호가 필요하다.

어야 한다.

위치적 기수법은 수를 나타내는 데도 편리하지만 수를 계산하는 데도 편리하다.

① 고대 바빌로니아 수체계

바빌로니아 사람들은 기원전 1600년경에 벌써 60이 되면 그 위치를 달리 하는 육십진법을 채택하고 있다.[8] 수를 표기하는 데 위치를 생각한 것은 인도인보다 2000년 정도 앞선 것으로 보인다(Cajori, 1917, p.10). 일(▼)과 십(◀)을 나타내는 기호를 가법적으로 사용하여 1에서 59까지의 숫자를 만들고 그 이상의 수는 위치적 기수법을 사용하여 나타내었다. 고대 바빌로니아 체계에서는 자리가 비어 있음을 나타내는 기호가 존재하지 않았다. 다음 〈그림 3-9〉를 보면 1을 나타내는 숫자와 60을 나타내는 숫자가 모두 같은 기호이다. 이것은 일의 자리가 비어 있음을 나타내는 기호가 없기 때문이다. 2를 나타내는 숫자와 61을 나타내는 숫자도 비슷하다. 2는 낱개 두 개로 나타내지만 61은 60묶음 하나와 낱개 한 개를 나타낸 것이며 2와 달리 그사이에 약간의 간격이 있다. 그러나 이런 간격 사용이 엄격하게 적용되지 않았으며 간격이 눈에 잘 드러나지 않을 수도 있다. 그러므로 ▼▼는 2인지 $1\times60+1$인지, $1\times60^2+1\times60$인지, $1\times60^2+0\times60+1$인지 또는 $1+\frac{1}{60}$인지를 파악하기 쉽지 않다. 기원전 300년경에 와서 비어 있는 자리를 나타내는 기호로  또는 가 사용되었다(Boyer, 2011, p.24; Burton, 2011, p.25). 그런 점에서 고대 바빌로니아 기수법은 불완전한 위치적 기수법이다.

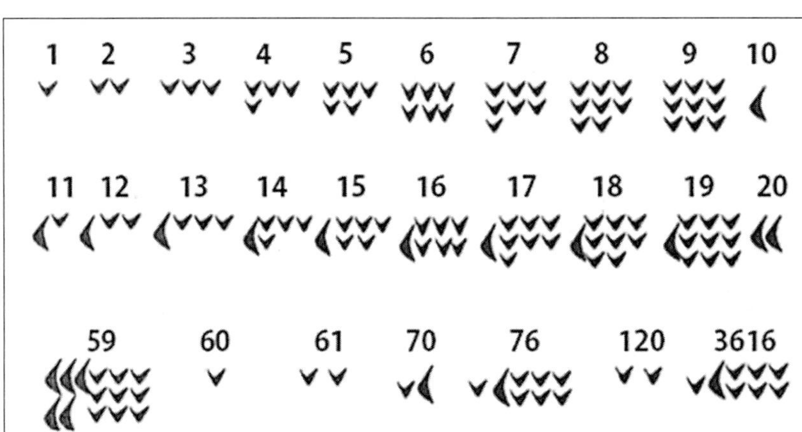

그림 3-9 고대 바빌로니아 숫자

---

8) 바빌로니아에서 육십진법에 기초한 위치적 기수법을 사용했다는 사실은 영국 지질학자 로프터스(W. K. Loftus)가 1854년 유프라테스 강의 Senkerah에서 발견한 두 개의 점토판을 통해 확인된다(Burton, 2011, p.23).

② 마야 수체계

기원후 1000년경에 도시화를 이룬 마야인들은 기본 단위를 뜻하는 점과 기본 단위의 다섯 배를 뜻하는 막대, 그리고 빈자리를 나타내는 기호( )를 만들고 이십진법을 채택하였다. 〈그림 3-10〉에서 알 수 있듯이, 20은 20 묶음 하나(●)와 일의 자리가 비어 있음을 나타내는 기호( )로 표현되어 있다.

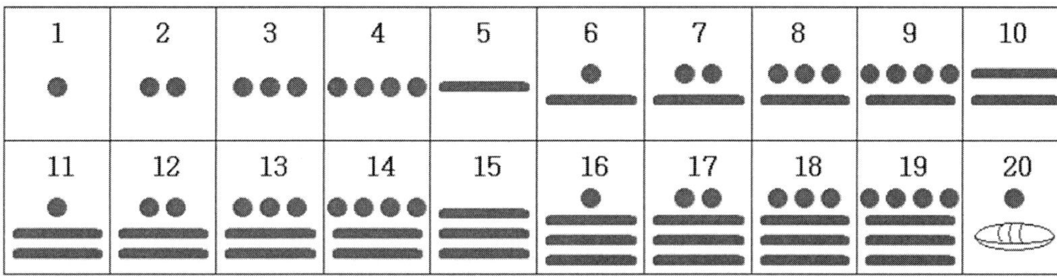

그림 3-10 마야의 숫자

마야인들은 수를 세로로 썼으며 위에서 아래로 썼다. 두 번째의 자릿값은 20이지만 세 번째의 자릿값은 18×20이고, 그다음 자리의 값은 18×20^2이다(Eves, 1969, p.15). 예를 들어 〈그림 3-11〉은 $6 \times (18 \times 20^2) + 0 \times (18 \times 20) + 14 \times (20) + 7$을 의미하므로 43,487을 나타낸다.

세 번째의 자릿값이 18×20인 것은 그들이 1년을 360일로 생각하고 있는 것과 관련된다. 그러나 이런 자릿값 때문에 마야의 기수법으로는 모든 수를 나타낼 수 없는 문제가 생긴다.

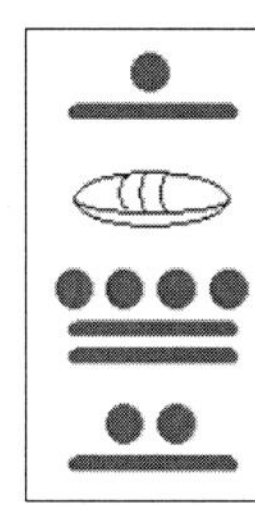

그림 3-11

③ 인도·아라비아 수체계

오늘날 우리가 사용하고 있는 인도·아라비아 수체계는 0, 1, 2, 3, 4, 5, 6, 7, 8, 9라는 열 개의 숫자를 사용하고 십진법과 위치적 기수법을 채택하고 있다. 이 세 가지 어느 것도 인도인의 독창적인 것은 아니었지만 이 세 가지가 연결되어 현대적인 수체계를 형성한 것은 인도인들 덕분이다(Boyer, 2011, p.193).

기원전 1세기경의 비문에서 발견된 다음과 같은 숫자를 보면 지금 우리가 사용하는 숫자나 위치 개념이 당시의 인도 수체계에서 아직은 나타나지 않고 있음을 알 수 있다.

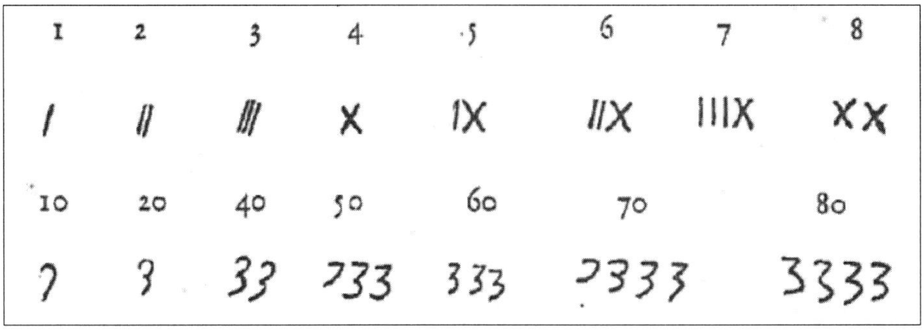

그림 3-12 기원전 1세기경의 인도 숫자(Datta and Singh, 1935, p.22)

영을 나타내는 숫자 0의 기원은 불확실하지만 876년의 어느 비문에서 십진수 표현으로 이 숫자가 사용된 것은 확실하다(Smith, 1958b, p.69).

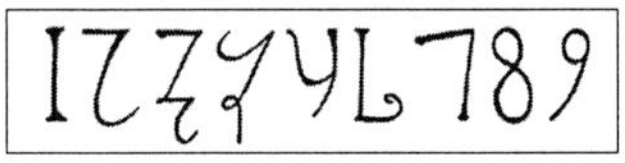

그림 3-13

인도에서 만들어진 10개의 숫자는 여러 나라에 퍼져 나갔고 오랜 세월에 걸쳐서 형태가 변하여 우리가 지금 사용하는 숫자로 변해 왔다. 〈그림 3-13〉은 976년에 스페인에서 쓰여진 필사본에 나온 인도 숫자이다(Smith, 1958b, p.75).

참고사항

인도·아라비아 수체계는 피보나치(Leonardo Fibonacci)의 〈산반의 책〉(1228)을 통해 유럽에 소개되었다. 그러나 0에 대한 불안감, 종이의 낭비, 위조 가능성, 아직 통일되지 않은 인도·아라비아 숫자 모양의 다양함 등의 이유로 1299년 피렌체 시에서는 상인들이 부기에 인도·아라비아 숫자를 사용하는 것을 금지하고 로마 숫자를 사용하도록 명령하는 조례를 발표하기도 했다.

그렇지만 인도·아라비아 숫자를 이용한 계산의 편리성이 점점 드러나고 1450년에 인도·아라비아 숫자가 인쇄된 책이 소개되면서 인도·아라비아 숫자의 형태가 표준화되게 되면서 인도·아라비아 숫자가 유럽에서 널리 사용하게 되었다(강문봉, 김정하, 2024, 76-78쪽).

마. 수 감각

수 감각(number sense)이란 개념은 명확하게 규정되어 있지 않지만 수에 대한 직관적인 느낌, 수를 다면적으로 볼 수 있는 안목, 수를 다양하게 사용하고 해석하는 능력이라고 할 수 있다. NCTM(1989)은 수 감각에는 다음과 같은 5가지 요소가 있다고 설명한다.

① 수의 의미를 개발함. 이것은 집합수와 순서수의 의미를 포함한다.

② 조작도구를 이용하여 수 관계를 탐구함. 예를 들어, 대상들의 집합의 결합과 분해는

7을 6보다 1이 크고, 8보다 1이 작으며, 5보다 2가 크고, 홀수임을 이해할 수 있게 해주며, 이와 비슷하게 50을 십이 5개이고, 25가 2개이며, 십 4개와 낱개 10개임을 이해하게 해준다.

③ 수의 상대적인 크기를 이해함. 예를 들어, 31은 4보다 크고, 대략 27과 같고, 60의 절반 정도이며, 92와 비교하면 작다. 계산기에서 1씩 빠르게 100까지 또는 1000까지 두들기는 것은 이런 수들의 상대적 크기를 파악하는 데 도움을 준다.

④ 수를 계산하는 것의 상대적 효과에 대한 직관을 발달시키는 것.

⑤ 아동들의 환경에서 일상적인 대상과 상황을 측정하기 위한 참조물을 개발하는 것. 예를 들어, 4학년 아동의 키가 316cm가 된다거나 몸무게가 8kg이 된다는 것은 비현실적이며, 빵 한 조각이 117달러가 될 수 없고 선생님의 나이가 96세는 아니다. 이러한 측정의 합리적인 범위에 대한 지식은 결과의 합리성을 판단하는 기초가 된다.

이외에도 다음과 같은 요소들을 더 생각해 볼 수 있다.

⑥ 수를 여러 가지 방식으로 표현함

예를 들어, 3=2+1, $3 = \frac{3}{1} = 2.9999\ldots$, 50%=$\frac{1}{2}$ 등과 같이 다양하게 표현하는 것을 말한다.

⑦ 계산 결과를 이해하고 어림함

계산의 결과가 어느 정도 되는지를 어림하거나 175를 약 200 또는 150 정도 등과 같이 적절히 어림하는 능력이다.

⑧ 수를 일상생활에서 사용하고 해석함

일상생활에서 수나 숫자를 사용하려는 마음, 혹은 TV나 신문에서 사용되는 수의 의미나 크기를 해석하는 능력이다.

이와 같은 수 감각은 오랜 기간에 걸쳐서 발달한다.

바. 자연수의 성질

1) 홀수와 짝수

일상생활에서 홀수와 짝수는 많이 사용되는 개념이다. **짝수**는 2의 배수인 정수이며 **홀수**는 2의 배수가 아닌 정수이다. 그러므로 0, ±2, ±4, ±6, ±8, ... 등은 짝수이며, ±1, ±3, ±5, ... 등은 홀수이다. 2022 개정 교육과정에서는 배수를 5-6학년군에서, 홀수와 짝수는

1-2학년군에서 지도한다. 따라서 1-2학년군 수준에서 배수라는 말을 사용할 수 없기 때문에 '둘씩 짝을 지을 수 있는 수'를 짝수라고 하고, '둘씩 짝을 지을 수 없는 수'를 홀수라고 정의하고 있다. 그러므로 초등학교 수준에서는 짝수와 홀수를 자연수 범위에서만 다루게 된다.

짝수와 홀수에서는 다음과 같은 성질을 찾을 수 있다.

- 홀수와 홀수의 합은 짝수이다.
- 짝수와 짝수의 합은 짝수이다.
- 짝수와 홀수의 합은 홀수이다.
- 홀수와 홀수의 곱은 홀수이다.
- 짝수와 짝수의 곱은 짝수이다.
- 짝수와 홀수의 곱은 짝수이다.

2) 약수와 배수

약수(divisor)는 0이 아닌 자연수를 나누었을 때 나누어 떨어지게 하는 자연수를 말한다. 예를 들어 6의 약수는 6을 나누었을 때 나누어 떨어지게 하는 자연수로서

$6÷1=6$

$6÷2=3$

$6÷3=2$

$6÷4$는 나누어 떨어지지 않음

$6÷5$는 나누어 떨어지지 않음

$6÷6=1$

이므로 6의 약수는 1, 2, 3, 6이다.

배수(multiple)는 어떤 수를 1배, 2배, 3배, ...한 수를 말한다. 예를 들어

$$4\times1=4,\ 4\times2=8,\ 4\times3=12,\ 4\times4=16\ \cdots$$

이므로 4의 배수에는 4, 8, 12, 16, … 등이 있다.

약수와 배수 역시 초등학교 수준에서는 자연수 범위에서 다루고 있지만 수학적으로는 정수 범위에서 정의되기 때문에 0은 모든 정수의 배수이며, 음의 정수에서도 약수와 배수를 생각할 수 있다.

두 자연수 a와 b에서 a가 b의 배수이면 b는 a의 약수가 되고, b가 a의 약수이면 a는 b

의 배수가 된다. 이러한 약수와 배수의 관계를 2022 개정 교육과정에서는 약수와 배수를 학습하는 과정에서 이해하게 하도록 하고 있다. 그러므로 약수를 구하고 배수를 구하는 과정에서 귀납적으로 이러한 관계를 발견하게 하는 것이 좋을 것이다.

3) 인수, 소수

약수와 비슷한 개념이 인수(factor)이다. **인수**는 정수 또는 다항식을 몇 개의 곱의 꼴로 나타내었을 때 그것의 각 구성 요소를 말한다. 예를 들어 자연수 12는 12=1×12=2×6=3×4와 같이 나타낼 수 있으므로 1, 2, 3, 4, 6, 12는 12의 인수가 된다. 자연수에서는 약수나 인수가 모두 같은 결과가 되므로 약수를 구할 때 나눗셈식이나 곱셈식을 이용하여 구하게 되지만 엄밀한 의미에서 약수와 인수는 다른 개념이다.

소수(素數, prime number)는 인수(약수)가 1과 자신의 2개뿐인 자연수를 말한다. 즉, 2, 3, 5, 7, 11 등은 소수이다. 약수의 개수가 3개 이상인 자연수는 **합성수**라고 한다. 초등학교에서는 인수, 소수, 합성수를 지도하지 않는다.

4) 공약수와 공배수

어떤 수들의 공통된 약수를 **공약수**라 하며 공약수 중에서 가장 큰 수를 **최대공약수**라고 한다. 또, 어떤 수들의 공통된 배수를 **공배수**라 하고, 공배수 중에서 가장 작은 수를 **최소공배수**라고 한다. 공약수와 공배수는 둘 이상의 수에서 생각할 수 있으나 2022 개정 교육과정에서는 '두 수'의 공약수와 공배수를 다루는 것으로 한정하고 있다.

예를 들어 12와 18의 공약수를 구하면

12의 약수는 1, 2, 3, 4, 6, 12
18의 약수는 1, 2, 3, 6, 9, 18

이므로 공약수는 1, 2, 3, 6이며 최대공약수는 6이다. 이때 공약수는 최대공약수의 약수임을 알 수 있다.

4와 6의 공배수를 구하면

4의 배수는 4, 8, 12, 16, 20, 24, 28, 32, 36, ⋯
6의 배수는 6, 12, 18, 24, 30, 36, ⋯

이므로 공배수는 12, 24, 36, ⋯이며 최소공배수는 12임을 알 수 있다. 이때 공배수는 최소공배수의 배수임을 알 수 있다.

2 0과 자연수의 지도

교육과정에서는 2학년까지는 네 자리 이하의 수, 4학년까지는 다섯 자리 이상의 수를 지도하게 하고 있는데 전통적으로 '조'까지의 수를 지도한다. 자연수의 지도에서는 자릿값과 위치적 기수법을 이해하고 수를 읽고 쓰며, 수의 계열과 수의 크기를 비교할 수 있어야 한다.

1-2학년군에서는 자연수가 개수, 순서, 이름 등을 나타내는 경우가 있음을 알고, 실생활에서 수가 쓰이는 사례를 통하여 수의 필요성을 인식하게 하도록 하고 있다. 이때 개수는 집합수, 순서는 순서수, 이름은 명목수를 말한다. 그러나 실제 지도에서는 순서수에 대한 내용은 그리 많지 않고 명목수는 다루지 않으며, 대부분 집합수로 자연수를 다루고 있다.

수에 대한 지도는 4학년에서 완성되며, 5-6학년군에서는 자연수의 성질인 약수와 배수에 관한 내용을 지도한다.

2022 개정 교육과정에서는 이전과 달리 올림, 버림, 반올림과 같은 수의 범위를 측정 영역에서 수와 연산 영역으로 이동하였으며, 이 내용은 5-6학년군에서 다루어진다.

표 3-1 0과 자연수의 내용 체계(교육부, 2022)

핵심 아이디어	• 사물의 양은 자연수, 분수, 소수 등으로 표현되며, 수는 자연수에서 정수, 유리수, 실수로 확장된다. • 수와 사칙계산은 수학 학습의 기본이 되며, 실생활 문제를 포함한 다양한 문제를 해결하는 데 유용하게 활용된다.		
구분 / 범주	내용 요소		
	1~2학년	3~4학년	5~6학년
지식·이해	• 네 자리 이하의 수	• 다섯 자리 이상의 수	• 약수와 배수 • 수의 범위와 올림, 버림, 반올림
과정·기능	• 자연수, 분수, 소수 등 수 관련 개념과 원리를 탐구하기 • 수를 세고 읽고 쓰기 • 수 감각과 연산 감각 기르기 • 수의 범위와 올림, 버림, 반올림한 어림값을 실생활과 연결하기		
가치·태도	• 자연수, 분수, 소수의 필요성 인식 • 어림의 유용성 인식 • 수와 연산 관련 문제해결에서 비판적으로 사고하는 태도		

가. 자연수의 모델

수는 추상적인 개념이므로 이를 지도하기 위해서는 적절한 모델을 사용할 필요가 있다. 자연수의 모델로 적절한 것들은 다음과 같다.

1) 바둑돌 종류

바둑돌이나 콩, m&m 초콜렛, 타일 등이 해당한다. 이러한 모형은 수를 지도하는 초기 단계에서 낱개를 세거나 계산하는 활동을 할 때 유용하다.

그림 3-14 바둑돌

2) 십진블록, 연결큐브, 산가지, 화폐

두 자리 이상의 수를 지도할 때는 열 묶음, 백 묶음 등을 나타내는 모형이 필요하다. 이러한 묶음을 보여주기 위한 모형에는 묶음이 고정된 것도 있고 필요시 분리하거나 결합할 수 있는 분리형도 있다. **십진블록**이나 화폐 등은 고정형이며 **연결큐브**나 **산가지** 등은 분리형이다. 연결큐브도 한 방향으로만 연결할 수 있는 것도 있고 여러 방향에서 연결할 수 있는 것도 있다. 수를 계산할 때 받아올림이나 받아내림이 있을 경우 분리형은 결합 또는 분리하면서 사용할 수 있으며, 고정형은 단위에 맞춰 교환하는 활동이 필요하게 된다.

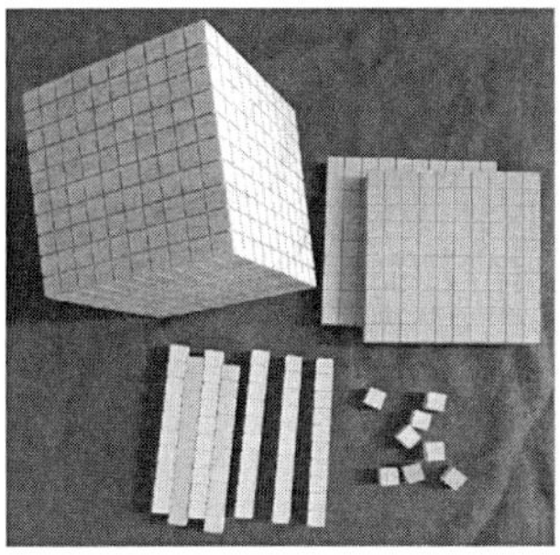

그림 3-15 십진블록

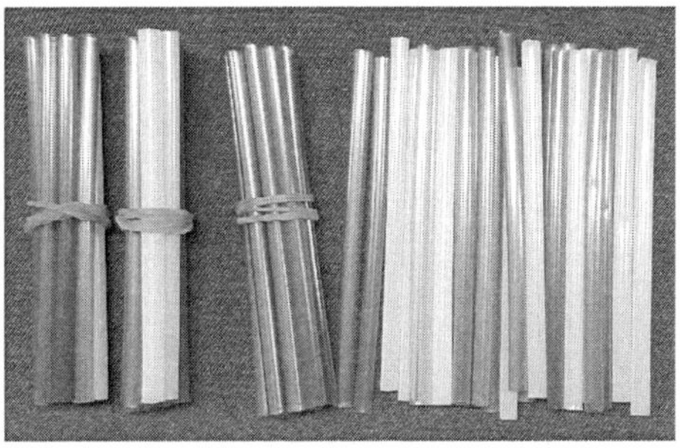

그림 3-16 산가지

산가지는 두 자리 수를 지도할 때는 열 묶음을 만들어야 하며 세 자리 수를 지도할 때는 백 묶음을 만들어야 한다. 그러나 산가지로 백 묶음을 만들기는 적절해 보이지 않는다.

그림 3-17 연결큐브

십진블록이나 연결큐브는 낱개, 열 묶음, 백 묶

음을 나타내기 쉽고 시각적으로도 이해하기 쉽다. 그러나 천 이상을 나타낼 때는 너무 부피가 커지는 단점이 있다.

3) 퀴즈네어 막대

벨기에의 교사인 퀴즈네어(Georges Cuisenaire)가 만들고 가테뇨(Caleb Gattegno)가 대중화시킨, 퀴즈네어 막대는 1에서 10까지의 수를 나타내는 10개의 모형이 크기에 따라 각기 다른 색상으로 만들어져 있다. 퀴즈네어 막대는 가장 작은 것을 1로 보고 그 크기에 비례하여 2, 3, 4, …를 나타내는 자연수의 지도에도 사용될 수 있지만, 눈금이 표시되지 않았기 때문에 각각이 고정된 수를 의미하지 않고 임의의 막대를 하나의 단위로 생각하여 곱셈과 나눗셈을 지도하는 데도 사용할 수 있고, 분수를 지도하는 데도 사용할 수 있다.

그림 3-18 퀴즈네어 막대

4) 수직선

수직선은 지금까지의 여러 모델보다 훨씬 더 추상적인 수 모델이다. 수직선은 자연수뿐만 아니라 등분할하기 쉬우므로 소수나 분수를 나타내는 모형으로도 사용할 수 있으며, 방향을 생각하면 음수를 나타낼 수도 있다. 그러나 아주 추상적인 모델이라 수직선을 이용하여 수를 지도할 때는 좀 더 세심한 배려가 요구된다. 수직선을 도입하는 것이 아직 아동들에게 무리라고 생각되면 띠를 이용할 수도 있다.

수직선에서 수는 다음 〈그림 3-19〉와 같이 선분이나 곡선을 이용하여 그 길이로 나타낼 수도 있고, 화살표를 이용하여 그 위치로 나타낼 수도 있다.

두 개의 수직선을 함께 이용하는 이중수직선은 분수의 곱셈이나 나눗셈 또는 비례적 사고를 요구하는 문제의 해결에도 유용하게 사용될 수 있다.

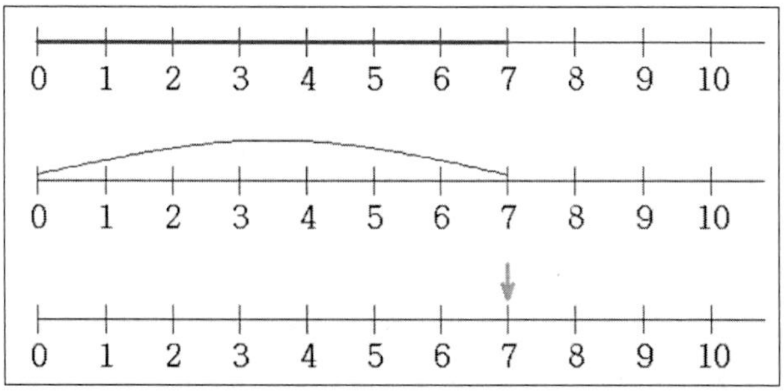

그림 3-19 수직선에서 수 7을 나타내는 3가지 방법

참고사항 비례모형과 비(非)비례모형

여러 가지 수 모형은 비례모형과 비비례모형으로 구분하기도 한다. 비례모형은 모형이 나타내는 수의 크기와 모형의 크기가 비례하는 것으로, 바둑돌, 산가지, 십진블록, 연결큐브, 퀴즈네어 막대 등이 해당되며, 비비례모형은 수의 크기와 모형의 크기가 비례하지 않는 것으로 화폐가 그 대표적인 모형이다.

비례모형은 수의 크기에 대한 감각을 형성하는 데 도움이 되지만 큰 수의 지도에서는 모형도 비례해서 커야 하므로 효율성이 떨어진다. 비비례모형은 그 반대로 수의 크기에 대해 오개념을 심어줄 가능성이 있지만 모형의 크기가 작기 때문에 편리한 점도 있다. 그러므로 작은 수를 지도할 때는 비례모형을 사용하여 수의 크기에 대한 감각을 충분히 기르고, 큰 수의 지도에서는 비비례모형을 사용하는 것이 바람직하다.

나. 0과 한 자리 수

1에서 9까지의 수의 지도에서는 수사, 숫자, 수의 순서와 크기 등을 이해하고 사용할 수 있게 지도해야 한다. 수사를 지도할 때는 고유어 수사와 한자어 수사를 알게 해야 하며 순서대로 말할 수 있게 해야 한다. 숫자를 지도할 때는 특별히 5나 7, 8, 9의 숫자를 쓰는 순서를 지도할 필요가 있다. 또한 수의 순서와 크기를 지도할 때는 집합수 개념은 물론이고 순서수 개념에 따라서도 지도해야 한다.

영(0)은 자연수보다 훨씬 어려운 개념이다. 0에는 두 가지 의미가 있다. 하나는 위치적 기수법에서 자리가 비어 있음을 나타내는 기호이다. 빈자리를 나타내는 기호가 없다면 위치적 기수법은 제대로 작동하기 어렵다. 그러나 빈자리를 나타내는 기호라면 이 기호를 가지고 계산할 수는 없다. 수를 표기하는 기호일 뿐이기 때문이다. 또 하나의 의미는 '수'로서의 0이다. 아무 것도 없는 것을 나타내는 수, 1보다 하나 작은 수로 사용되면 0을 덧셈, 뺄셈, 곱셈, 나눗셈과 같은 연산의 대상으로 취급할 수 있게 된다.

그러므로 0은 아무 것도 없는 것을 나타내는 수의 의미와 1보다 하나 더 작은 수로서의 의미를 가지고 있음을 이해하게 해야 한다. 그러기 위해서는 0을 읽고 쓰는 법을 지도할 뿐만 아니라 0, 1, 2, 3, …의 수 계열을 이해하도록 해야 하며, 3-3=0, 3+0=3과 같이 계산 과정에서도 0을 자유자재로 사용할 수 있도록 해야 한다. 더 나아가서 0은 두 자리 수, 세 자리 수에서 어떤 자리가 비어 있는 것을 나타낼 때 사용하는 기호임도 지도해야 한다. 두 자리 수를 지도할 때 '9 다음에 1 큰 수를 10이라고 한다.'와 같이 설명하면 이때의 0이 일의 자리가 비어 있음을 나타내는 것임을 이해하기가 어렵다. 대상을 열 묶음, 백 묶음으로 묶고 낱개나 묶음이 없을 때 이를 나타내는 방법을 생각해 보게 하여야 할 것이다.

0은 보통 1에서 5까지의 자연수를 학습한 다음에 지도하기도 하고, 2022 개정 교과서에서처럼 9까지 학습한 다음에 지도하기도 하는데, 이와 같은 지도 시기의 차이는 크게 문제가 되지는 않아 보인다. 그러나 두 자리 수를 지도할 때 혹은 그 전에 학습하여야 빈 자리를 나타내는 자리지기로서의 의미를 학습할 수 있을 것이다.

다. 두 자리 수

10을 지도할 때 전통적으로 9까지 지도하고 나서 〈그림 3-20〉과 같이 그다음의 수로서 10을 곧바로 도입한다. 이어서 11, 12, 13, ..., 20, 30, 40, 50과 같이 크기 순서대로 두 자리 수를 지도한다. 그러나 이런 지도 순서는 몇 가지 문제가 있어 보인다.

그림 3-20 수 10(교육부, 2024a, 108쪽)

초등학교에 입학하기 전에 이미 아동들은 하나, 둘, 셋, ..., 아홉, 열, 열하나, ... 등 꽤 큰 수까지의 수사를 순서대로 말할 수 있다. 그리고 1에서 9까지의 숫자를 학습하였다. 그다음에 '열'을 나타내는 기호를 학습해야 하는데, 9보다 1 큰 수를 '열' 또는 '십'이라고 부르지만 열 또는 십을 기호로 왜 10과 같이 나타내는지를 이해하기는 쉽지 않다. '열'을 왜 새로운 기호를 사용하지 않고 10으로 나타내는지, 왜 10을 '일영'으로 읽지 않고 '십'으로 읽어야 하는지 궁금해하는 것은 당연하다.

10은 중국 숫자 十(십)이나 고대 이집트의 숫자 ∩과 같이 단순히 열을 나타내는 숫자가 아니라 위치적 기수법이 반영된 표현이다. 그러므로 십을 10으로 나타내는 이유를 이해하려면 위치적 기수법을 이해해야 한다. 위치적 기수법에 근거하여 큰 수를 나타내기 위해서는 묶음을 만들어야 한다.

대상을 여러 개로 묶을 때 다섯 개씩 묶어야 할지 열 개씩 묶어야 할지 열두 개씩 혹은 스무 개씩 묶어야 할지는 문화적으로 다를 수 있다. 현재는 열씩 묶는 십진법이 지배적이다. 그러므로 묶음을 지도할 때 다른 묶음을 다루지 않고 곧바로 열씩 묶도록 하는 것도 무방하다.

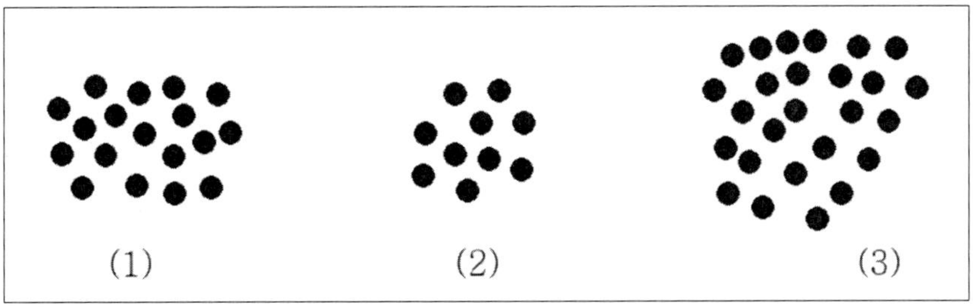

그림 3-21 대상의 개수(1)

〈그림 3-21〉을 보자. 각각 몇 개씩 있는지를 세어보게 한다. 세어보고 나서 다른 사람에게 몇 개인지를 이야기해 줘도 상대방은 이것이 한눈에 몇 개인지를 파악하기 쉽지 않다. 그래서 〈그림 3-22〉와 같이 열 개씩 묶어보게 한다.

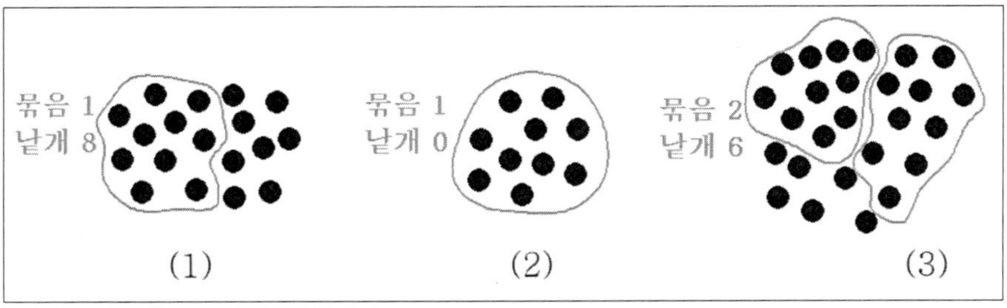

그림 3-22 대상의 개수(2)

이렇게 묶음으로 나타내면 대상이 몇 개인지를 비교적 쉽게 파악할 수 있게 된다. 이 묶음과 낱개를 다음 표와 같이 나타내 보자.

묶음의 수	낱개의 수		
1	8	기호화	18
1	0	→	10
2	6		26

이제 이 표를 없애고 위치를 고려하면서 기호화하면 각각은 18, 10, 26과 같이 나타내게 된다. 각각의 숫자에서 오른쪽의 수는 낱개를 나타내고 왼쪽의 수는 열 묶음의 개수를 나타낸다. 이때 10은 열 묶음이 1개이고 낱개가 없는 집합의 원소의 개수를 나타내는 기호가 되며 그래서 10을 '일영'이 아니라 **열** 또는 **십**으로 읽게 된다는 것을 납득할 수 있게 된다. 그러므로 두 자리 수를 지도할 때는 한 자리 수에서 1부터 순서대로 9까지 지도하는 것처럼 수의 크기 순서대로 지도할 것이 아니라 열 묶음과 낱개가 분명하게 드러나게 하기 위해서 '십'이 아닌 다른 두 자리 수를 먼저 다루는 것이 기호화에 더 도움이 될 것이다. 이렇게 두 자리 수의 기호화가 가능해진 다음에는 수의 계열을 익히기 위해 10에서 20까지의 수, 20, 30, ,,,, 90의 수 등을 지도할 수 있다.

이와 같이 두 자리 수가 학습이 된 다음에는 세 자리 이상의 수도 비슷한 방법으로 학습하게 된다. 즉 열 묶음 열 개를 묶으면 백이 되고 이 경우 열 묶음과 낱개가 없으면 100으로 표기된다.

라. 큰 수

전통적으로 우리나라 초등수학 교육과정에서는 '큰 수'를 만에서 조까지 지도한다. 그러나 아동들이 이보다 더 큰 수에 관심을 가진다면 그러한 '큰 수'의 이름을 알려주거나 혹은 '큰 수'의 이름을 만들어 보는 활동을 할 수도 있을 것이다.

서양식 표기법에 따라서 큰 수를 나타낼 때 일상에서는 세 자리마다 콤마를 찍어서 나타낸다. 이렇게 수를 나타내면 4자리마다 새로운 단위의 이름을 부여하는 동양식 방식과는 달라서 수를 읽을 때 매우 불편하다. 따라서 초등학교에서는 콤마를 사용하지 않고 수를 표기한다. 그러므로 큰 수를 읽을 때는 〈그림 3-23〉과 같이 네 자리마다 끊어서 읽게 하고 쓸 때는 표기된 수를 네 자리마다 끊어서 맞게 썼는지를 확인해 보게 하는 것이 편리할 것이다.

2	6	3	9	0	0	0	0	0	0	0	0	0	0	0	0
천	백	십	일	천	백	십	일	천	백	십	일	천	백	십	일
			조				억				만				일

그림 3-23 큰 수의 읽기

큰 수를 읽고 쓸 수 있도록 지도하지만 복잡한 계산은 지도할 필요가 없다. 큰 수의 계산을 정확하게 해야 할 경우에는 계산기나 컴퓨터를 사용하도록 하고 그러지 않을 경우에는 어림셈으로 계산하게 하면 된다.

큰 수의 지도에서 중요한 점은 수 감각이다. 1만, 1억, 1조가 얼마나 큰 수인지에 대한 감각을 가져야 한다. 수의 크기에 대한 감각을 가지려면 아동들이 알고 있는 거리나 시간과 같은 양과 함께 비교해 보는 것이 좋을 것이다. 1억 초가 며칠인지, 1조 원이면 자동차를 몇 대 살 수 있는지, 1조 미터의 거리는 지구에서 달까지의 거리의 몇 배인지, 계산기 자판을 누르면서 1씩 더해간다면 1에서 1억이 되는 데까지 얼마나 오래 걸리는지 등을 생각해 보게 할 수 있다. 칠판의 왼쪽 끝에서 오른쪽 끝까지 선을 긋고, 왼쪽을 0, 오른쪽을 1조라고 할 때 1만이나 1억의 위치를 표시해 보게 하는 것도 수 감각을 기르는 데 의미 있는 활동이 될 것이다.

최근에는 조보다 더 큰 '경' 단위의 큰 수도 일상에서 심심치 않게 나타난다. 그러므로 큰 수를 지도할 때는 신문이나 영화 등에 등장하는 소재를 사용하는 것도 좋을 것이다. 예를 들어 2023년 한 해 동안 우리나라에서 소비된 라면은 약 40억 개이며, 우리나라 2025년 예산은 약 673조 원 규모이다. 최초의 컴퓨터 개발과 관련하여 앨런 튜링(Turing)의 이야기를 소재로 한 〈이미테이션 게임〉이라는 영화에는 '1해 5천 경' 가지의 경우의 수가 등장한다. 이러한 기사를 참고하여 큰 수를 읽고 큰 수의 계산 문제를 만들어 볼 수도 있다. 이런 소재를 활용하면 수학이 이용되는 여러 사례를 알 수 있게 되고 수학의 가치를 인식시켜 줄 수 있으며 학생들의 흥미를 일으킬 수도 있을 것이다.

마. 수 읽기

우리에게는 수를 나타내는 이름이 두 가지가 있다. 고유어 수사와 한자어 수사가 그것이다. 교육과정에서는 수를 읽는 법에 대한 언급이 없었으며, 2022 개정 교육과정에서 저학년 학생들의 한글 학습 정도를 고려하여 수를 '여덟', '마흔아홉', '칠십육', '첫째' 등과 같이 한글로 쓰게 하는 것은 지양한다고 처음으로 수 읽기와 관련하여 명문화하였지만 수를 고유어로 읽어야 할지 한자어로 읽어야 할지에 대해서는 여전히 언급이 없다. 그렇지만 수 다음에 붙는 단위에 따라서 수를 고유어로 읽어야 할지 한자어로 읽어야 할지의 문제는 현실에서 매우 일찍 부딪히게 되는 문제이다. 그러므로 한글로 쓰는 것은 지양하더라도 읽는 법에 대한 지도는 무작정 내버려 둘 수는 없을 것이다.

수 읽기를 지도할 때는 다음과 같은 사항을 고려할 필요가 있다.

첫째, 고유어 수사를 사용할 경우에는 고유어 말로만 읽고, 한자어 수사를 사용할 경우에는 한자어로만 읽는다. 예를 들어 35는 '서른다섯' 또는 '삼십오'로 읽고 '서른오'나 '삼십다섯'으로 읽지 않는다.

둘째, 고유어를 사용해야 하는 경우에도 '이백 스무 개'와 같이 백 이상의 수에는 한자어 수사를 사용한다.

셋째, 우리말 단어가 붙을 때는 고유어 수사를 사용하고 한자어 단어가 붙을 때는 한자어 수사를 사용한다. 예를 들어, 3살은 '세 살'이라고 읽고 3세는 '삼 세'라고 읽는다.

넷째, 집합수의 경우는 고유어 수사로 읽고 연속량을 측정한 경우에는 '오 센티미터'와 같이 한자어 수사로 읽는 것이 보통이다.

다섯째, '하나, 둘, 셋, 넷, 스물'과 같은 몇 개의 고유어 수사는 뒤에 수식을 받는 명사나 의존명사가 있으면 '한, 두, 세, 네, 스므'와 같이 형태가 바뀌게 된다.

여섯째, 학년, 번, 쪽과 같은 단위에 사용되는 수사는 어떻게 읽느냐에 따라서 의미가 달라진다. 예를 들어 '2학년'을 '이 학년'으로 읽으면 특정한 학년을 의미하고 '두 학년'으로 읽으면 일 학년과 이 학년처럼 학년이 두 개임을 의미한다. '2번'이 횟수를 의미하면 '두 번'이라고 읽어야 하고, 어떤 순서를 의미하면 '이 번'이라고 읽어야 한다. '5쪽'을 '다섯 쪽'으로 읽으면 쪽이 5개임을 의미하고, '오쪽'이라고 읽으면 다섯 번째에 있는 쪽, 즉 해당하는 쪽을 말한다.

마지막으로 '5시 5분'을 어떻게 읽어야 하는지 생각해 보자. '다섯 시 오 분'과 같이 '시'는 고유어 수사로, '분'이나 '초'는 한자어 수사로 읽는 이유가 무엇일까? '시'와 같은 시간은 우리나라에 오래전부터 있었던 기본 개념이고 '분'이나 '초' 등의 세분된 시간은 중국 대륙 문명에서 전해진 시간 개념이기 때문이다(이창덕, 조형일, 강남욱, 2023, 46-7쪽).

바. 공약수와 공배수

약수와 배수를 지도한 다음에는 공약수와 공배수 및 최대공약수와 최소공배수를 구하는 방법을 지도한다. 2022 개정 교육과정에서는 2015 개정 교육과정에서와는 달리 '최대공약수와 최소공배수는 두 수에 대하여 약수와 배수를 각각 나열하여 공통된 약수와 배수를 찾는 방법으로 그 의미를 이해하게' 하도록 명문화하였다. 또한 평가에서 소인수의 곱으로 나타내어 구하는 방법은 다루지 않도록 하고 있다. 평가에서 소인수의 곱을 이용하는 방법을 다루지 말라는 말은 그러한 방법을 지도하지 말라는 것인지, 아니면 지도하더라도 평가에서는 다루지 말라는 것인지 명확하지 않다. 최대공약수와 최소공배수를 구하는 방법을 깊이 있게 다루지 않으려는 것이 2022 개정 교육과정의 취지인 것으로 보인다.

(1) 공약수와 최대공약수 구하기

최대공약수는 공약수 중에서 가장 큰 수이다. 그러므로 공약수를 나열하면 최대공약수를 찾을 수 있다. 그러나 이런 방법은 매우 불편하다.

2015 개정 교육과정에 따른 국정 교과서와 여러 검정 교과서는 〈그림 3-24〉와 같은 방법으로 최대공약수를 구하고, 이어서 세로 나눗셈을 이용하여 최대공약수를 구하는 방법을 제시하고 있다. 이 방법은 세로 나눗셈으로 이어지게 하려는 의도이겠지만, 이 방법 자체가 이해하기 어렵고 세로 나눗셈으로 이어지기도 쉽지 않다.

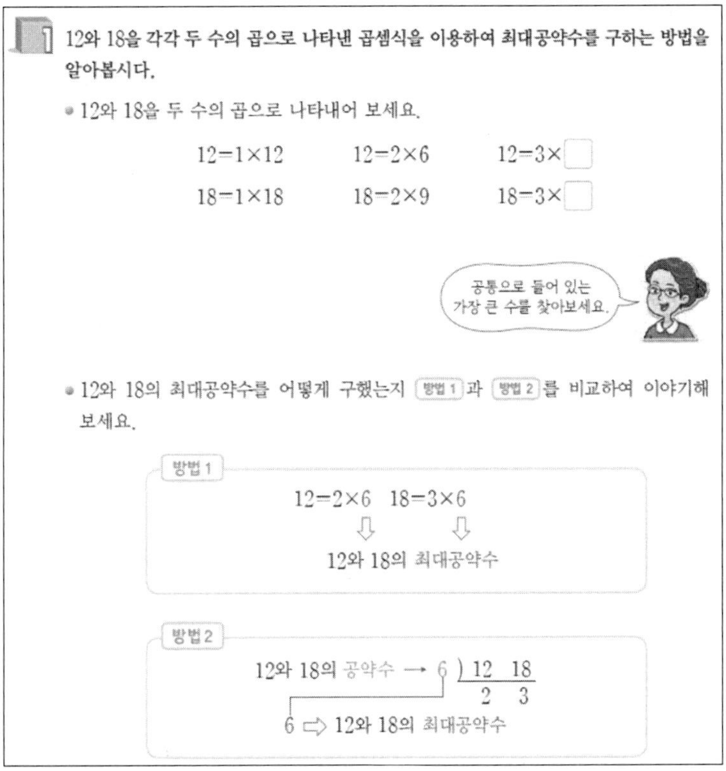

1 12와 18을 각각 두 수의 곱으로 나타낸 곱셈식을 이용하여 최대공약수를 구하는 방법을 알아봅시다.

- 12와 18을 두 수의 곱으로 나타내어 보세요.

12=1×12　　12=2×6　　12=3×☐

18=1×18　　18=2×9　　18=3×☐

공통으로 들어 있는 가장 큰 수를 찾아보세요.

- 12와 18의 최대공약수를 어떻게 구했는지 방법 1과 방법 2를 비교하여 이야기해 보세요.

방법 1

12=2×6　18=3×6

⇩　⇩

12와 18의 최대공약수

방법 2

12와 18의 공약수 → 6) 12 18

2 3

6 ⇨ 12와 18의 최대공약수

그림 3-24 곱셈식을 이용한 최대공약수 구하기(교육부, 2019a, 36쪽)

어떤 수 a를 b로 나눌 수 있고 나누어진 수를 다시 c로 나눌 수 있으면 $b\times c$가 a의 약수가 된다는 사실을 이해하는 것이 최대공약수를 구할 때 도움이 될 것이다. 예를 들어 24를 2로 나누면 몫이 12이므로 2는 24의 약수이고, 12를 4로 나눌 수 있으니 4는 12의 약수이지만, 2×4=8은 처음 수인 24의 약수가 된다는 사실을 귀납적으로 발견할 수 있을 것이다. 이러한 사실이 이해되면 다음 〈그림 3-25〉의 방법 2와 같은 세로 나눗셈을 이용하여 최대공약수를 구하는 방법도 이해될 것이다.

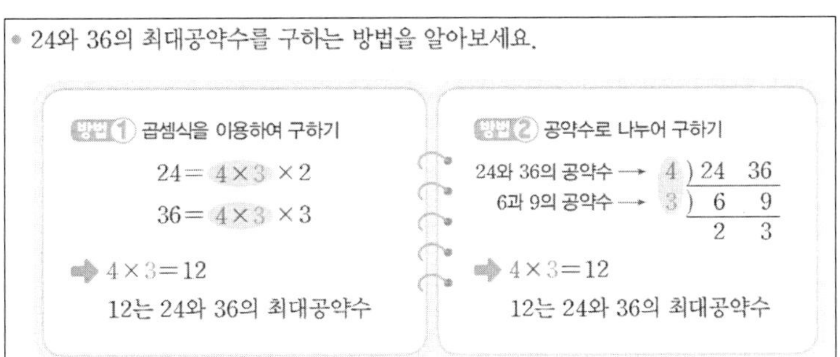

- 24와 36의 최대공약수를 구하는 방법을 알아보세요.

방법 1 곱셈식을 이용하여 구하기

24= 4×3 ×2

36= 4×3 ×3

➡ 4×3=12

12는 24와 36의 최대공약수

방법 2 공약수로 나누어 구하기

24와 36의 공약수 → 4) 24 36

6과 9의 공약수 → 3) 6 9

2 3

➡ 4×3=12

12는 24와 36의 최대공약수

그림 3-25 최대공약수 구하는 방법(강문봉 외, 출판예정a, 39쪽)

우리 주변에서 최대공약수가 사용되는 문제의 해결을 통해서 최대공약수를 학습할 필요성을 학생들이 느끼게 하는 것도 좋을 것이다. 최대공약수를 구하는 문제에는 보통 '가장 큰' 또는 '가장 많은'과 같은 단서가 포함되지만 〈그림 3-26〉의 문제에서는 '가장 적게'라는 단서가 포함되어 있다. 그러나 조명등의 수를 가장 적게 설치하려면 조명등의 간격이 최대한 넓어야 한다는 점을 생각하면 최대공약수를 구하는 문제임을 알게 될 것이다.

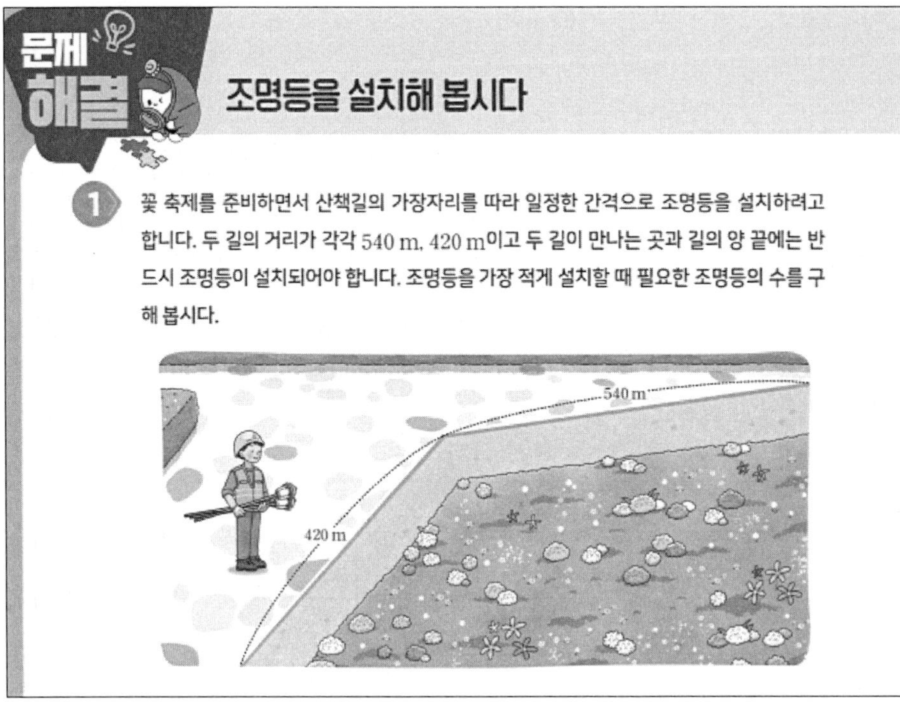

그림 3-26 최대공약수 활용 문제(강문봉 외, 출판예정a, 44쪽)

(2) 공배수와 최소공배수 구하기

최소공배수는 공배수 중에서 가장 작은 수이다. 그러므로 공배수를 나열하면 최소공배수를 찾을 수 있다. 그러나 이런 방법은 매우 불편하다.

2015 개정 교육과정에 따른 국정 교과서와 여러 검정 교과서는 최대공약수를 구할 때와 비슷하게 〈그림 3-27〉과 같은 방법으로 최소공배수를 구하고, 이어서 세로 나눗셈을 이용하여 최소공배수를 구하는 방법을 제시하고 있다. 그러나 이 방법은 최대공약수를 구하는 경우보다 더 이해하기 어렵다.

12와 20을 각각 두 수의 곱으로 나타낸 곱셈식을 이용하여 최소공배수를 구하는 방법을 알아봅시다.

- 12와 20을 두 수의 곱으로 나타내어 보세요.

12=1×12	12=2×☐	12=3×4
20=1×20	20=☐×10	20=4×5

- (3×4)×(4×5)는 12와 20의 공배수인지 알아보세요.

- 3×4×4×5에서 12와 20의 최소공배수를 만들려면 어떻게 해야 하는지 이야기해 보세요.

그림 3-27 곱셈식을 이용한 최소공배수 구하기(교육부, 2019a, 40쪽)

두 수 36과 54를 다음과 같은 곱셈식으로 나타내면 36에 9를 곱하거나 54에 6을 곱한 6×6×9가 36과 54의 공배수가 됨을 알게 하고 이런 방식으로 두 수의 공배수를 구해보게 한다.

36=**6**×6

54=**6**×9

그리고 두 수를 곱셈식으로 나타내었을 때 공통된 인수가 가장 크다면 쉽게 최소공배수를 구할 수 있다는 것을 발견하게 하는 것이 좋을 것이다. 예를 들어 36과 54의 경우 다음과 같이 곱셈식으로 나타낸다.

36=**6**×6=**18**×2

54=**6**×9=**18**×3

그러면 36에 3을 또는 54에 2를 곱한 결과가 공배수, 즉 최소공배수가 된다는 사실을 알 수 있다. 이때 18이 36과 54의 최대공약수임을 알게 되면 다음 〈그림 3-28〉의 방법 2와 같은 세로 나눗셈을 이용하여 최소공배수를 구하는 방법도 이해될 것이다.

6 × 3은 36과 54의 최대공약수야.

• 36과 54의 최소공배수를 구하는 방법을 알아보세요.

방법 ① 곱셈식을 이용하여 구하기

$36 = 6 \times 3 \times 2$

$54 = 6 \times 3 \times 3$

➡ $6 \times 3 \times 2 \times 3 = 108$

108은 36과 54의 최소공배수

방법 ② 공약수로 나누어 구하기

36과 54의 공약수 → 6) 36 54

6과 9의 공약수 → 3) 6 9

2 3

➡ $6 \times 3 \times 2 \times 3 = 108$

108은 36과 54의 최소공배수

그림 3-28 최소공배수 구하는 방법(강문봉 외, 출판예정a, 43쪽)

우리 주변에서 최소공배수가 사용되는 문제의 해결을 통해서 최소공배수를 학습할 필요성을 학생들이 느끼게 하는 것도 좋을 것이다. 최소공배수를 구하는 문제에는 보통 '가장 작은' 또는 '가장 빠른'과 같은 단서가 포함된다. 〈그림 3-29〉의 문제에서는 '처음으로'라는 단서가 '가장 빠른'을 의미한다.

(연결) (정보처리)

8 빨간색 전구는 5초 동안 켜져 있다가 1초 동안 꺼지고, 파란색 전구는 6초 동안 켜져 있다가 2초 동안 꺼집니다. 두 전구가 동시에 켜진 다음 처음으로 다시 동시에 켜지는 시각은 몇 초 후인지 구해 봅시다.

(　　　　　　)초 후

그림 3-29 최소공배수 활용 문제(강문봉 외, 출판예정a, 50쪽)

4장

0과 자연수의 연산

1. 관련 이론

2. 덧셈과 뺄셈의 지도

3. 곱셈의 지도

4. 나눗셈의 지도

5. 검산 방법

4장

0과 자연수의 연산

생각할 문제

이 단원을 학습하기 전에 다음 문제를 생각해 봅시다.

1 옛날 사람들은 어떻게 계산했을까?

2 우리가 지금 사용하는 계산 방법은 어떻게 만들어졌을까?

3 대안적인 계산 방법에는 어떤 것들이 있을까?

4 어림셈은 언제 하는 것이 좋을까?

5 계산기가 흔한 요즘 계산 방법을 지도할 필요가 있을까?

1 관련 이론

가. 연산

1) 연산의 의미

계산은 셈하여 어떤 수치를 구하는 것이지만 **연산**은 어떤 수에 대하여 한 수를 대응시키는 일종의 함수이다. 두 수 a, b에 대해서 한 수 c를 대응시키는 연산을 **이항연산**이라고 한다. 이항 연산의 대응 규칙은 매우 다양하다. 두 수 a, b에 대하여 한 수 $a+b$를 대응시키는 것을 덧셈이라고 하고, $a-b$에 대응시키는 것을 뺄셈, $a\times b$에 대응시키는 것을 곱셈, $a\div b$에 대응시키는 것을 나눗셈이라고 한다.

이와 같이 수학적으로 볼 때 연산은 대응 규칙이지만 실생활에서 그런 대응은 특별한 의미를 가지고 있으며 이러한 연산이 사용되는 특수한 상황이 있다. 그러므로 계산 알고리즘을 기계적으로 학습하게 할 것이 아니라 그러한 연산의 의미를 이해하게 하는 것이 중요하다. 연산의 의미를 이해하는 것이 중요한 이유는 다음과 같다.

첫째, 계산을 능숙하게 잘 하는 것보다 연산의 결정 능력이 더 중요하기 때문이다. 아무리 계산을 잘 하더라도 문장제에서 어떤 계산을 해야 하는지를 알지 못하면 계산 능력을 발휘할 수 없다. 또한 최근에는 계산기와 같은 공학 도구들이 발달하고 쉽게 사용할 수 있어서 이러한 도구들이 계산을 대신해 줄 수 있다. 그러나 어떤 계산을 하여야 하는가 하는 것은 도구를 이용하는 사람이 결정할 문제이다.

둘째, 수의 범위가 한 자리에서 두 자리로, 자연수에서 분수나 소수로 또는 정수로 확장될 때, 연산의 의미를 알고 있으면 보다 효과적으로 대처할 수 있다. 예를 들어, 곱셈의 의미를 알지 못한 상태에서 곱셈구구만 외운 아동은 그 범위 내에서의 곱셈은 능숙하게 잘할 수 있겠지만 3×12와 같이 곱셈구구 범위 밖의 곱셈은 암기한 내용에 없기 때문에 그 값을 구하지 못할 수도 있다. 그러나 연산의 의미를 잘 이해하고 있으면 교사의 도움 없이도 학습하지 않은 보다 확장된 문제 상황에서도 능동적으로 대처할 수 있게 된다.

셋째, 계산 방법을 잊었을 때 무조건적으로 방법만 알고 있었던 것보다는 그 의미를 알고 있었다면 그 의미에 근거하여 계산 방법을 다시 기억해 내기 쉽고 계산 결과를 검토할 때도 효과적이다.

2) 연산 지도 순서

연산을 지도할 때는 연산 알고리즘을 곧바로 지도하기 보다는 다음과 같은 순서에 의해 지도하는 것이 바람직하다.

첫째, 연산의 의미를 이해시킨다. 덧셈, 뺄셈, 곱셈, 나눗셈을 지도할 때는 계산 방법보다는 그 의미가 무엇이며 그런 연산이 어떤 경우에 사용되는지를 이해시킨다.

둘째, 계산 방법을 아동 스스로 발명하게 한다. 표준 알고리즘을 제시하여 곧바로 지도할 것이 아니라 불완전한 형태로라도 아동 스스로 계산 방법을 발명하고 이를 개선해 나가게 하며, 여러 가지 계산 방법을 비교하여 각각의 방법의 장점을 파악하게 한다.

셋째, 연산의 성질을 발견하게 하거나 이해시킨다. 연산의 성질을 알게 되면 연산을 더욱 효과적으로 활용할 수 있게 된다.

넷째, 계산 방법을 숙달시킨다. 계산 원리를 이해한다고 해서 계산을 능숙하게 잘 할 수 있는 것은 아니다. 반복 연습을 통하여 기능을 숙달해야 한다.

다섯째, 학습한 계산 방법을 활용한다. 계산을 통해 문제를 해결하는 것뿐만 아니라 이러한 활용을 통해 수학의 가치를 인식하게 하고 수학적 사고 능력을 기를 수 있도록 한다.

3) 연산 학습의 선행 조건

아동들이 연산을 학습하기 위해서는 다음과 같은 몇 가지 준비가 되어 있어야 한다.

첫째, 수 세기이다. 덧셈은 두 수를 모두 합하여 세는 것이며, 뺄셈은 일부를 제외한 나머지를 세는 것 또는 거꾸로 세는 것이다. 곱셈과 나눗셈은 묶어서 세는 활동이다. 이러한 수 세기를 효율적으로 하는 것이 계산 알고리즘이다. 그러므로 연산을 학습하기 전에 수 세기를 능숙하게 할 수 있도록 지도하여야 한다. 바로 세는 것은 덧셈, 거꾸로 세는 것은 뺄셈, 묶어 세거나 건너 세는 것은 곱셈과 나눗셈을 학습하기 위한 선행 조건이다. 이러한 수 세기를 능숙하게 할 수 있도록 사전 지도해야 하며, 큰 수를 세는 불편함을 인식하는 것은 보다 편리한 연산 알고리즘의 개발로 이어지는 동력이 된다.

둘째, 연산과 관련한 구체적인 경험이다. 구체물을 이용하여 두 집합의 물건의 수를 합하거나 비교하는 경험, 물건을 나누어주는 경험, 단위가 다른 화폐를 교환해 보는 경험, 놀이나 게임에서 연산과 관련한 경험을 함으로써 나중에 덧셈식이나 나눗셈식과 같은 기호화된 여러 연산을 친숙하고 의미 있게 학습하게 된다.

셋째, 자릿값 개념의 이해이다. 덧셈, 뺄셈, 곱셈, 나눗셈은 여러 차례 받아올림이나 받아내림을 수반하면서 묶음 단위별로 그 개수를 세게 된다. 이러한 과정을 위치적 기수법을 사용하여 처리하려면 자릿값의 이해가 필수적이다. 자릿값을 이해하기 위해서는 낱개 열 개를 열 묶음으로, 열 묶음 열 개를 백 묶음으로 묶거나 그 반대로 교환하는 활동, 10

의 합성과 분해와 같은 활동이 도움이 될 것이다.

넷째, 언어적 능력이다. 수학을 하는 모든 활동은 결국 말이나 글로 의사소통하게 된다. 문제 상황의 제시나 수학적 발명의 결과를 전달하거나 토론할 때 몸짓이나 그림보다는 말이나 글이 효과적이고 말이나 글을 통한 의사소통이 대부분이다. 수나 식으로 표현하는 것도 구체물 사용이 충분하고 언어적 의사소통이 충분히 이루어진 후에 혹은 언어적 의사소통과 함께 제시되어야 한다. 그러므로 언어적 능력은 연산을 학습하는 것뿐만 아니라 수학학습에도 매우 중요한 요소이다.

나. 암산과 어림셈

계산은 주로 필산으로 처리된다. 그러나 필산 외에도 중요한 계산으로 암산과 어림셈이 있다. NCTM(1989)은 〈그림 4-1〉과 같이 계산할 때의 의사결정 단계를 제시하고 있는데, 이런 의사결정 과정에서 암산과 어림셈의 중요하고도 결정적인 위치를 잘 보여주고 있다.

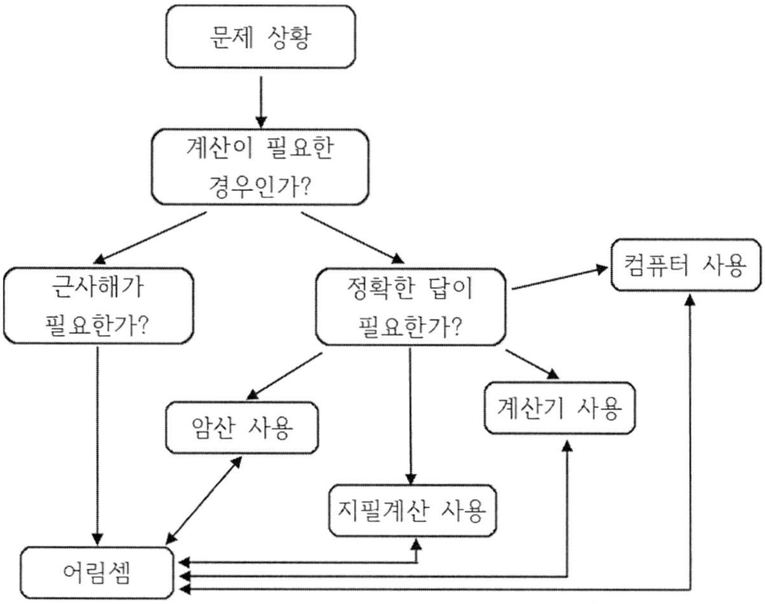

그림 4-1 암산과 어림셈(NCTM, 1989, p.9)

1) 암산

암산은 '머릿속에서 계산'하는 것이다. 암산은 종이에 쓰면서 계산하는 필산을 종이 없이 머릿속에서 그대로 행하는 것을 의미하지 않는다. 예를 들어 46+28을 필산으로 계산할 때는 일의 자리 수부터 계산한다. 그러나 암산할 때는 그런 전략은 사고에 큰 부담을 주게 된다. 암산할 때는 먼저 십의 자리 수부터 계산한다. '40과 20을 더하면 60이고, 6과 8을 더하면 음, … 74이다.'와 같이 계산하거나 '46에 30을 더하여 76을 얻고 2를 빼면 74가 된다.'는 식으로 계산한다. 164+99를 계산할 때 164에 100을 더하고 1을 빼서 263을 얻는다. 26×5를 계산할 때 26을 2로 나누어 13을 얻은 다음 10을 곱해서 130을 얻었다. 이러한 과정은 종이에 쓰는 일 없이 머릿속에서 진행된다. 즉, 암산할 때는 필산 알고리즘을 적용하는 것이 아니라 나름대로의 독특한 전략을 사용한다.

암산이 중요한 이유는 다음과 같은 이유 때문이다.

첫째, 많은 계산이 암산으로 이루어진다. 필산을 할 때도 암산이 필요하고 암산 그 자체를 요구하기도 한다. 일상생활에서의 많은 계산 역시 암산에 의한 것이다.

둘째, 암산은 수 감각을 기르고 창의적 활동에 도움이 된다. 필산과는 달리 수 감각에 기반하여 다양한 암산 전략을 개발하고 이를 사용함으로써 수 감각을 강화시키며 창의적 사고를 하게 된다.

셋째, 어림셈 능력의 신장에 도움이 된다. 어림셈은 기본적으로 암산에 기반을 두고 있으므로 암산 능력이 약하면 어림셈 능력을 신장시킬 수 없다.

암산을 지도할 때 다음과 같은 점에 주의할 필요가 있다.

첫째, 아동들에게 암산을 하도록 격려해야 한다. 필산 알고리즘을 학습하다 보면 학습한 방법을 그대로 이용하여 필산을 하거나 필산 방법을 암산에 적용하려고 하거나 또는 암산하는 것을 부끄러워 할 수 있다. 암산도 훌륭하고 효율적인 계산 방법임을 인식하게 한다.

둘째, 아동들이 어떤 암산 전략을 사용하는지 관심을 가지고 조사해야 한다. 암산 방법은 다양하며 아동에 따라 특징적인 암산 방법을 개발하고 사용한다. 아동들이 사용한 암산 방법을 확인해 볼 필요가 있는데 경우에 따라서 아동은 자신의 암산 방법을 설명하지 못할 수도 있다. 교사는 아동의 입장에서 암산 방법을 이해할 필요가 있다.

셋째, 아동들이 사용한 암산 방법을 발표시킨다. 발표하면서 다른 아동들의 암산 전략에 관심을 가지면서 아동 자신의 창의적이고 효율적인 암산 방법을 개발하고 또 서로 암산 전략을 공유할 수 있게 된다.

넷째, 암산을 체계적이고 정기적으로 지도한다. 일주일에 몇 번 혹은 매 시간에 몇 분씩 계획을 세워서 지도하되, 해당 차시 지도 시간을 고려하여 너무 길지 않게 5분 내지 10

분 정도의 시간을 할애하는 것이 바람직할 것이다.

다섯째, 아동의 자신감을 북돋아 주어야 한다. 암산하기 쉬운 문제로부터 단계적으로 지도하면서 아동들이 암산에 자신감을 가지게 한다. 교사의 입장에서는 비효율적인 암산 전략일 수 있어도 아동의 입장에서는 필산보다 효과적인 암산 전략일 수 있으므로 격려해줄 필요가 있다.

여섯째, 어림셈과 암산의 차이를 인식시킨다. 어림셈이나 암산은 모두 머리 속에서 이루어지는 공통점이 있지만 어림셈은 대략적인 결과를 구하는 것이고 암산은 정확한 결과를 구하는 것이다.

2) 어림수와 어림셈

가) 어림수

어림셈을 하기 전에 어림수를 알아야 한다. **어림수**는 어떤 수를 정확하게 나타내지 않고 대략적인 크기로 나타낸 수를 말한다. 비슷한 개념으로 근삿값이 있다.

어림수를 사용하는 이유는 다음과 같다. 첫째, 참값을 얻는 것이 불가능하거나 어려운 상황이 많이 있다. 예를 들어 인구조사를 한다고 하더라도 조사하는 데 시간이 걸리고 그 사이에 태어나고 사망하는 사람들이 있기 때문에 우리나라 인구가 몇 명인지를 정확히 아는 것은 불가능할 것이고 대략적인 인구수로 만족하게 된다. 둘째, 참값보다 어림수가 이해하기 쉽고 편리한 경우가 많다. 예를 들어 빛의 속도는 진공에서 299,792,458 m/s이다. 이 값을 외우기 어렵지만 빛의 속도가 300,000,000 m/s라고 한다면 외우기도 편리하고 계산하기도 쉽다.

나) 어림수로 나타내는 방법

어림수를 나타내는 방법으로 보통 올림, 버림, 반올림이 있다.

올림은 구하려는 자리의 아래 수를 올려서 나타내는 것이며 **버림**은 구하려는 자리의 아래 수를 버려서 나타내는 방법이다. 예를 들어 204, 214, 298 등은 올림하여 백의 자리까지 나타내면 모두 300이 되며, 786, 750, 709 등은 버림하여 백의 자리까지 나타내면 모두 700이 된다.

반올림은 처리하는 자리의 수가 5 미만이면 버리고 5 이상이면 올려주는 방법이다. 예를 들어 5.284와 3.126을 소수 둘째 자리에서 반올림하여 소수 첫째 자리까지 나타내면 5.3과 3.1이 된다.

반올림을 가장 많이 사용하지만 안전이나 다른 여러 가지 상황을 고려하여 올림이나 버림을 해야 하는 경우가 있다. 예를 들어 등산객 142명이 케이블카를 탈 때 한 대에 탈 수 있는 정원이 10명이라면 케이블카는 계산상으로는 142÷10=14.2(회) 운행하게 된다. 이때는 반올림하는 것이 아니라 올림을 해서 15회 이상 운행해야 안전하다. 한편 과일 147개를 한 상자에 10개씩 담아서 팔려고 할 때, 147÷10=14.7이지만 팔 수 있는 상자 수는 버림하여 14가 된다. 그러므로 단순히 올림과 버림, 반올림의 방법만을 지도할 것이 아니라 〈그림 4-2〉와 같이 어느 경우에 올림 혹은 버림, 반올림을 하는 것이 좋은지를 생각해 보도록 지도하는 것이 바람직하다.

2022 교육과정에서는 어림값을 구하기 위한 방법으로 올림, 버림, 반올림을 제시하고 있는데, 어림수를 나타내는 방법에는 이것만 있는 것은 아니다. 계산을 편리하게 하기 위해 그냥 적당한 값으로 어림하는 경우도 있다. 예를 들어 26×4를 계산할 때 26을 일의 자리에서 올리거나 버리거나 반올림하여 어림셈을 할 수도 있으나 그럴 경우에 오차가 꽤 크게 된다. 이럴 경우 26을 25로 어림하면 계산도 편리하고 오차도 적다.

그림 4-2 어림 방법의 판단(강문봉 외, 출판예정b, 30쪽)

다) 어림셈의 의미

어림셈은 정확한 계산을 하지 않고 합리적인 의사결정을 하기에 충분한 정도의 대략적인 결과를 만들어 내는 계산 과정이다. 어느 정도가 충분한 것인가 하는 것은 어림셈을 하는 사람이 필요에 맞게 판단한다.

어림셈은 정확한 계산을 하기 전에 그 결과에 대한 대략적인 값을 얻을 수도 있고 계산 결과의 타당성도 검증할 수 있기 때문에 정확한 계산을 하기 전, 중, 후에 모두 유용하다.

어림셈을 하는 이유는 다음과 같다.

첫째, 정확하게 계산하는 방법을 모르지만 계산 결과를 대략적으로라도 알고 싶기 때문이다. 예를 들어 $2\frac{2}{3}+5\frac{3}{7}$과 같은 분수의 덧셈을 할 수 없어도 이 값이 하나는 3에 가깝고 다른 하나는 5에 가깝다는 사실을 알고 계산 결과가 대략 8이 되겠다거나 혹은 분수를 버리고 자연수끼리만 더해서 7보다는 크겠다거나 하는 경우이다.

둘째, 정확한 계산을 할 수 있으나 대강의 값을 아는 것으로도 충분한 경우이다. 정확한 계산을 하는 것은 귀찮고 복잡한데 굳이 정확한 값을 알 필요는 없을 수도 있다.

셋째, 계산 결과가 맞는지, 특히 계산기나 컴퓨터의 계산 결과가 맞는지를 확인하려고 할 때이다. 계산기나 컴퓨터의 계산은 빠르고 정확하지만 입력을 잘못하면 오차가 매우 커지게 되기 때문에 이런 확인은 매우 중요하다. 혹은 물건을 사고 직원이 계산한 물건값이 맞는지를 확인하고자 할 때 어림셈을 하여 어림셈의 결과와 크게 차이가 나지 않으면 계산기의 계산이나 직원의 계산을 수용할 수도 있다.

2022 개정 교육과정에서는 자연수의 덧셈, 뺄셈, 곱셈, 나눗셈을 하기 전에 계산 결과를 어림하기, 어림한 값을 이용하여 계산 결과가 타당한지 확인하기, 어림셈이 필요한 실생활 상황의 문제를 해결하기 등을 다룰 수 있다고 하였다.

참값을 쉽게 계산할 수 있는데 어림하라고 요구하는 경우도 가끔 있다. 이런 경우는 참값을 구한 후 요구에 맞춰서 어림수로 나타내는 경우도 생기게 되어 적절한 요구라고 할 수 없다.

어림셈 능력을 향상시키기 위해서는 다음과 같이 어림계산-평가-보정의 과정이 필요하다.

① 먼저 어림셈을 하게 한다. 이때 적절한 어림셈 전략을 사용하면 좋다.

② 그다음에는 어림셈 결과가 정확하게 계산한 값보다 클지, 작을지를 평가하게 한다. 두 수의 일의 자리 수를 모두 버림하여 더하거나 곱했다면 어림하여 계산한 값은 정확하게 계산한 값보다 작을 것이며, 일의 자리 수를 모두 올려서 더하거나 곱했으면 어림하여 계산한 값은 정확하게 계산한 값보다 클 것이다.

③ 마지막으로 필요하면 추가적인 어림셈을 하여 어림셈의 결과를 보정하게 한다.

라) 어림셈 전략

대략적인 계산이라고 해서 아무렇게나 계산할 것이 아니라 적절한 전략을 사용하면 간단하면서도 꽤 정확한 값을 얻을 수 있다.

(1) 왼쪽에서부터 계산하기

〈그림 4-3〉과 같은 계산을 해 보자. 왼쪽의 백의 자리 수부터 계산하면 4+6+2=12, 즉 1200이다. 이 수의 합은 약 1200 혹은 '1200 보다 크다'와 같이 어림하는 것이다.

$$\begin{array}{r} 489 \\ 37 \\ 651 \\ +208 \\ \hline \end{array}$$

그림 4-3

더 정확히 어림하고 싶다면 계속해서 십의 자리를 계산한다. 1200을 머릿속에 기억해 두고 십의 자리 수를 계산하면 8+3+5=16, 즉 160이다. 이것을 1200에 더하면 1360이다. 보다 더 정확하게 어림하고 싶다면 계속해서 일의 자리 수를 계산하면 된다. 이와 같이 계산하는 사람의 필요한 정도에 따라 적당한 데까지 어림하는 방법이다.

이러한 어림 전략을 '앞자리 수 계산 전략'이라고도 하는데, 곱셈이나 나눗셈에서도 적용할 수 있지만 덧셈이나 뺄셈에서 더 효과적인 어림셈 전략이다.

(2) 반올림 전략

반올림하여 계산하고 반올림한 방향을 고려하여 결과를 보정하는 방법이다. 예를 들어 27×56을 **반올림 전략**으로 계산해 보자. 먼저 두 수를 반올림하면 30과 60이다. 이 두 수를 곱하면 1800이다. 그런데 30과 60은 각각 처음 수인 27과 56보다 크기 때문에 당연히 어림셈한 결과는 참값보다 꽤 크다. 어떻게 보정할 것인지를 생각해 보자.

a와 b를 곱하려고 한다. a와 b를 반올림(결과적으로는 올림하였다고 하자)한 $a+c$와 $b+d$를 곱한다. 그 곱의 결과는 다음과 같다.

$$(a+c)\times(b+d)=ab+ad+bc+cd$$

우리가 구하려는 참값은 ab이다. 그러므로 올림하여 얻은 값에서 ad, bc, cd를 빼야 한다. 이러한 값 역시 정확하게 계산하는 것은 불편하니 a와 b는 올림한 값으로 처리하고 cd는 상대적으로 작은 값이니 무시해도 된다. 즉, 27×56은 반올림하여 얻은 1800에서 3×60=180과 30×4=120을 각각 빼어 1500으로 보정하면 된다. 만약 버림을 했다면 이러한 값은 더해주어야 한다.

62×79의 경우에는 반올림하여 계산하면 60×80=4800이 되는데 버려지는 부분과 더해

지는 부분이 있어서 상쇄되는 면이 있으므로 이런 경우는 굳이 보정해 주지 않아도 된다.

반올림 전략은 곱셈의 경우에 특히 유용하다.

⑶ 적당한 수로 바꿔서 계산하기

3388÷7을 반올림하여 계산하려면 그 계산이 쉽지 않다. 어림셈은 계산하는 과정이 간편하고 암산으로 처리할 수 있다는 데 그 장점이 있다. 그러므로 여기서는 3388을 적절한 자리에서 반올림하기 보다는 나누기 편한 수로 어림하는 것이 좋다. 7로 나누기 쉽게 하려면 3388을 3500으로 어림하면 좋다. 이 경우 3388÷7≒3500÷7=500이 된다.

27+38+67+75를 어림하여 계산할 때는 각각을 반올림하여 계산할 수도 있지만, 27을 25로 어림하여 75와 짝을 짓고, 38을 35로, 67을 65로 어림하면, 25+75+35+65=200과 같이 어림 계산할 수 있다.

이러한 어림셈 전략을 '호환 수(compatible number) 전략'이라고도 하는데, 나눗셈뿐만 아니라 덧셈이나 뺄셈, 곱셈 등 다른 계산에서도 유용하다. 특히 반올림을 하면서 오차가 많이 생기는 경우에는 오차를 적게 하면서도 계산이 간편한 수로 바꿀 수 있다는 장점이 있다.

⑷ 집단화하기 전략

크기가 비슷한 수끼리 묶어서 집단화하여(clustering) 대략의 평균값을 이용하여 계산하는 방법으로 '평균 이용하기'라고도 한다.

265+248+234+227을 계산할 때 각각의 수를 대략적으로 250으로 보거나 240으로 간주하면 250×4 또는 240×4로 계산할 수 있다. 어림셈을 하는 것이므로 이중 어느 것이 맞는가 하는 논의는 중요하지 않다.

다. 계산 도구

인류는 오랜 옛날부터 여러 도구를 사용하여 계산했다. 산가지나 주판도 중요한 계산 도구였다. 그러나 최근에는 계산기가 발달하고 많이 보급되어 있으므로 계산기를 적절히 활용하는 것도 고려할 필요가 있다.

취학전 아동이나 초등학교 저학년 아동은 손가락을 이용하는 것이 편리하고 계산 방법을 어느 정도 학습한 다음에는 계산기를 사용할 수도 있다.

1) 손가락

손가락은 가장 기본적이고 항상 가까이 있는 계산 도구이다. 수나 계산을 학습하는 초기 단계에서는 바둑돌과 같은 구체물을 이용하기 보다 손가락을 이용하는 것이 더 편리할 수 있다. 그러나 10 이상인 수의 경우에는 사용하기 어려운 단점이 있다. 그러므로 자연수를 학습하는 초기 단계 혹은 연산의 초기 단계에서 적절히 사용하면 좋다.

2) 계산기

계산기는 언제 어디서나 강력한 연산 도구이다. 2022 개정 교육과정에서도 계산기 사용을 권장하고 있다. 그러나 필산 알고리즘은 반드시 배워야 하며 반복 연습을 통해 숙달되어야 한다.

암산이나 필산을 통해 능숙하게 익혀야 할 계산 능력에는 적어도 두 자리 수의 덧셈과 뺄셈, 곱셈, 나눗셈이 해당할 것이다. 세 자리 수의 계산을 능숙하게 할 것인가에 대해서는 논란의 여지가 있을 수 있으나 2022 개정 교육과정에서는 적어도 네 자리 수 이상의 계산 기능을 강조하지는 않는다고 볼 수 있다. 그러므로 이러한 핵심적인 계산은 계산기를 사용하지 않고 암산이나 필산으로 처리할 수 있어야 한다.

연산의 의미나 개념의 이해가 부족한 상태에서 계산기를 사용하는 것은 의미가 없다. 예를 들어 같은 수를 계속 곱하는 거듭제곱의 의미가 충분히 이해되지 않은 상황에서 계산기의 x^y키의 사용법을 지도하는 것은 아무 의미가 없다.

2022 개정 교육과정은 3-4학년군에서 계산 기능을 숙달하는 것이 목적이 아닌 경우에, 그리고 계산 결과의 규칙을 찾는 활동을 할 때 계산기를 사용하게 할 수 있으며, 5-6학년군에서는 소수의 곱셈과 나눗셈이나 원주율, 원주, 원의 넓이, 입체도형의 겉넓이와 부피 등을 구할 때의 복잡한 계산에서 또는 복잡한 자료의 평균이나 백분율을 구할 때 계산기를 사용하게 할 수 있다고 언급하였다.

2 덧셈과 뺄셈의 지도

1-2학년군에서는 두 자리 수 범위에서 덧셈과 뺄셈의 의미를 이해하고 계산 원리를 이해하게 하며, 여러 가지 방법으로 계산하여 연산 감각을 기르도록 하고 있다. 3-4학년군에서는 세 자리 수의 덧셈과 뺄셈 원리를 이해하고 계산하며 계산 결과를 어림하도록 하고 있다.

표 4-1 자연수의 덧셈과 뺄셈 내용 체계(교육부, 2022)

핵심 아이디어	• 사칙계산은 자연수에 대해 정의되며 정수, 유리수, 실수의 사칙계산으로 확장되고 이때 연산의 성질이 일관되게 성립한다. • 수와 사칙계산은 수학 학습의 기본이 되며, 실생활 문제를 포함한 다양한 문제를 해결하는 데 유용하게 활용된다.		
구분 / 범주	내용 요소		
	1~2학년	3~4학년	5~6학년
지식·이해	• 두 자리 수 범위의 덧셈과 뺄셈	• 세 자리 수의 덧셈과 뺄셈	• 자연수의 혼합 계산
과정·기능	• 사칙계산의 의미와 계산 원리를 탐구하고 계산하기 • 수 감각과 연산 감각 기르기 • 연산 사이의 관계를 탐구하기 • 자연수, 분수, 소수, 사칙계산을 실생활 및 타 교과와 연결하여 문제해결하기		
가치·태도	• 사칙계산, 어림의 유용성 인식 • 수와 연산 관련 문제해결에서 비판적으로 사고하는 태도		

가. 덧셈과 뺄셈의 의미

1) 덧셈이 쓰이는 경우

다음 두 문제를 보자.

> (1) 흰 바둑돌이 4개, 검은 바둑돌이 3개 있습니다. 바둑돌은 모두 몇 개입니까?
> (2) 비둘기 4마리가 있습니다. 3마리가 더 날아왔습니다. 비둘기는 모두 몇 마리입니까?

이 두 문제는 모두 덧셈이 쓰이는 경우이다. 처음 문제는 **합병형**이라고 한다. 이 경우 바둑돌 4개의 집합과 3개의 집합의 합집합의 원소의 개수를 구하는 것이 된다. 합병은 동시적이다. 그러므로 4+3 또는 3+4와 같은 식을 만들 수 있다.

두 번째 문제는 **첨가형**이라고 한다. 비둘기 4마리가 먼저 있고 여기에 3마리가 더 추가되는 것이다. 이와 같이 첨가는 순차적으로 진행된다. 순차적으로 진행되기 때문에 이 경우에는 덧셈식 4+3이 사용되며 3+4는 적합하지 않다.

이 두 문제는 모두 집합수로서의 덧셈이며, 다음과 같이 순서수로서의 덧셈이 쓰이는 경우도 있다. 이 경우에도 3+2가 되며 2+3은 적합하지 않다.

> (3) 은택이는 마라톤에서 3등을 했습니다. 지훈이는 은택이보다 2명 더 뒤에 들어왔습니다. 지훈이는 몇 등입니까?

2) 뺄셈이 쓰이는 경우

다음 두 문제를 보자.

(1) 흰 바둑돌이 5개, 검은 바둑돌이 3개 있습니다. 흰 바둑돌은 검은 바둑돌보다 몇 개 더 있습니까?

(2) 비둘기가 5마리 앉아 있습니다. 그중 3 마리가 날아갔습니다. 몇 마리가 남아 있습니까?

이 두 문제는 모두 뺄셈이 쓰이는 경우이다. 처음 문제를 **비교형**이라고 한다. 〈그림 4-4〉의 (1)과 같이 두 집합의 원소를 비교하여 남는 것을 구하는 것이다.

제거형은 〈그림 4-4〉의 (2)와 같이 이미 있는 것에서 해당하는 만큼을 제거하고 난 나머지를 구하는 것이다. 덧셈에서의 첨가형처럼 순차적으로 제거된다.

이 두 문제도 집합수로서의 뺄셈이다. 그러나 순서수로서의 뺄셈 상황도 있다.

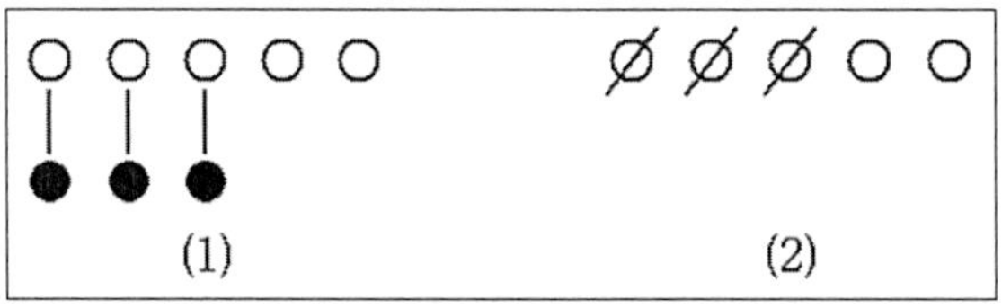

그림 4-4 뺄셈 유형(제거형과 비교형)

나. 기호화 및 읽기

덧셈과 뺄셈의 의미를 지도했다면 이제 이를 기호화하는 것을 지도한다. 기호화를 할 때는 가로 쓰기로 나타내며, 세로 쓰기는 두 자리 수의 계산에서부터 다루는 것이 좋다.

3에 2를 더하는 것 또는 3과 2의 합은 3+2로 나타내고 그 결과까지 나타낼 때는 3+2=5와 같이 표현한다. 5에서 2를 빼는 것 또는 5와 2의 차는 5-2로 나타내고 그 결과까지 나타낼 때는 5-2=3과 같이 표현한다.

이러한 기호를 읽는 방법은 다음과 같다.

3+1=4	3 더하기 1은 4와 같습니다. 3과 1의 합은 4입니다.

6-2=4	6 빼기 2는 4와 같습니다. 6과 2의 차는 4입니다.

참고사항 **덧셈식과 뺄셈식**

예를 들어 '3+1' 또는 '3+1=4'와 같은 식을 덧셈식이라고 하며, '6-2' 또는 '6-2=4'와 같은 식을 뺄셈식이라고 한다. 특히 '3+1=4', '6-2=4'와 같이 등호가 있는 식을 등식이라고 하며, '3+1<6'과 같이 부등호가 있으면 부등식이라고 한다.

2015 개정 교과서에서는 '3+1'과 '3+1=4'를 구분하기 위해서 '3+1'을 덧셈, '3+1=4'를 덧셈식이라고 구분하였다. 그러나 2022 개정 교과서에서는 이를 구분하지 않고 모두 덧셈식이라고 하고 있다(교육부, 2024d, 211쪽).

'3+1'과 '3+1=4'가 모두 '식'이라고 하는 것은 옳지만, 초등학교에서는 '3+1'과 '3+1=4' 중에서 특정한 것을 답으로 요구할 경우도 있다. 그렇기 때문에 초등학교 수준에서는 '3+1'을 덧셈, '3+1=4'를 덧셈식이라고 구분하여 불렀던 것도 나름 의미는 있어 보인다.

한편, '3+1='과 같은 표현은 식이 아니다. 그러므로 식을 쓰도록 할 때는 이런 표현이 나오지 않도록 지도해야 한다.

다. 기본 덧셈과 기본 뺄셈

1) 기본 덧셈

합이 10 이하인 덧셈은 전체를 세어서 해결한다. 직접 물건을 놓고 세거나 그림을 그려서 세거나 손가락을 이용하여 셀 수도 있다. 좀 더 간편하게 해결하려면 더해지는 수나 더하는 수 중 큰 수에서 시작하여 작은 수만큼 세어 나간다. 이런 방법은 아동 스스로 발견해서 사용하면 된다.

합이 10 이상인 덧셈도 마찬가지 방법으로 해결할 수 있다. 그러나 이 경우에는 손가락을 이용해서 세는 것은 손가락의 개수가 모자라서 어려울 수 있다. 물건을 놓고 세어보는 것도 수가 많아서 불편하다.

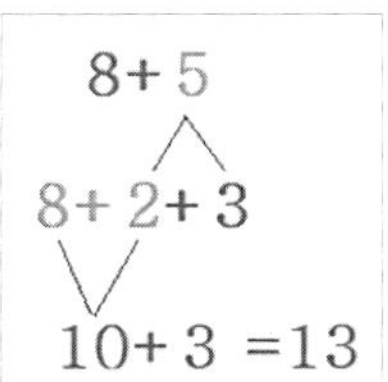

그림 4-5

그래서 〈그림 4-5〉와 같이 수를 분해하고 합성하는 과정을 거쳐서 계산하는 방법을 지도한다. 수의 분해와 합성을 효율적으로 하려면 10에 대한 보수를 이해하고 있어야 한다. 다만 합성과 분해를 이용하여 계산하는 방법을 지나치게 강조할 필요는 없다. 손가락을 이용하거나 직접 세어서 구해도 되며, 정확하고 빠르게 계산할 수 있도록 훈련할 필요가 있다.

2) 기본 뺄셈

뺄셈 방법은 매우 다양하다. 예를 들어, 7-3을 계산할 때 우리는 보통 7개 중에서 3개를 지워버리고 나머지를 세어서 4라고 답한다. 그러나 3에서부터 4, 5, 6, 7과 같이 세어서 4라고 답하기도 하고, 7에서 거꾸로 6, 5, 4, 3과 같이 빼는 수인 3까지 세어서 4라고 답하기도 한다. 6, 5, 4와 같이 빼는 수인 3만큼만 세어서 4라고 답하기도 한다(강문봉, 2019, 64쪽).

받아내림이 있는 (십몇)-(몇)의 뺄셈도 한 자리 수의 뺄셈에서처럼 빼는 수에서 빼어지는 수까지 세어서 해결할 수 있다. 그러나 이 경우에는 수의 합성과 분해를 이용하여 해결하는 것이 더 효과적일 수 있다. 합성과 분해를 이용하는 방법에는 〈그림 4-6〉과 같이 두 가지가 있다.

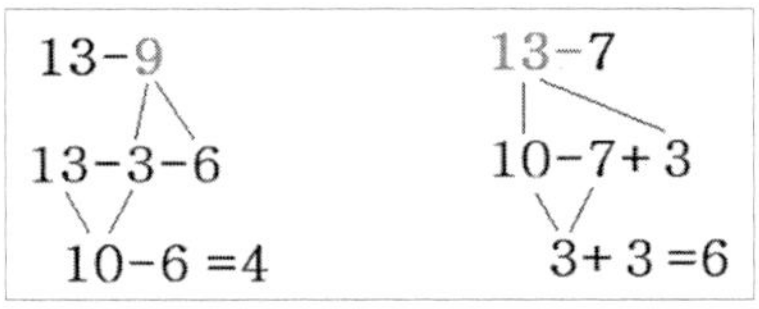

그림 4-6 (십몇)-(몇)

이러한 방법을 사용하지 않고 13-9는 “14, 음~ 4!”와 같이 계산하는 아동도 있다. 이 아동은 마음속에서 13-9=(13+1)-(9+1)=14-10=4와 같은 과정으로 해결한 것이다. 그러므로 이러한 방법 중 어느 한 가지를 지나치게 강조할 필요는 없으며 아동들이 자신의 방법으로 능숙하게 계산할 수 있게 지도하는 것이 바람직하다.

라. 덧셈과 뺄셈 알고리즘의 개발

(두 자리 수)±(두 자리 수)의 계산 알고리즘이 어떻게 만들어지는지를 살펴보자. 먼저 아동이 더하거나 빼는 활동을 할 수 있는 상황을 제공해 주어야 한다. 받아올림이 없는 덧셈이나 받아내림이 없는 뺄셈의 알고리즘은 쉽게 이해할 수 있으므로, 아래에서 받아올림이 있는 덧셈과 받아내림이 있는 뺄셈 알고리즘에 대해서 설명한다.

1) 받아올림이 있는 두 자리 수의 덧셈

다음 문제 상황을 제시한다.

> 공원에 어른이 36명, 어린이가 17명 있습니다. 모두 몇 명 있습니까?

받아올림이 없는 두 자리 수의 덧셈을 배운 아동이 받아올림이 있는 덧셈을 처음 접하는 상황에서 36+17=413과 같이 잘못 계산할 수 있다. 이런 경우에는 어림을 하여 오류를 깨닫게 하는 것이 좋다. 즉 어림하면 40+20=60이고 따라서 모두 60명 이하여야 하므로 400명 정도가 될 수 없다는 것을 알게 될 것이다.

아직 덧셈 알고리즘을 배우지 않았거나 받아올림이 없는 덧셈 알고리즘을 배웠지만 받아올림이 있는 문제를 해결하기 어려운 아동이 이 문제를 해결하려면 직접 세어봐야 할 수도 있다. 즉, 어른 36명을 ○로 나타내고 어린이 17명을 △로 나타내어 모두 세어보면 된다. 그러나 이러한 해결 방법의 불편함을 느끼고 더 편리한 방법을 찾아보려는 마음을 가지게 해야 한다. 경우에 따라서는 세는 과정에 잘못이 있는 것 같다고 지적하거나 이것보다 더 많은 사람 수로 문제를 변형하여 제시함으로써, 그림을 그리고 직접 세어보는 활동은 불편하다는 것을 인식하도록 할 수 있다.

○, △와 같은 그림으로 그리는 것보다 편리한 방법은 십진블록과 같은 수 모형을 이용하는 것이다. 그래서 어른 36명과 어린이 17명을 〈그림 4-7〉과 같이 수 모형으로 나타내어 보자.

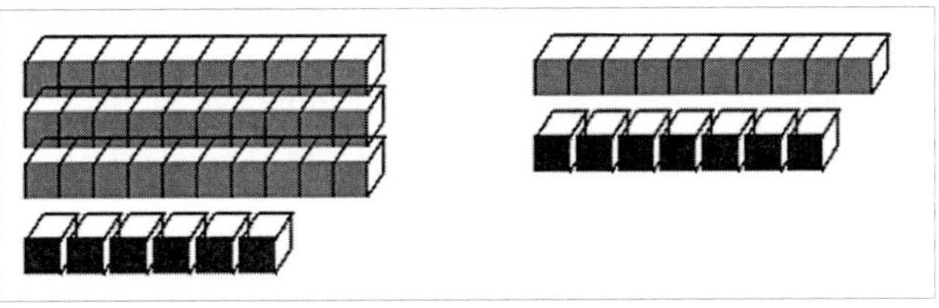

그림 4-7 수 모형(36+17)

수 모형을 이용하면 대상을 일일이 그리지 않아도 되고 모두 몇 명인지를 세어볼 때도 낱개로 세는 것이 아니라 열 묶음 단위로 셀 수 있어서 낱개가 여러 개 놓여 있는 그림보다 훨씬 편리하다는 것을 알 수 있다. 이 수 모형을 세어보면 모두 53명임을 알 수 있다.

이러한 활동을 반성하여 형식화하면 계산 알고리즘을 얻을 수 있다. 수 모형을 다룰 때 먼저 십 모형을 세어 십 모형이 4개임을 알고 이어서 낱개를 세어 낱개가 13개임을 알았다. 그리고 낱개 10개를 십 모형 1개로 교환해서 합이 53이 됨을 알게 되었다. 이러한 수 모형 조작 과정을 단계적으로 형식화하면 〈그림 4-8〉과 같다.

$$\begin{array}{r} 36 \\ +\,17 \\ \hline 4 \end{array} \quad \longrightarrow \quad \begin{array}{r} 36 \\ +\,17 \\ \hline \not{4} \\ 53 \end{array}$$

그림 4-8 덧셈 방법의 형식화

2) 받아내림이 있는 두 자리 수의 뺄셈

받아내림이 있는 뺄셈 알고리즘을 개발하는 과정도 덧셈 알고리즘을 개발하는 과정과 비슷하게 진행된다. 위의 문제 상황에서 '어른이 어린이보다 몇 명 더 많은지를 구하는 뺄셈' 문제를 해결해 보자. 어른 36명을 그린 후에 어린이 17명만큼 지운 다음 나머지를 세어보는 활동은 매우 귀찮고 불편하다. 그래서 〈그림 4-9〉와 같이 수 모형으로 나타내게 한다.

36을 나타내는 수 모형에서 17을 빼려면 낱개 7개를 덜어내기 전에 먼저 십 모형 1개를 덜어내는 것이 자연스럽다. 이것은 십의 자리에서 3-1=2를 계산하는 것과 같다. 이어서 7을 빼야 하는데 6에서 7을 뺄 수 없으니 십 모형 1개를 낱개 10개로 교환하여 16에서 7을 빼게 된다. 또는 10에서 7을 빼고 이어서 6을 더할 수도 있다. 그렇게 해서 얻어진 값이 19이다. 이러한 과정을 형식화하면 다음 〈그림 4-10〉과 같은 뺄셈 알고리즘이 만들어진다.

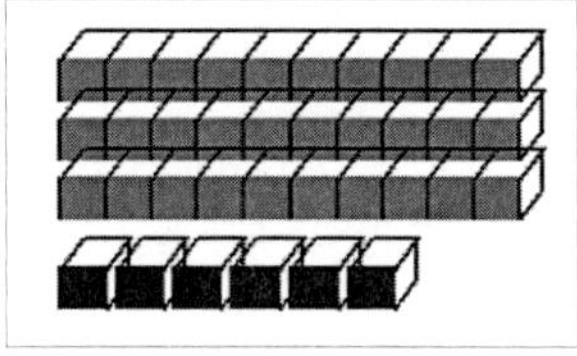

그림 4-9 수 모형(36)

$$\begin{array}{r} 36 \\ -17 \\ \hline 2 \end{array} \longrightarrow \begin{array}{r} 36 \\ -17 \\ \hline \not{2} \\ 19 \end{array}$$

그림 4-10 뺄셈 방법의 형식화

이상에서 얻어진 덧셈 알고리즘과 뺄셈 알고리즘에서는 교과서에서 지도하는 표준 알고리즘과 달리 십의 자리에서 먼저 계산하였다. 수 모형을 이용하여 세 자리 수의 덧셈이나 뺄셈을 할 때도 비슷하게 백의 자리에서 먼저 처리하게 된다. 이러한 흐름은 심리적으로 매우 자연스러우며 역사적 발달 과정과도 일치한다.

그러나 이러한 알고리즘은 두 줄로 처리되어야 해서 지저분하고 산뜻하지 않은 느낌이 든다. 그래서 이러한 알고리즘이 일의 자리에서 먼저 계산하는 표준 알고리즘으로 개선되게 된다. 어쨌든 알고리즘의 개발 과정에서 교과서의 표준 알고리즘이 처음부터 만들어진 것은 아니고 오랜 세월 동안 많이 수정 변화되어 진화된 것이라는 점에서, 자연스럽게 개발된 중간 과정의 알고리즘을 이른 시기에 무시하는 것은 알고리즘화의 교육에서 바람직하지 않다. 특히 수 모형을 이용한 활동을 한다면 그 활동과 표준 알고리즘과는 갭이 생기게 되는데, 이러한 갭을 이러한 중간 단계의 알고리즘으로 메워줄 필요가 있다.

참고사항 **왜 오른쪽에서 왼쪽으로 계산할까?**

인도인들은 254에 663을 더할 때 2+6=8, 5+6=11, 여기서 8을 9로 바꿔 쓰고, 마지막에 4+3=7, 그래서 구하는 합은 917과 같이, 왼쪽에서 시작하여 오른쪽으로 계산하였다(Cajori, 1917, p.96; Eves, 1969, p.183). 인도인들은 대나무 펜으로 작은 흑판에 숫자를 써서 계산하였는데, 쉽게 지울 수 있기 때문에 이런 방법을 사용하였던 것이다. 이런 방법이 아라비아를 거쳐 유럽으로 전해져서 16세기 말경까지 사용되었다. 그런데 새로운 필기도구의 사용으로 이미 쓴 숫자를 지우기가 쉽지 않기 때문에 현재와 같은 오른쪽에서 왼쪽으로 계산하는 방법이 고안되었다.

마. 세 수의 덧셈과 뺄셈

이항연산은 두 수에 대해서 어느 한 수를 지정해 주는 대응이다. 그런 연산이 두 개 이상 포함된 혼합계산에서는 계산 순서가 중요하다. 그 순서는 약속에 의해 결정된다. 이러한 순서가 합의되지 않으면 계산 결과가 달라 혼란을 초래하게 된다.

덧셈과 뺄셈의 혼합계산은 2학년 1학기에서 처음 다루어진다. 〈그림 4-11〉을 보면 먼저 문제 상황이 주어지고 이것을 하나의 식으로 나타낸다. 그리고 왼쪽에서 오른쪽으로 계산하도록 계산 순서를 제시한다. 그러나 이런 지도 방식은 적절하지 못하다. 아직 혼합계산 순서에 대한 약속을 하지 않은 아동들이 이와 같은 세 수의 덧셈과 뺄셈을 올바르게 계산하는 순서를 이해하기는 어려울 것이다. 그러므로 35-17+16과 같은 혼합계산이 아니라

$$35-17=18$$
$$18+16=34$$

와 같이 단계적으로 계산하도록 지도하거나, 굳이 혼합계산을 하게 하려면 35-17을 먼저 계산하는 경우와 17+16을 먼저 계산하는 경우를 비교해 보게 하고 여기서 발생하는 문제를 어떻게 해결하는 것이 좋을지를 토론하면서 계산 순서를 약속해 보게 하는 것이 바람직할 것이다.

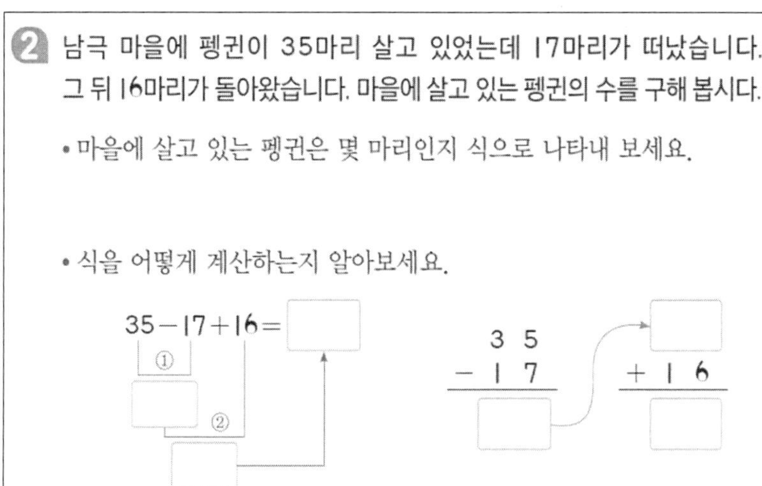

그림 4-11 세 수의 계산(교육부, 2024c, 81쪽.)

바. 덧셈과 뺄셈의 성질

덧셈에는 교환법칙과 결합법칙이 성립하며 덧셈과 뺄셈은 역연산 관계에 있다.

1) 덧셈의 교환법칙

$a+b=b+a$와 같이 덧셈에서 더하는 순서를 바꾸어도 결과가 같다는 것이 **덧셈의 교환법칙**이다. 교환법칙은 공리적으로 도입할 수도 있으나 초등수학에서는 귀납적으로 발견하는 것이 더 바람직하다. 2022 개정 교육과정에서 '한 자리 수인 두 수를 바꾸어 더해 보고 그 결과를 비교하는 활동을 통하여 덧셈의 교환법칙을 직관적으로 이해하게 한다.'라는 표현은 귀납적으로 발견하도록 하는 것을 의미한다. 다만, '교환법칙'이나 '결합법칙'과 같은 용어를 지도할 필요는 없다.

합병형 상황에서는 동일한 상황을 $a+b$로 계산할 수도 있고 $b+a$로 계산할 수도 있다. 그러므로 합병형에서는 교환법칙을 굳이 설명하지 않아도 문제가 없다. 그러나 순서수 개념이나 첨가형으로 제시되면 $a+b$와 $b+a$는 동일한 상황이 아니다. 이런 경우에는 $a+b$와 $b+a$를 각각 계산하고 그 결과가 같다는 사실에서 귀납적으로 교환법칙이 성립함을 이해하게 된다.

2) 덧셈의 결합법칙

세 수를 계산할 때는 어느 것을 먼저 계산해야 하는지를 괄호를 이용하여 나타내야 한다. 그러나 세 수를 더하는 경우 어느 것을 먼저 더하든지 그 결과는 같다. 이것을 **덧셈의 결합법칙**이라고 한다. 즉,

$$(a+b)+c=a+(b+c)$$

이다. 그러므로 세 수를 더할 때는 굳이 괄호를 사용할 필요가 없어지게 되고 그래서 간단히 $a+b+c$와 같이 나타낸다.

3) 덧셈과 뺄셈의 관계

덧셈과 뺄셈은 역연산 관계에 있다. 그러므로 다음과 같이 덧셈식을 보고 뺄셈식을, 뺄셈식을 보고 덧셈식을 만들 수 있어야 한다.

6+4=10 → 10-4=6, 10-6=4

9-5=4 → 4+5=9, 5+4=9

이러한 관계를 제대로 이해하면 다음과 같이 등식의 좌변에 미지수(□)가 포함된 덧셈, 뺄셈 문제를 해결할 수 있다.

□+5=7　　4+□=11

9-□=3　　□-2=7

교육과정의 1-2학년군에서 □가 있는 덧셈식과 뺄셈식을 만들고 □의 값을 직관적으로 구할 수 있는 수준의 문제를 다루도록 요구하고 있다. 직관적으로 해결하려면 예상과 확인 전략을 사용해야 할 것이다.

그런데 직관적으로 □의 값을 구하기 전에 아동들은 미지수가 있는 이러한 문제 자체를 납득하기 어려워한다. 더하거나 빼려면 얼마인가가 있고 거기에 얼마를 더하든가 빼야 하는데 그걸 모르는 수라고 하니 이해할 수가 없다. 1,2학년 수준에서는 그리고 어쩌면 3,4학년 수준에서도 아동들은 등호(=)를 좌변과 우변이 '같다'는 관계적 의미가 아니라 '좌변을 계산하면 우변이 된다.'는 일종의 계산 과정, 즉 조작적 의미로 이해하고 있을 수 있다.

2022 개정 교육과정의 1-2학년군에서 '덧셈식, 뺄셈식, 곱셈식에서 등호(=)의 양쪽에 있는 양이 서로 같음을 이해하게 한다.'고 처음으로 명문화하여 기호 =의 관계적 의미를 지도하도록 하고 있지만 초등학교 1, 2학년 수준에서 이를 이해하기는 쉽지 않을 것으로 보인다.

그러나 어느 정도 시간이 지나면서 혹은 적절한 지도를 통해서 기호 =의 관계적 의미를 깨닫게 되면서 등호의 좌변에 미지수가 있는 문제를 해결하게 된다. 이때 많은 아동이 예상과 확인 전략을 이용하여 해결한다. 즉 미지수에 적당한 값을 대입하여 결과를 확인해 보고 등호가 성립하지 않으면 다른 수를 대입해 보곤 한다. 간단한 문제의 경우에는 이러한 방법도 유용하지만 문제가 복잡해지면 예상과 확인 전략보다는 역연산을 이용하여 해결하는 것이 더 편리하다. 그러므로 덧셈과 뺄셈의 역연산 관계를 잘 이해시킬 필요가 있다.

사. 여러 가지 덧셈과 뺄셈 방법

교과서에 제시된 표준 알고리즘 외에도 여러 가지 방법으로 덧셈과 뺄셈을 할 수 있다.

덧셈의 표준 알고리즘은 오른쪽에서 시작하여 왼쪽으로 나아가지만, 왼쪽에서부터 시작하는 방법도 편리한 점이 많이 있다. 예를 들어, 〈그림 4-12〉에서처럼 36+17을 계산할 때 먼저 십의 자리 수 3과 1을 더하여 십의 자리에 4를 쓴다. 이어서 일의 자리 수 6과 7을 더하여 13을 얻는다. 이때 십의 자리 수 1은 앞서 얻은 4에 더하면, 결국은 53이 된다. 이러한 방법은 357+286과 같이 세 자리 이상의 수에서도 적용된다.

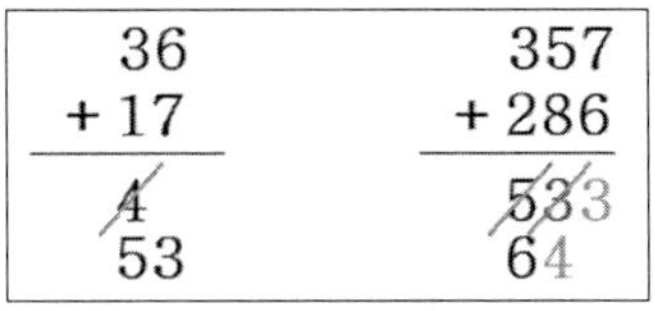

그림 4-12

뺄셈의 경우에는 좀 더 다양한 방법이 있다. 〈그림 4-13〉의 (1)의 경우는 덧셈에서와 마찬가지로, 십의 자리 수부터 먼저 빼고, 일의 자리에서 4-6을 계산할 수 없으므로 십의 자리 수 3에서 1을 빌려와서 14-6=8과 같이 계산하는 방법이다.

(2)의 경우에는 표준 알고리즘처럼 일의 자리에서 먼저 계산한다. 그런데 2가 모자라서 4-6을 할 수 없기 때문에 이를 -2로 표시한다.[9] 이어서 십의 자리 수를 계산하면 30이 된다. 이제 일의 자리에서 모자란 부분을 처리하면 28이 됨을 알 수 있다.

(3)의 경우는 빼는 수 26을 30으로 생각하여 54-30=24를 얻는다. 다음에 26을 30으로 생각했기 때문에 추가된 4를 더하여 28을 얻는다.

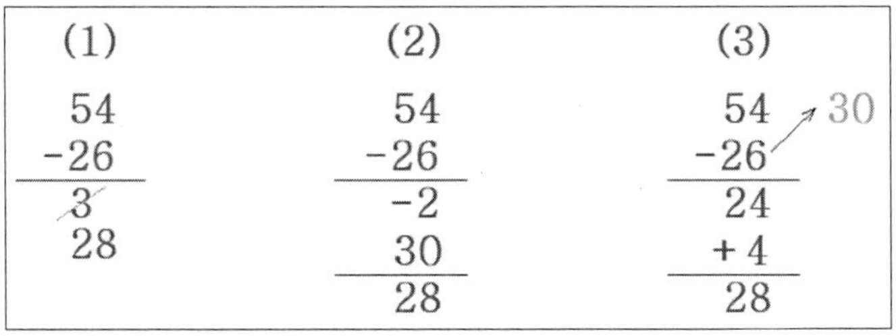

그림 4-13 여러 가지 뺄셈 방법

2015 개정 교육과정은 물론 2022 개정 교육과정에서도 '성취기준 적용시 고려사항'에서 "덧셈과 뺄셈을 여러 가지 방법으로 계산하는 활동을 통하여 연산 감각을 기르게 하되, 이를 지나치게 형식화하여 다루지 않는다."고 제안한 것처럼, 비표준 알고리즘을 강조하여 형식화할 필요는 없다. 그러나 학생들에 따라서 비표준 알고리즘이 더 편안한 경우도 있으므로 여러 가지 계산 방법을 소개할 필요가 있으며, 이러한 방법의 사용을 억제해서는 안될 것이다.

아. 계산 기능의 숙달

복잡한 계산을 연습시킬 필요는 없지만 기본적인 계산 기능은 숙달되도록 충분히 연습

9) 이것은 음수를 의미하는 것이 아니라 '모자람'을 의미하는 것이므로 다른 방법으로 표기해도 무방하다.

시킬 필요가 있다. 계산은 정확하고 신속하게 할 수 있도록 한다. 이 경우 한꺼번에 집중적으로 연습하는 것보다 적당한 시간을 두고 반복 연습하는 것이 더 효과적이다.

모든 반복 연습은 지루하고 귀찮기 때문에 반복 연습을 하기 위해서 게임을 활용하는 것도 바람직하다. 게임에는 승부욕이 작동하므로 지루한 연습을 재미있게 적극적으로 할 수 있게 하는 효과가 있다.

계산 과정에서 흔히 나타나는 오류 유형을 분석하여 오류에 대한 적절한 지도도 필요하다. 덧셈에서의 오류는 〈그림 4-14〉의 (1)과 같이 받아올린 것을 잊어버리거나 받아올림이 없는 데도 있는 것처럼 계산하는 오류, 혹은 〈그림 4-14〉의 (2)와 같이 받아올리지 않고 그대로 적는 오류가 대부분이다.

뺄셈에서는 좀더 다양한 오류가 나타난다. 덧셈에서와 비슷하게 받아내린 것을 잊어버리거나 받아내림이 없는 데도 있는 것처럼 계산하는 오류, 〈그림 4-14〉의 (3)과 같이 각각의 자리에서 단순히 큰 수에서 작은 수를 빼는 오류, (4)나 (5)와 같은 0 처리 오류, (6)과 같이 중간 자리에 0이 있을 경우 0을 건너뛰고 빌려오는 오류 등이 있다(이영선, 2004, 49-50쪽 참고). 그리고 이러한 여러 종류의 오류가 혼합되어 나타나는 경우도 있다.

(1)	(2)	(3)	(4)	(5)	(6)
27	27	54	540	540	406
+35	+35	-26	-238	-238	-129
52	512	32	318	310	187

그림 4-14 덧셈과 뺄셈에서의 여러 가지 오류

자. 덧셈과 뺄셈의 활용

덧셈과 뺄셈을 활용하는 몇 가지 사례를 살펴보자.

1) 덧셈표

〈그림 4-15〉와 같은 덧셈표의 빈칸을 채우게 한다. 빈칸을 채우는 과정에서 여러 차례 덧셈 계산을 하게 되거나 혹은 규칙을 찾아서 채우게 된다.

다 채운 다음 이 표에서 여러 규칙을 찾아보게 한다. 오른쪽으로 갈수록, 혹은 아래로 내려갈수록 합이 어떻게 되는지, 혹은 대각선으로 볼 때는 어떤 규칙이 있는지, 오른쪽으로 두 칸을 가고 아래로 한 칸을 갈 때 어떻게 되는지 등의 규칙을 찾아볼 수 있다. 그리고 왜 그런 규칙이 성립하는지를 생각해 보게 할 수도 있다. 이런 생각을 통해 귀납적 사

고와 연역적 사고를 하게 된다.

빈칸에 채워진 100개의 수의 합을 구하게 할 수도 있다. 단순히 100개의 수를 더하는 것은 매우 지루한 과정이다. 이 합을 보다 간편하게 구하는 방법을 찾아보게 한다. 혹은 3×3 정사각형 안의 9개의 수의 합을 간편하게 구하는 방법을 찾아보게 할 수도 있다.

+	0	1	2	3	4	5	6	7	8	9
0										
1										
2										
3										
4										
5										
6										
7										
8										
9										

그림 4-15 덧셈표

2) 귀납적 추론

두 자리 수의 뺄셈을 배우고 나서 뺄셈 능력을 신장하기 위해 연습 문제를 제시한다. 만약 연습 문제를 다음과 같이 구성하면 뺄셈 연습뿐만 아니라 뺄셈을 통해 귀납적 사고를 하는 기회를 제공할 수도 있다.

1. 다음 뺄셈을 하시오.

52	72	61	91
-25	-27	-16	-19

그림 4-16 귀납적 추론을 위한 뺄셈 문제

먼저 뺄셈을 하게 하고 답이 맞는지 확인할 필요가 있다. 이어서 귀납적 사고를 촉진하려면 이 계산에서 공통점을 찾아보게 한다. 아동들의 반응에 따라서 추가적으로 문제에서의 공통점 혹은 답에서의 공통점을 찾아보도록 보다 세분하여 질문할 수도 있다. 여기서 아동들이 귀납한 추론 결과는 다음과 같을 것이다. 다음 사실들은 본질적으로는 동일한 내용이다.

① 십의 자리의 수와 일의 자리의 수를 바꾸어서 두 수의 차를 구하면 그것은 9의 배수이다.

② 십의 자리의 수와 일의 자리의 수를 바꾸어서 두 수의 차를 구하면 그 차의 십의 자리의 수와 일의 자리의 수를 합할 때 9가 된다.

③ 십의 자리의 수와 일의 자리의 수를 바꾸어서 두 수의 차를 구하면 그것은 처음 수의 십의 자리의 수와 일의 자리의 수의 차에 9를 곱한 것과 같다.

①은 '배수'라는 개념을 배워야 나올 수 있는 내용이지만, 배수를 배우지 않더라도 같은 의미를 가지는 어떤 표현을 사용하여 나타낼 수 있을 것이다. 위의 어느 것을 찾더라도 그 추론 결과가 맞는지 다른 예를 통해서 확인해 보게 한다. 예를 들어 ②와 같은 추론을 했다면 위의 4가지 사례가 아닌 다른 사례, 즉 85-58=27과 같은 예에서 2+7=9가 됨을 재조사한 후에 ②의 추론이 참임을 확인한다.

여기서 더 나아가 세 자리 수에서는 어떻게 될 것인지를 생각하게 한다. 321-123, 714-417 등을 계산해 보고 세 자리 수에서도 이와 같이 바꿔서 뺀 후 답의 각 자릿수를 더하면 18이 됨을 알 수 있다. 이와 같이 '두 자리 수'라는 조건을 '세 자리 수'로 변경하여 조사하는 것은 발전적 사고이다. 여기서 다시 더 나아가서, 두 자리 수에서와 세 자리 수에서의 결과를 바탕으로 '네 자리 수에서 이와 같이 하면 그 결과는 27이 될 것'이라고 추측할 수 있다. 이 추측이 옳은 것은 아니지만 이것 역시 귀납적 사고이다. ①의 경우나 ③의 경우에서도 같은 방식으로 진행할 수 있다.

이와 같이 받아내림이 있는 뺄셈 계산을 지도하면서도 아동들에게 수학적 사고를 할 수 있는 기회를 제공할 수 있다.

3) 디피(diffy) 활동

디피 활동은 〈그림 4-17〉과 같이 위의 이웃한 두 수의 차를 계속 구해 나가는 활동이다. 가장 오른쪽에서는 그 위에 왼쪽의 수 하나뿐이므로 이 경우에는 위의 왼쪽의 수와 위의 가장 왼쪽의 수의 차를 구한다. 이렇게 해서 그 차가 모두 0이 되면 끝이 난다. 이 활동은 6단계에서 끝나게 되는 가장 위의 4 수의 쌍을 구하게 하는 것이다. 〈그림 4-17〉에서 네 수의 쌍 (3, 15, 12, 7)은 5단계에서 끝이 났다. (2, 6, 12, 20)은 6단계에서 끝나게 되는 수의 쌍이다.

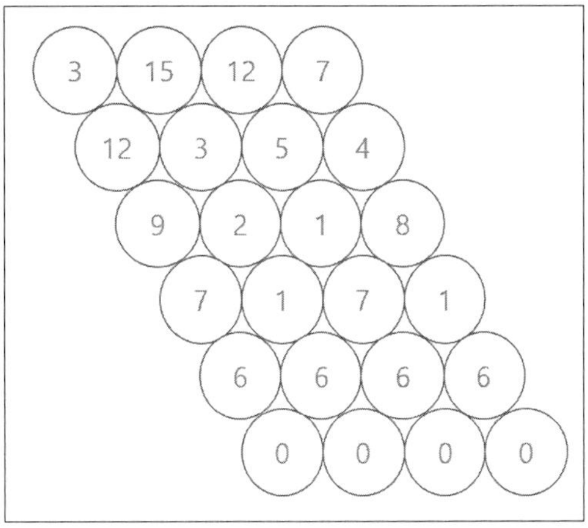

그림 4-17 디피 활동

디피 활동은 단순 뺄셈 문제로 보이지만 의외로 많은 수학적 사고가 개입되고 많은 특징적인 사실을 발견할 수 있게 된다(강문봉, 2005). diffy는 difference에서 나온 말이다. 네 수의 쌍이 아니라 두 수의 쌍, 세 수의 쌍, 다섯 수의 쌍 등으로 차를 계속 구한다면 어떤 일이 벌어질까? 이런 생각을 한다면 이것은 발전적 사고가 작동한 것이다.

두 수의 차를 구하는 것이 아니라 두 수의 몫을 구하게 하는 것으로 조건을 변경한다면 이것은 디비(divy) 활동이라고 한다. 디비 활동에서는 그 몫이 모두 1이 되면 끝나게 된다.

3 곱셈의 지도

2학년에서 곱셈의 의미를 배와 동수누가를 이용하여 지도하며 곱셈구구를 1의 곱과 0의 곱까지 다룬다. 3-4학년군에서는 곱하는 수가 한 자리 수 또는 두 자리 수인 곱셈의 계산 원리를 이해하고 계산하게 하는데, 곱해지는 수는 세 자리 수까지 다룬다. 곱셈을 하기 전에 계산 결과를 어림해 보게 하고 있다.

표 4-2 자연수의 곱셈 내용 체계(교육부, 2022)

핵심 아이디어	• 사칙계산은 자연수에 대해 정의되며 정수, 유리수, 실수의 사칙계산으로 확장되고 이때 연산의 성질이 일관되게 성립한다. • 수와 사칙계산은 수학 학습의 기본이 되며, 실생활 문제를 포함한 다양한 문제를 해결하는 데 유용하게 활용된다.		
구분 / 범주	내용 요소		
	1~2학년	3~4학년	5~6학년
지식·이해	• 한 자리 수의 곱셈	• 자연수의 곱셈과 나눗셈	• 자연수의 혼합 계산
과정·기능	• 사칙계산의 의미와 계산 원리를 탐구하고 계산하기 • 수 감각과 연산 감각 기르기 • 연산 사이의 관계를 탐구하기 • 자연수, 분수, 소수, 사칙계산을 실생활 및 타 교과와 연결하여 문제해결하기		
가치·태도	• 사칙계산, 어림의 유용성 인식 • 수와 연산 관련 문제해결에서 비판적으로 사고하는 태도		

가. 곱셈의 의미

곱셈은 같은 수를 여러 번 더하는 동수누가 외에도 배와 곱집합의 의미를 가지고 있다.

1) 동수누가

다음 두 문제가 어떤 공통점이 있고 어떤 점이 다른지를 생각해 보자.

(1) 바둑돌을 수영이는 7개, 혜송이는 9개, 성광이는 6개, 지훈이는 4개, 은택이는 6개를 가지고 있다. 모두 몇 개인가?

(2) 은선이네 모둠은 모두 6명이다. 각자 바둑돌을 9개씩 가지고 왔다. 은선이네 모둠이 가지고 온 바둑돌은 모두 몇 개인가?

이 두 문제는 모두 '더하는' 문제라는 공통점을 가지고 있다. 그런데 두 번째 문제는 첫 번째 문제와 달리 같은 수를 여러 번 더하는 문제이다. 같은 수를 여러 번 더하는 것은 좀 더 간단하게 나타내는 방법을 생각해 볼 수 있는데, 그렇게 나타낸 것이 곱셈이다.

즉, 곱셈은 같은 수를 여러 번 더하는 것(**동수누가**)을 간단히 표현한 것이다. 예를 들어, 9+9+9+9+9+9는 9를 여섯 번 더하는 것이므로 9×6과 같이 나타낸다.

2) 배

배의 사전적 의미는 '그 수만큼 거듭됨' 또는 '어떤 수량을 두 번 합한 것'이다. 그러므로 사전적으로는 '배'나 '동수누가'는 동일한 뜻이다. 그러나 자연수 범위를 넘어서서 소수나 분수로 확장되면 좀 다르다. 동수누가, 즉 여러 '번'이라는 말은 분수나 소수에 적용되지 않는다. 그러나 '배'는 가능하다. 즉 $\frac{2}{3}$배, $\frac{5}{3}$배와 같이 배는 어떤 양의 축소 또는 확대를 의미한다. 그런 점에서 배는 단순히 '거듭됨'이 아니라 어떤 대상에 작용하여 그만큼 늘이거나 줄이는 연산자(operator)의 의미를 가지게 되어, 더하는 행위인 동수누가와는 다른 의미를 가지고 있다고 할 것이다.

그러므로 자연수의 곱셈을 처음 지도할 때는 먼저 동수누가 개념으로 그 의미와 기호를 도입하는 것이 배 개념을 먼저 도입하는 것보다 곱셈의 필요성을 인식하게 하는 데 더 효과적일 것이다. 2학년에서 곱셈을 도입할 때 '3의 6배를 3×6이라고 쓴다.'고 하는 것은 '동수누가'를 '배'로 표현을 달리 한 것일 뿐, 곱셈 지도의 초기 단계에서 '배'가 가지는 단위의 구성이나 그 확장성을 드러내지도 못하고, 곱셈의 필요성도 잘 드러내지는 못하는 것으로 보인다.

3) 곱집합

두 집합 A={1, 2, 3}, B={a, b}가 있을 때 두 집합의 원소의 순서쌍으로 이루어진 집합 {(1, a), (1, b), (2, a), (2, b), (3, a), (3, b)}의 원소의 개수는 두 집합의 원소의 개수를 곱한 것과 같다. 그런 점에서 이 집합을 **A와 B의 곱집합**이라고 하고 A×B={(1, a), (1, b), (2, a), (2, b), (3, a), (3, b)}로 나타낸다.

곱집합은 집합론에 근거한 곱셈 개념으로, 두 집합 사이에 만들 수 있는 가능한 순서쌍을 알아보는 문제로 다루어진 적이 있기는 하지만 지금은 초등학교 수준에서는 다루어지지 않는다.

나. 기호화 및 읽기

여러 가지 대상들을 묶어서 3씩 몇 묶음, 5씩 몇 묶음 등을 덧셈식으로 나타내고 나서 이를 간단히 곱셈식으로 기호화한다. 예를 들어, 3+3+3+3을 3×4로 나타내고 이것을 '삼 곱하기 사'라고 읽으며 3×4의 값은 3을 4번 더하여 구한다. 그러므로 다음과 같이 읽을 수 있게 지도한다.

3×4=12	3 곱하기 4는 12와 같습니다. 3과 4의 곱은 12입니다.

3×4=12에서 12를 3과 5의 **곱**이라고 하고, 3을 **곱해지는 수**(피승수), 4를 **곱하는 수**(승수)라고 한다.

곱셈을 세로 쓰기로 나타낼 수 있으나 세로 쓰기는 두 자리 이상의 곱셈에서 유용하기 때문에 한 자리 수끼리의 곱셈에서는 굳이 세로 쓰기를 지도할 필요는 없다.

다. 곱셈 모델

곱셈을 지도하기 위해서 곱셈을 나타내는 모델을 이용하면 시각적으로 많은 도움이 된다. 곱셈을 나타내는 모델은 다음과 같이 여러 가지가 있다.

1) 묶음 모델

대상들이 낱개로 무질서하게 놓여 있으면 곱셈 모델로 적절하지 않다. 그러나 대상들이 같은 개수만큼 묶여 있으면 묶음의 개수를 생각하게 되므로 곱셈 모델이 된다.

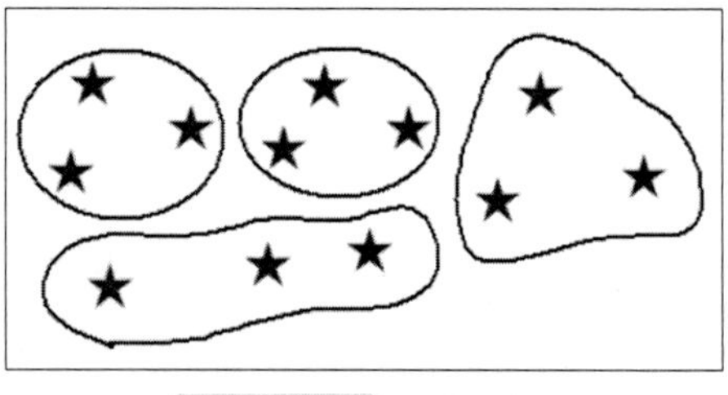

그림 4-18 묶음 모델

산가지, 바둑돌, 수 모형 등 다양한 것들이 대상이 될 수 있으며, 원이나 상자, 봉지 등의 다양한 형태로 묶음을 나타낼 수 있다. 이러한 묶음 모델은 동수누가를 나타내는 모델이다.

2) 수직선 모델

수직선 모델은 반직선 형태를 일정한 간격으로 나누어 일정한 호 등을 그려서 곱셈을 나타내는 모델로서, 구슬 줄, 띠, 수직선, 이중수직선 등 다양한 형태로 제시될 수 있다(정영옥, 2013, 895쪽).

다음 〈그림 4-19〉에서처럼 수직선에서 같은 수만큼 건너뛰게 되면 같은 수를 여러 번 더하는 것을 시각화해 주는 모델이 되며, 구슬을 같은 색으로 또는 일정한 간격을 두어 배치하는 것도 동수누가를 나타내는 모델이 된다. 이중 수직선을 사용하면 배 개념으로서의 곱셈을 시각화할 수 있다.

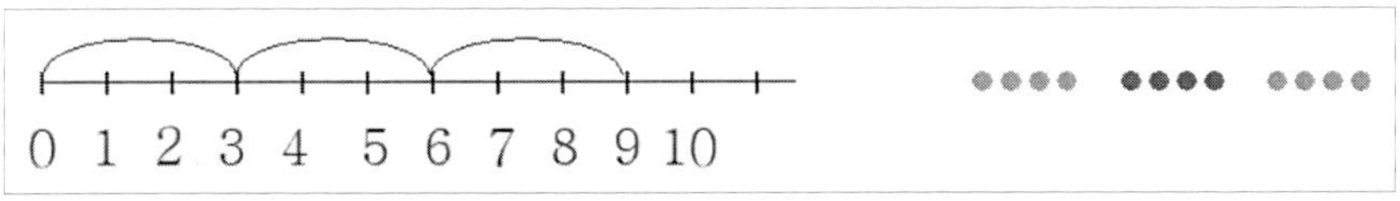

그림 4-19 수직선 모델과 구슬 줄 모델

3) 직사각형 배열 모델

사물을 직사각형으로 배열하면 묶음 표시가 없더라도 가로 또는 세로로 같은 개수가 여러 번 배열되었음을 시각적으로 파악할 수 있다. 직사각형 배열 모델은 〈그림 4-20〉 및 〈그림 4-21〉처럼 이산량 뿐만 아니라 넓이로 대표되는 연속량에서도 적용할 수 있다. 또한 반드시 직사각형이어야만 하는 것이 아니라 평행사변형으로 배열해도 마찬가지 효과를 얻게 된다.

직사각형 배열 모델은 묶음 모델을 대신할 수도 있고, 배 개념이나 곱집합의 의미를 드러내는 모델로 사용할 수도 있다.

그림 4-20 직사각형 배열 모델(1)

그림 4-21 직사각형 배열 모델(2)

4) 조합 모델

조합 모델은 두 개 이상의 집합 사이에 만들 수 있는 가능한 순서쌍을 알아보는 모델로서 수형도나 경로 모델과 같은 형태로 제시될 수 있고, 곱집합을 나타내는 데 적절하다(정영옥, 2013, 896쪽). 우리나라 초등학교 수준에서는 다루지 않는다.

라. 곱셈구구

예를 들어, 9×6은 9를 여섯 번 더하는 것이기 때문에 9×6이 얼마인지를 알려면 9를 여섯 번 더하면 알 수 있다. 곱셈의 결과가 얼마인지를 알기 위해서 이처럼 매번 더하는 것은 매우 불편하다. 그래서 곱셈구구를 암기하면 아주 유용하다.

곱셈구구는 곱셈구구가 만들어지는 원리를 이해한 후에 암기하도록 한다. 곱셈구구단을 지도하는 순서가 획일적이지는 않다. 2단에서 시작하여 순서대로 9단까지 지도해도 되고, 익숙하고 쉬운 단부터 순서대로, 즉 2단과 5단을 먼저 지도하고 7단이나 8단을 가장 나중에 지도할 수도 있다. 1단과 0단을 먼저 지도할 수도 있지만 보통은 2단에서 9단까지 모두 지도한 후에 1단과 0단을 지도한다. 한때 19단까지의 곱셈구구를 암기하는 것이 유행인 적도 있으나 굳이 그렇게까지 할 필요는 없을 것이다.

구구단을 구성할 때는 가급적 곱하는 수를 순서대로 제시하는 것이 바람직하다. 예를 들어 3단을 만들게 된다면

$$3\times1=3$$

$$3\times2=3+3=6$$

$$3\times3=3+3+3=9$$

와 같은 과정으로 진행하면서, 적절한 시기에 〈그림 4-22〉처럼 '곱하는 수가 1 커지면 결과는 곱해지는 수만큼 커진다'는 사실을 발견하게 하고 이를 이용하여 3단을 완성시킨다. 아동이 이런 성질을 발견하지 못하면 계속 더하는 방법으로 진행해도 무방하다.

그림 4-22 3×6의 계산 방법(교육부, 2024e, 41쪽)

2단부터 9단까지 모든 단을 원리에 의해 만들 필요는 없으며 2-3개 정도의 단을 원리에 의해 구성한 다음 다른 단은 그대로 제시해서 암기하게 해도 무방하다.

1단과 0단까지 지도한 다음에는 곱하는 수의 범위를 확대하여 (어떤 수)×0도 지도해야 한다. 0×(어떤 수)는 0을 여러 번 더하는 것과 같으므로 이 결과가 0이 된다는 것은 쉽게 알 수 있다. 그러나 (어떤 수)×0은 (어떤 수)를 0번 더하는 것이므로 이 값이 0이 된다고 단정하기가 쉽지 않다. 2022 개정 교과서에서는 〈그림 4-23〉과 같은 활동을 통하여 지도하고 있다.

3 지아가 공 10개를 던졌습니다. 지아가 얻은 점수를 알아봅시다.

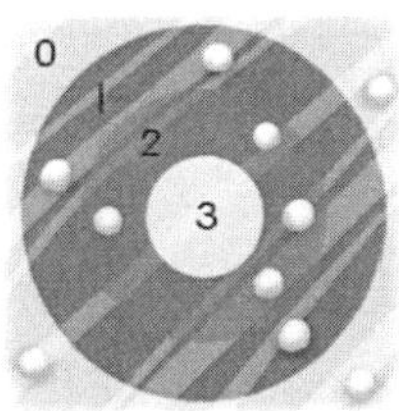

• 빈칸에 알맞은 곱셈식을 써 보세요.

과녁에 적힌 수	0	1	2	3
붙인 공(개)	3	3	4	0
점수(점)			2×4=8	

그림 4-23 0의 곱셈(교육부, 2024e, 53쪽)

공을 던져서 2인 곳에 4개를 붙였다고 하면 이때 8점을 얻게 됨을 알 수 있다. 이것은 또한 2×4와 같이 계산할 수 있음을 알 수 있다. 즉, 점수는 (과녁에 적힌 수)×(붙인 공의 수)이다. 이것을 다른 상황에 적용한다. 만약 과녁에 적힌 수가 0인 곳에 공을 3개 붙였다고 하면 이때의 점수는 0점이다. 이것은 0×3으로 나타낼 수 있으므로 0×3=0이다. 만약 과녁에 적힌 수가 3인 곳에 공을 하나도 붙이지 못했다면 이때의 점수도 0점이다. 이것은 앞의 경우를 살펴볼 때 3×0으로 쓸 수 있다. 그러므로 3×0=0이다.

이런 방법은 '어떤 수에 0을 곱하면 0'이라는 사실을 알게는 할 수 있으나 귀납적 사고를 기르는 데는 적절하지 않다. 그러므로 만약 귀납적 사고도 동시에 지도하고 싶다면 다음과 같은 방식이 바람직하다. 5×3, 5×2, 5×1을 계산하게 한다. 이 계산을 통하여 귀납적으로 '곱하는 수가 1씩 작아질 때마다 곱해지는 수만큼 작아진다.'는 사실을 발견하게 한다. 그리고 이 사실을 5×0에 적용하여 5×0=5-5=0임을 납득시킨다. 이러한 과정을 통해서 어떤 수에 0을 곱하든 0에 어떤 수를 곱하든 그 결과는 0이 됨을 알게 함과 동시에 귀납적 추론도 경험시킬 수 있다.

참고사항 왜 곱셈 '구구'라고 부를까?

곱셈구구는 '일일은 일'부터 시작하여 '구구 팔십일'로 끝난다. 그런데 이것을 통칭하여 왜 곱셈'구구'라고 부르는지 궁금해 하는 사람들이 있다.

흥부전에서는 흥부와 그 아내가 박을 타면서 곱셈구구를 읊어대는 장면이 나온다. 이때 그들은 "구구팔십일 일광로는 적송자 찾아가고 팔구칠십이 이태백은 채석강에서 달구경하고"와 같이 큰 수부터 작은 수로 읊어댄다. 이런 방식은 〈흥부전〉 뿐만 아니라 둔황의 어느 굴에서 발견된 그림에서도 나타난다.

지금 우리가 암기하는 곱셈구구와 그 순서가 다른 이유는 곱셈구구가 신비로운 것으로 보이게 하기 위해서, 아무나 알기 어렵게 하기 위해서 그렇게 했다는 이야기가 있다. 그렇게 '구 곱하기 구'부터 시작했기 때문에 이것을 곱셈구구라고 했다고 한다(강문봉, 김정하, 2015, 51-53쪽; 정동권, 2019, 22-23쪽).

마. 곱셈 알고리즘의 개발

곱셈구구로 해결할 수 없는 범위의 수의 곱셈을 하려면 곱셈 알고리즘을 개발해야 한다. 3학년 1학기에서 (두 자리 수)×(한 자리 수)를, 3학년 2학기에서 (세 자리 수)×(한 자리 수)와 (두 자리 수)×(두 자리 수)를, 4학년 1학기에서 (세 자리 수)×(두 자리 수)를 지도하면서 곱셈 알고리즘 지도를 완성하고 있다. 그런데 한 자리 수를 곱하는 것과 두 자리 수를 곱하는 것은 그 알고리즘 개발에 상당한 차이가 있으며, 반면에 두 자리 수에 한 자리 수를 곱하는 것과 세 자리 수에 한 자리 수를 곱하는 것은 알고리즘 개발이나 지도의 난이도에 별 차이가 없다. 그런 점에서 3학년 2학기에서 지도하는 (세 자리 수)×(한 자리 수)는 3학년 1학기에서 (두 자리 수)×(한 자리 수)에 이어서 함께 지도하는 것이 연계성에서 더 바람직해 보인다.

1) (두세 자리 수)×(한 자리 수)

(두 자리 수)×(한 자리 수)는 먼저 동수누가를 이용하여 계산하게 하여 계산의 불편함을 느끼고 더 좋은 방법을 찾아보게 하는 마음을 가지게 한다. 더 좋은 방법을 찾기 위하여 수 모형을 이용한 활동을 하게 한다. 예를 들어 26×3을 수 모형으로 나타내면 〈그림 4-24〉와 같이 26개

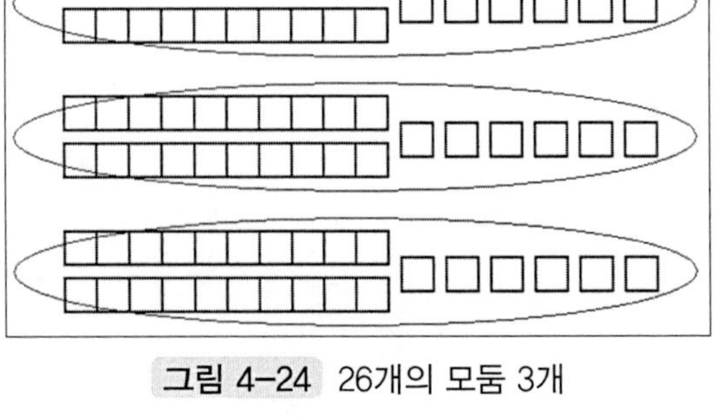

그림 4-24 26개의 모둠 3개

의 묶음 3개로 나타낼 수 있다.

이것이 모두 몇 개인지를 세어보게 되는데 먼저 열 모형이 2개씩 3개, 즉 2×3=6개이다. 낱개로 생각하면 20×3=60이다. 다음에는 낱개 모형을 세는데, 6개씩 3개, 즉 6×3=18이다. 이것을 모두 더하면 60+18=78이다.

이 과정을 형식화하면 〈그림 4-25〉와 같다.

(세 자리 수)×(한 자리 수)도 수 모형을 이용하여 비슷한 과정으로 진행할 수 있다. 또한 형식화하는 것도 비슷하다.

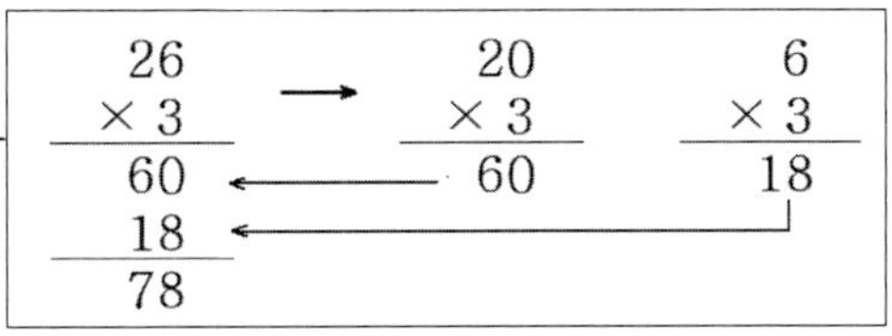

그림 4-25

이 과정을 일의 자리에서부터 먼저 곱하는 표준 알고리즘으로 변형할 수 있지만 아직까지는 굳이 그럴 필요는 없을 것이다. 표준화가 필요하면 (두 자리 수)×(두 자리 수)의 지도에서 행할 수 있다.

2) (한 자리 수)×(두 자리 수)

두 자리 수를 곱하는 것을 지도하려면 먼저 10을 곱하는 것부터 지도하는 것이 좋다. 예를 들어 7×10을 구하려면 7을 10번 더해야만 한다. 이런 예를 통해 (한 자리 수)×10이 얼마가 되는지를 알게 한다.

그다음에 예를 들어 6×24와 같은 곱셈을 구해보자. 이것은 6을 24번 더하는 것이므로 인내하며 정확하게 계산하면 시간이 걸리더라도 해결이 된다. 그러나 보다 간단히 계산하는 방법을 찾아보자.

6을 보다 쉽게 24번 더하려면 앞서 학습한 10배를 이용한다. 즉 다음과 같이 10번 더하고 다시 10번 더하고 난 다음에 나머지 4번만 더하면 24번 더하는 것보다 훨씬 효율적으로 덧셈을 할 수 있다.

$$6\times24=6\times10+6\times10+6\times4=60+60+24=144$$

또는 10을 곱하는 것을 학습하고 몇십을 곱하는 것을 학습했다면 6×24=6×20+6×4=120+24=144와 같이 계산할 수도 있다.

수 모형을 이용하면 이러한 사실을 좀더 시각적으로 이해할 수도 있다. 한 자리 수를 곱하는 경우에는 수 모형으로 십진블록을 이용하는 것이 좋겠지만, 두 자리 수를 곱할 때는 십진블록이 너무 많이 필요하기 때문에 모눈종이를 이용하는 것이 편리하다.

6×24를 모눈종이를 이용하여 표현하면 〈그림 4-26〉과 같다. 이 그림을 통해서 6×24는 6×10+6×10+6×4 또는 6×20+6×4와 같음을 이해할 수 있다. 또한 이 그림은 6×24를 나타내

지만 다른 관점에서 보면 24×6과도 같기 때문에 이런 그림을 이용하여 곱셈의 교환법칙을 지도할 수도 있다.

여기서 더 나아가, (한 자리 수)×(두 자리 수)의 세로셈 알고리즘을 만들어 낼 수 있으나, 나중에 (두 자리 수)×(두 자리 수)의 알고리즘을 이용하든가 교환법칙이 성립함을 알고 나서 (두 자리 수)×(한 자리 수)의 방법으로 구하게 할 수도 있기 때문에 (한 자리 수)×(두 자리 수)의 세로셈 알고리즘을 서둘러 형식화할 필요는 없다.

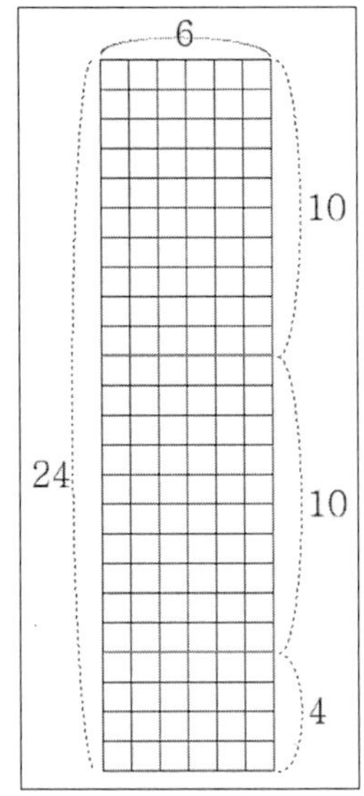

그림 4-26

3) (두 자리 수)×(두 자리 수)

곱하는 수가 두 자리 수이면 여러 번 더해서 구하는 것은 매우 번거롭다. 그러므로 (한 자리 수)×(두 자리 수)에서처럼 곱하는 수를 계산하기 편하게 분할해서 처리할 수도 있다. 보다 편리한 알고리즘을 개발하려면 다음과 같이 진행하게 된다. 43×26을 예로 하여 계산해 보자.

방법 1 곱하는 수를 분할해서 기존 방법 적용

43을 26번 더하는 것은 매우 귀찮고 도중에 계산이 잘못될 수도 있다. 그런데 10번 더하면 430이 됨을 이미 알고 있으므로 이 사실을 이용하면 편리하다. 즉, 43을 10번 더하고 또 10번 더하고 그다음에 6번 더하면(이것은 6을 곱하는 것과 같다) 26번 더하는 것보다 매우 간편하게 계산할 수 있다. 이러한 활동 후에 이 활동을 반성하고 형식화하면 〈그림 4-27〉과 같은 알고리즘을 얻을 수 있다.

```
  43    →     43       43
 ×26         ×20      × 6
 ----        ----     ----
 860  ←——————860      258
 258  ←————————————————┘
 ----
1118
```

그림 4-27 43×26의 계산(1)

방법 2 모눈종이를 이용하여 알고리즘 개발

두 자리 수를 곱하는 상황을 십진블록같은 수 모형으로 나타내기는 어렵다. 그러므로 모눈종이를 이용하여 나타내는 것이 편리하다. 예를 들어, 43×26은 〈그림 4-28〉처럼 작은 정사각형(모눈)이 가로로 43칸, 세로로 26칸 있는 큰 직사각형에서 모눈의 개수를 세는 것과 같다.

모눈이 모두 몇 개인지를 세어보게 하고, 보다 쉽게 셀 수 있는 방법을 찾아보게 한다. 아동들이 제안하는 여러 가지 방법을 검토해 보고 가장 편리한 방법을 택하게 한다. 예를 들어 〈그림 4-29〉처럼 10개씩 자르면 쉽게 그 개수를 파악할 수 있다.

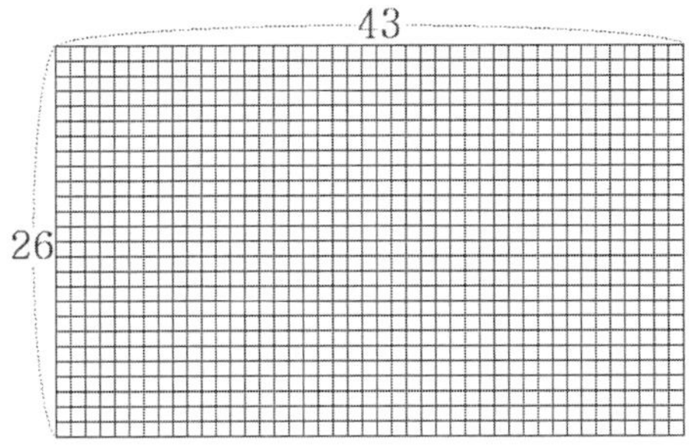

그림 4-28 43×26의 직사각형 배열(1)

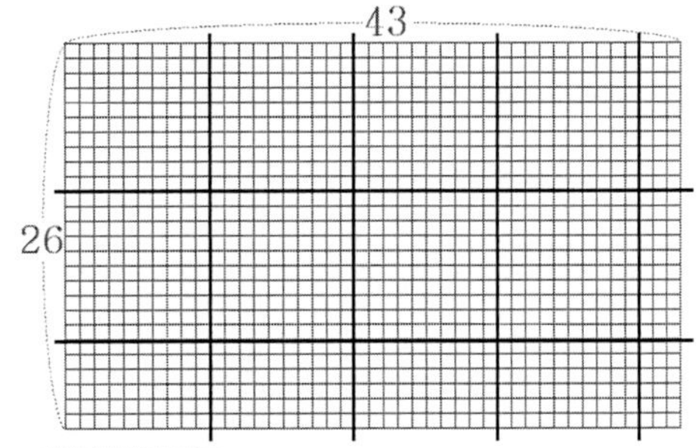

그림 4-29 43×26의 직사각형 배열(2)

가장 큰 조각은 백 묶음이고, 그다음에는 십 묶음들이며, 마지막으로 낱개들이 있다. 여기서 먼저 백 묶음을 세게 된다. 백 묶음은 가로로 4개, 세로로 2개, 즉 4×2=8(개) 있다. 십 묶음은 3×2=6(개)와 6×4=24(개)가 있다. 낱개는 3×6=18(개) 있다. 이것을 모두 더하면 된다.

```
   43
  ×26
  800 ← 백이 8   (40×20)
   60 ← 십이 6   (3×20)
  240 ← 십이 24  (40×6)
   18 ← 낱개가 18 (3×6)
 1118
```

그림 4-30 43×26의 계산(2)

이 과정을 형식화하면 〈그림 4-30〉과 같다.

교과서에서는 이보다 약간 더 형식화된 방식으로 모눈을 분할한다. 즉, 〈그림 4-31〉과 같이, 53×27의 직사각형 배열에서 세로의 27칸을 20칸과 7칸으로 구분한다. 그러면 이미 학습한 53×20과 53×7로 분할되기 때문에 이를 각각 구하여 더하는 방식으로 알고리즘을 형식화한다. 이러한 분할은 표준 알고리즘에 최대한 가깝게 하려는 의도이다.

어떻게 분할하든 아동들이 쉽고 자연스럽게 생각할 수 있는 방법으로 분할하여 모눈의 수를 세어보고 알고리즘을 형식화하게 하면 될 것이다. 이어서 표준 알고리즘으로 이행하면 될 것이다.

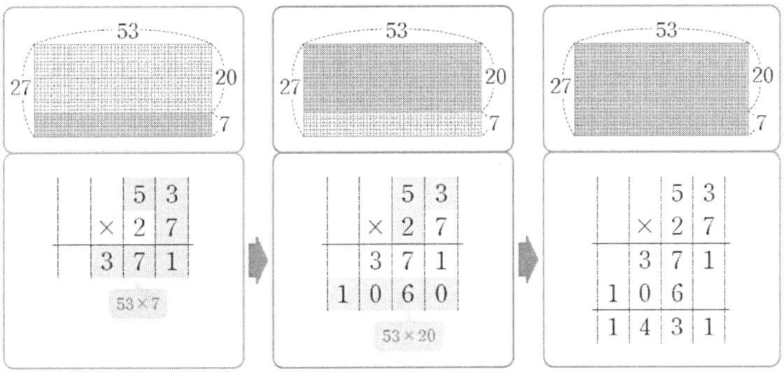

그림 4-31 53×27의 알고리즘 개발 과정(강문봉 외, 2025c, 27쪽)

4) (세 자리 수)×(두 자리 수)

이미 (두 자리 수)×(두 자리 수)를 계산하는 방법을 학습했기 때문에, (세 자리 수)×(두 자리 수)의 계산 방법을 이해하는 것은 어렵지 않을 것이다. 새롭게 원리를 지도하기보다는 이미 학습한 것을 적용하는 정도로도 충분하다.

5) 곱셈의 표준 알고리즘에서 올림의 표기

지금까지 곱셈 알고리즘을 개발하였다. 이러한 알고리즘은 표준 알고리즘과는 다르지만 알고리즘이 만들어지고 다듬어지는 과정에서 자연스럽게 나타난다. 이러한 알고리즘을 좀더 다듬고 보완해서 표준 알고리즘을 완성하게 된다.

교과서에서는 한 자리 수를 곱하는 표준 알고리즘에서 〈그림 4-32〉의 (1)과 같이 올림을 표시하고 있다. 이렇게 올림을 표기하면 덧셈에서 올림을 표기하는 방법과 같아서 편리하기는 하지만 이 경우 십의 자리에서 4+2=6을 암산하고 여기에 3을 곱하여 184를 얻는 오류를 범할 수도 있다. 그러므로 올림의 의미가 덧셈과 다르다는 점을 인식할 수 있도록 〈그림 4-32〉의 (2)와 같이 원 문자를 사용하거나, (3)과 같이 가로선 밑에 쓰는 곱의 바로 위에 기록하는 방법도 생각해 볼 필요가 있다.

(1)	(2)	(3)
2	②	
48	48	48
× 3	× 3	× 3
		2
144	144	144

그림 4-32 올림의 여러 가지 표기 방법

그런데 두 자리 수를 곱할 때는 올림을 표시하지 않고 기억하게 하고 있다. 곱하는 수의 일의 자리 수를 곱하면서 생기는 올림, 곱하는 수의 십의 자리 수를 곱하면서 생기는 올림, 두 개의 부분곱을 더하면서 생길 수 있는 받아올림 등을 표기하는 첨자들이 계속 나타날 수 있기 때문에 매우 복잡하기 때문이다. 그래서 기억할 수 있도록 지도하는 것이 최선일 수도 있지만 기억하는 것이 여러 번 반복되면 오류를 범하기 쉽다. 그러므로 올림을 표기하는 적절한 지도도 필요하다.

두 자리 수를 곱할 때 올림을 〈그림 4-33〉과 같이 표기하는 것도 한 가지 방법이다. 또는 이미 사용한 올림을 그때그때 빗금(/)을 그어 삭제하도록 하는 것도 효과적일 것이다.

```
      4 7
 ×    3 5
 ────────
      3
    2 3 5
    2
  1 4 1
 ────────
  1 6 4 5
```

그림 4-33

어쨌든 곱셈에서의 올림 표기에 대해서 표준화된 방식은 없지만, 올림한 수치를 쓸 장소가 마땅치 않다는 점이 곱셈에서의 계산 실수를 유발하는 주요 원인일 수 있다는 점에서(김수미, 2012, 137쪽), 이에 대한 많은 논의와 실증적 분석이 있어야 할 것이다.

바. 곱셈의 성질

곱셈에서는 교환법칙과 결합법칙, 그리고 덧셈에 대한 곱셈의 분배법칙이 성립한다. 2022 개정 교육과정에서는 '곱셈표를 이용해서 두 수를 바꾸어 곱해도 곱이 같음을 비교하는 활동을 통하여 곱셈의 교환법칙을 직관적으로 이해하게 한다.'고 명문화하여 교환법칙을 지도할 수 있도록 하고 있으나 결합법칙이나 분배법칙에 대해서는 아무런 언급이 없다. 그러나 결합법칙이나 분배법칙은 암묵적으로 많이 사용되고 있는 성질이다.

1) 곱셈의 교환법칙

모든 자연수 a, b에 대하여 $a \times b = b \times a$가 성립한다는 것이 **곱셈의 교환법칙**이다. 곱셈의 교환법칙은 곱셈구구를 암기하면서 이미 자연스럽게 인식하게 된다. 그러나 137×63과 63×137의 계산 결과가 같은지는 이 계산이 암산으로 얼른 구할 수 없기 때문에 쉽게 같다고 대답하지 못하는 경우가 있다. 이러한 현상은 곱셈의 교환법칙을 생각하는 것이 아니라 계산 결과를 보고 대답하기 때문이다.

곱셈의 교환법칙이 성립한다는 것을 이해하게 하려면 많은 계산을 통해 귀납적으로 파악하게 할 수도 있으나 〈그림 4-34〉에서와 같이 직사각형으로 배열된 대상이 모두 몇 개인지를 구하는 식을 써보게 함으로써 시각적으로 이해시킬 수 있다. 즉, 동일한 대상들을 가로로 묶어서 5×4로 나타내어 보고 세로로 묶어서 4×5로도 나타낼 수 있다는 것을 이해하면 교환법칙은 계산을 해보지 않고서도 이해 가능하게 된다.

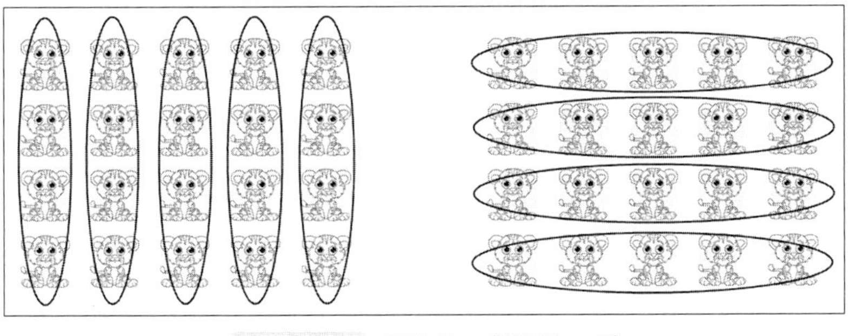

그림 4-34 곱셈의 교환법칙 모델

2) 곱셈의 결합법칙

세 수를 곱하는 경우 어느 것을 먼저 곱하든지 그 결과는 같다. 이것을 **곱셈의 결합법칙**이라고 한다. 따라서 세 수를 곱할 때 굳이 괄호를 사용하지 않고 $a \times b \times c$와 같이 써도 무방하다.

곱셈의 결합법칙도 작은 수의 경우 자연스럽게 인식하게 되지만 여러 계산을 해 보면서 귀납적으로 이해하게 할 수 있다. 그러나 다음과 같이 시각적인 방법을 사용할 수 있다.

쌓기나무를 이용하여 〈그림 4-35〉와 같이 가로, 세로, 높이가 각각 5, 4, 3인 직육면체를 만들어 보자. 이 직육면체를 구성하는 쌓기나무의 개수를 구해보자.

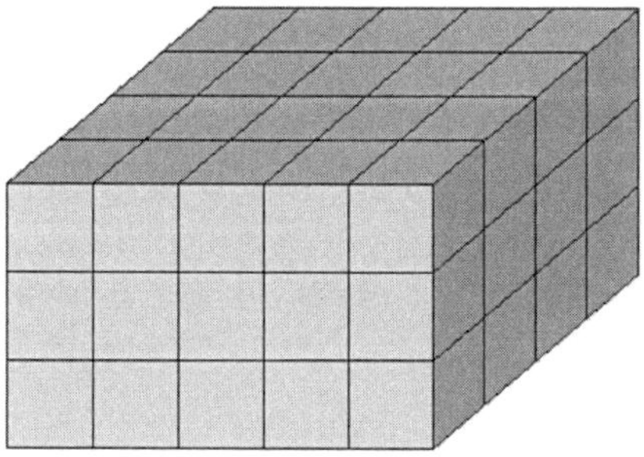

그림 4-35 곱셈의 결합법칙 모델

먼저 밑면에 있는 쌓기나무의 수를 구한 다음에 전체의 개수를 구한다면 (5×4)×3이 된다. 이번에는 5개의 열 각각에 있는 쌓기나무의 개수를 구해서 5개의 열에 곱한다면 5×(4×3)이다. 그러므로 (5×4)×3=5×(4×3)이 된다.

3) 덧셈에 대한 곱셈의 분배법칙

덧셈에 대한 곱셈의 분배법칙은 $a\times(b+c)=a\times b+a\times c$ 또는 $(b+c)\times a=b\times a+c\times a$를 말한다. 분배법칙은 곱셈을 하면서 여러 곳에서 암묵적으로 사용해 왔다. 예를 들어 곱셈구구를 만들면서 3×6의 값을 구할 때 3을 여섯 번 더하는 대신 다섯 번 더한 값 15에 3을 더해서 구할 수 있다. 이것은 3×6=3×(5+1)=3×5+3×1에 해당한다. 또, 두 자리 수의 곱셈을 할 때 예를 들어 36×25를 계산할 때 36×20+36×5와 같이 처리하여 알고리즘을 만들어내었는데, 이때에 36×(20+5)=36×20+36×5와 같이 분배법칙이 적용된 것이다. 그러나 이러한 분배법칙을 공식화하여 지도할 필요는 없다. 36×25의 계산은 36을 25번 더하는 것이므로 20번 더한 것과 5번 더한 것을 다시 더해 구할 수 있다는 정도로 이해하면 충분하다.

만약 분배법칙을 의도적으로 지도하려고 한다면 교환법칙이나 결합법칙의 지도에서처럼 여러 계산을 통해 귀납적으로 이해하게 할 수 있지만 다음 〈그림 4-36〉과 같이 시각화하여 지도할 수도 있다. 왼쪽 그림에서 작은 직사각형의 개수는 4×8이다. 오른쪽 그림에서 접혀진 부분을 기준으로 각각 구하면 4×5+4×3이다. 그러므로 4×(5+3)=4×5+4×3이다.

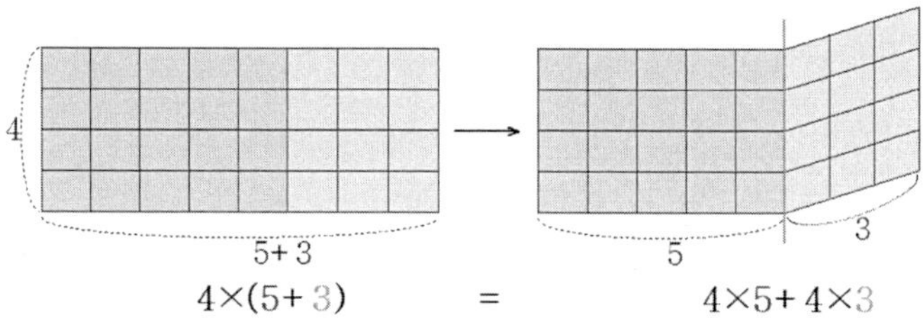

그림 4-36 덧셈에 대한 곱셈의 분배법칙 모델

사. 곱셈 기능의 숙달

덧셈과 뺄셈의 기능 숙달에서와 마찬가지 방법으로 반복 연습을 통해 곱셈 알고리즘을 숙달시킨다. 특별히 주의할 곱셈의 오류 유형에는 〈그림 4-37〉에서와 같은 것들이 있다. 첫 번째 경우는 자릿값에 대한 오류이며 두 번째는 받아올림이 있는 덧셈 방식과의 혼동에서 온 것이다. 세 번째 경우는 두 자리 수를 곱했을 때 나타날 수 있는 자릿값 오류이다. 이러한 오류들이 개별적으로 또는 여러 개가 혼합하여 나타날 수도 있다. 이러한 오류들은 보통 어림셈을 해 보게 함으로써 문제가 있음을 인식하게 할 수 있다.

```
              1
   23        25        23
 ×  4      ×  3       ×34
 ----      ----      ----
  812        95        92
                       69
                     ----
                      161
```

그림 4-37 곱셈 오류의 유형

아. 여러 가지 곱셈 방법

지금까지 살펴본 곱셈 방법 외에 다른 흥미 있는 곱셈 방법들이 많이 있다.

1) 손가락 곱셈

〈그림 4-38〉은 곱셈구구의 9단을 보여주는 손가락 곱셈이다. 10개의 손가락을 모두 편 다음 그중의 하나, 예를 들어 왼쪽에서 세 번째 손가락을 접으면 이것은 9×3을 의미한다. 이때 접은 손가락의 왼쪽에 있는 손가락의 수가 십의 자리의 수를, 오른쪽의 손가락 수는 일의 자리의 수를 나타낸다. 그러므로 9×3=27이다.

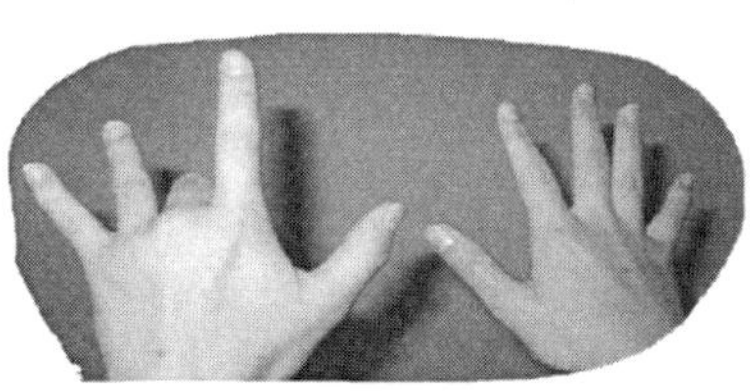

그림 4-38 손가락 곱셈(1)

그림 4-39 손가락 곱셈(2)

〈그림 4-39〉는 9×8을 보여주는 손가락 곱셈이다. 곱해지는 수인 9의 보수(합하여 10이 되게 하는 수)는 1이므로 왼손에서는 손가락 하나만 편다. 곱하는 수인 8의 보수는 2이므로 오른손가락 2개를 편다. 접힌 손가락 모두의 수(4+3=7)는 곱의 십의 자리 수를 나타내고 편 손가락 1과 2는 곱하여(1×2=2) 일의 자리 수로 삼는다. 그러면 9×8=72가 된다. 만약 6×6은 두 손에서 각각 4개의 손가락을 펴게 된다. 그러면 접은 손가락 수는 2이므로

20과, 편 손가락 4와 4를 곱하면 16, 그러므로 이 두 수의 합은 36이 되어 6×6=36이다. 이것은 16세기 서양의 수학책에서 많이 발견되는 여승법을 손가락으로 구현한 것이다[10].

이러한 손가락 곱셈은 구구단을 잘 외우지 못하는 경우에 곱해지는 수와 곱하는 수가 모두 5 이상인 한 자리 수의 곱셈을 구하는 데 유용하다.

2) 고대 이집트의 곱셈 방법

고대 이집트인들은 절대 기수법을 사용하였기 때문에 덧셈은 쉽게 할 수 있어도 곱셈은 쉽게 할 수 없었다. 그래서 2배 하는 방법을 이용하여 계산하였다. 예를 들어 24×14를 계산하기 위해서 다음과 같이 2배를 하는 방법으로 24를 14번 더하는 결과를 얻었다.

$$
\begin{aligned}
24 \times 1 \quad &= 24 \\
2^* \quad &= 48 \\
4^* \quad &= 96 \\
8^* \quad &= 192
\end{aligned}
$$

24를 2배, 4배, 8배와 같이 두 배를 하는 것은 같은 기호를 두 번 반복하여 기록하기만 하면 된다. 이제 별표(*)에 해당하는 것을 모두 더하면 24를 14(=2+4+8)번 더하는 것이 된다. 그러므로 24×14=48+96+192=336이 된다. 스티펠(Stifel, 1487-1567)과 같은 수학자도 이런 방법으로 곱셈을 하였다(Smith, 1958b, p.106).

3) 러시아의 전통적인 방법

러시아의 농부들은 곱셈을 할 때 두 수 중 한쪽은 2배를 하고 다른 쪽은 반을 취하는 과정을 반복하여 계산하였다고 한다(Smith, 1958b, p.106). 예를 들어,

$$24\times16=48\times8=96\times4=192\times2=384\times1=384$$

와 같이 계산한다. 만약 계속해서 반을 취하지 못할 때는 2로 나눈 몫의 정수만 취하여 이런 과정을 계속하고, 마지막에 반을 취하지 못한 수를 더하게 된다. 즉, 24×14의 경우 다음과 같이 진행한다.

24	48*	96*	192*
14	7	3	1

---

10) Huswirt(1501), Riese(1522), Rudolff(1526), Fine(1530), Recorde(1542년경), Stifel(1544), Peletier(1549), Baker(1568) 등의 책에 여승법이 등장한다(Smith, 1958b, pp.119-20).

만약 계속해서 반으로 나누어 떨어진다면 위와 아래의 두 수의 곱은 항상 같게 되어 마지막 오른쪽에 있는 1 위의 수가 곱이 되겠지만 이런 경우에는 나누어 떨어지지 않은 경우였던 별표(*) 표시한 수들의 합이 곱이 된다. 즉, 48+96+192=336이 24×14를 계산한 결과이다. 이렇게 계산하는 이유는 다음 계산 과정을 보면 이해될 것이다.

$$
\begin{aligned}
24\times14 = 48\times7 &= 48\times6+\mathbf{48}\\
&= 96\times3+\mathbf{48}\\
&= 96\times2+\mathbf{96}+\mathbf{48}\\
&= 192\times1+\mathbf{96}+\mathbf{48}\\
&= \mathbf{192}+\mathbf{96}+\mathbf{48}\\
&= 336
\end{aligned}
$$

4) 선 긋기 곱셈(문살곱셈)

선긋기 곱셈(문살 곱셈)은 문살 모양의 선을 그어 계산하는 방법이다. 예를 들어 135×24의 값을 구해 보자.

먼저 135를 의미하는 줄 1개, 3개, 5개를 간격을 두어 〈그림 4-40〉과 같이 그린다. 이어서 반대 방향으로 24를 의미하는 줄 2개와 4개를 같은 방법으로 먼저 그은 선들과 만나도록 그린다.

이제 각각의 자리에 맞춰서 교점의 개수를 세면 된다. 즉,

일의 자리에는 20

십의 자리에는 10+12=22

백의 자리에는 6+4=10

천의 자리에는 2

이것을 모두 더하면 3240이다. 문살 곱셈에서는 각 교점의 수가 어느 자리의 수가 되는가를 이해하는 것이 중요하다. (두 자리 수)×(두 자리 수)의 경우에는 그림이 좀 더 단순하기 때문에 훨씬 쉽게 구할 수 있다(강문봉 외, 2025d, 121쪽).

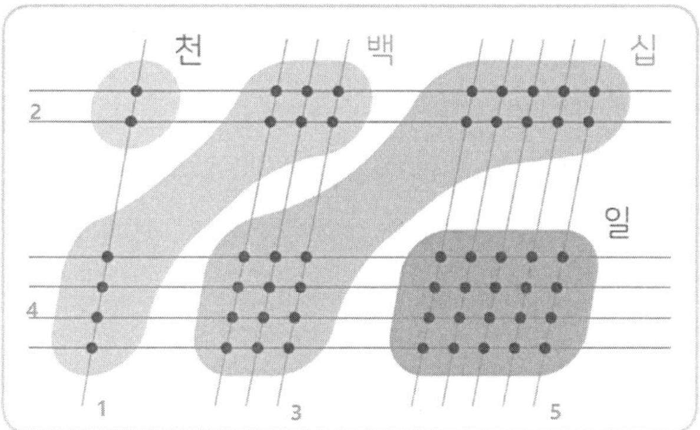

그림 4-40 135×24의 줄긋기 곱셈

5) 격자 곱셈

트레비소(Treviso)의 산술책(1478)에는 〈그림 4-41〉과 같이 934×314를 계산하여 293276을 구하는 격자곱셈이 소개되어 있다. 각각의 자리의 수를 곱한 다음 대각선 방향에 있는 수들의 합을 구해 곱을 얻는 방법으로 다음 두 가지 방식이 있다. 합이 10 이상이 되면 윗자리로 받아올림을 한다. 대각선이 그어진 방향에 따라 곱하는 수인 314를 쓰는 위치와 계산한 결과를 읽는 방식이 약간 다르다.

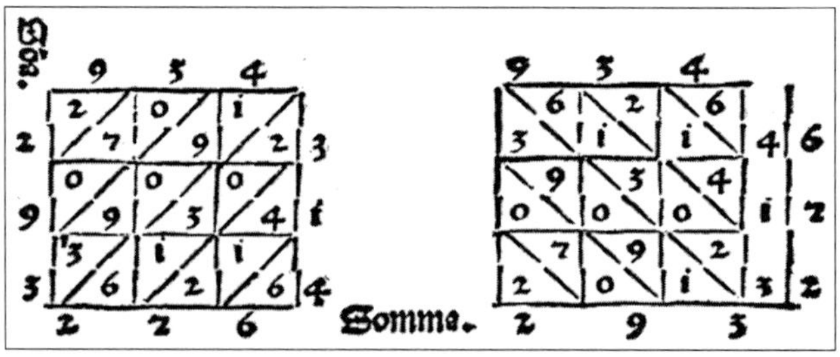

그림 4-41 격자곱셈(Smith, 1958b, p.115)

4 나눗셈의 지도

3-4학년군에서 나눗셈이 도입된다. 나눗셈의 의미를 알고, 나누는 수가 한 자리 수인 경우와 두 자리 수인 경우의 나눗셈의 계산 원리를 이해하고 계산도 할 수 있어야 한다. 나누어지는 수는 세 자리 수까지 다루며 나누는 수는 두 자리 수까지 다룬다. 이때 나누어 떨어지는 경우와 나머지가 있는 경우의 나눗셈을 다룬다. 곱셈과 나눗셈의 관계를 이해하며 곱셈을 이용하여 나눗셈의 검산을 하고는 있으나 평가할 때는 검산의 목적과 필요성을 이해하는지에 초점을 두게 하고 있다. 또한, 나눗셈을 하기 전에 계산 결과를 어림해 보게 하고 있다. 5-6학년군에서는 자연수의 혼합계산을 지도하되 복잡한 계산보다는 계산 순서의 이해에 중점을 두고 있다.

표 4-3 자연수의 나눗셈 내용 체계(교육부, 2022)

핵심 아이디어	• 사칙계산은 자연수에 대해 정의되며 정수, 유리수, 실수의 사칙계산으로 확장되고 이때 연산의 성질이 일관되게 성립한다. • 수와 사칙계산은 수학 학습의 기본이 되며, 실생활 문제를 포함한 다양한 문제를 해결하는 데 유용하게 활용된다.		
범주 \ 구분	내용 요소		
	1~2학년	3~4학년	5~6학년
지식·이해		• 자연수의 곱셈과 나눗셈	• 자연수의 혼합 계산

과정·기능	• 사칙계산의 의미와 계산 원리를 탐구하고 계산하기 • 수 감각과 연산 감각 기르기 • 연산 사이의 관계를 탐구하기 • 자연수, 분수, 소수, 사칙계산을 실생활 및 타 교과와 연결하여 문제해결하기
가치·태도	• 사칙계산, 어림의 유용성 인식 • 수와 연산 관련 문제해결에서 비판적으로 사고하는 태도

가. 나눗셈의 의미

자연수의 나눗셈은 등분제와 포함제의 의미를 가지고 있다. 또한 곱셈의 역연산 의미도 가지고 있다.

1) 등분제와 포함제

다음 두 문제를 살펴보자

1. 색종이 24장을 4사람에게 똑같이 나누어 주려고 한다. 한 사람에게 몇 장씩 (나누어) 줄 수 있는가?
2. 색종이 24장을 한 사람에게 4장씩 (나누어) 주려고 한다. 모두 몇 사람에게 (나누어) 줄 수 있는가?

첫 번째 문제는 정해진 4사람에게 한 장씩 나누어 주고 또다시 한 장씩 나누어주고 그렇게 색종이가 모두 없어질 때까지 나누어주는 것이다. 그렇게 하다 보면 4사람에게 6장씩 나누어줄 수 있다. 이것을 24÷4=6과 같이 나타낸다. 이러한 나눗셈을 똑같이 나눈다는 의미에서 등분 나눗셈 또는 **등분제**(等分除)라고 한다.

두 번째 문제는 한 사람에게 4장씩 여러 사람에게 나누어 주는 것이므로 계속해서 4를 빼는 것이다. 24에서 4를 계속해서 6번 빼면 0이 된다. 그래서 6사람에게 나누어줄 수 있다. 이것 역시 24÷4=6과 같이 나타낸다. 이러한 나눗셈을 24에 4가 몇 번 포함되었는가 하는 의미에서 포함 나눗셈 또는 **포함제**(包含除)라고 한다.

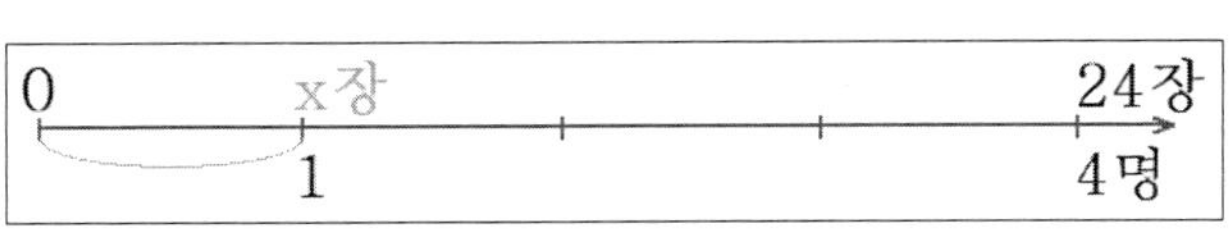

그림 4-42 등분제

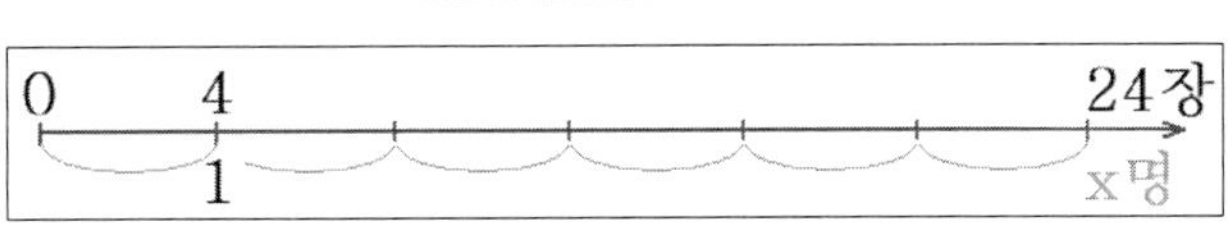

그림 4-43 포함제

등분제와 포함제를 좀 더 자세히 살펴보자.

등분제인 1번 문제는 〈그림 4-42〉와 같이 그릴 수 있는데, 서로 다른 단위를 나누어서 나누어지는 수와 같은 단위를 얻게 된다. 반면에 포함제인 2번 문제를 수직선으로 나타내면 〈그림 4-43〉과 같다. 포함제는 같은 단위끼리 나누어서 수를 구하게 된다.

2015 개정 교육과정에 따른 국정 교과서와 대부분의 검정 교과서는 등분제를 먼저 소개하고 이어서 포함제를 소개하고 있는데, 상황도 다르고 해결 방법도 다른 이 두 가지를 똑같은 기호를 사용하여 '나눗셈'이라고 말하는 것이 어색해 보일 수 있다.

포함제는 명백히 같은 수를 계속해서 빼는(동수누감) 활동이며, 따라서 같은 수를 계속해서 더하는 곱셈의 역연산임을 쉽게 알아볼 수 있다. 등분제는 위의 문제에서처럼 계속해서 한 장씩 나누어 주는 것이므로 동수누감으로 이해하기 쉽지 않아 보인다. 그러나 등분제 역시 매번 같은 장수로 몇 번 나누어주는가 하는 관점에서 보면 동수누감에 해당된다(강문봉, 2011, 4쪽). 그러므로 포함제와 등분제는 상황과 해결 방법이 다르기는 하지만 동수누감이라는 관점에서 통합할 수 있다.

2) 곱셈의 역연산

3씩 5묶음은 15이므로 15를 3씩 묶으면 5묶음이 된다. 그러므로 3×5=15이며 15÷3=5이다. 이와 같이 나눗셈과 곱셈은 역연산 관계이다. 곱셈의 역연산으로서 나눗셈을 도입하는 외국의 교과서가 있으며, 우리나라 3차 교육과정의 교과서에서도 역연산 관계를 이용하여 형식적으로 나눗셈을 도입하기도 하였다. 즉, '3×□=12이므로 12÷3=□'와 같이 도입하였다(문교부, 1975a, 94쪽).

나눗셈식을 포함제나 등분제 상황에서 도입할 것인지, 혹은 곱셈의 역연산을 이용하여 도입할 것인지 하는 것은 여러 차례의 교육과정 개정 때마다 변화가 많았다. 2022 개정 교과서에서는 등분제와 포함제 상황 모두에서 나눗셈식을 도입하였고 이어서 곱셈과 나눗셈의 역연산 관계를 이용한다.

나. 기호화 및 읽기

나눗셈 상황을 다루고 나서 이를 기호화한다. 8을 2로 나누면 4가 되는데 이것을 기호로 8÷2=4로 나타낸다. 이것을 '팔 나누기 이는 사와 같습니다.' 라고 읽는다. 이때 4는 8을 2로 나눈 **몫**, 8은 **나누어지는 수**(피제수), 2는 **나누는 수**(제수)라고 한다. 한자어로 된 피제수, 제수, 피승수, 승수와 같은 용어는 아동들에게 지도할 필요는 없다. 일상적으로 '몫'은 등분제의 경우에 적합한 표현이며 포함제에서는 적절하지 않은 용어이기는 하지만, 수학이 통합화·형식화되면서 일상적 의미에서 벗어난다는 관점에서 이해할 수 있다.

다. 기본 나눗셈

곱셈구구로 해결할 수 있는 범위의 나눗셈을 말한다. 곱셈의 역연산으로 나눗셈을 정의하면 곱셈을 이용하여 나눗셈을 해결하면 되지만 포함제나 등분제로 나눗셈을 정의하면 기본 나눗셈의 몫은 직접 활동해 보거나 동수누감으로 구하게 된다.

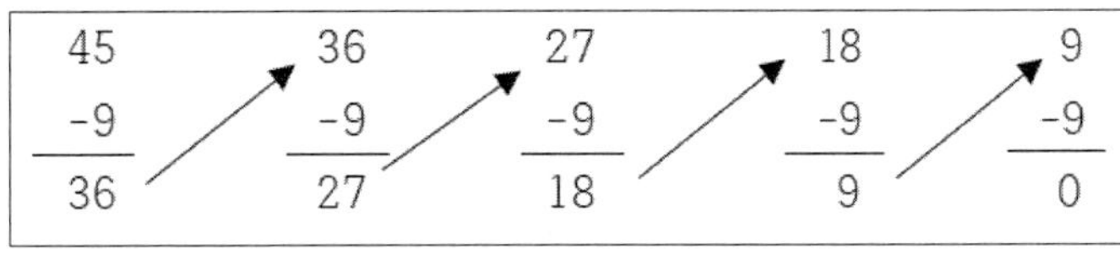

그림 4-44 45÷9의 몫을 동수누감으로 구하기

예를 들어 45÷9의 몫을 동수누감으로 구하려면 45-9-9-9-9-9=0 또는 〈그림 4-44〉와 같이 하여 나눗셈의 몫 5를 구하게 된다. 이런 과정을 반복하다 보면 자연스럽게 귀납적으로 나눗셈은 곱셈의 역연산임을 파악하게 된다. 그 이후는 곱셈을 이용하여 나눗셈의 몫을 구하면 된다.

라. 나눗셈 알고리즘의 개발

1) 몫이 두 자리 수인 (두 자리 수)÷(한 자리 수)

몫이 두 자리 수가 되는 나눗셈은 곱셈구구를 이용하여 해결하기가 어렵기 때문에 나눗셈 알고리즘을 개발할 필요가 있다. 예를 들어, 72÷3을 계산하는 방법을 알아보기 위해 이 식으로 해결할 수 있는 문장제를 만들어 보게 한다.

다음과 같은 두 가지 유형의 문제를 얻게 될 것이다. 두 가지 유형에 따라서 어떠한 활동이 진행되고 어떻게 알고리즘으로 형식화할 수 있는지 살펴보자.

(1) 색종이 72장을 세 사람에게 똑같이 나누어 주면 한 사람이 몇 장씩 갖게 되는가? (등분제)

(2) 색종이 72장을 한 사람에게 3장씩 나누어주면 몇 사람에게 나누어 줄 수 있는가? (포함제)

가) 등분제 이용

색종이 72장을 세 사람에게 똑같이 나누어 주려면 각각에게 한 장씩 반복해서 나누어 주면 된다. 그러나 이럴 경우 나누어줄 색종이가 많으므로 한 장씩이 아니라 여러 장, 즉 묶음으로 나누어 주는 것이 더 편리하다. 그래서 수 모형을 이용하여 이 문제를 해결해 보게 한다. 72장은 〈그림 4-45〉와 같이 나타낼 수 있다.

이것을 세 사람에게 나누어 줄 때는 십 모형 7개를 먼저 한 사람에게 2개씩 나누어 주게 된다. 그러면 십 모형 1개와 낱개 2개, 즉 12개가 남는다. 12개를 세 사람에게 다시 나누어 주면 한 사람에게 4개씩 줄 수 있다. 그리하여 세 사람에게 각각 24장의 색종이를 나누어 주게 됨을 알 수 있다.

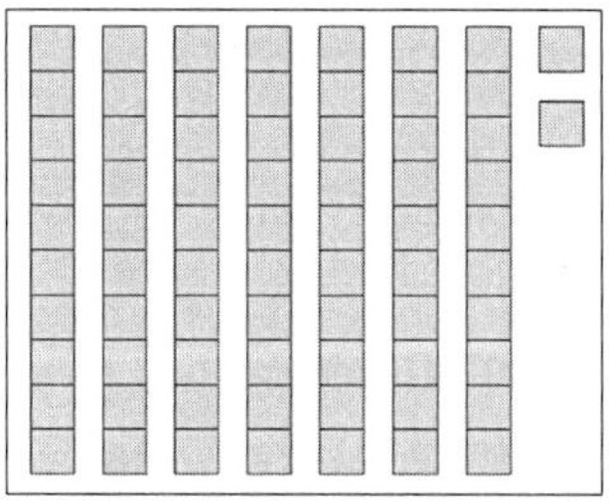
그림 4-45 72 모형(1)

이 과정을 식으로 형식화해 보면 〈그림 4-46〉의 왼쪽과 같다(이와 다르게 나타낼 수도 있다). 머릿속에서 처리하여 〈그림 4-46〉의 왼쪽에서 생략한 과정(예를 들어 십 모형 6개를 나누어 줌)을 드러내어 〈그림 4-46〉의 오른쪽 세로셈과 같이 표준 알고리즘으로 형식화할 수 있다.

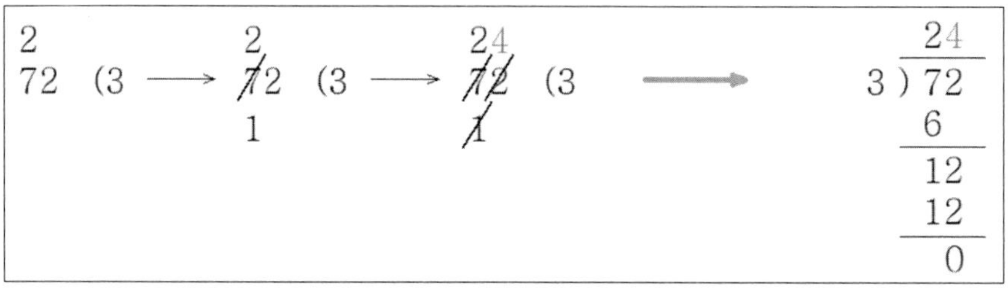

그림 4-46 등분제에 의한 알고리즘 개발

나) 포함제 이용

포함제 상황에서는 등분제에서와는 다르게 전개된다. 위의 〈그림 4-45〉와 같이 수 모형으로 나타낸다고 하더라도 한 사람에게 3장씩 나누어주려면 십 모형을 낱개로 해체시켜야 한다. 낱개로 해체하여 3개씩 묶으면 알고리즘을 만들어내기가 어렵다. 그래서 자연스럽지는 않지만 〈그림 4-47〉과 같은 방식으로 묶어서 알고리즘을 개발한다.

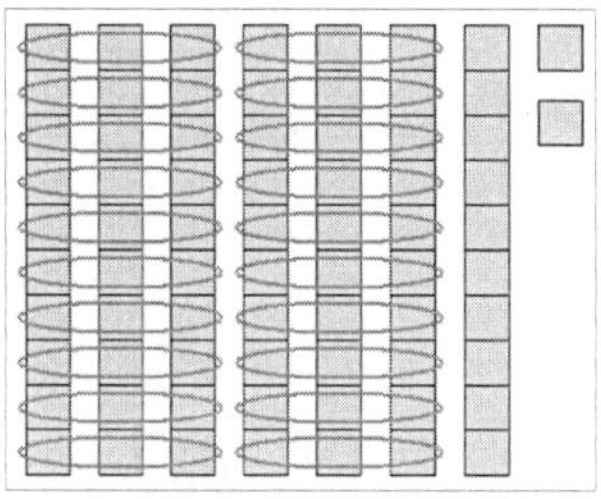
그림 4-47 72 모형(2)

이제 72장에 3장 묶음이 몇 번 포함되는가를 구해야 하므로 72장 혹은 70장에 3장 묶음이 몇 개 포함되었는지를 〈그림 4-47〉과 같은 방식으로 생각해 보고 그것을 빼야 한다. 즉 3장 묶음이 20개 포함되었다고 생각하면 3×20=60을 빼면 된다. 그러나 당장 그렇게 생각하기가 어려운 아동들이 있을 것이므로 일단 10개 포함되었다고 생각하여 3×10=30을 뺀다. 그래도 많이 남아 있으니 다시 10개 더 포함되었다고 생각하여 30을 다시 뺀다. 그러면 남는 것이 12이다. 12에는 3장 묶음이 4개 들어가 있다. 이 과정을 형식화하면 다음 〈그림 4-48〉과 같이 되고, 이를 조금 더 발전시키면 〈그림 4-49〉와 같이 된다.

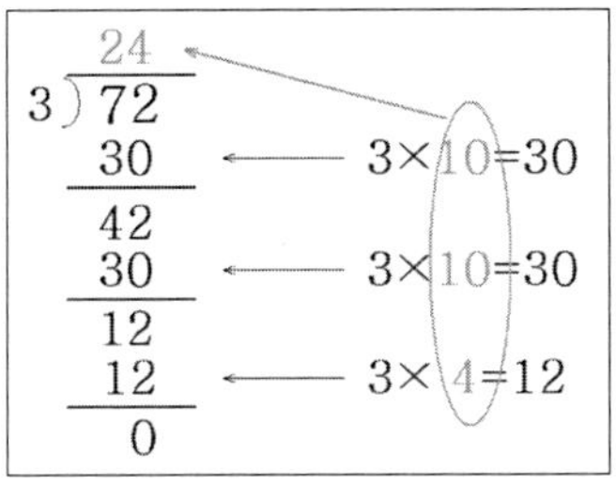

그림 4-48

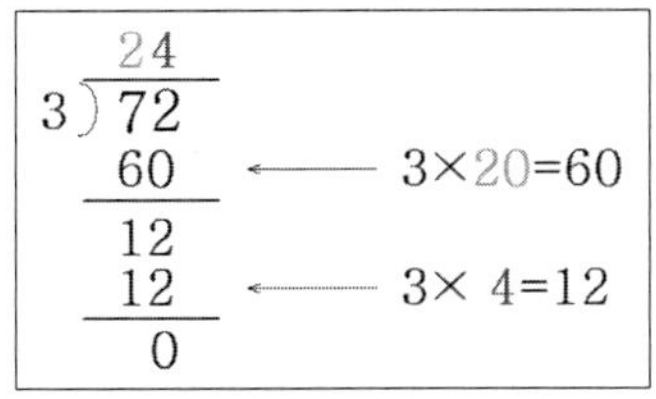

그림 4-49

세로셈 형태만 보면 등분제와 포함제 모두 알고리즘이 비슷해 보이지만, 72÷3을 계산할 때 등분제에서는 십 모형 '7개'를 3사람에게 몇 개씩 줄 수 있는가를 생각하는 반면, 포함제에서는 낱개 '70개'에 3이 몇 번 들어가는가를 생각하는가 하는 차이가 있다.

세 자리 수 나누기 한 자리 수의 나눗셈에서도 등분제 또는 포함제를 이용하여 이와 비슷한 방법으로 알고리즘을 만들어낼 수 있다.

2) (두 자리 수)÷(두 자리 수)

나누는 수가 두 자리 수일 경우에는 수가 커서 약간 복잡해지기는 하지만 한 자리 수로 나누는 경우와 크게 다르지는 않다. 먼저 96÷16과 같은 (두 자리 수)÷(두 자리 수)를 살펴보자. 이 경우는 몫이 한 자리 수가 되기 때문에 등분제로 접근하든 포함제로 접근하든 어렵지 않지만, 어림하여 96÷16의 임시 몫을 생각해야 할 것이다. 임시 몫을 5라고 해보자, 임시 몫으로 계산하여 〈그림 4-50〉과 같이 나머지가 나누는 수보다 크거나 같으면 임시 몫을 좀더 크게 수정하고, (나누는 수)×(임시 몫)이 나누어지는 수보다 크면 임시 몫을 좀더 적게 수정하면서 정확한 몫을 구하게 된다.

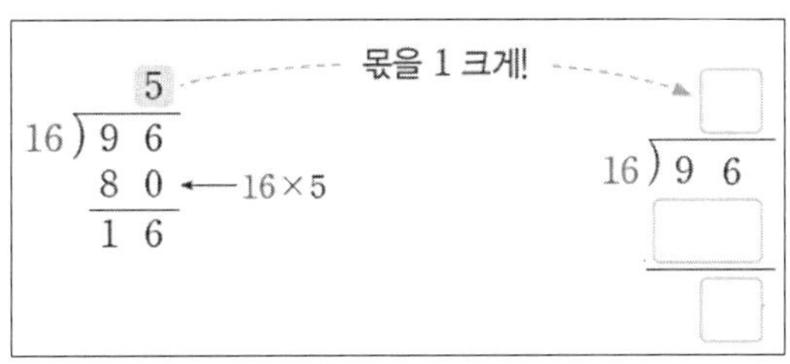

그림 4-50 임시 몫을 이용한 나눗셈

3) 몫이 두 자리 수인 (세 자리의 수)÷(두 자리 수)

몫이 두 자리 수가 되는 (세 자리의 수)÷(두 자리 수)의 경우는 더욱 복잡하고 어려워진다. 741÷26을 예로 살펴보자.

가) 등분제 이용

사탕 741개를 26명에게 똑같이 나누어주기 위해서 741을 수 모형으로 나타내어 보자.

백 모형 7개로 26명에게 나누어줄 수 없으니 백 모형을 십 모형으로 교환하자. 그러면 십 모형이 모두 74개 있고 이것을 26명에게 똑같이 나누어주면 한 사람에게 십 모형을 2개씩 나누어줄 수 있고 십 모형이 22개 남는다. 이것을 26명에게 나누어줄 수 없으니 일 모형으로 교환해야 하는데 그러면 일 모형이 모두 221개가 된다. 26명에게 이것을 똑같이 나누어주려면 한 사람에게 8개씩 나누어주게 되므로 26명은 각자 십 모형 2개와 일 모형 8개를 받게 되는 것이고 사탕 13개가 남게 된다. 이 과정을 형식화하면 다음 〈그림 4-51〉과 같이 된다.

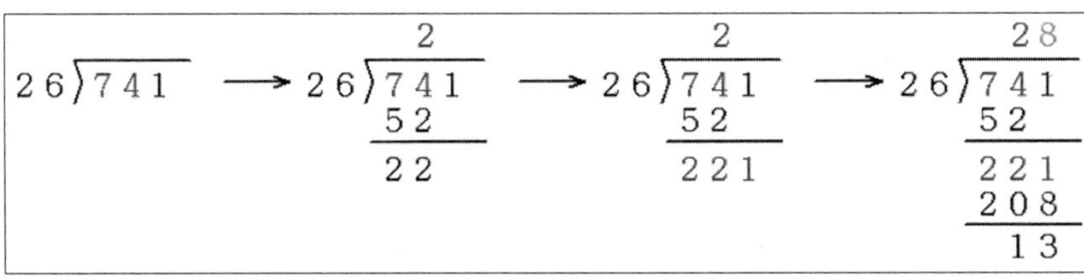

그림 4-51 등분의 의미로 741÷26을 계산

나) 포함제 이용

741에 26개 묶음이 몇 개 포함되었는지를 생각해 보게 한다. 이때 곧바로 '몇십몇 개' 포함되었는지를 생각하기보다는 '몇십 개'가 포함되었는지를 생각하는 것이 알고리즘을 만드는 데 더 편리하다. 묶음이 10개 포함되었다면 260이다. 묶음이 20개 포함되었다면 520이고, 30개 포함되었다고 하면 780이다. 780은 나누어지는 수인 741을 초과하므로 묶음이 20개 포함되었다고 하고 520을 빼야 한다. 그러면 221개가 남는다. 이제 221에 26개 묶음이 5개 들어 있는지 혹은 6개 들어 있는지와 같이 몇 번의 시행착오 끝에 221에는 26개 묶음이 8개 포함되었음을 알 수 있고 이때 나머지는 13이다. 그래서 포함된 횟수를 합하면 몫은 28이다.

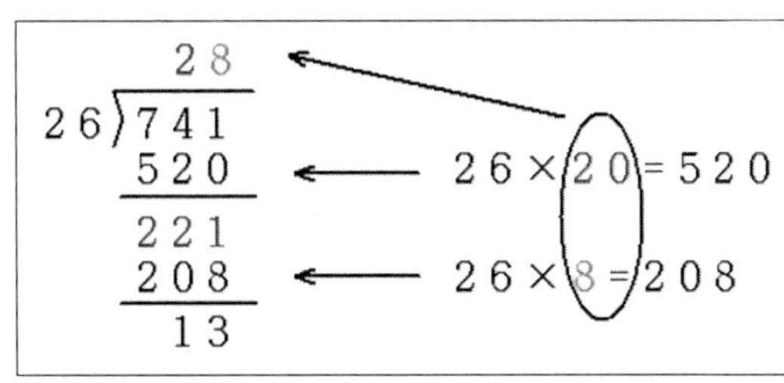

그림 4-52 포함의 의미로 741÷26을 계산

4) 나머지가 있는 나눗셈

나눗셈에서의 나머지는 나머지가 없는 (몇십몇)÷(몇)을 지도한 다음에 지도하고 있다. 교사나 교과서가 의도적으로 나머지가 있는 나눗셈 문제를 제시하지 않을 수는 있으나 일상적 상황에서는 상당히 일찍 자연스럽게 나머지가 등장할 수 있다. 또한 나머지가 있는지 없는지는 실제로 나누어 보아야 확인 가능한 것이므로 나머지의 지도를 굳이 뒤로 미룰 필요는 없을 것이다. 다만, 나누어 주고 남은 자연수 부분을 나머지로 둘 것인지 몫을 분수나 소수로 처리할 것인지를 결정하는 것이 문제인데 이것은 학습자의 지식 수준과 문제 상황에 따라 결정된다.

가) 포함제의 경우

74÷3을 '색종이 74장을 한 사람에게 3장씩 나누어주면 몇 사람에게 줄 수 있는가?' 라는 포함제 상황으로 해석하면, 3장 묶음이 24개이며 2장이 남는다. 즉, 몫이 24이고 나머지가 2이다.

나) 등분제의 경우

74÷3을 '색종이 74장을 세 사람에게 똑같이 나누어 주면 한 사람이 몇 장씩 갖게 되는가?' 라는 등분제 상황으로 해석하면 한 사람에게 24장씩 나누어 주고 2장이 남는다. 그런데 이 2장을 나머지로 처리할 수 있으나 경우에 따라서는 2장을 분할하여 각자에게 $\frac{2}{3}$장씩 더 나누어줄 수도 있다. 즉, 등분제 상황의 경우 구슬과 같이 더 이상 쪼갤 수 없는 경우에는 나머지로 처리해야 하나, 색종이나 종이 띠, 우유같이 더 작게 분할할 수 있는 경우에는 몫을 분수나 소수로 처리하고 하나도 남기지 않을 수도 있다. 그러므로 나눗셈을 하는 문제 상황이나 문제의 의도에 따라 자연수의 범위에서 몫과 나머지를 구하든가 혹은 몫을 분수나 소수까지 구하게 되는 경우도 생긴다.

다) 나머지가 있는 나눗셈의 표현

42를 3으로 나누면 몫이 14이다. 이것을 42÷3=14와 같이 나타내고 나눗셈식이라고 한다. 이러한 표현을 나머지가 있는 나눗셈의 경우로 확장한다. 예를 들어 43을 3으로 나누면 몫이 14이고 나머지가 1인데 이 경우에는

$$43 \div 3 = 14 \cdots 1$$

과 같이 등호 다음에 몫을 쓰고 나머지는 … 다음에 쓴다. 그리고 이런 표현 역시 나눗셈식이라고 한다.

그런데, 몫과 나머지를 함께 나타낸 '43÷3=14…1'을 식이라고 할 수는 없으며, 기호 =의 왼쪽과 오른쪽에 있는 것이 '같다'고 하기도 어렵다. 즉, 기호 =가 '같다'는 의미의 등호가 아니라 '계산하면'을 의미하는 기호의 성격을 가지게 되어 아동들에게 "등호에 대한 부

적절한 관념을 심어줄 수 있다"(이지영, 2018, 222쪽). 프로이덴탈은 "16÷3=5r1에서 기호 =가 등호라면 16÷3=21÷4가 된다."(Freudenthal, 1983, p.479)라고 지적하였다.

비록 초등학교 수준에서만 관습적으로 이러한 표현을 사용해 왔고 이를 '나눗셈식'이라고 부르고 있지만, 2022 개정 교육과정에서 특별히 등호와 동치 관계의 지도를 새롭게 명문화하였다는 점에서 이러한 표현과 이 표현을 '나눗셈식'이라고 부르는 관행에 대해 검토할 필요가 있어 보인다.

43÷3=14…1이 맞는지는 다음과 같은 곱셈식으로 고쳐서 확인할 수 있다.

$$3\times14+1=43$$

그러나 초등학교 3학년 수준에서는 이와 같은 혼합계산식으로 나타낼 수 없으므로 〈그림 4-53〉처럼 3×14=42, 42+1=43과 같이 단계적으로 계산하여 확인한다.

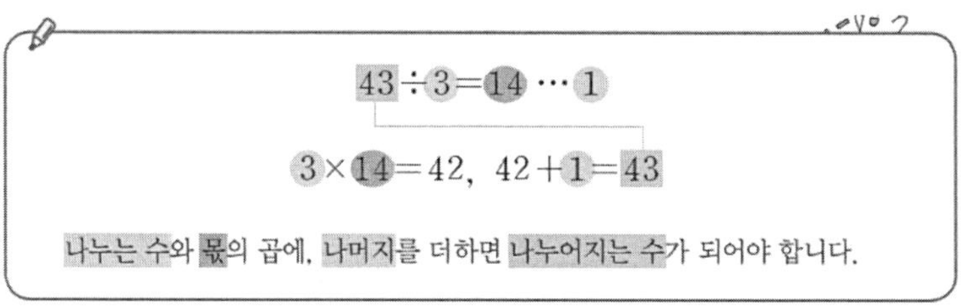

그림 4-53 나눗셈의 검산 방법(강문봉 외, 2025c, 67쪽)

라) 나눗셈 정리

왜 나머지는 나누는 수보다 적어야 하는가? 색종이가 22장 있는데, 5명에게 똑같이 나누어준다고 하자. 모든 사람에게 4장씩 나누어주면 2장이 남는다. 그런데 3장씩만 나누어주고 7장을 남겨둘 수도 있다. 즉, 22÷5의 몫과 나머지는 4와 2일 수도 있지만, 일상적으로는 3과 7일 수도, 2와 12일 수도 있다. 그래서 나머지는 나누는 수보다 작도록 규정하여 이런 혼란을 피할 필요가 있다. 이것이 다음과 같은 나눗셈 정리이다.

❖ 나눗셈 정리

Z가 정수의 집합일 때, $a\in Z-\{0\}$, $b\in Z$에 대하여

$$b=aq+r,\ 0\le r<|a|$$

를 만족하는 정수 q와 r가 유일하게 존재한다. 여기에서 q를 몫, r를 나머지라 한다(조진석, 2022).

즉, 나눗셈에서 나머지는 나누는 수의 절댓값보다 작고 0보다 크거나 같아야 하며, 이 경우에 몫과 나머지는 유일하게 존재한다. 이것을 나눗셈 정리 또는 유클리드 나눗셈이라고 한다. 나눗셈 정리는 다항식에서도 성립하지만, 초등학교에서는 나누어지는 수와 나누는 수 모두 자연수 범위에서 생각한다(강문봉 외, 2025d, 194쪽).

마. 나눗셈에서의 오류 유형

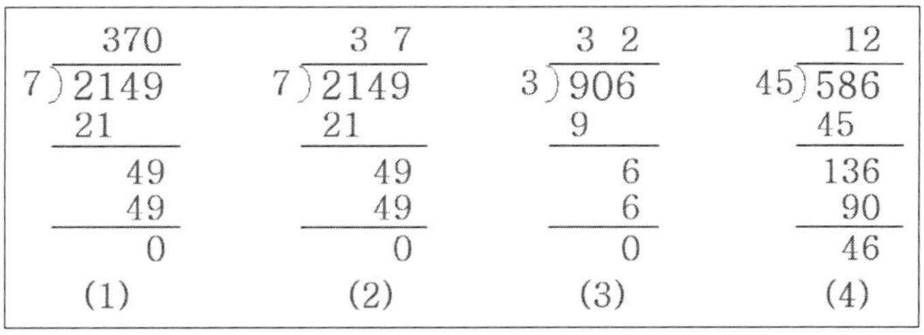

그림 4-54 나눗셈 오류

나눗셈에서 흔히 나타나는 오류는 자리와 나머지에 대한 것이다. 〈그림 4-54〉의 (1), (2)와 (3)은 몫에서의 자리와 관련한 오류이다. 이러한 오류는 필산을 하고 나서 어림 계산을 해보게 하면 대부분 계산이 잘못되었음을 인식하게 된다. 잘못을 인식하고 난 다음에는 자리에 대한 지도를 해서 이러한 오류를 치료해 주어야 한다. (4)의 경우는 계산상의 잘못은 없지만 나머지는 몫보다 작아야 한다는 사실을 인식하지 못한 경우이다. 그러므로 필산을 하고 난 다음에는 반드시 나머지가 나누는 수보다 작은지를 확인해 보는 습관을 가지게 할 필요가 있다.

바. 혼합계산

3-4학년군에서 덧셈, 뺄셈, 곱셈, 나눗셈 각각의 의미를 이해하고 기능을 숙달한 다음에 5-6학년군에서 자연수의 사칙계산이 혼합된 계산 문제를 해결할 수 있어야 한다. 앞서 덧셈과 뺄셈이 있거나 곱셈과 나눗셈이 있는 혼합계산을 하는 순서를 지도하기는 하였으나 이제 종합해서 혼합계산 순서를 지도할 필요가 있다. 그러나 너무 복잡한 혼합계산을 지도할 필요는 없다.

혼합계산을 할 때 가장 먼저 소괄호 안에서 계산이 이루어진다. 그다음에는 중괄호({ }), 마지막으로 대괄호([ ]) 안에서 이루어진다. 초등학교에서는 중괄호와 대괄호는 다루지 않는다. 괄호를 표시하는 것이 불편할 때는 괄호를 생략하기도 하는데 괄호를 생략할 때 또다시 계산 순서에 대해 약속을 해야 한다. 이러한 약속을 정리하면 다음과 같다.

① 소괄호, 중괄호, 대괄호 순서로 괄호 안을 먼저 계산한다.

② 괄호 안에서 또는 괄호가 없을 때는 곱셈과 나눗셈을 먼저 하고 덧셈과 뺄셈은 나중에 한다.

③ 곱셈과 나눗셈, 덧셈과 뺄셈은 앞(왼쪽)에서부터 차례대로 계산한다.

이러한 계산 순서는 진리가 아니라 약속이다. '이 순서는 약속이니까 지켜야 한다'라고 강요할 것이 아니라 아동들이 이러한 약속을 해야 할 필요성을 인식해야 하고 아동들 스스로 약속을 만드는, 소위 재발명 활동으로 약속을 만들도록 지도하는 것이 바람직하다.

'계산 순서를 약속해야겠다!'라고 생각하게 하려면 순서를 다르게 계산했을 때 다른 결과가 나오는 상황을 제공할 필요가 있다. 우리는 자연스럽게 왼쪽에서부터 계산하기 때문에 왼쪽에서 계산하는 것보다 오른쪽에서 계산하는 것이 더 편리한 문제를 제공하게 되면 약속의 필요성을 인식하게 할 가능성이 높다. 교사가 "오른쪽에서부터 계산하면 어떻게 될까?"라고 제안하는 것도 한 가지 방법이지만, 아동들이 "누가 오른쪽부터 계산하겠어?"하고 의심하게 된다면 그러한 제안은 억지가 될 수 있다.

예를 들어 7+5-3은 7+5나 5-3 어느 것을 먼저 계산하여도 결과가 같으며 12-3-6의 경우는 뒤의 뺄셈을 먼저 할 수 없으니, 이러한 예들은 약속의 필요성을 인식하게 하는 적절한 예가 될 수 없다. 이와는 달리, 12-5-4는 12-5를 계산하는 것보다 5-4의 계산이 더 쉬우니 아마도 12-5보다 5-4를 먼저 계산하는 아동들도 있을 것이다. 이런 경우 서로 다른 답이 나올 수 있게 된다. 이러한 예가 순서를 약속할 필요성을 인식하게 하는 좋은 예이다.

필자가 관찰한 바에 의하면, 4+8-6+6을 계산할 때 대부분의 아동들이 왼쪽부터 순서대로 계산해서 12를 얻었지만 그 반에서 수학을 가장 잘 하는 아동 중 한 명은 4와 8을 먼저 더해 12를 얻고 6과 6을 더해서 12를 얻은 다음 뺄셈을 하여 0을 얻었다. 이러한 모순적인 사례를 통하여 계산 순서에 대해 약속할 필요가 있다는 점을 인식시킨다.

혼합계산을 지도하는 5학년의 단원에서는 대부분 문제 상황으로부터 하나의 혼합계산식을 만드는 데 초점을 두고 있다. 이것은 목표가 잘못된 것으로 보인다. 상황으로부터 하나의 혼합계산식을 만드는 것이 목적이 아니라 혼합계산식을 어떤 순서로 계산하는가 하는 순서에 대한 약속을 정하는 것이 목적이 되어야 할 것이며, 그러한 약속을 이해하고 나서야 비로소 문제 상황으로부터 하나의 혼합계산식을 만드는 것이 가능해질 것이다.

약속을 정하는 이유는 약속을 지키지 않으면 갈등과 문제가 생기기 때문이다. 그래서 약속을 지킬 필요가 있는 상황을 만들어서 역할극을 통해 약속을 정하는 방법이 있을 것이다.

사. 사칙계산의 활용

사칙계산을 활용하는 몇 가지 사례를 살펴보자. 단순히 사칙계산 연습을 강화하는 것만이 아니라 이러한 활동을 하면서 연산과 계산 방법에 대한 이해를 심화하고 문제해결 능력도 기를 수 있다.

1) 계산기를 이용한 나눗셈에서의 몫과 나머지

큰 수의 계산을 할 때는 암산이나 필산보다 어림셈을 하거나 혹은 계산기를 사용하게 한다. 〈그림 4-55〉처럼, 2856÷35를 계산기를 이용하여 구하면 81.6이 표시된다. 이것은 무슨 뜻이며 몫과 나머지는 얼마일까?

몫이 81이고 나머지가 6이라고 대답하는 아동들도 있다. 혹은 몫은 81이지만 나머지를 구하지 못하겠다는 아동이 있을 수도 있다. 이런 경우 몫과 나머지를 어떻게 구할 수 있는지를 생각해 보게 한다.

그림 4-55 2856÷35의 계산

2) 나머지 게임

문제를 제시하는 아동과 질문하며 문제를 해결하는 아동, 이렇게 2명 또는 두 팀으로 게임을 진행한다. 진행 방식은 다음과 같지만(Reys, Suydam, and Lindquist, 1995, p.192), 적절히 변경할 수도 있다.

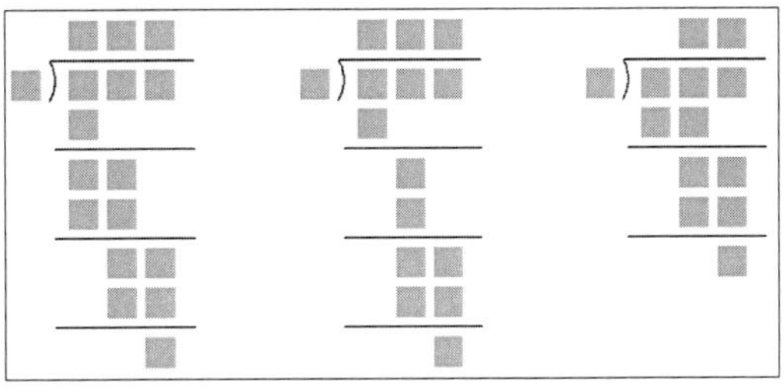

그림 4-56 나머지 게임을 위한 빈 나눗셈

1. 〈그림 4-56〉과 같은 빈 나눗셈 문제 중에서 하나를 제시한다. 빈 나눗셈 문제는 실제로 나눗셈을 해보고 각 자리의 숫자에 마크를 하면 만들 수 있다.
2. □ 속에 들어갈 수에 대해 질문한다. 예를 들어, 2가 들어가는 □가 있는지 질문한다.
3. 그러한 곳이 있으면 문제를 제시한 아동은 해당하는 곳 모두에 그 수를 써넣는다.
4. 질문 없이 자신이 맞춰서 채운 □ 수가 자신의 점수가 된다.
5. 다 채워지기 전에 추측해서 문제를 맞추면 남아 있는 □ 수만큼 보너스 점수를 얻는다.

이 게임을 통해서 아동들은 세로 나눗셈에 담겨 있는 나눗셈의 계산에 곱셈과 뺄셈이 어떻게 관련되어 있는지를 확인하고 세로 나눗셈 방법에 대한 이해를 깊게 할 수 있을 것이다.

3) century 문제

century 문제는 다음과 같다.

> 다음 수들 사이에 적당한 기호를 넣어서 식이 성립하게 하시오.
>
> 1 2 3 4 5 6 7 8 9 = 100

주어진 9개의 수 사이에 +, -, ×, ÷ 기호를 넣어서 이 식이 성립하도록 하게 한다. 정답이 여러 개 있을 수 있으므로 가능한 많은 식을 찾아보게 한다.

조건을 변경할 수도 있다. 예를 들어, 괄호를 사용할 수 있게 하거나, 아동들이 음수를 알고 있는 경우에는 예를 들어 (1-2)*3과 같은 식으로 음수가 나오는 계산도 허용할 수 있다. 수 사이에 아무런 기호도 넣지 않고 이 수들을 붙여서 두 자리 수 혹은 세 자리 수가 될 수 있도록 할 수도 있다. 1에서 10까지의 수로 100 또는 다른 수를 얻을 수 있는 식을 만들도록 변경할 수도 있다.

위 문제의 몇 가지 답, 그리고 조건을 변경했을 때의 답의 예는 다음과 같다.

$$1+2+3+4+5+6+7+8\times9=100$$

$$1+2\times3\times4\times5\div6+7+8\times9=100$$

$$(1\times2+3)\times4-5+6+7+8\times9=100$$

$$1\times(2+3)\times4\times5\times(6-7)\times(8-9)=100$$

$$123-4-5-6-7+8-9=100$$

$$123+45-67+8-9=100$$

4) 24 만들기 퍼즐

24 만들기 퍼즐은 서로 다른 4개의 수를 이용하여 24가 되는 식을 만드는 활동이다.

> • 준비물: 1에서 9까지의 수 카드
> • 규 칙: 서로 다른 4개의 수를 모두 한 번씩만 이용하여 24가 되는 식을 만들기

예를 들어 2, 3, 5, 8이 주어졌을 때 2×8+3+5=24와 같은 식을 만들 수 있다. 하나의 식으로 만들기 어려운 수준의 아동들에게는 다음과 같이 몇 단계로 식을 만들 수 있게 하면 된다.

$$3+5=8$$
$$2\times8=16$$
$$16+8=24$$

식이 여러 개 나올 수 있으므로 가급적 많은 식을 찾아보게 하고 그러한 식을 찾게 되는 아이디어도 공유하게 한다. 이 퍼즐 역시 괄호 사용을 허용 또는 금지하거나 24가 아닌 다른 수를 만들게 하는 식으로 조건을 변경하여 활동할 수도 있다.

5) 크립토 퍼즐

크립토 퍼즐은 5개의 수를 이용하여 정해진 어떤 수가 되는 식을 만드는 활동이다.

- 준비물: 1에서 25까지의 수 카드 또는 매지믹서
- 규 칙: 주어진 5개의 수를 모두 한 번씩만 사용하여 정해진 수가 되는 식을 만들기

크립토 퍼즐은 24 만들기 퍼즐과 유사하지만 수 카드가 더 많아서 매우 복잡해진다. 예를 들어 2, 3, 5, 8, 9로 47을 만드는 경우 5×9-3×2+8=47과 같은 식을 만들 수 있다. 다음과 같이 단계적으로 식을 제시하게 할 수도 있다.

$$5\times9=45$$
$$3\times2=6$$
$$45-6=39$$
$$39+8=47$$

크립토 퍼즐 역시 식이 여러 개 나올 수 있으므로 가급적 많은 식을 찾아보게 하고 그러한 식을 찾게 되는 아이디어도 공유하게 한다. 이 퍼즐 역시 괄호 사용을 허용 또는 금지하거나 다른 조건을 변경하여 활동할 수도 있다. 경우에 따라서는 답이 없을 수도 있다.

5 검산 방법

계산한 후에 그 결과가 맞았는지를 확인하기 위해 검산을 할 필요가 있다. 검산 방법은 여러 가지가 있으며 필요에 맞게 적절한 방법을 사용한다.

가. 어림 이용

계산 결과가 맞았는지를 확인해 보는 가장 편한 방법은 아마도 어림을 이용하는 것일 것이다. 그러나 어림은 계산이 정확한가를 확인하는 것이 아니라 계산이 확실히 틀렸다거나 혹은 어느 정도 범위 내에서 옳다는 확인일 뿐이다. 계산기를 사용해서 계산했을 때 어림은 특히 유용하다.

나. 역연산 이용

역연산을 이용한 검산 방법은 많이 이용되는 유용한 방법이다. 한 번 간 길을 다시 반복할 때 우리는 흔히 동일한 오류를 범하게 된다. 이러한 오류를 피하기 위해 역연산을 이용한다. 역연산을 이용하는 것은 가역적 사고를 하는 것이기 때문에 간 길을 다시 가면서 생기는 오류를 피할 수 있다. 역연산을 이용하는 방법은 번거롭고 시간이 많이 걸릴 수 있지만 가장 확실한 방법이다.

덧셈과 뺄셈이 서로를 검산하기 위해 사용되고, 곱셈과 나눗셈이 또 서로를 검산하기 위해 사용된다. 예를 들어 542÷15=36…2가 맞는지를 확인하기 위해서 이를 곱셈으로 고치면 다음과 같다.

$$15\times36+2=542$$

(나누는 수)×(몫)+(나머지)=(나누어지는 수)가 되면 이 나눗셈 계산은 옳다.

다. 구거법 이용

구거법도 유용한 검산 방법이다. 구거법은 9를 버리고 남는 수로 계산하는 방법이다. 예를 들어 4540135-1532458=3008677이 맞는지를 구거법으로 검산해 보자. 4540135에서 9를 버리는 방법은 두 가지가 있다.

① 각 자리의 수를 합해서 9가 될 때마다 버린다. 즉 4+5=9이므로 4와 5를 쌍으로 해서 버리면 남는 수는 0, 1, 3이다. 이것을 모두 더하면 4이다.

② 각 자리의 수를 합하여 9보다 크면 그 수에서 다시 각 자리의 수를 합하는 방식으로 하여 한 자리 수가 될 때까지 계속한다. 즉, 4+5+4+0+1+3+5=22, 2+2=4

위의 ①과 ②의 어느 경우든 4가 나오며 이 4가 4540135의 검사 수이다. 마찬가지 방법으로 구하면 1532458의 검사 수는 1, 3008677의 검사 수는 4이다. 4540135-1532458 = 3008677을 검사 수만 가지고 확인하면 4-1=4가 되므로 이 뺄셈은 틀렸다는 사실을 알 수 있다.

실제로 뺄셈에서 검사 수만 가지고 계산할 때 음수가 나오는 경우가 있고, 나눗셈의 경우 검사 수끼리 나누지 못하는 경우도 있다. 그러므로 뺄셈은 덧셈으로 고치고 나눗셈은 곱셈으로 고쳐서 구거법을 적용해 보는 것이 좋다. 나눗셈에서 나머지가 생기면 나머지를 빼서 나누어 떨어지는 경우로 고치는 것이 좋다. 예를 들어 8813÷367=24…5가 맞는지를 구거법으로 확인해 보려고 한다면 (8813-5)÷367=24가 맞는지를 확인하는 문제가 되고, 이것은 곱셈식 367×24=(8813-5)가 맞는지를 확인하는 문제로 생각하면 된다.

구거법에 의해 검사할 경우 틀린 결과가 나오면 그 계산은 확실히 틀린 것이다. 그러나 구거법에 의한 결과가 맞다고 해서 계산 결과가 항상 맞다고 할 수는 없다. 구거법에 의한 검산 방법은 학생들의 흥미를 유발하거나 심화 과정에서 다룰 수 있는 소재이다.

라. 배수의 이용

계산이 틀렸는지를 확인하기 위해 짝수와 홀수를 이용하는 방법도 있다. 즉, (짝수)±(짝수)=(짝수), (홀수)±(홀수)=(짝수), 짝수의 곱은 짝수가 되므로 이런 결과를 적용해서 계산이 틀렸는지를 확인해 볼 수도 있다.

초등학교 수준에서 지도하는 내용은 아니지만 어떤 수의 배수와 배수의 합 또는 차는 그 수의 배수가 된다는 사실을 이용하거나 배수 관계를 점검해 보는 방법도 유용할 수 있다. 배수를 판정하는 방법은 다음과 같다.

- 2의 배수(짝수): 일의 자리의 수가 0, 2, 4, 6, 8이면 그 수는 짝수이다.
- 4의 배수: 마지막 두 자리의 수가 00이거나 4의 배수이면 그 수는 4의 배수이다.
- 8의 배수: 마지막 세 자리 수가 000이거나 8의 배수이면 그 수는 8의 배수이다.
- 5의 배수: 일의 자리의 수가 0 또는 5이면 그 수는 5의 배수이다.
- 3의 배수: 각 자리 수의 합이 3의 배수이면 그 수는 3의 배수이다.
- 9의 배수: 각 자리 수의 합이 9의 배수이면 그 수는 9의 배수이다.

- 6의 배수: 2의 배수이고 3의 배수이면 그 수는 6의 배수이다.
- 11의 배수: ① 홀수 자리의 수의 합과 짝수 자리의 수의 합의 차가 0이거나 11의 배수이면 그 수는 11의 배수이다.

(예) 86768은 홀수 자리 수의 합이 8+7+8=23, 짝수 자리 수의 합이 6+6=12, 그 차가 23-12=11이고 이것은 11의 배수이므로 86768은 11의 배수이다.

② 일의 자리의 수를 제외한 후 남은 수에 제외시킨 일의 자리 수를 뺀 결과가 0이거나 11의 배수이면 그 수는 11의 배수이다.

(예) 86768은 일의 자리 수를 제외한 나머지 수는 8676이고 8676-8=8668인데, 이 과정을 계속하면 866-8=858, 85-8=77, 7-7=0이다. 그러므로 86768은 11의 배수이다.

- 7의 배수: 일의 자리를 두 배 한 것을 나머지 수에서 뺐을 때 그 결과가 0 또는 7의 배수이면 그 수는 7의 배수이다.

(예) 123459에 이 방법을 계속해서 적용하면, 12345-18=12327, 1232-14=1218, 121-16=105, 10-10=0이다. 그러므로 123459는 7의 배수이다.

검산 방법 중에서 맞았는지 틀렸는지를 확실하게 확인해 주는 방법은 역연산을 이용한 검산 방법이다. 구거법이나 배수 이용 방법은 계산이 틀렸다는 것을 확인시켜 주지만 맞았다는 것을 확인시켜 주지는 않는다. 그러므로 맞았다는 가능성을 높이기 위해서는 어림 방법과 구거법, 여러 가지 배수 판정 방법을 함께 사용하는 것이 좋다.

5장

분수와 그 연산

1. 관련 이론
2. 분수 개념의 지도
3. 분수의 덧셈과 뺄셈 지도
4. 분수의 곱셈과 나눗셈 지도

5장

분수와 그 연산

생각할 문제

이 단원을 학습하기 전에 다음 문제를 생각해 봅시다.

1 분수는 언제, 왜 필요할까?

2 아동들은 왜 분수를 어려워할까?

3 영호는 피자를 2판 사서 각각 8조각으로 나누었다. 그중에서 동생이 2조각을 먹었고 친구들이 7조각을 먹었다. 남은 피자를 분수로 나타내면 $\frac{7}{8}$인가 아니면 $\frac{7}{16}$인가? 왜 그렇게 생각하는가?

4 어제 귤 10개 중에서 4개를 먹었고 오늘은 귤 8개 중에서 3개를 먹었다. 어제와 오늘 내가 먹은 귤의 양을 다음과 같이 계산하였다.

$$\frac{4}{10}+\frac{3}{8}=\frac{7}{18}$$

이 계산에서 무엇이 잘못일까?

5 분수를 곱할 때는 분자끼리 곱하고 분모끼리 곱한다. 분수의 나눗셈에서도 분자끼리 나누고 분모끼리 나누면 어떻게 될까?

1 관련 이론

가. 분수의 의미

분수는 여러 가지 의미를 가지고 있다.

1) 전체 중의 부분(등분할 분수)

전체 중의 부분을 나타내는 의미로서의 분수는 전체를 몇 등분하고 그중에서 몇 개를 고려한다는 의미이다. 이를 위해서는 전체를 등분할해야 한다. 전체를 a 등분한 후 부분으로 b개를 고려했을 때 이를 **분수** $\frac{b}{a}$로 나타낸다.

등분할 분수는 전체에 대한 부분의 상대적인 크기를 가리킨다. 등분할 분수를 영역 모형으로 살펴보면 다음 〈그림 5-1〉과 같다. 피자 한 판을 8조각으로 등분할하고 그중 3조각을 취한다면 $\frac{3}{8}$판으로 나타낼 수 있다. 등분할 분수는 전체가 주어졌을 때 그와 비교하여 일정한 크기를 가지게 된다.

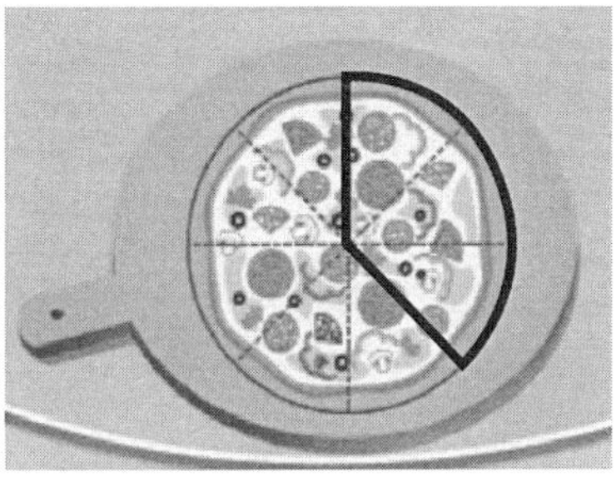

그림 5-1 피자의 등분할

2) 나눗셈의 몫(몫 분수)

$2 \div 3$을 분수로 $\frac{2}{3}$로 나타내기도 한다. 이와 같이 나눗셈의 몫을 분수로 나타내는데 이런 분수를 **몫 분수**라고 한다. 몫 분수에도 등분할이 필요하다. 그러나 '전체 중의 부분'의 의미와는 다르다. '전체 중의 부분'은 전체(즉, 하나)를 등분할하여 그중 몇 개를 취하는 것이지만 몫 분수는 예를 들어 $2 \div 3$에서는 2개를 3명이 나누어 가지는 몫을 나타낸다. 이를 그림으로 나타내면 전체 중의 부분으로서의 $\frac{2}{3}$는 다음 〈그림 5-2〉의 (1)과 같지만 몫분수로서의 $\frac{2}{3}$는 〈그림 5-2〉의 (2)와 같다. 이와 같이 크기는 같지만 의미는 다르다.

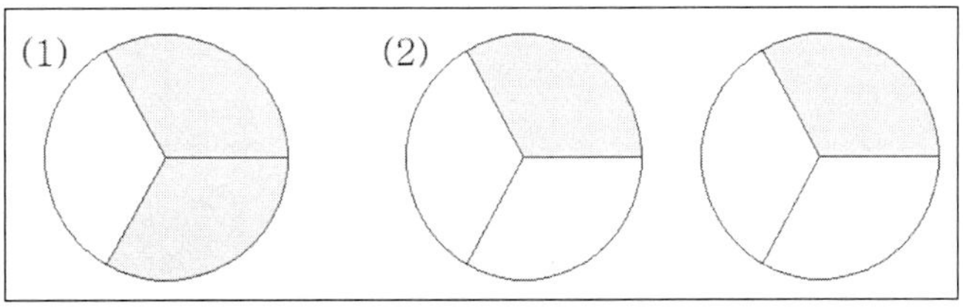

그림 5-2

3) 비율(비율 분수)

분수 $\frac{2}{3}$는 비율 2 : 3을 나타내기도 한다. 이러한 비율은 앞의 두 의미와는 완전히 개념적으로 다르다. 앞의 두 분수는 전체 또는 단위가 주어지면 그에 따라 일정한 크기를 가진다. 그러나 **비율 분수**는 한 양을 기준으로 하여 다른 양을 나타내는 것이므로 정해진 크기를 가지는 것이 아니라 둘 사이의 관계를 나타낸다. 예를 들어 3등분한 사과의 2조각, 6등분한 사과의 4조각, 9등분한 사과의 6조각 등에 비율 분수가 적용된다.

또한 비율 분수에서 분모와 분자는 전체와 부분의 의미를 가지지 않을 수도 있다. 예를 들어, 남학생이 2명이고 여학생이 3명일 때 남학생의 전체 학생에 대한 비율은 $\frac{2}{5}$로서, 이 경우 분모는 전체를 나타낸다. 그러나 남학생의 여학생에 대한 비율은 $\frac{2}{3}$로서, 이 비율분수의 경우에는 분모가 전체를 나타내지 않는다.

비율 분수를 생각할 때는 분수의 크기가 아니라 변화하는 외적 상황과 두 양의 값에도 불구하고 변화하는 두 양 사이의 변하지 않는 관계를 주목해야 한다.

4) 연산자(연산자 분수)

분수는 곱셈의 **연산자(작용소)**로 이해될 수 있다. 즉 분수 $\frac{b}{a}$를 유리수의 집합 Q에서 정의되는 함수 $x \rightarrow x \times \frac{b}{a}$로 이해하는 것이다. 연산자로서의 분수는 비율 분수와 마찬가지로 어떤 정해진 크기를 가리키지 않는다. x라는 어떤 투입량이 있을 때 이를 확대 또는 축소하면서 비로소 그 크기가 정해진다. 교과서에서는 '...의 $\frac{2}{3}$'와 같은 표현으로 사용되며 이 경우에 곱셈으로 처리된다.

5) 양의 측정값(양 분수)

측정 과정에서 분수가 발생하였다는 관점에서 이러한 분수를 **양 분수**라고 한다. 양 분수에는 측정 단위가 수반된다.

예를 들어 길이를 측정하려면 단위가 있어야 한다. 어떤 단위(예를 들어 '1 뼘')로 측정하다가 정확히 주어진 단위의 자연수 배가 아닌 자투리가 생기게 되면 그 자투리를 측정하기 위해서 단위를 등분할하여 더 작은 단위를 만들어야 한다. 만약 단위인 1뼘을 5등분하여 보조단위를 만들고 자투리가 보조단위를 3번 사용해서 측정할 수 있다면 자투리는

$\frac{3}{5}$ 뼘이 된다. 그러므로 양 분수는 등분할 분수로 해석할 수 있으며, 일정한 크기를 가지는 분수이다.

나. 분수 표기법의 역사

기원전 2000년경에 이미 고대 바빌로니아인들이 분모가 60의 거듭제곱인 분수를 사용하였다고 한다. 그러나 이것은 자릿값 원리에 따라 사용되었기 때문에 소수 개념과 유사한 면이 있다.

분수가 문헌에 등장한 최초의 기록은 아마도 아메스(Ames)가 기록한 린드 파피루스(기원전 1650년경)일 것이다.[11] 고대 이집트인들은 단위분수만 사용하였다($\frac{2}{3}$는 예외적으로 허용함). 이집트인들이 단위분수만 사용한 것은 그들이 사용한 절대 기수법으로는 분자와 분모를 나타내기 힘들다는 점도 이유 중의 하나였을 것이다. 이집트인들은 그들이 사용한 숫자 위에 와 같은 기호를 표시하여 단위분수로 나타내었다.[12] 우리가 사용하는 일반적인 분수와 같은 값을 나타내기 위해서는 몇 개의 단위분수를 나열하여 나타내었는데 이때 같은 단위분수는 사용하지 않았다는 점이 특이하다. 예를 들어 $\frac{19}{30}$는 $\frac{1}{3}+\frac{1}{5}+\frac{1}{10}$로 나타낼 수 있으므로 고대 이집트인들은 〈그림 5-3〉과 같이 나타내었다. 특별히 $\frac{1}{2}$은 , $\frac{2}{3}$는 와 같은 기호로 나타내었다.

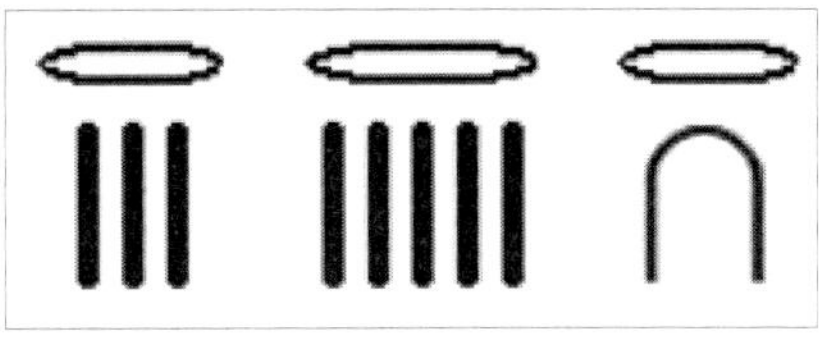

그림 5-3 $\frac{1}{3}+\frac{1}{5}+\frac{1}{10}$

고대 그리스인들도 단위분수를 많이 사용하였다. 그러나 그들은 더 나아가서 그들이 사용하는 알파벳을 숫자로 사용하였는데, 분자에는 하나의 액센트(′)를, 분모에는 두 개의 액센트(″)를 두 번 반복하여 일반적인 분수를 나타내었다(Cajori, 1917, p.27; Smith, 1958b, p.214).[13] 아르키메데스(Archimedes)와 디오판토스(Diophantus)는 분모를 오늘날 우리가 지수를 표시하는 위치에 표시했다고 한다(Cajori, 1993, p.26-27).

---

11) 린드 파피루스(또는 아메스 파피루스)의 연도를 기원전 1550년경으로 보는 문헌도 있다(Cajori, 1993, p.15; Smith, 1958b, p.209).

12) 상형문자 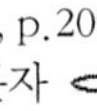은 '부분'을 의미하는데(Robins and Shute, 1987, p.12), 로(ro)라고 읽는다(장경윤, 강문봉, 박경미, 2020, 43쪽).

13) ι=10, ξ=7, κ=20, α=1을 나타내며, $\iota\xi'\ \kappa\alpha''\ \kappa\alpha''$는 $\frac{17}{21}$을 나타낸다.

우리가 지금 사용하는 분수 표기법은 인도에서 비롯되었다. 당시에는 분자와 분모를 구분하는 가로선을 사용하지 않았다. 예를 들어 브라마굽타(Brahmagupta, 628)와 바스카라(Bhãskara, 1150)는 $\frac{2}{3}$를 $\begin{smallmatrix}2\\3\end{smallmatrix}$와 같이 가로선 없이 사용하였다(Smith, 1958b, p.215).

분수의 가로선은 12세기 무렵의 아라비아 수학자 알 하사르(al-Hassar)가 사용하였으나(Cajori, 1993, p.269) 항상 사용한 것은 아니며, 이탈리아의 수학자 피보나치(Fibonacci)가 가로선을 정규적으로 사용하기는 하였으나 인쇄상의 어려움 등을 이유로 가로선은 종종 생략되었다(Boyer, 2011, p.229; Cajori, 1993, p.89). 14세기 어느 필사본에서는 $\frac{3}{5}$을 $3\ \overline{5}$와 같이 나타내기도 했다. 가로선 대신에 2/3과 같이 경사진 사선을 사용하는 것은 분수를 쓰거나 인쇄하는 것을 편하게 하고자 바람의 결과인데, 이 기호는 1845년 드 모르간(De Morgan)이 제안하였다(Boyer, 2011, p.229).

다. 분수와 관련한 여러 가지 용어

분수와 관련한 용어들이 많이 있다. 그중에서 초등수학과 관련한 용어들을 살펴보자.

① 진분수, 가분수, 대분수

분자가 분모보다 작은 분수를 **진분수**라고 하고, 분자가 분모와 같거나 큰 경우를 **가분수**라고 한다. **대분수**(帶分數, mixed fraction)는 자연수와 진분수가 합해진 것을 말한다.

② 단위분수

분자가 1인 분수를 **단위분수**라고 말한다. $\frac{1}{2}$, $\frac{1}{3}$, $\frac{1}{4}$ 등이 모두 단위분수이다.

③ 동치분수

크기가 같은 분수를 **동치분수**라고 한다. 분수의 계산에서 주어진 분수를 크기가 같은 다른 분수로 나타내는 경우가 많기 때문에 동치분수를 만드는 방법에 익숙해야 한다. 분수를 약분 또는 배분하여 동치분수를 만들 수 있다.

④ 약분과 배분

분자와 분모를 0이 아닌 같은 수로 나누는 것을 **약분**이라고 하고, 분자와 분모에 0이 아닌 같은 수를 곱하는 것을 **배분**이라고 한다. 즉, 약분이나 배분은 동치분수를 만드는 활동이다. 약분은 교육과정에서 사용하는 용어이지만 배분은 교육과정에서 사용하지 않는 용어이다.

⑤ 통분

두 개 이상의 분수가 있을 때 이 분수들의 분모를 같게 만드는 것을 **통분**이라고 하며, 통분한 분수의 분모를 **공통분모**라고 한다. 통분하려면 먼저 공통분모를 구해서 약분 또는 배분하면 된다. 두 분수의 공통분모를 구하기 위해서 과거에는 최소공배수를 구할 것을 강조하였는데 최근에는 이런 요구가 많이 약해졌다. 예를 들어 $\frac{3}{8}$과 $\frac{5}{12}$를 통분하려면 8과 12의 최소공배수인 24를 공통분모로 정하게 하였으나 최근에는 8×12=96을 공통분모로 정하여도 무방하다.

⑥ 기약분수

기약분수는 이미 약분을 마쳤다는 의미로서, 분자와 분모의 공약수가 1뿐인 분수를 말한다. 기약분수를 만들기 위해서 과거에는 최대공약수로 분자와 분모를 나누도록 하였으나 최근에는 최대공약수를 구하지 않고 쉽게 찾을 수 있는 공약수로 분자 분모를 여러 차례 약분하면서 기약분수로 고쳐도 무방하다.

라. 분수가 어려운 이유

일반적으로 초등학교 3학년에서 분수가 지도되기 시작한다. 그리고 이때부터 아동들은 수학을 어려워하게 되고 경우에 따라서는 이때부터 수학을 포기하게 된다(김태은 외, 2018, 145쪽)고 한다. 왜 분수를 어려워할까? 그 이유는 매우 다양하다.

첫째, 단위가 모호하기 때문이다. 전체가 무엇인지 명확하지 않는 경우가 많이 있으며 상황에 따라서 단위가 달라지는 것을 이해하지 못하는 경우가 많다. 예를 들어 패턴블록에서 정육각형을 1로 볼 때 정삼각형의 크기를 분수로 나타내라고 하면 $\frac{1}{6}$이라고 답한 아동이 사다리꼴을 1로 볼 때도 정삼각형의 크기를 똑같이 $\frac{1}{6}$로 답하는 경우가 있었다.

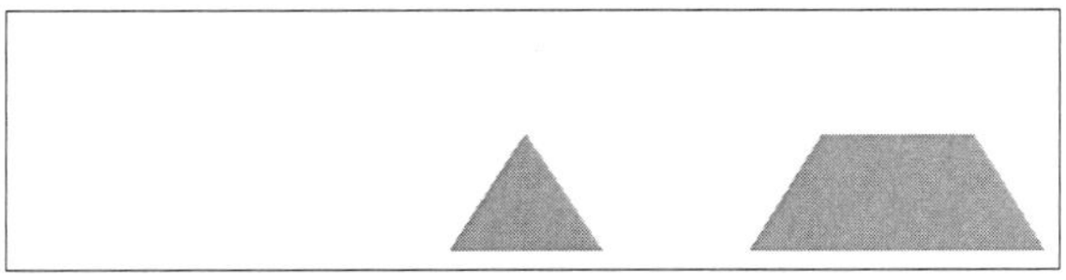

그림 5-4 패턴블록 조각 일부

둘째, 분수가 다양한 의미를 가지고 있기 때문이다. 등분할 분수, 몫 분수, 양 분수, 비율 분수, 연산자 분수 등 다양한 의미를 가지고 있으며, 이 중에는 일정한 크기를 가지는 분수 개념도 있고 크기가 정해지지 않은 개념도 있고, 관계를 나타내는 개념도 있다.

셋째, 자연수에서 형성된 개념이나 절차가 분수 학습에 방해되는 경우가 있기 때문이다. 자연수에서는 곱하면 더 커지고 나누면 더 작아진다. 그러나 분수에서는 1보다 작은 분수를 곱하면 곱이 작아지고 1보다 작은 분수로 나누면 몫이 더 커진다. 그렇지만 분수를 학습하고서도 여전히 자연수에서와 마찬가지로 곱하면 커지고 나누면 작아진다고 생각하는 아동들이 있는데, 이러한 인식론적 장애는 분수 학습에서 겪게 되는 흔한 현상이다.

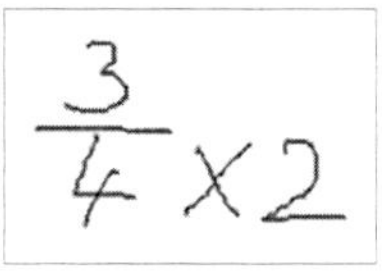

그림 5-5

넷째, 분수의 표기법이 복잡하기 때문이다. 분수는 분자와 분모, 분자와 분모를 구분하는 가로선, 그리고 대분수의 경우에는 자연수 부분 등, 서너 가지 부분으로 이루어져 있어서 기억의 부담도 있고 기록하고 다루는 데도 어려움이 있다. 특히 분수를 적을 때 〈그림 5-5〉와 같이 가로선의 위치를 제대로 잡지 못해서 혼동을 일으키는 수도 있다.

다섯째, 분수를 다루려면 두 수 이상을 포함하는 절차의 수행에 능숙해야 하기 때문이다. 자연수의 계산에서는 두 수와 그 연산 방법에만 주의하면 된다. 그러나 분수는 분자와 분모, 그리고 심한 경우에는 대분수의 자연수까지 생각하면 여섯 개의 수와 연산을 주목해야 한다. 이것은 엄청난 인지적 어려움일 수 있다.

여섯째, 분수의 크기를 인식하기 어렵기 때문이다. 자연수의 경우에는 크기를 파악하기 쉽지만 분수의 경우에는 분모가 다를 때 그 크기를 파악하기가 쉽지 않다.

일곱째, 분수에 관한 규칙이 많기 때문이다. 약분하고 통분하는 규칙, 분수를 더하거나 빼는 방법과 곱하는 방법, 나누는 방법, 크기 비교하는 방법 등 많은 규칙을 알아야 하는 어려움이 있다.

여덟째, 분수의 절차적 기능과 계산 알고리즘을 강조하는 수업도 분수를 어렵게 하는 요인이 될 수 있다.

2 분수 개념의 지도

3-4학년군에서는 양의 등분할을 통하여 분수를 이해하고 읽고 쓸 수 있도록 지도해야 하고, 분수와 관련한 용어를 이해해야 한다. 또한 분모가 같은 분수의 크기 비교와 단위분수끼리의 크기를 비교할 수 있어야 한다. 5-6학년군에서는 분모가 다른 분수의 덧셈과 뺄셈을 다루는데, 이를 위해 분수를 통분하고 약분하는 것을 다루고 분모가 다른 분수의 크기 비교를 한다.

표 5-1 분수 내용 체계(교육부, 2022)

핵심 아이디어	• 사물의 양은 자연수, 분수, 소수 등으로 표현되며, 수는 자연수에서 정수, 유리수, 실수로 확장된다.		
범주 \ 구분	내용 요소		
	1~2학년	3~4학년	5~6학년
지식·이해		• 분수	
과정·기능	• 자연수, 분수, 소수 등 수 관련 개념과 원리를 탐구하기 • 자연수, 분수, 소수의 크기를 비교하고 그 방법을 설명하기 • 수 감각과 연산 감각 기르기		
가치·태도	• 자연수, 분수, 소수의 필요성 인식 • 분수 표현의 편리함 인식 • 수와 연산 관련 문제해결에서 비판적으로 사고하는 태도		

교육과정을 보면 주로 등분할 분수를 지도하는 것으로 보인다. 분수 개념이 양을 측정하는 과정에서 나타났다는 연구 결과들이 많이 있기는 하지만(정은실, 2006, 127쪽), 현재는 길이나 넓이, 무게, 들이 등의 표준 단위를 지도하기 전에 분수 개념을 지도하고 있기 때문에 단위와 무관하게 전체를 등분할하는 등분할 분수를 먼저 지도하게 된다. 그리고 길이, 넓이, 들이 등의 단위를 지도하고 나면 자연스럽게 단위를 분할하는 양 분수가 사용된다. 연산자 분수는 분수의 곱셈을 지도하면서 '배'의 의미로 자연스럽게 사용된다. 6학년에서 분수의 나눗셈을 지도할 때 몫 분수가 지도되고, 비율을 지도하면서 비율 분수가 등장한다. 그러므로 이하의 내용은 주로 등분할 분수와 양 분수에 관련된다.

가. 등분할 활동

연속량의 등분할을 지도하고 나서 이산량의 등분할을 지도한다. 전체 중의 몇 개인가를 파악하여 이를 기호로 나타냄으로써 분수가 도입되는데, 등분할을 이해하지 못하면 분수에 대한 오개념이 발생하기 때문에 등분할에 대한 지도가 충실해야 한다. 다음과 같이 여러 등분할을 살펴보자.

1) 원의 등분할

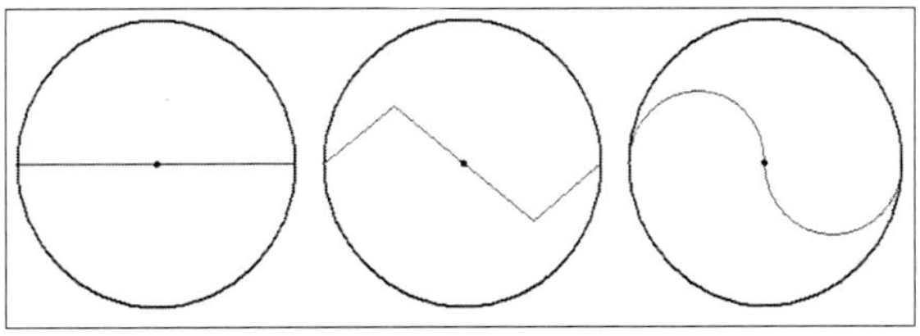

그림 5-6 원의 이등분

원을 2등분하게 한다. 다양하게 2등분하게 하고 2등분했을 때 어떤 공통점이 있는지를 살펴보게 한다.

2등분한 경우 이등분한 선은 원의

중심을 지나게 된다. 이때 선은 직선이 아니어도 상관없다. 다만 원의 중심을 기준으로 하여 정반대로 회전(180° 회전)한 모양이면 된다.

이를 발전시켜 원을 3등분해 보게 한다. 3등분했을 때도 등분할하는 선은 모두 원의 중심을 지나게 되며 각각의 선은 120° 회전한 모양이 됨을 알 수 있다. 이와 같이 하면 4등분, 5등분 등의 등분할 방법도 발견하게 된다.

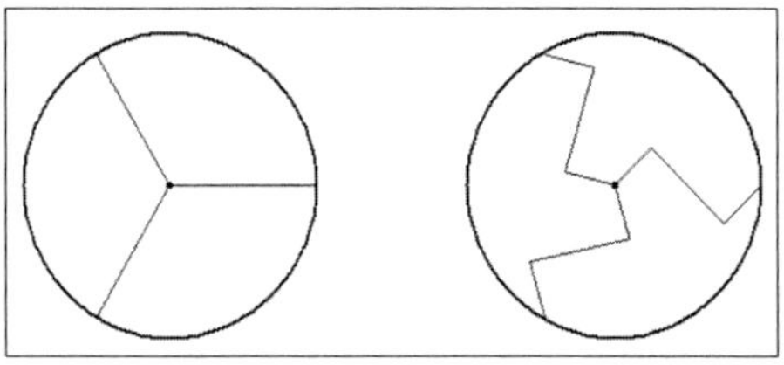

그림 5-7 원의 삼등분

2) 정사각형의 등분할

정사각형이나 직사각형을 등분할하는 것은 다른 도형의 등분할보다 비교적 쉽기 때문에 직사각형이나 종이 띠를 등분할하는 활동을 많이 하게 된다. 여기서는 정사각형을 다양하게 4등분해 보자. 〈그림 5-8〉과 같이 여러 가지 모양으로 4등분할 수 있다. 모두 다른 모양처럼 보이지만 (1), (3), (5), (6)은 정사각형의 중심에서 정사각형의 변까지 선을 그은 후 이 선을 90°씩 회전한 모양이다. 이때 선은 직선이든 곡선이든 상관없다. (2), (4), (7)은 이와는 다른 형태의 등분할이며 특히 (7)의 경우는 쉽게 발견하기 어려운 등분할이다. (8)의 경우는 모양이 달라서 등분할이 아니라고 할 수는 있으나 넓이로 보면 등분할이다. 이와 같이 다양한 등분할 활동을 할 필요가 있다.

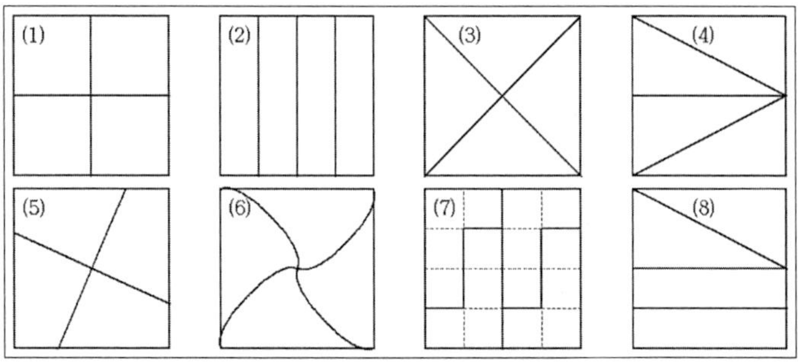

그림 5-8 정사각형의 사등분할

3) 정삼각형의 등분할

정삼각형도 다양한 등분할이 가능하다. 이등분, 삼등분, 사등분, 육등분 등을 하면 〈그림 5-9〉와 같다.

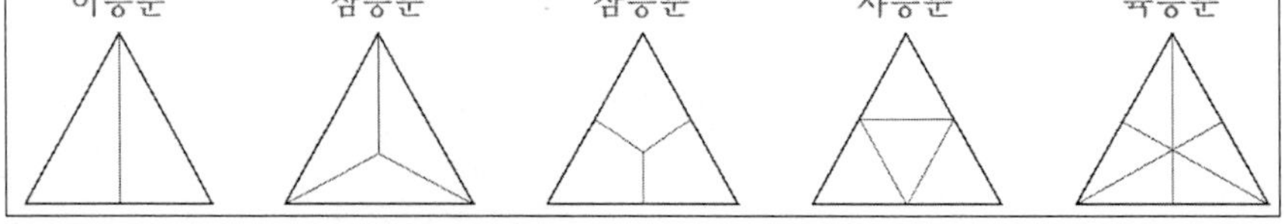

그림 5-9 정삼각형의 등분할

4) 퀴즈네어 막대를 활용한 등분할

퀴즈네어 막대를 이용하여 등분할 활동을 할 수도 있다. 예를 들어 〈그림 5-10〉에서처럼 9에 해당하는 파란색 막대를 여러 가지 방법으로 등분할하게 한다. 실제로 막대를 분할할 수는 없지만 작은 조각들을 이용하여 등분할되는 경우를 찾아보게 한다. 등분할되는 막대가 있고 되지 않는 경우도 있다. 어떤 막대로 몇 등분할 수 있는지를 살펴본다.

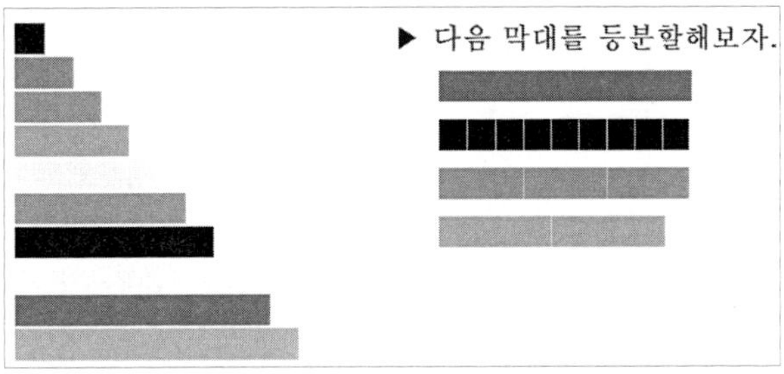

그림 5-10 퀴즈네어 막대를 이용한 등분할

5) 이산량의 등분할

'사과 15개의 $\frac{2}{3}$'와 같이 이산량을 등분할하는 상황도 종종 나타난다. 이산량의 등분할은 사물의 한 집합을 전체(한 단위)로 보고 등분할한 부분을 낱개인 사물의 개수로 인식하지 않고 전체에 대한 부분으로 생각해야 하기 때문에 아동들에게 어려울 수 있다.

사과 15개를 3등분하면 한 묶음에는 사과가 5개 들어간다. 그러므로 사과 10개는 2묶음이 되며 사과 15개의 $\frac{2}{3}$는 사과 10개이다.

이산량을 등분할하는 활동을 하게 할 때는 〈그림 5-11〉과 같이 다양한 묶음으로 묶어 보게 하고 등분할되는 경우와 되지 않은 경우를 생각해 보게 하는 것도 필요하다.

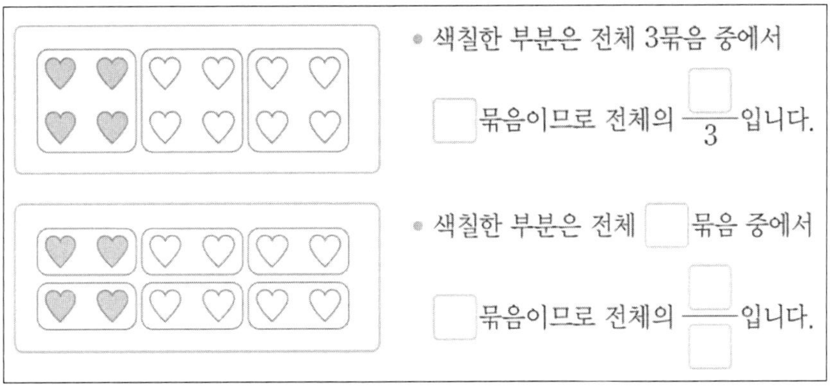

그림 5-11 12의 여러 가지 등분할(강문봉 외, 2025c, 111쪽)

나. 기호화 및 읽기

3학년 1학기에서는 연속량의 등분할을 통해서, 3학년 2학기에서는 이산량의 등분할을 통해서 분수를 지도하고 기호화한다. 연속량이든 이산량이든 a개로 등분할한 것 중에서 b개를 취하는 활동을 하고 이것을 분수 $\frac{b}{a}$로 나타내고 'a분의 b'라고 읽는다는 것을 지도한다. 분모와 분자를 구분하는 가로선 밑에는 등분할한 개수를 쓰며 이것을 **분모**라고 한다. 가로선 위에는 부분의 개수를 쓰는데 이것을 **분자**라고 한다. 아동들은 분자와 분모를 쓰는 위치를 혼동하는 경우가 있는데 이를 주의시킨다.

대분수의 표기법과 읽는 법도 지도하는데, 대분수는 자연수와 진분수의 합으로 생각하여, 예를 들어 2개하고 $\frac{1}{4}$을 한꺼번에 말할 때는 $2\frac{1}{4}$로 쓰고 '이와 사분의 일'이라고 읽는다고 지도한다.

분수라는 새로운 수가 나타났으므로 지금까지 알고 있던 수를 분수와 구별하여 **자연수**라고 부른다는 점을 여기서 지도하는 것이 바람직하다.

다. 분수의 크기 비교

분수의 크기를 비교하는 상황은 다양하다.

1) 분모가 같은 분수의 크기 비교

분수 $\frac{b}{a}$는 단위분수 $\frac{1}{a}$이 b개 있음을 의미한다. 그러므로 단위분수의 개수를 이용하여 분모가 같은 분수의 크기를 비교할 수 있다. 즉, 분모가 같은 분수에서는 분자가 크면 같은 크기의 단위분수가 더 많으므로 그 분수가 더 크다.

2) 단위분수의 크기 비교

단위분수의 크기를 비교하는 것은 분모가 다른 분수의 크기를 비교하는 것으로 생각하여 분모를 통분하여 비교할 수 있다. 그러나 단위분수는 전체를 몇 등분한 것 중의 하나이므로 등분의 수가 많을수록, 즉 분모가 클수록 그중의 하나는 작기 때문에 분모가 클수록 그 단위분수는 더 작다는 사실을 다음 〈그림 5-12〉와 같이 시각적으로 이해시킬 수 있다.

활동 2 종이띠를 이용하여 단위분수의 크기를 비교해 봅시다.

• 색칠한 부분을 각각 분수로 나타내어 보세요.

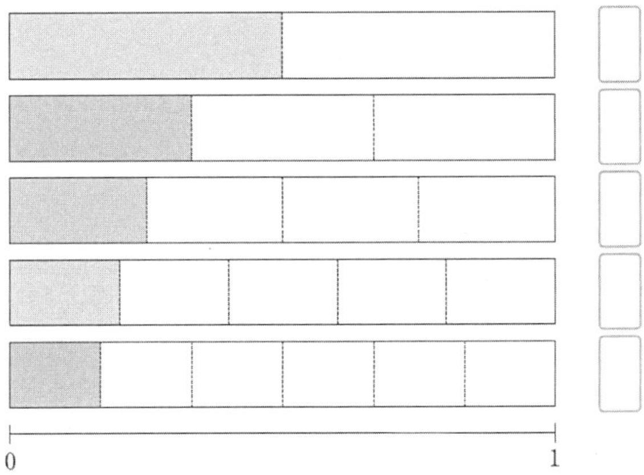

그림 5-12 단위분수의 크기 비교(강문봉 외, 2025a, 135쪽)

3) 분모가 다른 분수의 크기 비교

분모가 다른 분수의 크기를 비교할 때는 예를 들어 $\frac{1}{2}$과 $\frac{2}{5}$의 크기를 비교할 때는 어림을 하거나 그림을 그려서 확인해 봄으로써, 단순히 분자끼리만 또는 분모끼리만 비교해서는 아니 된다는 사실을 깨닫고 그 해결 방법을 찾아보게 한다. 분수의 크기를 비교할 때 그림을 그리거나 분수 띠를 이용할 수도 있지만 그러한 방법은 불편하고 정확하게 크기를 파악할 수가 없는 경우가 많다.

이미 학습한 '분모가 같은 분수의 크기 비교 방법'을 생각해 보고, 분모를 같게 만들려는 생각을 하게 하는 것이 중요하다. 분모를 통분하기만 하면 이제 분자끼리의 크기를 비교하여 해결할 수 있다.

다만, 크기를 비교할 때 그 분수가 고려하고 있는 전체가 무엇인지를 살펴보아야 한다. 큰 피자 $\frac{1}{2}$과 작은 피자 $\frac{2}{3}$의 양을 비교할 때 단순히 $\frac{1}{2}$과 $\frac{2}{3}$만 비교하면 오류가 생길 수 있다. 물론 많은 경우 동일한 전체를 전제하기 때문에 문제가 발생하지는 않지만 실생활에서는 주의할 필요가 있다.

분모가 다른 분수의 크기를 비교할 수 있다면 그런 방법으로 모든 분수의 크기 비교가 가능해진다. 다음 두 가지 경우는 이와는 다른 특별한 비교 방법으로, 초등학생에게 반드시 지도할 필요는 없다.

① 분자가 같은 분수의 크기 비교

단위분수의 크기를 비교하는 방법을 활용하면 분자가 같은 분수의 크기도 쉽게 비교할 수 있다. 예를 들어 $\frac{3}{5}$과 $\frac{3}{7}$을 생각해 보자. $\frac{3}{5}$은 $\frac{1}{5}$이 3개이고 $\frac{3}{7}$은 $\frac{1}{7}$이 3개이다. 단위분수 $\frac{1}{5}$이 단위분수 $\frac{1}{7}$보다 크므로 각각의 3배인 $\frac{3}{5}$이 $\frac{3}{7}$보다 크다.

② 단위분수의 크기 활용 비교

$\frac{7}{9}$과 $\frac{3}{5}$의 크기를 어떻게 비교할까? 분모도 다르고 분자도 다르므로 통분하여 구하면 된다. 그러나 $1-\frac{7}{9}=\frac{2}{9}$이고 $1-\frac{3}{5}=\frac{2}{5}$이므로 이런 사실을 이용하여 비교할 수도 있다. 즉, $\frac{2}{5}$가 $\frac{2}{7}$보다 크므로 $\frac{3}{5}$이 $\frac{7}{9}$보다 작다.

라. 분수를 변형하기

주어진 분수를 분모가 다른 분수로 약분하거나 배분할 수 있으며, 가분수를 대분수로, 대분수를 가분수로 고칠 수 있도록 지도한다.

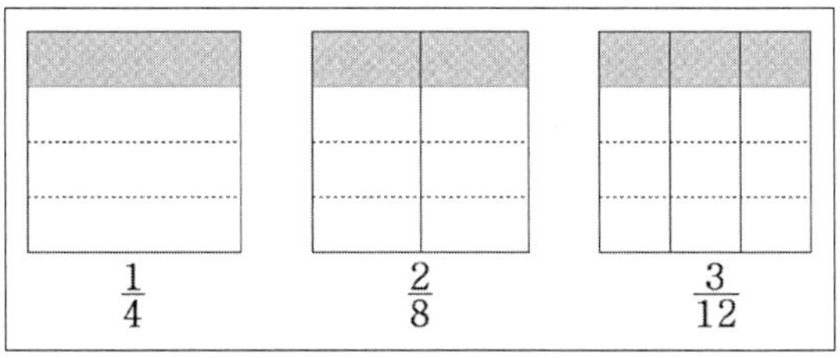

그림 5-13 동치분수 만들기

〈그림 5-13〉과 같이 등분할하거나 종이를 접는 활동을 통해서 같은 양을 다른 분수로 만들어 보게 함으로써 분자와 분모에 0이 아닌 같은 수를 곱하거나 0이 아닌 같은 수로 나누어서 동치분수를 만들 수 있다는 것을 알게 한다.

자연수를 분모를 다양하게 가분수로 고칠 수 있도록 지도할 필요도 있다. 예를 들어, $1=\frac{1}{1}=\frac{2}{2}=\frac{3}{3}=\ldots$과 같이 고칠 수 있어야 분수의 덧셈과 뺄셈에서 오류가 생기지 않는다. 예를 들어, 분모가 다른 분수의 뺄셈을 능숙하게 하면서도 $1-\frac{2}{5}$와 같은 뺄셈을 이상한 문제라고 생각하거나 $4\frac{5}{7}+1\frac{6}{7}=5\frac{11}{7}=6\frac{1}{7}$과 같이 잘못 계산하는 아동들이 있다. 이런 아동들은 자연수를 가분수로 고치지 못하거나 혹은 자연수의 덧셈과 뺄셈에서는 받아올림이나 받아내림이 10진법에 기반하고 있는데, 분수의 경우에서도 분모와 상관없이 분자가 10이 되어야 자연수로 변환하는 오개념을 가지고 있다고 진단할 수 있을 것이다.

3 분수의 덧셈과 뺄셈 지도

3-4학년군에서는 분모가 같은 분수의 덧셈과 뺄셈을 다루고 5-6학년군에서는 분모가 다른 분수의 덧셈과 뺄셈을 다룬다. 덧셈과 뺄셈의 계산 원리를 이해하게 하고 계산할 수 있게 하여야 한다.

분모가 같은 분수의 덧셈과 뺄셈에서도 약분이 사용될 수는 있으나, 약분을 지도하기 위해서는 약수와 배수를 학습해야 하는데, 약수와 배수는 5-6학년군에서 지도한다. 그러므로 3-4학년군에서는 덧셈과 뺄셈의 결과로 나온 분수를 약분할 필요는 없다. 5-6학년군에서는 분모가 다른 분수의 덧셈과 뺄셈을 하려면 약분과 통분을 미리 지도해야 한다.

표 5-2 분수의 덧셈과 뺄셈 내용 체계(교육부, 2022)

핵심 아이디어	• 사칙계산은 자연수에 대해 정의되며 정수, 유리수, 실수의 사칙계산으로 확장되고 이때 연산의 성질이 일관되게 성립한다. • 수와 사칙계산은 수학 학습의 기본이 되며, 실생활 문제를 포함한 다양한 문제를 해결하는 데 유용하게 활용된다.		
구분 / 범주	내용 요소		
	1~2학년	3~4학년	5~6학년
지식·이해		• 분모가 같은 분수의 덧셈과 뺄셈	• 분모가 다른 분수의 덧셈과 뺄셈
과정·기능	• 수 감각과 연산 감각 기르기 • 연산 사이의 관계, 분수와 소수의 관계를 탐구하기 • 자연수, 분수, 소수, 사칙계산을 실생활 및 타 교과와 연결하여 문제해결하기		
가치·태도	• 수와 연산 관련 문제해결에서 비판적으로 사고하는 태도		

가. 분모가 같은 분수의 덧셈과 뺄셈

분모가 같은 분수의 덧셈과 뺄셈은 등분할 분수 상황에서 시작한다. $\frac{3}{8}+\frac{4}{8}$를 어떻게 계산하는지 알아보자. 피자를 8등분한 그림을 사용할 수도 있고 〈그림 5-14〉와 같이 수직선을 이용할 수도 있다.

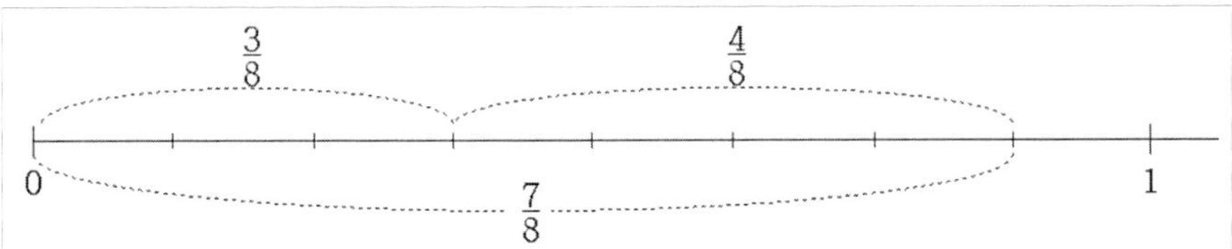

그림 5-14 수직선을 이용한 분수의 덧셈

그림을 그리거나 수직선을 이용하더라도 결국은 $\frac{3}{8}$과 $\frac{4}{8}$는 $\frac{1}{8}$이 각각 몇 개인지를 따져서 더하거나 빼게 된다. 그러므로 단위분수의 개수에 대한 자연수의 덧셈이나 뺄셈과 비슷하게 이루어진다. 즉, $\frac{1}{8}$이 각각 3개와 4개이므로 모두 7개이고, 이것은 $\frac{7}{8}$이다. 그러므로 분모가 같은 분수의 덧셈 또는 뺄셈은 분자끼리의 덧셈 또는 뺄셈과 같다.

영역 모델을 이용하여 예를 들어 $\frac{2}{4}+\frac{1}{4}$을 지도할 때는 보통 〈그림 5-15〉와 같이 $\frac{2}{4}$와 $\frac{1}{4}$을 나타내는 전체를 그리게 되는데, 수직선에서와는 달리 이러한 그림에서는 전체 8 조각 중에서 3조각으로 생각하여 $\frac{2}{4}+\frac{1}{4}=\frac{2+1}{4+4}$과 같이 분자끼리 더하고 분모끼리 더하는 오개념을 형성할 수 있으므로 전체인 '하나'가 무엇인지를 주의하게 해야 한다.

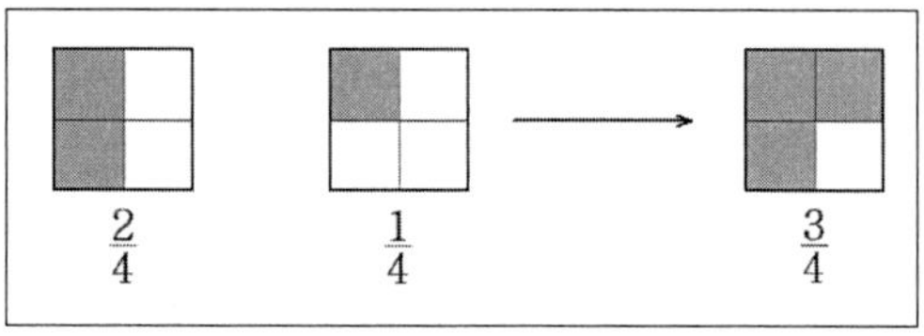

그림 5-15 영역 모델을 이용한 분수의 덧셈

나. 분모가 다른 분수의 덧셈과 뺄셈

분모가 다른 분수의 덧셈이나 뺄셈을 하려면 그 분수의 분모를 같게 만들어야 한다. 그러나 처음부터 통분하도록 지시하는 것보다는 통분의 필요성을 인식시키는 것이 좋다. 그러기 위해서는 예를 들어 $\frac{2}{3}+\frac{3}{4}$을 계산할 때 〈그림 5-16〉과 같은 분수 띠를 이용하여 해결해 보게 하고 이러한 활동에서 불편함을 느끼거나 답이 정확하지 않음을 인식하고 새로운 방법을 찾아보려는 마음을 가지게 할 수 있다.

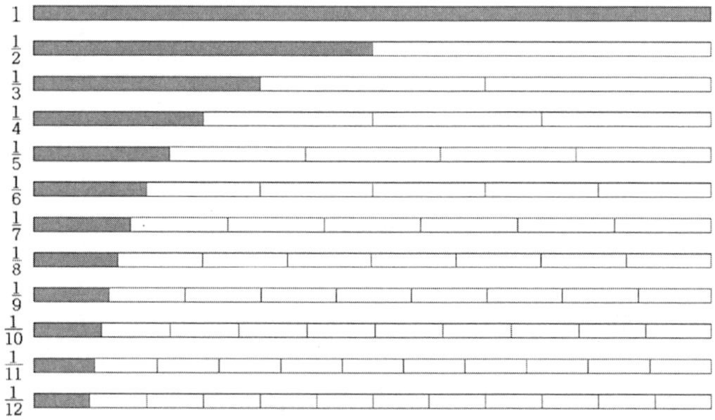

그림 5-16 분수 띠

경우에 따라서는 $\frac{2}{3}+\frac{3}{4}=\frac{5}{7}$와 같이 잘못 계산하는 아동도 있다. 이러한 오류는 매우 의미 있는 수업의 소재가 될 수 있다. 다음 〈그림 5-17〉은 2009학년도 초등교사 임용후

보자 선정 경쟁시험 문제 중의 하나이다. 이러한 오류로부터 인지적 갈등을 유발하여 분모가 다른 분수를 계산하는 방법을 지도하고자 하는 취지의 문제이다.

박 교사는 다음과 같은 문제를 제시하고 학생들에게 질문하였다.

> 나와 동생은 크기가 같은 빵 1개씩을 가지고 있다. 나는 빵의 $\frac{1}{2}$개를 먹었고 동생은 빵의 $\frac{1}{3}$개를 먹었다. 나와 동생이 먹은 빵은 모두 얼마인가?

교 사: 이 문제를 어떻게 해결하면 좋을까요?
진 호: 선생님, $\frac{1}{2}$과 $\frac{1}{3}$을 더하면 돼요.
교 사: 아, 그렇게 하면 되겠구나. 나는 빵의 $\frac{1}{2}$을 먹었고 동생은 빵의 $\frac{1}{3}$을 먹었으니까, 나와 동생이 먹은 빵의 양은 $\frac{1}{2}$과 $\frac{1}{3}$을 더하면 되겠지요?
학생들: 네.
교 사: 그럼, $\frac{1}{2}+\frac{1}{3}$을 어떻게 계산하면 좋을까요?
현 수: (자신있게) $\frac{1}{2}+\frac{1}{3}=\frac{2}{5}$예요. 분수의 덧셈은 정말 쉬워요. 제가 또 하나 해 볼까요? $\frac{1}{5}+\frac{2}{3}=\frac{3}{8}$이에요.

(생 략)

> **(가) 박 교사는 현수의 옳지 않은 계산 방법을 수업의 다음 부분에서 적극적으로 활용하기로 하였다. 박 교사는 현수의 계산 방법이 옳지 않음을 반 전체 학생들이 깨달을 수 있도록 인지적 갈등을 유발하는 설명을 한 후, 옳은 계산의 원리와 방법을 지도하기로 하였다.**

그림 5-17 2009학년도 초등교사 임용후보자 선정 경쟁시험(2차)

먼저 이와 같이 계산한 이유를 발표하게 하고 어림이나 다른 방법을 통해 이러한 계산 결과가 잘못되었음을 인식하게 하는 것이 중요하다. 또한 이미 학습한 분모가 같은 분수의 덧셈인 $\frac{1}{4}+\frac{2}{4}$을 계산하게 하고 $\frac{2}{3}+\frac{3}{4}=\frac{5}{7}$의 계산과 비교하게 하여 분수의 덧셈(또는 뺄셈)은 분모가 같은 경우에 분자끼리만 더한다(또는 뺀다)는 사실을 상기하게 할 수도 있다. 그렇게 되면 분모가 다른 분수의 덧셈이나 뺄셈에서 분모를 같게 해야겠다는 마음이 생기게 되고 통분 방법을 찾게 될 것이며, 통분을 하고 나면 이전에 학습한 '분모가 같은 분수의 덧셈과 뺄셈'을 이용하여 계산할 수 있다.

다. 가분수나 대분수의 덧셈과 뺄셈

가분수나 대분수의 덧셈과 뺄셈은 진분수의 덧셈과 뺄셈을 학습하고 나면 어려움 없이 이해할 수 있다.

가분수의 덧셈과 뺄셈은 다음 순서로 계산한다.

① 먼저 분모를 통분한다.

② 통분하여 분모가 같은 분수의 덧셈 또는 뺄셈을 수행한다.

③ 반드시 약분해야 하는 것은 아니지만 약분할 수 있으면 가급적 약분하는 것이 좋다. 계산 결과가 가분수일 경우에 특별한 요구가 없으면 가분수를 굳이 대분수로 고칠 필요는 없다.

대분수의 덧셈과 뺄셈은 다음과 같이 한다.

① 먼저 분모를 통분한다.

② 자연수끼리 계산하고 진분수끼리 계산한다. 이 경우 받아올림이나 받아내림이 있을 수 있으므로 주의해야 한다.

③ 가급적 약분을 하고 분수 부분이 가분수가 될 경우에는 이를 대분수로 고친다.

이러한 과정이 복잡하다고 느껴지면 대분수를 가분수로 고쳐서 더하거나 뺀 다음 다시 대분수로 고쳐서 계산해도 되고, 분모를 통분하기 전에 자연수끼리 먼저 계산하고 나서 진분수를 통분하여 계산해도 된다.

4 분수의 곱셈과 나눗셈 지도

분수의 곱셈은 5-6학년군에서 지도된다. 교육과정에서는 분수 곱셈의 계산 원리를 이해하고 계산을 할 수 있도록 하고 있다.

분수의 나눗셈 역시 5-6학년군에서 다룬다. (자연수)÷(자연수)에서 몫을 분수로 나타낼 수 있으며, 분수 나눗셈의 계산 원리를 이해하고 계산을 할 수 있어야 한다. 분수 나눗셈은 2015 개정 교육과정에서 (분수)÷(자연수), (분수)÷(분수), (자연수)÷(분수)의 순서를 제시한 반면, 2022 개정 교육과정에서는 (분수)÷(자연수), (자연수)÷(분수), (분수)÷(분수)의 순서를 제시하고 있다.

표 5-3 분수의 곱셈과 나눗셈 내용 체계(교육부, 2022)

핵심 아이디어	• 사칙계산은 자연수에 대해 정의되며 정수, 유리수, 실수의 사칙계산으로 확장되고 이때 연산의 성질이 일관되게 성립한다. • 수와 사칙계산은 수학 학습의 기본이 되며, 실생활 문제를 포함한 다양한 문제를 해결하는 데 유용하게 활용된다.

범주 \ 구분	내용 요소		
	1~2학년	3~4학년	5~6학년
지식·이해			• 분수의 곱셈과 나눗셈
과정·기능	• 수 감각과 연산 감각 기르기 • 연산 사이의 관계, 분수와 소수의 관계를 탐구하기 • 자연수, 분수, 소수, 사칙계산을 실생활 및 타 교과와 연결하여 문제해결하기		
가치·태도	• 수와 연산 관련 문제해결에서 비판적으로 사고하는 태도		

가. 분수의 곱셈

자연수의 곱셈은 동수누가 또는 배 개념으로 지도하였다. 그러나 자연수에서 분수로 수가 확장되면서 동수누가는 더 이상 기능하기 어려워진다. 자연수를 곱할 때는 여전히 동수누가가 효과적이지만 분수를 곱할 때는 배의 상황이나 직사각형의 넓이를 구하는 상황을 이용하여 분수 곱셈 원리를 이해하게 한다. 분수의 곱셈은 (분수)×(자연수), (자연수)×(분수), (분수)×(분수)의 순서로 지도한다.

분수의 곱셈 알고리즘이나 나눗셈 알고리즘을 개발할 때 아동들의 활동과 이러한 활동을 반성하여 형식화할 알고리즘이 잘 연결될 수 있도록 문제 상황과 모델을 잘 고려할 필요가 있다.

1) (분수)×(자연수)

먼저 (진분수)×(자연수)부터 살펴보자. '피자가 $\frac{3}{8}$판씩 들어 있는 상자가 4개 있다. 피자는 모두 몇 판인가?'와 같은 문제 상황을 제시하고 해결해 보게 한다. 아동들은 $\frac{3}{8}+\frac{3}{8}+\frac{3}{8}+\frac{3}{8}$과 같은 덧셈식으로 해결할 것이다. 그런데 같은 수를 계속 더하고 있으므로 이 덧셈식을 $\frac{3}{8}\times 4$와 같이 곱셈식으로 나타낼 수 있다. 즉 $\frac{3}{8}\times 4$는 $\frac{3}{8}+\frac{3}{8}+\frac{3}{8}+\frac{3}{8}=\frac{12}{8}$와 같이 해결할 수 있고 여기서 $\frac{3}{8}\times 4=\frac{3\times 4}{8}$와 같이 '곱하는 수인 자연수를 곱해지는 분수의 분자에 곱한다.'는 알고리즘을 귀납적으로 얻을 수 있다.

(진분수)×(자연수)의 계산 방법은 별도의 지도 없이 곧바로 (가분수)×(자연수)에 적용할 수 있다.

(대분수)×(자연수)는 대분수를 가분수로 고쳐서 생각해도 된다. 또는 다음 〈그림 5-18〉과 같이 대분수를 자연수 부분과 진분수 부분으로 나누어서 각각을 계산해도 된다. 이때

(진분수)×(자연수)의 결과가 가분수가 되는 경우가 있는데, 그럴 경우에는 받아올림을 할 수 있도록 한다.

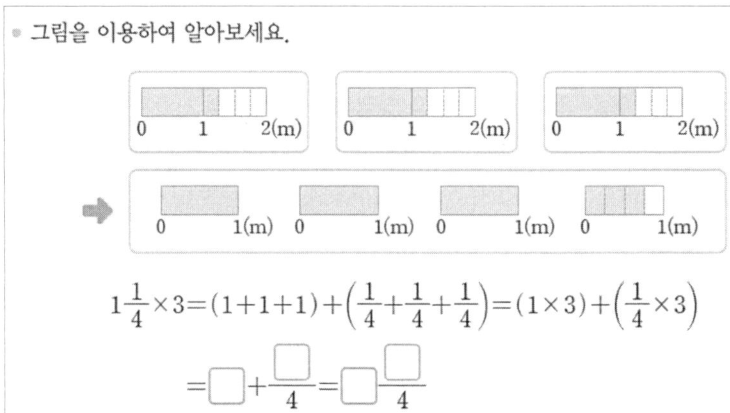

그림 5-18 (대분수)×(자연수) (강문봉 외, 출판예정b, 36쪽)

이 단계에서 편리하게 약분하는 과정을 지도하는 것도 바람직하다. 약분은 〈그림 5-19〉의 '방법 1'에서처럼 분자와 분모를 그 공약수로 나누는 것이다. 그런데 분수에 곱하는 자연수는 분자에 곱해지기 때문에 곱하기 전 상태에서 곱하는 자연수와 분모를 그 공약수로 미리 나누어주는 것이 계산하기 편리하다.

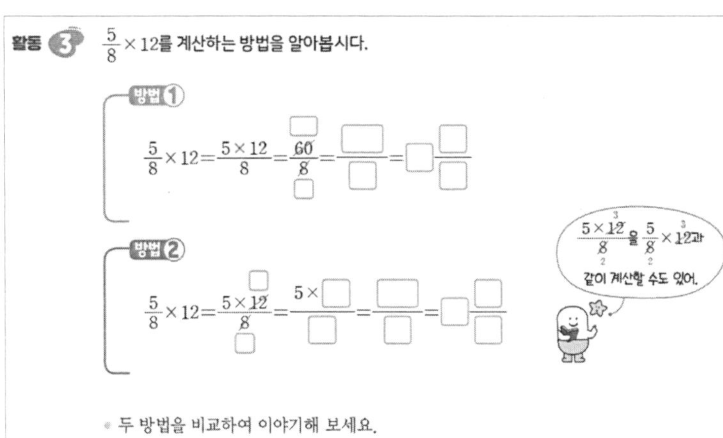

그림 5-19 간편한 약분(강문봉 외, 출판예정b, 35쪽)

2) (자연수)×(분수)

(자연수)×(진분수)나 (진분수)×(진분수)는 둘 다 동일한 방법으로 설명된다. 그러므로 굳이 이를 구분할 필요는 없으며 (진분수)×(진분수)의 계산 방법을 학습하고 나서 가분

수의 곱셈에서처럼 자연수를 $\frac{\text{자연수}}{1}$와 같이 해석하여 적용할 수도 있다. 우리나라 교과서는 전통적으로 (자연수)×(진분수)와 (진분수)×(진분수)를 구분하여 단계적으로 지도하고 있으므로 여기서도 이와 같이 구분하여 살펴보자.

(자연수)×(진분수)의 문제 상황으로 보통 '...의 $\frac{\triangle}{\square}$'이 제시된다.

(가) 곱해지는 자연수가 분모의 배수인 경우

이해하기 쉽게 먼저 자연수가 분모의 배수인 경우부터 살펴보자. 이 경우 곱은 자연수가 된다. 예를 들어 '18 m의 $\frac{2}{3}$'를 생각해 보자. 여기서 세 가지 고려해야 할 일이 있다. 하나는 '18의 $\frac{2}{3}$'가 $18\times\frac{2}{3}$임을 인식시켜야 한다는 것이고, 두 번째는 '18의 $\frac{2}{3}$'가 얼마인지를 구하는 것, 그리고 마지막으로 이를 통해서 $18\times\frac{2}{3}$를 계산하는 방법을 발견하는 것이다. 먼저 '18의 $\frac{2}{3}$'가 $18\times\frac{2}{3}$임을 인식시키기 위해서는 다음과 같은 귀납적 과정을 거쳐야 한다.

> 18의 2배는 18×2
> 18의 1배는 18×1
> 그러면, 18의 $\frac{2}{3}$(배)는 ?

'18의 $\frac{2}{3}$'가 얼마인지는 비교적 쉽게 알 수 있다. 즉, 〈그림 5-20〉처럼 18을 3등분하고 그 둘을 취하면 되는 것이다. 그렇게 해서 '18의 $\frac{2}{3}$', 즉 $18\times\frac{2}{3}=12$임을 알 수 있다.

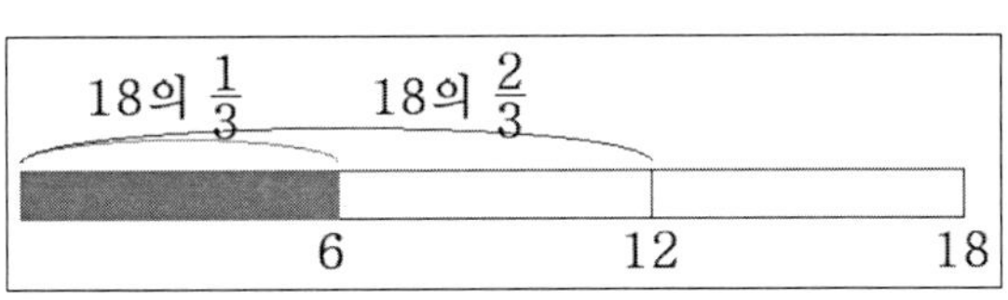

그림 5-20 18의 $\frac{2}{3}$

마지막으로, 18의 $\frac{2}{3}$을 취하는 과정을 반성하면서 계산 방법을 생각해 보자. 먼저 18을

3등분하고 그중 2개를 취하였다. 이것을 식으로 나타내면 $(18 \div 3) \times 2 = \frac{18}{3} \times 2$이다. 그러므로

$$18 \times \frac{2}{3} = (18 \div 3) \times 2 = \frac{18}{3} \times 2 = \frac{18 \times 2}{3}$$

와 같이 되어 결국 (자연수)×(진분수)나 (진분수)×(자연수)나 모두 자연수를 분수의 분자에 곱하는 것과 같다는 사실을 알 수 있다.

(나) 곱해지는 자연수가 분모의 배수가 아닌 경우

자연수가 분모의 배수가 아닌 경우는 곱이 분수가 되기 때문에 약간 어렵기는 하지만 위와 같은 방식으로 전개된다. 예를 들어 '5 m의 $\frac{2}{3}$'를 생각해 보자. 이 경우 역시 마찬가지 방법으로 해서 $5 \times \frac{2}{3}$임을 인식시키고, 5를 3등분한 2개를 취하게 한다. 그러므로

$$5 \times \frac{2}{3} = (5 \div 3) \times 2 = \frac{5}{3} \times 2 = \frac{5 \times 2}{3}$$

이 됨을 알 수 있다.

여기서 문제가 되는 것은, 5를 3등분한 것$(5 \div 3)$이 $\frac{5}{3}$가 된다는 사실을 아직 배우지 않았다는 점이다.14) 그래서 5 m를 3등분하여 2를 취하는 과정을 설명해야 한다.

5 m를 3등분한 하나가 얼마인지를 알 수가 없으므로 5 m 전체를 통째로 3등분하는 것이 아니라, 〈그림 5-21〉처럼 각각의 1 m를 3등분하고 각각의 1 m에서 2개씩(즉, $1 \times \frac{2}{3}$) 취해야 한다.

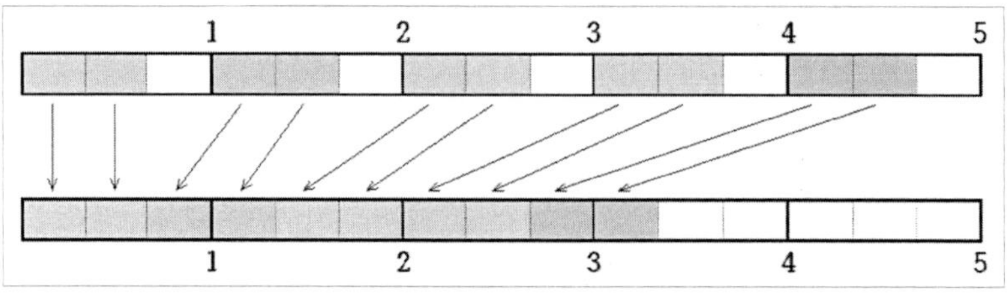

그림 5-21 5의 $\frac{2}{3}$

14) (자연수)×(분수)는 5학년 2학기에서, (자연수)÷(자연수)의 몫을 분수로 나타내는 것은 6학년 1학기에서 지도한다.

그러므로 이 경우에는

$$5 \times \frac{2}{3} = (1 \times \frac{2}{3}) \times 5 = \frac{2}{3} \times 5 = \frac{2 \times 5}{3}$$

와 같이 됨을 알 수 있다.

(자연수)×(가분수)의 계산 방법은 별도의 지도 없이 곧바로 (자연수)×(진분수)에 적용할 수 있다.

(자연수)×(대분수)는 대분수를 가분수로 고쳐서 생각해도 된다. 또는 다음 〈그림 5-22〉와 같이 대분수를 자연수 부분과 진분수 부분으로 나누어서 생각할 수 있다. 즉, $3 \times 2\frac{1}{4}$는 3의 $2\frac{1}{4}$배이므로 3의 2배와 3의 $\frac{1}{4}$배를 각각 구하여 더하는 방식으로 해결할 수 있다. 이때 (자연수)×(진분수)의 결과가 가분수가 되는 경우가 있는데, 그럴 경우에는 받아올림을 할 수 있도록 한다.

- 그림을 이용하여 알아보세요.

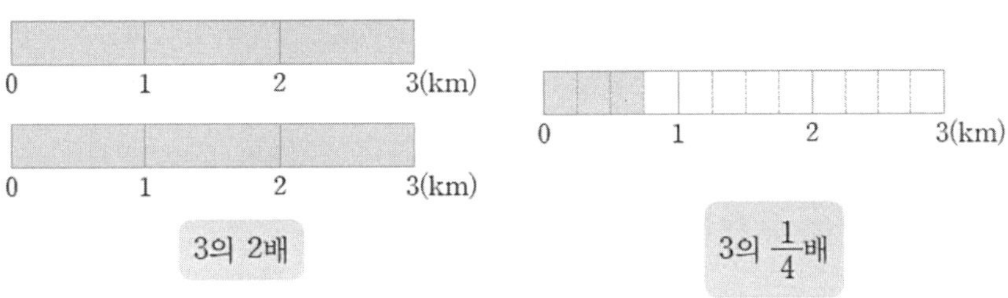

$$3 \times 2\frac{1}{4} = (3 \times 2) + \left(3 \times \frac{1}{4}\right) = \square + \frac{\square}{4} = \square\frac{\square}{4}$$

그림 5-22 (자연수)×(대분수) (강문봉 외, 출판예정b, 40쪽)

참고사항 (자연수)×(진분수)의 계산 원리를 다른 방법으로 탐구

위의 〈그림 5-21〉에서 $5 \times \frac{2}{3} = (1 \times \frac{2}{3}) \times 5 = \frac{2}{3} \times 5 = \frac{2 \times 5}{3}$와 같은 과정을 살펴보면 곱의 결과에서 자연수와 분자의 순서가 달라졌다. 대부분의 교과서에서는 이와는 다른 방법으로 먼저 $5 \times \frac{1}{3} = \frac{5}{3}$이 됨을 살펴보고 나서, $5 \times \frac{2}{3}$은 $5 \times \frac{1}{3}$의 2배가 됨을 이용하여 다음과 같이 식을 전개한다.

$$5 \times \frac{2}{3} = 5 \times \frac{1}{3} \times 2 = \frac{5}{3} \times 2 = \frac{5 \times 2}{3} = \frac{10}{3}$$

그러나 자세히 살펴보면 $5\times\frac{1}{3}=\frac{5}{3}$이 되는 과정에서도 $5\times\frac{1}{3}=\frac{5\times1}{3}$이 아니라 $5\times\frac{1}{3}=\frac{1\times5}{3}$임을 이용하고 있다.

3) (진분수)×(진분수)

(진분수)×(진분수)를 지도할 때 (단위분수)×(단위분수)를 먼저 지도하는 경우가 있는데 (단위분수)×(단위분수)의 계산 알고리즘을 이끌어내는 방법이나 (진분수)×(진분수)의 알고리즘을 이끌어내는 방법이 같다는 점에서 굳이 구분하여 지도할 필요는 없다. 만약 (단위분수)×(단위분수)의 알고리즘을 이용하여 (진분수)×(진분수) 알고리즘을 이끌어내야 한다면[15] 이를 구분하여 지도하는 것도 의미가 있을 수 있지만, 단위분수의 곱셈 방법을 사용하지 않고도 진분수의 곱셈 방법을 찾을 수 있다. 사실, 아동들이 단위분수의 곱셈을 이용하여 진분수의 곱셈 방법을 찾는 것을 쉽게 이해할 수 있을지 의심스럽다. 여기서는 곧바로 (진분수)×(진분수)를 생각해 보자.

$\frac{4}{5}\times\frac{2}{3}$의 계산 방법을 이끌어내기 위해 이 식으로 해결할 수 있는 문제 상황을 찾아보도록 한다. 다음 세 가지 상황이 있을 것이다.

(a) '한 시간에 $\frac{4}{5}$ km를 간다면 $\frac{2}{3}$시간 동안에 간 거리는 얼마인가?'와 같이 서로 다른 두 양 사이의 상황.

(b) '전체 보자기의 $\frac{4}{5}$ 중에서 $\frac{2}{3}$를 사용했다.'와 같은 $\frac{4}{5}$의 $\frac{2}{3}$(배) 상황

(c) 가로가 $\frac{4}{5}$ m이고 세로가 $\frac{2}{3}$ m인 직사각형의 넓이를 구하는 상황.

(1) (a)의 경우는 '거리와 시간'과 같이 서로 다른 두 양의 관계이지만 결국 $\frac{4}{5}$ km의 $\frac{2}{3}$배를 구하는 것으로서 이런 경우에는 이중수직선을 이용하여 해결할 수 있다. 〈그

15) $\frac{2}{3}\times\frac{4}{5}=(\frac{1}{3}\times\frac{1}{5})\times(2\times4)=\frac{1}{15}\times8$과 같은 방식으로 (진분수)×(진분수) 알고리즘을 이끌어내는 것을 말한다. 2015 개정 교육과정에서의 국정 교과서와 10개의 검정 교과서를 보면, 단위분수의 곱셈을 이용 또는 관련지어 진분수 곱셈을 지도하는 교과서가 6종, 단위분수의 곱셈을 지도하였으나 이를 관련짓지 않고 진분수의 곱셈을 지도한 교과서가 4종이며, 한 교과서에서는 단위분수의 곱셈을 지도하지 않고 있다.

림 5-23〉의 (1)에서처럼 수직선에서 $\frac{4}{5}$를 1로 보고 그 $\frac{2}{3}$를 구해야 하는데 그 값이 얼마인지를 아는 것이 쉽지는 않다. 이 값을 알기 위해서 〈그림 5-23〉의 (2)와 같이 각각의 $\frac{1}{5}$을 3등분하고 2개씩 취한다. 그러면 작은 칸을 모두 8개 취하게 된다.[16] 그런데 그 작은 칸은 1을 15등분한 것과 같으므로 작은 칸 8개는 $\frac{8}{15}$이 된다. 따라서

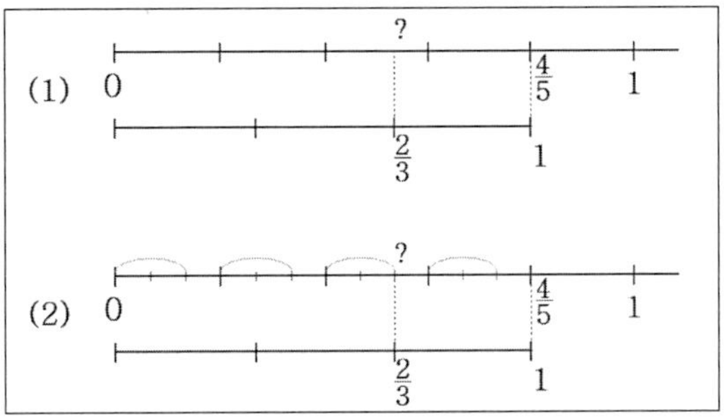

그림 5-23 이중수직선 이용($\frac{4}{5}$의 $\frac{2}{3}$배)

$$\frac{4}{5}\times\frac{2}{3}=\frac{8}{15}=\frac{4\times2}{5\times3}$$

가 되어 분수의 곱셈은 분자는 분자끼리 분모는 분모끼리 곱한 것과 같다는 사실을 알게 된다.

만약 (분수)÷(자연수)를 학습했다면, $\frac{4}{5}$의 $\frac{2}{3}$배는 $\frac{4}{5}$를 3등분하여 2개를 취하는 것으로 해석하여 다음과 같이 진행할 수도 있다.

$$\frac{4}{5}\times\frac{2}{3}=(\frac{4}{5}\div3)\times2=\frac{4}{5\times3}\times2=\frac{4\times2}{5\times3}$$

(2) (b)의 경우도 $\frac{4}{5}$의 $\frac{2}{3}$배를 구하는 상황으로 (1)에서와 같이 이중수직선을 이용하여 해결할 수 있다. 그러나 다음 〈그림 5-24〉와 같이 직사각형 영역을 이용하면 좀 더 쉽게 이해할 수 있다. 먼저 전체 보자기를 등분하여 $\frac{4}{5}$를 취한다. 이어서 그것의 $\frac{2}{3}$를 구하기 위해 가로를 3등분하지 않고 세로를 3등분하여 그중 2개를 취한다. 그 결과는 그림에서 보

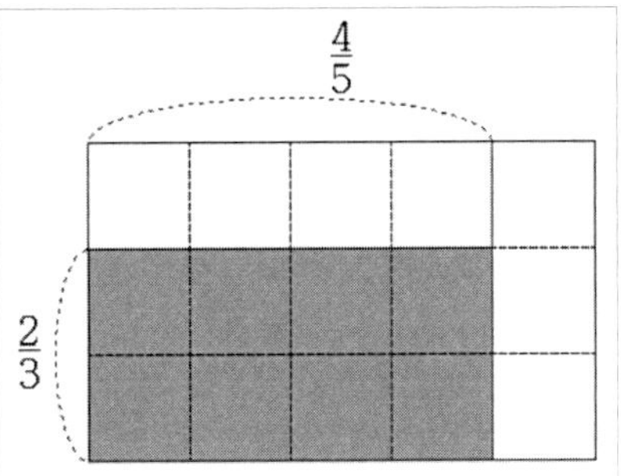

그림 5-24 직사각형 영역 이용

16) 임재훈(2012, 143쪽)은 이러한 방법을 분배 전략이라고 부르며, 분배 전략은 아동들이 문제 상황으로부터 분수 곱셈 알고리즘의 구성으로 나아가는 과정에서 경험해야 하는 핵심적인 사고 전략이고 주장한다.

듯이 보자기 전체를 15등분한 8개임을 알게 된다. 즉,

$$\frac{4}{5}\times\frac{2}{3}=\frac{8}{15}=\frac{4\times 2}{5\times 3}$$

임을 알 수 있다.

(3) 직사각형의 넓이를 구하는 (c)의 경우를 생각해 보자. 가로가 $\frac{4}{5}$ m이고 세로가 $\frac{2}{3}$ m인 직사각형의 넓이는 $\frac{4}{5}\times\frac{2}{3}$ (m^2)와 같이 구할 수 있다. 이 곱이 얼마인지를 알기 위해서는 한 변이 1 m인 단위 정사각형의 넓이와 비교해 보아야 한다. 먼저 가로가 $\frac{4}{5}$ m이고 세로가 $\frac{2}{3}$ m인 직사각형을 그려보자.[17] 〈그림 5-25〉와 같이 이 직사각형의 가로와 세로를 늘여서 단위 정사각형을 만들면 처음의 직사각형은 단위 정사각형을 15등분하여 8개를 취한 것과 같음을 알 수 있다. 그러므로

$$\frac{4}{5}\times\frac{2}{3}=\frac{8}{15}=\frac{4\times 2}{5\times 3}$$

임을 알 수 있다.

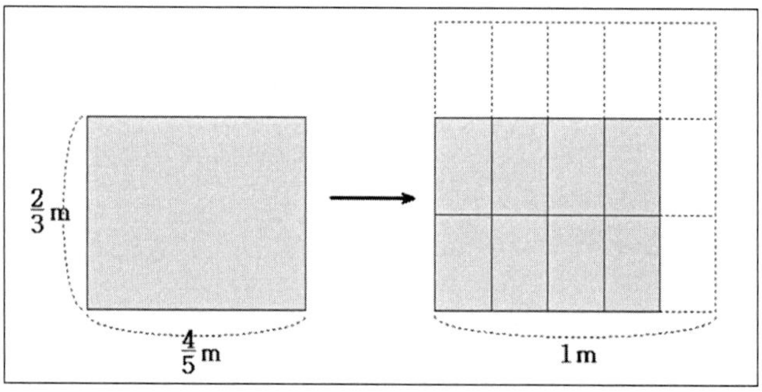

그림 5-25 직사각형의 넓이 이용($\frac{4}{5}\times\frac{2}{3}$)

이러한 과정은 (2)의 경우와 매우 유사해 보이지만 큰 차이가 있다. (2)의 경우는 넓이의 몇 배로서 $a\times b=c$에서 b는 '몇 배'를 의미하고 a와 c는 넓이로서 같은 단위이다. 즉, 넓이가 $\frac{4}{5}$ m^2인 직사각형의 $\frac{2}{3}$배인 직사각형의 넓이를 구하는 것과 동일하므로 가로가 $\frac{4}{5}$ m

17) 단위 정사각형을 먼저 그리고 그다음에 주어진 직사각형을 그릴 수도 있지만, 문제 상황을 먼저 그리는 것이 자연스럽다.

이고 세로가 $\frac{2}{3}$ m인 직사각형의 넓이를 구하는 것과는 그 의미가 다르다. 그러나 초등학생에게는 이런 차이를 이해시키는 것이 쉽지는 않을 것이며, 굳이 드러낼 필요도 없어 보인다. 아동들이 이해하기 쉬운 방법으로 그러면서도 가급적 다양한 방법으로 분수의 곱셈 방법을 끌어내야 할 것이다.

4) 가분수 또는 대분수의 곱셈

지금까지의 방법을 그대로 적용하여 가분수의 곱셈 역시 분자는 분자끼리 곱하고 분모는 분모끼리 곱한다는 사실을 이끌어낼 수 있다. 그러나 굳이 그런 과정을 거치지 않고 진분수의 곱셈 알고리즘을 적용해도 무방하다.

대분수의 곱셈에서는 $2\frac{2}{3}\times 4\frac{3}{5}=(2\times 4)\frac{2\times 3}{3\times 5}$와 같은 오류를 범하는 아동도 있기 때문에 가분수로 고쳐서 곱셈을 하고 그 결과를 다시 대분수로 고치게 하는 것이 지도하기가 더 편리할 것이다.

나. 분수의 나눗셈

분수의 나눗셈을 계산할 때는 나누는 수의 분자와 분모를 바꾸어서 나누어지는 수에 곱하면 된다. 나누는 수의 역수를 나누어지는 수에 곱한다고 지도할 수 있으나 우리나라 교육과정에서는 초등학교에서 역수를 지도하지 않으므로 역수 개념을 지도하지 않고 역수를 곱한다고 설명하기는 무리가 있다. 혹은 분자와 분모를 바꾼 수를 역수라고 지도하는 경우도 있으나, 이는 결과적으로는 같지만 역수의 올바른 의미는 아니다. **역수**는 곱해서 1이 되는 두 수를 말하는 것인데, 이와 같이 계산 과정에서 곱해서 1을 만드는 활동이 포함되지 않는다면 역수라는 표현 대신 분자와 분모를 바꾼 분수라고 하는 것이 더 적절하다.

분수의 나눗셈이 적용되는 상황은 매우 다양하며 각각의 상황에서 알고리즘을 이끌어내는 방법 또한 다양하다. 나누는 수가 자연수일 경우에는 등분제 상황이 적절하다. 나누는 수가 분수일 경우에는 등분제로 생각할 수 없다. 분수로 나누는 상황은 매우 다양하여, 포함제 맥락, 단위비율 결정 맥락, 직사각형 넓이 맥락, 역연산 맥락 등이 있다. 각각에 대해서 나눗셈 알고리즘이 얻어지는 과정이 다르다(임재훈, 김수미, 박교식, 2005; 김정하, 2020).

1) (자연수)÷(자연수)

(자연수)÷(자연수)의 몫을 분수로 나타내는 것을 분수 영역에서 지도할 수 있지만 우리나라 교과서에서는 분수의 나눗셈 단원에서 지도한다. 예를 들어 2÷3은 원 2개를 똑같이 3으로 나누는 등분제 상황으로 해결하면서 $2 \div 3 = \frac{2}{3}$임을 지도한다. 경우에 따라서 2÷3이 $2 \times \frac{1}{3}$과 같음을 지도하기도 하는데, 이것은 자연수의 나눗셈을 분수 나눗셈 알고리즘과 통합하려는 의도인 것 같아 보인다. 그러나 아직은 나눗셈을 곱셈으로 고칠 필요성을 느끼지 못할 시기이기 때문에 굳이 이것까지 지도할 필요는 없다고 생각한다. 나중에 분수의 나눗셈 방법을 배우고 나서 $2 \div 3 = 2 \div \frac{3}{1}$으로 생각하면 된다.

2) (분수)÷(자연수)

(분수)÷(자연수) 역시 $\frac{3}{8}$m를 3등분하는 것과 같은 등분제 상황으로 지도한다. 분수를 자연수로 나누는 계산은 다음과 같이 다양한 방법으로 행해질 수 있다.

① 분자를 자연수로 나누는 방법

예를 들어, $\frac{6}{8} \div 3$은 $\frac{1}{8}$이라는 단위분수 6개를 3명이 나누어 가지는 것을 의미한다. 이것은 $\frac{1}{8}$이라는 단위분수를 한 사람이 2개씩 가지는 것과 같다. 그러므로

$$\frac{6}{8} \div 3 = \frac{6 \div 3}{8} = \frac{2}{8}$$

② 위의 ①과 같이 계산할 때 분자가 자연수로 나누어 떨어지지 않을 경우에는 분수를 배분하여 얻은 동치분수의 분자를 자연수로 나누면 된다. 예를 들어, $\frac{3}{5} \div 2$의 계산은 조각 3개를 조각 6개로 만들어서 2로 나누면 된다. 그러므로 다음 〈그림 5-26〉과 같이 계산할 수 있다.

$$\frac{3}{5} \div 2 = \frac{3 \times 2}{5 \times 2} \div 2 = \frac{6 \div 2}{10} = \frac{3}{10}$$

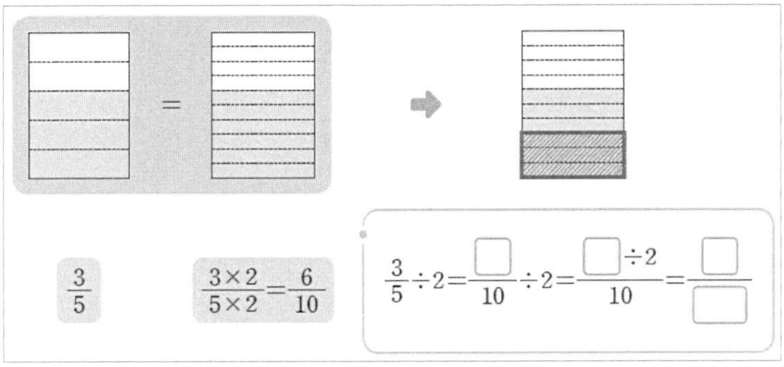

그림 5-26 (분수)÷(자연수) (강문봉 외, 출판예정c, 17쪽)

③ 분모에 자연수를 곱하는 방법

예를 들어 $\frac{3}{5}\div 2$는 $\frac{3}{5}$을 2등분하는 것과 같다. 〈그림 5-27〉과 같이 $\frac{3}{5}$을 2등분한 다음에 그 하나의 크기가 어떻게 되는지를 확인해 본다. 그것은 전체를 10등분한 것 중에서 3개와 같다. 그러므로 다음과 같이 자연수를 분모에 곱하여 구할 수 있다.

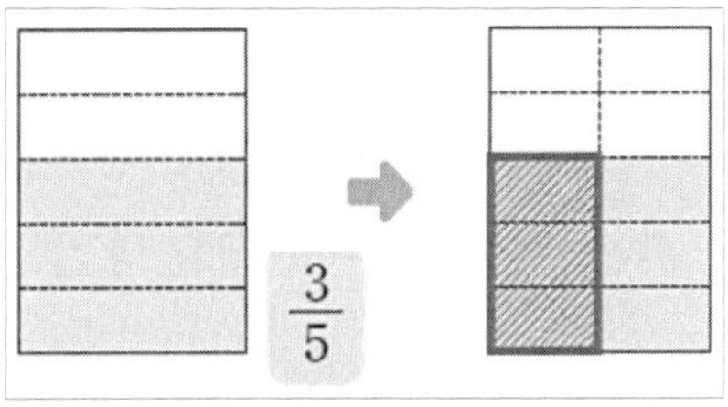

그림 5-27

$$\frac{3}{5}\div 2=\frac{3}{10}=\frac{3}{5\times 2}$$

④ 자연수를 $\frac{1}{\text{자연수}}$로 고쳐서 분수에 곱하는 방법

자연수로 나누는 것을 $\frac{1}{\text{자연수}}$을 곱하는 것으로 생각하는 것은 쉬운 일이 아니다. 그리고 이런 생각을 하지 못한다고 해서 (분수)÷(자연수)를 계산하는 데 불편함을 느끼지도 않는다. 그러나 대부분의 교과서에서 이런 방법을 지도한다. 아마도 6학년 2학기에서 분수의 나눗셈을 지도할 때 '나누는 분수의 분자와 분모를 바꾸어서 곱한다'는 알고리즘과 연계하기 위한 의도라고 할 수 있을 것이다.

이러한 방법을 지도하기 위해서는 곱셈을 생각하게 해야 한다. 즉, $\frac{3}{5}\div 2$는 $\frac{3}{5}$을 2등분한 것 중의 하나이므로, 이것은 $\frac{3}{5}$의 $\frac{1}{2}$(배)라는 사실을 인지해야 한다. 이것이 이해되면 $\frac{3}{5}\div 2=\frac{3}{5}\times\frac{1}{2}$과 같이 나타낼 수 있다.

만약 이러한 연역적 방법으로 지도하기가 어렵다면 다음과 같은 문제를 제시하여 해결하게 하고, 여기서 '자연수로 나누는 것은 $\frac{1}{\text{자연수}}$을 곱하는 것과 같다'라는 사실을 귀납하게 할 수도 있다.

☞ **계산 결과가 같은 것끼리 이어 보세요.**

$\frac{4}{9} \div 5$ •	• $\frac{2}{5} \times \frac{1}{3}$
$\frac{2}{5} \div 3$ •	• $\frac{8}{5} \times \frac{1}{4}$
$\frac{8}{5} \div 4$ •	• $\frac{4}{9} \times \frac{1}{5}$

3) (자연수)÷(진분수)

(자연수)÷(분수)의 계산 방법은 (분수)÷(분수)에서와 동일한 상황에서 동일한 방법으로 얻을 수 있다. 그러므로 굳이 따로 떼어서 지도하지 않아도 무방하다. 그러나 교육과정에서는 (자연수)÷(분수)를 다루도록 명시하였다. 대부분의 2015 개정 검정 교과서에서는 자연수를 단위분수로 나누어보고 이어서 자연수를 단위분수가 아닌 진분수로 나누어 보고 있다. 이하에서 기술한 (진분수)÷(진분수)에 대한 설명에서와 마찬가지로 (자연수)÷(분수)도 다양한 상황에서 접근할 수 있지만 여기서는 단위비율 결정 맥락에서 이중수직선을 이용하여 자연수를 단위분수가 아닌 진분수로 나누는 경우만 살펴본다.

먼저 다음과 같은 단위비율 결정 맥락을 제시한다.

> 양털 2 kg과 포도주스 $\frac{5}{6}$ L를 교환할 수 있다면, 포도주스 1 L를 얻기 위하여 필요한 양털은 몇 kg인지 알아봅시다.

양털과 포도주스에 대한 이중수직선을 그린 다음[18], 포도주스 1 L를 얻기 위해 다음과 같이 수직선에서 줄이고 늘이는 작업을 한다. 먼저 포도주스의 양을 단위분수가 되도록 줄인 다음에 단위 1 L가 되도록 늘이는 것이 쉽다.

---

18) 양털의 무게를 띠로, 포도주스의 양을 수직선으로 나타내었는데, 이러한 그림도 큰 범위에서는 이중수직선이라고 한다.

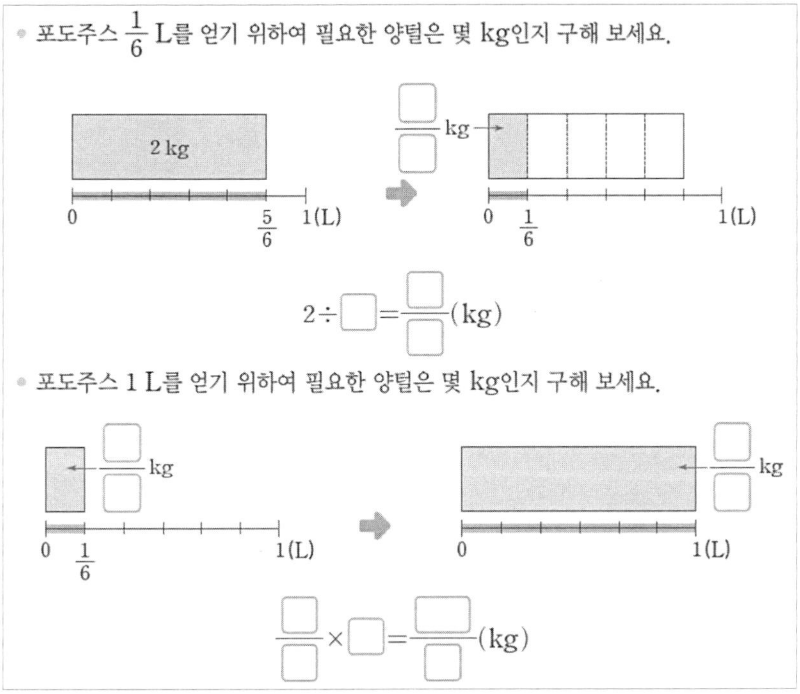

그림 5-28 (자연수)÷(분수) (강문봉 외, 출판예정d, 19쪽)

이 과정을 $2 \div \frac{5}{6} = (2 \div 5) \times 6 = \frac{2}{5} \times 6 = \frac{2 \times 6}{5}$과 같이 형식화하고, $\frac{5}{6}$로 나누는 것은 $\frac{6}{5}$을 곱하는 것과 같다는 사실을 알게 한다.

참고사항 | 단위비율 결정 맥락이란?

단위비율 결정 맥락은 나누는 수가 1, 즉 단위에 대한 양을 구하는 상황을 말한다. 예를 들어, 다음과 같은 상황을 말한다.

> 은선: 설탕 나라에서는 $\frac{3}{4}$시간 동안 설탕 $\frac{2}{5}$kg을 생산할 수 있어.
>
> 은택: 1시간 동안 생산할 수 있는 설탕의 양은 얼마일까?

이런 문제는 비례식을 이용하여 해결할 수 있지만, 분수의 나눗셈은 비례식을 배우기 전에 학습한다. 그러므로 이중수직선을 이용하여 줄이고 늘이는 활동을 통해서 단위에 대한 양을 구하게 된다. 그런데 문제는 단위비율 결정 맥락이 나눗셈 문제인지, 나눗셈이라면 무엇을 무엇으로 나누어야 하는지를 아는 것이 쉽지 않다는 점이다. 그래서 다음 〈그림 5-29〉처럼 분수를 익숙한 자연수 상황으로 고쳐서 문제를 단순화하여 나눗셈식을 만들 수 있도록 하는 사전 작업이 필요하다.

그림 5-29 단순화를 이용한 단서(강문봉 외, 출판예정d, 18쪽)

4) (진분수)÷(진분수)

(진분수)÷(진분수)의 알고리즘을 지도하기 위해서 대부분의 검정 교과서는 포함제 상황, 배의 상황, 단위비율 결정 맥락, 직사각형의 넓이 구하기와 같이 다양한 상황을 다루고 있다.

가) 포함제 상황

포함제를 이용하여 분수 나눗셈 알고리즘을 개발하려고 할 때 보통 "올리브유 $\frac{6}{7}$ L를 한 병에 $\frac{2}{7}$ L씩 담으려면 몇 병이 필요할까?"와 같이 분모가 같은 분수의 나눗셈에서 몫이 자연수가 되는 경우를 다룬다. 포함제는 '나누는 수가 나누어지는 수에 몇 번 포함되는가'를 알아보는 것이므로 몫이 자연수가 되고 남는 양이 생길 수 있다. 그러나 분수의 나눗셈에서 몫은 분수이며 남는 양이 없기 때문에 포함제를 이용하여 분수 나눗셈 알고리즘을 개발하는 것은 부담스러운 점이 있다.

예를 들어, "올리브유 $\frac{5}{7}$ L를 한 병에 $\frac{2}{7}$ L씩 담으려면 몇 병이 필요할까?"와 같은 문제를 생각해보자. 이 문제의 '답은 2병이 필요하고 $\frac{1}{7}$ L가 남는다.'이다. 그러므로 $\frac{5}{7} \div \frac{2}{7} = 5 \div 2 = \frac{5}{2}$와 같은 해결로 넘어가기 어렵다. 이 과정에 대한 설명이 어렵고 억지스럽기 때문에 대부분의 교과서는 이런 상황을 다루지 않는다.

나) 배의 맥락

배의 개념으로 접근하면 포함제로 분수 나눗셈을 설명하는 것보다 좀더 자연스럽다. 배의 개념으로 접근할 때 분모가 같은 분수의 나눗셈 상황에서 시작하여 분모가 다른 분수의 나눗셈으로 이행하면 보다 쉽게 이해할 수 있다. 예를 들어, 〈그림 5-30〉과 같은 배의 상황을 보고 식을 만들어보게 한다.

그림 5-30 분수 나눗셈의 배의 맥락(강문봉 외, 출판예정d, 14쪽)

이제 두 사람이 가진 원두의 양을 똑같이 8배가 되게 하여 $\frac{5}{8} \div \frac{2}{8}$와 $5 \div 2$를 비교해 보게 한다. 이때 다음과 같은 그림이 시각화에 도움을 줄 것이다. 두 양을 똑같이 확대하였기 때문에 '배의 관계'는 동일하여, 답이 같을 것이라는 것을 알 수 있고 그래서 '분모가 같은 분수의 나눗셈은 분자끼리의 나눗셈과 같다'는 사실을 알게 된다.

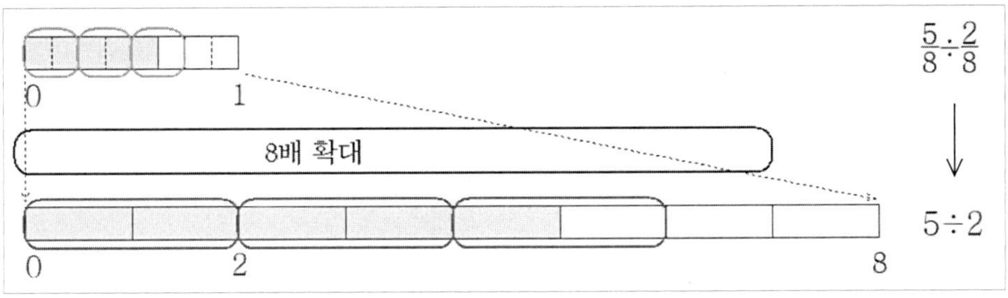

그림 5-31 $\frac{5}{8} \div \frac{2}{8}$와 $5 \div 2$

이어서 '소금 $\frac{5}{7}$ kg은 소금 $\frac{3}{10}$ kg의 몇 배인가'와 같은 문제를 다루어보자. 통분하면 $\frac{5 \times 10}{7 \times 10}$ kg은 $\frac{3 \times 7}{10 \times 7}$ kg의 몇 배인가와 같은 문제이므로, 5×10이 3×7의 몇 배인가와 같은 문제가 된다. 그러므로 다음과 같이 계산하여 분수 나눗셈 알고리즘을 얻을 수 있다.

$$\frac{5}{7} \div \frac{3}{10} = \frac{5 \times 10}{7 \times 10} \div \frac{3 \times 7}{10 \times 7} = (5 \times 10) \div (3 \times 7) = \frac{5 \times 10}{3 \times 7} = \frac{5}{7} \times \frac{10}{3}$$

다) 단위비율 결정 맥락

단위비율 결정 맥락에서는 나누는 수가 1, 즉 단위가 되도록 변형하게 된다. 형식적으로 처리한다면 다음과 같다.

$$① \ \frac{2}{3} \div \frac{3}{4} = \frac{\frac{2}{3}}{\frac{3}{4}} = \frac{\frac{2}{3} \times \frac{4}{3}}{\frac{3}{4} \times \frac{4}{3}} = \frac{\frac{2}{3} \times \frac{4}{3}}{1} = \frac{2}{3} \times \frac{4}{3}$$

$$② \ \frac{2}{3} \div \frac{3}{4} = (\frac{2}{3} \times \frac{4}{3}) \div (\frac{3}{4} \times \frac{4}{3}) = (\frac{2}{3} \times \frac{4}{3}) \div 1 = \frac{2}{3} \times \frac{4}{3}$$

이 경우 나누는 수를 1로 만들기 위해 나누는 수에 그 역수를 곱한 것이므로 '나누는 수의 역수를 곱한다'라는 분수 나눗셈 알고리즘을 얻게 된다. 즉, 이런 상황에서는 '역수'라는 용어를 사용할 수 있다.

다음과 같은 단위비율 결정 맥락 문제를 보자.

> 설탕 나라에서는 $\frac{3}{4}$시간 동안 설탕 $\frac{2}{5}$kg을 생산할 수 있다. 1시간 동안 생산할 수 있는 설탕의 양은 얼마일까?

이 문제를 해결하기 전 또는 후에라도 이 상황이 $\frac{2}{5} \div \frac{3}{4}$임을 인식시키고 이 나눗셈식과 해결 방법을 연결시켜야 한다. (자연수)÷(진분수)의 단위비율 결정 맥락에서와 마찬가지로 문제의 단순화를 통해서 나눗셈 문제가 된다는 것을 인식시킬 수 있다.

이제 $\frac{3}{4}$시간을 줄이고 늘이면서 1시간으로 변환해 보자. 변환 과정을 이중수직선으로 시각화하면서 살펴보자. 먼저 문제 상황을 시각화하면 다음 〈그림 5-32〉의 왼쪽과 같다.

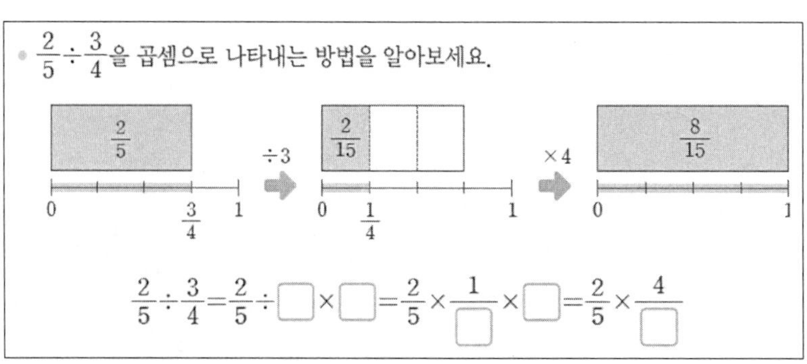

그림 5-32 시간 변환 과정(강문봉 외, 출판예정d, 21쪽)

① $\frac{3}{4}$시간을 〈그림 5-32〉의 가운데와 같이 $\frac{1}{4}$시간으로 줄이면 설탕의 무게는 $(\frac{2}{5} \div 3)$ kg이 된다.

② $\frac{1}{4}$시간을 〈그림 5-32〉의 오른쪽과 같이 1시간으로 늘이면 설탕의 무게는 $(\frac{2}{5} \div 3 \times 4)$ kg이 된다.

즉, 시간을 줄이고 늘이는 과정을 통해 다음과 같이 분수 나눗셈 알고리즘이 도출된다. 이 과정을 통해서 문제의 답만을 구할 것이 아니라 '분수의 나눗셈은 나누는 분수의 분자와 분모를 바꾸어서 곱하는 것과 같다.'라는 분수 나눗셈 알고리즘까지 이끌어내는 것이 좋다.

$$\frac{2}{5} \div \frac{3}{4} = \frac{2}{5} \div 3 \times 4 = \frac{2}{5} \times \frac{1}{3} \times 4 = \frac{2}{5} \times \frac{4}{3}$$

라) 직사각형 넓이 맥락

가로와 세로를 곱하여 직사각형의 넓이를 구하는 방법을 이용하여 분수의 곱셈 알고리즘을 이끌어낸 적이 있다. 이와 반대로 직사각형의 넓이와 가로가 주어졌을 때 세로를 구하는 문제가 분수의 나눗셈 문제가 된다.

$\frac{2}{5} \div \frac{3}{4}$을 생각해 보자. 직사각형의 넓이를 이용하여 이 나눗셈을 해결하려면 넓이가 $\frac{2}{5}$ m^2이고 가로가 $\frac{3}{4}$ m인 직사각형의 세로$(\frac{2}{5} \div \frac{3}{4})$를 구하면 된다. 세로를 구하기 위해 직사각형을 변형하는데, 넓이가 1 m^2인 정사각형으로 변형하는 방법이 있다(이용률, 2010, 138쪽). 그러나 이 방법은 매우 복잡하고 이해하기가 쉽지 않다. 길이가 주어진 가로를 고정하고 넓이가 1 m^2인 직사각형으로 변형하는 방법도 있다(김정하, 2020, 73쪽). 이 방법은 정사각형으로 변형하는 것보다 쉽지만 표준 알고리즘이 아닌 '나누는 수의 역수에 나누어지는 수를 곱한다.'라는 알고리즘을 얻게 되는 단점이 있다. 여기서는 길이가 주어진 가로를 1 m로 변형해 보자.

① 〈그림 5-33〉처럼 넓이가 $\frac{2}{5}$ m^2이고 가로가 $\frac{3}{4}$ m인 직사각형을 그린 다음에 이 직사각형의 가로를 길게 변형하여 가로를 1 m로 만들어보자.

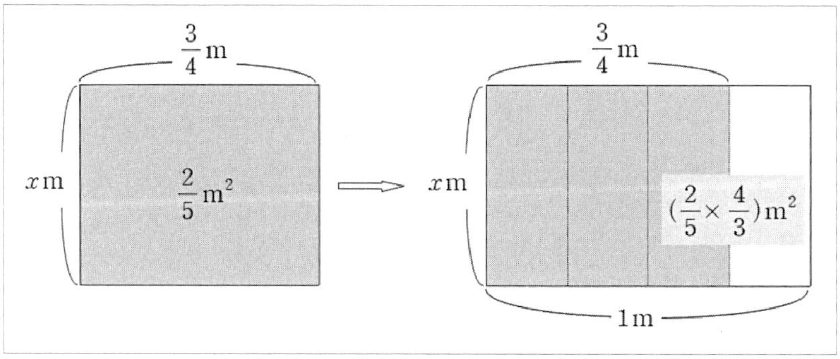

그림 5-33 직사각형의 넓이 변형

② 가로가 1 m가 되면서 처음 직사각형의 가로의 $\frac{4}{3}$배가 되었으므로 이 직사각형의 넓이도 $\frac{4}{3}$배가 되어 $(\frac{2}{5}\times\frac{4}{3})\mathrm{m}^2$ 가 된다. 그런데 이 직사각형의 가로가 1 m이므로 이 직사각형의 세로는 $(\frac{2}{5}\times\frac{4}{3})$ m이다.

③ 변형된 직사각형의 세로와 처음 직사각형의 세로는 같으므로 $\frac{2}{5}\div\frac{3}{4}=\frac{2}{5}\times\frac{4}{3}$임을 알 수 있다.

이 방법이 직사각형을 변형하는 다른 두 방법보다 훨씬 이해하기 쉬우면서도 '곱하는 수의 분자와 분모를 바꾸어 곱한다.'는 표준 알고리즘을 얻을 수 있다. 이때 $\frac{3}{4}$ m인 가로를 1 m가 되도록 가로를 $\frac{4}{3}$배로 확대한 셈이므로 $\frac{4}{3}$는 $\frac{3}{4}$의 역수이다. 그러나 초등학교에서는 역수 개념을 지도하지 않기 때문에 여기서 굳이 역수라는 용어를 사용할 필요는 없다.

마) 역연산 맥락

직사각형의 넓이 맥락은 곱셈과 나눗셈의 역연산 관계를 이용한 것이다. 곱셈과 나눗셈의 역연산 관계를 이용하여 형식적인 방법으로 알고리즘을 얻을 수도 있다. 여기에도 역시 다양한 방법이 있는데 그중 쉬운 방법은 다음과 같다.

$$\frac{b}{a}\times\frac{d}{c}=\frac{b\times d}{a\times c} \leftrightarrow \frac{b\times d}{a\times c}\div\frac{d}{c}=\frac{b}{a}$$

즉, 분수의 곱셈에서는 분자끼리 곱하고 분모끼리 곱하는 것처럼 분수의 나눗셈에서도 분자끼리 나누고 분모끼리 나누면 된다는 사실을 알 수 있다.

예를 들어 $\frac{2}{3}\times\frac{4}{5}$를 계산하게 한다. 이어서 곱셈식 $\frac{2}{3}\times\frac{4}{5}=\frac{8}{15}$을 보고 나눗셈식으로 만들어보게 한다. 곱셈과 나눗셈의 관계에서 $\frac{8}{15}\div\frac{4}{5}=\frac{2}{3}$와 같은 식을 쓸 수 있다. 이 식을 잘 관찰해 보면 $\frac{8}{15}\div\frac{4}{5}=\frac{2}{3}=\frac{8\div 4}{15\div 5}$와 같이 분자는 분자끼리 분모는 분모끼리 나눌 수 있음을 알게 된다.

이제 분자끼리 또는 분모끼리 나눌 수 없는 경우에는 어떻게 하면 좋을지를 생각해 보게 한다. 아마도 분자는 분자끼리 분모는 분모끼리 나눌 수 있도록 나누어지는 분수를 적절히 배분하면 된다는 생각을 하게 될 것이다. 예를 들어 $\frac{3}{5}\div\frac{2}{7}$을 계산하기 위해 분자와 분모에 각각 2×7을 곱하여 배분하면 다음과 같이 분자끼리 그리고 분모끼리 나눌 수 있다.

$$\frac{3}{5}\div\frac{2}{7}=\frac{3\times 2\times 7}{5\times 2\times 7}\div\frac{2}{7}=\frac{3\times 7}{5\times 2}=\frac{3}{5}\times\frac{7}{2}$$

이러한 과정을 통해 나누는 수의 분자와 분모를 바꾸어서 나누어지는 수에 곱하면 된다는 나눗셈 알고리즘을 얻게 된다.

제 3차 교육과정의 5학년 1학기 수학 교과서에서 제시된 다음 〈그림 5-34〉의 방법은 매우 정교하게 구성된 과정이라 곧바로 이해하기 쉽지는 않겠지만, 이러한 방법 역시 곱셈의 역연산으로 분수의 나눗셈 방법을 지도하려는 것이다.

또, 곱셈과 나눗셈의 관계에서 다음과 같은 분수의 나눗셈을 알아보자.

$$\frac{2}{5}\times\left(\frac{4}{3}\times\frac{3}{4}\right)=\frac{2}{5}$$

$$\left(\frac{2}{5}\times\frac{4}{3}\right)\times\frac{3}{4}=\frac{2}{5}\longrightarrow\frac{2}{5}\div\frac{3}{4}=\frac{2}{5}\times\frac{4}{3}$$

즉, $\frac{2}{5}\div\frac{3}{4}$은 $\frac{2}{5}$에 $\frac{3}{4}$의 역수를 곱하여도 된다는 것을 알 수 있다.

그림 5-34 3차 교과서의 분수 나눗셈(문교부, 1975c, 82쪽)

이와 같이 다양한 방법을 제시하는 이유는 분수 나눗셈이 사용되는 문제 상황이 매우 다양하기 때문이다. 2009 개정 교과서까지는 포함제 맥락을 이용하여 분수 나눗셈 알고리즘을 도출하였다. 그리고 포함제 문제만 교과서에서 다루었다. 2015 개정 교과서에서는 포함제 맥락과 단위비율 결정 맥락을 이용하여 분수 나눗셈 알고리즘을 도출하였다. 그 결과 교과서에서 포함제 문제와 단위비율 결정 문제를 모두 다룰 수 있게 된다. 이와 같이 일상생활에서 나눗셈이 사용되는 여러 문제 상황들을 다루는 것은 바람직하다. 그러나 이에 따라 나눗셈 알고리즘의 지도가 더욱 복잡해지고 어려워지는 문제가 발생하게 된다. 초등학교 아동들이 이처럼 다양한 맥락에서 알고리즘을 개발하는 것을 이해할 수 있을지, 그리고 굳이 이와 같이 지도하여야 할지는 많은 검토가 필요하다.

각각의 맥락에 따라서 알고리즘을 개발하는 과정을 모두 지도하기보다는 초등학교 6학년 수준에서는 맥락을 고려하지 않고 분수의 나눗셈을 분수의 곱셈의 역연산으로 형식적으로 도입하고 이어서 분수 나눗셈 알고리즘을 활용한다는 관점에서 여러 맥락에 적용하여 문제를 해결해 보게 하는 것이 효율적일 수도 있다. 2009 개정 교육과정에서는 포함제로만 분수 나눗셈을 지도하는 한계가 있었는데, 2015 개정 교육과정에서는 국정과 검정 교과서 모두 포함제, 배, 단위비율 결정, 직사각형 넓이 등 다양한 상황을 다루었다는 장점이 있지만 그만큼 알고리즘 개발 과정은 복잡하고 험난해서, 분수, 더 나아가서 수학은 어렵다는 부정적 인식을 심화시킬 수도 있을 것이다.

5) 대분수 또는 가분수의 나눗셈

대분수나 가분수의 나눗셈은 지금까지의 방법을 적용해서 지도할 수 있다. 다만 이 경우는 곱셈에서와 마찬가지로 대분수를 가분수로 고쳐서 해결해야 하기 때문에 계산 과정이 조금 더 복잡해지게 되므로 어느 정도 충분한 연습의 기회를 제공하여야 할 것이다.

6) 분수 나눗셈의 몫의 의미

등분제나 배의 상황에서는 분수 나눗셈의 결과가 분수가 된다. 일반적으로 분수의 나눗셈은 분수이다. 그러나 포함제의 경우는 몫이 0 또는 자연수가 되고 남는 양이 있을 수 있다. 그러므로 포함제의 경우 동수누감으로 문제를 해결하지 않고 분수 나눗셈 계산을 했을 때 나온 몫에 대해서 오개념을 가질 수 있다.

2009 개정 6학년 1학기 교과서에 수록되었던 다음 문제를 살펴보자(교육부 2015a, 56쪽).

> 보미는 어머니께서 만드신 $6\frac{1}{4}$ L만큼의 과일주스를 $1\frac{1}{2}$ L씩 1 L 용기에 나누어 담아서 이웃에게 선물하려고 합니다. 1 L 용기는 모두 몇 통 필요합니까?

교사용 지도서(교육부, 2015b, 168쪽)에는 다음과 같이 설명하고 있다.

$$6\frac{1}{4} \div 1\frac{1}{2} = \frac{25}{4} \div \frac{3}{2} = \frac{25}{4} \times \frac{2}{3} = \frac{25}{6} = 4\frac{1}{6}$$

한 사람에게 2통을 주어야 하므로 4명에게 줄 8통과 남은 $\frac{1}{6}$을 담을 수 있는 1통이 더 필요하여 모두 9통이 필요합니다.

여기서 '남은 $\frac{1}{6}$'이 무엇을 의미하는지가 문제이다. '남은'을 남아 있는 주스의 양으로 이해하면 그것은 잘못이다. 그리고 남아 있는 주스의 양이 아니라면 '남은 $\frac{1}{6}$을 담을 수 있는 통'이 1개라는 것을 어떻게 알 수 있는가 하는 문제가 생긴다.

포함제에서는 나눗셈의 몫 $4\frac{1}{6}$에서 자연수인 4는 나누는 양인 $1\frac{1}{2}$ L를 4번 뺀다는 것, 즉 4명에게 줄 수 있다는 것을 의미한다. 그러나 $\frac{1}{6}$은 남아 있는 주스의 양이 아니며 $\frac{1}{6}$ L를 의미하는 것도 아니라, 나누는 수인 $1\frac{1}{2}$의 $\frac{1}{6}$을 의미한다. 그러므로 남아 있는 주스의 양은 $1\frac{1}{2} \times \frac{1}{6} = \frac{1}{4}$(L), 또는 4명에게 나누어 준 양 즉 $1\frac{1}{2} \times 4 = 6$(L)를 제외한 $\frac{1}{4}$ L이다. 그러므로 남은 $\frac{1}{4}$ L를 담을 통이 하나 더 필요한 것이다.

만약 전체가 $6\frac{1}{4}$ L가 아니라, $7\frac{1}{4}$ L의 과일주스를 나누어주는 문제라고 생각하자. 이 때는 나눗셈을 하면 다음과 같다.

$$7\frac{1}{4} \div 1\frac{1}{2} = \frac{29}{4} \div \frac{3}{2} = \frac{29}{4} \times \frac{2}{3} = \frac{29}{6} = 4\frac{5}{6}$$

그러므로 2통씩 4명에게 줄 통 8개가 필요하고, $1\frac{1}{2}$ L의 $\frac{5}{6}$배, 즉 $1\frac{1}{2} \times \frac{5}{6} = \frac{3}{2} \times \frac{5}{6} = \frac{5}{4} = 1\frac{1}{4}$(L)의 주스가 남게 된다. 그러므로 남는 주스를 담을 1 L 용기가 2통 더 필요하게 된다.

분수의 나눗셈이 단순히 계산만 하는 문제라면 몫을 구하는 것은 그리 어렵지 않다. 그러나 어떤 맥락이 있는 문제라면, 특히 포함제라면 나눗셈의 몫을 잘 해석해 낼 필요가 있다.

6장

소수와 그 연산

1. 관련 이론

2. 소수와 그 연산의 지도

6장

소수와 그 연산

생각할 문제

이 단원을 학습하기 전에 다음 문제를 생각해 봅시다.

1 소수는 언제 필요할까?

2 소수는 어떻게 만들어졌을까?

3 자연수인 345는 '삼백사십오'와 같이 읽는데, 소수인 0.234는 왜 '영점이삼사'와 같이 자리의 이름을 사용하지 않고 읽을까?

4 소수의 나눗셈을 할 때 다음 그림과 같이 나누는 수와 나누어지는 수의 소수점의 위치를 똑같이 오른쪽으로 옮겨서 계산한다. 그 이유는 무엇일까?

```
                                          2.5
2.5)6.25   ⇨   2.5)6.25   ⇨   25)62.5
                                    50
                                    125
                                    125
                                      0
```

5 소수의 나눗셈을 할 때 몫에 소수점은 언제 표시하는가?

1 관련 이론

가. 소수 개념의 발달

고대 바빌로니아 사람들은 60진법에 기반한 위치적 기수법을 사용하면서 1보다 작은 자리에 있는 숫자는 분모가 60의 거듭제곱인 수를 나타내었는데 이것은 현재의 소수와 비슷한 개념이라고 할 수 있다. 우리가 사용하는 도(°), 분(′), 초(″)는 60진법으로 표현하였을 때 1보다 작은 자리의 자릿값 이름이다. 도, 분, 초 이름은 고대 그리스어에서 비롯되었으며, 이를 나타내는 기호는 현대에 만들어졌다. 이에 앞서 르네상스 시대에는 다양한 기호가 사용되었는데, 예를 들어 펠레티에(Peletier, 1571)는 분을 m͠ 이나 1͠ 을, 초를 2͠ 와 같이 나타내었다(Smith, 1958b, p.232, p.235).

십진분수에 대한 관념은 제곱근의 근삿값을 구할 필요를 느끼면서 서서히 발생하였다. 예를 들어 $\sqrt{3}=\dfrac{\sqrt{30000}}{100}=\dfrac{\sqrt{3000000}}{1000}$과 같이, 어떤 수의 제곱근은 그 수의 뒤에 $2n$ 개의 0을 덧붙여서 그 제곱근의 근삿값을 분자로 하고, 1 뒤에 0이 n개 붙은 수를 분모로 하는 분수와 같다는 사실을 알게 되면서,[19] 제곱근을 소수점 이하로 십진법적 전개를 시작하게 되었다. 아담 리제(Adam Riese)의 1522년 저서에 등장하는 〈그림 6-1〉은 그런 과정을 거쳐서 구한 제곱근의 근삿값이다(Smith, 1958b, p.237).

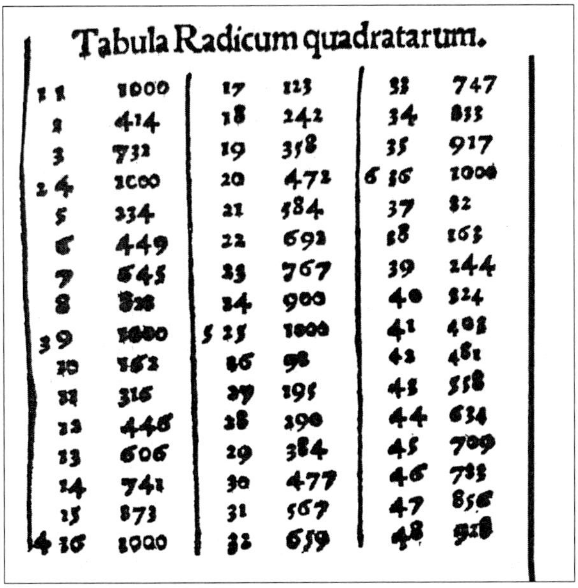
Tabula Radicum quadratarum.

1 1	1000	17	123		33	747
2	414	18	242		34	833
3	732	19	358		35	917
2 4	2000	20	472	6	36	1000
5	234	21	584		37	82
6	449	22	692		38	163
7	645	23	767		39	244
8	828	24	900		40	324
3 9	1000	5 25	1000		41	403
10	162	26	98		42	481
11	316	27	195		43	558
12	446	28	290		44	634
13	606	29	384		45	709
14	741	30	477		46	783
15	873	31	567		47	856
4 16	1000	32	659		48	928

그림 6-1 소수로 가는 초기 단계(1522)

이미 이 이전에 아라비아 수학자 알카시(Al-Kashi, 1424?)는 원주율을 소수점 이하 14자리까지 구하였는데 이를 다음과 같이 나타내었다.

정수
3 14159265358987 32

19) 이러한 규칙은 이미 인도인이나 아라비아인들, 12세기의 히스팔렌시스(Johannes Hispalensis) 등이 알고 있었다(Smith, 1958b, p.236).

이것은 정수 부분과 정수가 아닌 부분을 구별하는 것이다. 펠로스(Pellos, 1492)가 인쇄된 책에서 처음으로 정수와 소수 부분을 분리하는 데 마침표(.)를 사용하였지만 소수점의 중요성을 인식하지는 못하였다(Smith, 1958b, p.242). 루돌프(Rudolff)가 1530년에 〈그림 6-2〉에서와 같이 우리가 사용하는 소수점의 기호 대신 세로선(|)을 사용하여 복리 문제를 해결하였으며, 이러한 표현을 사용하여 계산까지 하였다.[20] 루돌프 외에도 카르다노(Cardan, 1539), 칸타네오(Cataneo, 1546) 등이 정수와 정수 아닌 부분을 구분하기 위해 세로선을 사용하였다.

소수 발명의 공로는 스테빈(Stevin)에게로 돌아간다. 스테빈은 1585년에 발표한 그의 논문에서 $27\frac{847}{1000}$을 27⓪8①4②7③로, $37\frac{675}{1000}$을 37⓪6①7②5③로 표시하고 〈그림 6-3〉과 같이 소수의 계산을 하고 있다. 스테빈은 소수 계산을 위한 규칙을 명확하게 정한 최초의 사람이다. 다만 스테빈이 만든 기호는 사용하기 적합하지 않다.

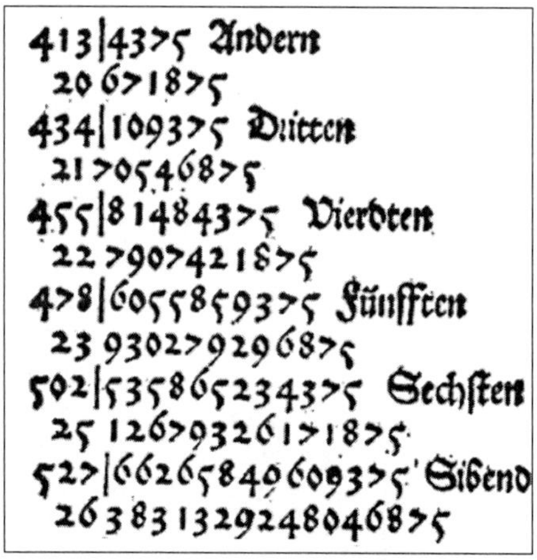

그림 6-2 Smith(1958b, p.241)

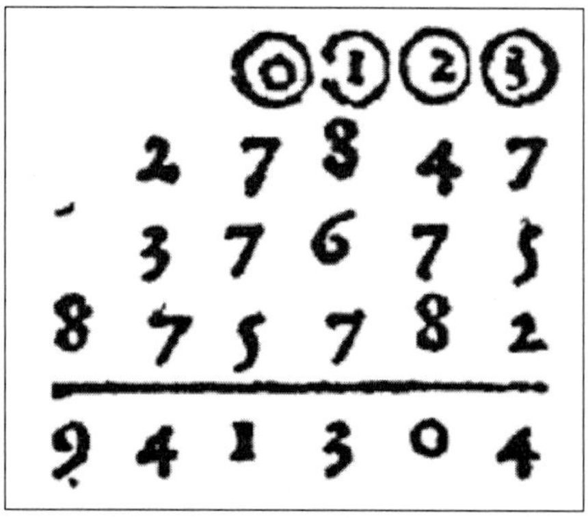

그림 6-3 Smith(1958b, p.243)

소수점 기호로 뷔르기(Bürgi, 1592)는 마침표(.)와 쉼표(,)를 모두 사용하였으며, 141.4를 141̥4와 같이 쓰기도 하였는데, 소수를 표현하는 가장 좋은 방법을 정확히는 알지 못한 것으로 보인다(Smith, 1958b, p.242). 네이피어(Napier, 1617)는 1617년에 출판된 그의 저서에서 마침표나 쉼표를 사용할 것을 권고하였고 1993.273을 1993,273과 1993,2′7″3‴와 같이 나타낸 것처럼 소수점으로 쉼표를 사용하였다(Smith, 1958b, p.244; Cajori, 1993,

20) Smith는 루돌프가 세로선(|)을 사용하여 이런 수를 표기했고 이런 형태로 정확하게 계산하는 방법을 알고 있었기 때문에 십진분수(소수)의 발명자라고 불릴 만하다고 하지만, 그의 업적은 높이 평가되지도 않았고 이해되지도 않았다고 말한다(Smith, 1958b, p.240).

p.215; NCTM, 1993, p.98).[21] 그러나 네이피어 이전과 이후에도 세로선(루돌프, 카르다노 등), 쉼표, 마침표, $12\lfloor\underline{345}$ (오우트레드, 1631), 콜론(:)과 같은 기호(발람, Richard Balam, 1653) 또는 23_{45}, $128,\underline{57}$, $32.\underline{466}$ 과 같이 혼합된 기호들이 사용되었다(Cajori, 1993, p.195; Smith, 1958b, p.246). 지금도 우리나라나 미국, 영국 등에서는 마침표(.)를 사용하지만 프랑스나 독일, 남미에서는 소수점의 기호로 쉼표(,)를 사용하고 있다.

이와 같이 서양에서 발달한 소수는 십진분수를 분수가 아닌 다른 형태로 표현한 것임을 알 수 있다. 그러나 동양에서는 이와 달리 1보다 작은 수라는 의미에서 발생하였다. 즉, 일이 열 개 모이면 십이고 십이 열이면 백인 것처럼, 열 개 모여서 하나가 되는 수를 생각한 것이다. 이러한 생각은 십진기수법의 원리를 1보다 작은 수로 확장하여 적용한 것이라고 할 수 있다. 정대위는 산법통종(1593)에서 소수의 이름을 〈그림 6-4〉와 같이 정리하였다.

10^{-1}	분(分)	10^{-2}	리(理)	10^{-3}	모(毛)	10^{-4}	사(絲)
10^{-5}	홀(忽)	10^{-6}	미(微)	10^{-7}	섬(纖)	10^{-8}	사(沙)
10^{-9}	진(塵)	10^{-10}	애(埃)	10^{-11}	묘(渺)	10^{-12}	막(漠)
10^{-13}	모호(模糊)	10^{-14}	준순(逡巡)	10^{-15}	수유(須臾)	10^{-16}	순식(瞬息)
10^{-17}	탄지(彈指)	10^{-18}	찰나(刹那)	10^{-19}	육덕(六德)	10^{-20}	허(虛)
10^{-21}	공(空)	10^{-22}	청(淸)	10^{-23}	정(淨)		

그림 6-4 소수의 이름

우리나라에서는 한때 일제 식민지 시대의 영향을 받아 0.1을 **할**, 0.01을 **푼**, 0.001을 **리**라고 하였으며, 야구 선수들의 타율을 나타내거나 돈을 빌려줄 때의 이율로 할푼리를 사용했었다. 할푼리는 소수의 자리 이름이라기보다는 비율을 의미하는 것이지만(박교식, 2010, 407쪽), 전통적인 소수의 자리 이름과 혼동을 초래하여 이제는 더 이상 할푼리라는 이름을 사용하지 않는다. 심지어는 소수의 자리 이름도 사용하지 않는다. 그러나 조선시대 산학서(장혜원, 2006, 44-46쪽)의 기록을 보거나, 우리가 '충분히 이해했다'는 뜻으로 '십분(十分) 이해했다'고 말한다거나 '운칠기삼'(운이 7푼 기가 3푼)이라고 말하고 있는 것을 봐서 분(分)이 $\frac{1}{10}$을 나타내는 용어임은 분명하다.

---

21) 네이피어는 "마침표 다음에 쓰인 것은 모두 분수이다."라고 기술하였다(Burton, 2011, p.350). 네이피어가 소수점 기호를 사용한 것은 로그의 발명에 큰 영향을 받은 것이다.

나. 소수의 의미

소수는 분모가 10의 거듭제곱인 분수로 이해되기 때문에 십진분수가 가지게 되는 의미가 곧 소수의 의미가 된다. 즉, 소수는 다음과 같이 등분할 소수, 몫 소수, 비율 소수, 연산자 소수, 양 소수 등의 의미를 가진다.

첫째, **등분할 소수**는 1에 해당하는 전체를 10등분, 100등분, 1000등분 한 것 중의 몇 개를 의미한다. 전체를 10등분한 것 중에서 2개를 취하면 0.2이고, 100등분한 것 중에서 25개를 취하면 0.25이다. 다만, 이런 관점에서는 전체를 10등분하는 것과 100등분하는 것은 별개의 분리된 등분할로 처리되는 문제가 있다.

둘째, $5 \div 4 = 1.25$로 나타내기도 하는데, 이러한 나눗셈의 몫을 나타내는 소수를 **몫 소수**라고 한다.

셋째, 비율을 나타내기 위해 사용하는 소수를 **비율 소수**라고 한다. 비율 분수와 마찬가지로 비율 소수도 정해진 크기를 가지는 것이 아니라 둘 사이의 관계를 나타낸다.

넷째, 소수 a를 실수 x에 대하여 실수 $x \times a$를 대응시키는 함수로 이해하면 소수는 **연산자(작용소) 소수**가 된다. '...의 0.3배'와 같은 표현으로 사용된다.

다섯째, 단위(1)보다 작은 양을 측정하는 측정수로서의 소수는 **양 소수**이다. 분수가 측정 활동에서 발생하였으며 자투리를 측정하기 위해 단위를 등분할하여 나온 개념인 것과 마찬가지로, 단위를 10등분하고 필요하면 다시 또 10등분하곤 하면서 생성된 보조단위로 측정하는 과정에서 나온 수이다. 이와 같이 보조단위가 생성되면서 무한소수도 만들어지게 된다.

그런데, 소수가 분수의 다른 표현으로 이해되기는 하지만 분수에는 없는, 소수만이 가지는 본질적인 특성이 있다. 즉, 소수는 자연수의 표기 원칙인 십진기수법을 소수점 아래까지 확장하여 완성시킨 기호 체계이다(우정호, 변희연, 2005, 289쪽). 소수는 십진분수를 달리 표현한 것이기는 하지만 십진 위치적 기수법을 적용시킨 것이라는 특징을 가지고 있다. 그래서 자연수와 마찬가지로 왼쪽으로 한 자리 이동하면 자릿값은 10배로 커지고 오른쪽으로 한 자리 이동하면 자릿값은 $\frac{1}{10}$로 작아진다.

다. 수체계와 소수

소수는 일차적으로 십진분수를 다르게 표현한 것이므로 분수와 소수를 동일한 것으로 생각하는 경우가 있다. 그래서 소수를 분수로 고치게 되지만 모든 소수를 분수로 고칠 수 있는 것은 아니며 분수를 소수로 고치는 경우에도 무한소수가 나타나서 초등학교 아동들은 당황하게 되는 경우도 있다.

유한소수는 0.5, 0.37과 같이 소수점 아래에 0이 아닌 숫자가 유한 개인 소수이다. 분수를 기약분수로 고친 후에 분모의 소인수가 2나 5뿐인 경우 이 분수를 소수로 고치면 유한소수가 된다.

분수를 기약분수로 고친 후 분모에 2나 5 이외의 다른 소인수가 있으면 그 분수를 소수로 고쳤을 때 일정 자리 이후부터 같은 수 또는 같은 마디가 계속 반복되는 **무한소수**가 된다. 예를 들어 $\frac{1}{3}=0.3333\ldots$, $\frac{5}{3\times7}=0.238095238095\ldots$이므로 $\frac{1}{3}$이나 $\frac{5}{3\times7}$은 소수로 고치면 무한소수가 된다. 이와 같이 소수점 이하의 모든 수가 반복되는 경우 순순환소수라고 하고, 반복되지 않는 수가 있을 경우 이를 혼순환소수라고 한다. 예를 들어 $\frac{5}{2\times3}=0.83333\ldots$에서는 8은 반복되지 않고 3은 반복되므로 이는 혼순환소수이다.

모든 분수는 소수로 고치면 유한소수거나 순환소수이다. 그러나 유한소수도 아니며 순환소수도 아닌 소수가 존재한다. 예를 들어 원주율 π는 3.141592653589793...과 같이 무한소수이지만 순환하는 마디를 찾을 수 없다. 우리가 알고 있는 $\sqrt{2}$, $\sqrt{3}$, e, $\log 2$ 등은 모두 순환하지 않는 비순환소수인데, 비순환 무한소수는 분수로 나타낼 수 없다.

분수는 분자와 분모의 비율로 해석되기도 한다. 그러므로 분수로 나타낼 수 있는 수를 비로 나타낼 수 있다는 의미에서 **유리수**라고 하고, 분수로 나타낼 수 없는 수를 **무리수**라고 한다. 따라서 수의 체계를 다음 〈그림 6-5〉와 같이 나타낼 수 있다.

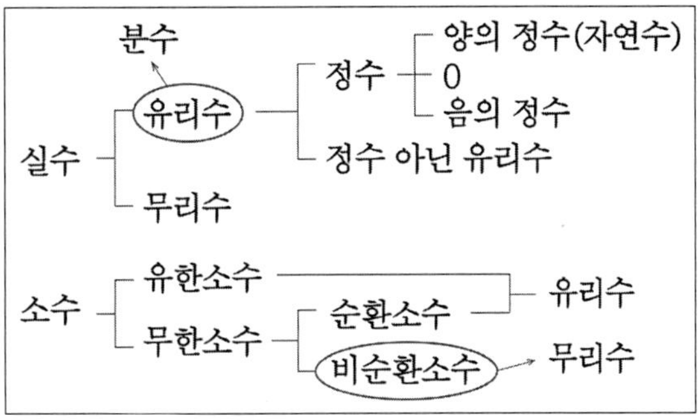

그림 6-5 수체계

2 소수와 그 연산의 지도

3-4학년군에서 분모가 10인 진분수와 연결하여 소수 한 자리 수를 도입하고, 자릿값의 원리를 바탕으로 소수 두 자리 수와 소수 세 자리 수를 도입한다. 소수를 읽고 쓸 수 있으며 소수의 크기를 비교하고 크기를 비교하는 방법을 설명하게 한다. 5-6학년군에서는 분수와 소수의 관계를 이해하고 크기를 비교하며 크기를 비교하는 방법을 설명하게 한다.

소수의 연산과 관련해서는, 3-4학년군에서 소수 두 자리 수 범위에서 소수의 덧셈과 뺄셈의 계산을 다루는데, 계산 원리를 이해하는 수준에서 간단히 다루도록 하고 있다. 5-6학년군에서는 소수의 곱셈 원리와 나눗셈의 계산 원리를 탐구하도록 하며, 소수의 곱셈과 나눗셈에서 어림셈의 필요성과 유용성을 알게 할 것을 강조한다. 또한 (자연수)÷(자연수)에서 몫을 소수로 나타내도록 하고 있다. 복잡한 계산은 계산기 사용을 허용한다.

표 6-1 소수와 그 연산 내용 체계(교육부, 2022)

<table>
<tr><td>핵심 아이디어</td><td colspan="3">• 사물의 양은 자연수, 분수, 소수 등으로 표현되며, 수는 자연수에서 정수, 유리수, 실수로 확장된다.
• 사칙계산은 자연수에 대해 정의되며 정수, 유리수, 실수의 사칙계산으로 확장되고 이때 연산의 성질이 일관되게 성립한다.
• 수와 사칙계산은 수학 학습의 기본이 되며, 실생활 문제를 포함한 다양한 문제를 해결하는 데 유용하게 활용된다.</td></tr>
<tr><td rowspan="2">구분 / 범주</td><td colspan="3">내용 요소</td></tr>
<tr><td>1~2학년</td><td>3~4학년</td><td>5~6학년</td></tr>
<tr><td>지식·이해</td><td></td><td>• 소수
• 소수의 덧셈과 뺄셈</td><td>• 소수의 곱셈과 나눗셈</td></tr>
<tr><td>과정·기능</td><td colspan="3">• 자연수, 분수, 소수 등 수 관련 개념과 원리를 탐구하기
• 자연수, 분수, 소수의 크기를 비교하고 그 방법을 설명하기
• 수 감각과 연산 감각 기르기
• 연산 사이의 관계, 분수와 소수의 관계를 탐구하기
• 자연수, 분수, 소수, 사칙계산을 실생활 및 타 교과와 연결하여 문제해결하기</td></tr>
<tr><td>가치·태도</td><td colspan="3">• 자연수, 분수, 소수의 필요성 인식
• 사칙계산, 어림의 유용성 인식
• 수와 연산 관련 문제해결에서 비판적으로 사고하는 태도</td></tr>
</table>

가. 소수의 정의

일반적으로 교과서에서 소수를 다음과 같이 도입한다. 우선, 3학년 1학기에서 〈그림 6-6〉과 같이 1 cm보다 짧은 토핑의 길이를 좀 더 정확하게 측정하기 위해 1 cm를 10등분하여 분수로 나타내게 하고, 이어서 다른 표현 방법을 이야기해 보게 한다.

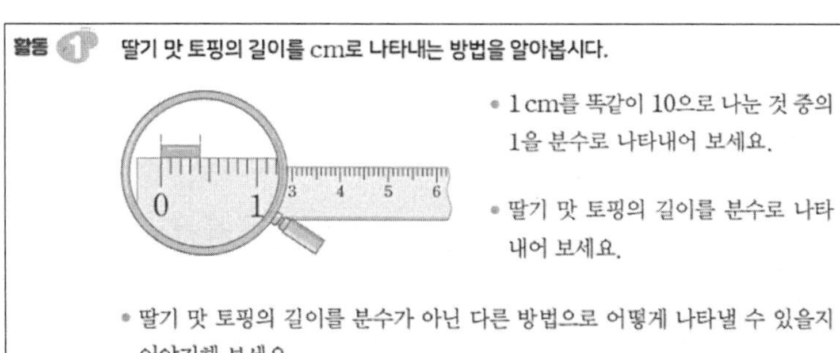

그림 6-6 소수의 도입(강문봉 외, 2025a, 138쪽)

이어서 〈그림 6-7〉과 같이 소수를 정의하고, 쓰는 법과 읽는 법을 설명한다. 이어서 3.4와 같이 1보다 큰 대소수를 정의한다.

약속

$\frac{1}{10}$, $\frac{2}{10}$, $\frac{3}{10}$, …, $\frac{9}{10}$를 0.1, 0.2, 0.3, …, 0.9라 쓰고 영 점 일, 영 점 이, 영 점 삼, …, 영 점 구라고 읽습니다.
0.1, 0.2, 0.3과 같은 수를 소수라 하고, '.'을 소수점이라고 합니다.

그림 6-7 소수의 정의(강문봉 외, 2025a, 138쪽)

4학년 2학기에서는 〈그림 6-8〉과 같이 1 cm=$\frac{1}{100}$ m를 이용하여 $\frac{1}{100}$을 0.01로 나타내고, 이어서 $\frac{74}{100}$은 $\frac{1}{100}$이 74개이므로 0.74로 나타낼 수 있다고 기술하고 있다. 또한 0.74는 0.01이 74개이면서 0.1이 7개, 0.01이 4개인 수임을 지도하고 있다.

약속

분수 $\frac{1}{100}$은 소수로 0.01이라 쓰고, 영 점 영일이라고 읽습니다.

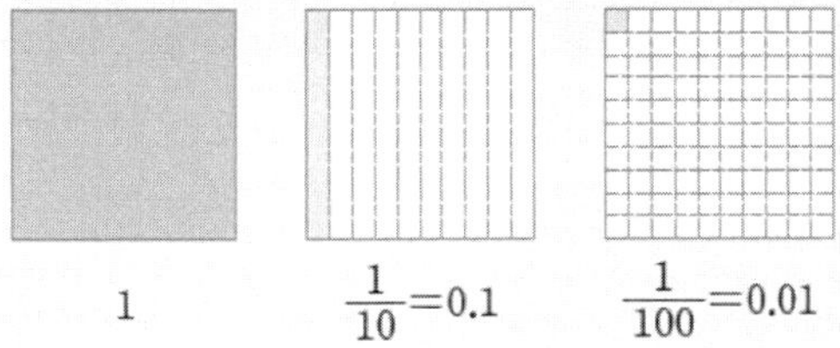

그림 6-8 소수의 정의(강문봉 외, 2025g, 56쪽)

이와 같은 전개 방식은 우리나라 교과서에서 소수를 지도하는 전통적인 방식이다. 그러나 이런 방식으로 지도하는 것은 부자연스러운 면이 있다. 0.1을 지도하기 위해서 1을 10등분했었는데 0.01을 지도하려면 앞서 10등분한 것은 무시하고 처음부터 1을 100등분해야 한다. 보통, 0.1을 지도하기 위해서 자연수 지도에서 사용하였던 십 모형을 1로 보고, 그것을 10등분한 하나를 0.1이라고 지도한다. 그러다가 0.01을 지도하려면 자연수 지도에서 사용하였던 백 모형을 1로 보고 거기서 0.01을 지도한다. 처음부터 백 모형을 1로 본다면 이것을 10등분한 0.1을 설명하는 것이 부적절하다. 게다가 0.001을 지도하려면 다시 다른 모형을 1이라고 간주해야 한다.

이러한 방법에 기초한 소수의 정의는 소수를 0.1, 0.01 등의 단위소수가 몇 개인가 하는 것과 같이 자연수처럼 인식하게 하여 소수에 쉽게 접근하게 할 수는 있으나 자연수에 대한 이해가 소수 개념을 형성하는 데 장애 요인으로 작용하기도 한다. 예를 들어 다음과 같은 오개념이나 문제를 형성하기 쉽다.

첫째, 5와 6 사이에 자연수가 존재하지 않듯이 0.5와 0.6 사이에는 수가 없다고 생각한다.

둘째, 0.9 다음의 소수를 0.10이라고 잘못 생각할 수 있다. 혹은 0.1이 13개이면 0.13이라고 잘못 생각할 수 있다.

셋째, 0.3=0.30과 같은 소수의 이중 표기를 이해하기 어렵다.

넷째, 0.37=0.3+0.07을 이해하기 어렵다.

다섯째, 2.5보다 2.45가 더 크다고 생각할 수 있다.

여섯째, 소수의 나눗셈을 하기 위해서는 소수를 자연수로 변환하여 자연수의 나눗셈을 이용하여 지도해야 한다. 이때 나누어떨어지지 않게 되면 복잡한 문제가 발생하게 된다.

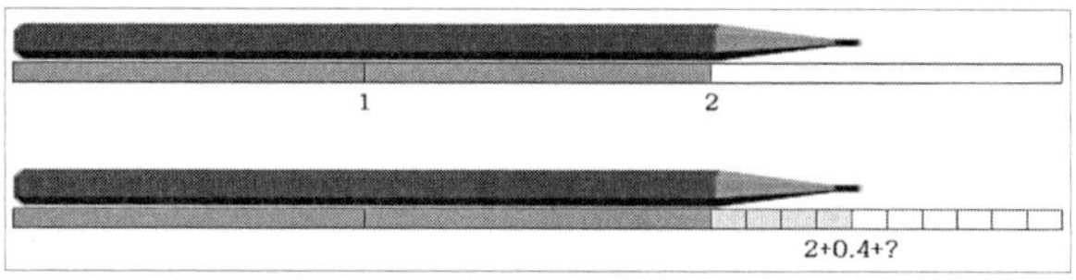

그림 6-9 측정을 통한 소수의 정의

소수를 정의하는 다른 방법을 생각해 보자. 소수를 다음과 같이 측정 과정에서 발생하는 것으로 정의할 수 있다. 〈그림 6-9〉와 같이 연필의 길이를 재어보자. 어떤 단위를 가지고 측정을 했더니 단위가 2개이고 자투리가 생겼다. 여기서 대략적으로 '연필은 단위가 둘 반'이라고 말할 수 있으나 좀 더 정확히 측정하기 위해서는 단위를 세분하여 더 작은 단위를 만들어야 한다. 세분하는 방법은 2등분, 3등분 등과 같이 다양하다. 그러나 십진기수법을 사용하고 있는 상황에서는 10등분이 자연스럽다. 처음의 단위를 10등분하고 10등분한 작은 단위 하나를 0.1이라고 정의한다. 이제 새로운 단위를 이용하여 연필의 길이를 측정하면 연필의 길이는 '2 단위'에서 좀 더 정확하게 측정되어 '2.4 단위'가 된다.

아직도 자투리가 남아 있다면 0.1을 다시 10등분하여 더 작은 단위인 0.01을, 그리고 0.01을 10등분하여 더 작은 단위인 0.001을 정의하게 된다. 이렇게 필요한 만큼 계속해서 새로운 작은 단위를 만들어 낼 수 있다.[22)]

---

22) 우정호, 변희현(2005, 299쪽)은 소수 개념 도입시 분수의 다른 이름이 아닌 측정수로서의 소수의 본질과 그 의미를 보다 분명하고 적극적으로 다루어야 하며, 이를 위해 단위의 세분에 의한 실제적인 측정 과정에 대응하는 측정수로 도입할 것을 주장한다.

이렇게 소수를 정의하면 백, 십, 일, 0.1, 0.01 등의 자릿값의 변화가 오른쪽으로는 $\frac{1}{10}$배, 왼쪽으로는 10배임을 쉽게 이해하게 된다. 뿐만 아니라 0.23은 $\frac{23}{100}$ 또는 0.01이 23개 있는 것이 아니라 일차적으로는 0.23을 0.1이 2개이고 0.01이 3개(즉, 0.2+0.03)인 것으로 이해하게 된다. 또한 0.2와 0.3 사이에 0.1이라는 단위보다 더 작은 단위로 측정할 수 있는 어떤 양이 존재함을 알게 된다. 무엇보다도 왜 갑자기 100등분 또는 1000등분을 해야 하는지와 같은 의문이 생기지 않고 자연스럽게 소수를 도입하게 되며, 무한소수로까지 확장할 수 있게 된다. 또한 소수의 나눗셈을 자연수의 나눗셈으로 환원하지 않고도 소수의 나눗셈을 지도할 수 있는 장점이 있다.

2015 개정의 한 검정 교과서에서는 조심스럽게 이러한 시도를 한 것처럼 보인다. 다음 〈그림 6-10〉, 〈그림 6-11〉과 같이 0.01을 정의할 때 0.1을 똑같이 10칸으로 나누고, 0.001을 정의할 때는 0.01을 똑같이 10칸으로 나누는 생각을 하고 있다.

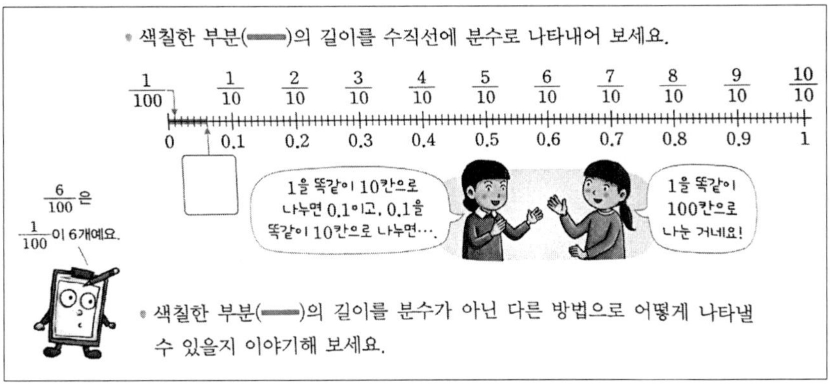

그림 6-10 0.1의 10등분(정영옥 외, 2022, 54쪽)

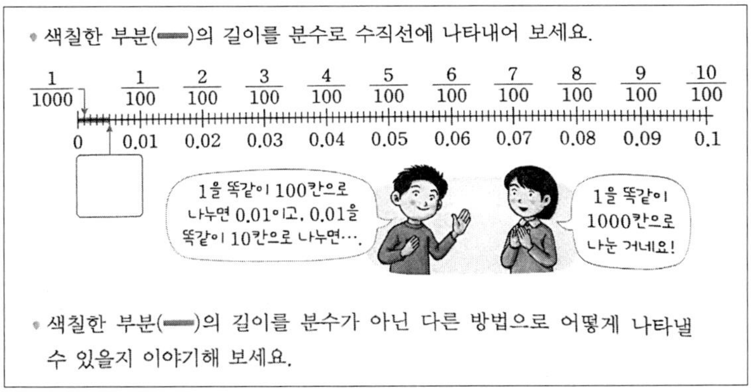

그림 6-11 0.1의 10등분(정영옥 외, 2022, 58쪽)

나. 소수의 크기 비교

소수의 크기 비교는 소수를 분수로 고쳐서 할 수 있다. 그러나 소수가 위치적 기수법을 따르고 있으므로 이를 이용하는 것이 훨씬 편리하다. 소수의 크기를 비교하려면 〈그림 6-12〉에서와 같이 먼저 자연수 부분을 비교하고, 이어서 소수 첫째 자리의 수를 비교하고, 다음에는 소수 둘째 자리의 수를 비교하는 식으로 진행한다.

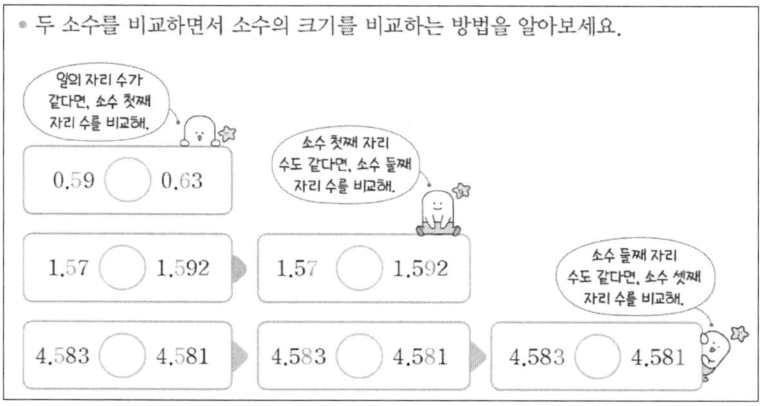

그림 6-12 소수의 크기 비교 방법(강문봉 외, 2025g, 65쪽)

소수의 크기를 비교할 때 실수하기 쉬운 경우는 0.4와 0.25의 크기를 비교하는 것과 같은 경우이다. 이때 0.1 또는 0.01이 몇 개인지를 살펴보지 않고 단순히 4와 25를 비교하여 $0.4<0.25$와 같이 생각하는 오류를 범할 수 있으므로 이에 대한 지도가 필요하다.

다. 소수의 덧셈과 뺄셈

소수는 십진분수를 다른 형태로 나타낸 것이기 때문에 소수의 계산을 하려면 분수로 고쳐서 생각하면 된다. 그러나 보다 빨리 편하게 계산하기 위해서는 소수 자체의 계산 방법을 알아두면 좋다. 소수의 덧셈과 뺄셈 방법을 지도하는 것은 어렵지 않다. 예를 들어 0.3+0.4를 계산해 보자.

방법 1 단위 변환

단위를 변환하여 소수가 없는 자연수의 덧셈과 뺄셈 문제로 변형해 보는 방법이 있다. 즉 '0.3 cm와 0.4 cm를 합하면 몇 cm인가?'와 같은 문제를 단위를 변환하여 소수가 없는 문제로 변형한다. 그러면 '3 mm와 4 mm를 합하면 몇 mm인가?' 하는 문제가 되고 이 경우 자연수의 덧셈으로 환원된다. 3+4=7(mm)이므로, mm를 cm로 고치면 0.3+0.4= 0.7이 된다.

소수 두 자리 수의 덧셈이나 뺄셈도 마찬가지 방법으로 해결된다. 그러나 0.3+0.27과 같은 계산은 약간 복잡해진다. 이 경우 '0.3 m와 0.27 m의 노끈을 합하면 몇 m인가?'와 같은 문제를 생각할 수 있다. 이 문제에서 m를 cm로 변환하면 '30 cm와 27 cm의 노끈을 합하면 몇 cm인가?' 라는 문제가 된다. 이제 cm를 m로 환원하면 0.3+0.27=0.30+0.27=0.57과 같이 된다.

이런 계산 결과를 바탕으로 하여 '소수의 덧셈 또는 뺄셈은 소수점의 자리를 맞춰서 계산한다.'라는 알고리즘을 얻게 된다.

방법 2　단위소수의 개수 이용

단위소수의 개수를 생각하면 자연수의 덧셈과 뺄셈 문제로 환원할 수 있다.

0.3은 0.1이 3개, 0.4는 0.1이 4개 있으므로 0.3+0.4는 0.1이 7개이다. 즉 0.7이다. 그러므로 0.3+0.4=0.7이다.

이번에는 0.3+0.27을 계산해 보자.

0.3은 0.1이 3개이고 0.27은 0.1이 2개이고 0.01이 7개이다. 그러므로 이것을 합하면 0.1이 5개이고 0.01이 7개가 된다. 즉, 0.57이다. 이것을 덧셈식으로 나타내면

0.3+0.27=0.57.

단위소수를 달리 생각하면 0.3은 0.1이 3개이고 0.27은 0.01이 27개이다. 이 경우 단위가 다르므로 계산할 수 없다. 단위를 같게 하기 위해서는 0.3은 0.30으로 생각하여 0.01이 30개인 것으로 이해해야 한다. 그러면 0.01이 30+27=57(개)가 되어 0.3+0.27=0.57이다.

어느 경우든 〈그림 6-13〉과 같이 소수점의 자리를 맞춰서 계산해야 함을 알 수 있다.

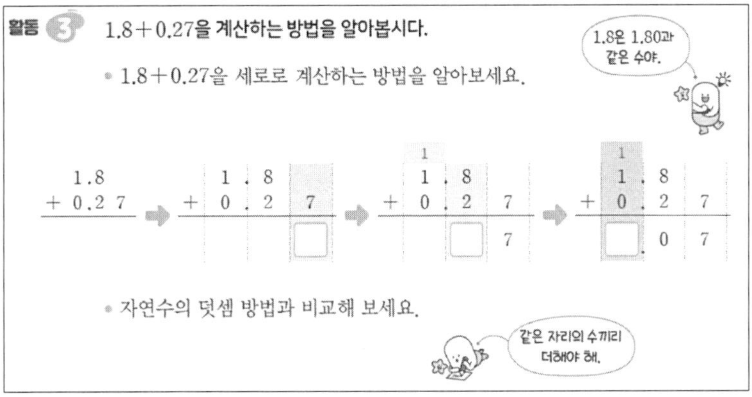

그림 6-13　소수 덧셈의 세로 계산 방법(강문봉 외, 2025g, 71쪽)

방법 3 분수로 변환

가장 원론적인 방법으로 소수를 분수로 고쳐서 계산할 수 있다. 즉

$$0.3+0.4=\frac{3}{10}+\frac{4}{10}=\frac{7}{10}=0.7$$

$$0.4-0.13=\frac{4}{10}-\frac{13}{100}=\frac{40}{100}-\frac{13}{100}=\frac{40-13}{100}=\frac{27}{100}=0.27$$

이러한 과정을 거쳐서 소수의 덧셈이나 뺄셈은 소수점의 자리를 맞춰서 계산한다는 사실을 알 수 있다.

라. 소수의 곱셈

소수의 곱셈 중에서 (소수)×(자연수)는 다음과 같이 동수누가를 이용하거나 소수를 분수로 고쳐서 해결하면 계산 방법을 쉽게 찾을 수 있다.

$$0.3\times4=0.3+0.3+0.3+0.3=1.2$$

$$0.3\times4=\frac{3}{10}\times4=\frac{12}{10}=1.2$$

그러나 자연수에 소수를 또는 소수에 소수를 곱하는 경우에는 동수누가가 적용되지 않기 때문에, 직사각형의 넓이를 이용하거나 소수를 분수로 고쳐서 곱셈 방법을 탐구해야 한다.

0.6×0.4를 다음과 같이 직사각형의 넓이를 이용하여 구해보자. 먼저 한 변이 1 m인 정사각형을 그린다(편의상 모눈종이에 한 변이 10 cm인 정사각형을 그리고 이를 한 변이 1 m인 정사각형이라고 생각할 수 있다). 이제 〈그림 6-14〉와 같이 가로가 0.6 m, 세로가 0.4 m인 직사각형을 그린다. 이 직사각형은 가장 작은 정사각형 24개($6\times4=24$)로 이루어져 있으며, 가장 작은 정사각형은 1 m^2인 정사각형을 100등분한 하나이므로 그 넓이는 0.01 m^2이다. 그러므로 해당하는 직사각형의 넓이는 0.24 m^2이다. 즉, $0.6\times0.4=0.24$이다.

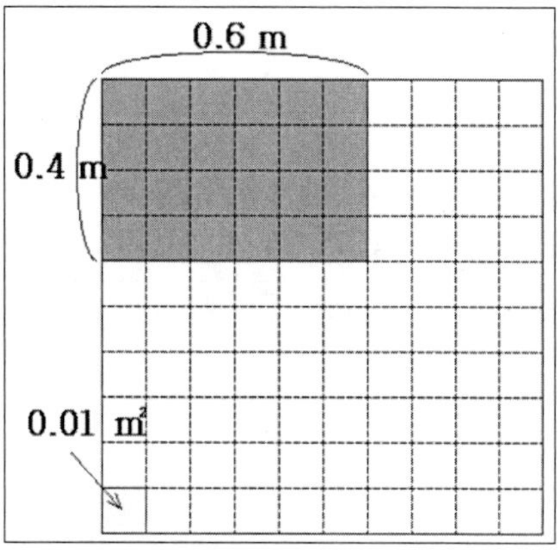

그림 6-14 소수의 곱셈

소수를 다음과 같이 분수로 고쳐서 소수의 곱셈을 할 수도 있다. 즉,

$$0.5\times0.3=\frac{5}{10}\times\frac{3}{10}=\frac{5\times3}{100}=\frac{15}{100}=0.15$$

$$0.4 \times 0.36 = \frac{4}{10} \times \frac{36}{100} = \frac{4 \times 36}{1000} = \frac{144}{1000} = 0.144$$

배의 개념을 이용하여도 가능하지만 그 조작이 쉽지는 않을 것이다. 어떠한 방법을 이용하든 이러한 과정을 거쳐서 '소수의 곱셈은 소수점이 없다고 생각하여 자연수의 곱셈으로 곱을 구한 후에 각 소수점 이하의 자릿수를 더해서 그 합만큼 곱의 오른쪽에서부터 왼쪽으로 가서 소수점을 찍는다'라는 사실을 알게 된다.

마. 소수의 나눗셈

소수의 나눗셈은 6학년 1학기에서 (소수)÷(자연수), 6학년 2학기에서는 (소수)÷(소수)로 구분하여 지도한다. 2학기에서 지도하는 (소수)÷(소수)는 나누는 수인 소수를 자연수로 변환할 수 있다면 1학기에서 학습한 (소수)÷(자연수) 방법을 이용하여 계산이 가능해진다.

1) (소수)÷(자연수)

(소수)÷(자연수)의 계산은 크게 두 가지 원칙에 따라 지도할 수 있다. 첫 번째는 '자연수의 나눗셈을 이용한 방법'으로, 나누어지는 수인 소수를 자연수로 고쳐서 자연수의 나눗셈을 하고 나서 적당한 자리에 소수점을 찍는 것이며, 두 번째는 '자릿값을 이용한 방법'으로, 소수를 자연수로 고치지 않고 소수로 확장된 위치적 기수법에 근거하여 나누어지는 수의 각 자리 수를 내리면서 나눗셈을 하는 것이다. 대부분의 교과서는 첫 번째 원칙에 근거하여 지도하고 있지만, 두 번째 원칙이 매우 중요하고 유용한 것이다. 여기서는 자연수의 나눗셈을 이용한 방법을 먼저 설명하고 나서, 자릿값을 이용한 방법을 설명하겠다.

(소수)÷(자연수) 상황은 보통 등분제이다. 0.65 kg의 블루베리를 5명이 똑같이 나누어 가진다는 상황이 그런 예이다. 이런 문제를 해결하는 방법은 여러 가지이다.[23)]

방법 1 단위 환산

소수가 없는 문제로 단위를 바꾸어서 자연수의 나눗셈 문제를 해결하고 나서 다시 단위를 원래대로 환원하는 방법이다. 1.8 ÷ 3과 같이 나누어지는 수가 소수 한 자리인 경우 '1.8 cm를 3등분하려고 한다.'와 같은 상황을 생각하여 cm를 mm로 고치면 되고, 나누어

23) 이하의 〈방법 1〉, 〈방법 2〉, 〈방법 3〉은 자연수의 나눗셈을 이용하는 방법이며, 〈방법 4〉는 자릿값을 이용한 방법이다.

지는 수가 소수 두 자리 수인 경우에는 단위를 m로 생각하면 된다. 그러나 반드시 그렇게 해야 할 필요는 없다. 예를 들어, $0.65 \div 5$를 계산하는 방법을 탐구하기 위해서 단위를 1 m가 아닌 1 kg으로 생각해도 된다. 이 경우 0.65 kg을 소수가 없어지도록 단위 변환을 하면 650 g이 된다. 따라서 $650 \div 5 = 130$이므로 한 사람이 130 g씩 나누어 가지게 된다. 130 g을 kg으로 변환하면 0.13 kg이다. 그러므로 $0.65 \div 5 = 0.13$이 된다.

방법 2 단위소수의 개수 이용

단위소수의 개수를 생각하여 자연수의 나눗셈으로 변환한다. 0.65를 단위소수 0.01이 65개인 것으로 생각하자. 그러면 $65 \div 5 = 13$이므로 $0.65 \div 5$의 계산 결과는 0.01이 13개라는 의미가 된다. 그러므로 $0.65 \div 5 = 0.13$이다. 만약 $0.57 \div 5$와 같은 나눗셈이라면 0.01이 57개로 생각할 때 57은 5로 나누어 떨어지지 않는다. 이럴 때는 $0.570 \div 5$로 고쳐서 0.001이 570개인 것으로 생각하여 해결할 수 있다.

방법 3 분수 이용

소수를 분수로 고쳐서 해결한다. 이때 분자가 나누는 수인 자연수의 배수가 될 수 있도록 분모를 적절히 10, 100, 1000 등으로 정한다. 이 문제에서는 $0.65 \div 5 = \frac{65}{100} \div 5 = \frac{65 \div 5}{100} = \frac{13}{100} = 0.13$이다. 그러나 만약 $7.5 \div 6$이라면 약간의 기교가 필요하다. 즉, 다음 〈그림 6-15〉에서와 같이 분모가 10이 아니라 100인 분수로 고쳐야 한다.

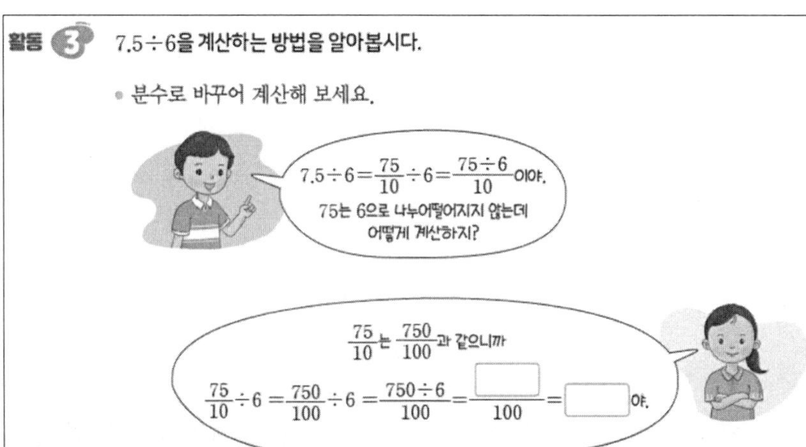

그림 6-15 분수를 이용한 소수의 나눗셈(강문봉 외, 출판예정c, 63쪽)

지금까지 살펴본 〈방법 1〉, 〈방법 2〉, 〈방법 3〉은 모두 나누어지는 수인 소수를 적절히 10배나 100배 또는 1000배 하여 자연수의 나눗셈을 이용하는 다음 〈그림 6-16〉과 같이 형식화된다. 그러므로 몫의 소수점은 나눗셈이 다 끝난 마지막에 찍게 되고, 그래서 소수점을 찍는 자리를 실수할 수 있기 때문에 어림을 통해 소수점의 위치를 확인해 보도록 할 필요가 있다.

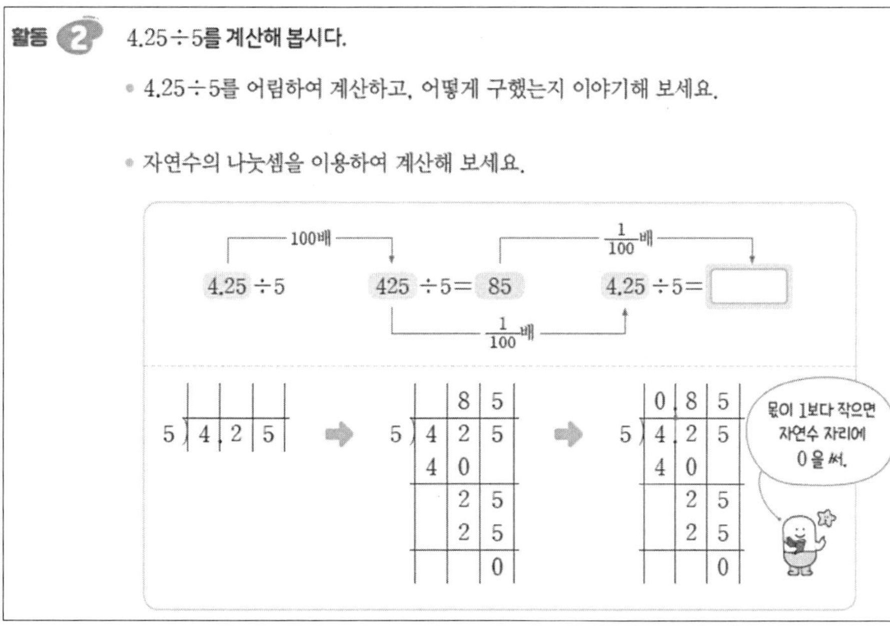

그림 6-16 소수 나눗셈의 형식화(강문봉 외, 출판예정c, 65쪽)

방법 4 자릿값을 이용한 방법

이 방법은 소수가 자연수의 표기 원리인 위치적 십진기수법의 원리를 소수점 아래까지 확장한 기호 체계임을 이용하는 것이다. 즉, 자연수의 나눗셈에서처럼 소수에서도 자릿값을 고려한다. 예를 들어, 0.65÷5의 경우 분(0.1) 6개를 5명에게 나누어주고(이 경우에는 1개씩 주고 1개 남는다), 남은 1개와 리(0.01) 5개, 즉 리(0.01) 15개를 5명에게 나누어주면 각자에게 리(0.01)를 3개씩 줄 수 있다.[24] 그러므로 이 나눗셈 결과는 0.13이다.[25]

24) 소수에서는 각 자리의 이름을 사용하지 않지만, 여기서는 이해와 표기를 돕기 위해서 전통적인 소수 이름인 분(0.1), 리(0.01), 모(0.001) 등을 함께 사용하였다.

25) 임재훈은 이 방법이 계속적인 단위의 세분할을 통한 정밀한 측정 상황에서 십진기수법을 완성하는 소수의 고유한 본질에 기반하면서 소수의 나눗셈을 자연수의 나눗셈으로 환원하지 않고 소수의 나눗셈 그대로 계산하는 것이라고 설명하였다(임재훈, 2023, 32쪽). 필자는 이 방법을 가장 최종적으로 또는 거의 유일한 방법으로 지도하는 것이 바람직하다고 생각한다.

이 방법을 적용하여 5.3÷5를 세로로 계산하면 다음 〈그림 6-17〉과 같다.

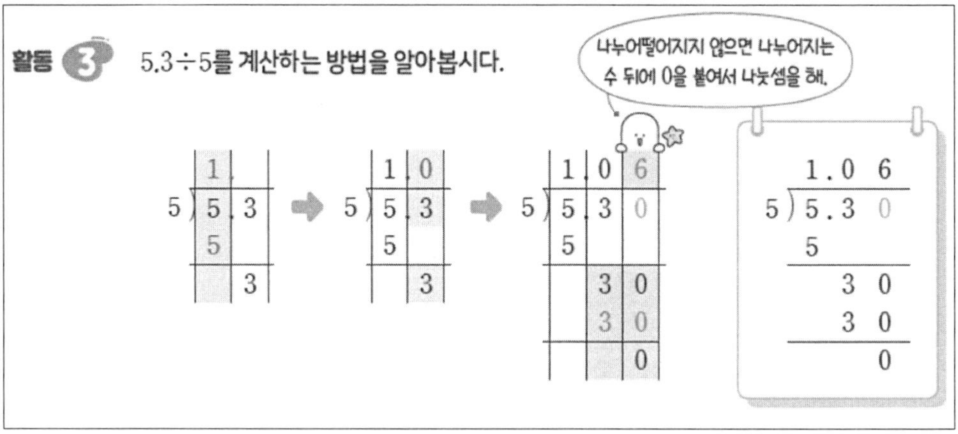

그림 6-17 자릿값을 이용한 소수의 나눗셈(강문봉 외, 출판예정c, 71쪽)

이런 방법의 지도는 소수를 측정 과정에서 발생하는, 단위의 계속적인 세분할에 의한 소수의 정의와 일관성이 있다. 그러므로 소수의 자릿값 개념이 내재되어 있는 모형을 사용하여 지도하는 것이 더 바람직하다. 자연수의 지도에서 사용하였던 십진블록은 소수 지도에서는 불편하고 어색한 점이 많이 발생한다. 그러므로 측정 단위를 모형으로 사용하는 것이 좋을 것이다.

1 g, 0.1 g, 0.01 g 또는 1 m, 0.1 m, 0.01 m와 같은 모형을 사용하면 소수에서 자리의 개념을 지도하기 쉬우며 계속적인 단위 분할도 가능해지면서 몫이 무한소수가 되는 경우도 가능해진다. 반면에 위의 〈방법 1〉, 〈방법 2〉, 〈방법 3〉은 모두 의도하는 자연수의 나눗셈의 몫이 자연수로 나누어떨어지는 경우에만 가능한 방법이며, 나누는 수인 소수를 10배 해야 할지 100배 해야 할지를 곧바로 판단하기 어려운 경우가 있으며, 몫이 무한소수가 되는 경우로 확장할 수가 없다.

2) (소수)÷(소수)

(가) 기존 방법의 문제점

2015 개정 국정교과서와 대부분의 검정교과서에서 (소수)÷(소수)의 지도는 다음 〈그림 6-18〉과 같이 나누어지는 수와 나누는 수 모두 10배 또는 100배를 하여 자연수로 환원하여 계산하고 있다. 그러므로 이러한 소수의 나눗셈의 몫은 전부 자연수이다.

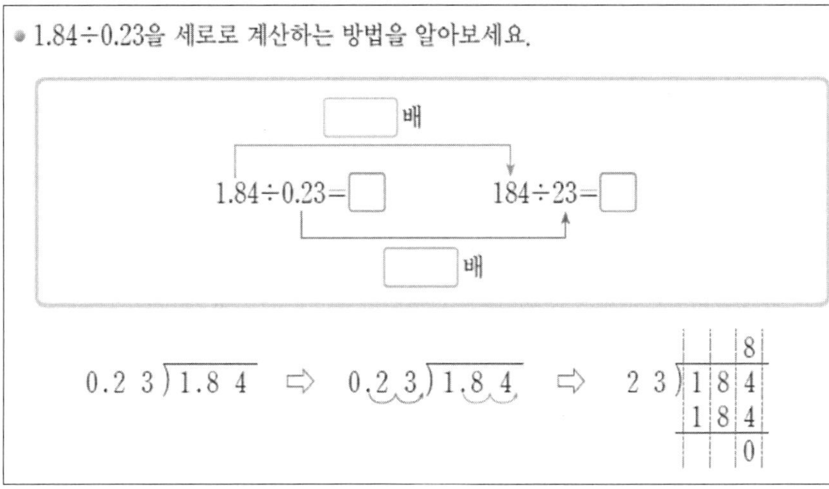

그림 6-18 소수의 나눗셈 1(교육부, 2019c, 35쪽)

자연수로 환원했을 때 그 자연수의 나눗셈이 나누어떨어지지 않을 때도 있다. 이 경우가 소수의 나눗셈의 몫이 소수가 되는 경우이며 소수의 나눗셈 지도에서 궁극적으로 지도해야 할 내용이다.

6.25÷2.5를 지도하는 다음 두 〈그림 6-19〉와 〈그림 6-20〉을 보자. 〈그림 6-19〉에서는 625÷250의 몫이 왜 2.5가 되는지, 왜 세로셈에서 625를 625.0으로 보고 0을 내릴 수 있는지가 문제가 된다. 소수의 나눗셈을 자연수로 환원해서 자연수의 나눗셈을 계산하던 지금까지의 소수 나눗셈 방법에서는 이러한 것을 지도한 적이 없기 때문이다.

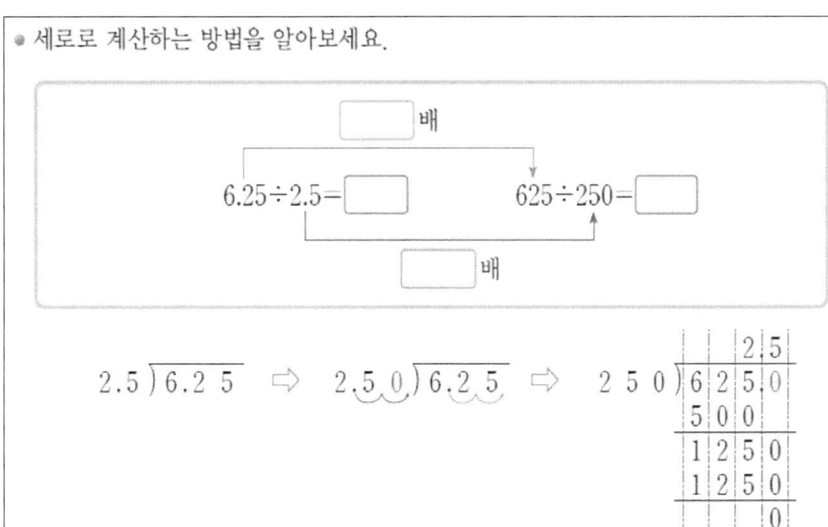

그림 6-19 소수의 나눗셈 2(교육부, 2019c, 36쪽)

〈그림 6-19〉와 달리 〈그림 6-20〉에서는 나누는 수만 자연수가 되도록 나누어지는 수와 나누는 수에 10을 곱하고 있다. 이 결과 6학년 1학기에서 지도했던 (소수)÷(자연수)로 돌아왔다. 그러면 62.5÷25는 어떻게 계산하는가? 〈그림 6-20〉에서는 이에 대한 아무런 설명 없이 그 몫이 2.5가 되는 세로셈을 보여준다. 이미 1학기에서 학습한 것이니 이렇게 해도 잘못된 것은 아니지만, 무성의한 느낌이 들기는 하다.

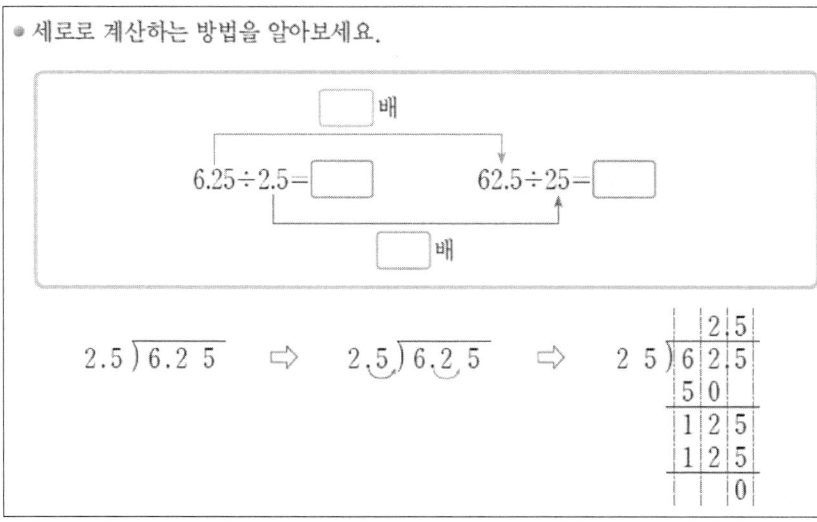

그림 6-20 소수의 나눗셈 3(교육부, 2019c, 37쪽)

이 과정을 좀 더 자세히 살펴보자. 6.25÷2.5의 계산은 국정교과서에서 드러내지는 않았지만 결국은 다음 두 가지 단계로 이루어진다고 할 것이다. 먼저, 나누어지는 수와 나누는 수를 10배 하여 62.5÷25로, 또는 100배 하여 625÷250의 계산으로 환원한다(그림 6-21의 ①). 이때 6.25÷2.5나 62.5÷25, 625÷250의 몫은 모두 같다는 사실을 지도할 필요가 있다.

그다음에는 나누어지는 수만 10배 하여 몫을 구한다((그림 6-21의 ②). 62.5÷25는 자연수의 나눗셈이 아니며 625÷250은 몫이 자연수로 나누어떨어지지 않기 때문이다. 어쨌든 나누어지는 수만 10배 하여 나누면 몫이 자연수로 나누어떨어지게 되며 이 몫은 나누어지는 수를 10배 하기 전의 몫의 10배가 된다. 그러므로 마지막으로 몫의 $\frac{1}{10}$배를 구하기 위해 적절한 자리에 소수점을 찍는다(그림 6-21의 ③).

따라서 이 과정은 다음 〈그림 6-21〉과 같이 몇 개의 단계로 이루어진 매우 복잡한 과정인데, 실제 지도에서는 뒤의 과정을 생략해 버린 것이다.

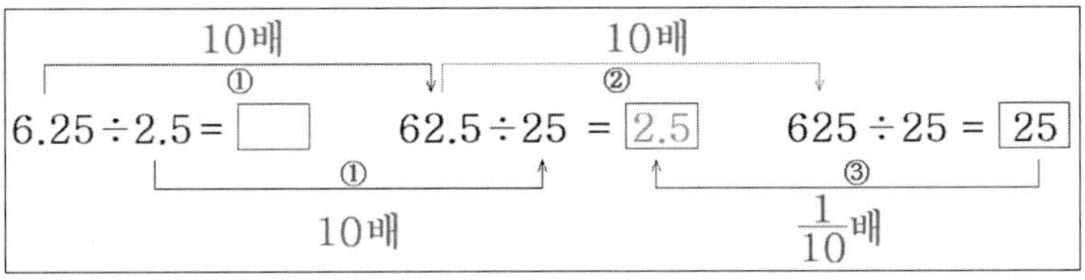

그림 6-21 6.25÷2.5의 계산 과정

(나) 자릿값을 이용한 방법

나누어지는 수와 나누는 수가 모두 소수인 나눗셈은 두 수를 모두 10배, 100배 또는 1000배를 하여 나누는 수가 자연수가 되도록 한다. 이때 나누어지는 수가 자연수가 될 필요는 없다.

이제 소수의 나눗셈은 (자연수)÷(자연수) 또는 (소수)÷(자연수)의 문제로 변형되었다. 이러한 나눗셈을 자릿값을 이용하여 계산하는 방법은 이미 (소수)÷(자연수)의 〈방법 4〉에서 설명하였다.

3) 소수 나눗셈에서 몫과 남는 수[26)]

소수의 나눗셈에서는 나누는 수가 자연수이든 소수이든, 나누어떨어지지 않는 경우가 있다. 자연수의 나눗셈에서는 몫이 0 또는 자연수이므로 나머지가 생겨도 나머지는 자연수로 끝나게 된다. 그러나 소수의 나눗셈의 경우 몫이 소수가 될 수 있으며 심지어는 순환하는 무한소수가 될 수도 있다. 또한, '몫을 소수 둘째 자리까지 구하여 반올림하여라'와 같이 특정한 자리까지 몫을 구하는 경우도 있다. 그런데 소수의 나눗셈은 나누어지는 수와 나누는 수의 소수점의 위치를 똑같이 옮겨서 자연수의 나눗셈인 것처럼 계산하기도 한다. 이런 과정에서 몫과 남는 수에 대해서 오류가 생길 수 있다.

〈그림 6-22〉를 보자. 56.7÷12와 5.67÷1.2의 몫은 똑같다. 그러나 소수 둘째 자리까지 몫을 구하고 남는 수를 구할 때는 다르다. 56.7÷12는 몫이 4.72이고 남는 수가 0.06이라는 것은 쉽게 알 수 있다. 5.67÷1.2의 경우는 나누는 수와 나누어지는 수의 소수점을

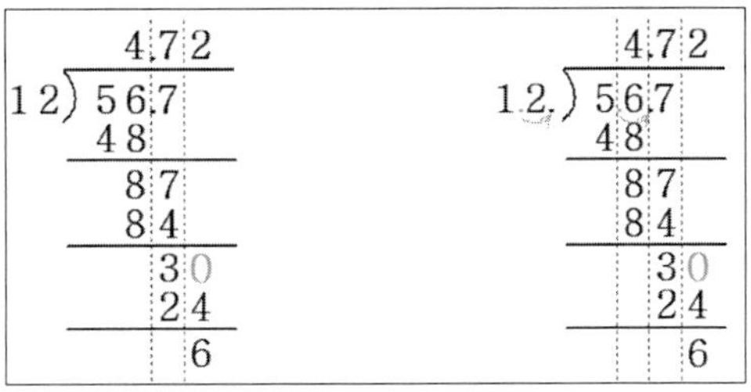

그림 6-22 56.7÷12와 5.67÷1.2

오른쪽으로 한 자리씩 옮겨서 56.7÷12와 같은 계산을 했어도 남는 수의 소수점의 위치는

26) 자연수의 나눗셈에서 '나머지'는 0 또는 자연수이지만 소수의 경우에는 그러지 아니하다. 그러므로 이 책에서는 소수의 나눗셈에서 '나머지'라는 말을 사용하지 않고 '남는 수'라고 표현한다.

처음 위치와 동일해야 하므로 남는 수는 0.006이다.

'남는 수의 소수점의 위치는 나누어지는 수에서의 처음 위치와 동일해야 한다.'라는 사실은 다음 〈그림 6-23〉과 같은 예를 이용하여 지도할 수 있다. 이것은 나눗셈을 곱셈으로 고쳐서 검산하는 방법이다.

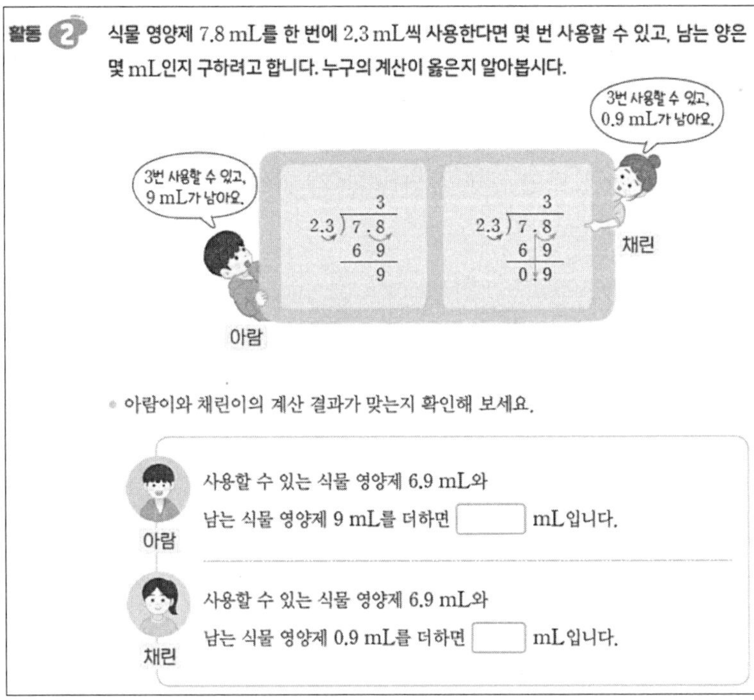

그림 6-23 소수 나눗셈에서 남는 수(강문봉 외, 출판예정d, 47쪽)

또는 단위 환산을 이용하여 이해시킬 수도 있다. 예를 들어, 7.8÷2.3의 몫과 남는 수를 구하기 위해서 이 문제를 '7.8 cm의 끈을 2.3 cm씩 자르면 몇 도막이 되고 남는 끈은 얼마인가?'라는 상황으로 생각해 보자. 2.3을 자연수로 바꾸기 위해서 cm를 mm로 환산하여 계산하면 78÷23이 되고 이것을 계산하면 3도막이 되고 남는 끈은 9 mm이다. 이것을 다시 cm로 환산하면 3도막이고 남는 끈은 0.9 cm이니 '남는 수의 소수점의 위치는 나누어지는 수에서의 처음 위치와 동일해야 한다.'라는 사실을 이해할 수 있을 것이다.

4) 분수를 소수로 고치기

(가) 소수의 정의를 이용하기

(자연수)÷(자연수)는 분수로 쓸 수 있고, 분수는 소수로 고칠 수 있다. 예를 들어 $\frac{3}{4}$을

소수로 고치려면 다음과 같이 하면 된다.

$$\frac{3}{4}=\frac{3\times 25}{4\times 25}=\frac{75}{100}=0.75$$

이와 같이 분자와 분모에 적당한 같은 수를 곱하여 분모가 10, 100, 1000 등이 되도록 배분하면 소수의 정의에 의해 쉽게 소수로 고칠 수 있다.

그러나 10의 거듭제곱 중에서 어떤 수가 되도록 곱해야 할지를 곧바로 파악하기도 어려우며, 기약분수의 분모에 2나 5가 아닌 다른 인수가 있으면 분모를 10의 거듭제곱으로 고칠 수도 없다. 예를 들어 $\frac{5}{6}$의 경우 분모에 적당한 수를 곱해서 분모를 10의 거듭제곱으로 고칠 수 없다.

이럴 경우 번거롭지만 $\frac{5}{6}=\frac{50}{6}\div 10=\frac{500}{6}\div 100=\frac{5000}{6}\div 1000$과 같이 고칠 수 있다. 각각의 분수를 대분수로 고쳐서 자연수 부분만 10, 100, 1000 등으로 나누면 필요한 소수점 이하 자리만큼 소수로 나타낼 수 있다.

(나) 자릿값을 이용한 소수의 나눗셈 이용하기

분수의 분모를 10의 거듭제곱으로 고치는 것보다, 〈그림 6-24〉와 같이 자릿값을 이용하여 나눗셈을 하면 분수를 쉽게 소수로 고칠 수 있다. 기약분수의 분모에 2나 5가 아닌 다른 인수가 있어서 무한소수가 되는 경우에도 원하는 자리까지 구할 수 있다.

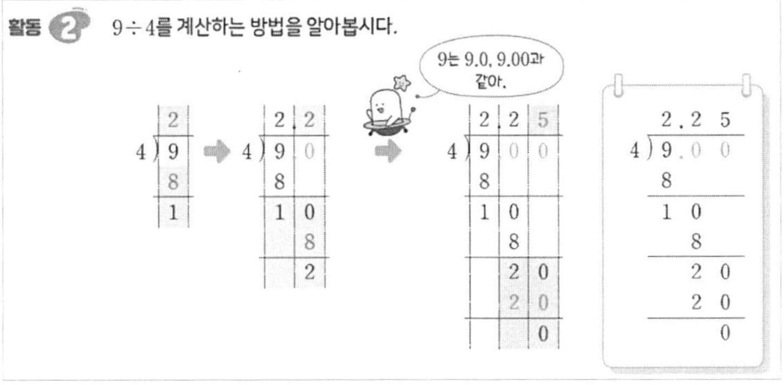

그림 6-24 분수 $\frac{9}{4}$를 소수로 고치기(강문봉 외, 출판예정c, 73쪽)

5) 소수 나눗셈에서 몫에 소수점은 언제 표시하는가?

소수 나눗셈에서 몫에 소수점을 언제 찍어야 하는가에 대해서 임재훈은 '(소수)÷(자연수)

의 몫을 구하는 어떤 방법을 어떻게 다룰 것인가와 연결되어 있는데, 교과서 분석 결과 2007 개정 교과서에서는 몫에 소수점을 마지막에 찍고, 2009 개정 교과서에서는 도중에 찍고, 2015 개정 교과서에서는 마지막에 찍게 되었다고 분석하였다. 이렇게 몫에 소수점을 찍는 시점을 바꾸었다가 다시 되돌린 연유에 대해 명확히 알려진 바가 없다'고 기술한다(임재훈, 2023, 28-9쪽).

앞서 설명한 단위를 환산하는 방법, 단위소수의 개수를 이용하는 방법, 분수로 고치는 방법은 모두 본질적으로 소수를 10배, 100배 하여 자연수로 고쳐서 자연수의 나눗셈의 몫을 구하고 다시 몫을 $\frac{1}{10}$배, $\frac{1}{100}$배 하여 소수 나눗셈의 몫을 구하는 것이다. 그러므로 이런 방법으로 소수 나눗셈 알고리즘을 개발한다면, 〈그림 6-25〉에서처럼 자연수의 나눗셈을 하여 몫을 구하고(이렇게 해서 얻은 몫은 자연수이다.), 마지막으로 이 몫의 적절한 자리에 소수점을 표시하게 된다. 이러한 방법의 경우 자연수의 나눗셈이 나누어떨어지지 않는 경우 계속해서 나누는 수에 10배 또는 100배를 해 주어야 하며, 무한소수로 이 방법을 확장해 주기 어려운 문제가 있다.

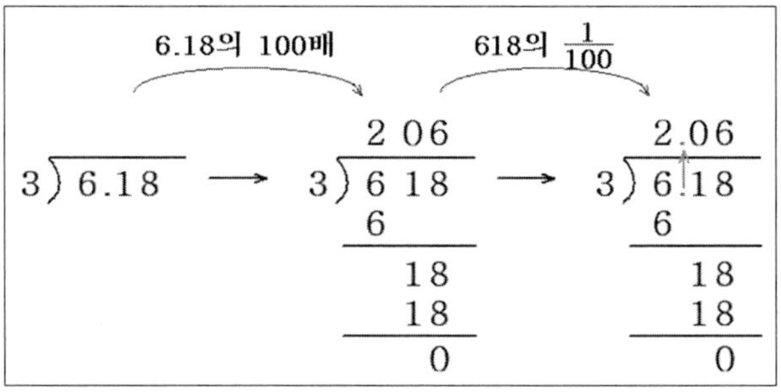

그림 6-25 소수의 나눗셈에서 소수점 찍기(1)

그러나 자릿값을 이용한 나눗셈의 경우는 이와 다르다. 6.18÷3을 자릿값을 고려하면서 계산하는 과정을 세로셈으로 나타내면 〈그림 6-26〉과 같다.

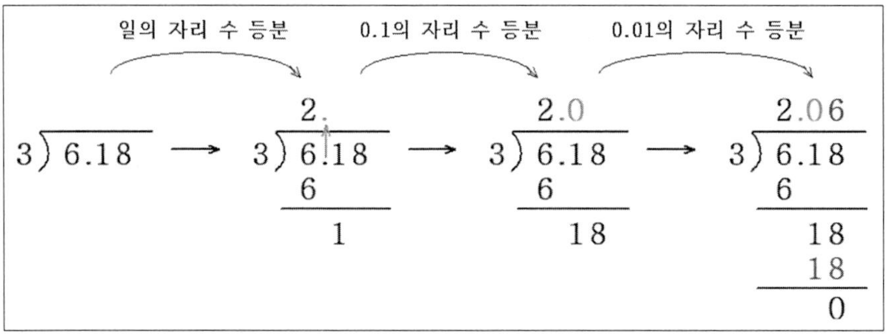

그림 6-26 소수의 나눗셈에서 소수점 찍기(2)

먼저 일 단위 6개를 3명이 나눠 가진다. 그러면 각자 2개를 가지게 된다. 다음에는 0.1 단위를 나누어 가지게 되므로 몫의 자리에 소수점을 표시한다. 그리고 0.1 단위 1개를 3

명에게 나누어준다. 이 경우 0.1의 개수가 부족하여 나누어줄 수 없으므로 0.1 단위는 0개를 가지게 된다. 남아 있는 0.18은 0.01 단위가 18개이므로 이것을 3명에게 나누어주면 각자 0.01을 6개씩 가지게 된다. 그러므로 몫은 2.06이 된다.

이 경우에는 소수점을 계산 중간에 표시하게 된다. 또한 이러한 방법으로는 소수의 나눗셈을 특정한 자리까지만 계산하기보다는 계속해서 계산해 나갈 수도 있으며, 이론적으로는 무한소수가 되는 경우까지 확장할 수 있다.

그러므로 소수점을 마지막에 표시하는 방법보다 계산 도중에 찍는 방법을 최종적으로 지도해야 할 것이다. 특히 이러한 방법은 자연수의 나눗셈에서 각 자리의 수를 계속해서 내려주는 방법과 일치하는 것이기 때문에, 소수는 자연수의 표기 원칙인 십진기수법을 소수점 아래까지 확장하여 완성시킨 기호라는 점을 더욱 강화시켜 줄 수 있다.

물론 초등학교 수준에서 무한소수를 지도하지는 않는다. 교과서에서는 〈그림 6-27〉과 같이 몫이 무한소수가 되는 소수의 나눗셈을 다루고 있기는 하지만 몫의 반올림을 위한 소재로서 다루는 것이지, 무한소수의 지도를 목표로 하지는 않는다.

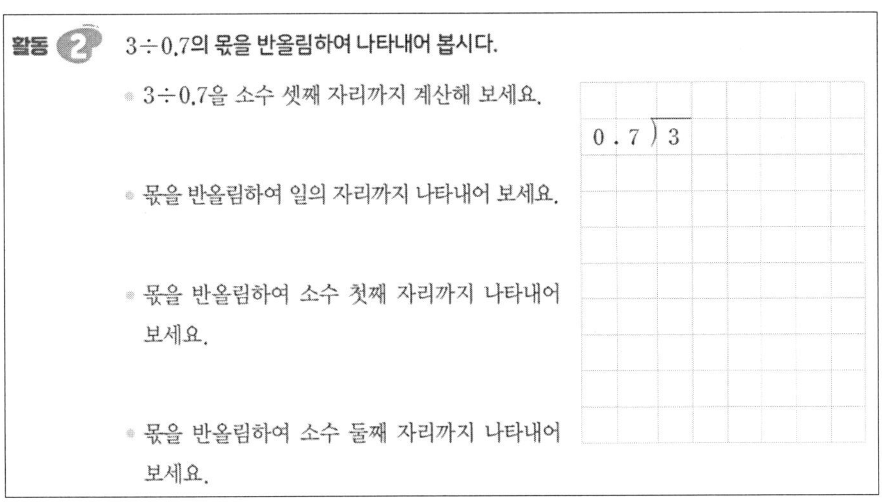

그림 6-27 소수 나눗셈의 몫을 반올림하기(강문봉 외, 출판예정d, 45쪽)

바. 혼합계산

분수와 소수가 함께 사용된 혼합계산은 2022 개정 교과서에서 다루지 않고 있다. 만약 이런 혼합계산을 해야 한다면 모두 분수로 고치든가 모두 소수로 고쳐서 해결하는 것이 편리하다.

덧셈이나 뺄셈의 경우에는 소수로 고치는 것이 분수를 통분하여 계산하는 것보다 편리할 수 있다. 곱셈이나 나눗셈의 경우에는 분수로 통일하는 것이 편하다.

그러나 분수를 소수로 고치는 과정에서 무한소수가 나오게 되면 곱셈이나 나눗셈은 물론 덧셈과 뺄셈의 경우에도 매우 곤란해질 수 있다. 그러므로 소수로 통일하기보다는 소수를 분수로 고쳐서 계산하는 것이 더 편리할 수 있다.

사. 소수 계산에서의 오류 유형

소수의 덧셈이나 뺄셈을 할 때 나타나는 오류에는 〈그림 6-28〉과 같이 소수점의 위치를 맞추지 않고, 자연수에서처럼 오른쪽을 기준으로 정렬하여 계산하는 오류와 곱셈할 때와 같은 방식으로 소수점을 찍는 오류 등이 있다.

```
  4.56          4.56
-  3.2        + 7.28
------        ------
  1.24        1.184
```

그림 6-28 소수 덧셈과 뺄셈에서의 오류

소수의 나눗셈에서 학생들이 범하게 되는 몇 가지 오류에는 다음 〈그림 6-29〉와 같은 것들이 있다(윤희태, 2002, 138-142쪽).

(1)은 몫의 소수점을 처음 나누는 소수의 소수점 위치에 찍는 오류이다. 학생들은 다음과 같은 소수의 나눗셈에서 나누어지는 수가 소수 한 자리 수이므로 몫도 소수 한 자리 수라고 생각해서 처음 소수점의 위치에 맞춰서 몫에 소수점을 찍는 경우가 있다. 이러한 오류는 몫을 어림해 보게 하여 극복할 수 있다. 그런데 이런 오류는 소수 나눗셈을 자연수 나눗셈으로 환원하여 계산하고 가장 마지막 순간에 소수점을 찍을 때 생기는 오류이다. 소수의 나눗셈을 자릿값을 이용하여 계산하게 되면 몫에서 소수 부분이 발생하는 순간에 찍게 되므로 이런 오류가 발생할 가능성이 거의 없다.

(2)는 소수점을 무시하고 계산하는 오류이며, (3)은 몫이 1보다 작을 때 자연수 부분에 0을 쓰지 않고 계산하는 오류이다.

```
        1.9             1 2              3.5
    -------         -------         --------
4.5)8 5.5       4.3)5.1 6       5.4)1.8 9
    4 5              4 3            1 6 2
    -------         -------         --------
    4 0 5              8 6            2 7 0
    4 0 5              8 6            2 7 0
    -------         -------         --------
        0                0                0
   (1)              (2)              (3)
```

그림 6-29 소수 나눗셈에서의 오류

소수의 나눗셈에서 남는 수를 구하는 과정에서 발생하는 오류도 있다. 앞의 〈그림 6-23〉에서의 '아람'이와 같이 소수점의 위치를 잘못 생각하여 발생하는 오류가 있고, 〈그림 6-30〉에서와 같이 나눗셈의 몫을 구한 후 몫의 자연수 부분을 몫으로, 소수 부분을 남는 수로 생각하는 오류이다.

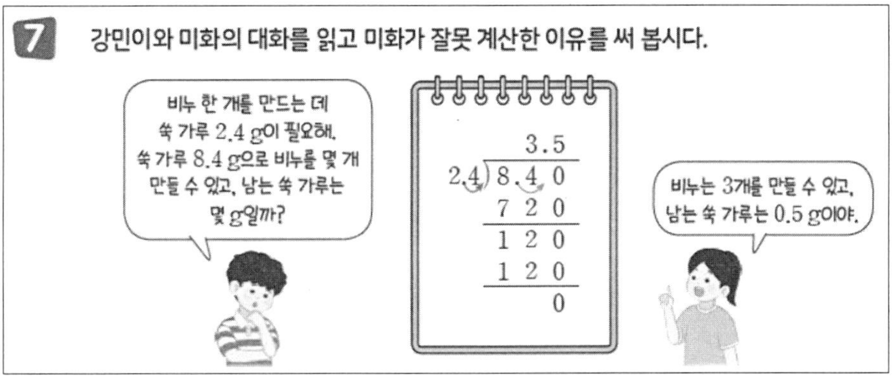

그림 6-30 남는 수를 구하는 오류(강문봉 외, 출판예정d, 54쪽)

7장

도형과 그 지도

7장

도형과 그 지도

생각할 문제

이 단원을 학습하기 전에 다음 문제를 생각해 봅시다.

1 도형에 대한 학습은 아동들에게 어떤 도움이 될까?

2 공간 감각이 부족한 학생에게는 어떤 문제가 생길까?

3 도형의 여러 개념을 어떻게 형성하게 할 것인가?

4 도형에 관한 성질을 탐구하기 적합한 교구나 소프트웨어에는 어떤 것들이 있을까?

5 도형의 성질을 어떻게 발견하고 연역적 논증 없이 이를 정당화할 것인가?

1 관련 이론

가. 기하교육의 목적

학교 수학에서 기하를 가르치는 목적은 다음과 같다.

첫째, 기본도형과 변환에 관한 기초적인 사실에 대한 이해이다. 삼각형과 사각형, 원에 대한 여러 가지 기초적인 지식, 이동과 확대 및 축소 등의 변환에 대한 기초적 이해는 보다 높은 수준에서의 수학 학습은 물론 일상생활에서도 필요하다.

둘째, 연역적 방법에 대한 이해이다. 연역적 사고는 언어교육에서도 지도하지만 수학에서 효과적으로 지도할 수 있다. 그중에서도 증명은 대수 영역보다는 기하 영역에서 가장 효과적으로 지도할 수 있다.

셋째, 기하는 공간 상상력이나 창의력을 신장시키기 위한 입문이다. 대수 문제는 그 해결 방법이 유일한 경우가 많다. 그러나 기하 문제는 예를 들어 보조선을 긋는 방법이나 관점의 변화에 따라서 다양한 해결 방법이 나타나고 그에 따른 난이도가 매우 다를 수 있다.

넷째, 기하학적 개념과 수학의 다른 분야의 개념과의 결합이다. 기하학적 개념이 결합될 때 문제의 이해나 해결에 용이하다. 예를 들어 곱셈 공식 $(a+b)(c+d)=ac+ad+bc+bd$를 보자. 이 공식은 매우 중요하고 기본적인 공식인데, 이 공식을 기억할 수는 있으나 왜 이런 공식이 성립하는지의 이유를 이해하기가 쉽지 않다. 오히려 $(a+b)(c+d)=ac+bd$와 같은 오류를 범하기 쉽다. 이것을 〈그림 7-1〉과 같이 직사각형 넓이를 이용하여 설명하면 이해하기가 매우 쉽다.

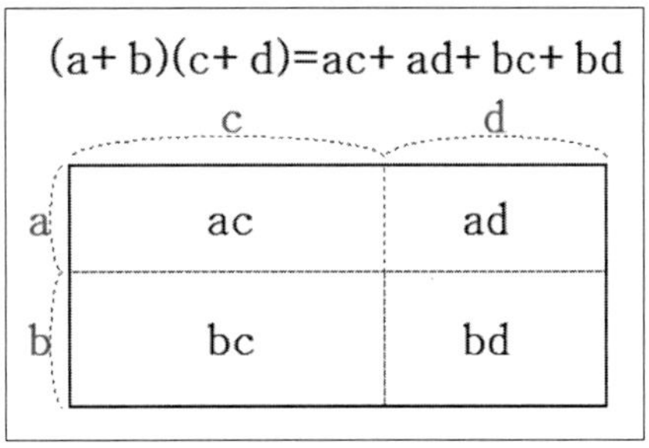

그림 7-1 곱셈공식

나. 기하학의 발달

기하학은 모양과 모양을 둘러싼 공간을 연구하는 수학의 한 분야이다. 기하학에서는 점, 선, 면, 각과 이러한 대상들 사이의 관계를 다룬다. 이러한 기하학의 발생은 고대 이집트의 측량이라고 보는 것이 전통적인 설명이다. 실제로 geometry(기하학)라는 말은 그리스어의 geometrein(geo: 땅, metrein: 측정하다)으로부터 유래된 것이다.[27)]

27) 독일 수학자 클라비우스(Clavius, 1538-1612)가 유클리드의 13권의 Elements를 포함하여 15권의 Elements를 집필하였다. 1606년에 명나라 과학자 서광계(1628-1632)가 마테오 리치와 함께 이중 전반부 6권을 〈기하원본〉이란 이름으로 번역하였다. 幾何(기하)의 중국어 발음은 '지허'로 'Geo'와 통한다(한성구 역, 2021, 37쪽).

모스크바 파피루스(기원전 1850년경)와 린드 파피루스(기원전 1650년경)에는 110개의 문제가 수록되어 있는데, 그중 26개가 기하 문제이다(Eves, 1969, p.40). 이 문제의 대부분은 땅 넓이와 곡물 창고의 부피를 계산하는 데 필요한 측정 공식으로부터 유래된 것이다. 고대 이집트인들은 세 변의 길이가 3, 4, 5인 삼각형은 직각삼각형이라는 사실도 알고 있었다. 고대 인도와 중국에서도 비슷한 기하학적 지식이 있었겠지만 쉽게 썩는 나무껍질이나 대나무에 기록하여 그 자료가 보존되지 않았기 때문에 고대 인도와 중국에 대한 정보는 찾기 힘들다.

그리스인들은 기하학적 사실은 경험적 절차에 의해서가 아니라 연역적 추리에 의해 확증되어야 한다고 생각하여 고대 이집트와 바빌로니아의 경험적 기하를 논증적 기하학으로 변형시켰다. 논증 기하학의 창시자로 알려진 탈레스(Thales, 기원전 624?-546?)는 다음과 같은 정리를 비롯하여 많은 정리를 증명하였다.

1) 두 직선이 만날 때 그 맞꼭지각의 크기는 같다.
2) 이등변삼각형의 두 밑각의 크기는 같다.
3) 두 개의 삼각형에서 대응하는 두 변의 길이와 그 끼인각의 크기가 각각 같으면 그 두 삼각형은 서로 합동이다.
4) 두 개의 삼각형에서 대응하는 두 각의 크기와 그 두 각 사이의 변의 길이가 각각 같으면 그 두 삼각형은 서로 합동이다.
5) 반원에 내접하는 각은 직각이다.
6) 삼각형의 세 각의 크기의 합은 2직각과 같다.
7) 두 개의 삼각형에서 두 대응각의 크기가 같으면 그 두 삼각형은 닮음이다.

탈레스, 피타고라스(Pythagoras, 기원전 570?-기원전 495?) 등을 거쳐 유클리드(Euclid, 기원전 3세기경)가 당시의 수학을 집대성하여 〈원론〉(Elements)을 집필하였다. 원론 1권에는 23개의 정의와 다음과 같은 5개의 공준, 5개의 공리가 있는데 이는 공리적 접근 방법의 시작이다.[28)]

28) 유클리드는 일반적인 개념(common notion)이란 표현을 사용하였고, 프로클루스(Proclus)가 일반적인 개념이란 말 대신 공리(axiom)라는 표현을 처음 사용하였다(Cajori, 1917, p.70). 공준은 '가정한 것'을 말한다.

❖ **공준(다음을 가정하자.)**

1. 임의의 점에서 임의의 점까지 직선을 그리는 것
2. 유한한 직선을 연속적으로 직선으로 만드는 것.
3. 임의의 중심과 거리를 갖는 원을 그리는 것
4. 모든 직각은 서로 같다는 것
5. 한 직선이 두 직선에 걸쳐 있을 때, 같은 쪽의 두 내각의 합이 2직각보다 작으면, 두 직선을 무한히 연장하면 두 내각의 합이 2직각보다 작은 쪽에서 만난다는 것

❖ **공리**

1. 같은 것과 같은 것들은 서로 같다.
2. 같은 것에 같은 것을 더하면 전체가 같다.
3. 같은 것에서 같은 것을 빼면 나머지가 같다.
4. 서로 일치하는 것들은 서로 같다.
5. 전체는 부분보다 크다.

대수학이 발달하면서 데카르트(René Descartes, 1596-1650)가 평면의 점의 위치를 좌표로 나타내어 기하학의 문제를 대수적으로 해결하는 해석기하학을 창시하였다. 이 무렵 좌표를 사용하지 않고 도형을 다루는 사영기하학도 등장하였다. 사영기하학은 파스칼(Pascal)과 데자르그(Desargues) 등이 고안한 방법인데, 이는 한 평면 위의 도형을 다른 평면으로 한 점에서 사영하였을 때 변하지 않는 성질을 연구하는 분야이다.

한편, 유클리드의 **제5 공준**으로 유명한 "한 평면 위의 한 직선이 그 평면 위의 두 직선과 만날 때 같은 쪽의 내각의 합이 2 직각보다 작으면, 이 두 직선은 그쪽에서 만난다."라는 공준에 대해서 많은 의문이 제기되었다. 이것은 공준이 아니라 공리, 공준, 또는 다른 정리로부터 유도될 수 있지 않을까? 혹은 이 공준을 좀 더 적절한 다른 것으로 대체할 수 없을까? 하는 것이 그러한 의문의 핵심이었다.

이 공준을 다른 공준이나 정리로부터 유도하려는 시도는 실패했다. 이 공준을 좀 더 간단하고 납득할 만한 다른 것으로 대체하려는 노력의 결과 얻어진 대체 공준 중에 가장 잘 알려진 공준은 '직선 밖의 한 점을 지나 이 직선에 평행한 직선은 하나뿐이다.'[29]라는 프

29) 5세기 초에 프로클로스가 언급한 것이기는 하지만, 스코틀랜드의 물리학자이자 수학자인 존 플레이페어(John Playfair)가 1795년에 출판된 Elements of Geometry에서 평행선 공준의 대체물로 기술한 이후 현재 고등학교 교과서에서 흔히 볼 수 있는 대체 공준이 되었다(Burton, 2011, p.563; Eves, 1969, p.124).

로클로스(Proclus)의 평행선 공준이다.

유클리드의 제5 공준은 프로클로스의 대체 공준과 동치인데, 수학자들은 비교적 만만해 보이는 프로클로스의 대체 공준을 공격하였다. 대체 공준을 부정하면 다음 두 가지 경우가 나타난다.

① 직선 밖의 한 점을 지나 이 직선에 평행한 직선은 하나도 없다.

② 어떤 직선과 어떤 점이 있어서, 이 점을 지나면서 이 직선과 평행인 직선이 두 개 이상 존재한다.

보여이(Bolyai, 1802-1860)와 로바체프스키(Lobachevsky, 1793-1856)가 창시한 비유클리드 기하학은 "한 직선 밖의 한 점을 지나 그 직선에 평행인 직선이 적어도 두 개 존재하는 어떤 직선과 점이 존재한다."를 공리로 채택하며 이 경우 삼각형의 세 내각의 크기의 합은 2 직각보다 작게 된다. 리만(Riemann, 1826-1866)이 창시한 비유클리드 기하학은 "직선 밖의 한 점을 지나 그 직선에 평행인 직선은 하나도 없다."를 공리로 채택한다. 이 경우 삼각형의 세 내각의 크기의 합은 2 직각보다 크게 된다.[30)]

표 7-1 유클리드 기하학과 비유클리드 기하학의 특징

	유클리드 기하학	쌍곡선 기하학	타원 기하학
평행선	단 한개 존재한다.	수없이 많이 존재한다.	존재하지 않는다.
삼각형의 세 내각의 크기의 합	- 180° - 삼각형의 넓이에 관계없이 세 내각의 크기의 합은 일정하다.	- 180°보다 작다. - 삼각형의 넓이가 커질수록 세 내각의 크기의 합은 작아진다.	- 180°보다 크다. - 삼각형의 넓이가 커질수록 세 내각의 크기의 합은 커진다.
모형	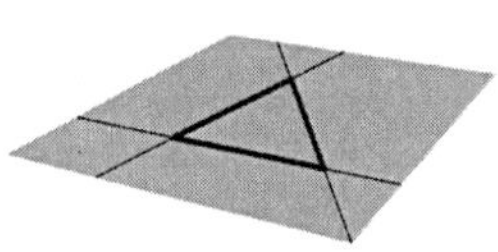	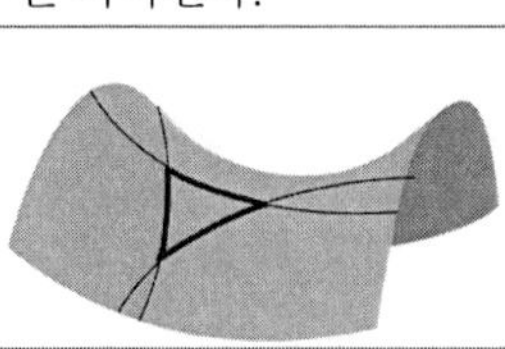	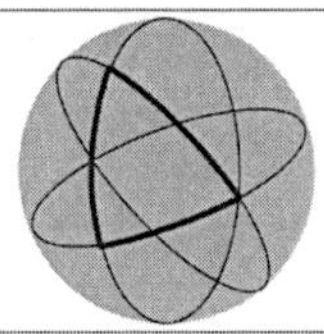

한편에서는 위상수학이 점점 발전해 왔다. 위상수학에서는 늘이거나 줄이거나 해서 서로 겹칠 수 있는 것은 '같다'고 본다. 그래서 위상수학을 흔히 '고무판 위의 기하학'이라고 부른다. 17세기 말에 라이프니츠(Leibniz)가 위치기하학이라는 용어를 사용하였으며, 오일러(Euler)가 한붓그리기에 관한 정리를 발견하고, 다면체의 꼭짓점, 변, 면의 수 사이에

30) 1871년 클라인(Klein)은 보여이와 로바체프스키의 기하학을 쌍곡선 기하학, 유클리드의 기하학을 포물선 기하학, 리만의 기하학을 타원 기하학이라고 불렀다(Smith, 1958b, p.338).

$v-e+f=2$라는 관계가 성립한다는 사실을 증명하였다.

이와 같이, 19세기 중엽까지 유클리드기하학, 비유클리드기하학, 사영기하학, 위상기하학, 아핀기하학 등 여러 가지 기하학이 나타났다. 클라인(F. Klein, 1849-1925)은 1872년 에르랑겐 대학의 교수 취임 강연에서 변환군이라는 개념을 사용하여 이러한 여러 기하학을 통일하고 분류하려 하였다(Kline, 1972, p.917). 19세기 말에 힐베르트(David Hilbert, 1862-1943) 등은 형식적 공리학의 개념을 만들어 내고 수학의 각 분야를 공준 집합으로부터 연역해 낸 추상적인 정리 체계로 발전시켰다. 각 기하학은 이 관점에 따라 수학의 특별한 분야가 되었다. 힐베르트는 '기하학의 기초'(1889)라는 책에서 공리적 방법에 의하여 기하학을 구성해가고 있는데, 여기서 그는 결합의 공리(8개), 순서의 공리(4개), 합동의 공리(5개), 평행선의 공리, 연속의 공리(2개) 등 다섯 가지 공리군을 사용하고 있다.

다. 판 힐러의 기하 학습 수준 이론

판 힐러(van Hiele) 부부는 1955년에 기하 학습 수준 이론을 발표하였다. 그들은 중등 수학교사로 재직하면서 학생들이 기하 학습에서 부딪히는 어려움을 해소해 줄 수 있는 방법을 연구하다가 기하 학습 수준 이론을 만들게 되었다. 그들은 사고는 상대적인 수준이 있는 불연속적인 활동이며 더 높은 수준에서는 더 낮은 수준에서의 행동이 분석의 대상이 된다는 것을 인식하고 이들 수준을 0수준에서 4수준으로 구분하였다. 후에 0수준보다 더 낮은 바닥 수준이 있음을 인지하고 1수준에서 5수준으로 이를 조정하였다.

판 힐러의 수준에 대한 명칭은 학자에 따라 다양하므로 명칭에 주의해야 한다.

제1수준: 시각적 수준, 시각적 인식 수준

주변 대상을 모양이란 인식 수단에 의해 파악하는 단계이다. 학생들은 도형을 그 구성 요소에 대한 명확한 고려 없이 시각적 외관에 의해 전체적으로 판별한다. 이 수준에서는 직사각형과 정사각형이 다르다는 것을 인식하지만 도형의 성질을 명확히 기술할 수는 없다.

제2수준: 기술적 수준, 분석적 수준

도형의 여러 성질이 도형을 정리하는 수단이 된다. 주변 대상을 정리하는 수단이던 도형이 연구 대상이 되어 도형의 구성 요소와 성질에 대한 비형식적인 분석을 통해 도형을 파악한다. 이 수준에서는 직사각형은 네 개의 직각을 가지고 있으며, 대각선의 길이가 같고, 마주 보는 변의 길이가 같다는 것을 알지만, 이런 성질 사이의 관계를 파악하지 못한다.

제3수준: 이론적 수준, 관계적 수준, 비형식적 추론 수준

도형의 성질과 도형 사이의 관계가 연구 대상이 되고 명제가 정리 수단이 된다. 도형의 여러 가지 성질이 파악되고 하나의 성질이 다른 성질에서 연역되며, 합동, 닮음과 같은 도형 사이의 관계를 파악하고 도형을 정의하는 활동이 이루어진다. 이 수준에서 '모든 정사각형은 직사각형이다'와 같은 관계가 이해된다.

제4수준: 형식적 논리 수준, 연역적 추론 수준

명제가 연구의 대상이 되며, 명제 사이의 논리적 관계가 정리 수단으로 등장하여, 공리, 정의, 정리, 증명의 의미와 역할을 이해하고 전체 기하의 연역 체계를 파악한다. 하나의 명제로부터 다른 명제로의 연역을 위해 일련의 명제 체제인 기하학을 구성한다.

제5수준: 논리적 법칙의 본질 수준, 기하학의 엄밀화 수준

기하학 체계 그 자체가 연구의 대상이 되어 여러 가지 공리 체계를 비교할 수 있고, 힐베르트 기하의 형식적 엄밀성을 파악한다. 학생들은 힐베르트 기하학과 대등한 비유클리드 기하학을 이해할 수 있고 다양한 연역 체계를 엄밀하게 분석할 수 있다.

각 수준에서의 연구 대상과 정리 수단을 요약하면 다음 〈표 7-2〉와 같다.

표 7-2 수준에 따른 연구 대상과 정리 수단

	1 수준	2 수준	3 수준	4 수준	5 수준
대상	주변 대상	모양	성질	명제	이론
수단	모양	성질	명제	이론	적용

각각의 사고 수준은 다음과 같은 고유한 특성을 갖는다. 첫 번째, 학생들은 $n-1$ 수준을 통과하지 않고는 n수준에 도달할 수 없다. 두 번째, 사고의 각 수준에서는 이전 수준에서 본질적이었던 것이 비본질적인 것이 된다. 예를 들어, '모양'은 제1수준에서는 정리 수단이었는데, 제2수준에서는 비본질적인 것이 되어 분석의 대상이 되는 것을 의미한다. 세 번째, 각 수준은 그 수준에 고유한 언어적 상징과 이를 연결하는 고유의 관계망을 갖는다. 네 번째, 서로 다른 수준에서 추론하는 두 사람은 서로를 이해할 수 없다. 이것은 교사와 학생 사이에서 자주 발생하는 특성이며 학습 지도를 어렵게 만드는 요인이 되고 있다. 다섯 번째, 모든 학생들이 같은 속도로 각 수준을 통과하지 않으며, 수준의 이행은 적절한 지도에 의해 촉진될 수도 있고, 부적절한 지도 때문에 지연될 수도 있다(강문봉 외, 2013, 96-97쪽; 한태식, 1995, 32쪽).

라. 구성 활동

1) 직관기하와 논증기하

기하학을 논증기하와 직관기하로 구분하기도 한다. 논증기하는 명제의 진위 판정을 논증에 근거하지만 직관기하는 직관에 근거하여 명제의 진위를 판정한다. 직관적 판단은 도형의 관찰, 실험, 실측, 조작, 작도와 같은 활동에 근거한다. 삼각형의 세 각의 크기의 합이 180°임을 평행선의 성질을 이용하여 증명하는 것은 논증기하이지만 각의 크기를 재어서 더해 보거나 종이를 접어서 주장하는 것은 직관기하이다.

직관기하는 논리적 계통성을 따르지 않아도 되기 때문에 직관적으로 정당화할 수만 있다면 필요한 명제를 언제든지 도입할 수 있다. 그러나 직관적 방법은 정확하지 않기 때문에 문제가 발생할 수도 있다. 예를 들어 어떤 아동이 삼각형의 세 각의 크기를 재어서 더했는데 178°가 나오게 되면 이 아동은 '삼각형의 세 내각의 크기의 합은 178°이다.' 라고 주장할 수도 있게 된다.

2) 구성 활동의 장점과 단점

초등학교에서 지도하는 도형은 대부분 직관기하의 영역에 속한다. 직관기하에서는 구성 활동이 매우 중요하다. 구성 활동으로는 모양 만들기, 모양의 합성과 분해, 절단과 회전, 작도 등이 있다.

구성 활동은 아동의 관심과 흥미를 일으켜서 수업에 적극적으로 참여하게 하며 아동의 창의력 신장에도 기여할 수 있다. 또한 도형의 개념이나 성질을 체험적이고 사실적으로 이해하게 할 수 있다는 장점이 있다. 반면에 교재 준비가 어렵고 수업이 단순한 놀이에 빠질 우려가 있다. 수업의 효율성을 위해 지나치게 통제하면 아동의 흥미를 상실하게 된다. 또한 교육목표를 분명하게 제시하기 어렵고 평가가 어려운 문제도 있다.

3) 종이접기 활동

종이접기는 매우 흥미로운 구성 활동이다. 아동들의 흥미를 유발하는 데 도움이 되며 창의적 활동을 하는 데도 기여한다. 종이접기는 아동들에게 기본도형이 가지고 있는 성질을 무의식적으로 경험하고 익숙하게 해 주는 양질의 비정형적인 학습 환경을 제공한다. 종이를 접는 과정에서 아동들은 기본도형의 성질과 같은 개념적 지식은 물론 종이를 접는 순서와 단계에 개재되어 있는 과정적 지식을 얻을 수 있다(백석윤, 1996, 31쪽).

종이접기를 할 때는 요구한 도형을 만들어 보게 하고, 더 나아가 만든 과정을 설명하고 만들어진 도형이 왜 그런 도형이 되는지를 설명하게 한다. 초등학교 수준에서 수학 학습과 관련하여 가능한 종이접기에는 직각 만들기, 정삼각형, 정육각형, 정팔각형, 정오각형 만들기, 삼각자 만들기, 삼각형을 접어서 직사각형 만들기 등이 있다.

가) 직각 만들기

어떤 교과서에서는 원을 두 번 접어서 직각을 만드는 활동을 제시하고 있다. 그러나 반드시 원을 이용해야만 직각을 만들 수 있는 것은 아니다.

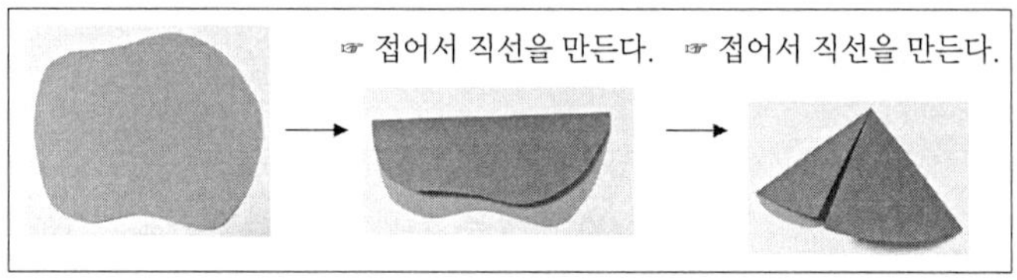

그림 7-2 종이접기로 직각 만들기

핵심은 평각을 이등분하는 것이므로 직선을 만들 수만 있으면 그다음에는 직각을 쉽게 만들 수 있다. 그러므로 아무렇게나 찢겨진 종이로도 직각을 만들어 보게 할 수 있다. 한 번 접어서 직선을 만들고 나서 다시 접어서 직각을 만들게 되는데 이때 직각을 만드는 방법은 한 가지만 있는 것이 아니다. 만들어진 각이 왜 직각인지를 설명하게 한다.

나) 정삼각형 만들기

정사각형 색종이를 접어서 정삼각형을 만들게 한다. 정삼각형을 만들기 위해 정삼각형의 결정 요소인 세 변의 길이를 같게 하거나 세 각의 크기를 같게(특히 60°를 만들어야 한다) 하려고 시도할 수 있다.

방법 1

세 각의 크기를 같게 만들려면 정사각형 색종이의 직각을 3등분하여 30°를 만들고, 거기서 60°를 취하면 된다. 이어서 이웃한 직각을 3등분하면 정삼각형을 만들 수 있다. 그러나 종이를 접어서 직각을 3등분하는 것이 쉽지는 않다.

방법 2

세 변의 길이가 같은 삼각형을 만들기 위해서는 〈그림 7-3〉과 같이 진행하면 된다. 먼저 정사각형을 반으로 접어 가운데 접힌 선 자국을 남긴다. 다음에는 정사각형의 한 변의 꼭짓점

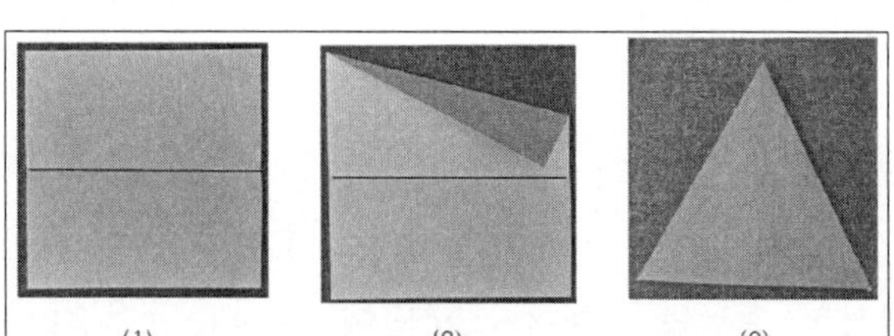

그림 7-3 정삼각형 만들기

이 가운데 선 자국 위에 오도록 〈그림 7-3〉의 (2)와 같이 접는다. 반대쪽에서도 마찬가지로 접는다. 이제 남은 부분을 적절히 잘 접어서 감추면 (3)과 같이 정삼각형이 만들어진다. 이것이 왜 정삼각형인지를 아동들에게 설명하게 한다.

다) 정육각형 만들기

정사각형 색종이를 접어서 정육각형을 만들려면 〈그림 7-4〉와 같은 순서대로 진행한다. 그리고 아동들에게 이 모양이 왜 정육각형인지 설명하게 한다.

① 색종이를 반으로 접고 또 접어서 작은 정사각형을 만든다.
② 직사각형 모양으로 펼친 다음 가운데 접힌 곳에서 평각이 3등분되도록 접어 60°를 만든다.
③ 3등분된 왼쪽과 오른쪽 부분을 다시 반으로 접는다.
④ 밑의 끝 부분을 그림의 (4)처럼 접는다. 양쪽 모두 접는다.
⑤ 접힌 색종이를 펼치면 그림처럼 접힌 선이 나타난다.
⑥ 정사각형의 아랫부분과 윗부분에서 각각 생긴 두 교점을 지나는 직선으로 접는다.
⑦ 그림의 (7)처럼 4 군데를 접는다.
⑧ 접힌 모양을 뒤집으면 그림의 (8)처럼 정육각형이 나타난다.

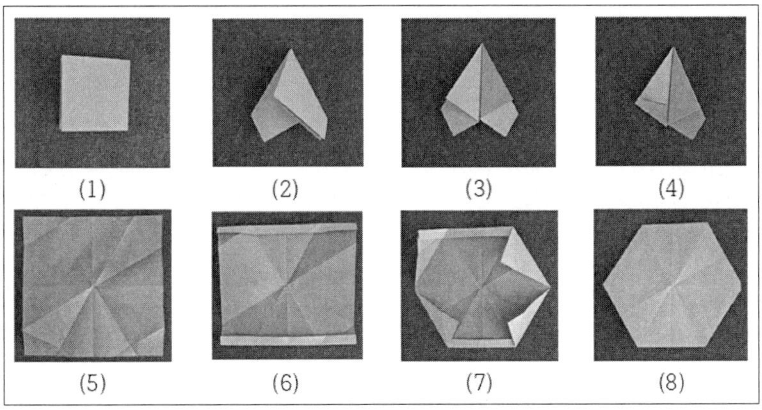

그림 7-4 정육각형 만들기

라) 삼각자 만들기

아동들이 사용하는 삼각자에는 직각이등변삼각형인 것과 30°, 60°, 90°로 이루어진 것 두 가지가 있다. 직각이등변삼각형인 것은 정사각형을 대각선으로 접으면 쉽게 만들 수 있다. 다른 삼각자는 정삼각형을 만들어서 반으로 접으면 된다.

마) 삼각형을 접어서 직사각형 만들기

삼각형을 접어서 직사각형을 만드는 것은 여러 번 접다 보면 만들 수 있다. 그러나 넓이가 가장 큰 직사각형, 즉 삼각형을 접되 두 겹이 되도록(즉, 반적변형) 접는 일은 쉽지 않다.

먼저 밑변과 마주 보는 꼭짓점을 밑변에 놓이도록 평행하게 접는다. 그다음에는 왼쪽에서 꼭짓점이 일치하도록 접고 마지막으로 오른쪽에서 마찬가지 방법으로 접으면 된다.

이렇게 접은 것을 이용하면 삼각형의 중요한 성질을 파악할 수 있다. 먼저, 삼각형의 세 내각이 한 점에 모였으므로 삼각형의 세 내각의 합이 평각이 됨을 알 수 있다. 또 처음 삼각형의 넓이는 만든 직사각형의 넓이의 두 배가 되므로

(삼각형의 밑변의 길이의 반)×(삼각형의 높이의 반)×2가 됨을 알 수 있다.

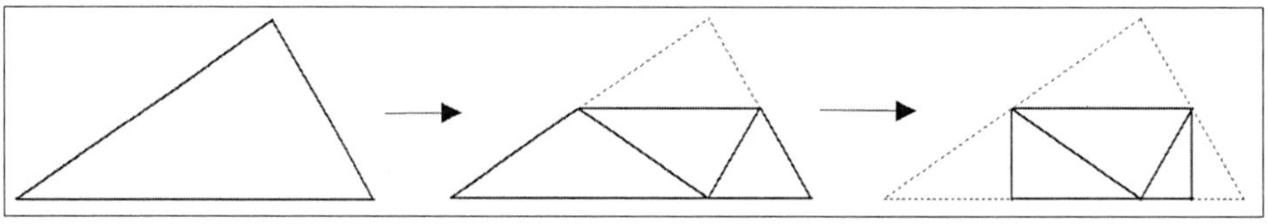

그림 7-5 삼각형을 직사각형으로 반적변형하기

높이가 삼각형의 외부에 있는 경우에는 종이접기 방법이 다소 어려워진다. 그러나 접는 순서는 마찬가지이다. 〈그림 7-6〉과 같이 접어서 직사각형을 만들게 되면 높이가 외부에 있는 삼각형의 넓이도 (밑변의 길이의 반)×(높이의 반)×2이 됨을 알 수 있다.

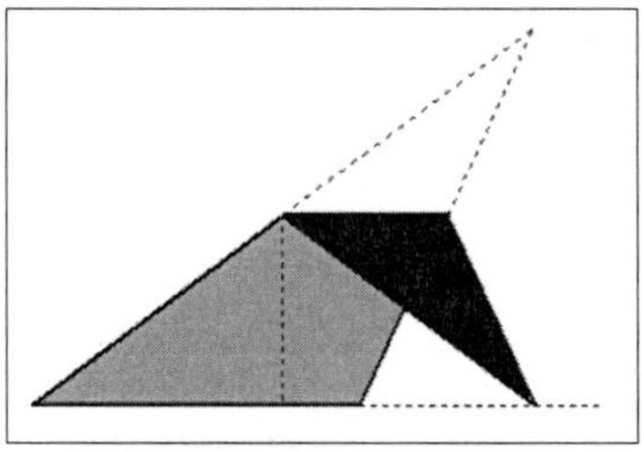

그림 7-6 둔각삼각형의 접기

4) 테셀레이션

테셀레이션은 같은 모양과 크기의 도형으로 어떤 틈이나 포개짐이 없이 평면이나 공간을 완벽하게 덮는 것을 말한다. **쪽매맞춤**이라고 번역하여 과거 교과서에서 다루어진 적도 있다. 테셀레이션은 보도블록이나 벽지, 건물 벽 등 우리 주변에서도 쉽게 찾아볼 수 있다.

평면을 완전히 덮으려면 한 점을 중심으로 360°가 되어야 한다. 그래서 정다각형 중에서 테셀레이션이 가능한 도형은 정삼각형, 정사각형, 정육각형이다. 물론 직사각형이나 평행사변형으로도 테셀레이션이 가능하며, 오각형으로 만든 테셀레이션도 있다. 이러한 도형을 교묘하게 변형하여 테셀레이션 활동을 통해 예술적인 작품을 만들 수도 있다.

예를 들어 〈그림 7-7〉을 보자. 왼쪽 정사각형에서 4 군데를 오려서 왼쪽 것은 오른쪽

에, 오른쪽 것은 왼쪽에, 아래의 것은 위에, 위의 것은 아래에 붙인 것이 가운데 그림이다. 이 모양은 이상하게 생겼지만, 이와 똑같은 모양을 여러 장 만들어서 이어 붙이면 오른쪽과 같이 빈틈없이 중복되지도 않게 평면을 덮을 수 있다.

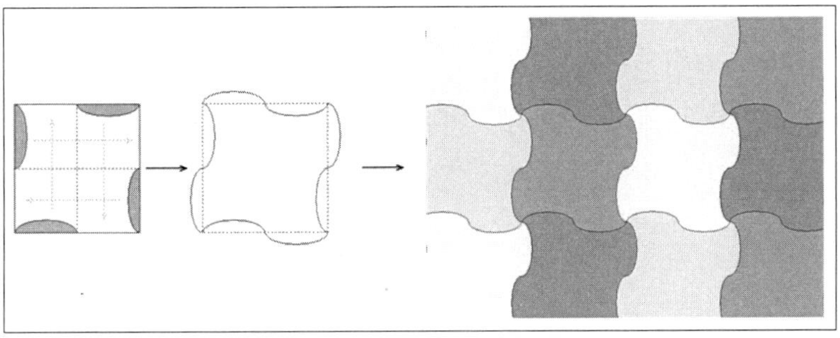

그림 7-7 테셀레이션(1)

〈그림 7-8〉 역시 정사각형을 이용하여 만든 테셀레이션이다. 이 경우는 오린 부분을 반대편으로 이동하지 않고 회전하여 붙인 것이다.

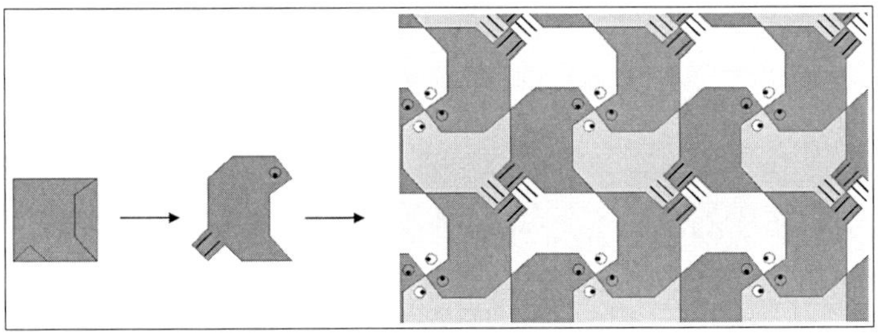

그림 7-8 테셀레이션(2)

2개 이상의 도형을 이용하여 테셀레이션을 할 수도 있다. 테셀레이션은 합동과 이동, 각의 크기 등의 내용과 관련되며 창의적인 미술 작품을 만들 수도 있어서 다른 교과와의 융합 소재가 되기도 한다. 테셀레이션 분야에서 많은 작품을 남긴 사람은 네덜란드 화가인 에셔(Escher, 1898-1972)이다.

5) 삼각형의 작도

유클리드의 **작도**는 눈금 없는 자와 컴퍼스를 유한 번 이용하여 도형을 그리는 것을 말한다. 초등학교 수준에서 삼각형의 작도는 2009 개정 교과서에서까지 다루어졌는데, 이때 눈금 있는 자와 컴퍼스, 각도기를 이용하여 도형을 작도한다. 그러나 이미 2009 개정 초등수학과 교육과정에서 작도는 삭제된 상태이며, 2015 개정 교과서에서부터 합동인 삼각형의 작도는 완전히 사라졌다. 아마도 중학교에서 작도가 지도되어 중복된다는 점과 학습 부담 경감 차원에서 작도를 삭제했을 것으로 추정된다.

그러나 작도는 초등학교에서 각도기를 사용하고 컴퍼스를 사용하는 기능을 훈련할 수 있는 내용이기도 하며 각기둥이나 각뿔의 전개도를 그리기 위해서도 삼각형의 작도는 필요하다. 물론 합동인 삼각형의 작도를 삭제하면서 2015 교육과정에서 각기둥이나 각뿔의 전개도를 그리는 내용도 세 변이 모두 자연수가 되는 특별한 직각삼각형을 그리는 경우로 한정하기는 하였지만, 작도의 삭제로 인해 기하 영역이 많이 축소되는 안타까운 면이 있다.

삼각형을 작도하기 위한 조건은 다음과 같다.

① 세 변의 길이가 주어질 때

② 두 변의 길이와 끼인 각의 크기가 주어질 때

③ 한 변의 길이와 양 끝각의 크기가 주어질 때

전통적으로 이러한 순서로 작도를 지도해 왔다. 크기가 같은 각을 작도하는 것이 쉽지 않기 때문이지만, 초등학교에서는 각도기를 사용하여 각을 그리기 때문에 크기가 같은 각을 그리는 일은 비교적 쉽다. 그러므로 초등학교에서 삼각형의 작도 내용을 지도해야 한다면 이 순서를 변경하여 ②, ③, ①의 순서로 지도하는 것이 바람직해 보인다.

작도와 관련하여 관심 가질 수 있는 내용은 3대 **작도 불가 문제**이다.

첫째, 주어진 원과 넓이가 같은 정사각형을 작도하는 문제이다. 이것은 $\sqrt{\pi}$를 작도하는 문제가 된다. 이 문제가 해결되면 원의 넓이를 구하는 공식을 찾을 수 있게 된다. 이집트의 아메스(Ames)는 이러한 정사각형을 찾으려고 노력하여 원의 지름의 $\frac{8}{9}$을 한 변으로 하는 정사각형의 넓이가 원의 넓이와 매우 비슷하다는 것을 발견하였다. 그러나 이는 정확한 값이 아니다.

둘째, 주어진 정육면체의 부피의 2배가 되는 정육면체를 작도하는 문제이다. 이것은 $\sqrt[3]{2}$을 작도하는 문제가 된다. 기원전 5세기경 그리스 델로스섬에 발생한 유행병과 이 문제가 관련된 전설이 있다.

셋째, 임의의 각을 3등분하는 문제이다. 모든 각을 2등분할 수 있으나 모든 각을 3등분할 수는 없다. 특히 60°를 3등분할 수 없으며, 45°, 22.5°, 90°, 108°, 135° 등 특수한 몇 개의 각은 3등분할 수 있다.

기원전 5세기경 소피스트들이 제기한 이 작도 문제를 해결하려고 많은 수학자들과 일반인들이 시도하였으나 성공하지 못하다가 1837년에 완첼(Wantzel)이 두 번째와 세 번째 문제가 작도 불가능하다고 증명하였으며(Bell, 1945, p.77; Burton, 2011, p.126), 첫 번째 문제는 1882년에 페르디난트 폰 린데만(Ferdinand von Lindemann)이 원주율(π)은 초월수라고 증명하면서 작도가 불가능함을 증명하였다(Bell, 1945, p.275; Burton, 2011, p.122).[31]

마. 공간 감각

공간 감각(spatial sense)은 자신의 주변과 주변에 있는 대상에 대한 직관적인 느낌이다. 공간 감각을 발달시키기 위해서는 공간에서의 대상들의 방향과 방위와 원근감, 도형과 대상의 상대적인 모양과 크기, 모양의 변화가 크기의 변화에 어떻게 관련되는지 등과 같은 기하학적 관계에 초점을 둔 경험을 많이 해야 한다(NCTM, 1989, p.49).

NCTM(1995)은 공간 감각에 대하여 다음 7가지 능력을 열거하고 있다.

① 눈 운동 조정(eye-motor coordination) 능력은 다양한 활동에서 눈을 신체의 다른 부분과 조정하는 능력이다.

② 형태와 배경 지각(figure-ground perception)은 복잡한 배경에서 형태를 식별하는 시각적 행위이다.

③ 지각의 일관성은 공간에서 형태나 대상을 크기나 위치, 방향에 관계 없이 인지하는 능력이다.

④ 공간에서의 위치 지각은 공간에서 대상을 자신과 관련시키는 능력이다.

⑤ 공간 관계의 지각은 둘 또는 그 이상의 대상을 하나 또는 서로와 관련하여 보는 능력이다.

⑥ 시각적 식별은 대상들 사이에서 유사점과 차이점을 구별하는 능력이다.

⑦ 시각적 기억은 보지 않고 대상을 회상하는 능력이다.

공간 감각을 공간 시각화 능력과 공간 방향 능력으로 구분하기도 한다. 공간 시각화 능력은 관찰자가 물체의 전부 또는 일부를 정신적으로 회전하거나 변환하고, 복잡한 배경 속에서 특정한 도형을 지각하는 등 정신적 표상을 구성하고 이를 조작하는 능력으로, 공간 시각화 능력의 하위 요인에는 정신적 회전, 정신적 변환, 도형 배경 지각이 있다. 공간

31) 유리수 계수를 가지는 0이 아닌 유한 차수 다항 방정식의 해가 될 수 없는 수를 초월수(超越數, transcendental number)라고 한다. 원주율 π와 자연로그의 밑인 e가 대표적인 초월수이다.

방향 능력은 공간에서 어디에 위치하고 있음을 알고 공간에서 이동해 가는 방법을 아는 능력으로, 공간 방향 능력의 하위 요인에는 방향 감각, 거리 감각, 위치 감각이 있다(조영선, 정영옥, 2012, 361-2쪽).

2 교구를 이용한 도형 지도

1-2학년군에서는 쌓기나무를 이용하여 모양을 만들고 칠교판을 이용하여 모양을 만들어 보게 함으로써 입체도형과 평면도형에 대한 감각을 기르도록 하고 있으며, 3-4학년군에서는 도형판, 모양 조각, 다양한 교구 등을 이용한 구체적 활동을 통해 평면도형을 이해하게 하고 있다.

5-6학년군에서는 점판을 이용하여 대칭 도형을 쉽게 그릴 수 있게 하고 쌓기나무로 입체도형을 만들게 하고 있다. 이와 같이 교육과정에서는 교구가 구체적으로 언급되는 경우가 적고 사용되는 곳도 한정되어 있다. 그러나 도형 지도에 유용한 교구가 많이 있으며, 적극적으로 교구가 활용되어야 한다.

가. 지오보드(점판)

지오보드(점판, geoboard)는 나무 판에 못을 박고 고무줄로 여러 가지 도형을 만들 수 있도록 한 것으로 영국의 수학자 가테뇨(Gattegno)가 1950년대에 고안하였다(Scandrett, H., 2008, p.29). 못이 정사각형으로 배열된 정사각형 지오보드와 정삼각형으로 배열된 정삼각형 지오보드, 원으로 배열된 원형 지오보드 등이 있다. 저학년은 5×5 지오보드, 고학년은 9×9 지오보드를 사용하는 것이 좋지만 항상 그런 것은 아니다.

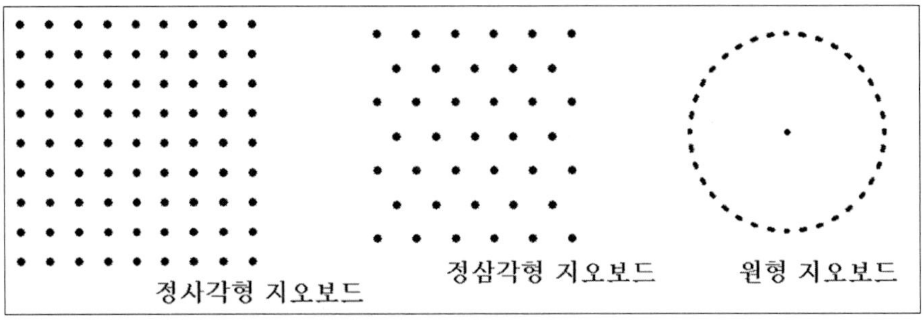

그림 7-9 지오보드 종류

지오보드를 사용할 때는 여러 가지 색의 고무줄을 함께 사용하는 것이 좋다. 지오보드는 도형을 쉽게 만들고 쉽게 변형할 수 있는 장점이 있다. 그러나 많은 도형을 만들고 변형하다 보면 완성된 도형을 확인하기 어려울 수도 있다. 그러므로 지오보드와 유사한 점 종이를 함께 사용하는 것이 좋으며 지오보드가 없을 때는 점 종이로 대신할 수도 있다.

지오보드와 점 종이는 우리나라 교과서에서 가장 많이 사용되는 교구 중의 하나이다. 지오보드를 활용하는 활동을 살펴보자.

1) 활동 1

지오보드를 이용하여 도형을 만들게 하고 도형을 관찰한다. 예를 들어 〈그림 7-10〉과 같이 삼각형을 만들게 하고 만들어진 삼각형의 각의 크기나 변의 길이를 관찰하게 할 수 있다. 경우에 따라서는 변에 있는 못의 수, 도형의 내부에 있는 못의 수를 조사하게 할 수 있다.

다소 어렵게 조건을 추가한다면, 내부에 못이 2개 있는 삼각형, 내부에 못이 3개 있고 변에 못이 4개 있는 삼각형 등과 같은 조건을 충족하는 도형을 만들게 할 수도 있다.

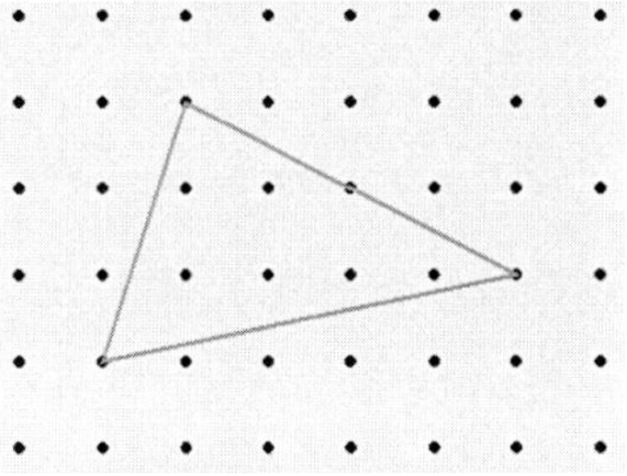

그림 7-10 삼각형 만들기

2) 활동 2

직각이 없는 사각형, 직각이 한 개 있는 사각형, 직각이 두 개 있는 사각형, 직각이 세 개 있는 사각형, 직각이 네 개 있는 사각형을 각각 만들어 보게 한다.

이 활동을 통해서 〈그림 7-11〉에서와 같이 수평과 수직으로 이루어진 직각뿐 아니라 비스듬히 놓인 직각이 있음을 알고 이러한 직각을 만들 수 있게 될 것이다.

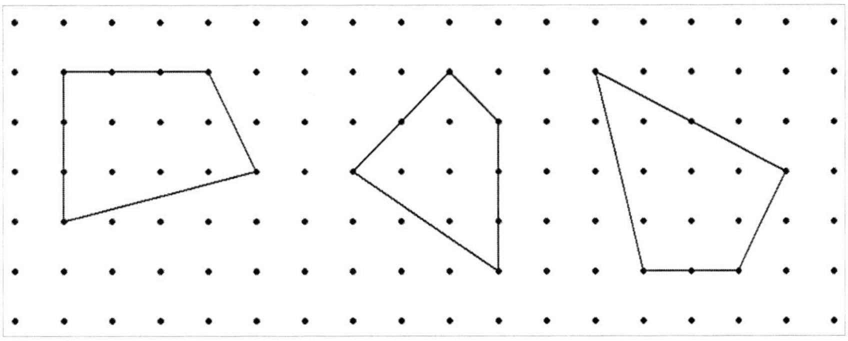

그림 7-11 직각이 한 개인 사각형 만들기

한편, 사각형의 네 각의 크기의 합이 360°임을 아는 아동은 직각이 3개인 사각형을 만들 수 없음을 안다. 경우에 따라서는 그러한 사실을 알고 있어도 직각이 3개인 사각형을 만들어 보려고 시도하는 아동도 있다. 특히 사각형의 각의 크기에 대해서 알지 못하는 아동의 경우는 여러 번 그런 사각형을 만들어 보려고 시도할 것이고 결국 만들지 못하게 됨에 의아해할 수도 있다.

왜 직각이 3개인 사각형을 만들 수 없는 것일까? 이런 의문에 대해서 생각해 보게 한다. 이와 같이 답이 없는, 만들 수 없는 도형을 만들어 보게 하는 것도 의미가 있다. 자신이 능력이 없어서 만들지 못할 수도 있지만 '불가능한 문제'일 수도 있다는 생각을 가지게 하는 것, 그런 경험을 가지게 하는 것 자체가 교육적 가치가 있기 때문이다.

3) 활동 3

넓이가 1인 정사각형, 넓이가 2인 정사각형, 넓이가 3인 정사각형, 넓이가 4인 정사각형, 넓이가 5인 정사각형 등을 만들어 보게 한다.

여러 정사각형을 만들면서 가로로 평행하게 만들 수 있는 정사각형의 넓이는 제곱수인 경우임을 발견하게 된다. 또한, 넓이가 2나 5인 정사각형과 같이 지오보드의 가로와 평행하지 않은 정사각형이 존재함을 알 수 있다. 넓이가 2나 5인 정사각형의 넓이가 왜 그렇게 되는지를 설명하게 함으로써 도형의 분할과 합성에 대해서도 경험할 것이다.

넓이가 3인 정사각형은 만들 수 없다. 정사각형을 만들 수 없는 넓이에는 어떤 것들이 있는지 살펴보고 그 이유가 무엇인지도 생각해 보게 한다.

4) 픽(Pick)의 정리

〈그림 7-12〉와 같이 넓이가 5인 도형을 여러 개 만들어 보게 한다. 가급적 모양이 이상한 도형을 만들어 보게 하는 것이 좋다. 만든 도형의 넓이가 5임을 확인해 보게 하고 넓이가 5가 아닌 도형은 다시 수정하게 한다.

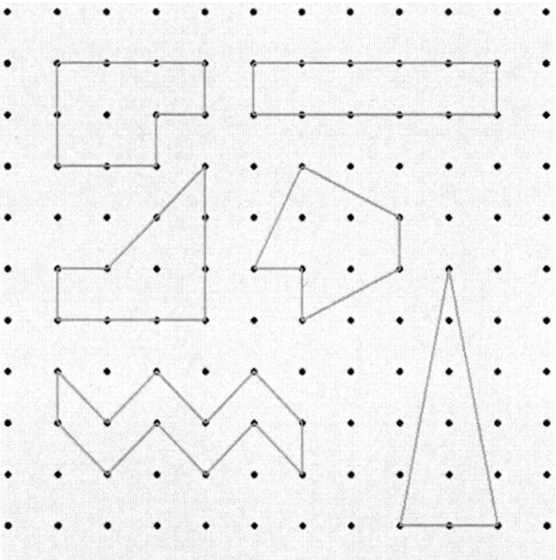
그림 7-12 넓이가 5인 도형 만들기

넓이가 5인 도형을 여러 개 만들었으면 도형의 내부에 있는 못의 수와 변에 있는 못의 수를 조사하게 한다. 조사한 자료를 정리하면 다음 〈표 7-3〉과 같이 될 수 있다. 자료를 정리할 때 내부의 못의 수나 변의 못의 수 중 어느 하나를 기준으로 하여 순서대로 기록하게 하는 것이 규칙을 찾는데 도움이 된다. 〈표 7-3〉은 내부의 못을 기준으로 하여 작은 값부터 기록한 것이다.

표 7-3 못의 수

내부의 못	변의 못
0	12
1	10
3	6

표에서처럼 만약 내부의 못이 2나 4인 도형을 만든 아동이 없을 수도 있다. 이런 경우에는 그런 도형을 만들어 보도록 요구할 수도 있다.

이어서 내부의 못과 변의 못의 수 사이에는 어떤 관계가 있는지, 규칙을 조사하게 한다. 이 자료에서 나올 수 있는 관계는 다음과 같을 수 있다.

① 내부의 못의 수는 0 또는 자연수이다.

② 변의 못의 수는 짝수이다.

③ 내부의 못이 한 개 늘어날 때마다 변의 못은 2개 줄어든다.

④ (내부의 못의 수)×2+(변의 못의 수)=12

이제 넓이가 6인 도형을 여러 개 만들어서 같은 방식으로 조사하게 한다. 이 경우 넓이가 5인 경우와 동일하게 위의 ①, ②, ③을 찾을 수 있으며 ④의 관계만 다음과 같이 차이가 있음을 알 수 있다.

(내부의 못의 수)×2+(변의 못의 수)=14

12, 14와 같은 수가 어디서 비롯되었는지를 생각해 보게 하여, 이 값이 (넓이+1)×2임을 알게 한다. 이런 관계를 정리하면 다음과 같은 픽(Pick)의 정리를 얻게 된다.[32)]

❖ Pick의 정리

다각형의 경계선 위의 격자점의 개수가 m, 다각형의 내부에 있는 격자점의 개수가 n일 때 다각형의 넓이는 다음과 같다.

$$(\text{다각형의 넓이})=\frac{m}{2}+n-1$$

여기서 더 나아가서 왜 변의 못의 수는 짝수인가? 하는 의문도 가질 수 있다. 만약 변의 못의 수가 홀수라면 이 공식의 결과는 어떻게 될까? 다각형의 넓이가 자연수가 되지 않는다. 그래서 만약 넓이가 5.5인 도형을 그리면 변의 못의 수는 홀수가 됨을 알 수 있다.

32) 이 정리는 오스트리아의 게오르그 픽(Georg Alexander Pick)이 1899년에 발견하였다.

초등학교 아동들을 대상으로 픽의 정리까지 얻게 하는 것은 너무 무리한 일이다. 그러나 넓이가 5나 6인 여러 모양의 도형을 만들어 보고 그 도형들이 왜 넓이가 그렇게 되는지를 설명하게 할 수 있으며 변의 못의 수가 내부의 못의 수에 따라 2씩 커지거나 작아지는 규칙은 찾을 수 있다.

나. 패턴블록

패턴블록은 1963년에 미국 매사추세츠 뉴턴에 있는 교육 개발 센터(EDC)에서 초등 과학 연구 프로젝트의 일환으로 에드워드 프레노비츠(Edward Prenowitz)가 처음 개발하였다. 패턴블록은 평면의 패턴을 탐구하거나 테셀레이션 등을 지도하는 데 효과적으로 사용할 수 있다.

패턴블록은 〈그림 7-13〉과 같이 6개의 조각으로 구성되어 있는데, 조각마다 색이 다르다. 정육각형을 반으로 쪼개면 사다리꼴이 되고, 3등분하여 평행사변형, 6등분하여 정삼각형을 얻을 수 있다. 보통 정사각형과 마름모라 불리는 다른 두 도형의 한 변의 길이는 정육각형의 한 변의 길이와 같다. 특히 마름모의 두 각은 30°와 150°이다. 패턴블록을 활용하는 활동을 살펴보자.

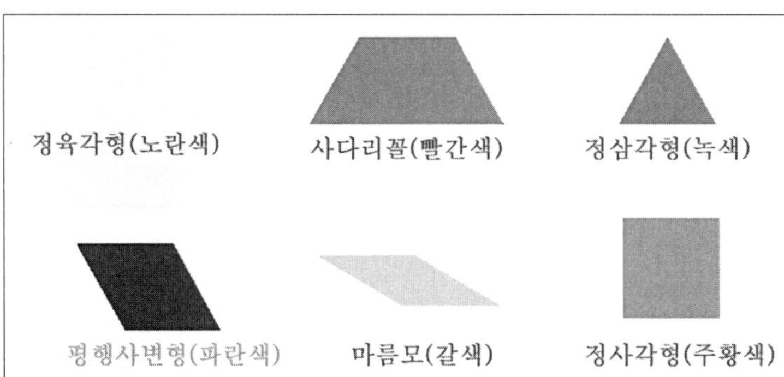

그림 7-13 패턴블록 조각

1) 활동 1

다음 〈그림 7-14〉와 같이 동일한 패턴블록 조각을 한 꼭짓점에 모아보게 한다. 각각의 조각 몇 개를 모을 수 있는지를 살펴본다. 이 활동을 통해서 패턴블록 조각에 친숙해지게 하고 각의 크기에 관해서 살펴볼 수 있다. 각도를 배우지

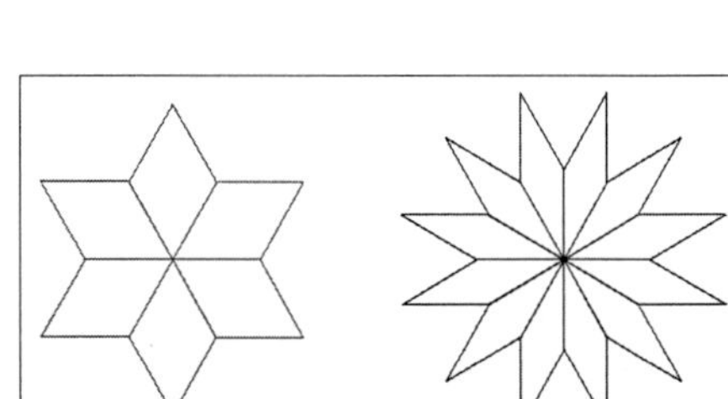

그림 7-14 조각 모으기

않아서 조각의 각의 크기가 몇 도(°)인가를 알지 못한다 하더라도 한 바퀴 도는 데 어떤 조각의 어느 각으로는 몇 개가 필요하다, 또는 같은 조각이라도 어느 각으로는 몇 개가 필요하다는 사실에서 조각의 각의 크기 사이에 어떤 관계가 있는지는 파악할 수 있다.

2) 활동 2

패턴블록 여러 조각으로 〈그림 7-15〉와 같이 사다리꼴을 만들어 보게 한다. 이 활동은 사다리꼴의 다양성을 인식하고 조각 모양 사이의 관계를 인식하며 공간 구상화 기술을 개발하게 한다.

사다리꼴뿐만 아니라 삼각형이나 평행사변형 등을 만들게 할 수도 있다.

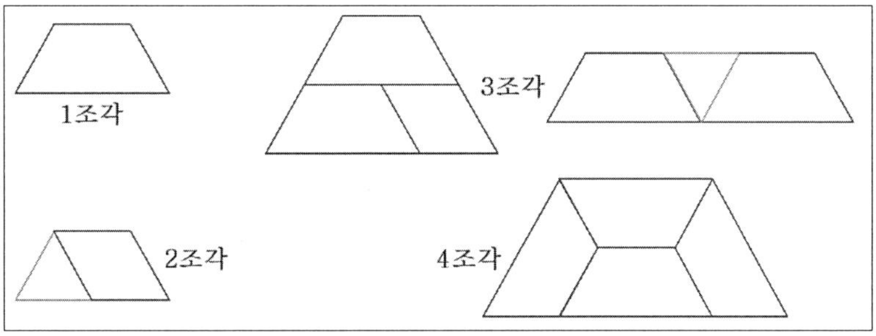

그림 7-15 사다리꼴 만들기

3) 활동 3

〈그림 7-16〉과 같이 한 삼각형을 두고, 그 삼각형의 변에 맞게 다른 삼각형들을 배열하고, 이런 배열을 계속해 나가게 한다.

이러한 배열에서 삼각형의 개수나 모양의 넓이, 모양의 둘레에는 어떤 규칙이 있는지를 찾아보게 한다.

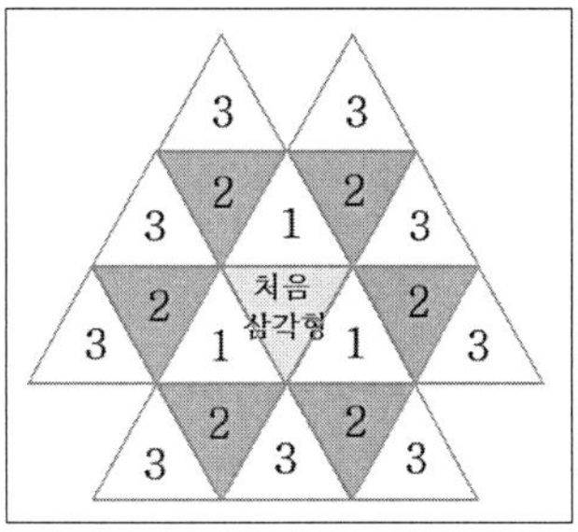

그림 7-16 삼각형의 배열

4) 활동 4

패턴블록 조각으로 삼각형의 개수를 쉽게 알 수 있는 규칙을 찾아보는 활동을 해보자. 먼저 〈그림 7-17〉의 (가)와 같은 정삼각형을 제시하고, 정삼각형 패턴블록 조각(〈그림 7-17〉의 (나))이 몇 개 들어가는지를 조사해 보게 한다. 아동들은 정삼각형 조각을 놓아 보고 쉽게 그 개수를 셀 수 있다. 그다음에는 〈그림 7-17의 (다)와 같이 아주 큰 정삼각형을 제시하고 조그마한 정삼각형 조각이 몇 개 들어가는지를 알아보게 한다.

아동들은 직접 정삼각형 조각을 모두 놓고 세어볼 수도 있다. 그러나 그 수가 많아서 세기 불편할 것이다. 가급적 정삼각형 조각이 모자랄만큼 큰 정삼각형을 제공해야 작은 조각을 직접 놓지 않고 다른 대안을 찾아보려는 마음을 가지게 하는 데 도움이 될 것이다. 아동들의 활동 후에 발표를 통해 해결 아이디어를 서로 공유하게 한다. 이 문제를 해결할 수 있는 방법은 여러 가지가 있다.

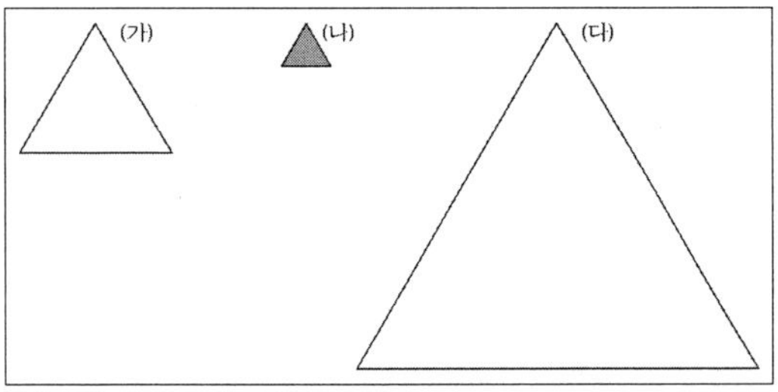

그림 7-17 삼각형의 개수의 규칙 찾기

① 우선 다른 아동과 합심하여 가지고 있는 조각들을 모아서 해결한다. 이런 경우에는 더 큰 정삼각형이 주어지면 똑같은 문제가 발생한다.

② 자신이 가지고 있는 조각으로 채우고 그 부분을 표시한 다음 다시 그 조각으로 다른 곳을 채운다. 이렇게 표시를 계속해 나간 다음에 각각에서의 조각의 개수를 더해서 해결한다. 이 방법은 혼자서도 할 수 있지만 도형이 크면 클수록 불편해지는 문제가 있다.

③ 정육각형 등 큰 조각으로 먼저 채우고 빈자리에 사다리꼴이나 평행사변형, 정삼각형 조각을 채운다. 정육각형은 정삼각형 조각이 6개, 사다리꼴은 정삼각형 조각이 3개, 평행사변형은 정삼각형 조각이 2개이므로 이를 이용하여 계산한다. 이런 아이디어도 주어진 문제를 해결하는 데는 아주 훌륭한 생각이다. 그러나 직접 놓아서 큰 정삼각형을 채워야 하는 문제는 여전히 남는다.

④ 큰 정삼각형을 몇 개로 등분하여 작은 정삼각형으로 만들어서 해결한다. 이런 방법 역시 훌륭하지만 작은 정삼각형으로 짝수 층으로 채워지지 않을 경우 등분된 작은 정삼각형에 패턴블록 조각을 채우지 못하는 경우도 생긴다.

이와 같은 여러 가지 방법들의 좋은 점과 불편한 점을 논의해 보고 다른 방법을 생각해 보게 하면서 자연스럽게 규칙을 찾으려는 마음을 가지게 한다.

⑤ 어느 정도 조각을 채우게 되면 여기서 규칙을 찾아본다. 〈그림 7-18〉에서 첫째 줄에는 조각이 몇 개인가? 두 번째 줄에는 몇 개인가? 그렇게 해서 조각은 줄의 순서대로 1, 3, 5, 7, 9와 같이 홀수개가 들어가며 조각 수의 합은 줄에 따라 1, 4, 9, 16, 25와 같이 제곱수가 됨을 알 수 있다. 이와 같이 규칙을 찾게 되면 앞으로는 많은 조각

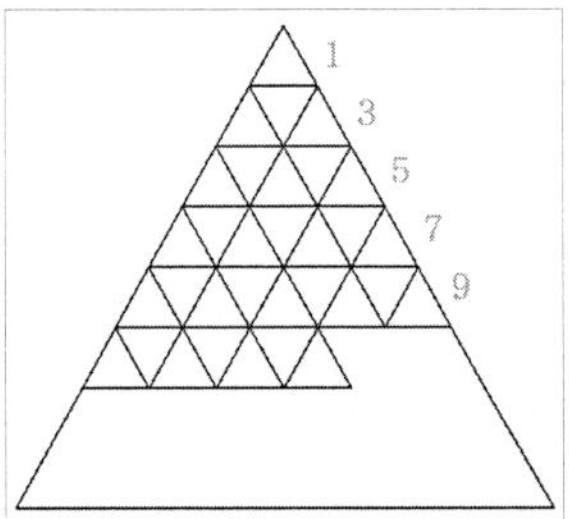

그림 7-18 규칙 찾기

이 없어도 '몇 줄로 놓여지는가'만 확인하면 정삼각형 조각 수가 몇 개가 필요한지를 알게 된다. 이러한 활동을 통해서 '규칙 찾기의 좋은 점'을 인식하게 된다.

5) 활동 5

패턴블록을 이용하여 분수를 지도하는 것은 그리 권장할 만하지는 않다. 모든 조각의 크기를 분수로 나타내기가 쉽지 않기 때문이다. 그렇기는 하지만 어느 정도 유용하게 사용할 수는 있다. 정육각형의 크기를 1이라고 하면 사다리꼴이나 평행사변형, 정삼각형 조각은 얼마인지, 사다리꼴 크기를 1이라고 하면 정삼각형 조각은 얼마인지를 살펴보게 한다. 단위를 잘 이해하지 못하면 어느 경우든 정삼각형 조각을 $\frac{1}{6}$이라고 답할 수 있으며 이를 통해 단위에 대한 오개념을 파악할 수도 있다.

다. 칠교판

탱그램 또는 **칠교판**은 정사각형을 7조각 낸 모양판을 말한다. 〈그림 7-19〉와 같이 정사각형을 몇 조각 내느냐에 따라 여러 종류의 모양판을 생각할 수 있다. 칠교판에도 여러 종류가 있지만 그중 하나를 표준으로 삼아 사용하고 있다. 칠교판으로 여러 가지 모양을 만드는 칠교놀이가 오래전부터 행해왔다. 칠교판은 크고 작은 직각삼각형, 정사각형, 평행사변형으로 이루어져 있어서 도형의 구성 활동을 하는 데 도움이 된다.

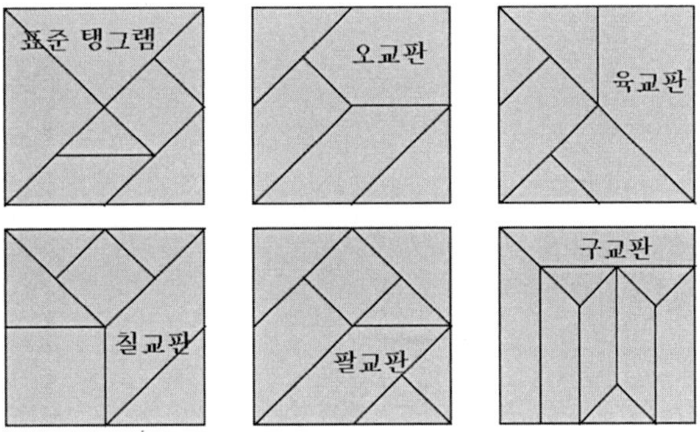

그림 7-19 여러 가지 조각판

칠교판을 활용하는 활동을 살펴보자.

1) 활동 1: 분수 지도

정사각형의 크기를 1이라고 할 때 칠교판 각 조각의 크기를 분수로 나타내 보게 한다. 그리고 그렇게 생각한 이유를 설명하게 한다. '가'와 '나'는 $\frac{1}{4}$이고 '라', '바', '사'는 $\frac{1}{8}$, '다'와 '마'는 $\frac{1}{16}$이다. 더 나아가서, 칠교 조각으로 사다리꼴과 같은 어떤 도형을

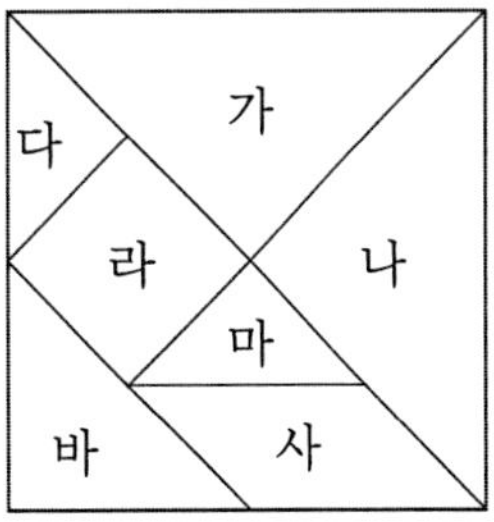

그림 7-20 칠교판

만들고 그 넓이를 구해보게 한다.

2) 활동 2: 둔각삼각형 만들기

칠교 조각을 이용하여 둔각삼각형을 만들어 보게 한다. 그러나 실제로 둔각삼각형을 만들 수는 없다. 왜 둔각삼각형을 만들 수 없는지의 이유를 생각해 보게 한다. 칠교 조각의 모든 각은 45°이거나 90°이다. 그러므로 둔각을 만들면 그 각은 135°이다. 둔각삼각형의 나머지 두 각의 크기의 합이 45°가 되어야 하는데 그럴 수 없다.

3) 활동 3: 정사각형 만들기

칠교 조각 1개, 2개, 3개 등으로 정사각형을 만들어 보게 한다. 〈그림 7-21〉과 같이 여러 가지 방법으로 만들 수 있다.

그런데 6조각으로는 정사각형을 만들 수 없다. 왜 만들지 못하는지 생각해 본다.

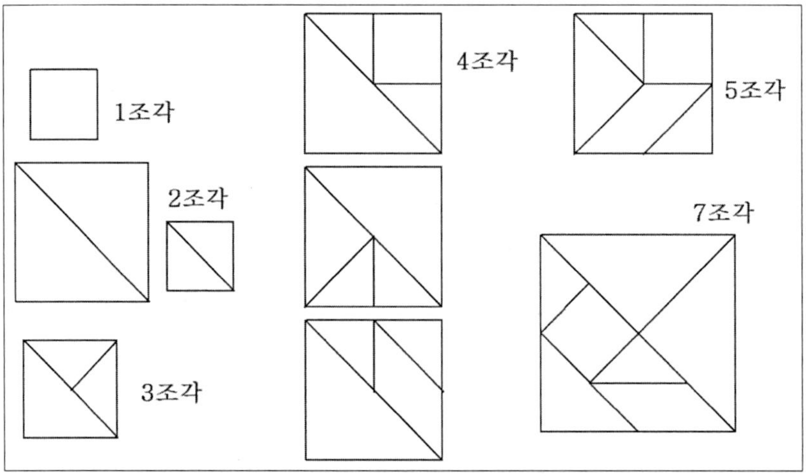

그림 7-21 칠교 조각으로 정사각형 만들기

4) 활동 4: 볼록다각형 만들기

칠교 조각 일부로 볼록다각형을 만들어 보게 하고, 특별히 7개 조각 모두 사용하여 볼록다각형을 만들어 보게 한다. 7개의 조각을 모두 사용하여 만들 수 있는 볼록다각형이 몇 개가 있는지 확인해 본다. 그리고 볼록다각형을 삼각형, 사각형, 오각형 등으로 분류하여 다각형의 개념을 확실히 이해하게 한다.

칠교 조각 7개를 모두 사용하면 다음 〈그림 7-22〉와 같이 삼각형 1개, 사각형 6개, 오각형 2개, 육각형 4개를 만들 수 있어서, 모두 13개의 볼록다각형을 만들 수 있다.

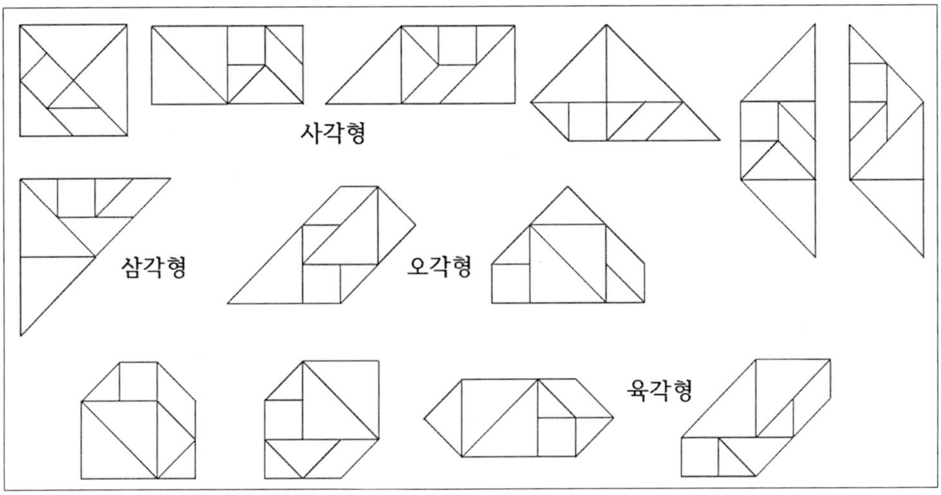

그림 7-22 칠교 조각으로 만들 수 있는 볼록다각형

라. 쌓기나무

쌓기나무는 한 변이 1cm 정도 되는 정육면체를 말한다. 쌓기나무로 여러 입체 모양을 만들고 관찰하면서 공간 감각을 기르게 된다. 입체 모양은 가로로 3개, 세로로 3개, 위로 3개 정도의 범위에서 쌓도록 암묵적으로 제한되어 있다.

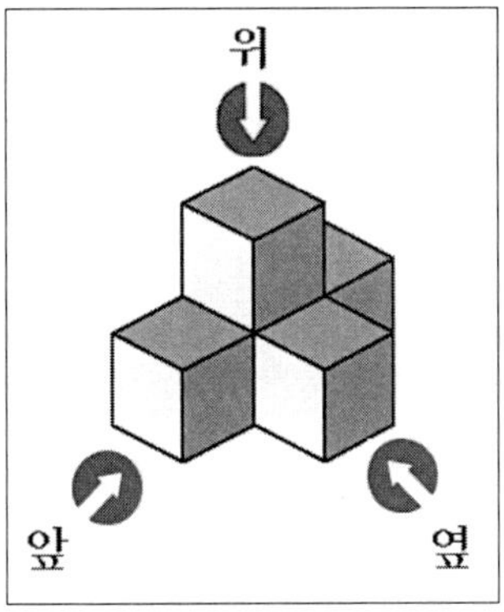

그림 7-23

〈그림 7-24〉와 같이, 쌓기나무의 한 모서리가 1 cm일 때 이것을 부피의 표준 단위로 하여 입체도형의 부피를 지도하는 데도 쌓기나무가 이용될 수 있으며, 한 모서리가 1 cm가 아닐 때는 부피의 임의 단위로 사용할 수도 있다.

그림 7-24 쌓기나무로 부피 구하기(강문봉 외, 출판예정c, 134쪽)

마. 기타 여러 교구

이외에도 여러 교구들이 사용될 수 있다. 〈그림 7-25〉와 같이 5개의 정사각형으로 이루어진 펜토미노는 모두 12조각으로 구성되어 있다. 펜토미노 조각을 이용하여 여러 가지 모양을 만들거나 정사각형 또는 직사각형을 만들 수 있고, 펜토미노를 이용한 여러 가지 놀이도 있다.[33)]

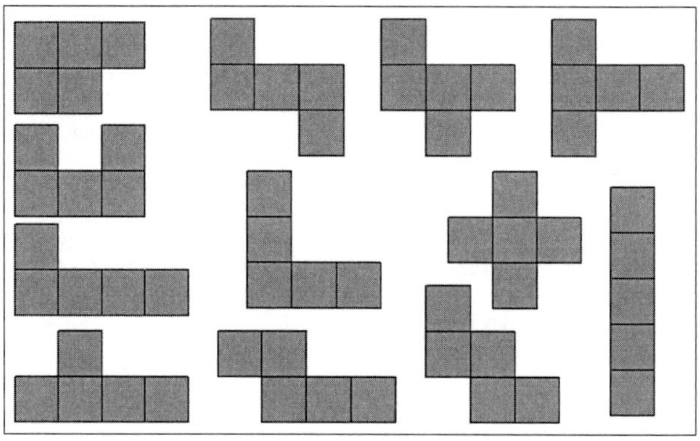

그림 7-25 펜토미노 조각 12개

〈그림 7-26〉과 같이 오목한 부분이 있도록 정육면체를 3개 또는 4개를 이어 붙인 것을 **소마큐브**라고 한다. 오목한 부분이 있는 이러한 조각은 모두 7개이다. 소마큐브도 입체물을 만들고 입체의 공간 감각을 기르는 데 유용한 교구이다. 소마큐브는 작은 정육면체가 모두 27개로 구성되어 있어서 이를 잘 조합하면 큰 정육면체를 만들 수 있다.

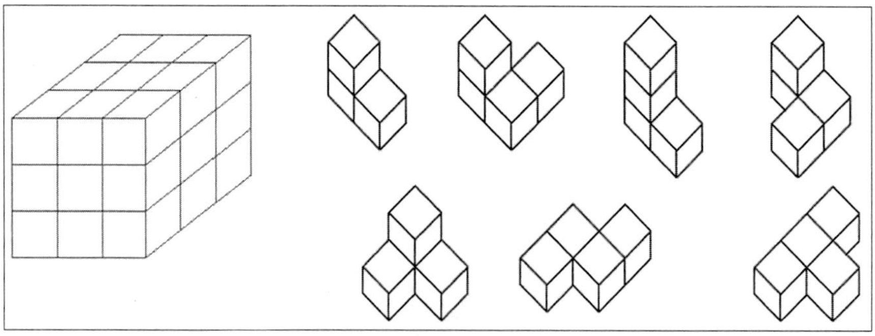

그림 7-26 소마큐브

33) 크기가 같은 정사각형을 변을 따라 여러 개 이어 붙여서 만든 도형을 폴리오미노(Polyomino)라고 한다. 이어 붙인 정사각형의 개수에 따라 각각의 이름이 정해져 있다. 정사각형 2개를 이어 붙인 모양을 도미노(domino), 3개를 붙인 것을 트로미노(tromino), 4개를 붙이면 테트로미노(tetromino), 5개를 붙인 것을 펜토미노(pentomino)라고 한다.

폴리드론은 〈그림 7-27〉과 같이 면을 결합하여 입체도형을 쉽게 만들고 쉽게 분해하면서 입체도형을 관찰할 수 있도록 한 교구이다. **로꼬**도 〈그림 7-28〉과 같이 폴리드론과 비슷하다. 다만 폴리드론은 면의 내부가 비어 있고 로꼬는 내부가 채워져 있다는 차이가 있다. 이러한 교구를 사용하면 입체도형의 면을 펼쳐서 전개도를 확인하는 데 효과적이다.

그림 7-27 폴리드론

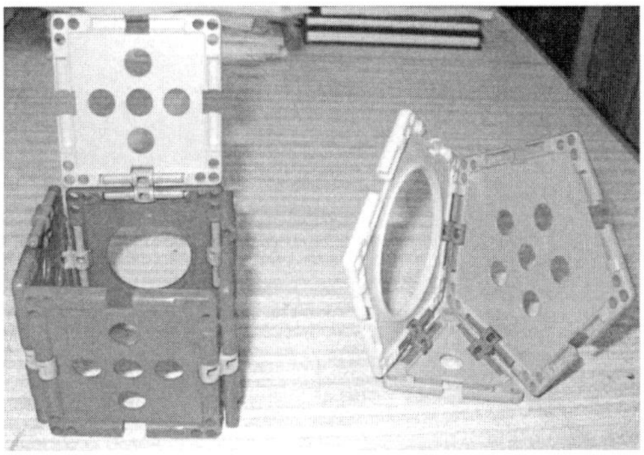

그림 7-28 로꼬

3 소프트웨어를 이용한 도형 지도

교육과정에서는 교수학습 방법으로 학생의 능력과 수준 등을 고려하여 여러 가지 방법을 적절히 선택하여 적용하도록 하고 있으며, 그러한 방법의 하나로 매체 및 도구 활용 학습을 제시하고 있다. 그러한 도구 중 하나로 교육용 소프트웨어를 이용하도록 하고 있으나 구체적인 소프트웨어는 언급하지 않는다.

도형 지도에 유용한 소프트웨어에는 여러 가지가 있다. 입체도형을 관찰하고 단면을 조사하고 회전체를 만드는 소프트웨어들도 있지만 최근에는 교육과정에서 입체도형에 대한 내용이 많이 삭제되어, 평면도형의 내용을 지도하는 데 도움이 되는 로고(LOGO)와 Geometer's SketchPad, 알지오매스에 대해서만 소개한다.

가. LOGO 유형의 프로그램

LOGO는 1960년대 후반에 미국의 Papert가 개발한 프로그래밍 언어이다. 거북기하라고도 하는데 주어진 명령에 따라 거북이가 움직이며 도형을 작도한다. 최근 코딩 교육으로 다루어졌던 스크래치나 엔트리도 LOGO와 유사하다. 여기서는 LOGO를 이용하여 도형을 작도하는 사례를 소개한다.

1) 도형n 그리기

이 활동은 소프트웨어를 이용할 수도 있으나 모눈종이에서 하는 것이 더 효과적일 수 있다.

도형1, 도형2, 도형3 등을 다음과 같이 정의하자.

- 도형1: 한 점에서 앞으로 단위길이 1만큼 전진한 후 오른쪽으로 90° 회전한 도형
- 도형2: 한 점에서 앞으로 단위길이 1만큼 전진한 후 오른쪽으로 90° 회전한 후 앞으로 단위길이 2만큼 전진한 후 오른쪽으로 90° 회전한 도형
- 도형3: 한 점에서 앞으로 단위길이 1만큼 전진한 후 오른쪽으로 90° 회전한 후 앞으로 단위길이 2만큼 전진한 후 오른쪽으로 90° 회전하고 앞으로 단위길이 3만큼 전진한 후 오른쪽으로 90° 회전한 도형

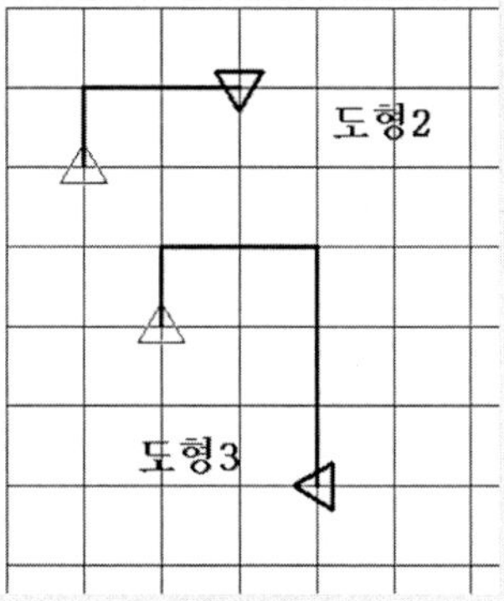

그림 7-29

도형1, 도형2, 도형3 등은 방향을 가지는 평면도형임에 주의하자. 먼저 도형1, 도형2, 도형3을 그리면서 도형n에 대해 이해하게 한다. 다음에는 이 도형이 방향을 가지고 있음을 주목하게 하기 위해 도형3을 반복해서 그려보게 한다. 즉, 모눈종이 위에 도형3을 그리고 그 끝점에서 다시 도형3을 이어서 그리고, 그 끝점에서 도형3을 다시 그려보자. 이런 식으로 계속해서 도형3을 그리면 어떻게 되겠는가? 도형3을 이와 같이 계속 반복해서 그리면 〈그림 7-30〉에서 보는 것처럼 4번 반복할 때 제 자리로 돌아오게 됨을 알 수 있다.

도형1, 도형2, 도형4, 도형5 등에 대해서도 같은 식으로 그려보자. 무엇을 알 수 있을까? 어떤 도형이 2번 만에 제 자리로 돌아오는지 혹은 4번 만에 돌아오는지, 그리고 어떤 도형이 제 자리로 돌아오지 않는지를 분류해 본다. 그리고 그렇게 되는 이유는 무엇인지 생각해 보게 한다.

이번에는 도형n의 정의를 변형해보자. '변형된 도형2'는 〈그림 7-30〉에서와 같이 '한 점에서 앞으로 단위길이 1만큼 전진한 후 오른쪽으로 45° 회전한 후 앞으로 단위길이 2만큼 전진한 후 오른쪽으로 45° 회전한 도형'이라고 하자. 이 도형을 도

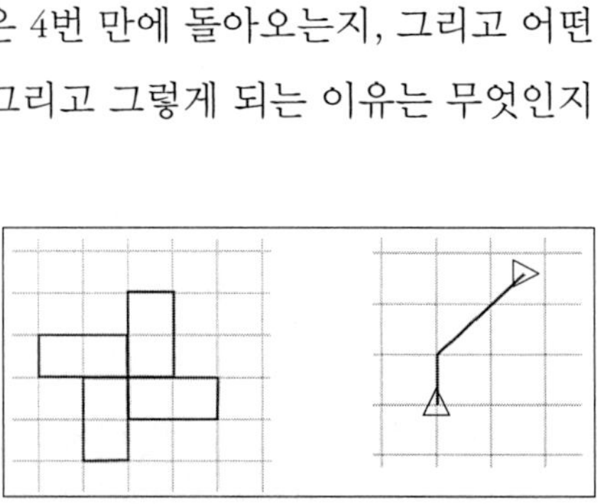
그림 7-30 도형3의 반복과 도형2_45

형2_45라고 하자. 회전하는 각도를 변형하면 얼마든지 다양하게 변형된 도형을 생각할 수 있다. 이런 도형에서는 어떤 성질이 있는지를 모눈종이 위에 그려서 탐구할 수가 없다. 이럴 때는 LOGO와 같은 컴퓨터 소프트웨어를 사용하는 것이 효과적이다. 소프트웨어를 사용해서 도형2_45는 몇 번 반복하면 제 자리로 돌아오는지를 확인해 보고 그 이유는 무엇인지 생각해 보게 한다.

2) LOGO

LOGO를 설치한 다음 실행하면 다음 〈그림 7-31〉과 같은 화면이 나온다. 가장 위의 화면은 명령이 수행되어 거북이(실제로는 삼각형 모양)가 도형을 그리는 화면이다. 두 번째 Commander 화면에는 지시한 명령들이 순서대로 기록된다. 여기에 표시된 명령을 찾아 클릭해도 명령을 입력한 것과 같은 효과가 발생한다. 가장 밑에는 한 줄 정도의 여백이 있는 화면이 있는데, 여기에 거북이가 수행할 명령을 입력한다.

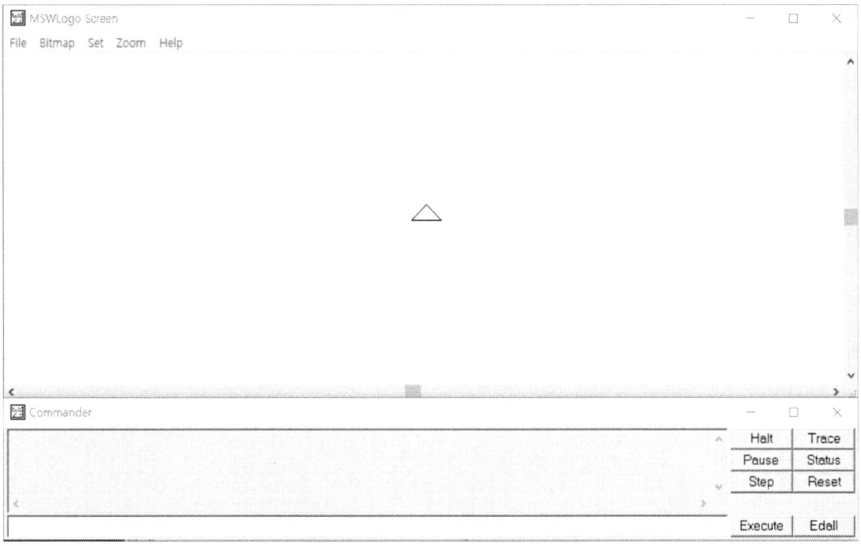

그림 7-31 LOGO 실행 화면

LOGO에서 사용되는 기본 명령어는 다음과 같다. 명령어에 대문자와 소문자를 구별하지는 않는다.

FD(앞으로 이동) BK(뒤로 이동)
RT(오른쪽으로 회전) LT(왼쪽으로 회전)

이 명령어는 FD 50, RT 60과 같이 길이나 각도를 값으로 취하며, 'FD 50 RT 60 FD 70'과 같이 여러 명령을 이어서 입력할 수도 있다.

다음 명령어는 어떤 값이 필요 없이 명령어로만 작동한다. 예를 들어 PU를 입력하면 펜을 들어 올린 상태가 되므로 그 이후 PD를 입력하기 전까지 화면에 어떠한 그림도 그려지지 않고 거북이의 위치만 바뀌게 된다.

ST(거북 모양 보임) HT(거북 모양 숨김),
PD(펜을 내림) PU(펜을 올림)

이런 명령어를 반복할 수 있는 반복 명령도 있다. 반복 명령은 다음과 같이 반복할 명령을 대괄호 안에 넣고 그 앞에 반복할 횟수를 적는다. 이 명령은 '앞으로 50 이동하고 오른쪽으로 90° 도는 행위'를 4번 반복하라는 뜻이며, 이 결과 정사각형이 그려진다.

```
REPEAT 4 [FD 50 RT 90]
```

이외에 특별한 명령어를 기억하고 수행하게 할 수도 있다. 예를 들어 위와 같은 정사각형을 작도하는 명령어로 다음과 같이 SQUARE라는 이름을 지정하면 그 이후에는 SQUARE를 입력할 때마다 TO SQUARE와 END 사이에 있는 명령어들을 수행한다.

```
TO SQUARE
  REPEAT 4 [FD 50 RT 90]
END
```

다음은 변수를 가지는 명령어이다. 변수 이름은 콜론(:) 다음에 지정하게 되는데, POLYGON 6과 같이 입력하면 정육각형을, POLYGON 8을 입력하면 정팔각형을 작도한다.

```
TO POLYGON :SIDES
  REPEAT :SIDES [FD 50 RT 360/:SIDES]
END
```

앞서의 도형n도 이와 같이 명령어를 만들어두면 도형n 그리기 활동을 LOGO를 이용해서 확인해 볼 수 있다.

LOGO에서 거북이는 직선 방향으로만 움직이며 곡선으로는 움직일 수 없다. 그러므로 원을 그릴 수는 없다. 원을 그리려면 n의 값이 꽤 큰 정n각형을 작도하면 시각적으로 원처럼 보이게 된다.

LOGO는 굉장히 오래된 프로그램이며 명령어를 영어로 직접 입력해야 하는 불편함이 있지만, 명령을 단계적으로 입력할 수도 있고 To-End 구문에 일괄적으로 입력할 수 있는 장점이 있다. 또한 입력한 명령에 따라서 거북이가 단계적 또는 일괄적으로 직접 움직이면서 도형을 그리기 때문에 움직이는 행동을 반성하며 도형의 성질을 학습할 수 있는 장점이 있으며 무료 프로그램이다.

나. Geometer's SketchPad

LOGO가 프로그래밍 언어인데 반해 Geometer's SketchPad(GSP)는 평면도형을 작도하는 프로그램이다. 초등학교에서 고등학교 기하까지 광범위하게 사용할 수 있는 프로그램이지만 초등학교 학생들이 GSP의 많은 기능을 사용하기는 어려울 수 있다. 그러나 도형을 지도하는 교사들에게는 아주 유용할 수 있으며, 유료 프로그램이다.

디에네스(Dienes)의 **수학적 가변성의 원리**에 의하면, 아동은 개념과 무관한 속성의 변형을 경험하여 불변인 속성을 골라낼 수 있어야 한다.[34] 예를 들어, 평행사변형의 개념을 학습하기 위해서는 각의 크기, 변의 길이, 평행사변형의 위치 등의 변형을 경험하면서 대변의 평행성이 유지됨을 인식해야 한다. 그러나 교실에서 이러한 속성을 다양하게 변형시켜서 제시하기는 어렵다. GSP는 이것을 가능하게 해 준다. 예를 들어 실제 수업에서는 삼각형의 세 각의 크기의 합을 알아볼 때 다양하고 많은 삼각형에서 세 각의 크기의 합을 구하지 않고 두어 개의 삼각형에서 각의 크기의 합을 구하고서 금방 '모든' 삼각형으로 일반화해 버린다. 평행사변형도 특수한 평행사변형만 제시할 뿐 다양한 평행사변형을 일일이 제시하기 어렵다. GSP는 이런 문제를 쉽게 해결해 준다.

GSP를 실행하면 상단에 메뉴, 왼쪽에 도형을 그리기 위한 몇 가지 아이콘, 그리고 도형을 작도하는 넓은 화면이 나타난다.

GSP를 이용해서 삼각형의 세 각의 크기의 합을 알아보자. 먼저 삼각형을 그린다. 그리기 도구에서 선분(/)을 클릭한 후에 선분을 연결하면 삼각형을 그릴 수 있다. 점이나 선분 등의 개체를 선택한 다음에 마우스의 오른쪽 버튼을 클릭하면 개체의 이름도 지정할 수 있다. 〈그림 7-32〉에서처럼 삼각형을 작도하고 세 각의 크기를 측정한 다음, 화면 상단의 측정 메뉴 안에 있는 '계산'에서 세 각의 크기의 합을 구한다. 세 각의 크기의 합은 자동으로 계산되어 180°가 나오는데, 경우에 따라서 측정의 오차로 인해 180°보다 약간 크거나 작은 각도가 나올 수도 있다.

34) '수학적 다양성의 원리'로 번역되었지만, '수학적 가변성'의 원리로 번역하는 것이 적합하다. 수학적 가변성의 원리(mathematical variability principle)는 '변수와 관련된 개념은 가능한 한 많은 수의 변수를 포함하는 경험을 통해 학습해야 한다.'라는 원리이다(Dienes, 1964, p.44).

이제 꼭짓점 A를 잡아끌어서 움직이면 삼각형은 선분 BC를 고정한 상태에서 다양하게 변하게 되고, 이때 세 각의 크기도 제각각 달라진다. 그러나 세 각의 크기의 합인 180°는 변함이 없다. 이를 통해 "'모든' 삼각형에서 세 각의 크기의 합은 180°이다."라고 일반화할 수 있게 된다.

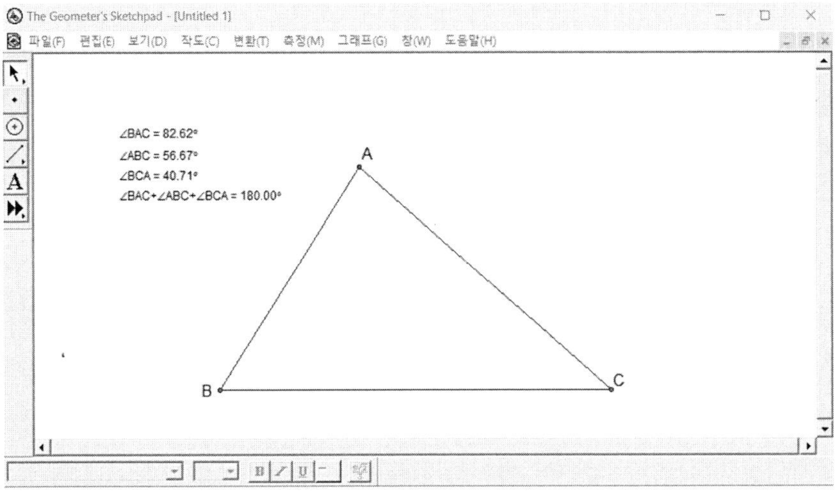

그림 7-32 삼각형의 세 각의 크기의 합(GSP)

이번에는 평행사변형을 그려보자. 먼저 평행사변형을 어떻게 그릴지를 결정해야 한다. 눈짐작으로 대변이 평행하도록 선분을 그리면 완성된 평행사변형의 꼭짓점이나 선분을 움직일 때 평행성이 유지되지 않고 도형이 해체되거나 일반 사각형이 될 수도 있다. 그러므로 도형을 움직여도 여전히 평행사변형이 되도록 그리는 것이 중요하다.

평행사변형을 그리려면 ① 두 쌍의 대변이 평행하게 그리거나 ② 한 쌍의 대변이 평행하고 그 길이가 같게 그리거나 ③ 대각선이 이등분된다는 성질을 이용하거나 ④ 대각의 크기가 같게 그리거나 하는 방법이 있다. 여기서는 두 쌍의 대변이 평행하도록 그려보자.

❖ **그리는 방법은 다음과 같다(그림 7-33).**

1. 점 A를 지나는 두 선분 AB와 AC를 그린다.
2. 점 B를 지나고 선분 AC와 평행한 직선을 '작도' 메뉴를 이용하여 그린다.
3. 점 C를 지나고 선분 AB와 평행한 직선을 '작도' 메뉴를 이용하여 그린다.
4. 평행한 두 직선의 교점을 '작도' 메뉴를 이용하여 찍는다(점 D).
5. 평행하게 그린 두 직선을 '보기' 메뉴를 이용하여 숨긴다.
6. 점 C와 D, 점 B와 D를 이으면 평행사변형이 완성된다.

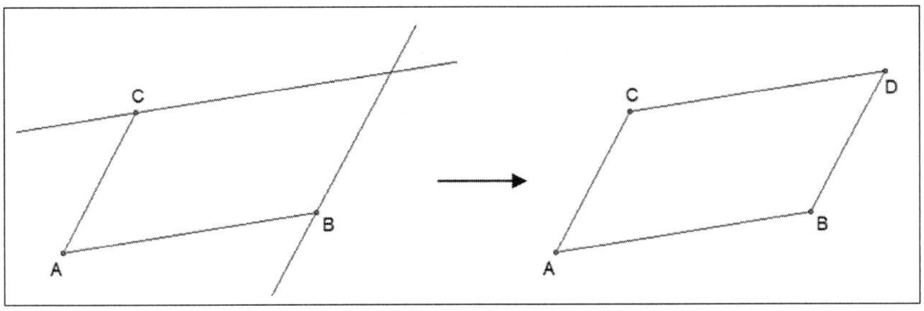

그림 7-33 GSP로 평행사변형 그리기

이렇게 그린 평행사변형의 꼭짓점이나 변을 선택해서 도형의 모양이나 위치를 바꾸어도 이 도형이 평행사변형이라는 사실은 변하지 않는다. 다만 점 D나 선분 CD, 선분 BD를 선택해서 움직이면 평행사변형의 모양이 변하지 않고 위치만 변하게 된다. 이것은 만들어진 개체가 독립적이 아니기 때문이다.

초등학교에서 GSP를 이용하여 지도할 수 있는 도형의 내용은 이외에도 많이 있다. 삼각형에서 밑변의 길이가 같고 높이가 같으면 넓이가 같다는 삼각형의 등적변형, 평행사변형의 여러 성질, 사각형의 대각선의 길이나 변의 길이와 각의 크기에 관한 성질, 선대칭도형과 점대칭도형을 그리거나 그 성질, 2015 교육과정에서 삭제된 내용이지만 평행이동과 회전이동, 도형의 확대와 축소 등 평면도형의 많은 내용을 지도하는 데 적절히 활용할 수 있다.

이러한 소프트웨어를 잘 활용하면 흥미 있게 여러 가지 도형의 성질을 탐구할 수 있다. 그러므로 교육과정을 개정할 때마다 학습 부담 경감이라는 이유로 도형의 여러 가지 내용을 삭감할 것이 아니라, 지도 방법의 개선을 도모하면서 오히려 미래 사회를 대비하여 지도 내용을 정선하고 보강해야 할 것이다.

다. 알지오매스(AlgeoMath)

알지오매스는 대수부터 기하까지의 모든 수학을 다루는 소프트웨어라는 의미로, 한국과학창의재단이 교육부, 17개 시·도 교육청과 함께 개발해서 무료로 보급하는 초·중·고 수학 실험탐구용 소프트웨어이다. 알지오매스는 초등학생을 위한 알지오매스 키즈와 중고등학생과 일반인을 위한 알지오매스로 구분되며, 또한 각각 평면도형을 다루는 2D와 입체도형을 다루는 3D로 세분된다.

알지오매스의 기능은 매우 다양하다. 로고(LOGO)의 명령을 모아서 함께 프로그램할 수 있는 블록코딩 기능과 GSP와 유사하게 도형을 그릴 수 있는 기능, 통계 처리를 할 수 있는 기능들이 모여 있다.

알지오매스 키즈의 블록코딩과 도형 작도 기능, 입체도형을 다루는 알지오매스 키즈 3D를 간단히 살펴보자. 알지오매스 키즈 2D를 실행하면 〈그림 7-34〉와 같은 초기화면이 나온다. 왼쪽에 통계와 블록코딩을 할 수 있는 단추가 있고 그 밑의 도구들은 GSP의 도형을 그리기 위한 도구와 같다.

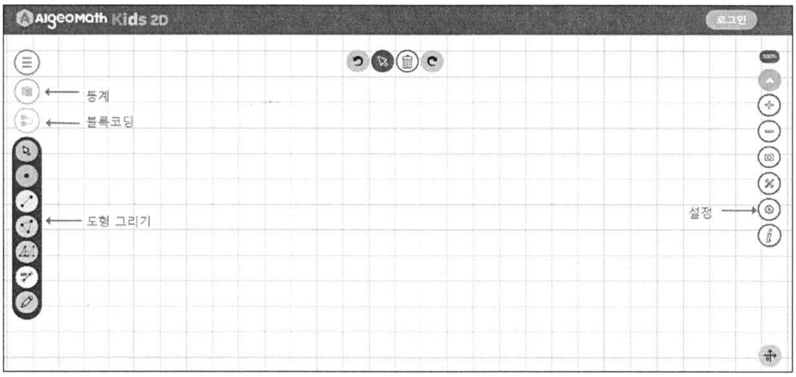

그림 7-34 알지오매스 키즈 2D의 초기화면

1) 블록코딩

블록코딩은 위의 로고(LOGO) 프로그램과 비슷하다. 블록코딩 단추를 클릭하면 오른쪽에 블록꾸러미와 블록조립소가 나타난다. 블록을 가져와서 필요한 수치를 넣어 조립하고 블록조립소 밑의 가운데에 있는 실행/중지 단추(▶)를 클릭하면 오른쪽에 도형이 그려진다.

반복 기능을 이용하여 정사각형과 정육각형을 그리는 코드를 만들면 〈그림 7-35〉와 같다.

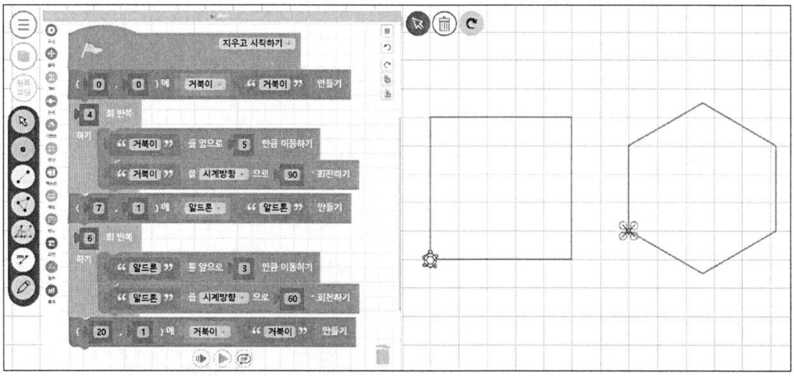

그림 7-35 블록코딩으로 정사각형과 정육각형 그리기

변수를 이용하여 〈그림 7-36〉과 같은 코드를 만들면 정십각형을 그릴 수 있으며, 변수 i의 값으로 다른 값을 넣으면 여러 가지 정다각형을 만들 수도 있다.

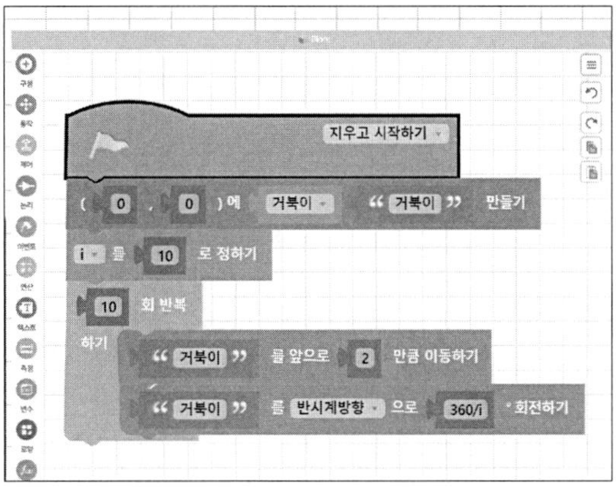

그림 7-36 변수를 사용한 코드

2) 도형 그리기

그림 그리기 도구들을 이용하여 평행선과 수선, 여러 가지 다각형과 원을 그릴 수 있으며 도형을 밀고 뒤집고 돌릴 수 있다. 선분의 길이와 각도, 도형의 넓이도 구할 수도 있다. 모눈 격자는 '설정'에서 사라지게 할 수도 있다.

앞서 소개한 GSP와 매우 유사하다고 할 수 있다. 그러나 GSP와 달리 점이나 선분 등이 격자점을 기준으로 그려지는 한계가 있다. 격자를 보이지 않게 하더라도 점의 이동은 기본적으로 격자 단위로 가능한 것으로 보인다. 그리고 각의 크기나 변의 길이를 측정하기는 하지만 각도의 합이나 변의 길이의 합을 구하는 기능이 없기 때문에 도형의 성질을 탐구하는 데에 아직은 불편한 점이 많아 보인다.

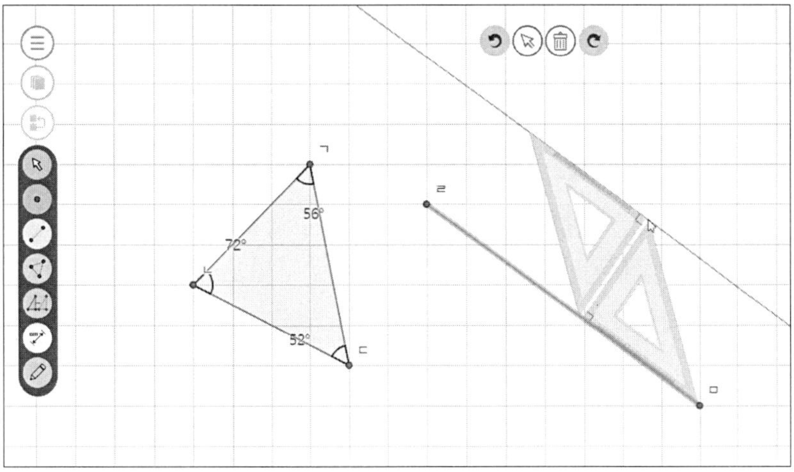

그림 7-37 알지오매스로 도형 그리기

3) 알지오매스 키즈 3D

알지오매스 키즈 3D를 실행하면 〈그림 7-38〉과 같은 초기화면이 나온다. 왼쪽에 블록 코딩을 할 수 있는 단추가 있고, 그 밑에 입체도형과 관련한 여러 도구들이 있다. 쌓기나무와 여러 기둥 및 뿔, 정다면체 등을 만들 수 있는 도구가 있으며, 겨냥도와 전개도에 관련한 도구와 부피와 겉넓이를 구하기 위한 도구도 있다. 오른쪽에는 이렇게 만든 입체도형을 위나 앞, 오른쪽에서 관찰할 수 있도록 도형을 회전시킬 수 있는 도구가 있는데, 360° 회전이 가능하다. 가운데에는 입체도형을 만드는 공간인데, 그리드는 보이지 않게 할 수도 있다.

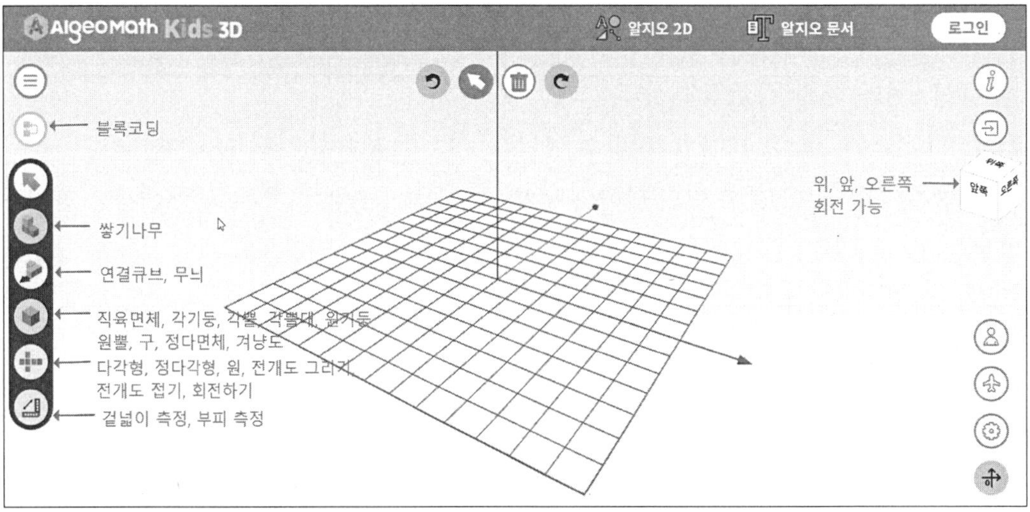

그림 7-38 알지오매스 키즈 3D의 초기화면

4 모양의 인식 지도

도형 지도는 먼저 입체도형의 모양을 인식하고, 다음에는 평면도형을 인식한 후, 평면도형의 성질과 입체도형의 성질을 지도하는 순으로 진행된다. 세상에 존재하는 모든 물건은 평면이 아니라 입체이므로 입체도형의 모양을 평면도형의 모양보다 먼저 인식시키는 것이 타당하며, 입체도형의 성질보다는 평면도형의 성질이 보다 이해하기 쉽고 기본이 되기 때문에 이런 순서로 지도하는 것이 적절하다.

모양의 인식은 1-2학년군에서 다룬다. 교실 및 생활 주변에서 여러 가지 물건을 관찰하여 직육면체, 원기둥, 구의 모양을 찾고, 그것을 이용하여 여러 가지 모양을 만들도록 하고 있다. 이어서 교실 및 생활 주변에서 여러 가지 물건을 관찰하여 삼각형, 사각형, 원의 모양을 찾고, 그것을 이용하여 여러 가지 모양을 만들도록 하고 있다. 입체도형이나 평면도형의 모양을 분류하고, 이를 지칭하기 위해 일상용어를 사용하도록 하고 있다.

표 7-4 모양의 인식 내용 체계(교육부, 2022)

핵심 아이디어	• 평면도형과 입체도형은 여러 가지 모양을 범주화한 것이며, 각각의 평면도형과 입체도형은 고유한 성질을 갖는다.		
구분 / 범주	내용 요소		
	초등학교		
	1~2학년	3~4학년	5~6학년
지식·이해	• 입체도형의 모양		
과정·기능	• 여러 가지 사물과 도형을 기준에 따라 분류하기 • 평면도형이나 입체도형 그리기와 만들기 • 쌓은 모양 추측하고 쌓기나무의 개수 구하기 • 공간 감각 기르기		
가치·태도	• 평면도형, 입체도형에 대한 흥미와 관심 • 도형과 측정 관련 문제해결에서 비판적으로 사고하는 태도		

가. 입체도형의 모양 인식

1학년 1학기에서는 주변의 여러 사물을 관찰하고 분류하여 직관적으로 입체도형의 모양을 인식한다. 분류한 물건에 일상용어를 사용하여 이름을 붙인다.

2009 개정 교육과정 이전까지는 교과서에서 상자 모양, 둥근 기둥 모양, 공 모양이라는 단어를 사용했으나 2009 개정 교육과정부터 이런 단어를 사용하지 않고 있다. 2022 개정 교육과정에서도 “교실 및 생활 주변에서 여러 가지 물건을 관찰하여 직육면체, 원기둥, 구의 모양을 찾고, 이를 이용하여 여러 가지 모양을 만들 수 있다.” 라고 ‘직육면체, 원기둥, 구’라는 단어를 사용하였지만 교과서에서는 “ 모양”이라고 표현한다. 이것은 상자 모양, 둥근 기둥 모양, 공 모양이라는 단어를 사용하지 말라는 의미는 아니며 교과서에서 공식적으로 이런 용어를 사용하기보다는 아동들이 제안한 이름을 사용하는 것이 바람직하다는 취지이다. 아동들이 다른 이름을 제안할 수도 있고 상자 모양, 둥근 기둥 모양, 공 모양 등의 이름을 제안할 수도 있다. 만약 아동들이 서로 다양한 이름을 사용한다면 학급 내에서 어떤 이름으로 통일할 것인지를 서로 의논하고 합의하는 과정을 거치는 것도 좋을 것이다. 수학적인 용어를 일찍 접한 아동이 직육면체나 구와 같은 용어를 제안할 수 있으나 이 단계에서는 굳이 그런 용어로까지 진행할 필요는 없다.

이러한 모양을 분류하고 이름을 붙이고 이런 모양을 쌓아보고 굴려보고 이런 모양으로 놀이 기구를 만드는 활동을 통해 이런 모양의 성질을 파악하고 공간 감각을 기르게 한다.

나. 평면도형의 모양 인식

위의 〈표 7-4〉에서 보듯이 교육과정의 내용 체계 표에서 '평면도형의 모양'은 빠져 있다. 그러나 "교실 및 생활 주변에서 여러 가지 물건을 관찰하여 삼각형, 사각형, 원의 모양을 찾고, 이를 이용하여 여러 가지 모양을 만들 수 있다." 라는 성취 기준은 여전히 남아 있는 것으로 보아, 표를 작성하는 과정에서 착오가 있었던 듯 하다.

평면도형의 모양 인식은 1학년 2학기에서 다루어진다. 평면도형의 모양 역시 주변을 관찰하고 분류하여 직관적으로 인식한다. 분류한 모양에 일상 용어를 사용하여 이름을 붙인다. 문제는 입체도형의 일부분으로서 어떻게 평면의 모양을 인식하게 할 것인가 하는 점이다. 모양으로 인식하기 위해서는 입체도형의 일부인 면의 색이나 재질, 크기 등을 무시하고 모양에만 집중할 수 있어야 한다. 그러기 위해서는 모양 본뜨기나 입체도형의 해당하는 면에 잉크를 묻혀 찍거나 모래 위에 도장을 찍어 면을 관찰하게 하는 방법이 있다. 이러한 활동을 통해 입체도형의 일부분으로서의 면의 모양에 초점을 맞출 수 있다.

이와 같은 방법으로 평면도형의 모양을 인식하게 되면 평면도형은 내부가 포함된 것으로 오해할 수도 있다. 초등 수준에서 면은 내부를 포함하는지 혹은 내부를 제외하는지에 대한 구체적인 언급은 하지 않는다. 그러나 보다 엄밀하게 말하면 면은 변으로 이루어진 다각형, 혹은 원으로서 내부를 포함하지 않는다. 그러므로 내부가 비어 있는 평면도형의 모양을 인식하는 활동도 필요하다. 그런 활동으로는 빨대나 고무줄로 면을 만들게 하거나 손가락을 이용해서 모양을 만들어 보게 하는 활동 등이 있다.

평면도형에서도 삼각형이나 원과 같은 용어를 사용하지는 않는다. 1학년 2학기 교과서에서는 "■, ▲, ● 모양"을 찾아보고 이름도 지어보게 한다.

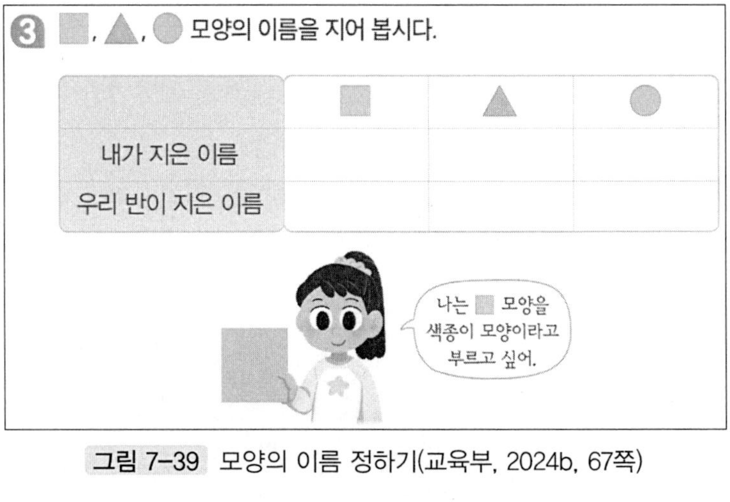

그림 7-39 모양의 이름 정하기(교육부, 2024b, 67쪽)

5 평면도형의 성질 지도

1-2학년군에서는 삼각형, 사각형, 원을 분류 활동을 통해 직관적으로 이해하고, 삼각형, 사각형에서 각각의 공통점을 찾아 말할 수 있게 한다.

3-4학년군에서는 직선, 선분, 반직선, 각과 직각, 원과 삼각형, 사각형, 다각형을 다룬다. 분류 활동을 통해서 여러 가지 삼각형과 여러 가지 사각형을 알고 그 성질을 알게 한다. 도형의 성질은 다루되 여러 가지 사각형 사이의 관계는 다루지 않는다. 또한 밀기, 뒤집기, 돌리기 활동을 통해 이동을 다루고 이동을 이용하여 규칙적인 무늬를 만들게 한다. 5-6학년군에서는 합동과 대칭도형을 지도한다.

표 7-5 평면도형의 내용 체계(교육부, 2022)

<table>
<tr><td>핵심 아이디어</td><td colspan="3">• 평면도형과 입체도형은 여러 가지 모양을 범주화한 것이며, 각각의 평면도형과 입체도형은 고유한 성질을 갖는다.
• 도형의 성질과 관계를 탐구하고 정당화하는 것은 논리적이고 비판적으로 사고하는 데 기반이 된다.</td></tr>
<tr><td rowspan="3">구분 / 범주</td><td colspan="3">내용 요소</td></tr>
<tr><td colspan="3">초등학교</td></tr>
<tr><td>1~2학년</td><td>3~4학년</td><td>5~6학년</td></tr>
<tr><td>지식·이해</td><td>• 평면도형과 그 구성 요소</td><td>• 도형의 기초
• 원의 구성 요소
• 여러 가지 삼각형
• 여러 가지 사각형
• 다각형
• 평면도형의 이동</td><td>• 합동과 대칭</td></tr>
<tr><td>과정·기능</td><td colspan="3">• 여러 가지 사물과 도형을 기준에 따라 분류하기
• 도형의 개념, 구성 요소, 성질 탐구하고 설명하기
• 평면도형이나 입체도형 그리기와 만들기
• 평면도형을 밀기, 뒤집기, 돌리기 한 모양을 추측하고 그리기
• 공간 감각 기르기</td></tr>
<tr><td>가치·태도</td><td colspan="3">• 평면도형, 입체도형에 대한 흥미와 관심
• 합동인 도형, 선대칭도형, 점대칭도형의 아름다움 인식
• 도형과 측정 관련 문제해결에서 비판적으로 사고하는 태도</td></tr>
</table>

가. 용어의 정의 방법

용어를 정의하는 방법은 다양하다. 수학화의 관점에서 보면 어떤 개념의 정의만을 지도하는 것이 아니라 '정의하기'를 지도해야 하기 때문에 정의하는 방법에 대해서 살펴볼 필요가 있다.

1) 내포적 방법

개념이 적용되는 대상들의 공통된 성질을 이용하여 정의하는 방법이다. 논리적 정의, 발생적 정의, 공리적 정의 등이 여기에 해당한다.

가) 논리적 정의(명명적 정의)

'평행사변형은 두 쌍의 대변이 평행한 사각형이다.'라는 정의를 보자. 여기에는 '평행사변형'이라고 하는 정의해야 할 용어가 있고, '두 쌍의 대변이 평행한'이라는 종차(種差)와 '사각형'이라는 최근류(最近類)가 있다. 이와 같이 한 유개념 속의 어떤 종개념이 다른 종개념과 구별되는 요소인 종차와 그 개념의 최근류로 정의하는 방식이 논리적 정의이다. 그러나 '삼각형은 세 변으로 둘러싸인 도형'이라고 정의하면 '도형'은 '삼각형'의 최근류가 아니기 때문에 이를 논리적 정의라고 할 수는 없다. 그렇지만 학교 교육에서 이와 같이 엄밀하게 최근류를 따지는 것은 적절치 않을 수 있으므로 최근류가 아니더라도 크게 문제 삼을 필요는 없을 것이다.

나) 발생적 정의

정의될 대상의 형성 과정을 나타내어서 정의하는 방법이다. 예를 들어 '구는 반원을 지름을 축으로 하여 한 회전하여 얻어진 도형이다'와 같이 정의하는 것이다. 구를 논리적으로 정의하면 공간에서 한 점으로부터 같은 거리에 있는 점들의 집합이라고 정의하게 되는데 이러한 정의보다 발생적으로 정의하는 것이 훨씬 이해하기 쉽다.

다) 공리적 정의

정의하려는 대상을 직접 정의하지 않고 그 대상이 갖추어야 할 조건을 제시하여 정의하는 것으로, 대표적인 공리적 정의로 콜모고로프(Kolmogorov)의 확률에 대한 정의가 있다. 학교수학에서는 공리적 정의를 사용하지 않는다.

2) 외연적 정의(예시적 정의)

외연적 정의는 개념에 속하는 대상들을 사용하여 정의하는 방법이다. '0.1, 0.2, 0.3,...과 같은 수를 소수라고 한다.'와 같이 대상을 열거하거나

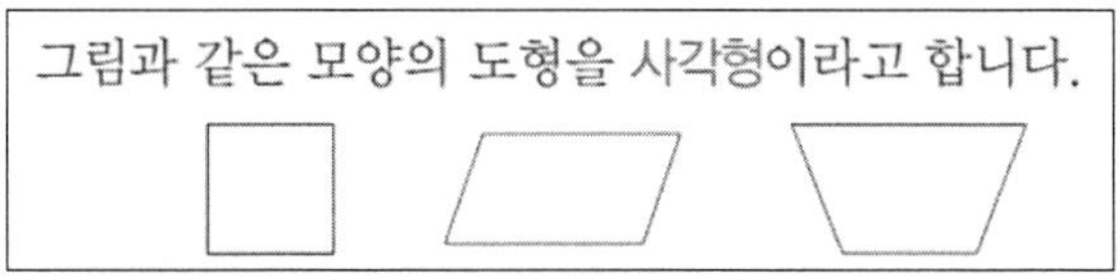

그림 7-40 사각형의 정의(교육부, 2024c, 40쪽)

다음 〈그림 7-40〉에서처럼 대상을 지시하여 정의하기도 하고, '유리수와 무리수를 합하여 실수라고 한다.'와 같이 그 부분집합을 열거하여 정의하기도 한다.

개념의 대상을 완전하게 규정하기 힘들기 때문에 외연적 정의는 불완전하며 제시된 예에서 정의하려는 개념의 요소 외의 다른 요소가 부각되어 오개념이 형성될 수 있는 위험도 있다. 그러나 직관적으로 설명하거나 이해하기 쉽기 때문에 초등학교 수준에서는 외연적 정의를 적극적으로 사용할 필요가 있다. 외연적 정의에서 출발하여 적절한 단계에서 논리적 정의로 전환하는 것이 개념을 이해하는 데 효과적일 것이다.

나. 직선, 반직선, 선분

점은 공간에서 위치는 있으나 크기가 없는 것이며, **직선**은 무한히 길고 곧은 선으로 폭이 없는 것이다. 점과 직선은 무정의용어로 사용된다.

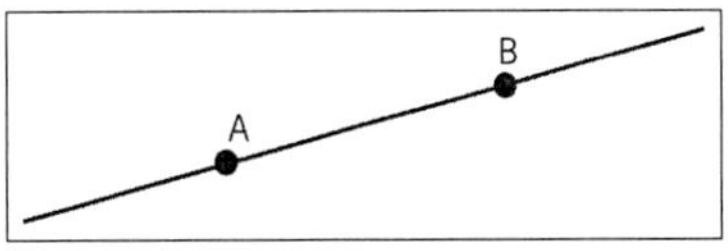

그림 7-41 점과 직선

직선 위의 한 점은 직선을 두 부분으로 분해한다. 그 점을 포함한 각각의 부분을 **반직선**이라고 한다. 다음 〈그림 7-41〉에서 직선 AB를 $\overleftrightarrow{AB}$ 또는 $\overleftrightarrow{BA}$로 나타내고, 점 A에서 시작하여 B쪽으로 한없이 뻗어나가는 반직선 AB를 $\overrightarrow{AB}$로, 점 B에서 시작하여 A 쪽으로 한없이 뻗어나가는 반직선 BA를 $\overrightarrow{BA}$로 나타내지만, 초등학교에서는 이런 기호를 사용하지 않는다. 한 점에서 또 다른 한 점까지의 직선의 일부분을 **선분**이라고 한다. 일반적으로 점과 직선을 나타낼 때 점은 대문자로, 직선은 소문자로 나타낸다.

선분은 '직선의 일부'이고 반직선은 '직선의 반'이라는 의미를 가지고 있으므로 용어의 의미에 따르면 직선, 반직선, 선분의 순서로 도입하는 것이 타당하지만, 3학년 1학기 교과서에서는 곡선과 비교하여 선분을 먼저 정의하고 이어서 반직선과 직선의 순으로 정의하고 있다. 양쪽 방향으로 한없이 뻗어나가는 직선을 그림으로 나타내기가 적절치 않을 뿐만 아니라 '두 점을 곧게 이은 선을 선분이라고 한다'와 같이 선분을 정의하는 것이 더 이해하기 쉽기 때문일 것이다. 선분을 이와 같이 정의한 다음 반직선은 '한 점에서 시작하여 한쪽으로 끝없이 늘인 곧은 선'으로, 직선은 '선분을 양쪽으로 끝없이 늘인 곧은 선'으로 정의하고 있다.

다. 각

반직선을 학습한 후에 3학년 1학기에서 각을 정의한다. **각**은 〈그림 7-42〉처럼 평면 위의 한 점에서 시작하는 두 반직선으로 이루어진 도형을 말한다. 두 반직선으로 이루어진 도형은 평면을 두 부분으로 나누기 때문에 2개의 각이 만들어진다. 이때 작은 쪽 각을 열각(劣角), 큰 쪽의 각을 우각(優角)이라 하는데 초등학교에서는 열각만 다룬다.

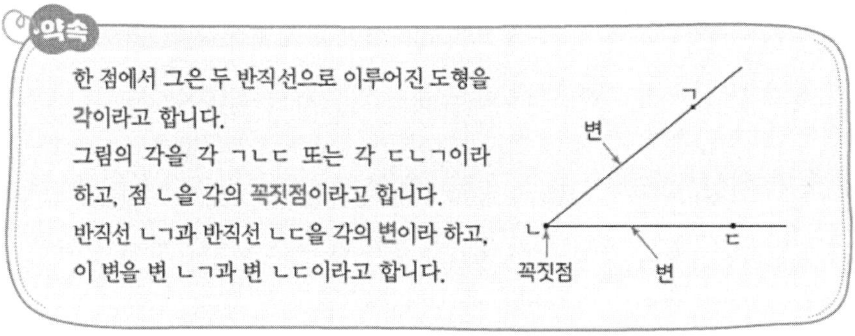

그림 7-42 각의 정의(강문봉 외, 2025a, 40쪽)

두 반직선이 시작하는 점을 각의 **꼭짓점**이라 하고 두 반직선을 각의 **변**이라고 한다. 많은 사람들이 각은 도형이 아닌 것으로 착각하는데, '도형은 다각형이나 원처럼 닫혀 있다'는 오개념을 가지고 있기 때문에 생기는 오류이다. 그러나 각과 같이 닫혀 있지 않은 것도 도형이다.

각을 두 반직선으로 이루어진 도형으로 정의하면 다각형에서는 각이 존재하지 않는 문제가 생긴다. 다각형에서는 반직선이 없기 때문이다. 그러나 각을 반직선을 이용하여 정의하지 않으면 벌어진 정도는 같지만 변의 길이가 다른 경우에 이를 다른 각으로 인정해야 하는 문제가 생긴다. 그러므로 각은 두 반직선으로 정의했음에도 불구하고 다각형에서는 두 변(이때 변은 선분이다)으로 이루어진 도형도 각으로 적당히 인정하고 넘어가고 있다. 이런 문제 때문에 엄밀성을 중요시했던 3차 교육과정의 3학년 1학기 교과서에서는 각을 끝점이 같은 두 사선(현재는 반직선을 말함)으로 이루어진 도형으로 정의하면서 3학년 2학기 교과서에서는 〈그림 7-43〉처럼 삼각형의 각을 별도로 정의해 주고 있다. 그러나 지금은 그렇게 엄밀하게 다루지는 않는다.

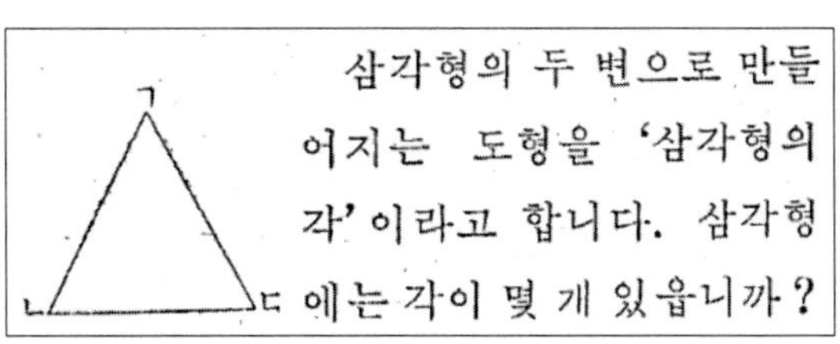

그림 7-43 삼각형의 각(문교부, 1975b, 44쪽)

각을 정의하고 나면 직각을 다루게 된다. **직각**은 종이를 반듯하게 두 번 접었을 때 생기는 각이라고 정의된다. 정확히는 평각부터 정의해야 한다. 평각은 각의 두 변이 일직선을 이룰 때 생기는 각을 말하며, 직각은 평각 크기의 절반에 해당하는 각을 말한다. 교육과정에서는 평각이라는 용어를 사용하지 않고 있다.

직각은 주변에서 쉽게 볼 수 있으며 각의 크기를 생각할 때 기준이 되는 중요한 개념이다. 직각을 학습하게 되면 직각과 관련하여 직각삼각형, 직사각형, 정사각형으로 이어지게 된다.

직각은 특수한 '각'을 지칭한다. 즉, 도형이다. 그러나 경우에 따라서 직각은 각의 크기인 90°를 의미하기도 한다. 문맥에 따라서 직각이 도형으로 사용되는지 각의 크기로 사용되는지를 판단해야 할 경우도 있다.

예각은 직각보다 작은 각(또는 90°보다 작은 각), **둔각**은 직각보다 크고 평각보다 작은 각(또는 90°보다 크고 180°보다 작은 각)을 말하는데, 뾰족하고 예리한 모양의 각이어서 예각, 둔한 모양의 각이어서 둔각이라고 이름이 붙었다. 예각과 둔각은 예각삼각형과 둔각삼각형을 다룰 때 함께 지도되어도 무방하다.

라. 수직과 평행

수직과 평행은 4학년 2학기에서 다룬다.

1) 수직과 수선

평면에서 두 직선은 만나거나 만나지 않는다. 두 직선이 만나는 경우 중에서 특별히 관심을 가지는 경우가 수직으로 만나는 경우이다. 즉, 두 직선이 만나서 이루는 각이 직각일 때 두 직선은 서로 **수직**이라고 하고, 이때 한 직선을 다른 직선에 대한 **수선**이라고 한다. 수직인 상태를 〈그림 7-44〉와 같이 나타내며, 기호로는 두 직선 l, m이 서로 수직일 때 $l \perp m$으로 나타낸다.

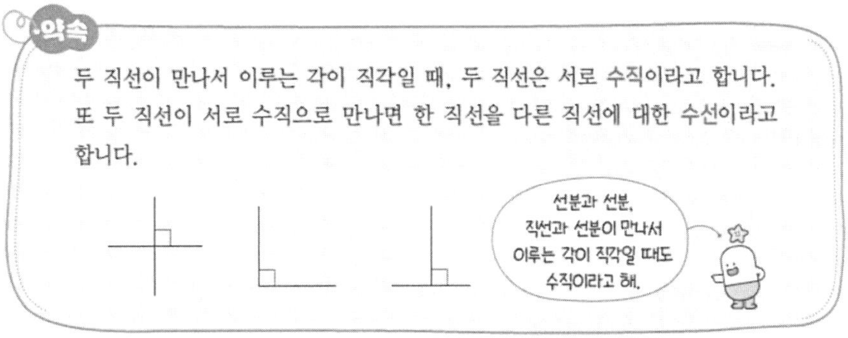

그림 7-44 수직(강문봉 외, 지학사, 2025g, 86쪽)

수직과 수선에 대한 개념을 학습한 후에는 삼각자를 이용하여 수선을 그리고 각도기를 이용하여 수선을 그리는 기능을 기른다.

한 점에서 직선까지의 거리는 교육과정에 명시되지 않았고 교과서에서도 지도하지 않는다. 그러나 삼각형의 높이나 평행선 사이의 거리 등을 지도하기 위해서는 이 개념을 지도할 필요가 있다. 한 점에서 직선까지의 거리는 〈그림 7-45〉에서처럼 그 점에서 직선 위의 임의의 점을 연결한 여러 선분 중에서 길이가 가장 짧은 선분의 길이로 정의한다. 아동들에게 한 점에서 그 직선까지 가장 빨리 갈 수 있는 길을 만들어보게 하는 것도 길이가 가장 짧은 선분을 찾게 하는 방법일 수 있다. 이러한 선분은 그 직선에 수직임을 알게 한다.

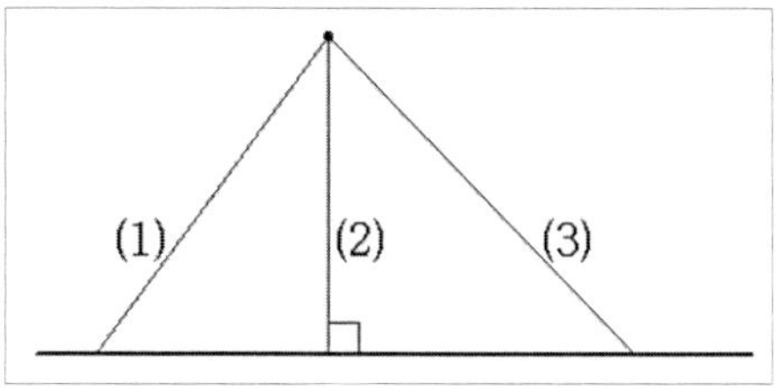

그림 7-45 점과 직선 사이의 거리

2) 평행

평면에서 두 직선이 만나지 않을 때 두 직선을 **평행**하다고 하며 평행한 두 직선을 **평행선**이라고 한다. 교과서에서는 〈그림 7-46〉처럼 편의상 한 직선에 수직인 직선을 그어서 평행선을 설명한다.

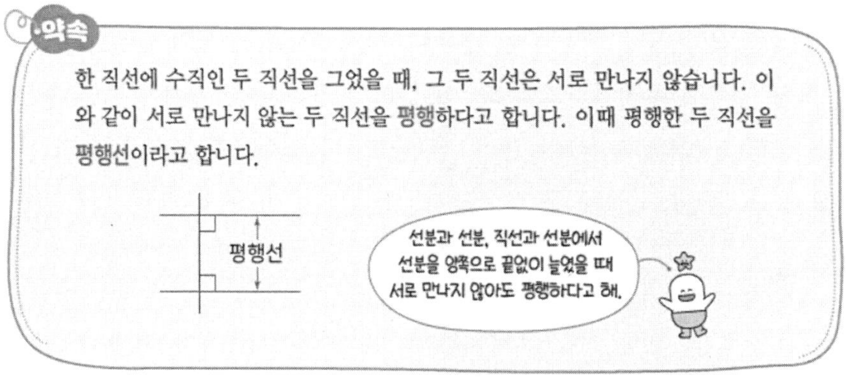

그림 7-46 평행(강문봉 외, 2025g, 88쪽)

주변에서 평행선을 찾아보면서 평행선 개념에 익숙해지게 한다. 이어서 평행선을 긋는 방법을 설명한다. 〈그림 7-47〉처럼 삼각자를 이용하여 평행선을 그릴 수 있다.

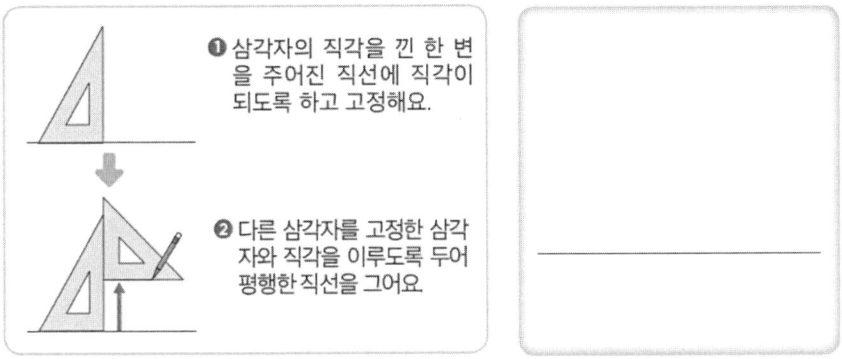

그림 7-47 평행선 그리기(강문봉 외, 2025g, 89쪽)

평행선을 정의할 때 교과서에서 사용한 방법이기도 하고 수직인 직선을 그리기 쉽기도 해서 이런 방법으로 평행선을 그릴 수 있지만 가급적 다양한 방법으로 그려보는 것이 바람직하다. 〈그림 7-48〉과 같은 방식으로도 평행선을 그릴 수 있다. 오른쪽 삼각자를 밑으로 내리면서 비스듬하게 선을 그으면 이 선은 평행하게 된다. 혹은 보통 사용하는 30 cm 자를 이용하여 〈그림 7-49〉와 같이 그릴 수도 있다. 이렇게 평행선을 그리게 되면 두 평행선 사이의 간격은 항상 같고, 평행선을 계속 연장하여 그려도 만나지 않는다는 사실을 직관적으로 파악할 수 있다.

그림 7-48 평행선 그리기

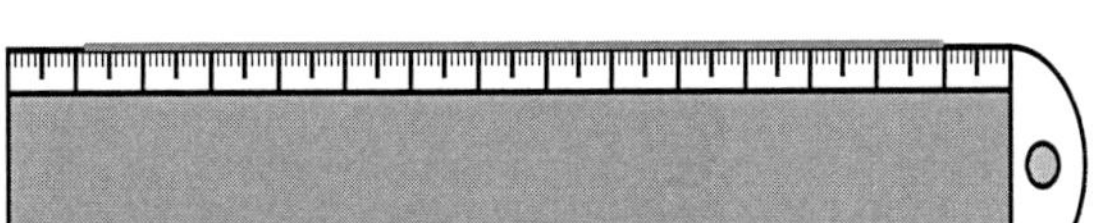

그림 7-49 자를 이용하여 평행선 그리기

평행선을 그린 위의 처음 두 가지 방법은 모두 '동위각의 크기가 같으면 평행하다'라는 평행선의 성질을 이용한 것이다. 초등학교에서는 '평행선에서 동위각의 크기와 엇각의 크기가 각각 같고, 동위각(또는 엇각)의 크기가 같으면 두 직선은 평행하다'는 성질을 지도하지 않지만 그런 사실을 은연중에 이용하여 평행선을 그리고 있는 것이다.

이어서 평행선 사이의 거리를 정의한다. 평행선의 한 직선 위의 임의의 한 점에서 다른 직선에 수선을 그었을 때 두 평행선 사이의 선분의 길이를 **평행선 사이의 거리**라고 한다. 평행선 사이의 거리는 교육과정에 제시되어 있지는 않지만 교과서에서는 다루고 있다.

마. 삼각형

2학년 1학기에서 삼각형을 〈그림 7-50〉과 같이 예시적으로 정의하고, 삼각형의 변과 꼭짓점에 대해서 살펴본다.

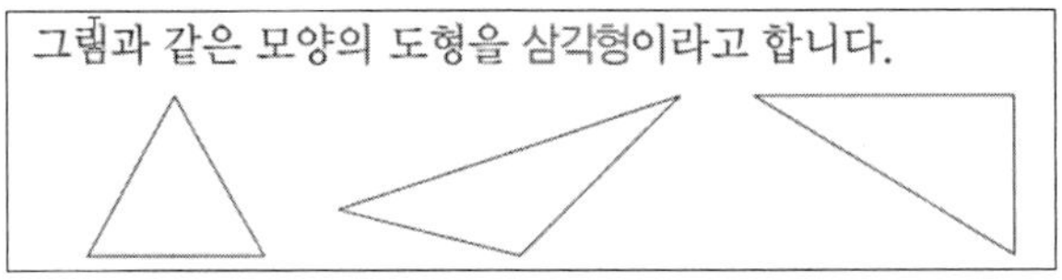

그림 7-50 삼각형의 정의(교육부, 2024c, 36쪽)

3학년 1학기에서 직각삼각형을 지도하고, 그 외의 여러 가지 삼각형에 대해서는 4학년 2학기에서 분류 활동을 통해 알아본다. 분류의 기준은 변의 길이와 각의 크기이다.

1) 이등변삼각형과 정삼각형

가) 정의

변의 길이를 기준으로 하여 분류 활동을 한다. 두 변의 길이가 같은 삼각형을 **이등변삼각형**이라고 하고 세 변의 길이가 같은 삼각형을 **정삼각형**이라고 한다. 이등변삼각형에서 길이가 같은 두 변이 만나는 점을 **이등변삼각형의 꼭짓점**이라고 하고 그 대변을 이등변삼각형의 **밑변**이라고 한다.

그런데 이러한 분류와 정의는 상당히 곤란한 문제를 야기한다. 정삼각형은 이등변삼각형이다. 그런데 정삼각형은 세 변의 길이가 같은 삼각형이고 이등변삼각형은 두 변의 길이가 같다. 우리는 일반적으로 둘이면 둘이고 셋이면 셋이지 둘이 셋을 포함한다고 생각하지 않는다. 그런데 어떻게 세 변의 길이가 같은 삼각형을 이등변삼각형이라고 할 수 있을까?

이등변삼각형이라는 용어 대신 길이가 같은 변이 있다는 의미에서 등변삼각형이라고 하면 정삼각형도 포함할 수 있다. 그러나 오랜 관습으로 사용해 온 '이등변삼각형'이란 용어를 바꾸는 것도 쉽지 않은 일인 만큼 이 부분에서 특별한 지도를 해야 할 것이다. 그래서 '두 변의 길이'가 같은 삼각형과 '세 변의 길이'가 같은 삼각형을 대등한 입장에서 분류하게 하기보다는 포함 관계가 드러나도록 〈그림 7-51〉과 같은 흐름으로 삼각형을 분류하게 하는 것이 효과적일 것이다. 2009 개정 교육과정에서부터 사각형 사이의 관계를 다루지 않도록 제한하면서 자연스럽게 '정사각형은 직사각형이다.'와 같은 포함 관계를 지도하지는 않고 있지만, 삼각형에서는 그런 제한이 없다. 실제로 이등변삼각형과 정삼각형을 고르는 활동에서 자연스럽게 정삼각형도 이등변삼각형이라는 포함 관계가 다루어지게 마련이다.

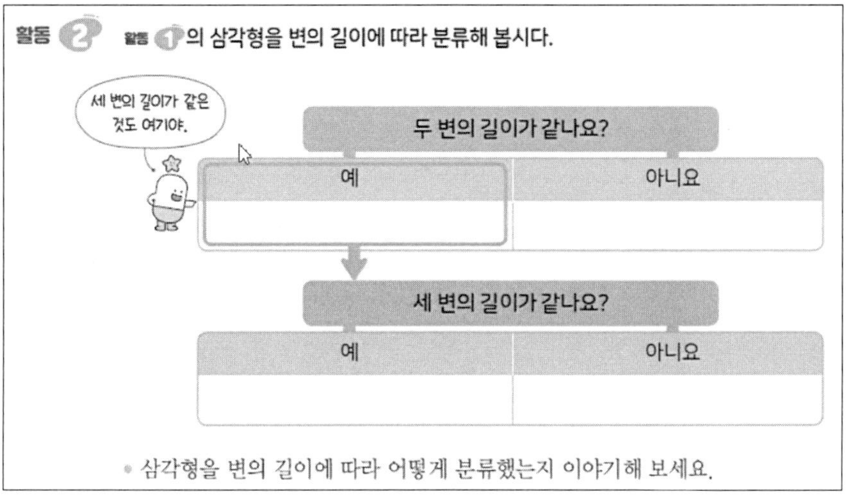

그림 7-51 삼각형의 분류(강문봉 외, 2025g, 35쪽)

나) 성질

이등변삼각형을 그려서 이등변삼각형에 어떤 성질이 있는지를 탐색해 본다. 그 결과 확인할 수 있는 이등변삼각형의 성질은 다음과 같다.

- 두 변의 길이가 같다. (이것은 이등변삼각형의 정의로 사용된다.)
- 두 밑각의 크기는 같다.
- 이등변삼각형의 꼭지각의 이등분선은 밑변을 수직이등분한다.
- 이등변삼각형은 선대칭도형이다.

색종이로 접어서도 위의 성질을 탐색할 수 있다. 그러나 색종이로 접을 때는 '두 변의 길이가 같다'와 '두 밑각의 크기가 같다'에서 논리적 우선 순위를 생각할 수가 없다. 그러므로 '두 밑각의 크기가 같으면 이등변삼각형이다(즉, 두 변의 길이가 같다)' 라는 성질을 탐구하려면 색종이를 접는 것보다 두 각의 크기가 같은 삼각형을 그리는 활동이 필요하다. 두 각의 크기가 같게 삼각형을 그린 다음에 두 변의 길이를 재어보면 그 길이가 같음을 알 수 있다.

그런데 2022 개정 교육과정에서는 2015 개정 교육과정에서 지도하던, "[4수03-13] 주어진 각도와 크기가 같은 각을 그릴 수 있다."라는 성취 기준이 삭제되었다. 따라서 '두 밑각의 크기가 같은 삼각형은 이등변삼각형이다'와 같은 도형의 여러 가지 성질을 탐구할 수가 없게 된다. 이 기준을 학습하는 것이 큰 부담이 되는 것은 아니기 때문에 교육과정과 무관하게 지도하는 것이 도형 학습에 효과적일 것이며, 다음 교육과정에서는 이 기준을 되살릴 필요가 있다.

정삼각형은 이등변삼각형의 특수한 경우이므로 이등변삼각형의 성질을 그대로 가지고 있다. 특히 정삼각형의 세 각의 크기는 모두 같고 60°이다.

2) 직각삼각형, 예각삼각형, 둔각삼각형

각을 기준으로 하여 삼각형을 분류할 수도 있다. 크기가 같은 각이 있느냐 없느냐가 기준이 될 수도 있지만 이런 기준으로 삼각형을 분류하면 변을 기준으로 하여 분류한 것과 같은 결과를 얻게 된다.[35)]

한편, 직각을 기준으로 하여 분류할 수도 있다. 먼저 직각삼각형에 대해서 살펴보자. 3학년 1학기에서 직각을 학습한 다음 '한 각이 직각인 삼각형' 또는 '직각이 있는 삼각형'을 **직각삼각형**이라고 하였다.

이제 예각과 둔각을 학습한 다음, 4학년 2학기에서 세 각이 모두 직각보다 작은지 혹은 직각보다 큰 각이 있는지에 따라서 삼각형을 분류한 다음 예각삼각형과 둔각삼각형을 정의한다. 세 각이 모두 예각인 삼각형을 **예각삼각형**, 둔각이 있는 삼각형을 **둔각삼각형**이라고 정의한다. 마지막으로 각의 크기와 변의 길이 두 가지 기준을 혼합하여 삼각형을 분류해 보게 하고 직각이등변삼각형, 둔각이등변삼각형 등과 같은 용어도 생각해 보게 한다.

예각삼각형과 둔각삼각형은 그리 활용 빈도가 많은 개념은 아니다. 그러므로 예각삼각형과 둔각삼각형은 분류하고 개념화하는 활동으로서 다루고 그 이상 비중 있게 다룰 필요는 없을 것이다.

3) 삼각형의 세 각의 크기의 합

삼각형의 중요한 성질 중의 하나가 세 내각의 크기의 합이 180° 또는 2직각이라는 사실이다. 이 내용은 4학년 1학기에서 각의 크기를 학습한 다음 지도된다. 이러한 사실을 발견하기 위해서는 먼저 '세 각의 크기를 더해야 하겠다.'라는 생각, 그리고 '그 합이 일정한 것 같다.'라는 생각을 가지게 하는 것이 좋다(김정하, 2019, 142쪽). "삼각형의 세 각의 크기의 합을 알 수 있어요"와 같이 교과서에서 차시 주제를 제시해 버리면 각의 크기를 재어서 더해야겠다는 생각을 벌써 노출해 버린 것과 같으며, 왜 각의 크기의 합을 구해야 하지? 하는 궁금증이 생길 수 있다.

2009 개정 교과서에서는 차시 주제를 위와 같이 제시하면서 〈그림 7-52〉와 같은 활동

---

35) 물론 이 경우 각의 크기가 같다는 관점에서 이등변삼각형이라는 용어보다 이등각삼각형이라는 용어가 더 적절할 수도 있다.

을 제시하였다. 교과서 집필진이 의도하였는지는 모르겠지만, 이 활동을 통해서, 삼각형을 변형하면 어떤 각은 커지고 어떤 각은 작아지며 결국 전체적으로는 일정하겠다는 생각을 관찰을 통해 인식할 수 있는 단서를 제공하였다고 할 수 있다. 아쉽게도 이러한 생각의 흐름을 2015 개정의 국정은 물론 검정 교과서에서도 반영되지는 않았으며, 곧바로 각의 크기를 재어보고 합하게 하고 있다.

생각열기 기하 판에 고무줄을 걸어 삼각형을 만들었습니다. 한 꼭짓점에 걸린 고무줄을 움직여서 삼각형의 세 각의 크기가 어떻게 변하는지 살펴봅시다.

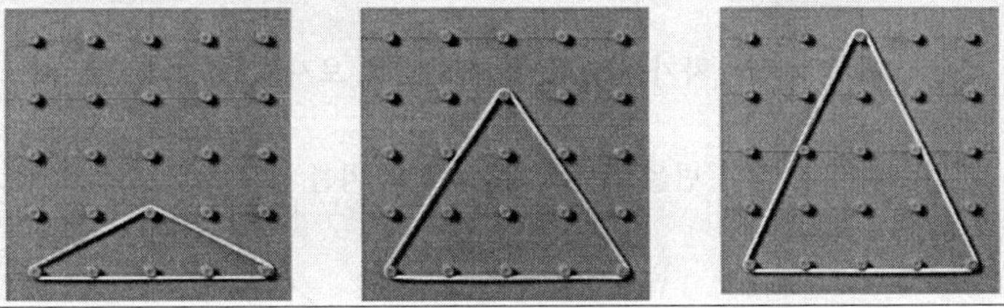

그림 7-52 지오보드에서 삼각형의 변형(교육부, 2014, 92쪽)

세 각의 합이 일정할 것 같다는 생각이 들면 거의 자연스럽게 그 합이 얼마인지를 확인해 보려고 할 것이다. 2022 개정의 한 교과서에서는 그 합을 구하는 방법으로 각도기로 재어서 합을 구해보는 활동, 각을 오려서 한군데로 모아 보는 활동, 삼각형을 접어보는 활동의 세 가지를 통해 삼각형의 세 각의 크기의 합이 180°임을 발견하게 하고 있다. 이러한 활동과 함께 다른 방법을 다음과 같이 제시한다.

가) 세 각의 크기를 재어서 더하는 방법

몇 개의 삼각형을 그리고 각각의 삼각형에 대하여 각의 크기를 재어 더하는 방법이다. 이 경우 "삼각형의 세 각의 크기의 합은 180°이다."라는 사실을 귀납적으로 발견할 수 있다. 그러나 몇 개의 삼각형에 대해서 조사하여 귀납한 것이므로 '모든' 삼각형으로 일반화할 수 있는가 하는 의심을 가질 수 있다. 또한 아동들이 각의 크기를 측정하였기 때문에 경우에 따라서는 180°가 아닌 다른 값이 나올 수 있다. 이런 경우 일반적인 규칙을 귀납하기 어려울 수도 있다.

성급한 일반화의 문제를 해소하기 위하여 GSP와 같은 소프트웨어를 이용하여 모든 삼각형에 대해 조사하게 할 수 있다. GSP를 이용하여 삼각형의 세 각의 크기의 합을 구하고, 삼각형을 임의로 변형하면서 그 합을 살펴보게 되면 성급한 일반화의 문제를 해소할 수 있다.

나) 각을 오려서 모으는 방법

〈그림 7-53〉과 같이 삼각형을 그려서 오린 다음 세 각을 잘라서 한군데로 모으면 일직선이 된다. 이렇게 해서 '삼각형의 세 각의 합은 평각이다'[36]와 같은 사실을 발견하게 된다. 그러나 이 역시 각을 재어서 더하는 경우와 마찬가지로 성급한 일반화의 오류가 발생하며, 세 각을 모으면 정확히 일직선이 된다고 장담할 수 없는 문제가 있다.

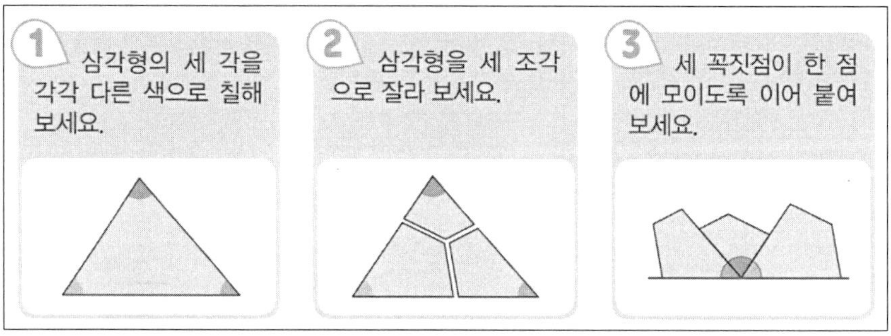

그림 7-53 삼각형의 각을 한 점에 모으기(강문봉 외, 2025e, 49쪽)

다) 삼각형을 접어서 세 각을 한곳에 모으는 방법

앞서 살펴본 〈그림 7-5〉와 같이 삼각형을 접어서 직사각형으로 반적변형을 하면 세 각이 한곳에 모여서 평각이 된다. 이것은 어떤 한 삼각형을 접은 것이기는 하지만 이렇게 접는 방법은 모든 삼각형에 적용될 수 있기 때문에 하나의 삼각형으로 이러한 사실을 발견하였지만 모든 삼각형으로 쉽게 일반화할 수 있다.

라) 삼각형을 따라 이동하며 회전각을 살펴보는 방법(1)

삼각형의 변을 따라 움직여 보자. 〈그림 7-54〉에서처럼, 먼저 점 A에서 B를 향해 걸어간다. B에서 C를 향해 방향을 돌리면 B의 외각만큼 회전한 것이다. B에서 C로 움직인 다음 C에서 A를 향해 방향을 돌린다. 그러면 C의 외각만큼 회전한 것이다. C에서 A로 이동한 후 다시 B 방향으로 회전하면 A의 외각만큼 회전한 것이고, 이렇게 해서 한 바퀴, 즉 360°를 돌았다. 각 꼭짓점에서 외각과 내각의 크기의 합은 180°이므로 모든 외각과 내각의 크기의 합은 $180 \times 3 = 540°$ 인데, 여기서 총 회전각 360°를 빼면 내각의

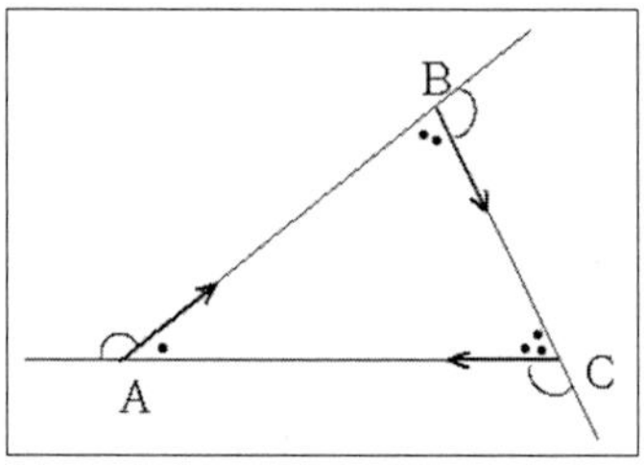

그림 7-54

36) 앞의 경우와 달리 여기서는 각의 크기를 측정하지 않았기 때문에 그 합이 180°가 된다고 하는 것보다 '도형'으로 보고 평각 또는 2직각이 된다고 말하는 것이 적절하다. 그러나 초등학생들에게는 이런 구별을 할 필요는 없다.

크기의 합 180°를 얻는다. 이 방법은 모든 삼각형에 일반화할 수 있기는 하나 이 방법을 이용하려면 한 바퀴 회전하면 360°가 된다는 사실을 미리 지도해 두어야 한다.

마) 삼각형을 따라 이동하며 회전각을 살펴보는 방법(2)

이 방법은 2015학년도 초등임용고사에 출제되었던 문제에 포함된 방법이다. 〈그림 7-55〉와 같이 점 A에서 점 C 방향으로 놓인 연필을 각 A의 내각만큼 시계 반대 방향으로 회전한다. 이어서 연필을 변을 따라 곧바로 전진시켜서 점 B에 이른다. 점 B에서 내각의 크기만큼 시계 반대 방향으로 회전시킨다. 이 연필을 변을 따라 후진하여 점 C에 이르게 한다. 여기서 내각만큼 시계 반대 방향으로 회전시키면 최초의 연필과 정반대 방향을 향하게 된다. 그 상태로 점 A까지 이동한다. 연필은 처음 상태에서 180° 회전한 상태가 되는데, 이 값이 삼각형의 세 각의 크기의 합이다.

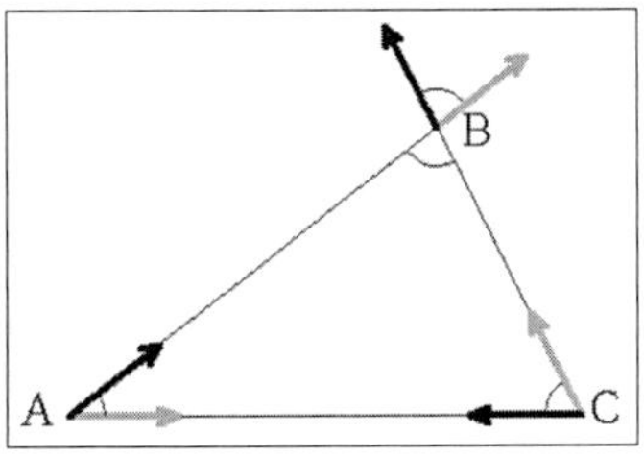

그림 7-55

이와 같이 삼각형의 세 각의 크기의 합이 180°가 된다는 사실을 발견하는 방법(물론 이 방법은 이 사실을 정당화하는 방법이 되기도 한다.)은 여러 가지가 있다. 초등학교에서는 평행선에서 동위각과 엇각의 크기가 같다는 성질을 이용하여 논증적으로 이를 정당화할 수 없지만 이와 같은 다양한 방법으로 삼각형의 세 각의 크기의 합을 설명할 수 있다.

바. 사각형

삼각형과 마찬가지로 사각형도 2학년 1학기에서 예시적으로 정의하고, 사각형의 변과 꼭짓점에 대해서 살펴본다.

3학년 1학기에서 직사각형과 정사각형을 지도하고, 4학년 2학기에서 여러 가지 사각형을 분류하여 사다리꼴, 평행사변형, 직사각형, 정사각형, 마름모의 개념을 알게 한다. 여러 가지 사각형은 일반적인 사각형에서부터 시작하여 특수한 사각형의 순으로 지도하는 것이 일반적이다.

1) 사각형의 네 각의 크기의 합

삼각형의 세 각의 크기의 합이 180°로 일정하듯이, 사각형의 네 각의 크기의 합은 360°로 일정하다. 사각형의 네 각의 크기의 합을 알아보기 위하여 삼각형에서처럼 각의 크기를 재어서 더해보거나 각을 오려서 한곳에 모아 볼 수 있다. 그러나 이런 직관적인 방법보다는 연역적 방법을 사용하는 것이 바람직하다. 즉 이미 알고 있는 사실을 이용하는 것이다.

우리는 삼각형의 세 각의 크기의 합이 180°임을 알고 있다. 그러므로 사각형을 삼각형으로 잘라서 이를 이용한다. 사각형을 자르는 방법은 다음 〈그림 7-56〉과 같이 두 가지가 있다.

그림 7-56 사각형을 삼각형으로 분할하기

(1)과 같이 대각선을 그어서 두 개의 삼각형으로 만들면 사각형의 네 각의 크기의 합은 두 삼각형의 세 각의 크기의 합의 합과 같다. 그러므로 360°이다. (2)와 같이 사각형의 내부에 한 점을 찍고 그 점과 사각형의 네 꼭짓점을 이으면 4개의 삼각형이 만들어진다. 이 4개의 삼각형의 각의 크기를 모두 합하면 $180° \times 4 = 720°$가 된다. 그러나 이 경우에는 사각형의 네 각의 크기 외에 그 내부에 있는 360°가 더해진 값이다. 그러므로 이 값을 빼면 사각형의 네 각의 크기의 합이 360°임을 알 수 있다. 물론 이 경우 내부에 있는 각의 크기의 합이 360°가 된다는 사실을 미리 지도할 필요가 있다.

직관적 방법보다 이러한 연역적 방법을 권하는 이유는 나중에 다각형이나 오목사각형 등의 각의 크기의 합을 구할 때 이런 연역적 방법이 편리하게 적용될 수 있기 때문이다.

2) 사다리꼴

3학년 1학기에서 직사각형과 정사각형을 학습하고, 4학년 2학기에서는 평행한 변이 있는지를 기준으로 하여 사각형을 분류하면서 사다리꼴과 평행사변형, 마름모를 학습한다. 사각형의 포함 관계를 지도하지는 않지만 이러한 분류의 과정에서 암묵적으로 포함 관계를 학습하게 될 것이다.

전통적으로 사다리꼴은 한 쌍의 대변이 평행한 사각형이라고 정의해 왔다. 이렇게 정의하면 이등변삼각형을 정의할 때와 마찬가지로 '한 쌍의 대변'이 '두 쌍의 대변'도 포함하는가 하는 문제가 생긴다. 서양의 일부 지역에서는 사다리꼴(trapezoid)을 오직 한 쌍의 대변만이 평행한 사각형으로 정의하여 사다리꼴과 평행사변형 사이의 포함 관계를 배제한다. 그러나 우리나라에서는 두 도형 사이의 포함 관계를 수용하기 때문에, 2015 개정 교육과정에서부터 많은 교과서에서 **사다리꼴**을 '평행한 변이 한 쌍이라도 있는 사각형'으로 정의하고 있다.

사다리꼴에서 평행한 두 변을 **밑변**이라고 하고 두 밑변 사이의 거리를 **높이**라고 한다. 밑변 중 하나를 윗변, 다른 변을 아랫변이라고 한다. 밑변이나 높이는 넓이를 구할 때 필요한 개념이므로 넓이를 구할 때 이러한 용어를 도입하는 것이 바람직하다.

교육과정에서 사용하는 용어는 아니지만, 아랫변의 양 끝각이 같은 사다리꼴을 **등변사다리꼴**이라고 한다. 각이 같다는 조건에 비추어 볼 때 등변사다리꼴이라는 용어가 적절치 않을 수 있다. 그러나 밑변이 아닌 다른 두 변의 길이가 같다고 하면 이는 평행사변형도 포함할 수 있게 되므로 각의 크기로 정의하는 것이 적절하다고 할 것이다.

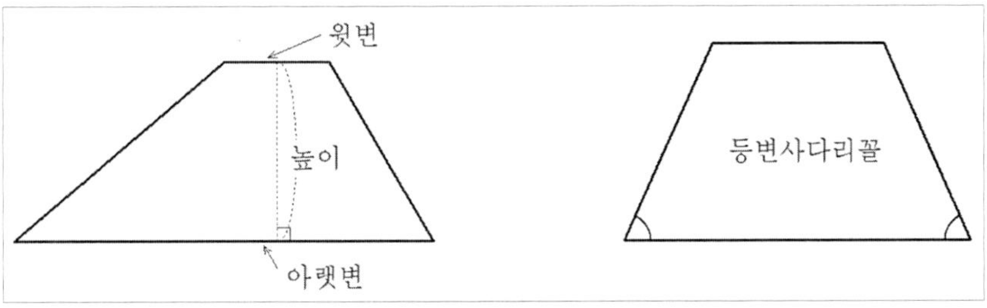

그림 7-57 사다리꼴

3) 평행사변형

두 쌍의 대변이 각각 평행한 사각형을 **평행사변형**이라고 한다. 그러므로 평행사변형은 사다리꼴의 특수한 경우이다. 평행사변형에서도 평행한 두 변을 **밑변**이라고 하고 두 밑변 사이의 거리를 평행사변형의 **높이**라고 한다. 그러므로 평행사변형에는 밑변이 두 쌍 있다.

평행사변형을 그려서 그 성질을 탐색하면 다음과 같은 성질을 찾을 수 있다.

- 마주 보는 변은 평행하다.
- 마주 보는 변의 길이가 같다.
- 마주 보는 각의 크기가 같다.
- 이웃한 두 각의 크기의 합은 180°이다.
- 두 대각선의 교점은 각각의 대각선을 이등분한다.

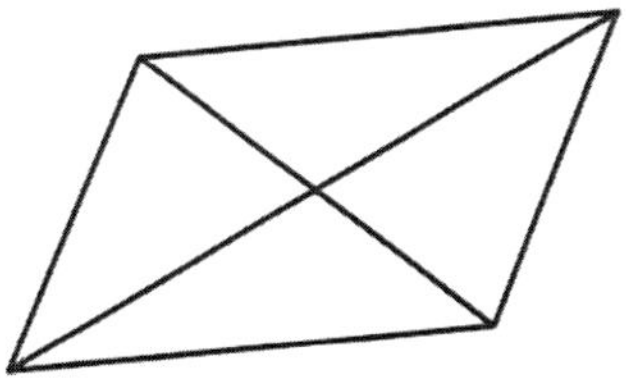

그림 7-58 평행사변형

- 점대칭도형이다.

4) 직사각형과 정사각형

직사각형과 정사각형은 직각을 학습한 후에 직각이 사용되는 사례로서 이미 3학년 1학기에서 학습된다. 그러나 여러 가지 사각형의 관점, 특히 2022 개정 교육과정에서는 강조하지 않고 있지만, 사각형의 포함 관계를 고려하면 사다리꼴, 평행사변형, 직사각형, 정사각형, 마름모라는 일련의 포함 관계 속에서 한 번 더 지도하는 것이 아동들의 이해에 효과적일 것이다.

직사각형은 평행사변형의 특수한 경우이므로 평행사변형의 성질을 모두 가지고 있다. 특히 다음과 같은 성질을 더 가지고 있다.

- 두 대각선의 길이가 같다.
- 각은 모두 직각이다.
- 점대칭도형이며 동시에 선대칭도형이다.

한편 정사각형은 직사각형의 특수한 경우이다. 그러므로 직사각형의 성질을 모두 가지고 있으며 여기에 더해서 '두 대각선은 수직으로 만난다.'라는 성질을 가지고 있다.

여러 사각형 중에서 직사각형과 정사각형을 찾을 때 직사각형과 정사각형을 서로 다른 것으로 생각하는 아동들이 꽤 있다. 정사각형도 직사각형임을 인식하게 해야 한다.

5) 마름모

마름모는 네 변의 길이가 같은 사각형이다. 마름모는 평행사변형의 특수한 경우이며, 정사각형은 직사각형의 특수한 경우일 뿐만 아니라 마름모의 특수한 경우이다. 그러므로 평행사변형을 학습하고 나서 직사각형보다 마름모가 먼저 지도될 수도 있다.

마름모는 평행사변형이 가지는 성질 외에 다음과 같은 성질도 가지고 있다.

- 두 대각선은 수직으로 만난다.
- 점대칭도형이고 선대칭도형이다.

6) 사각형의 포함 관계

모든 개념에는 외연과 내포가 있다. **외연**은 개념이 적용될 수 있는 사물의 범위나 개체들의 집합이며, **내포**는 개념이 지니는 성질이나 속성이다. 그러므로 개념을 지도할 때 그 개념의 외연과 내포를 모두 이해하게 해야 한다. 특히 사각형을 지도할 때는 더욱 그렇다.

여러 가지 사각형의 외연과 내포는 다음 〈표 7-6〉과 같다.

표 7-6 사각형의 외연과 내포

	사다리꼴	평행사변형	직사각형	정사각형
외연	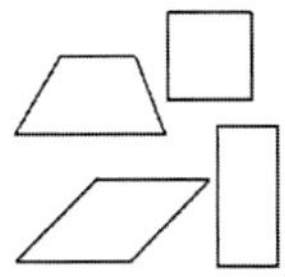	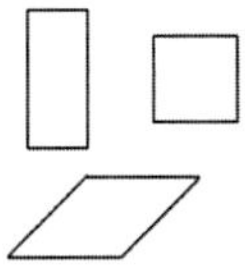	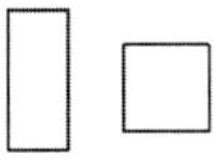	
내포	• 한 쌍의 대변이 평행하다. ⋮	• 두 쌍의 대변이 평행하다. • 대변의 길이가 같다. • 대각의 크기가 같다. ⋮	• 두 쌍의 대변이 평행 • 대변의 길이가 같다. • 모든 각의 크기가 같다. • 대각선의 길이가 같다. ⋮	• 두 쌍의 대변이 평행하다. • 모든 변의 길이가 같다. • 모든 각의 크기가 같다. • 대각선의 길이가 같다. • 대각선은 서로 수직이등분한다. ⋮

사각형의 포함 관계는 다음과 같다.

{정사각형} ⊂ {직사각형}, {정사각형} ⊂ {마름모}
⊂ {평행사변형} ⊂ {사다리꼴} ⊂ {사각형}

이와 같이 개념 사이에 포함 관계가 있으면, 외연이 많아질수록 내포는 점점 적어지고 내포가 많아지면 외연은 적어지는 반비례 관계가 성립한다.

2009 개정 교육과정에서부터 "여러 가지 사각형 사이의 관계는 다루지 않는다."라고 명시하고 있기 때문에 사각형이나 삼각형의 포함 관계는 의도적으로 다루지 않고 있으나 삼각형이나 사각형의 개념상 포함 관계를 완전히 배제할 수는 없다.

사. 다각형

선분으로만 둘러싸인 도형을 **다각형**이라고 한다. 다각형의 각 선분을 다각형의 **변**, 선분의 끝점을 다각형의 **꼭짓점**이라고 한다. 변의 개수에 따라 다각형을 삼각형, 사각형, 오각형 등으로 부른다. 2015 개정 교육과정에서는 1-2학년군에서 삼각형, 사각형, 오각형, 육각형이라는 용어를 사용하였는데, 2022 개정 교육과정에서는 오각형과 육각형이라는 용어가 1-2학년군에서 사라지고 다른 데서도 등장하지 않는다. 그렇더라도 다각형을 지도할 때는 오각형과 육각형, 심지어 그이상의 다각형 용어도 사용해야 할 것이다.

초등학교에서 다루는 도형은 볼록다각형이다. 다각형 내부의 임의의 두 점을 연결한 선분이 다각형의 내부에 있으면 **볼록다각형**이라 하고 그렇지 않으면 **오목다각형**이라고 한다.

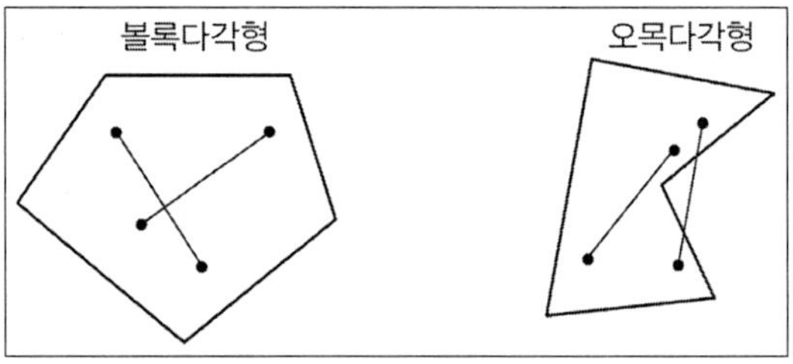

그림 7-59 볼록다각형과 오목다각형

1) 대각선

다각형에서 이웃하지 않은 두 꼭짓점을 이은 선분을 **대각선**이라고 한다.

삼각형에는 대각선이 없다. 4 이상의 n각형에서는 한 꼭짓점에서 그을 수 있는 대각선의 수가 $(n-3)$개이다. 그러므로 n각형에서는 n개의 꼭짓점에서 모두 $(n-3)$개의 대각선을 그을 수 있으며, 서로 다른 두 점에서 그은 대각선은 중복되므로 전체 대각선의 개수는 $\frac{n\times(n-3)}{2}$개임을 알 수 있다.

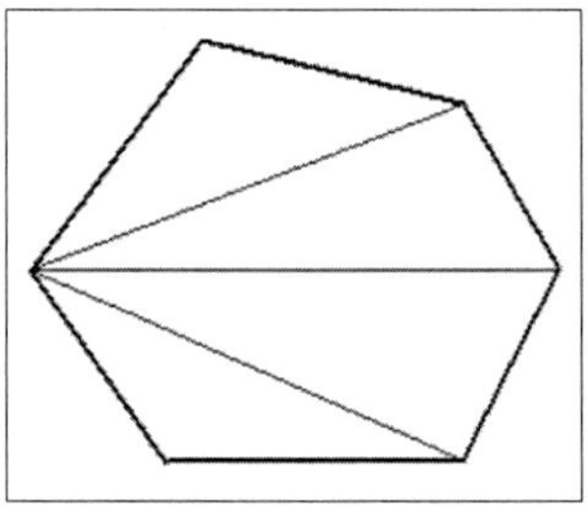

그림 7-60 대각선

2) 다각형의 각의 크기의 합

삼각형의 세 각의 크기의 합은 180°이고, 사각형의 네 각의 크기의 합은 360°이다. 〈그림 7-61〉에서처럼 오각형은 한 꼭짓점에서 대각선을 그어 3개의 삼각형을 만들 수 있고 육각형은 4개의 삼각형을 만들 수 있다. 그러므로 오각형의 각의 크기의 합은 $180°\times3=540°$, 육각형의 각의 크기의 합은 $180°\times4=720°$이다. 즉, n각형의 각의 크기의 합은 $180°\times(n-2)$이다.

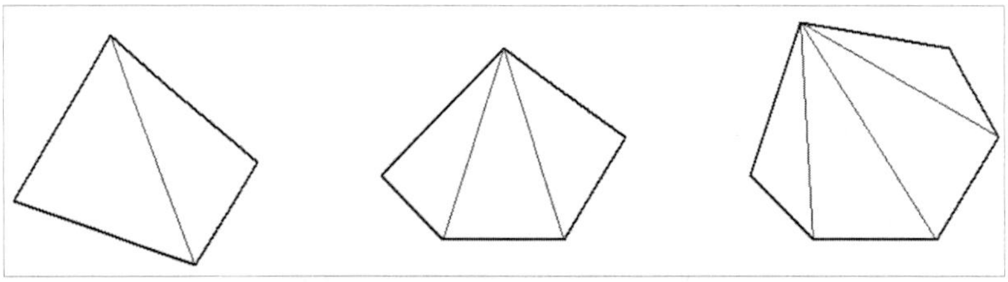

그림 7-61 다각형을 삼각형으로 분할하기(1)

〈그림 7-62〉와 같은 방법으로도 구할 수 있다. 다각형의 내부에 한 점을 찍고 그 점에서 다각형의 모든 꼭짓점까지 선분을 그으면 사각형은 4개의 삼각형, 오각형은 5개의 삼각형, 육각형은 6개의 삼각형으로 분할된다. 이때 다각형의 내각이 아닌 각이 생성되어 내부에 360°가 추가된다. 그러므로 n각형의 내각의 크기의 합은 $180° \times n - 360° = 180° \times (n-2)$이다.

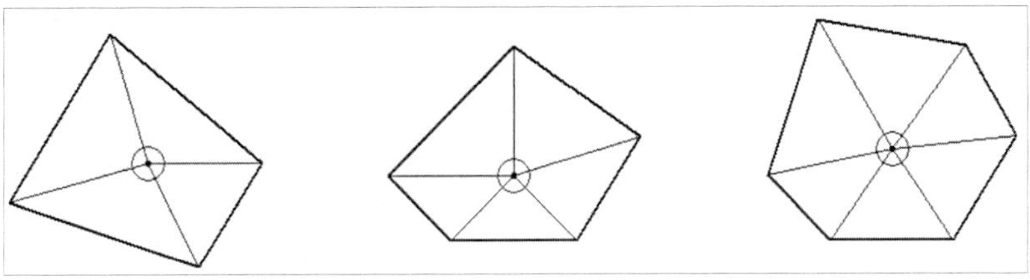

그림 7-62 다각형을 삼각형으로 분할하기(2)

3) 정다각형

변의 길이가 모두 같고 각의 크기가 모두 같은 다각형을 **정다각형**이라고 한다. 정삼각형의 경우 변의 길이가 같으면 동시에 각의 크기도 같지만, 사각형부터는 변의 길이가 같다고 해서 각의 크기도 같은 것은 아니다. 그러므로 변과 각 두 가지 조건을 모두 만족해야 정다각형이 된다.

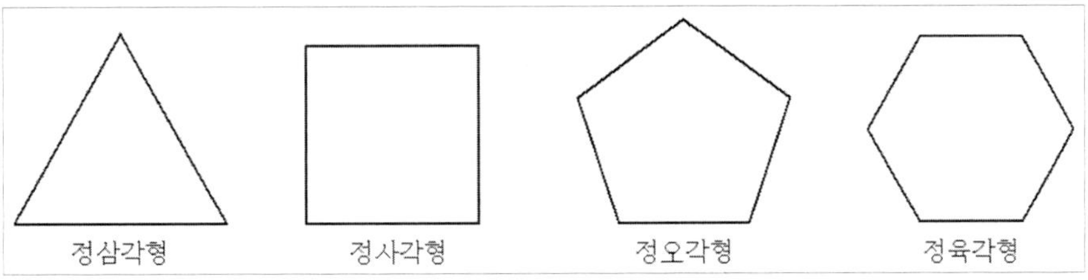

그림 7-63 정다각형

정다각형은 원에 내접 및 외접하므로 원에서 정다각형을 그리거나 탐색하는 것이 좋다. 초등학교 수준에서는 원의 중심각을 이용하면 정다각형을 쉽게 그릴 수 있다. LOGO를 이용하거나 알지오매스의 블록코딩을 이용하여 정다각형을 그리는 활동을 하면 각의 크기에 대해서도 이해가 깊어질 것이다.

다각형의 각의 크기의 합이 $180° \times (n-2)$이므로 정다각형의 한 각의 크기는 $\frac{180° \times (n-2)}{n}$이다.

아. 원

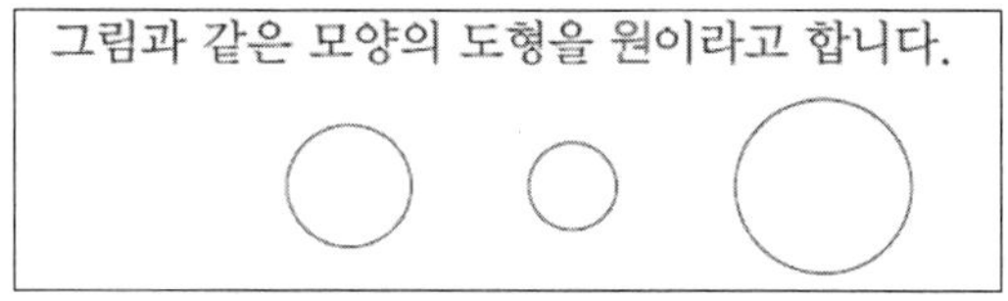

그림 7-64 원의 정의(교육부, 2024c, 44쪽)

1학년 2학기에서 평면도형의 모양으로 인식된 둥근 모양은 2학년 1학기에서 〈그림 7-64〉처럼 예시적으로 정의된다. 이와 같이 일상생활에서 보게 되는 원에서는 원의 중심이나 반지름이 추상화되지 않는다. 원의 중심이 표시된 물건을 관찰하게 되더라도 그 점이 원에서 어떤 의미가 있는지를 파악하기 쉽지 않다.

3학년 2학기에서는 원의 구성 요소인 원의 중심과 반지름을 지도한다. 원의 중심과 반지름의 의미를 학습하기 위해서는 원을 다양한 방법으로 그려보아야 한다. 우선 원 모양의 물건을 본떠서 그리는 방법이 있다. 그러나 이렇게 그리면 원의 중심과 반지름이 드러나지 않기 때문에 본을 뜨지 않고 그리는 방법을 생각해 보게 한다. 교과서에서는 보통 다음과 같은 방법이 소개된다.

① 연필을 실로 묶어서 원을 그린다.

② 누름못과 띠 종이를 이용하여 원을 그린다.

이것은 중심과 반지름을 이용하여 원을 그리는 것이다. 이와는 달리 다음과 같은 방법도 있다. 즉,

③ 자로 일정한 거리에 점을 여러 개 찍어보게 한다.

이것은 위의 ①, ②와 달리 원을 그리게 하는 것이 아니라 이렇게 해서 그려진 것이 원이 된다는 것을 알게 하려는 것이다.

손으로 직접 일정한 거리에 있는 점을 찍는 것이 쉽지 않을 수 있으므로 LOGO나 알지오매스같은 소프트웨어를 이용하면 좋을 것이다. 이렇게 점을 많이 찍어보면 그 모양이 2학년에서 학습한 '원' 모양이 됨을 알 수 있을 것이다.

이 활동을 좀 더 재미있게 하려면 다음과 같은 보물찾기 활동으로 구성할 수 있다. 즉, 어느 특정 지점에서 몇 m 거리에 보물을 감춰두었는데 그 방향을 적은 부분이 훼손된 보물 지도를 발견하고 보물을 찾는 활동을 생각해 보자. 특정 지점에서 일정한 거리의 여기저기를 파본 결과는 〈그림 7-65〉와 같다. 그 흔적은 원이다. 이런 과정에서 원의 가장 중요한 요소는 중심이 되는 장소와 일정한 거리임을

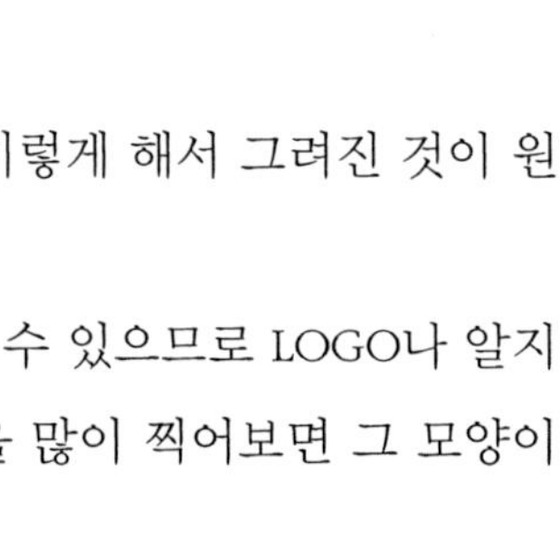

그림 7-65 보물찾기

알게 한다. 중심이 되는 곳을 **원의 중심**이라고 하고 일정한 거리를 가지는 선분을 **반지름**이라고 한다. 그리고 원 위의 두 점을 양 끝점으로 하고 원의 중심을 지나는 선분을 원의 **지름**이라고 한다.

원의 구성 요소로서의 중심과 반지름을 이해하면 원의 성질을 탐구한다. 원의 성질은 다음과 같다.

- 지름은 무수히 많다.
- 지름은 반지름의 두 배이다.
- 지름은 원 위의 두 점을 이은 선분 중에서 가장 긴 선분이다.
- 원은 지름에 의해서 이등분된다.
- 반지름의 길이는 같다.
- 원은 점대칭도형이고 선대칭도형이다.

지름과 반지름이라는 용어에서 알 수 있듯이 반지름은 지름의 반이다. 그러므로 당연히 지름이 먼저 등장하고 그 절반으로 반지름이 정의되어야 할 것처럼 보인다. 우리말로 번역된 의미상 그렇게 된다. 그러나 원을 구성하는 핵심 요소는 지름보다는 반지름이다. 영어로는 지름을 diameter, 반지름을 radius라고 한다. 그러므로 영어에서는 그런 문제가 생기지 않는다. 대신 diameter는 radius의 두 배라는 사실을 기억하는 데 어려움이 생긴다.

원의 성질을 이해한 다음 원을 그리는 연습을 한다. 원을 쉽게 그릴 수 있는 도구는 컴퍼스인데 컴퍼스를 이용하여 원을 그리는 일은 생각처럼 쉽지는 않다. 컴퍼스를 이용하여 다양한 원을 그리고 여러 가지 모양을 만드는 활동을 하면서 컴퍼스를 사용하는 법을 익힌다.

자. 합동

모양과 크기가 같은 두 도형을 **합동**(合同)이라고 한다. 합동인 두 도형을 포개었을 때 완전히 겹치는 점을 **대응점**, 겹치는 변을 **대응변**, 겹치는 각을 **대응각**이라고 한다. 합동은 아동들에게는 매우 생소한 용어라 상당히 어려울 수 있다.

합동과 관련하여 2022 개정 교육과정에서 다루어지는 내용은 도형의 이동과 대칭인 도형이다. 합동인 삼각형을 그리는 내용은 2009 개정 교육과정에서 삭제되었으며 2015 개정에서부터 교과서에서도 삭제되었다. 이로 인해 각기둥의 전개도를 그리는 내용도 많이 삭제되었다.

1) 도형의 이동

모양과 크기가 같게 변환하는 것을 합동변환이라고 하며 합동변환에는 평행이동, 회전이동, 선대칭이동이 있다. 합동변환을 하면 모양과 크기는 변하지 않으며 위치와 방향은 변할 수 있다.

이동은 2015 개정 4학년 1학기 교과서에서 지도한다. 아직 '합동'이란 용어를 학습하지 않았기 때문에 학문적 용어를 사용하지 않고 생활 용어를 사용한다. 즉, 평행이동 대신 밀기, 선대칭이동 대신 뒤집기, 회전이동 대신 돌리기라는 말을 사용한다. 또한, 이동에 따른 변화를 추론하고 설명하게 하며, 규칙적인 무늬를 만들어보게 하고 있다.

이동을 지도하는 이유는 공간에서의 위치 지각 능력, 공간 관계에 대한 지각 능력, 시각적 기억 능력을 기르기 위해서이다(교육부, 2018b, 236쪽). 도형의 이동은 5-6학년군에서 학습할 도형의 대칭과 고등학교에서 학습할 도형의 변환에 토대가 되는 내용이다.

가) 점의 이동

점의 이동에 관한 성취기준은 2022 개정 교육과정에서 처음 도입되었다. 즉, 아동들은 평면에서 점의 이동에 대해 위치와 방향을 이용하여 설명할 수 있어야 한다. 〈그림 7-66〉과 같은 활동을 이용하여 점이 이동한 방향과 이동 후의 위치에 대해 이해하고 설명할 수 있을 것이다.

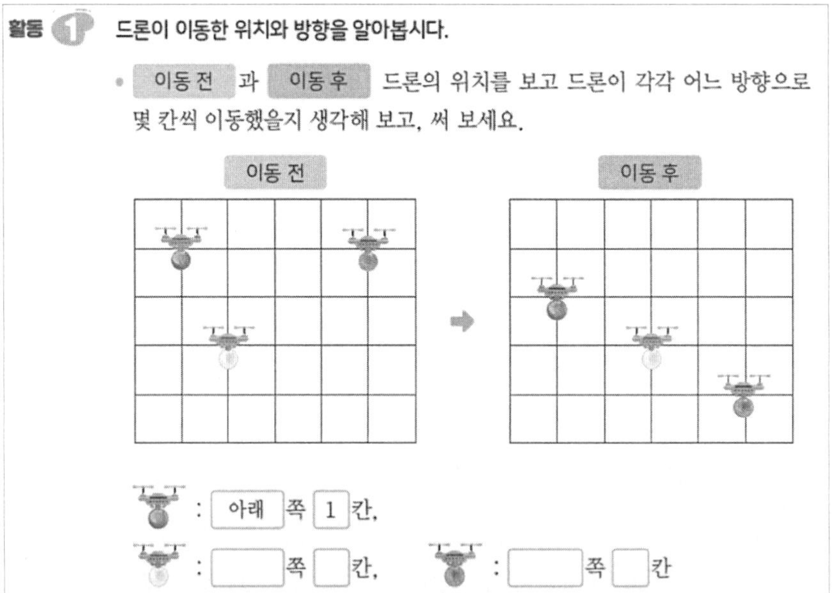

그림 7-66 드론의 이동(강문봉 외, 2025e, 86쪽)

점의 이동을 요구하거나 설명할 때 대각선 방향이나 각을 이용하여 설명할 수도 있다. 그러나 교육과정에서는 격자를 따라 위, 아래, 오른쪽, 왼쪽 방향으로 이동하도록 제한하고 있으며, '~칸' 또는 '~cm'를 이동하는 수준으로 이동 거리를 제한하고 있다.

교육과정에서는 또한 꼭짓점의 이동을 이용하여 평면도형의 이동을 설명하는 활동은 다루지 않도록 하고 있다. 그렇지만 도형은 점으로 이루어져 있으며, 도형이 이동한 위치를 파악하려면 꼭짓점이 이동한 위치를 파악하는 게 효과적이라는 점에서 이런 제한이 의미가 있을지 의문이다.

나) 평행이동(밀기)

도형을 일정한 방향으로 일정한 거리만큼 이동하는 변환을 평행이동이라고 한다. 평행이동은 도형 위의 모든 점을 일정한 방향으로 일정한 거리만큼 이동시키기 때문에 모양이나 방향은 변하지 않고 위치만 변하게 된다.

평행이동(밀기)에서는 항상 이동 방향과 이동 거리를 명시해야 한다.

다) 선대칭이동(뒤집기)

선대칭이동은 〈그림 7-67〉처럼 어떤 직선을 대칭축으로 하여 반사시키는 이동이다. 선대칭이동을 하면 모양은 변하지 않고 대칭축을 기준으로 하여 좌우가 바뀌게 된다. 대칭축이 가로로 놓여 있을 때는 상하가 바뀐다고 말할 수도 있으나 이 경우에도 애매하기는 하지만 대칭축을 기준으로 하여 좌우가 바뀐다고 할 수 있다.

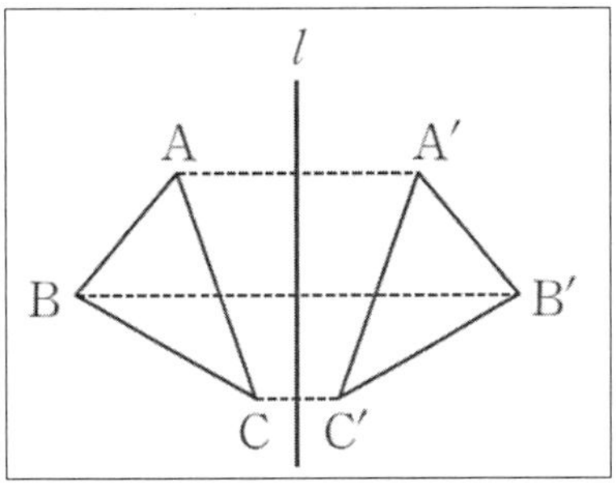

그림 7-67 선대칭이동

선대칭이동에서 주목해야 할 것은, 대칭축이 명시되어야 선대칭이동을 정의할 수 있다는 점이다. 교과서에서 다루는 뒤집기는 대칭축을 명시하지 않고 위쪽, 아래쪽, 오른쪽, 왼쪽 방향으로 뒤집고 있는데, 이는 뒤집기와 선대칭이동이 차별되는 부분이다. 대칭축이 명시되지 않았기 때문에 뒤집은 도형의 위치를 정확히 결정할 수 없으며, 이러한 이유로 뒤집기에서는 뒤집은 도형의 변화된 위치에 대해서는 고려하지 않는다(강문봉 외, 2025f, 235쪽). 즉, 교과서에서 제시된 대칭축에 대해서는 대칭축의 위치를 고려하는 것이 아니라 뒤집는 방향만 고려하게 된다.

라) 회전이동(돌리기)과 점대칭이동

회전이동은 〈그림 7-68〉처럼 평면에서 주어진 도형을 한 점을 기준으로 하여 회전시키는 이동이다. 특히 180° 회전하였을 때 점대칭이동이라고 한다.

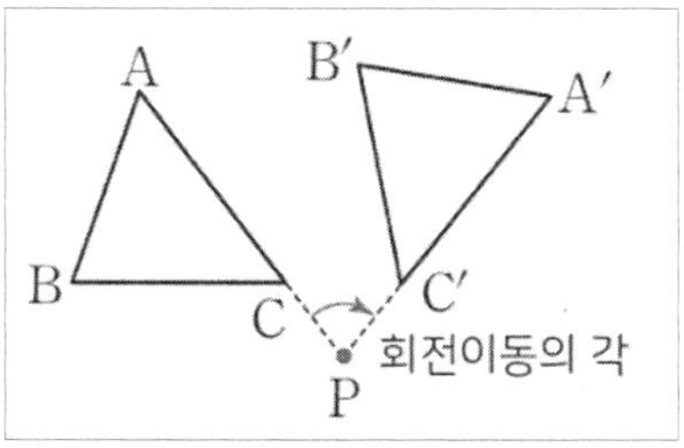

그림 7-68 점대칭이동

회전이동에서 주목해야 할 것은, 회전이동의 중심이 명시되어야 회전이동을 정의할 수 있다는 점이다. 교과서에서 다루는 돌리기는 회전이동의 중심을 명시하지 않고 시계 방향 또는 반시계 방향으로 90°, 180°, 270°, 360° 회전만을 다루고 있다. 이는 돌리기와 회전이동이 차별되는 부분이다. 회전이동의 중심이 명시되지 않았기 때문에 돌린 도형의 위치를 정확히 결정할 수 없으며 이러한 이유로 돌리기에서는 돌린 도형의 변화된 위치에 대해서는 고려하지 않는다(강문봉 외, 2025f, 236쪽).

2) 대칭인 도형

합동은 두 도형 사이의 관계를 말한다. 이에 반해, 대칭인 도형은 두 도형이 아니라 어떤 한 도형이 가지는 성질에 관한 것이라 합동 개념과는 거리가 있어 보인다. 그러나 선대칭도형은 반으로 나눈 반쪽짜리 두 도형, 점대칭도형에서는 원래의 도형과 회전한 후의 도형을 생각하면 합동과 관련지을 수 있게 된다.

가) 선대칭도형

우리 주변에는 좌우 또는 상하가 똑같은 것들이 많이 있다. 이와 같이 한 직선을 따라 접었을 때 완전히 겹치는 도형을 **선대칭도형**이라고 한다. 그 직선을 **대칭축**이라고 하고 대칭축을 따라 접었을 때 겹치는 점, 변, 각을 각각 **대응점**, **대응변**, **대응각**이라고 한다.

선대칭도형에서 대칭축은 한 개 또는 여러 개 있을 수 있다. 선대칭도형의 두 대응점을 이은 선분은 대칭축에 의해 수직 이등분된다.

교과서에서는 선대칭도형의 여러 성질과 대칭축을 기준으로 하여 일부만 그려진 도형의 나머지 부분을 그려서 선대칭도형을 완성시키는 내용을 다룬다. 대칭도형을 완성시킬 때 교육과정에서는 점판을 이용하도록 권하고 있는데 거울을 이용하여 완성된 모습을 확인해 보게 하는 것도 방법이 될 수 있다.

이어서, 주변에서 선대칭인 도형이나 동물, 식물 등을 찾아보면서 선대칭도형에 대한 이해와 미적 감각을 동시에 길러보도록 한다.

나) 점대칭도형

한 점을 중심으로 180° 회전하였을 때 처음 도형과 완전히 겹치는 도형을 **점대칭도형**이라고 한다. 이때 그 점을 **대칭의 중심**이라고 하고, 180° 회전하였을 때 겹치는 점, 변, 각을 각각 **대응점**, **대응변**, **대응각**이라고 한다.

교과서에서는 점대칭도형의 여러 성질과 대칭의 중심을 기준으로 하여 일부만 그려진 도형의 나머지 부분을 그려서 점대칭도형을 완성시키는 내용을 다룬다. 이어서, 주변에서 점대칭인 도형이나 동물, 식물 등을 찾아보면서 점대칭도형에 대한 이해와 미적 감각을 동시에 길러보도록 한다.

점대칭도형은 〈그림 7-69〉와 같은 방법으로 만들 수 있다. 이때 대칭의 중심을 표시하지 않는다면 종이를 두 번 접을 필요는 없다.

• 순서에 따라 두 모양을 이어 붙여 도형을 만들고 점 ㅇ을 표시해 보세요.

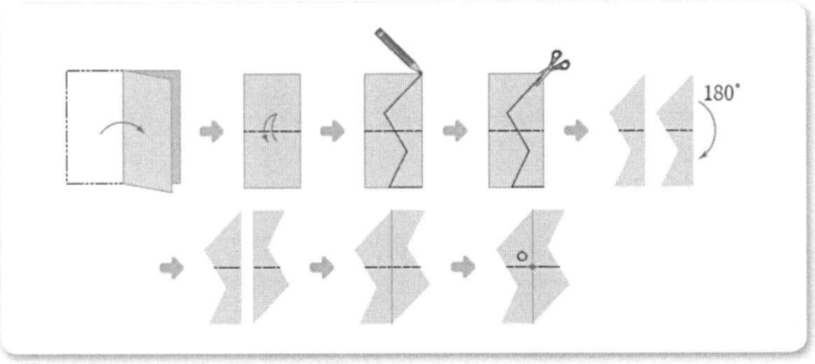

그림 7-69 점대칭도형 만들기(강문봉 외, 출판예정b, 69쪽)

6 입체도형의 성질 지도

입체도형은 5-6학년군에서 다룬다. 직육면체와 정육면체, 각기둥, 각뿔, 원기둥, 원뿔, 구의 구성 요소와 성질을 알며, 직육면체와 정육면체의 겨냥도와 전개도, 각기둥과 원기둥의 전개도를 다룬다. 또한 공간 감각을 기르기 위해 쌓기나무로 입체도형을 만들고 위, 앞, 옆에서 본 모양을 표현하고, 역으로 이러한 표현으로부터 입체도형의 모양을 추측하게 하고 있다. 각뿔과 원뿔의 전개도는 다루지 않는다.

교육과정에서는 평면도형을 이해할 때 분류 활동을 명시하고 있지만 입체도형에서는 분류 활동을 명시하지 않고 있다. 실제로 입체도형에서는 평면도형에서와는 달리 범례로부터 체계적으로 분류 활동하기가 어렵고 따라서 논리적으로 입체도형의 개념을 정의하기가 어렵다. 그래서 입체도형의 정의는 외연적 정의를 선호하게 되는데, 그렇더라도 국소적인 분류 활동도 함께 하는 것이 바람직해 보인다.

원기둥과 원뿔의 경우에는 교육과정에서 언급은 하지 않지만 직원기둥과 직원뿔만 다루는 것이 그동안의 관례이다. 또한 '회전체'라는 용어를 사용하지는 않지만, 사각형, 직각삼각형, 반원을 돌리는 활동을 통해 원기둥, 원뿔, 구를 만들어보게 하고 있다.

표 7-7 입체도형의 내용 체계(교육부, 2022)

핵심 아이디어	• 평면도형과 입체도형은 여러 가지 모양을 범주화한 것이며, 각각의 평면도형과 입체도형은 고유한 성질을 갖는다. • 도형의 성질과 관계를 탐구하고 정당화하는 것은 논리적이고 비판적으로 사고하는 데 기반이 된다.		
범주 \ 구분	내용 요소		
	초등학교		
	1~2학년	3~4학년	5~6학년
지식·이해			• 직육면체와 정육면체 • 각기둥과 각뿔 • 원기둥, 원뿔, 구
과정·기능	• 여러 가지 사물과 도형을 기준에 따라 분류하기 • 도형의 개념, 구성 요소, 성질 탐구하고 설명하기 • 평면도형이나 입체도형 그리기와 만들기 • 쌓은 모양 추측하고 쌓기나무의 개수 구하기 • 공간 감각 기르기		
가치·태도	• 평면도형, 입체도형에 대한 흥미와 관심 • 도형과 측정 관련 문제해결에서 비판적으로 사고하는 태도		

가. 직육면체와 정육면체

6개의 평면으로 둘러싸인 입체를 육면체라고 하고 모든 면이 직사각형인 육면체를 **직육면체**라고 한다. 이때 면이 모두 정사각형이면 이를 **정육면체**라고 한다. 그러므로 정육면체는 직육면체의 특수한 경우이다. 면과 면이 만나는 선을 **모서리**, 세 모서리가 만나는 점을 **꼭짓점**이라고 한다.

직육면체에서 평행한 두 면을 **밑면**이라고 한다. 그리고 밑면과 수직인 면을 **옆면**이라고 한다. 직육면체에서는 평행한 면이 3쌍 있으므로 밑면이 될 수 있는 것은 3쌍이다.

1) 직육면체와 정육면체의 구성 요소 및 성질

직육면체와 정육면체의 구성 요소를 살펴보고 구성 요소 사이의 관계를 파악한다. 직육면체를 구성하는 요소는 꼭짓점과 모서리, 면이다. 이러한 구성 요소는 각각 몇 개씩 있는지, 그러한 요소들 사이에는 어떤 관계가 있는지를 찾아본다.

직육면체와 정육면체에는 다음과 같은 성질이 있다.

- 직육면체의 모든 면은 직사각형이다.
- 직육면체의 마주 보는 면은 서로 합동이고 평행하다.
- 직육면체에서 이웃한 면은 수직이다.
- 꼭짓점에서 만나는 세 모서리는 서로 수직이다.
- 꼭짓점이 8개, 모서리가 12개, 면이 6개 있다.
- 정육면체의 모든 면은 합동인 정사각형이다.

2) 직육면체의 겨냥도

입체도형은 보는 위치에 따라 모양이 다르고 보이지 않는 면도 있다. 직육면체는 정면에서 바라볼 때는 직사각형 한 면만 보이고 정면 바로 위나 아래에서 보면 두 개의 직사각형 면만 보인다. 그러나 어떤 경우에도 3면을 초과해서 보이지는 않는다. **겨냥도**는 입체도형의 전체 모양을 가장 잘 알 수 있도록 평면 위에 그린 그림이다. 그러므로 겨냥도를 그릴 때는 3개의 면이 보이도록 그린다. 이때 〈그림 7-70〉의 설명에서처럼 보이는 모서리는 실선으로, 보이지 않는 모서리는 점선으로 나타내며, 평행한 모서리는 평행하게 그린다. 다만 입체 모양을 알 수 있게 그리기 위해서는 각의 크기는 고려하지 않는다. 직육면체에서는 모든 각이 직각이지만 겨냥도에서는 모든 각을 직각으로 나타낼 수는 없다. 모서리의 길이는 필요할 경우에는 정확하게 그 수치를 나타낼 수도 있다.

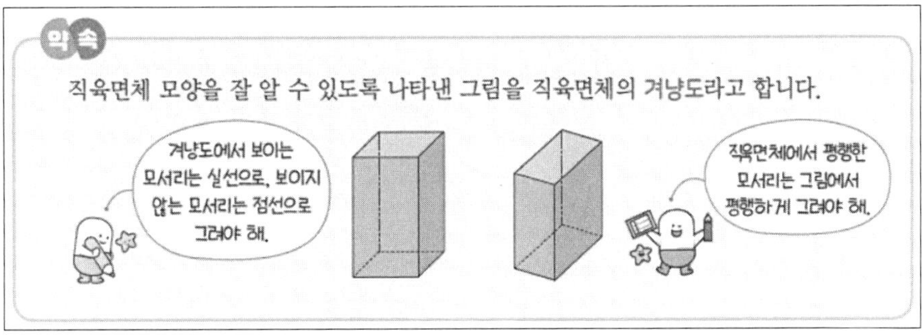

그림 7-70 직육면체 겨냥도 그리는 방법(강문봉 외, 출판예정b, 113쪽)

다음 〈그림 7-71〉에서 (1), (2), (4)는 직육면체의 겨냥도이지만 (3)은 직육면체의 겨냥도가 아니다. 여기서 알 수 있는 것처럼 직육면체의 겨냥도는 3개의 면이 보이며 3개의 모서리가 보이지 않아서 점선으로 나타내는 공통점이 있다.

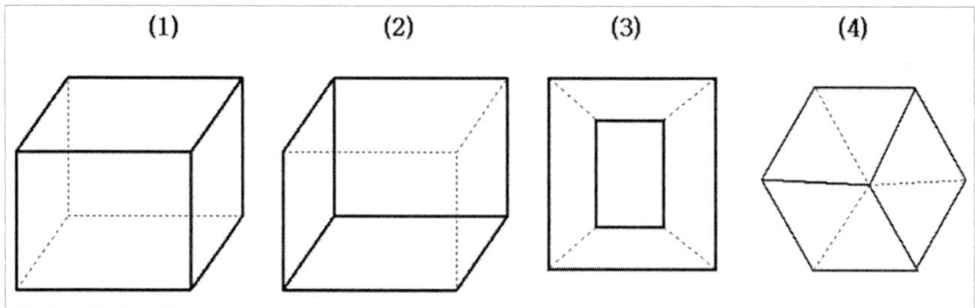

그림 7-71 직육면체의 겨냥도 찾기

3) 정육면체와 직육면체의 전개도

입체도형을 그 모서리를 잘라서 2차원 평면에 펼쳐서 그린 그림을 **전개도**라고 한다. 이때 잘린 모서리는 실선으로, 잘리지 않은 모서리는 점선으로 나타낸다. 전개도를 그릴 때는 면이 떨어져 나가지 않도록 해야 하며 면과 면은 모서리로 만나야 한다.

정육면체의 전개도가 직육면체의 전개도보다 이해하기 쉬우므로 정육면체의 전개도를 먼저 지도하는 것이 효과적이다.

실제로 정육면체 상자를 잘라서 펼쳐보게 하거나 혹은 〈그림 7-72〉와 같이 어느 모서리를 자르면 어떤 모양의 전개도가 만들어지는지를 생각해 보게 하는 것도 필요하다.

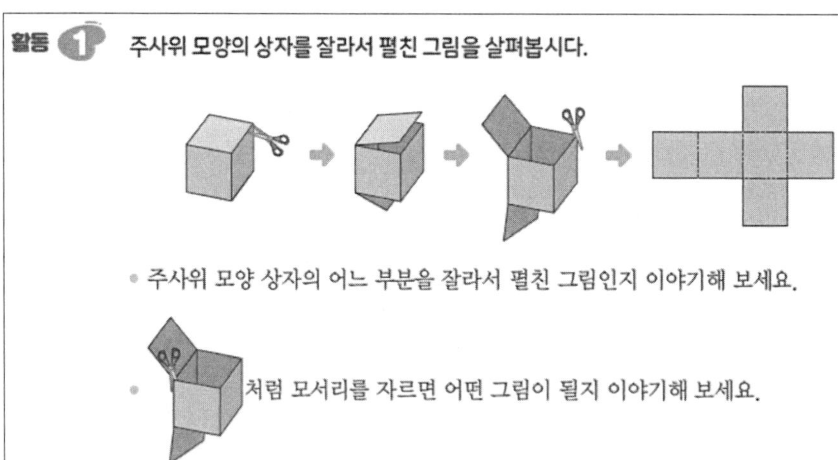

그림 7-72 정육면체의 전개도 만들기(강문봉 외, 출판예정b, 116쪽)

정육면체의 전개도는 다음 〈그림 7-73〉과 같이 모두 11개가 있다. 직육면체는 정육면체를 기본으로 하여 생각할 때 가로, 세로, 높이에 따라 6가지의 서로 다른 직사각형 모양의 면을 생각할 수 있다. 따라서 직육면체의 전개도는 최대 66가지가 있을 수 있다. 직육면체나 정육면체의 전개도를 지도하면서 하나의 전개도만 다루기보다는 다양한 전개도를 다루는 것이 바람직하다. 그러나 정육면체나 직육면체의 전개도가 모두 몇 개가 있는지를 지도할 필요는 없다.

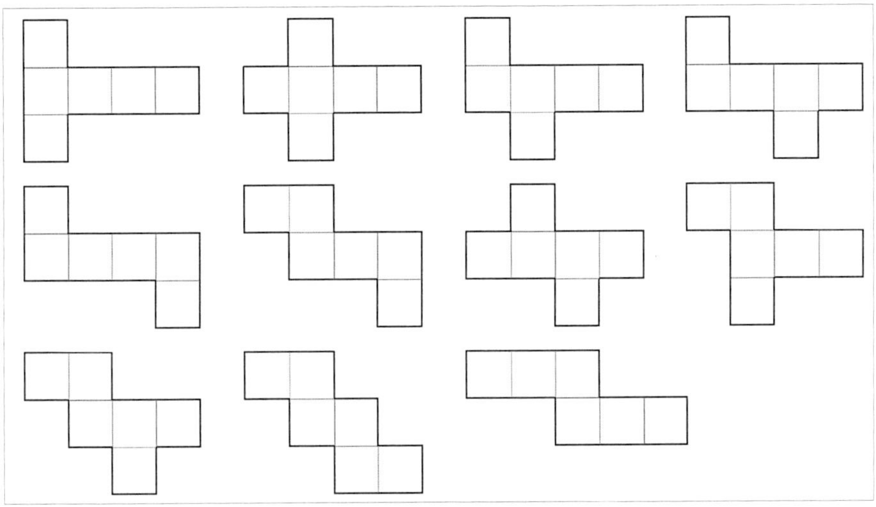

그림 7-73 정육면체의 전개도

전개도를 접어서 직육면체를 만들어보게 하기도 하고, 직접 만들지는 않더라도 어떤 직육면체가 될 것인지를 상상하게 한다. 그래서 직육면체를 만들었을 때 어느 면과 어느 면이 수직인지 혹은 평행한지를 전개도로부터 추측할 수 있어야 한다. 그러므로 〈그림 7-74〉와 같은 전개도를 보고 다음과 같은 질문에 답할 수 있어야 한다.

어느 꼭짓점과 어느 꼭짓점이 일치하는가?
어느 모서리와 어느 모서리가 수직 또는 평행한가?
어느 면과 어느 면이 수직 또는 평행한가?

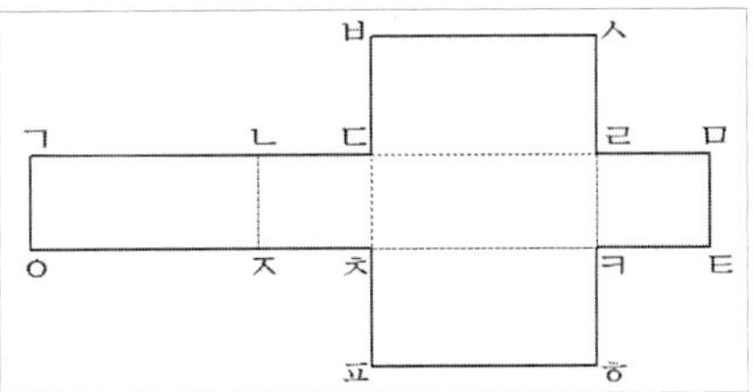

그림 7-74 직육면체의 전개도

전개도를 그릴 때 직육면체의 어느 모서리를 잘라야 하는지, 몇 군데를 잘라야 하는지 등도 조사할 필요가 있다. 자르는 모서리에 따라 전개도의 모양도 달라진다. 직육면체의 경우 일곱 군데의 모서리를 잘라야 평면에 펼칠 수 있다는 사실도 이해시킨다.

나. 각기둥과 각뿔

각기둥과 각뿔은 6학년 1학기에서 지도한다. 각기둥과 각뿔을 지도하면서 '입체도형'이란 용어가 등장하게 되는데, 이를 명확하게 정의하지는 않는다.

1) 각기둥과 각뿔의 정의

다면체는 면의 개수에 따라 사면체, 오면체, 육면체 등으로 정의하기도 한다. 그러나 초등학교 수준에서는 기둥과 뿔로 구분하여 정의한다. 각기둥과 각뿔을 정의하면, 각각을 다시 밑면의 모양에 따라 분류하여 이름을 정한다.

가) 각기둥

각기둥을 발생적으로 정의하려면 다음과 같다. 평면 위의 다각형을 동일 평면이 아닌 방향으로 평행이동하여 만들어지는 입체도형을 **각기둥**이라고 하고 평면 위의 다각형의 모양에 따라 삼각기둥, 사각기둥, 오각기둥 등의 이름을 붙인다. 평면에 수직으로 이동하여 생긴 각기둥을 직각기둥, 비스듬히 이동하여 생긴 각기둥을 빗각기둥이라고 하는데 초등학교에서는 직각기둥만 다루는 것을 원칙으로 한다. 이때 평면 위에 있던 최초의 다각형 및 그와 평행한 면을 **밑면**이라고 하고, 이동하면서 생긴 면을 **옆면**이라고 한다.

교과서에서는 각기둥을 발생적으로 정의하지 않고 곧바로 몇 가지 예를 제시하고 외연적으로 정의하거나 분류 과정을 통하여 논리적으로 정의한다. 교과서에 따라서 분류 활동을 하지만 이러한 분류가 각기둥을 정의하기에 완벽하지 않기 때문에 외연적으로 정의하는 것도 필요하다.

다음 〈그림 7-75〉는 몇 개의 입체도형을 제시하고 각기둥을 분류하는 과정을 보여준다. '평행한 두 면의 유무', '평행한 두 면이 합동인지 여부', '기둥 모양인지 아닌지', '모든 면이 다각형인지 아닌지'의 기준이 제시되는 순서가 일률적으로 정해진 것은 아니다.[37)]

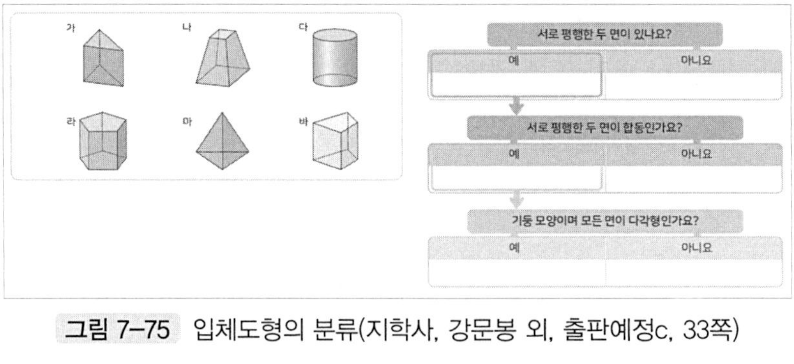

그림 7-75 입체도형의 분류(지학사, 강문봉 외, 출판예정c, 33쪽)

---

37) 2015 개정 교육과정에 의한 국정 교과서와 10종류의 검정 교과서 중에서 각기둥을 예와 함께 논리적으로 정의한 교과서는 모두 8종이다. 그중 '기둥'이란 기준이 포함된 교과서는 금성출판사의 교과서뿐이다. '기둥'이란 조건이 없으면 옆의 그림과 같은 입체도형도 각기둥에 해당될 수 있다. 물론 이 경우에도 이런 도형이 기둥이냐 아니냐 하는 문제가 제기될 수도 있기 때문에 '기둥'이란 조건을 넣는다 하더라도 각기둥을 제대로 정의하였다고 할 수는 없다.

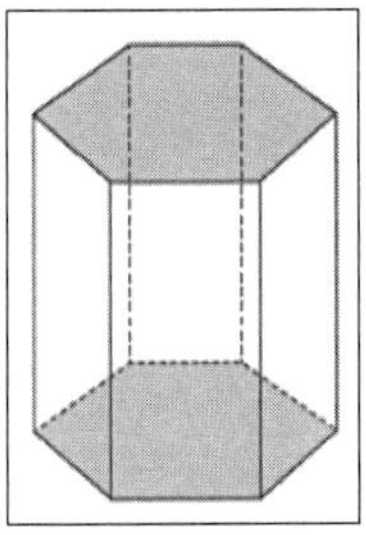

그림 7-76

각기둥을 정의한 다음에 각기둥의 밑면과 옆면을 정의한다. 보통은 여러 가지 입체도형을 관찰하고 분류하여 '각기둥에서 서로 평행하고 합동인 두 면을 밑면이라고 한다.'와 같이 밑면을 정의하곤 하는데 이렇게 정의하면 오개념이 생길 수 있다. 예를 들어 사각기둥인 직육면체에서는 평행한 면이 3쌍이 있고 3쌍 모두 밑면이 될 수 있지만, 〈그림 7-76〉의 정육각기둥에서는 평행한 면이 4쌍 있어도 실제로 밑면은 단 한 쌍뿐이다. 그러므로 밑면이 될 수 있는 조건을 더 추가해야 한다. 즉, 〈그림 7-77〉의 정의에서처럼 **밑면**을 '서로 평행하고 합동이면서 나머지 면들과 수직인 두 면'이라고 정의해야 한다. 이어서 곧바로 두 밑면에 수직인 면을 **옆면**으로 정의한다.

약속

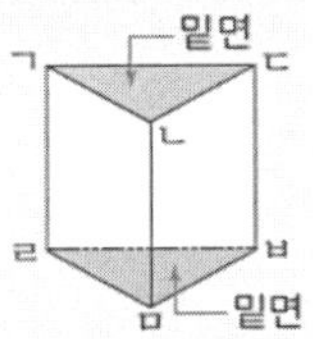

각기둥에서 면 ㄱㄴㄷ과 면 ㄹㅁㅂ과 같이 서로 평행하고 합동이면서 나머지 면들과 모두 수직으로 만나는 두 면을 밑면이라고 합니다.

그림 7-77 각기둥의 밑면(강문봉 외, 출판예정c, 34쪽)

마지막으로 각기둥의 높이를 정의한다. 즉, 두 밑면 사이의 거리를 **높이**라고 한다. '평행한 두 면 사이의 거리'에 대해 정의한 바는 없으나 암묵적으로 평행한 두 면에 수직인 선분의 길이로 이해한다. 사실 평면도형이나 입체도형에서 '높이'는 넓이나 부피를 다루지 않으면 굳이 지도할 필요는 없다. 높이 개념이 사용될 곳이 없기 때문이다. 각기둥과 각뿔의 부피 내용을 삭제하면서 높이 개념만 남겨둔 결과이다.

각기둥 또는 원기둥의 높이를 '(평행한) 두 밑면에 수직인 선분의 길이'로 정의하는 경우도 있는데, 수직인 선분의 양 끝에 있는 꼭짓점이 밑면을 벗어나는 경우도 있을 수 있으므로 이러한 정의는 적절하지 않다.

나) 각뿔

평면 위에 있는 다각형 내부의 모든 점과 평면이 아닌 곳에 놓여 있는 한 점을 이어서 생긴 입체도형을 **각뿔**이라고 한다. 다각형의 모양에 따라 삼각뿔, 사각뿔, 오각뿔 등과 같이 부른다. 평면 위의 다각형을 **각뿔의 밑면**, 평면이 아닌 곳에 위치한 점을 **각뿔의 꼭짓점**, 이 꼭짓점에서 밑면과의 거리를 각뿔의 **높이**라고 한다.

각기둥과 마찬가지 방법으로 여러 가지 사물을 관찰하고 분류하여 예시적으로 각뿔을 정의하는 교과서도 있고 논리적 정의를 함께 사용하는 교과서도 있다. 각뿔을 정의하기 위해 도형을 분류할 때는 〈그림 7-78〉에서처럼 대부분 부정적인 분류 기준을 사용하게 된다.

활동 1 입체도형을 분류해 봅시다.

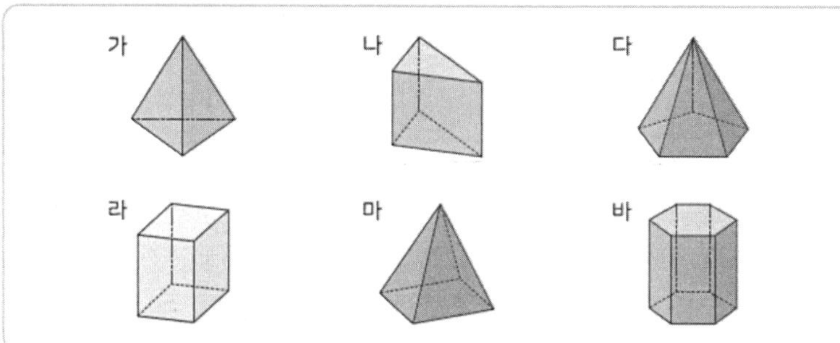

• 입체도형을 기준에 따라 분류해 보세요.

각기둥인가요?

예	아니요

• 각기둥이 아닌 입체도형의 특징을 이야기해 보세요.

그림 7-78 입체도형의 분류(강문봉 외, 출판예정c, 44쪽)

2) 각기둥과 각뿔의 구성 요소와 성질

각기둥과 각뿔의 구성 요소와 그 관계를 살펴보게 한다. 각기둥과 각뿔을 구성하는 요소는 꼭짓점과 모서리, 면이다. 밑면의 모양, 옆면의 모양, 면의 수, 모서리의 수, 꼭짓점의 수를 살펴보고 면과 면 또는 면과 모서리의 관계 등을 살펴본다.

가) 각기둥의 구성 요소와 성질

- 밑면이 n각형이면 꼭짓점은 $(2\times n)$개이고, 모서리는 $(3\times n)$개, 면은 $(n+2)$개이다.
- 두 밑면은 평행하고 합동이다.
- 각기둥의 옆면은 직사각형이다.
- 밑면과 옆면은 수직이다.
- 밑면이 정다각형이면 옆면은 모두 합동인 직사각형이다.

나) 각뿔의 구성 요소와 성질

- 밑면이 n각형이면 꼭짓점은 $(n+1)$개이고, 모서리는 $(2\times n)$개, 면은 $(n+1)$개이다.
- 옆면은 삼각형이다.
- 밑면이 정다각형이고 꼭짓점이 중앙에 위치한 정각뿔이면 옆면은 모두 합동인 이등변삼각형이다.

3) 겨냥도

각기둥이나 각뿔의 겨냥도를 그릴 때에도 입체의 모양이 잘 드러나도록 그려야 하며 특히 보이는 모서리는 실선으로 보이지 않는 모서리는 점선으로 나타낸다. 평행한 선은 평행하게 그리되, 각의 크기는 달라도 된다.

겨냥도를 살펴보면서 구성요소를 알아볼 수도 있다. 예를 들면, 사각기둥의 경우 보이지 않는 꼭짓점의 개수는 1개, 보이지 않는 모서리의 개수는 3개, 보이지 않는 면의 개수는 3개이다.

4) 전개도

각기둥의 전개도는 간단한 형태만 다루고 각뿔의 전개도는 다루지 않고 있다. 각기둥이나 각뿔의 전개도를 그리려고 하면 기본적으로 합동인 삼각형을 자와 각도기, 컴퍼스를 이용하여 그릴 수 있어야 한다. 그런데 삼각형의 작도와 주어진 크기의 각을 각도기를 이용하여 그리는 내용이 삭제되었기 때문에 원칙적으로 각기둥이나 각뿔의 전개도를 그리는 것은 매우 어렵다. 따라서 2015 개정 교육과정과 2022 개정 교육과정에서 각기둥의 전개도는 간단한 것만 다루고 각뿔과 원뿔의 전개도는 다루지 않도록 하고 있다.

그러므로 아동들이 직접 각기둥의 전개도를 그리도록 하는 것보다는 〈그림 7-79〉와 같이 그려진 그림이 각기둥의 전개도가 될 수 있는지 정도만 다루는 것이 좋다. 혹은 그리기보다는 각기둥이나 각뿔을 직접 조작하여 펼쳐보게 하는 것이 좋다.

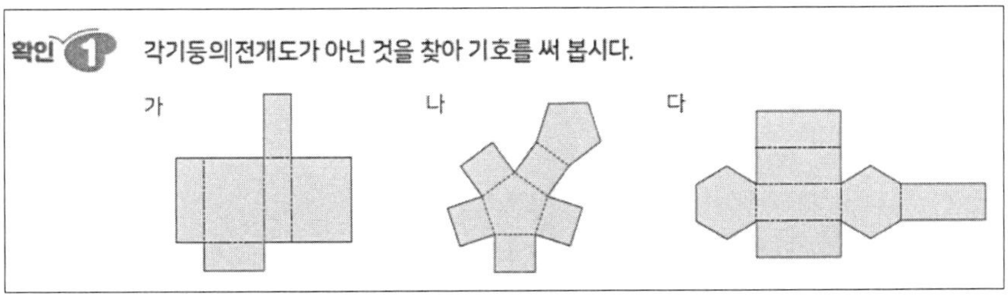

그림 7-79 각기둥의 전개도(강문봉 외, 출판예정c, 41쪽)

각기둥의 전개도를 직접 그리게 할 경우에는 모눈종이를 사용하고 삼각기둥에서 밑면인 삼각형이 직각삼각형인 경우에 한정하는 것이 좋다. 직각삼각형은 빗변이 아닌 두 변의 길이를 알면 전개도를 어렵지 않게 그릴 수 있기 때문이다.

어떤 그림이 각뿔의 전개도가 될 수 있는지 여부를 살펴보는 것도 충분히 가능하겠지만, 교육과정에서는 각뿔의 전개도는 다루지 않도록 하고 있다.

다. 정다면체

각기둥과 각뿔은 다면체이다. 전체적인 모양에 따라 기둥과 뿔로 구분하고, 밑면의 모양에 따라 이름을 정하지만, 면의 개수에 따라서 이름을 정하기도 한다. 예를 들어, 삼각뿔은 사면체이며 삼각기둥은 오면체이기도 하다.

볼록인 **정다면체**는 면이 모두 합동인 정다각형이고 한 꼭짓점에 모이는 면의 수가 같은 다면체로서, 〈그림 7-80〉과 같이 정사면체, 정육면체, 정팔면체, 정십이면체, 정이십면체의 다섯 가지 종류가 있다.

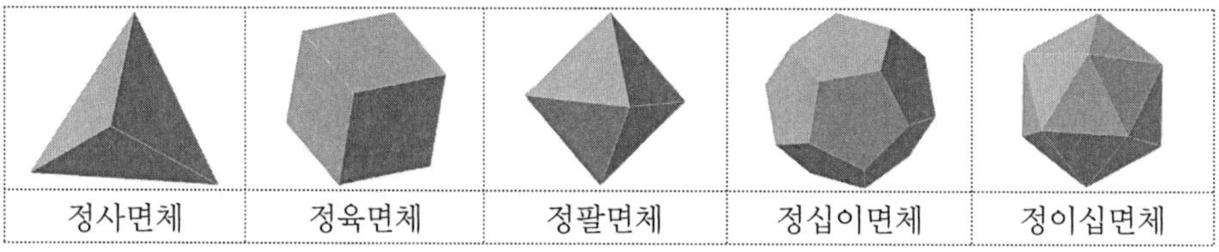

그림 7-80 정다면체

다면체는 물론 정다면체도 초등학교 지도 내용은 아니다. 그러나 정다면체가 매우 아름답고 의미가 있는 도형이므로 아동들에게 관찰할 기회를 제공할 필요는 있다. 교실에 정다면체 모형을 비치해 두고 아동들이 오고 가면서 살펴볼 수 있게 한다. 정육면체 주사위뿐만 아니라 십면체 주사위도 있고 정십이면체 주사위도 수학 수업에서 사용할 기회가 있을 수 있으므로 정다면체 주사위를 사용하는 것도 한 가지 방법이다.

라. 다면체에서 규칙성 탐구

구와 위상동형인 다면체에서 여러 가지 규칙을 찾을 수 있다. 오일러의 다면체 정리는 매우 유명한 규칙으로 다음과 같다.

> 다면체의 꼭짓점의 수를 v, 모서리의 수를 e, 면의 수를 f라고 하면 $v-e+f=2$이다.

볼록 다면체에서 꼭짓점, 모서리, 면의 수를 각각 v, e, f라고 할 때 $v-e+f=2$가 된다는 사실은 1619년경에 데카르트가 발견하였지만 증명하지는 못했는데, 1751년에 오일러가 처음으로 증명했다(Boyer, 2011, p.310; Burton, 2011, p.539). 이 정리를 이용하면 볼록인 정다면체가 5개뿐이라는 것을 증명할 수 있다.

오일러의 다면체 정리는 위상수학의 내용이기도 하다. 오일러의 다면체 정리를 초등학교에서 다룰 필요는 없다. 그러나 각기둥에서 혹은 각뿔에서 면의 수나 모서리의 수, 꼭짓점의 수에 대한 규칙을 찾을 수도 있고, 전개도를 만들기 위해서 각기둥의 경우 모서리 몇 개를 잘라야 하는지 혹은 각뿔에서 모서리 몇 개를 잘라야 하는지 등의 규칙을 탐구할 수는 있다.

마. 회전체

평면도형을 한 직선을 축으로 하여 1 회전시킬 때 생기는 입체도형을 **회전체**라고 한다. 초등학교에서 지도되는 회전체로는 원기둥, 원뿔, 구가 있다. 그러나 2022 개정 교육과정에 회전체라는 용어는 없으며, 고려 사항에서 "한 직선을 중심으로 직사각형, 직각삼각형, 반원을 돌리는 활동을 통하여 원기둥, 원뿔, 구를 만들어 보게 한다."라는 언급만 있다. 원기둥의 전개도를 다루지만 원뿔의 전개도는 다루지 않으며 원기둥과 원뿔의 부피도 다루지 않는다.

1) 원기둥

원기둥을 발생적으로 정의하면 직사각형의 한 변을 축으로 하여 1 회전하여 생긴 입체도형이다. 원기둥을 이렇게 발생적으로 정의할 수도 있으며, 각기둥이나 각뿔처럼 예시적으로 정의할 수도 있고, 〈그림 7-81〉과 같이 예시적 정의와 논리적 정의를 함께 사용하는 교과서들도 여러 종류가 있다.

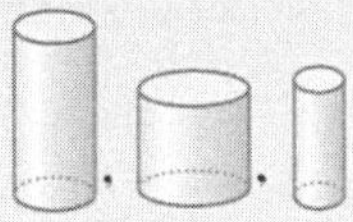

등과 같이 서로 합동이고 평행한 두 원을 면으로 하는 입체도형을 원기둥이라고 합니다.

그림 7-81 원기둥의 정의(장혜원 외, 2023, 127쪽)

그러나 단순히 '위와 아래에 있는 면이 서로 평행하고 합동인 원으로 이루어진 입체도형'으로 원기둥을 정의하면 〈그림 7-82〉와 같이 옆으로 부풀어 오른 입체 도형도 생각할 수 있으므로 원기둥의 적절한 정의라고 할 수 없다. 그래서 예시적 정의를 함께 사용하지만, 그래도 부족하기는 마찬가지이다.

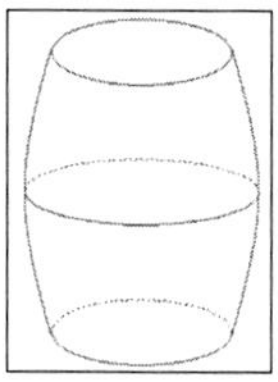

그림 7-82

일반적으로 교과서에서는 원기둥을 정의한 다음 교육과정의 요구에 맞춰 〈그림 7-83〉과 같이 직사각형을 한 변을 기준으로 하여 회전하였을 때 나오는 입체도형을 살짝 다룸으로써 원기둥을 회전체와 연관시키고 있다.

평면 위의 원을 평면 밖으로 평행이동하여 만들어지는 도형을 원기둥이라고 정의할 수도 있다. 이때 평면에 수직으로 이동하여 만들어진 원기둥을 직원기둥이라고 하며, 이것은 회전하여 얻어진 도형과 일치한다. 평면에 수직이 아닌 방향으로 평행이동할 경우에는 빗원기둥이 얻어지며 이것은 회전체가 아니다. 초등학교에서는 직원기둥, 즉 회전체만 다룬다.

그림 7-83 회전체(원기둥)

원기둥에서 평행하고 합동인 두 면을 **밑면**이라고 하고 두 밑면과 만나는 면을 **옆면**이라고 한다. 옆면은 굽은 곡면이다. 두 밑면에 수직인 선분의 길이를 **높이**라고 한다. 직사각형을 1 회전할 때 회전축이 아닌 반대쪽 변을 **모선**이라고 한다. 그러나 원기둥에서는 모선이란 용어는 거의 쓰지 않는다.

원기둥은 다음과 같은 성질을 가진다.

- 두 밑면은 합동인 원이다.
- 두 밑면은 평행하다.
- 옆면은 곡면이다.
- 꼭짓점이 없다.
- 두 면이 만나는 경계선은 원이다.

원기둥의 전개도는 원기둥의 모든 면이 이어지도록 잘라서 펼친 그림을 말한다. 각기둥이나 각뿔의 전개도와 달리 원기둥이나 원뿔의 전개도는 〈그림 7-84〉와 같이 밑면과 옆면이 한 점에서 만나도록 그린다. 밑면의 반지름이 2 cm, 높이가 4 cm인 원기둥의 전개도를 그려보자. 먼저 옆면인 직사각형의 가로는 밑면인 원의 원주가 되고 세로는 원기둥의 높이에 해당한다는 사실을 알고 있어야 한다. 그러므로 이 경우에 직사각형의 가로는 12.56 cm가 된다.

① 가로가 12.56 cm이고 세로가 4 cm인 직사각형을 그린다.
② 직사각형의 위쪽에 반지름이 2 cm인 원을 가로와 한 점에서 닿도록 그린다.
③ 직사각형의 아래쪽에도 똑같은 방식으로 원을 그린다.

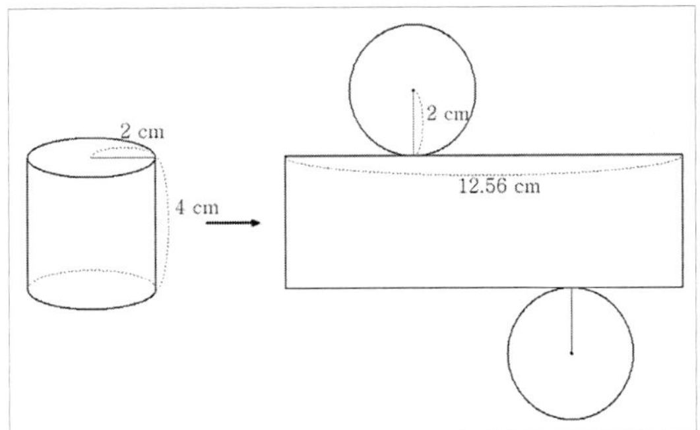

그림 7-84 원기둥의 전개도 그리기

원기둥의 전개도를 보면 옆면은 직사각형임을 알 수 있다. 원기둥의 모선이 아닌 다른 선으로 자르면 옆면이 평행사변형이 될 수도 있지만, 일반적으로 원기둥의 전개도를 생각할 때 옆면을 직사각형으로 만든다.

교과서에서 옆면의 전개도인 직사각형의 가로와 세로를 구하는 문제를 다루고 있으나 원기둥의 겉넓이나 부피는 구하지 않는다.

2) 원뿔

원뿔을 발생적으로 정의하면 직각삼각형의 높이를 축으로 하여 1 회전하여 생긴 입체도형이다. 원뿔도 이렇게 발생적으로 정의할 수도 있으나, 원기둥처럼 예시적으로 정의하거나 또는 〈그림 7-85〉와 같이 예시적 정의와 논리적 정의를 함께 사용하는 교과서들도 있다.

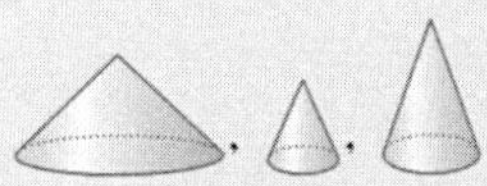 등과 같이 한 원을 면으로 하는 뿔 모양의 입체도형을 원뿔이라고 합니다.

그림 7-85 원뿔의 정의(장혜원 외, 2023, 127쪽)

교과서에서는 원기둥에서와 마찬가지로 원뿔을 정의한 다음 교육과정의 요구에 맞춰 〈그림 7-86〉과 같이 직각삼각형을 직각을 낀 한 변을 기준으로 하여 회전하였을 때 나오는 입체도형을 살짝 다룸으로써 원뿔을 회전체와 연관시키고 있다.

그림 7-86 회전체(원뿔)

평면 위의 원의 점과 이 평면 밖의 한 점을 선분으로 연결한 도형을 원뿔이라고 정의하기도 한다. 평면 밖의 한 점이 평면 위의 원의 중심을 지나고 평면에 수직인 직선 위에 있다면 이 원뿔은 직원뿔이며 회전체와 동일하다. 그러나 그렇지 아니하면 그것을 빗원뿔이라고 한다. 초등학교에서는 회전체가 되는 직원뿔만 다룬다.

원뿔에서 평평한 면, 즉 원인 면을 **밑면**, 옆을 둘러싼 굽은 면을 **옆면**이라고 한다. 원뿔의 뾰족한 부분을 **원뿔의 꼭짓점**이라고 한다. 꼭짓점에서 밑면까지의 거리를 원뿔의 **높이**라고 하며, 회전하기 전의 직각삼각형의 빗변에 해당하는 선분, 즉 원뿔의 꼭짓점에서 밑면인 원의 둘레의 한 점을 이은 선분을 **모선**이라고 한다. '모선(母線)'은 곡면을 만드는 직선이라는 뜻이다. 모선의 의미를 제대로 살리려면 교과서에서처럼 원뿔을 예시적으로 정의하지 않고 회전체로 정의해야 한다.

원뿔은 다음과 같은 성질을 가진다.

- 꼭짓점이 1개 있다.
- 모선이 무수히 많다.
- 옆에서 보면 이등변삼각형이고 위에서 보면 원이다.

원뿔의 전개도는 〈그림 7-87〉과 같지만, 초등학교에서 지도하지 않는다. 원뿔의 전개도를 만들려면 모선을 따라 옆면을 자르고 밑면을 원주를 따라 자른 다음 밑면인 원을 옆면인 부채꼴에 접하도록 두면 된다. 옆면은 부채꼴이 되고 부채꼴의 호의 길이는 밑면인 원의 원주의 길이와 같다.

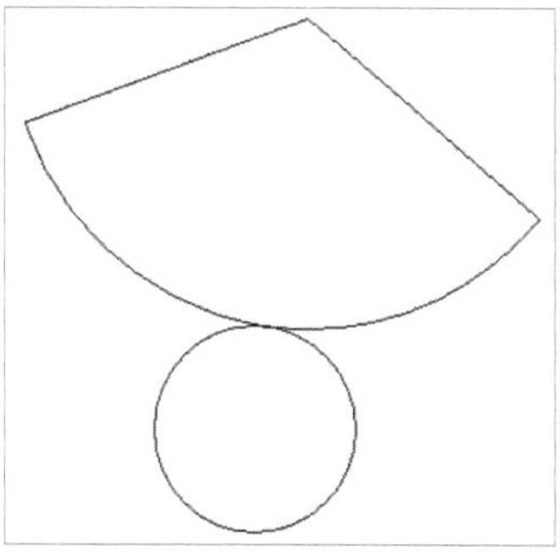

그림 7-87 원뿔의 전개도

3) 구

구를 발생적으로 정의하면 반원을 지름을 축으로 하여 1 회전하여 생긴 입체도형이다. 이와 같이 구를 발생적으로 정의하거나, 여러 가지 예를 제시하여 예시적으로 정의할 수도 있다.

그림 7-88 회전체(구)

논리적으로 정의하면 구는 3차원 공간의 한 정점에서 같은 거리에 있는 점들의 집합이다. 정점 또는 반원의 중심이 이 **구의 중심**이고 일정한 거리 혹은 반원의 반지름이 **구의 반지름**이다. 그러나 초등학교 수준에서 구를 논리적으로 정의하는 것은 무리일 것으로 보인다.

구는 곡면이고 꼭짓점도 모서리도 없다. 어느 쪽에서 보더라도 그 모양은 원이다.

참고사항 원기둥에는 모서리가 몇 개 있을까?

초등학교 수준에서 꼭짓점, 면, 모서리를 이야기할 때는 다면체에서 생각한다. 다면체에서 모서리는 면과 면이 만나는 선으로 정의하고 있는데, 다면체에서는 면과 면이 만나는 선과 이웃한 두 꼭짓점을 이은 선은 동일하다.

원기둥이나 원뿔, 구에서는 꼭짓점, 면, 모서리를 이야기하지 않는다. 물론 원뿔에서는 꼭짓점이 하나 있기는 하다. 원기둥에서 밑면과 옆면이 만나서 생기는 원을 모서리라고 할 수도 있겠으나, 다면체를 넘어서서 꼭짓점과 면, 모서리를 이야기하려면 위상수학적 관점에서 이에 대한 새로운 정의가 필요하게 된다.

바. 쌓기나무의 개수 구하기

쌓기나무 활동은 2학년과 6학년에서 다루어진다. 2학년에서는 다른 아동이 만든 모양을 쌓기나무로 똑같이 만들고, 자신이 만든 모양을 설명하게 하면서 공간 감각과 의사소통 능력을 기른다. 6학년에서는 앞의 〈그림 7-23〉과 같이 쌓기나무로 쌓은 대상이 방향에 따라 보이는 모양이 다름을 알고 그 모양을 평면에 표현하는 능력과 또 그 역으로 평면에 나타낸 모양을 보고 쌓은 모양을 추측하는 능력, 쌓기나무로 만든 입체도형을 보고 사용된 쌓기나무의 개수를 구할 수 있는 능력을 기른다. 쌓기나무의 개수를 구하는 활동을 통하여 방향에 대한 감각을 기르고, 보이지 않는 곳에도 쌓기나무가 있을 수 있다는 사실을 알게 하며, 보이지 않는 부분에 대한 공간적 추론 능력을 기르게 한다.

입체 모양을 바라볼 수 있는 곳은 앞과 뒤, 왼쪽과 오른쪽, 그리고 위와 아래의 여섯 방향이다. 사물을 여섯 방향에서 바라본 모습은 각각 다를 수 있다. 그러나 입체도형으로 추상화하고 그 모습을 평면도형으로 나타내면, 앞과 뒤에서 바라본 모양과 왼쪽과 오른쪽에서 바라본 모양, 위와 아래에서 바라본 모양은 같은 모양이므로 위, 앞, 옆의 세 방향에서 바라본 모양으로 충분하다. 이때 옆은 편의상 오른쪽으로 통일하고 있다.

쌓기나무의 개수 구하기 지도 과정을 살펴보자. 교육과정에서는 쌓기나무로 모양을 만들 때 그 개수는 가로, 세로, 높이 각 3개 이내로 제한하고 있다. 실제 지도에서는 이러한 제한을 없애서 다양하고 창의적으로 모양을 만들어보게 할 수 있다.

쌓기나무로 쌓은 실제 모양을 제시하고 거기서 쌓기나무의 개수를 구하게 하면 아동들은 위, 앞, 옆에서 관찰하고 경우에 따라서는 그 모양을 해체하면서 개수를 구하게 되기 때문에 이것은 어려운 문제가 아니다. 그러나 쌓기나무로 만든 모양의 그림, 즉 투영도를 제시하고 쌓기나무의 개수를 구하게 하면 보이지 않는 부분이 생길 수 있으므로 그 개수를 정확히 구하기가 어렵게 된다.[38] 그러므로 쌓은 모양을 제시하는 방법을 여러 가지 방법으로 고려해야 한다.

표현 방법 1 위, 앞, 옆에서 본 모양

먼저, 쌓은 모양을 관찰하고 〈그림 7-89〉와 같이 위, 앞, 옆에서 본 모양을 그려보게 한다.

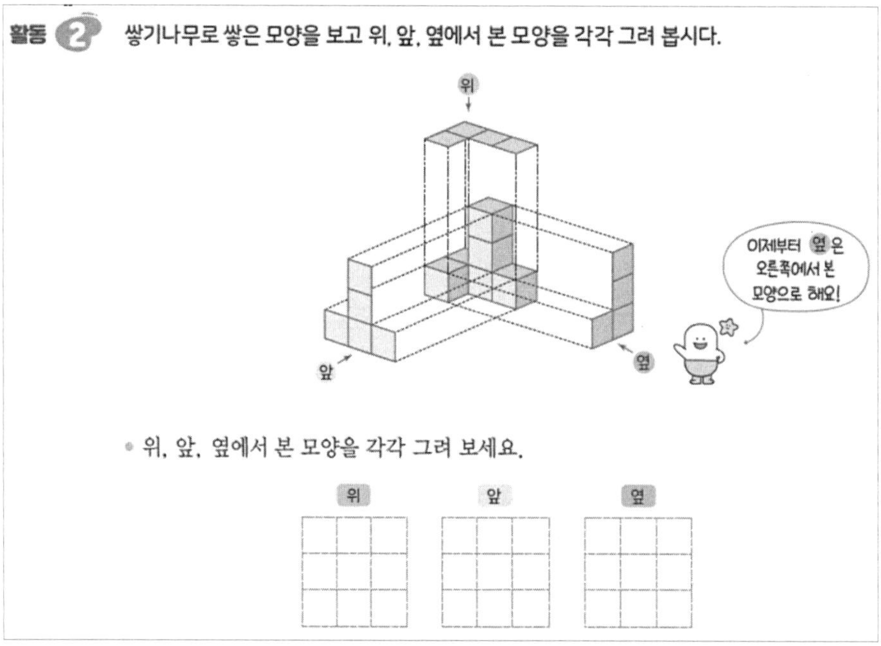

그림 7-89 위, 앞, 옆에서 본 모양 그리기(강문봉 외, 출판예정d, 61쪽)

그다음에는 위, 앞, 옆에서 본 모양을 보고 실제로 어떤 모양인지를 쌓아보고 확인해 보게 한다. 점차 직접 쌓아보는 대신 그 모양을 추측해 보게 하고 쌓기나무가 몇 개 사용되었는지를 구하게 한다. 위에서 본 모양이 실제로 쌓은 모양에서는 1층이 된다는 사실

38) 투영도는 물체에 평행 광선을 비추어 평면 위에 나타난 상을 이용하여 그 물체의 모양을 나타내는 방법이다. 다면체의 투영도는 일반적으로 좌표 공간의 세 축이 120°가 되도록 평면에 꼭짓점과 모서리를 평행 투영해서 그리는 것이 모서리의 비가 유지되기 때문에 이런 등각 투영도를 주로 사용한다. 그러나 겨냥도와 달리 보이지 않는 선을 나타내지 않는다. 투영도는 쌓기나무로 쌓은 모양을 평면에 제시하는 가장 일반적인 방법의 하나로서(교육부, 2019d, 201쪽), 아래 〈그림 7-91〉의 왼쪽 그림이 투영도이다.

을 알면 직접 쌓아보거나 쌓은 모양을 추측할 때 편리하다.

그런데, 위, 앞, 옆에서 본 모양만 가지고는 〈그림 7-90〉과 같이 쌓기나무의 개수를 정확하게 파악하지 못하는 경우가 생긴다. 그래서 그 개수를 정확하게 파악할 수 있는 새로운 표현 방법을 생각해야 할 필요가 생긴다.

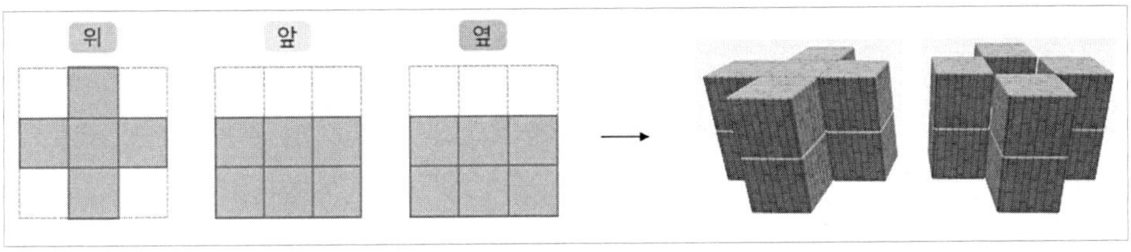

그림 7-90 위, 앞, 옆에서 본 모양으로 모양 쌓기

표현 방법 2 투영도와 위에서 본 모양

투영도를 제시했을 때 보이지 않는 부분을 알기 위해서 〈그림 7-91〉처럼 투영도와 위에서 본 모양을 함께 제시해 준다. 그러면 보이지 않는 부분을 알 수가 있다. 그러나 이 경우에도 보이지 않는 곳에 쌓기나무가 한 개 있을 수도 두 개 있을 수도 있기 때문에 불완전한 표현 방법이다.

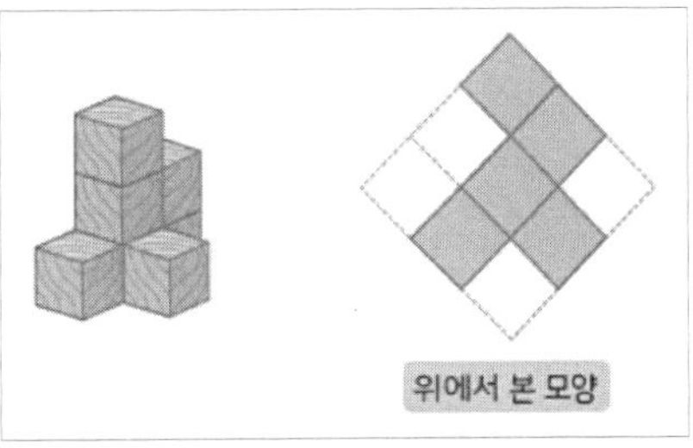

그림 7-91

표현 방법 3 위에서 본 모양에 개수 적기

이제 위에서 본 모양의 각 자리에 〈그림 7-92〉처럼 쌓여 있는 쌓기나무의 개수를 그 자리에 적는다.[39] 이러한 방법으로 나타내면 쌓기나무의 개수를 정확하게 알 수 있다. 사실 이 경우에 쌓은 모양을 생각할 필요도 없이 각 자리에 있는 수를 더하기만 하면 쌓기나무의 개수를 알 수 있다. 그러므로 이런 방법으로 나타내었을 때 쌓기나무의 개수를 구하는 활동보다는 이것을 보고 쌓은 모양을 추측해 보게 하고, 앞과 옆에서 본 모양을 그려보게 하는 활동이 더 중요한 의미를 가지게 될 것이다. 숫자가 쓰인 자리, 즉 위에서 본 모양이 1층의

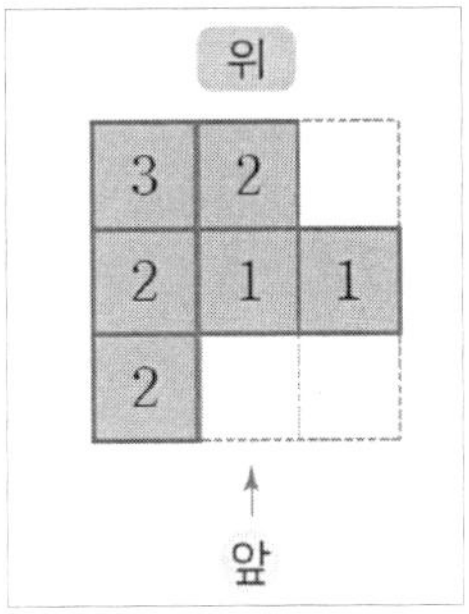

그림 7-92

39) 위에서만 봐서는 그 자리에 몇 개를 쌓았는지를 알 수 없다. 앞과 옆에서 관찰해야 하는데, 바깥 부분이 3개씩 쌓여 있는 경우에는 가운데에 몇 개가 쌓였는지를 앞과 옆에서도 관찰하지 못하는 경우가 있다.

모양이 됨을 알면 보다 효율적으로 해결할 수 있을 것이다.

옆에서 바라본 모양에서 개수를 적을 수도 있겠으나 이런 경우에는 비어 있는 부분이 생길 수 있다. 그러나 위에서 바라본 모양에서는 중력의 작용으로 빈 부분이 생기지 않는다.

표현 방법 4 층별로 나타내기

쌓기나무로 쌓은 모양을 〈그림 7-93〉과 같이 각각의 층별로 나타내는 방법도 있다. 이렇게 나타내면 쌓기나무의 개수를 정확하게 구할 수 있다. 이 역시 각 층에 놓여 있는 쌓기나무의 개수를 세어서 더하면 되기 때문이다. 그러므로 〈표현 방법 3〉과 마찬가지로, 쌓기나무의 개수를 구하는 활동보다는 이것을 보고 쌓은 모양을 추측해 보게 하고, 앞과 옆에서 본 모양을 그려보게 하는 활동이 더 중요한 의미를 가지게 된다.

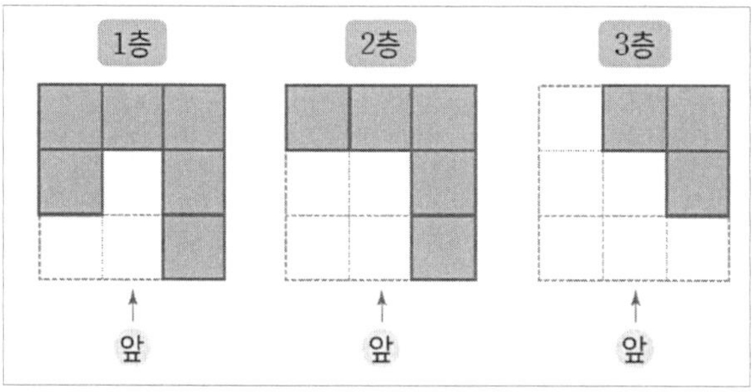

그림 7-93 층별로 쌓기나무 개수 나타내기

8장

측정과 그 지도

8장

측정과 그 지도

생각할 문제

이 단원을 학습하기 전에 다음 문제를 생각해 봅시다.

1 우리는 언제 측정하게 되는가?

2 측정하는 데 필요한 도구는 무엇일까?

3 측정 단위를 나타내는 m, kg, L 등은 어떻게 만들어졌을까?

4 직사각형의 넓이를 왜 (가로)×(세로)로 구할 수 있을까?

5 각의 크기 단위인 1°를 정의하기 위해 직각을 왜 90등분 하였을까?

1 관련 이론

가. 측정 지도의 목적

측정을 지도하는 목적은 다음과 같다.

첫째, 일상생활에서 많이 이용되기 때문이다. 우리는 일상생활에서 키를 재고 멀고 가까운 거리를 따지며, 목적지까지 가는 시간도 계산한다. 아이스크림 한 개에 포함된 칼로리를 따지며 먹을지 말지 고민하기도 한다, 하루에 마신 물의 양, 하루에 섭취하는 소금의 양, 미세먼지의 농도 등등 일상생활에서 측정은 빠질 수 없는 내용이다. 그러므로 측정은 일상생활에서 수학의 유용성을 쉽게 알 수 있게 해주는 영역이다.

둘째, 다른 수학 내용을 학습하는 데 도움이 되기 때문이다. 자연수나 분수, 소수는 측정 활동을 통해 발생하며, 측정하기 위해서 단위를 세어야 하고, 직사각형의 넓이를 구하려면 가로와 세로를 곱해야 한다. 단위 환산을 하기 위해 곱하거나 나누어야 한다. 이와 같이 측정은 수와 연산, 도형, 통계 등 수학의 다른 내용과 밀접하게 관련되어 다른 내용을 학습하고 활용하는 데 기여한다.

셋째, 학교 교육과정의 다른 영역과 관련지을 수 있기 때문이다. 측정은 문학과 과학과 음악과 미술 등 학교 교육과정의 거의 모든 교과 영역과 융합하는 훌륭한 수단이 될 수 있다.

넷째, 학습 동기유발에 효과적이기 때문이다. 식물을 재배하거나 동물을 키우고, 예쁜 장식을 하고 싶거나 어떤 물건을 사고 싶은 아동들의 관심을 측정과 연결하여 학습 동기를 유발할 수 있다.

다섯째, 학생들의 수준이 어떠하든 다양한 수준에서 다양한 방법으로 문제를 해결하는 경험을 제공할 수 있기 때문이다. 측정에서는 실제로 재어볼 수도 있고 공식을 이용할 수도 있고, 도형을 여러 가지 형태로 변형해 보기도 하면서 각자 자신의 수준에서 다양한 방법으로 능동적으로 문제에 접근할 수 있다.

나. 양의 개념

측정이란 어떤 양을 그와 같은 종류의 한 양을 기준으로 하여 기준량의 몇 배에 해당하는가를 파악하는, 즉 수치화하는 조작 활동이다. 이때 기준이 되는 양의 크기를 **단위**라고 하며 단위의 몇 배가 되는지를 나타내는 수를 그 단위에 대한 측도라고 한다. 3차 교육과정에서는 영역 구분으로 측도라고 하였으나 그 후에는 측정으로 영역 명을 사용한다.

2022 개정 교육과정에서는 기존의 '도형' 용역과 '측정' 영역을 하나로 묶어서 '도형과 측정' 영역으로 설정하였다.

양은 비교 용어가 쓰이는 대상의 속성이다. 더 크거나 작다, 더 길거나 짧다, 더 넓거나 좁다, 더 많이 들어가거나 덜 들어간다, 더 무겁거나 가볍다, 더 빠르거나 느리다 등을 나타내는 속성이 양이다.

양은 **외연량**(extensive quantity)과 **내포량**(intensive quantity)으로 구분한다. 외연량은 같은 종류의 작은 양을 더하여 큰 양을 만들어 낼 수 있는 양으로, 길이, 넓이, 들이, 부피, 무게, 시간, 각도 등이 해당한다. 내포량은 속력, 밀도, 농도 등과 같이 더할 수 없는 양이다. 내포량은 대부분 두 외연량의 몫으로 표현된다.

외연량은 연속량과 분리량(이산량)으로 구분된다. **연속량**은 길이, 넓이, 무게, 들이, 부피, 시간, 각도 등과 같이 얼마든지 분할이 가능한 양이다. 예를 들어 2 cm인 길이를 분할하여 1 cm가 되고 1 cm를 분할하여 0.3 cm가 되고 0.3 cm를 분할하여 0.01 cm가 되는 등, 길이는 계속해서 분할할 수 있다. **분리량(이산량)**은 사과의 개수처럼 일반적으로 자연수로 나타내는 양으로 그 이상의 분할이 되지 않는다.

다. 측정 지도 순서

여러 가지 양은 각각 그 단위가 다르고 역사적인 발생 시기도 다르다. 그러나 어떤 양이든 그 양의 역사적 발달 단계는 비슷하다. 단순히 측정 능력을 지도하고자 한다면 우리가 사용하고 있는 표준 단위의 사용법만을 지도하여도 무방하다. 그러나 측정 지도를 통하여 수학의 발달 과정을 경험하고 선조들이 경험했던 어떤 불편함과 새로운 단위의 필요성 등을 이해하여 수학의 가치를 인식하게 하려면 측정 지도는 다음 순서를 따르는 것이 바람직하다.

1) 비교

비교 활동을 하면서 양 개념을 형성한다. 길이, 넓이, 부피, 무게 등의 개념을 직접 정의하고 지도하기는 쉽지 않다. 아동들에게 '어느 것이 더 긴지', '어느 것이 더 무거운지' 등을 비교하는 활동을 통해 어떤 대상이 가진 여러 속성 중에서 길이 혹은 무게 등에 관심을 가지게 할 수 있다.

연필이나 사인펜은 각각 여러 속성을 가지고 있다. 얼마나 긴지, 두꺼운지, 무거운지, 오래 쓸 수 있는지, 얼마나 비싼지 등등. 그런데 연필과 사인펜 중에서 어느 것이 더 긴지를 비교하게 하면 아동들은 연필과 사인펜을 마주 대어서 어느 것이 더 긴지를 비교한다. 그러면서 '길이'라는 양을 인식하고 형성해 나간다. 반면에 어느 것이 더 무거운가를 비교하게 하면 길이를 비교할 때처럼 두 물건을 마주 대지 않고 양쪽 손에 하나씩 들고 무거운 정도를 가늠하게 된다. 이와 같이 비교 활동을 통해 특정한 양의 개념을 형성해 나가게 된다.

비교에는 직관적 비교, 직접 비교, 간접 비교가 있다. **직관적 비교**는 직접적으로 비교하지 않고 직관적으로 한눈에 길이나 넓이 등을 비교하는 것을 말한다. **직접 비교**는 비교하고자 하는 두 대상을 직접 맞대어보거나 들어보거나 하는 방식으로 비교한다. **간접 비교**는 직접적인 비교가 어렵거나 불가능할 때 매개물을 개입하여 비교하는 방법이다. 예를 들어, 학교에 있는 물건과 집에 있는 물건 두 개의 길이나 무게 등을 비교하려고 할 때 두 물건을 한 장소에 옮겨와서 직접적으로 비교하기 어려울 수 있다. 이 경우 집에 있는 물건과 길이 혹은 무게가 같은 물건을 학교로 가지고 와서 그 물건과 학교에 있는 물건을 직접 비교할 수 있다. 이때 집에서 가지고 온 물건은 **매개물**이다. 이와 같이 매개물을 이용한 비교를 간접 비교라고 한다. A와 B를 간접 비교를 할 때는 매개물 C에 따라 다음과 같이 비교할 수 있다.

$A=C$일 때 $\Rightarrow$ $C=B$이면 $A=B$, $C>B$이면 $A>B$, $C<B$이면 $A<B$

$A>C$일 때 $\Rightarrow$ $C=B$이면 $A>B$, $C>B$이면 $A>B$, $C<B$이면 A와 B의 비교는 곤란

$A<C$일 때 $\Rightarrow$ $C=B$이면 $A<B$, $C<B$이면 $A<B$, $C>B$이면 A와 B의 비교는 곤란

2) 직접 측정

간접 비교를 하려고 하는데 적절한 매개물이 없을 수도 있다. 이럴 때는 작은 물건을 가지고 이 물건의 몇 배가 되는지를 알아보게 되는데 이것이 측정의 시작이다. 측정에서 사용되는 작은 물건이 단위이다. 단위는 개인이 임의적으로 사용하는 **임의 단위**가 있고 어떤 집단(크든 작든)이 합의하여 사용하는 **표준 단위**가 있다.

가) 임의 단위를 이용한 직접 측정

다음과 같은 활동을 생각해 보자.

> 은혜는 학교에 있는 물건과 집에 있는 물건의 길이를 간접 비교하려고 하였다. 그런데 집에 있는 물건의 길이와 같거나 비슷한 매개물이 없었다. 어쩔 수 없이 조그만

> 막대기(혹은 뼘)를 이용하여 집에 있는 물건이 그 막대기(혹은 뼘)의 몇 배가 되는지를 세어 보았다. 그리고 그 막대기(혹은 뼘)를 학교에 가지고 가서 비교하려고 했던 학교의 물건이 그 막대기(혹은 뼘)의 몇 배가 되는지를 알아보고, 집에 있는 물건과 학교의 물건 중에서 어느 것이 더 긴지를 확인하였다.

은혜는 임의 단위를 이용하여 직접 측정하였다. 은혜가 사용한 조그만 막대기(또는 뼘)는 임의 단위이고 물건이 임의 단위의 몇 배가 되는지를 알아보는 활동은 '측정'이다. 그리고 측정한 수치를 이용하여 어느 물건이 더 긴지를 '비교'하였다. 이와 같이 적절한 매개물이 없을 때 자연스럽게 임의 단위가 등장하고, 임의 단위를 이용하여 측정하게 되고, 측정한 단위의 수로 비교하게 된다. 혹은 적절한 매개물이 있다 하더라도 얼마나 더 긴지 얼마나 더 무거운지를 좀 더 정확하게 알아보려는 마음이 있을 때도 임의 단위가 등장하게 된다.

임의 단위로는 주변에서 쉽게 구할 수 있는 물건 혹은 신체의 일부가 이용된다. 임의 단위에는 연필의 길이나 공책의 넓이와 같이 크기가 일정한 것도 있지만 뼘과 같이 사람마다 혹은 동일한 사람에게서조차 사용하는 시기에 따라서 그 크기가 변하는 경우가 있어서, 임의 단위를 사용하면 정확하지 않을 수 있고 다른 사람들과 의사소통하는 데도 어려움이 있을 수 있다.

임의 단위든 표준 단위든 단위를 사용할 때는 다음과 같은 점에 유의해야 한다.

첫째, 측정 결과는 그 단위와 함께 써야 한다.

둘째, 같은 단위를 사용하면 두 측정값을 쉽게 비교할 수 있다.

셋째, 측정할 때 어떤 특정한 단위가 다른 단위보다 더 적절할 수 있다.

넷째, 단위의 수와 단위의 크기 사이에는 역의 관계가 있다.

다섯째, 임의 단위 사용의 문제점이 인식되어야 한다.

여섯째, 효율적인 의사소통을 위해서는 단위를 약속할 필요가 있다.

나) 표준 단위를 이용한 직접 측정

임의 단위의 불편함은 주로 의사소통의 문제에서 비롯된다. 뼘과 같은 임의 단위의 부정확함은 길이가 변하지 않는 다른 단위로 대체하면 해결된다. 그러나 그런 단위를 다른 사람도 같이 사용해야 의사소통이 되는데 '같은 단위를 사용하자.'라고 합의되면 그것이

표준 단위가 된다.

우리나라에서는 과거에 길이로는 척, 무게로는 근, 넓이로는 평과 같은 전통적인 표준 단위가 있었고 서양에서는 길이 단위로 피트나 야드 등이 있었다. 그러나 이제는 전 세계가 국제적으로 통일된 단위를 사용하고 있는데 이것이 **국제단위계**이다. 국제단위계는 길이의 기본 단위로 미터(m), 질량에는 킬로그램(kg), 시간에는 초(s)와 같이 7개의 기본 단위를 정하고, 여기서부터 몇 가지 유도 단위를 만들었다. 유도 단위에는 넓이에 제곱미터(m^2), 부피에 세제곱미터(m^3) 등이 있다. 미터(meter)는 측정을 뜻하는 그리스어 metron에서 따온 말이며, 적도에서 파리를 경유하여 북극에 이르는 자오선 길이의 1천만분의 1을 1 m로 정하였다.

기본 단위가 측정할 대상과 비교하여 너무 크거나 작아서 측정하기에 적절하지 않을 수 있다. 이와 같이 새로운 크기의 단위를 사용할 필요성을 인식하게 되면 여러 가지 **보조 단위**를 만들게 된다.

보조 단위를 만드는 방법은 두 가지가 있다. 한 가지는 기본 단위와 무관하게 새로운 단위를 만들어 사용하는 방법이다. 이 경우에는 기본 단위와의 환산 방법을 생각해야 하는데 환산 공식이 매우 복잡할 수 있다. 두 번째는 기본 단위를 적절히 분할하거나 합하는 방법이다. 이 경우에는 환산 공식이 매우 간편할 수 있다. 십진법을 사용하는 현대에는 주로 10등분, 100등분, 1000등분 또는 10배, 100배, 1000배 하는 것이 자연스럽다.

보조 단위는 기본 단위에 적절한 접두사를 첨가하여 사용하는데, 그러한 접두사는 다음과 같다.

표 8–1 보조 단위의 접두사

배율	접두사	기호	배율	접두사	기호
10^{24}	요타(yotta)	Y	10^{-1}	데시(deci)	d
10^{21}	제타(zetta)	Z	10^{-2}	센티(centi)	c
10^{18}	엑사(exa)	E	10^{-3}	밀리(milli)	m
10^{15}	페타(peta)	P	10^{-6}	마이크로(micro)	μ
10^{12}	테라(tera)	T	10^{-9}	나노(nano)	n
10^{9}	기가(giga)	G	10^{-12}	피코(pico)	p
10^{6}	메가(mega)	M	10^{-15}	펨토(femto)	f
10^{3}	킬로(kilo)	k	10^{-18}	아토(atto)	a
10^{2}	헥토(hecto)	h	10^{-21}	젭토(zepto)	z
10	데카(deca)	da	10^{-24}	욕토(yocto)	y

우리나라에서는 2007년 7월부터 국제단위 사용을 의무화하면서 전통적인 단위는 사용하지 않고 있다. 그러므로 임의 단위 측정 이후 곧바로 국제단위를 지도하면 된다.

3) 간접 측정

직접 측정은 단위를 이용하여 어떤 대상을 직접적으로 측정하는 것을 말한다. 그러나 직접 측정이 매우 불편하거나 불가능한 경우도 많이 있다. 산의 높이를 직접 측정할 수도 없고 중간에 강이 있으면 그 거리를 직접 재기도 어렵다. 이런 경우에는 공식을 이용하여 간접적으로 측정하기도 한다.

간접 측정이라고 해서 전혀 직접 측정을 하지 않는 것은 아니다. 예를 들어 원주(원의 둘레)를 구하는 공식은 $2\pi r$이다. 원주를 직접 재는 것은 쉽지 않다. 그러나 반지름을 알면, 즉 반지름을 직접 측정하면 이 공식을 이용하여 원주를 계산할 수 있다. 이와 같이 간접 측정을 하려면 ① 직접 측정할 것이 무엇인지를 알아야 하고, ② 직접 측정해야 하는 것과 간접 측정할 것 사이에 어떤 관계가 있는지를 알아야 한다. 그러기 위해서는 함수적 사고가 작동해야 한다. 예를 들어, 원주를 간접 측정하려고 할 때 원주와 관련 있는 것, 원주가 달라질 때 따라서 변하는 것이 무엇인지를 생각해야 하는데 이것이 반지름이다. 이제 반지름과 원주가 어떤 관계가 있는지를 살펴보고 공식을 만들어야 한다.

4) 개측(어림 측정)

마지막으로 측정 도구의 도움을 받지 않고 대략적으로 얼마가 될 것인지를 어림하여 측정하는 방법을 지도해야 한다. 어림 측정한다고 해서 아무렇게나 말하는 것이 아니라 적절한 양감으로 체계적인 어림 측정 전략을 사용해야 한다.

이상을 정리하면 측정 지도 순서는 ① 비교, ② 임의 단위를 이용한 직접 측정, ③ 표준 단위를 이용한 직접 측정, ④ 간접 측정, ⑤ 개측의 순서이다. 이하에서는 여러 가지 양의 지도를 비교에서 간접 측정까지 단계별로 살펴보고, 마지막으로 개측 전략에 대해서 살펴본다.

2 길이 지도

길이는 모든 양 중에서 가장 기본이 되는 양이다. 넓이나 들이, 부피는 길이에서 유도된다. 그러므로 길이는 가장 먼저 가장 확실하게 지도되어야 할 양이다.

1-2학년군에서는 구체물의 길이를 비교할 때 '길다, 짧다'를 구분하여 말할 수 있으며, 직관적 비교, 직접 비교, 간접 비교를 상황에 따라 알맞게 다루도록 하고 있다. 또한 표준 단위의 필요성을 인식하게 하고, 1 cm와 1 m의 단위를 이해하고 1 m = 100 cm임을 알며, 단명수와 복명수 표현을 할 수 있게 한다. 길이를 어림하고 측정값을 '약'으로 표현할 수 있게 한다.

3-4학년군에서는 새로운 단위의 필요성을 인식하게 하여 1 mm와 1 km 단위를 도입한 다음 1 cm와 1 mm, 1 km와 1 m의 관계를 이해하고, 길이를 단명수와 복명수로 나타내게 한다. 이때 지나친 단위 환산은 다루지 않는다. 또한 길이를 어림하는 활동을 통해 길이에 대한 양감을 기른다.

5-6학년군에서는 평면도형의 둘레를 구하고, 원주율을 이해하여 원주를 구할 수 있어야 한다. 원주율의 근삿값으로 3.14를 사용할 수 있게 하며 복잡한 계산은 다루지 않거나 계산기를 사용하게 한다.

표 8-2 길이의 내용 체계(교육부, 2022)

핵심 아이디어	• 측정은 여러 가지 속성의 양을 비교하고 속성에 따른 단위를 이용하여 양을 수치화함으로써 여러 가지 현상을 해석하거나 실생활 문제를 해결하는 데 활용된다.		
범주 \ 구분	내용 요소		
	초등학교		
	1~2학년	3~4학년	5~6학년
지식·이해	• 양의 비교 • 길이(cm, m)	• 길이(mm, km)	• 다각형의 둘레와 넓이 • 원주율과 원의 넓이
과정·기능	• 여러 가지 양을 비교, 측정, 어림하는 방법 탐구하기 • 측정 단위 사이의 관계 탐구하기 • 측정 단위를 사용하여 양을 표현하기 • 실생활 문제 상황에서 길이, 들이, 무게, 시간의 덧셈과 뺄셈하기 • 도형의 둘레, 넓이, 부피 구하는 방법 탐구하기 • 측정을 실생활 및 타 교과와 연결하여 문제해결하기		
가치·태도	• 표준 단위의 필요성 인식 • 도형과 측정 관련 문제해결에서 비판적으로 사고하는 태도		

가. 비교

직관적 비교와 직접 비교를 하면서 물체가 가진 길이라는 속성에 주목하게 한다. 직접 비교를 할 때는 어느 한 물건의 길이 안에 다른 물건의 길이가 완전히 포함되는 경우도 있지만 보통은 한쪽 끝을 맞추어 나란히 놓거나 세워서 길이나 높이, 거리를 비교한다.

비교한 결과를 '더 길다(짧다)', '더 높다(낮다)', '더 멀다(가깝다)'라는 말을 사용하여 표현하게 하고, 셋 이상의 비교에서 '가장 길다(짧다)'와 같은 표현도 사용한다.

1학년 1학기에서는 직접 비교를 지도하고, 2학년 1학기에서는 〈그림 8-1〉과 같이 간접 비교의 예를 몇 가지 제시하고 있다. 이와 같이 직접 비교가 어렵거나 불가능한 상황을 제시하고 매개물을 이용하여 간접 비교를 해보게 하는 것이 좋다. 간접 비교를 해보아야 임의 단위의 필요성을 인식하는 쪽으로 다가가기 때문이다. 간접 비교를 하면서 간접 비교의 불편함을 인식하거나 좀 더 정확하게 비교하려는 마음이 생기면서 임의 단위의 필요성을 인식하게 된다. 아동들은 매개물을 이용하여 간접 비교를 하기도 하지만 적절한 매개물이 없을 경우 곧바로 임의 단위를 사용할 수도 있다.

그림 8-1 길이의 간접 비교의 예(교육부, 2024c, 95쪽)

나. 임의 단위를 이용한 직접 측정

어떤 물건이 길이를 비교하기 위한 매개물의 역할을 하지 않고, '그 물건의 몇 배'인가와 같이 수치화하는 데 사용되면 그 물건은 매개물이 아니라 임의 단위의 역할을 하게 된다. 주변에서 쉽게 구할 수 있는 물건, 예를 들어 연필, 풀, 클립, 필통, 교과서의 한쪽 길이나, 우리 몸의 일부인 뼘, 발의 길이, 한 걸음, 양팔 사이의 거리 등이 길이의 임의 단위로 사용될 수 있다. 뼘은 엄지손가락에서부터 집게손가락, 가운뎃손가락, 약손가락, 새끼손가락까지 사람마다 사용하는 방식이 다를 수 있으므로 한 가지로 고집할 필요는 없다.[40]

---

40) 한 뼘은 보통 '엄지손가락과 가운뎃손가락을 완전히 펴서 힘껏 벌린 길이'를 말하지만 2022 국정 교과서에서는 '엄지손가락과 검지손가락을 완전히 펴서 벌렸을 때의 길이'라고 말하고 있다.(교육부, 2024c, 97쪽).

임의 단위를 이용한 측정은 측정 그 자체보다 단위가 발생하는 과정과 임의 단위 사용의 불편함을 드러내어 표준 단위를 만들 필요성을 부각하는 데에 그 의미가 있으므로 임의 단위를 이용하여 측정하는 그 자체를 지나치게 강조할 필요는 없다.

〈그림 8-2〉는 임의 단위 사용의 문제점에 대해서 이야기하는 것이라기보다는 어떤 것을 표준 단위로 정하는 것이 좋을지를 논의하는 것이라고 할 것이다. 임의 단위 사용의 문제점에 대해서 살펴보고 난 다음, 표준 단위를 정하기 전에 서로 이야기해 보면 좋음직한 활동이다.

그림 8-2 길이의 표준 단위 정하기(교육부, 2024c, 99쪽)

다. 표준 단위를 이용한 직접 측정

임의 단위 사용의 불편함을 드러내어 단위를 합의할 필요성을 부각한다. 이러한 과정에서 가장 문제가 되는 점은 이미 어린 아동들이 일상생활에서 1 cm, 1 m 등의 표준 단위에 익숙해져 있어서 임의 단위를 사용할 필요가 없다는 점이다. 이런 문제를 해소하기 위해서 역할극이나 연극이 유용할 수 있다. 표준 단위가 만들어지기 전 과거 선조들의 생활을 극화하거나 자신만의 단위를 사용하며 살아가던 원시인들이 서로 다른 원시인을 만나 물물교환을 하면서 단위의 차이로 인해 겪게 되는 상황을 연극으로 만들어보거나 그런 상황에 대한 질문을 통해서 표준 단위의 필요성을 인식하게 할 수 있을 것이다.

1) 표준 단위로 1 cm 도입

임의 단위의 불편함이 드러나고 표준 단위를 도입할 때 2학년 1학기 교과서에서는 〈그림 8-3〉과 같이 '누가 재어도 길이가 똑같은 단위'를 알아보는 활동을 통하여 '1 cm'라는 표준 단위를 도입한다. 이때 "여러 나라에서 사용하는 단위가 있다고 들었어. 그게 무엇일까?"라는 대사를 통하여 이미 국제적으로 확립된 단위 1 cm를 가지고 오고 있다.

그러나 중요한 것은 이러한 단위를 '어떻게' 만들고 이 단위를 '어떤 과정'으로 합의하여 표준 단위로 정하는가 하는 과정을 드러내는 것이다. 그러므로 표준 단위로서 1 cm를 만들고 합의하는 과정이 드러나도록 지도해야 할 것이다. 그러기 위해서는 단위를 만들고 합의하는 과정에서 가상의 수학자가 등장하는 연극이 필요할 수도 있다. 1 m 또는 1 cm라는 표준단위가 지구의 자오선의 길이를 기준으로 하고 있지만 이러한 연극의 과정에서는 반드시 그런 역사적 사실에 근거할 필요는 없을 것이다.

그림 8-3 표준 단위의 도입(교육부, 2024c, 102쪽)

2) 자를 이용한 직접 측정

1 cm라는 표준 단위가 만들어졌으므로 이 크기의 막대를 만들어서 이것을 이용하여 직접 측정해 보게 한다. 그러면서 1 cm 단위를 여러 번 반복하여 측정하는 것은 매우 불편하다는 점을 체험하게 하고, 좋은 방법을 생각해 보게 한다. 그렇게 해서 만들어진 것이 1 cm 단위를 여러 개 이어 붙인 **자**이다. '자'를 이용하면 길이를 쉽게 측정할 수 있다.

주의할 점은 주변에서 쉽게 구할 수 있는 30 cm 자의 사용을 뒤로 미루어야 한다는 점이다. 표준 단위로 처음 1 cm 길이를 약속하면 아직 1 m나 1 mm와 같은 단위는 존재하지 않은 상황이다. 그러므로 이 단계에서는 〈그림 8-4〉와 같이 mm 눈금이 없는 자를 사용해야 한다. 이왕이면 0.5 cm에 해당하는 표시도 없는 것이 더 좋겠다.

• 색연필의 길이는 몇 cm인가요? 그렇게 생각한 까닭을 말해 보세요.

자를 사용하여 길이를 재는 방법

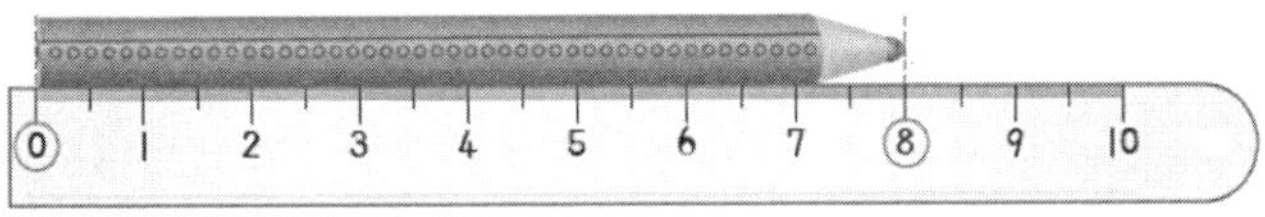

① 색연필의 한쪽 끝을 자의 눈금 0에 맞춥니다.

② 색연필의 다른 쪽 끝에 있는 자의 눈금을 읽습니다.

그림 8-4 cm 자로 길이 재기(교육부, 2024c, 105쪽)

3) 보조 단위의 도입 및 단위 환산

1 m는 적도에서 북극까지의 프랑스 파리를 경유하는 자오선의 길이의 천만분의 1로 약속하였다. 왜 천만 등분을 하였는지의 이유는 기록되지 않았지만, 십진법적 체계를 따르면서 아마도 당시 사용되던 야드(약 91.44 cm)에 가장 근접하도록 만들려고 했던 것이 아닌가 하는 생각이다.

길이의 기본 단위는 1 m이며 보조 단위로 1 cm와 1 mm, 1 km 등이 있다. 기본 단위를 먼저 지도하는 것이 역사적 순서에 맞지만 학교 교육에서는 단위를 도입하는 상황에 가장 적합하게 이 순서를 변경하는 것이 바람직하다. 예를 들어 운동장에서 거리를 측정한다면 1 m를 먼저 도입하고 교실에 와서 보조 단위로 1 cm를 지도한다. 그러나 먼저 교실에서 책상의 폭이나 수학 교과서의 가로를 잰다고 하면 1 m는 너무 커서 불편하다. 이 경우에는 1 cm를 먼저 도입하고 그 후 1 m를 도입하는 것이 바람직하다.

2022 개정 교과서에서는 2학년 1학기에서 표준 단위로 1 cm를 먼저 도입하였고 2학년 2학기에서는 1 m를 도입하며, 3학년 1학기에서 1 mm를 도입한다. 여기서는 편의상 1 mm의 도입을 먼저 설명한다.

이제, 1 cm 단위로 측정하다가 자투리가 남든가 혹은 처음부터 1 cm보다 작은 크기의 물건을 측정하는 상황을 생각해 보자. 이런 경우 2학년 1학기에서는 '약 몇 cm'로 개측하도록 지도하고 있다. 3학년 1학기에서는 좀 더 정확하게 측정하기 위해서 기존 단위를 10등분하고 10등분한 하나를 1 mm로 정의한다.

한편 아주 긴 길이를 측정하려면 1 cm를 여러 번 반복하는 것은 매우 불편하다. 운동장에서 어느 지점의 길이를 재려고 할 때 1 cm 단위를 가지고 재는 상황을 생각해 보라. 이와 같이 측정 활동이 매우 힘들 뿐 아니라 측정의 결과가 매우 큰 수가 되므로 이를 기록하는 것도 불편하다. 그래서 보다 더 큰 단위가 필요해진다. 이제 1 cm의 10배 혹은 100배가 되는 새로운 단위를 만들게 된다. 1 cm의 10배인 1 dm는 교과서에서 다루지 않기 때문에 곧바로 100배인 100 cm를 1 m로 정한다. 이와 같이 기존 단위로 측정하기 불편하거나 정확하지 못할 때 또는 표기가 너무 불편할 때 새로운 보조 단위를 만들게 된다는 것을 경험시키자.

한편, 서울특별시청에서 부산광역시청까지의 거리를 측정하니 440000 m이다. 이와 같이 먼 거리를 기록하는 것은 큰 수가 나와서 불편할 수 있다. 이러한 불편을 해소하기 위해 1 m의 1000배인 1 km와 같은 새로운 단위를 사용하여 간단하게 나타내기도 한다. 〈그림 8-5〉의 첫 번째 발문은 기존 단위인 1 m로 측정하는 것이 어렵다는 것을 인식시키기 위한 것이며, 두 번째 발문은 표기가 불편하다는 점을 인식시키기 위한 것이다. 이를 통해 새로운 보조 단위(1 km)가 필요하다는 생각을 하게 될 것이다.

그림 8-5 새로운 단위의 도입(강문봉 외, 2025a, 102쪽)

이제 여러 보조 단위가 만들어지면 단위 환산을 해야 한다. 이럴 때 단위의 접두사를 알아두면 매우 편하다. 교과서에서는 이러한 접두사에 대해서 지도하지는 않는다. 그러나 몇 가지 중요한 접두사인 k(킬로, 1000배), c(센티, $\frac{1}{100}$배), m(밀리, $\frac{1}{1000}$배)는 지도할 필요가 있다. d(데시, $\frac{1}{10}$배)는 교육과정에서는 다루지 않지만 실생활에서 사용되고 유용하기 때문에 지도할 필요가 있다고 생각한다.

이러한 여러 단위를 함께 사용하여 2 m 30 cm, 2 km 500 m와 같이 두 개의 단위를 이용해서 나타내는 것을 복명수 표현, 230 cm, 2500 m와 같이 하나의 단위로 나타내는 것을 단명수 표현이라고 한다. 단명수를 복명수로, 복명수를 단명수로 나타낼 수 있게 지도하고, 단위의 합과 차를 지도한다.

라. 간접 측정

초등학교에서 길이를 간접 측정하는 예는 다각형의 둘레와 원주를 구하는 경우이다.

1) 다각형의 둘레

다각형의 **둘레**란 다각형의 테두리 또는 테두리의 길이를 말한다. 다각형에서 길이가 같은 변이 있을 때 이를 이용하여 간단히 둘레를 구할 수 있다.

직사각형의 마주 보는 변의 길이는 같으므로 가로와 세로를 알면 {(가로)+(세로)}×2와 같이 둘레를 구할 수 있다. 정사각형이나 마름모의 경우는 네 변의 길이가 모두 같으므로 (한 변의 길이)×4이다.

평행사변형도 마주 보는 변의 길이가 같으므로 이웃한 두 변의 길이를 알면 {(한 변의 길이)+(이웃한 다른 변의 길이)}×2와 같이 둘레를 구할 수 있다.

정다각형은 모든 변의 길이가 같다. 그러므로 정n각형의 둘레는 (한 변의 길이)×n이다.

참고사항 이중 의미를 가지는 용어

두 가지 이상의 의미를 가지는 용어가 있다. 둘레, 반지름, 지름, 원주, 가로, 세로, 직각은 도형으로서의 의미를 가지기도 하고 측정으로서의 의미를 가지기도 한다. 예를 들어, '둘레의 길이'라고 말할 때의 둘레는 테두리를 의미하지만 '둘레가 10 cm이다.' 라고 말할 때의 둘레는 테두리의 길이를 말한다. 또한, 직사각형의 가로는 직사각형의 한 변을 말하기도 하지만 그 변의 길이를 말하기도 한다. 직각은 예각, 직각, 둔각과 같이 도형으로서의 각을 의미하기도 하지만 90°와 같이 각의 크기를 의미하기도 한다.

2) 원주

원의 둘레를 **원주**라고 한다. 원주의 측정을 어떻게 지도할 것인지 생각해 보자. 먼저 원주를 어림해 보게 한 후에 원주율을 지도하고, 원주율을 이용하여 원주 또는 지름을 계산하게 한다.

가) 원주의 어림

원주가 어느 정도 되는지는 〈그림 8-6〉과 같이 원에 내접하는 정육각형과 외접하는 정사각형을 이용하면 알 수 있다.

원주는 내접하는 정육각형의 둘레보다 길다. 내접하는 정육각형의 둘레는 반지름의 6배, 즉 지름의 3배이다. 원주는 외접하는 정사각형의 둘레보다 짧다. 외접하는 정사각형의 둘레는 지름의 4배이다. 그러므로 **원주는 지름의 3배보다 길고 4배보다는 짧다**는 사실을 알 수 있다.

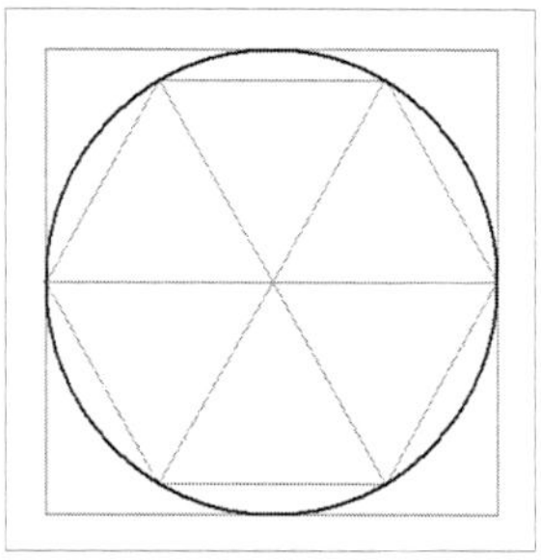

그림 8-6

나) 원주율

이제 원주가 얼마인지를 좀 더 정확하게 살펴보자. 아동들에게 주변의 둥근 물건을 가지고 와서 그 원주를 재어보게 한다. 원기둥의 경우에는 줄자를 이용하면 길이를 구할 수 있다. 굴렁쇠 같은 경우는 〈그림 8-7〉처럼 한 바퀴 회전시키고 이동한 거리를 측정하면 된다. 그러나 칠판이나 종이에 그려진 원의 둘레는 실을 이용하기도 어렵고 줄자를 이용하는 것도 쉽지 않다. 이와 같이 원주를 직접 측정하기가 쉽지 않다는 것을 인식시키고 다른 방법을 생각하게 한다.

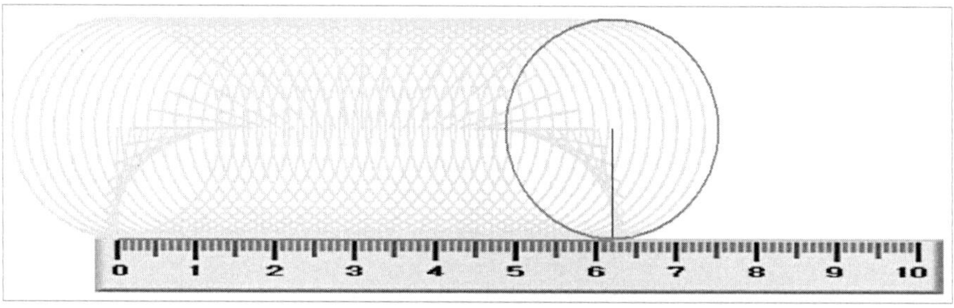

그림 8-7 굴렁쇠 둘레 재기

원주는 무엇과 관계가 있는지를 생각해 보자. 원의 크기가 변할 때 무엇이 변하는지를 생각해 보면 원주와 지름 또는 반지름이 따라서 변하는 것을 알 수 있다. 이제 원주와 지름 사이에는 어떤 관계가 있을까를 알아보게 한다. 그러기 위해서 다음 〈표 8-3〉을 만들고 여기서 관계를 생각하게

표 8-3 원주와 지름

물건	원주	지름

한다.

아동들이 원주를 잰다는 것이 쉬운 일은 아니다. 그러므로 가급적 원기둥 모양의 물건을 이용하는 것이 좋다. 원의 중심을 정확하게 찾지 못하면 지름을 재는 것도 쉽지 않다. 원의 중심을 제대로 찾아보게 하든가 아니면 가장 긴 길이를 찾아보게 해야 한다. 가급적 정확하게 측정하여 〈표 8-3〉을 완성하게 한다.

완성된 표를 살펴보면 원주가 길어질수록 지름도 커지고 있음을 알 수 있다. 그러므로 (원주)-(지름) 또는 (원주)÷(지름)을 구해볼 수 있다. 이럴 때는 계산기를 사용하는 것도 바람직하다. 이 계산을 통해서 (원주)÷(지름)은 약 3.14임을 알게 된다. 측정 또는 계산이 정확하지 않아서 이 값이 나오지 않을 수도 있다. 그러나 측정이나 계산이 정확하지 않은 탓임을 설명을 통해서 이해시킬 수 있다.

이제 (원주)÷(지름)을 **원주율**이라고 부른다는 것을 알게 하고, 이 값은 원의 크기에 상관없이 일정하다는 사실을 인식하게 하며, 이 값은 3.14159...와 같이 끝없이 계속되는 값이라는 것을 지도한다.

2015 개정 교육과정에서는 원주율로 3, 3.1, 3.14를 상황에 따라 적절하게 선택하여 사용할 수 있게 하였다. 그런데 이렇게 지도할 때 원주율이 변하지 않는 상수가 아니라 경우마다 다르게 사용되는 값이라는 잘못된 생각을 가질 수 있다는 등의 우려로 인해 2022 개정 교육과정에서는 3.14만을 사용하도록 하고 있다(이경화 외, 2022, 273쪽). 그러나 그런 우려에 대해서는 충분히 지도 가능하며, 상황에 따라 적절한 값을 선택할 수 있는 데서 오는 장점도 있기 때문에 원주율의 값으로 3.14만을 사용하도록 되돌아간 점은 매우 아쉽다.

다) 원주율을 이용한 간접 측정

(원주)÷(지름)=(원주율)이라는 공식을 이용하면 원주나 지름의 길이를 구할 수 있다. 원주를 직접 측정하는 것이 어렵고 대신 지름을 측정하는 것이 쉽다면 지름을 직접 측정하고 그 결과를 이용하여 원주를 구하면 되고, 통나무처럼 원주를 측정하는 것이 지름을 측정하는 것보다 수월하면 원주를 직접 측정하고 공식을 이용하여 지름을 구하면 된다.

이와 같이 어떤 양을 직접 측정하고 이 값과 공식을 이용하여 다른 값을 계산하는 것을 간접 측정이라고 한다.

참고사항 원주율의 역사

기원전 3세기 경 아르키메데스(Archimedes)가 원에 접하는 정96각형의 둘레를 이용하여 원주율 π가 $\frac{223}{71} < \pi < \frac{22}{7}$임을 밝혀냈다. 그 후 많은 수학자들이 아르키메데스와 같은 방법으로 원주율을 계산했다. 네덜란드 수학자 루돌프(Ludolph, 1540-1610)가 원에 내접하고 외접하는 정2^{62}각형을 만들어서 원주율을 소수 35자리까지 정확하게 계산하였는데(Burton, 2011, p.202), 아르키메데스의 방법을 이용한 마지막 계산이다.

1579년 프랑수아 비에트(Viéte)가 다음과 같이 원주율에 대한 공식을 처음으로 발견하였다.

$$\frac{2}{\pi} = \sqrt{\frac{1}{2}} \times \sqrt{\frac{1}{2} + \frac{1}{2}\sqrt{\frac{1}{2}}} \times \sqrt{\frac{1}{2} + \frac{1}{2}\sqrt{\frac{1}{2} + \frac{1}{2}\sqrt{\frac{1}{2}}}} \times \cdots$$

그 후 월리스(Wallis), 샤프(Sharp), 오일러 등이 계속해서 원주율에 대한 개선된 공식을 발견하게 되어, 이러한 공식을 이용하여 원주율의 값을 구하게 되었다.

1949년에 애니악 컴퓨터를 이용하여 70시간 동안에 원주율을 소수점 이하 2,037자리까지 계산한 것을 시초로 하여, 1967년에는 길루드(J. Gilloud)와 필리아트르(J. Filliatre)가 CDC 6600을 프로그램하여 28시간 10분 동안에 원주율 값을 500,000자리까지 계산하였다(Beckmann, 1971, pp.184-185). 일본의 가네다는 2005년에 컴퓨터를 이용하여 1조 2411억 자리에 달하는 값을 계산하였다(정동권, 2018, 278쪽).

한편, 원주율을 나타내는 기호 π의 역사는 이렇다. 영국의 수학자 오우트레드(Oughtred)가 1647년에, 그리고 그레고리(David Gregory)가 1697년에 원주를 π라는 기호로 사용하였다. 영국 수학자 존스(William Jones)가 1706년에 자신이 주목할 만한 일을 하고 있다는 사실도 인식하지 못한 채 기호 π를 원주율의 의미로 처음 사용하였다. 오일러는 원주율의 기호로 처음에는 p와 c를 사용했다가 1737년에 이 기호를 버리고 π를 사용하였는데, 오일러가 집필한 인기 있는 수학 교과서에서 π가 사용되면서 이 기호가 원주율을 나타내는 기호로 널리 인정받게 되었다(Eves, 1969, p.92; Smith, 1958b, p.312).

3 넓이 지도

넓이는 길이로부터 유도되는 개념이다. 넓이 단위를 이용하여 넓이를 직접 측정하는 경우는 그리 많지 않고 특정한 부분의 길이를 재어 공식을 이용하여 구하는 경우가 많다. 그러므로 측정 지도 순서에 따라 넓이를 지도할 때 비교, 임의 단위를 이용한 직접 측정, 표준 단위를 이용한 직접 측정, 간접 측정의 순으로 지도하되, 특히 간접 측정에서 아동들이 넓이 공식을 만들어 낼 수 있도록 지도해야 한다.

1-2학년군에서는 구체물의 넓이를 비교할 때 '넓다, 좁다'를 구분하여 말할 수 있으며, 직관적 비교, 직접 비교, 간접 비교를 상황에 따라 알맞게 다루도록 하고 있다. 3-4학년군에서는 넓이를 지도하지 않는다. 5-6학년군에서는 넓이를 나타내는 표준 단위로 1 cm^2, 1 m^2, 1 km^2를 알며 그 관계를 이해하게 하고, 도형의 넓이는 1 cm^2인 정사각형의 몇 배인지를 구하는 것임을 이해하게 하고, 직사각형과 정사각형의 넓이를 구하게 하며, 평행사변형, 삼각형, 사다리꼴, 마름모의 넓이를 구하는 방법을 다양하게 추론하게 하고 있다. 또한 원의 넓이를 구하는 방법을 이해하고 직육면체의 겉넓이를 구하게 하고 있다. 삼각형의 넓이는 높이가 삼각형의 외부에 있는 경우도 다루도록 하고, cm^2와 km^2 사이의 단위 환산은 다루지 않도록 한다. 원의 넓이나 입체도형의 겉넓이를 구할 때 복잡한 계산은 계산기를 사용하도록 허용한다.

표 8-4 넓이의 내용 체계(교육부, 2022)

핵심 아이디어	• 측정은 여러 가지 속성의 양을 비교하고 속성에 따른 단위를 이용하여 양을 수치화함으로써 여러 가지 현상을 해석하거나 실생활 문제를 해결하는 데 활용된다.		
범주 \ 구분	내용 요소		
	초등학교		
	1~2학년	3~4학년	5~6학년
지식·이해	• 양의 비교		• 다각형의 둘레와 넓이 • 원주율과 원의 넓이 • 직육면체와 정육면체의 겉넓이와 부피
과정·기능	• 여러 가지 양을 비교, 측정, 어림하는 방법 탐구하기 • 측정 단위 사이의 관계 탐구하기 • 측정 단위를 사용하여 양을 표현하기 • 도형의 둘레, 넓이, 부피 구하는 방법 탐구하기 • 측정을 실생활 및 타 교과와 연결하여 문제해결하기		
가치·태도	• 표준 단위의 필요성 인식 • 넓이와 부피를 구하는 방법의 편리함 인식 • 도형과 측정 관련 문제해결에서 비판적으로 사고하는 태도		

가. 비교

길이에서와 마찬가지로 넓이를 직관적으로 비교하고, 직접 비교와 간접 비교를 경험하게 한다. 어느 것이 더 넓은가 혹은 더 좁은가와 같은 질문을 통해 넓이 개념을 형성하게 한다.

길이는 1차원 도형의 속성인 데 반해 넓이는 2차원 도형의 속성이기 때문에 넓이 비교는 길이 비교보다 힘들다. 특히 선분이 아닌 곡선으로 이루어진 도형의 경우는 더욱 힘들다. 그러므로 비교 방법을 말하게 하고 이를 공유하는 것도 바람직하다.

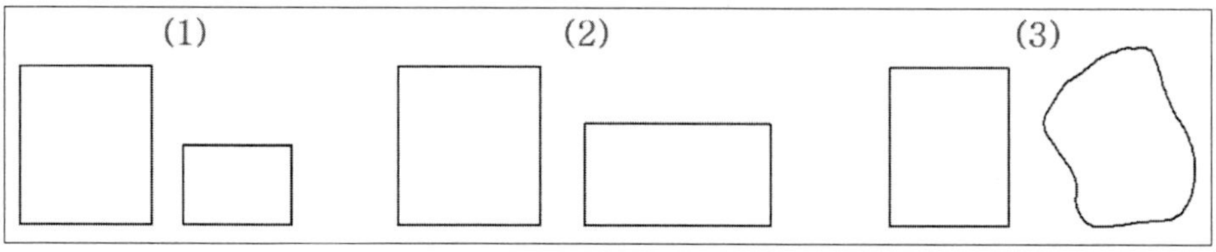

그림 8-8 넓이의 비교(1)

〈그림 8-8〉을 보자. (1)의 경우는 직관적 비교가 가능하다. 굳이 겹쳐볼 필요가 없다. (2)와 (3)의 경우는 직관적 비교가 어려우므로 겹쳐볼 필요가 있다. 겹쳤을 때 〈그림 8-9〉에서처럼 겹쳐지지 않은 부분이 두 도형에 각각 생긴다. (2)의 경우는 겹쳐지지 않은 부분만 다시 겹쳐서 비교하면 된다. 그러나 (3)의 경우는 겹쳐지지 않은 부분조차 비교하기가 어렵다. 이러한 도형의 넓이를 구하는 것은 초등 수준의 목표가 아니므로 비교 활동을 통해서 넓이의 비교가 쉽지 않다는 것을 인식하는 정도로 그친다.

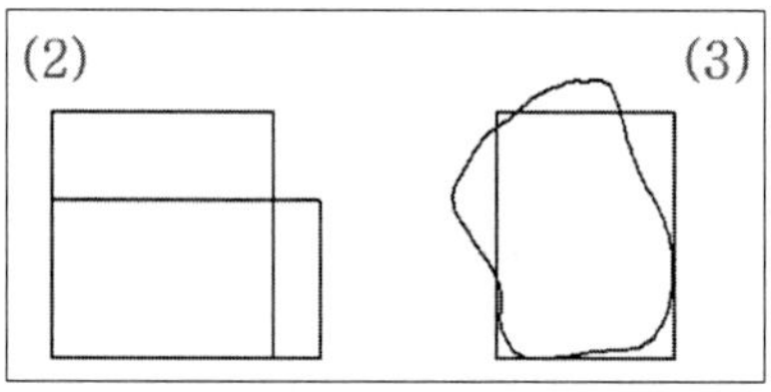

그림 8-9 넓이의 비교(2)

나. 임의 단위를 이용한 직접 측정

교육과정에서는 넓이를 측정하기 위한 임의 단위에 대해서 언급이 없다. 또한 2015 개정 교육과정에 있었던 '넓이를 나타내는 표준 단위의 필요성 인식'이라는 성취 기준도 2022 개정 교육과정에서는 삭제되었다. 그러나 임의 단위를 이용한 측정 활동을 하면서 표준 단위의 필요성을 인식시키는 것이 교육적으로 바람직하다.

임의 단위를 이용한 넓이의 측정은 임의 단위 사용의 불편함과 단위로 사용하기 좋은 도형이 무엇인지를 인식하는 정도면 된다. 임의 단위로는 손바닥도 가능하다. 그러나 손바닥을 사용할 때의 문제점이 무엇인지를 토론하는 것도 의미가 있다. 손바닥을 임의 단위로 사용하면 비어 있는 부분과 겹쳐지는 부분들이 생기게 된다. 원, 직각삼각형, 직사각형, 정사각형 등도 임의 단위로 사용될 수 있다. 특히, 원을 사용할 때는 〈그림 8-10〉처럼 측정하는 방식에 따라 단위의 개수가 달라질 수 있다는 것을 인식하는 것도 의미가 있을 수 있다.

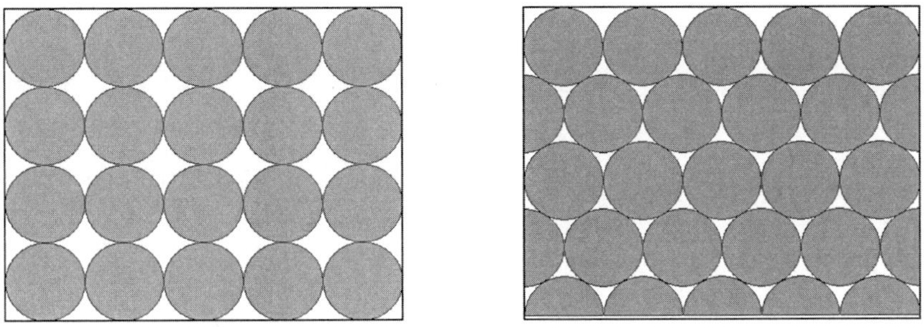

그림 8-10 원 모양을 임의 단위로 넓이 측정

여러 가지 단위 중에서 빈틈이 생기지도 않고 겹쳐지지도 않으며 어느 방향으로든 일정하게 측정할 수 있는 단위는 정삼각형이나 직각삼각형, 직사각형, 정사각형 등의 모양으로 된 것이다. 이러한 여러 단위 중에서 어느 단위가 측정하는 데 편리한지 생각해 보게 하고 편리한 단위를 표준 단위로 채택할 수 있게 한다.

임의 단위로 넓이를 측정하더라도 손바닥 5개(또는 다섯 손바닥), 원 20개, 12■ 등과 같이 임의 단위도 함께 나타내도록 지도하여야 한다.

다. 표준 단위를 이용한 직접 측정

1) 넓이의 표준 단위 도입

길이의 표준 단위가 1 cm이므로 넓이의 표준 단위는 한 변이 1 cm인 정사각형의 넓이를 표준 단위로 정하고 이것을 1 cm^2라고 정한다. 2022 개정 교육과정에서는 '도형의 넓이는 1 cm^2인 정사각형의 몇 배인지를 구하는 것'으로 규정하고 있다. 그러므로 넓이를 측정한다는 것은 단위 정사각형의 개수를 세는 것과 같음을 알 수 있다.

길이를 측정하는 '자'가 있듯이 넓이를 측정하기 위해서는 단위 정사각형을 여러 개 붙인 '넓이 자'를 생각할 수 있다. 즉, 모눈종이가 일종의 넓이를 측정하는 자가 된다.

꽤 넓은 도형의 넓이를 측정하기 위해 한 변이 1 cm인 정사각형을 사용하는 것은 불편할 수 있다. 그러므로 한 변이 1 m인 정사각형의 넓이를 보조 단위로 도입한다. 이 정사각형의 넓이는 1 m^2이다. 그런데, 〈그림 8-11〉에서 보듯이 한 변이 1 m인 정사각형에는 한 변이 1 cm인 정사각형이 100×100=10000(개)가 포함되어 있다. 그러므로 1 m^2=10000 cm^2이다. 이러한 보조 단위를 도입하기 위해서는 기존 단위의 불편함을 인식하게 해야 한다. 기존 단위로 측정하는 활동의 불편함 또는 측정 결과를 기록하는 불편함 등이 드러나고 새로운 단위를 만들 필요성을 인식시켜야 한다.

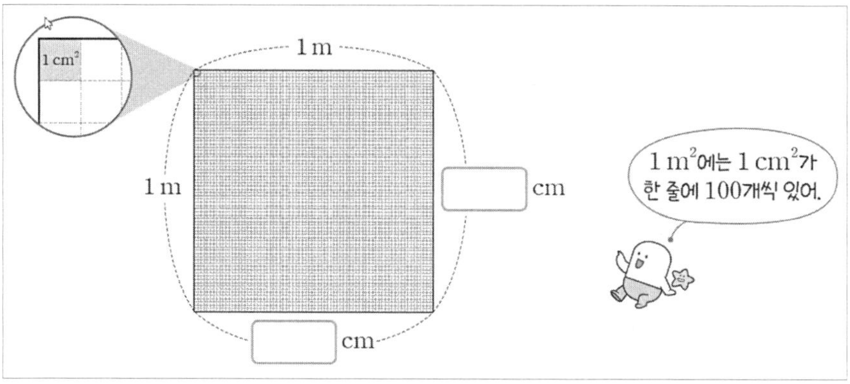

그림 8-11 1 m²와 1 cm²의 관계(강문봉 외, 출판예정a, 125쪽)

한편, 논밭이나 산림의 넓이는 매우 크다. 그러므로 이보다 더 큰 단위도 필요하다. 한 변이 10 m인 정사각형의 넓이는 100 m^2인데 이것을 간단히 1a(아르)로 나타낸다. 한 변이 100 m인 정사각형의 넓이는 10000 m^2=100a이며 이것을 간단히 1 ha(헥타르)라고 한다. 한 변이 1000 m인 정사각형의 경우는 한 변이 1 km가 되므로 이 정사각형의 넓이는 1 km^2이다. 즉, 1 km^2=1000000 m^2이다. 아르와 헥타르는 지금도 산림의 넓이를 이야기할 때 자주 사용되고 있지만 2015 개정 교육과정에서부터 다루지 않는다.

1 cm^2보다 작은 넓이를 측정하기 위해서는 한 변이 1 mm인 정사각형의 넓이를 보조 단위로 생각할 수 있다. 이 정사각형의 넓이를 1 mm^2로 나타낸다. 그러므로 1 cm^2=100 mm^2이다. 교육과정에서는 1 mm^2 단위는 다루지 않고 있다.

길이에서와 마찬가지로 이러한 보조 단위들이 사용되면서 단위 사이의 환산과 넓이의 복명수 계산 및 단명수 계산을 지도한다.

2) 직사각형의 넓이 측정

표준 단위를 이용하여 직사각형의 넓이를 직접 측정해보자.

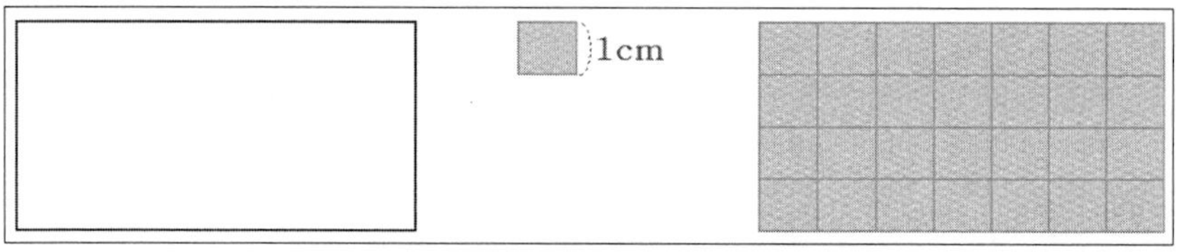

그림 8-12 직사각형의 넓이 직접 측정

〈그림 8-12〉의 왼쪽 직사각형의 넓이를 직접 측정하려면 오른쪽 그림과 같이 한 변이

1cm인 정사각형을 일일이 놓아 보거나 또는 투명한 모눈종이를 대어 단위 정사각형의 개수를 세어보든가 해야 한다.

넓이의 직접 측정 지도에서는 직접 측정을 하여 넓이를 구하는 것이 목적이 아니라 이러한 직접 측정이 불편하고 귀찮다는 것을 인식하고 좀 더 편한 방법을 찾게 하는 데 목적을 두어야 한다.

라. 간접 측정

도형의 넓이 공식은 직사각형의 넓이에서 정사각형, 평행사변형, 삼각형, 사다리꼴, 마름모, 복합도형, 원의 순서로 지도한다. 삼각형을 평행사변형보다 먼저 지도하여도 문제는 없다. 그러나 삼각형을 먼저 지도하게 되면 높이가 도형의 밖에 있는 삼각형의 넓이 공식을 이해시키는 것이 쉽지 않은 문제가 있다.

1) 직사각형과 정사각형의 넓이

직사각형의 넓이를 직접 측정하는 과정에서 직접 측정의 불편함을 깨닫고 보다 편리한 방법을 찾아보게 한다. 단위 정사각형으로 직사각형을 전부 채울 것이 아니라 〈그림 8-13〉과 같이 가로로 몇 개를 놓을 수 있는지 그리고 세로로 몇 개를 놓을 수 있는지만 확인하면 가로와 세로에 놓인 단위의 개수를 곱하여 직사각형의 넓이를 구할 수 있다는 사실을 어렵지 않게 발견할 것이다. 이러한 과정에서 자연스럽게 직사각형의 넓이를 간접 측정하게 된다. 다만 이 경우 아동들은 가로로 5개, 세로로 3개를 놓았다고 생각하여 $5\times3=15(cm^2)$와 같이 계산하는 오류를 범하기도 하니 이에 대한 지도가 필요할 것이다.

더 나아가서, 단위 정사각형이 가로로 또는 세로로 몇 개가 놓였는지를 알기 위해서 직접 단위 정사각형을 놓아 보지 않고 가로와 세로의 길이를 재면 직사각형의 넓이는 (가로)×(세로)가 됨을 깨닫게 될 것이다. 이러한 일련의 과정은 〈그림 8-13〉과 같다.

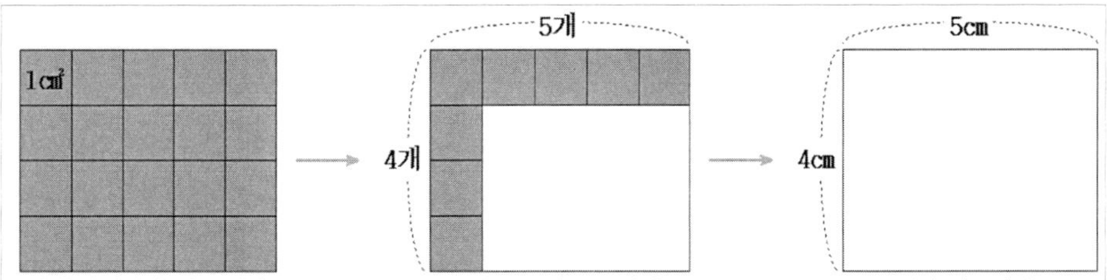

그림 8-13 직사각형의 넓이 지도 단계

이 공식을 이용하여 정사각형의 넓이는 (한 변의 길이)×(한 변의 길이)라는 공식을 쉽게 얻게 된다.

이러한 간접 측정의 공식을 서둘러서 가르칠 필요는 없으나 직사각형의 넓이를 구하는 방법은 앞으로 여러 도형의 넓이를 구할 때 기본이 되는 것이므로 확실히 이해시켜야 한다.

2) 평행사변형의 넓이

가) 평행사변형의 넓이 직접 측정

먼저, 평행사변형의 넓이를 모눈종이나 단위 정사각형을 이용하여 직접 측정하게 한다. 이것은 평행사변형의 넓이를 구하는 것이 목표가 아니라 직접 측정이 어렵고 귀찮은 일이라는 것을 인식시키는 것이 핵심이다. 그런 점에서 〈그림 8-14〉의 '가'와 같이 단위 정사각형의 개수를 쉽게 셀 수 있는 평행사변형만을 제시할 필요는 없다고 생각한다. 오히려 〈그림 8-14〉의 '나'와 같이 단위 정사각형의 개수를 세기 힘든 도형도 제시하는 것이 바람직하다고 생각한다. 직접 측정이 힘들고 불편해야 다른 방법을 찾게 되고 불편함을 극복한 후에야 수학의 가치를 인식할 수 있게 되기 때문이다.

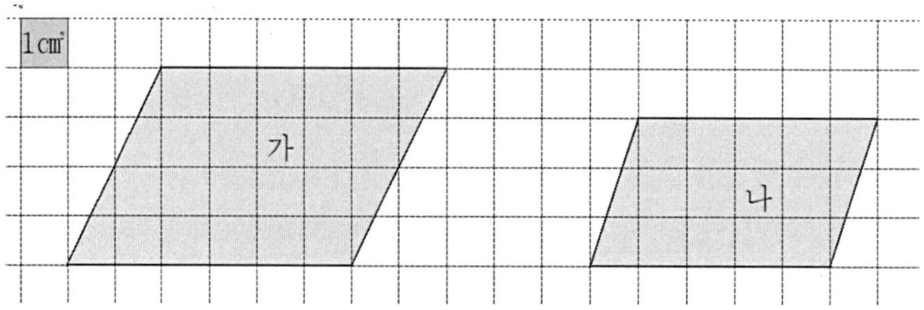

그림 8-14 평행사변형의 넓이 직접 측정

나) 평행사변형을 직사각형으로 변형

평행사변형의 넓이 공식을 지도하기 위해서 평행사변형의 밑변과 높이를 먼저 정의할 필요는 없다. 평행사변형의 넓이를 구하는 방법을 탐구하면서 밑변과 높이를 자연스럽게 정의할 수 있기 때문이다.

이제, 평행사변형의 넓이를 직접 측정하는 것이 불편하다고 생각되거나 더 좋은 방법을 찾아보려는 생각을 하게 되면, 아동들에게 "넓이를 구할 수 있는 도형이 무엇인가?"를 생각해 보게 하고 평행사변형을 〈그림 8-15〉와 같이 아동이 넓이를 구할 수 있는 도형인 직사각형으로 변형하게 한다.

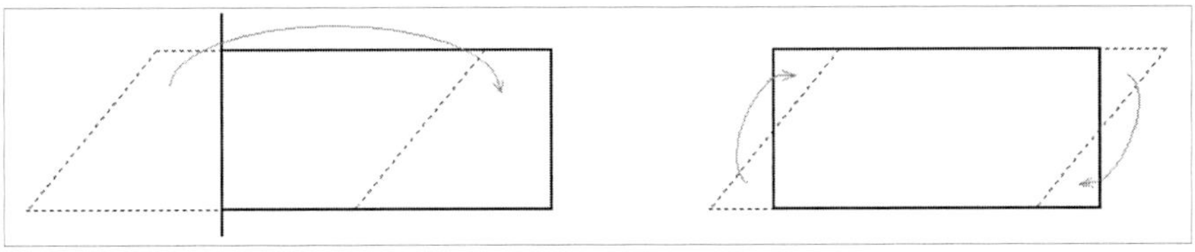

그림 8-15 평행사변형을 직사각형으로 변형하기

직사각형으로 등적 변형하면 평행사변형의 넓이는 다음과 같이 구해진다.

(평행사변형의 넓이)=(직사각형의 가로)×(직사각형의 세로)

그런데, 직사각형의 가로와 세로에 해당하는 평행사변형의 요소는 무엇일까? 직사각형의 가로에 해당하는 것을 그대로 평행사변형의 '가로'라고 할 수 있으나 세로에 해당하는 것은 평행사변형의 변이 아니다. 그러므로 이를 세로라고 하기는 곤란하다. 그래서 직사각형의 가로와 세로에 해당하는 것을 각각 다음 〈그림 8-16〉과 같이 평행사변형의 **밑변**과 **높이**로 약속한다. 정확히 표현하면, 높이는 변이 아니라 해당하는 선분의 길이로 정의된다.

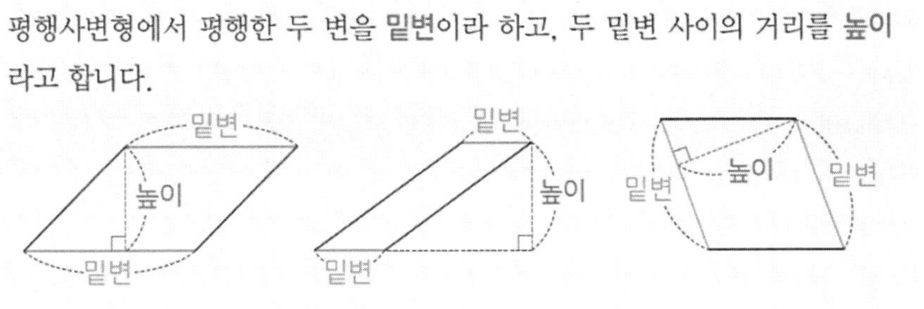

그림 8-16 평행사변형의 밑변과 높이(강문봉 외, 출판예정a, 129쪽)

그렇게 되면 평행사변형의 넓이는 다음과 같은 공식으로 구할 수 있다.

(평행사변형의 넓이)=(밑변의 길이)×(높이)

다) 높이가 외부에 있는 평행사변형의 넓이

이제 〈그림 8-17〉과 같이 높이가 외부에 있는 평행사변형의 넓이도 구해보자. 교과서에서는 잘 다루지 않고 앞서 살펴본 공식을 그대로 적용해서 넘어가 버린다.

이런 평행사변형을 (1)과 같은 방법으로 직사각형으로 변형할 수도 있다. 이러한 변형은 높이가 평행사변형의 내부에 존재하는 경우에 해당한다.

그러나 우리는 내부에 있는 높이를 측정하지 못하는 경우도 있으므로 높이가 외부에 있는 경우도 다루어야 한다. 그러기 위해서는 (2)와 같이 이 평행사변형을 가로로 반으로 잘라서 옮겨붙여 본다. 이렇게 하면 외부에 있는 높이가 내부에 존재하게 된다. 만약 그렇지 않다면 다시 또 이런 작업을 반복한다. 그러한 반복 과정에서 높이가 내부에 존재하는 평행사변형으로 변형이 가능해진다. 이 경우 평행사변형의 넓이는 다음과 같이 구할 수 있다.

(평행사변형의 넓이)=(변형된 평행사변형 밑변의 길이)×(변형된 평행사변형의 높이)

=(원래의 밑변 길이의 2배)×(원래의 높이의 반)

=(원래의 밑변의 길이)×(원래의 높이)

(3)의 경우는 같은 평행사변형을 옆으로 붙이는 것이다. 이렇게 해서 만들어진 평행사변형의 높이가 새로운 도형의 내부에 있게 될 때까지 이어 붙이면 된다. 그러면 처음 평행사변형과 비교할 때 밑변의 길이가 2배이면 넓이가 2배이고, 밑변의 길이가 3배가 되면 넓이도 3배가 되므로 처음 평행사변형의 넓이는 (원래의 밑변의 길이)×(원래의 높이)로 구할 수 있다.

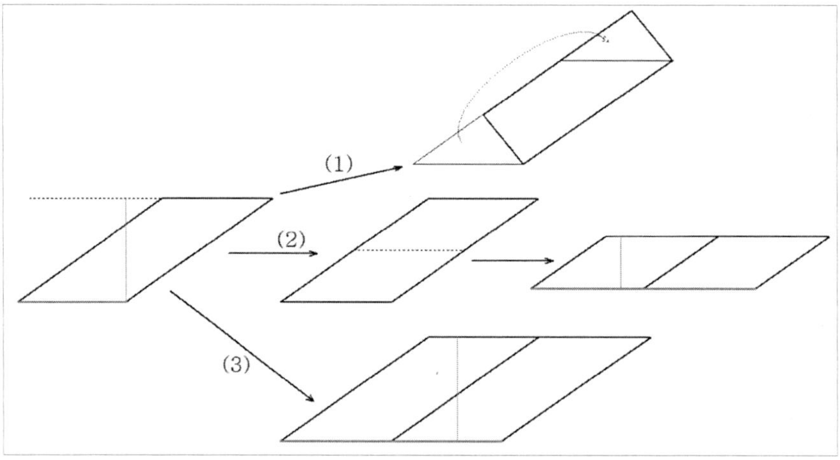

그림 8-17 높이가 외부에 있는 평행사변형의 변형

이러한 과정에서 높이의 정의를 좀 더 다듬어야 한다. 즉, 두 밑변 또는 그 연장선 사이의 거리를 높이로 약속할 필요가 있다. 교과서에서는 '연장선'이라는 표현을 사용하지 않는다.

라) 평행사변형을 삼각형으로 분할

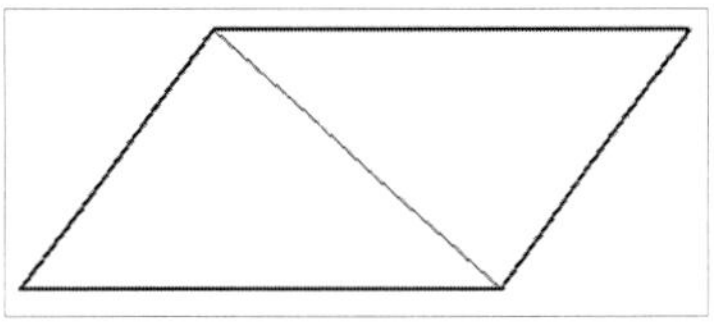

그림 8-18

직사각형의 넓이를 이미 학습했고 그 넓이를 구할 수 있기 때문에 평행사변형을 직사각형으로 변형하는 과정을 통해 평행사변형의 넓이를 구하는 공식을 이끌어 내었다. 만약 삼각형의 넓이 공식을 먼저 학습했다면 다음 〈그림 8-18〉과 같이 평행사변형을 합동인 두 삼각형으로 분할하는 과정을 통해서도 넓이 공식을 이끌어 낼 수도 있다. 〈그림 8-18〉과 같이 삼각형으로 자르면 삼각형의 밑변과 높이는 각각 평행사변형의 밑변 및 높이와 같다. 그러므로

(평행사변형의 넓이)=(두 삼각형의 넓이의 합)

={(밑변의 길이)×(높이)÷2}×2

=(밑변의 길이)×(높이)

3) 삼각형의 넓이

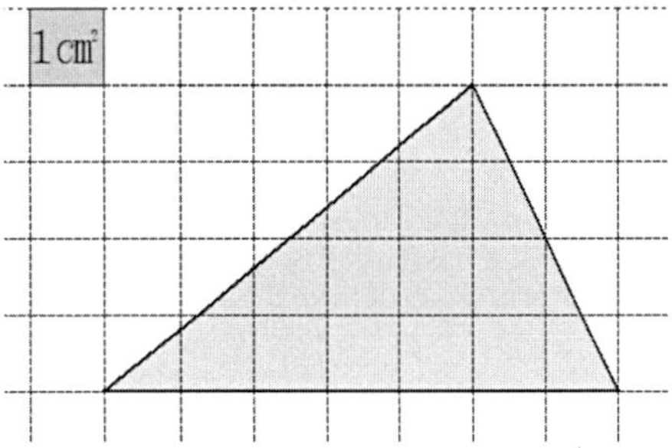

그림 8-19 삼각형 넓이 직접 측정

삼각형의 넓이 공식을 지도할 때도 평행사변형의 넓이를 지도할 때와 마찬가지로 모눈종이를 이용하여 직접 측정을 경험하게 하며 직접 측정의 불편함을 인식시킨다. 또한 삼각형의 밑변과 높이를 미리 정의하지 않고 평행사변형에서처럼 넓이를 구하는 과정에서 밑변과 높이 개념이 등장하도록 하는 것이 개념의 발생 과정을 드러내는 데 도움이 된다.

다음 〈그림 8-19〉와 같이 모눈종이를 이용하여 단위 정사각형의 개수를 구하는 것이 쉽지 않은 상황을 제시하고 이 삼각형을 넓이를 구할 수 있는 다른 도형, 즉 직사각형이나 평행사변형으로 변형하도록 한다. 이것은 폴리아의 문제해결 단계 중 계획 단계에서 "미지인 것이 같거나 유사한 문제를 생각해 보아라."라는 권고를 따르는 것이기도 하다.

가) 삼각형을 직사각형으로 변형하기

삼각형을 직사각형으로 변형하는 방법은 〈그림 8-20〉과 같이 다양하다. (1)의 직사각형의 넓이는 삼각형 넓이의 2배가 되므로 이러한 변형을 **배적변형**이라고 한다. 직사각형의 넓이를 구하려면 직사각형의 가로와 세로를 곱하면 된다. 가로와 세로에 해당하는 삼

각형의 요소가 무엇인지 살펴보자. 가로에 해당하는 변은 있지만 평행사변형에서와 마찬가지로 세로에 해당하는 삼각형의 변은 없다. 그러므로 세로에 해당하는 가상의 변을 생각해야 한다. 이제 가로에 해당하는 변을 **밑변**, 세로에 해당하는 가상의 변(실제로는 그 길이)을 **높이**라고 하자. 그러면 삼각형의 넓이는 (밑변의 길이)×(높이)÷2이다.

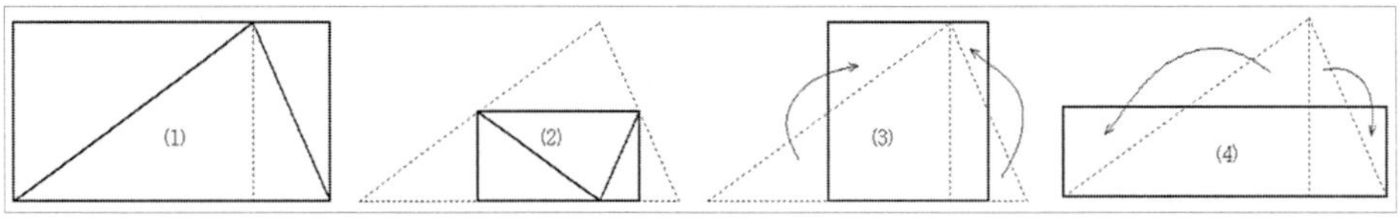

그림 8-20 삼각형을 직사각형으로 변형하기

종이접기를 이용하여 (2)와 같이 변형하면 이 직사각형의 넓이는 삼각형 넓이의 반이다. 이러한 변형을 **반적변형**이라고 한다. 이 경우 삼각형의 넓이는 (밑변의 길이의 반)×(높이의 반)×2이다.

(3)과 (4) 같은 변형에서는 넓이가 같으므로 이를 **등적변형**이라고 한다. 여기서도 각각 삼각형의 넓이를 구하는 공식을 만들 수 있다.

이러한 도형의 변형을 통해서 삼각형의 넓이 공식을 다음과 같이 다양하게 변형하여 다룰 수 있는 유연성도 가지게 될 것이다.

(삼각형의 넓이)=(밑변의 길이)×(높이)÷2
=(밑변의 길이의 반)×(높이의 반)×2
=(밑변의 길이의 반)×(높이)
=(밑변의 길이)×(높이의 반)

나) 삼각형을 평행사변형으로 변형하기

삼각형을 〈그림 8-21〉과 같이 평행사변형으로 만들 수도 있다. (1)과 같이 똑같은 삼각형 두 개를 붙여서 평행사변형을 만들면 이것은 배적변형이다. 또 (2)와 같이 삼각형의 윗부분을 잘라서 붙여 평행사변형을 만들면 이것은 등적변형이다. 이와 같이 평행사변형으로 변형하게 되면 평행사변형의 넓이 공식을 이용하여 삼각형의 넓이 공식을 만들 수 있다.

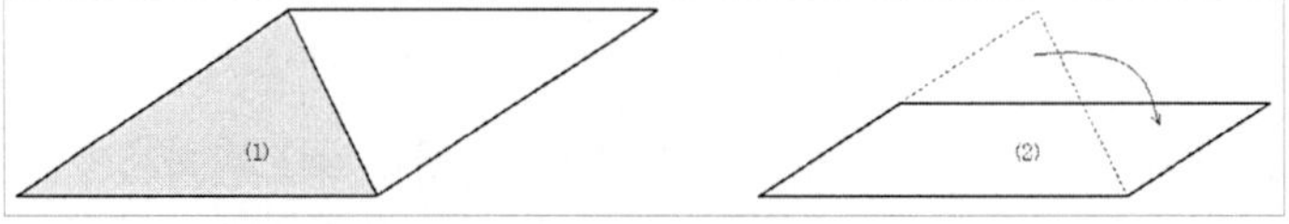

그림 8-21 삼각형을 평행사변형으로 변형하기

다) 높이가 외부에 있는 삼각형의 넓이 구하기

〈그림 8-22〉와 같이 높이가 외부에 있는 삼각형 '가'의 넓이는 다음과 같이 구할 수 있다.

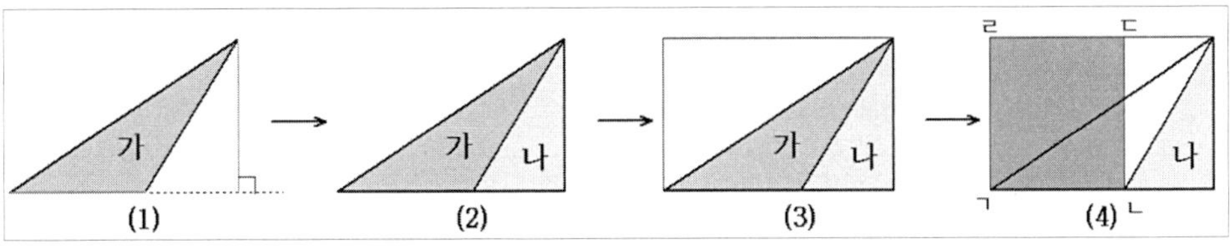

그림 8-22 높이가 외부에 있는 삼각형의 넓이 구하기

먼저 (2)와 같이 꼭짓점에서 밑변의 연장선에 수선을 그어서 직각삼각형 '나'를 만들어 전체가 직각삼각형이 되게 한다. 그러면 (3)에서 알 수 있는 것처럼 직사각형의 넓이는 삼각형 '가'와 '나'의 넓이의 합의 두 배이다. 그런데 (4)에서 알 수 있는 것처럼 오른쪽의 작은 직사각형의 넓이가 삼각형 '나'의 넓이의 두 배가 된다. 그러므로 큰 직사각형에서 작은 직사각형을 뺀 직사각형 ㄱㄴㄷㄹ의 넓이가 삼각형 '가'의 넓이의 두 배가 됨을 알 수 있다. 직사각형 ㄱㄴㄷㄹ의 가로와 세로가 삼각형 '가'의 밑변과 높이에 해당하므로 삼각형 '가'의 넓이는 (밑변의 길이)×(높이)÷2와 같음을 알 수 있다. 즉 높이가 외부에 있어도 높이가 내부에 있는 삼각형에서와 마찬가지 공식으로 넓이를 구할 수 있다.

그런데 이 방법은 아동들이 이해하기 쉽지 않을 것이다. 과거 평행사변형의 넓이보다 삼각형의 넓이를 먼저 지도할 때 이런 방법으로 높이가 외부에 있는 삼각형의 넓이 공식을 설명하였다. 그러나 평행사변형의 넓이를 먼저 학습했다면 〈그림 8-23〉과 같이 설명하는 것이 이해하기가 더 쉽다.

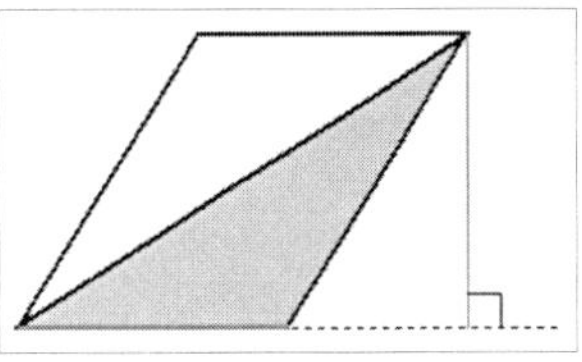

그림 8-23

똑같은 삼각형 두 개를 그림과 같이 붙여서 평행사변형을 만들자. 이 평행사변형은 삼각형의 밑면과 높이를 각각 밑변과 높이로 하므로 넓이는 (밑변의 길이)×(높이)이다. 삼각형의 넓이는 이 평행사변형 넓이의 반이므로 (밑변의 길이)×(높이)÷2와 같다.

4) 사다리꼴의 넓이

사다리꼴의 넓이 역시 모눈종이를 이용하여 직접 측정을 경험하게 하며 직접 측정의 불편함을 인식시킨다. 또한 사다리꼴의 밑변과 높이를 미리 정의하지 않고 평행사변형에서처럼 넓이를 구하는 과정에서 사다리꼴의 넓이를 구하는 데 필요한 요소로서 밑변과 높이 개념이 등장하도록 하는 것이 개념의 발생 과정을 드러내는 데 도움이 된다.

사다리꼴은 〈그림 8-24〉와 같이 이미 그 넓이를 구할 줄 아는 도형인 직사각형이나 평행사변형, 삼각형 등으로 변형하여 넓이를 구하면 된다.

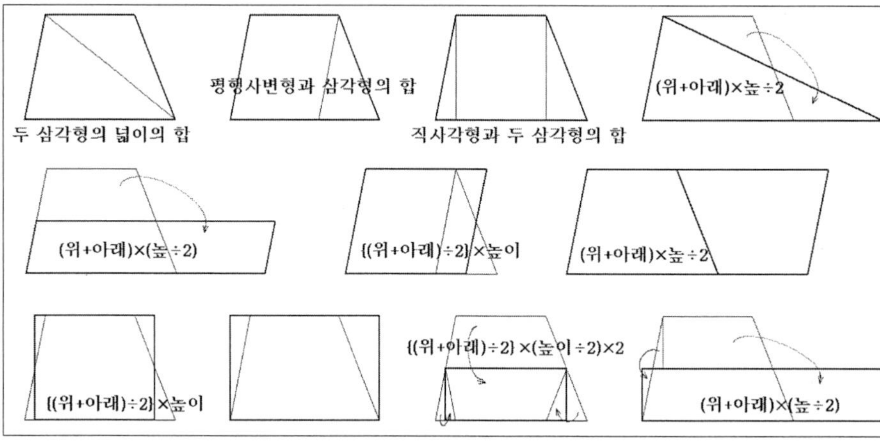

그림 8-24 사다리꼴을 다른 도형으로 변형하기

교과서에서 사다리꼴의 넓이 공식을 다루고 있지만 굳이 사다리꼴의 넓이 공식까지 강조할 필요는 없어 보인다. 공식을 만드는 것보다는 지금까지 학습한 넓이 공식을 이용하여 사다리꼴의 넓이를 구하는 응용문제로 다루는 것이 더 바람직하다고 생각한다. 그런 과정에서 도형의 변형 능력을 기를 수 있으며, 사다리꼴의 넓이 공식을 다음과 같이 다양하게 변형하여 다룰 수 있게 될 것이다.

(사다리꼴의 넓이)={(윗변의 길이)+(아랫변의 길이)}×(높이)÷2
=[{(윗변의 길이)+(아랫변의 길이)}÷2]×(높이)
={(윗변의 길이)+(아랫변의 길이)}×(높이의 반)

5) 마름모의 넓이

마름모는 평행사변형의 특수한 경우이므로 평행사변형의 넓이 공식을 이용하여 그 넓이를 구할 수 있다. 그러나 평행사변형의 밑변과 높이를 측정하기 어려운 경우도 있다.

마름모의 대각선의 길이를 아는 것이 쉬운 경우도 있다. 이럴 때는 대각선의 길이를 이용하여 마름모의 넓이를 구할 수 있다. 즉, 마름모의 넓이는 〈그림 8-25〉와 같이 큰 직사각형의 넓이의 반으로 생각할 수 있다. 그러므로 다음과 같은 마름모의 넓이 공식을 얻을 수 있다.

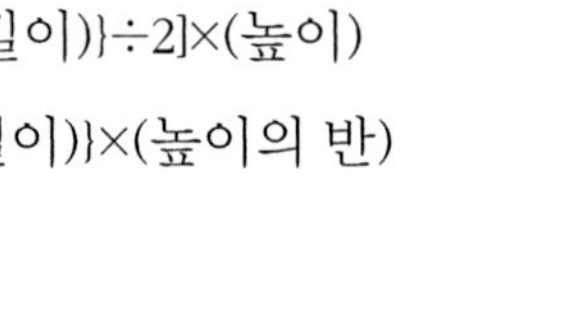
그림 8-25

(마름모의 넓이)=(한 대각선의 길이)×(다른 대각선의 길이)÷2

혹은 대각선을 그어서 생기는 4개의 삼각형의 넓이의 합으로도 구할 수 있다. 이와 같이 정해진 공식을 이용해서 넓이를 구하기보다는 다양한 방법으로 넓이를 구해보게 하는 것이 바람직하다.

6) 밑변과 높이 오류

직사각형을 제외한 다른 도형의 넓이를 구하려면 밑변과 높이를 알아야 한다. 〈그림 8-26〉의 사례는 필요한 길이나 거리를 아동들이 직접 재어서 넓이를 구하게 했을 때 생긴 오류의 예들이다. 이를 통해 아동들이 밑변과 높이에 대해 무엇을 알고 있는지 생각해 보자.

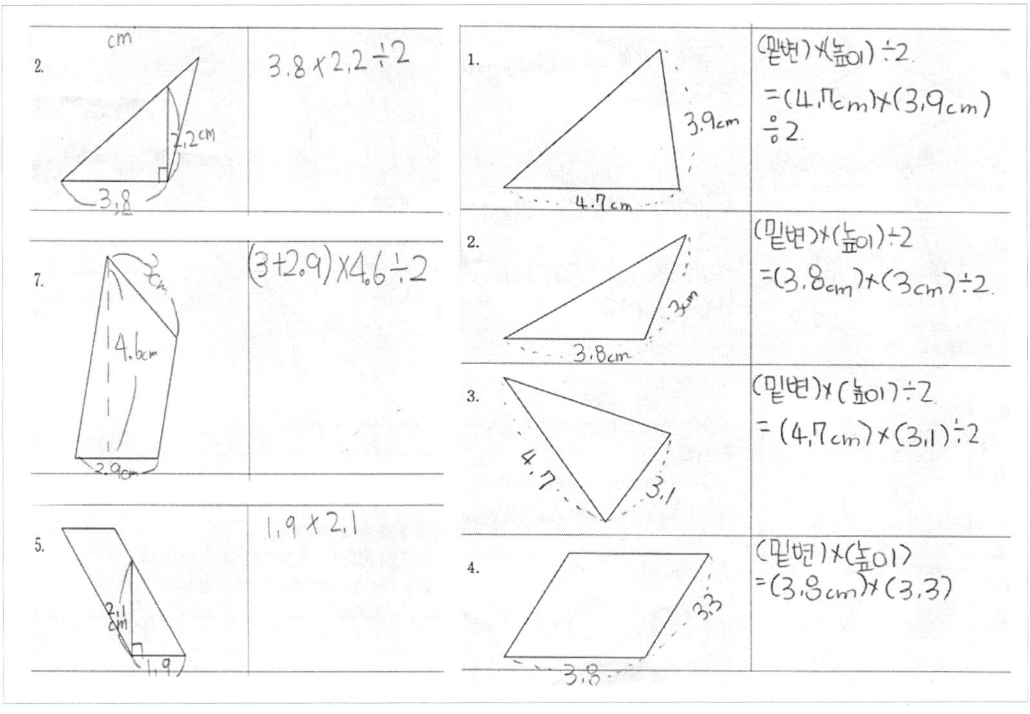

그림 8-26 밑변과 높이 오류(김정하, 강문봉, 2011, 518-9쪽)

위의 사례를 보면 아동들이 도형의 넓이를 구하는 공식은 잘 기억하고 공식에 대입을 잘하고 있다는 것을 알 수 있다. 그러나 밑변과 높이에 대해 심각한 오류를 범하고 있다는 사실도 알 수 있다. 우선, 밑변을 '밑에 있는 변'으로 착각하고 있다. 밑변이라는 용어가 주는 어쩔 수 없는 이미지가 있기는 하겠지만, 밑변은 밑에 있는 변이 아니라 도형을 직사각형으로 변형했을 때 가로에 해당하는 변, 즉 넓이를 구하기 위해서 기본이 되는 변임을 충분히 인식하게 의도적으로 지도해야 한다.

높이는 밑변에 수직으로 '만나는' 선으로 오해하고 있는 아동들도 많이 있다. 그러므로 밑변에 수직인 선을 그어서 다른 변과 만났을 때 거기까지의 거리로 높이를 생각하는 경우도 많이 있다. 혹은 이웃한 두 변 중 하나를 밑변, 다른 변을 높이로 생각하는 경우도 있다.

이러한 오류가 발생하는 이유는 학생들이 넓이를 구하기 위해서 필요한 부분을 찾아보고 실측하는 경험은 없이, 넓이를 구하는 데 필요한 수치만 제공하여 아동들이 넓이를 구하기 위해서 실제로 하는 일이라고는 공식에 대입하여 계산하는 것에 불과한 교육 방법에 기인한다고 할 것이다. 따라서, 아동들이 필요한 부분을 찾아서 실측하는 경험을 갖게 해야 할 것이다. 그렇게 하지 못한다면 〈그림 8-27〉과 같이 과다 정보를 주어서 필요한 정보를 찾아보게 하는 활동이 이러한 오류를 피하는 데 어느 정도 도움이 될 것이다.

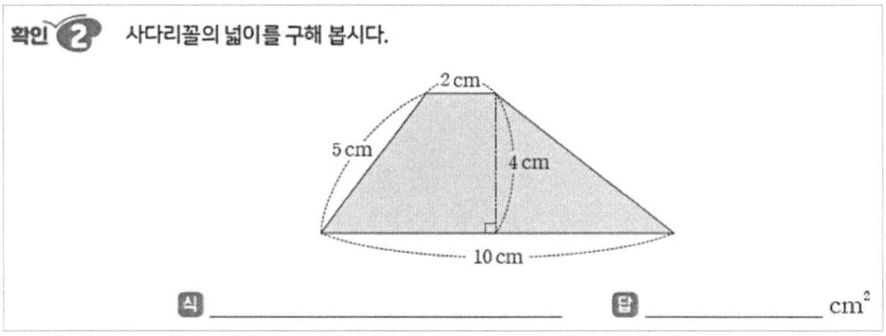

그림 8-27 과다 정보가 있는 문제(강문봉 외, 출판예정a, 139쪽)

7) 실측을 수반한 복합도형의 넓이 구하기

삼각형이나 볼록사각형이 아닌 다각형을 복합도형이라고 한다. 복합도형의 넓이를 구하려면 이를 삼각형이나 평행사변형, 사다리꼴 등으로 분할 또는 합성할 수 있어야 한다. 2015 개정 이후부터 복합도형의 넓이 문제가 다루어지지 않지만 2009 개정 5학년 1학기 교과서에서는 〈그림 8-28〉과 같은 도형의 넓이를 구하는 문제를 다루었었다. 이 문제에서는 적절히 보조선을 긋고 필요한 길이를 제시해 줌으로써 아동들은 사다리꼴과 삼각형의 넓이를 구해서 합하면 된다는 힌트를 은연중에 인식하게 된다. 그러나 이러한 힌트가 주어지지 않으면 이런 문제를 해결하지 못하는 아동들이 아주 많다. 넓이를 학습하면서 도형을 변형하거나 측정해야 할 곳이 어디인지 살펴보지도

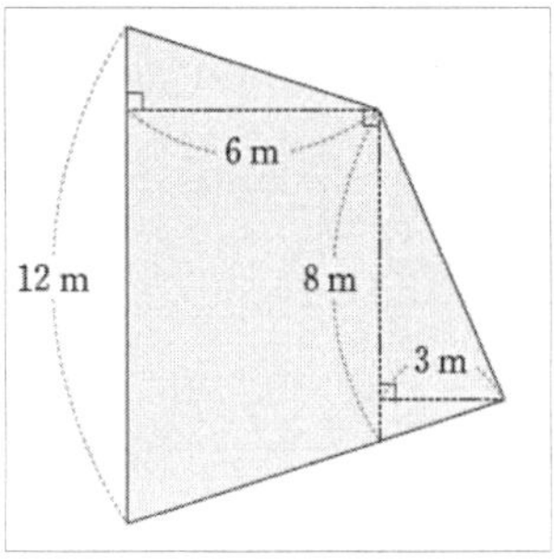

그림 8-28

않는다. 필요한 곳의 길이가 모두 주어지기 때문에 주어진 수치만 적절한 공식에 대입하면 되기 때문이다.

이러한 오류의 사례를 살펴보자. 〈그림 8-29〉와 같이 (1)의 도형의 넓이를 구하게 한 후 일주일 후에 (2)의 문제를 해결하게 하였더니, (1)과 같이 필요한 보조선과 수치를 주었을 때는 비교적 많은 아동들이 도형의 넓이를 잘 구하였지만 보조선과 수치를 주지 않고 실측하는 문제는 해결하려는 시도조차 하지 못하는 아동들이 많이 있었다. 심지어 〈그림 8-29〉의 (1)과 같이 해결한 아동이 (2)와 같이 보조선을 주지 않았을 때는 사다리꼴의 넓이 공식을 이용한 듯한 기상천외한 풀이를 하기도 하였다.

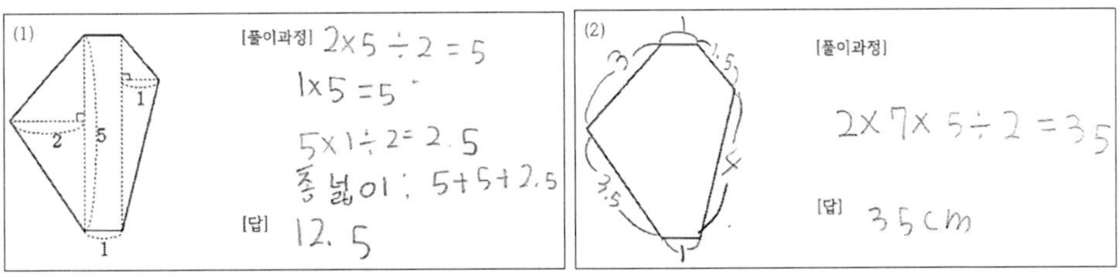

그림 8-29 복합도형의 넓이 구하기 오류 사례

이러한 현상은 아동이 직접 도형을 변형해 보지 않았고, 필요한 곳을 실제로 재어보지도 않은 채로 공식을 단순 적용하는 훈련만 한 데서 비롯되었다고 할 수 있다. 측정 지도에서는 길이가 주어진 도형의 넓이를 '계산'하는 것이 아니라 '측정 능력'을 길러주는 것이 목적임을 유의해야 한다.

측정 능력, 즉 측정 지도에서 학생들이 학습해야 할 능력은 (1) 기본적인 도형의 넓이 공식 이해, (2) 주어진 도형을 변형하는 능력, (3) 넓이를 구하기 위해 필요한 요소를 파악하고 실측하는 능력 등이다. 이러한 능력을 기르기 위해서는 실측하는 문제를 다루어 보아야 할 것이다.

8) 원의 넓이

원의 넓이 공식을 찾는 일은 지금까지 도형의 넓이 공식을 발견하는 방식과 매우 달라 보인다. 인류는 원의 넓이를 구하는 방법을 알기 위해 오랜 기간 노력해 왔다. 그 과정을 더듬어보면서 원의 넓이 공식을 생각해 보자.

가) 대략적인 원의 넓이

원의 넓이가 대략적으로 어느 정도 되는지를 살펴볼 때 가장 직관적으로 생각할 수 있는 것은 〈그림 8-30〉과 같이 원에 내접하는 정사각형과 외접하는 정사각형의 넓이의 중간 정도로 생각하는 것일 것이다. 원의 반지름이 1이라고 하면 내접하는 정사각형의 넓이는 2가 되고 외접하는 정사각형의 넓이는 4가 된다. 그러므로 원의 넓이는 2보다 크고 4보다 작다. 대략 3이라고 할 수 있다.

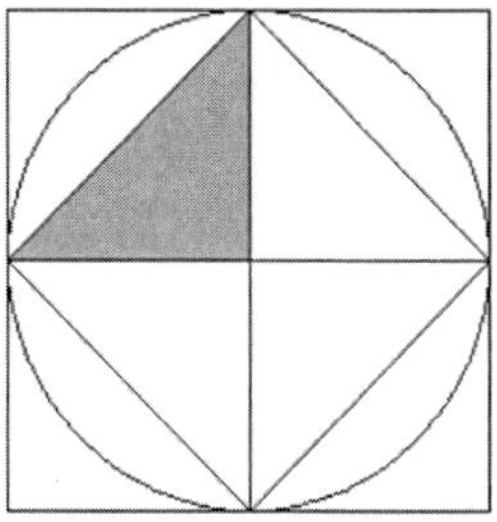

그림 8-30

좀 더 공식화해 보자. 외접하는 큰 정사각형의 넓이는 4×(반지름)×(반지름)이고 내접하는 정사각형의 넓이는 2×(반지름)×(반지름)이다. 그러므로 원의 넓이는 대략적으로 3×(반지름)×(반지름)이라고 생각할 수 있다.

이번에는 모눈종이를 이용하여 좀 더 정확하게 원의 넓이를 조사해 보자. 〈그림 8-31〉에서처럼 모눈종이 위에 원을 그리자. 반지름이 5 이하인 원을 그리는 것이 편리할 것이다. 이제 단위 정사각형의 수를 세어야 한다. 원 안에 온전하게 포함되는 정사각형(□)의 개수와 원주가 통과하는 정사각형의 개수(▨)를 세어서 원의 넓이를 어림한다. 예를 들어 원 안에 온전하게 포함되는 정사각형의 개수를 a, 원주가 통과하는 정사각형의 개수를 b라고 하면 원의 넓이는 다음과 같다.

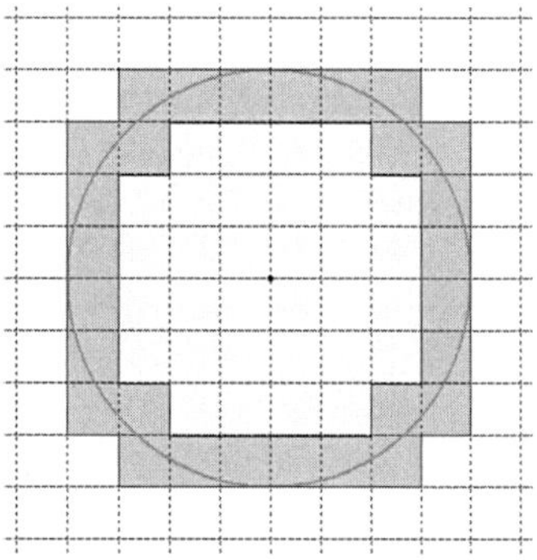

그림 8-31

$$a<(\text{원의 넓이})<(a+b)$$

대부분의 교과서에서도 〈그림 8-32〉와 같이 빗금친 모눈의 개수와 굵은 선 안쪽의 모눈의 개수를 세어 어림하도록 지도하고 있다.

활동 ② **모눈종이를 이용하여 반지름이 5 cm인 원의 넓이를 어림해 봅시다.**

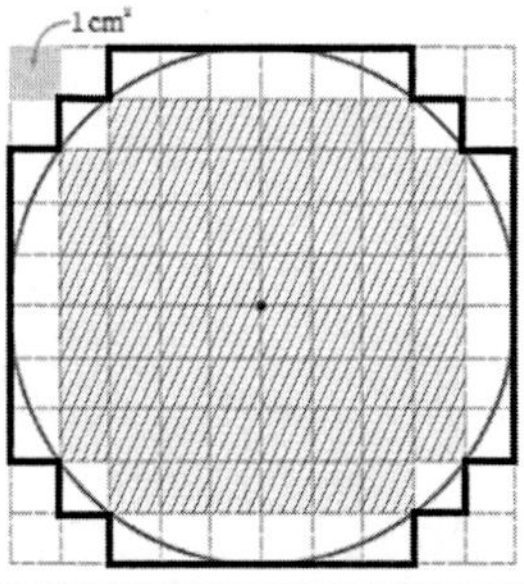

그림 8-32 모눈종이를 이용한 원 넓이 어림(강문봉 외, 출판예정d, 111쪽)

좀 더 정밀하게 어림하려면 원주가 통과하는 정사각형은 대략적으로 그 절반이 원의 넓이에 포함된다고 보고 원의 넓이를 $a+\frac{b}{2}$ 정도 된다고 추정할 수도 있다. 그러나 모눈을 이용하는 이런 방법은 매우 불편하고, 공식화하기도 어렵고 정확한 값도 아니다. 이런 어림 활동에서는 a와 b의 값을 정확하게 찾는 데 목적을 둘 것이 아니라, 이런 방법이 매우 귀찮고 정확하지 않다는 것을 인식시키고 좀 더 나은 방법을 찾고자 하는 생각을 하게 하는 데 목적을 두어야 할 것이다.

나) 아메스의 방법

고대 이집트의 아메스가 쓴 린드 파피루스의 '문제 50'은 지름의 길이가 9인 원의 넓이를 구하는 방법으로 "지름의 $\frac{1}{9}$을 빼어라. 그러면 8이 남는다. 8에 8을 곱하여라. 64가 되는데 그러므로 원의 넓이는 64이다." 라는 내용이 기록되어 있다. 이것은 지름의 $\frac{8}{9}$, 즉 반지름의 $\frac{16}{9}$을 한 변으로 하는 정사각형의 넓이와 원의 넓이가 같다는 의미이다. 이렇게 계산하면 반지름이 r인 원의 넓이는 $(\frac{16}{9}r)^2=(\frac{16}{9})^2r^2\simeq 3.16049\,r^2$이다. 지금 우리가 알고 있는 원의 넓이 공식과 매우 근사하다. 그러나 정확한 값은 아니다. 또한 여기서 나온 3.16049...는 원주율을 의미하지는 않는다. 이 값은 원주와 지름의 비라는 원주율과는 무관하게 얻어진 값으로서 원의 넓이를 구하는 일종의 비례상수라고 하는 것이 옳다.

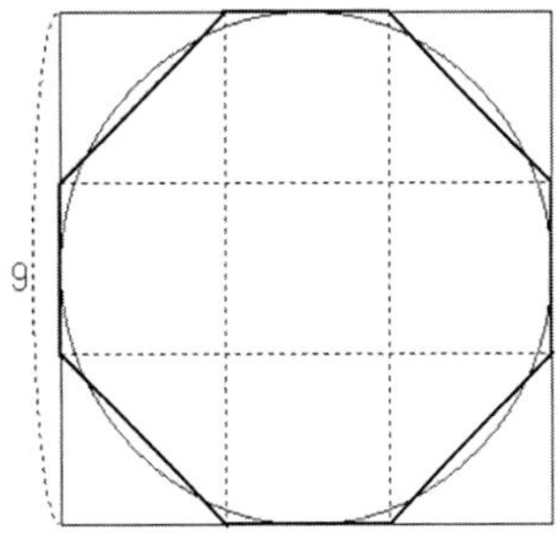

그림 8-33

아메스가 이런 방법을 어떻게 찾아내었는지는 모르지만 아메스가 린드 파피루스의 '문제 48'에서 힌트를 얻어 다음 〈그림 8-33〉과 같은 도형을 이용하는 방법을 사용하였을 것으로 추론하고 있다(Bunt, et al., 1988, p.36; Burton, 2011, p.55; Katz, 1998, p.20). 즉, 지름이 9인 원에 외접하는 정사각형을 그린 후, 이 정사각형을 9등분한 후 그림과 같이 팔각형을 그리면 원의 넓이는 팔각형의 넓이와 거의 같다. 팔각형의 넓이는 작은 정사각형 7개의 넓이와 같으므로 63이다. 63과 64는 거의 같으므로 팔각형의 넓이, 즉 원의 넓이는 한 변의 길이가 $\sqrt{63}\simeq\sqrt{64}=8$인 정사각형의 넓이와 거의 같다. 즉, 원의 넓이는 그 지름의 $\frac{8}{9}$을 한 변으로 하는 정사각형의 넓이와 거의 같다.

다) 아르키메데스의 방법

아르키메데스는 그의 〈원의 측정〉의 명제 1에서 "모든 원의 넓이는 그 반지름이 직각을 낀 한 변과 같고 직각을 낀 다른 한 변은 원의 원주와 같은 직각삼각형의 넓이와 같다."(Fauvel, J. and Gray, J., 1988, p.148)고 하였다.

이러한 사실을 어떻게 발견해 내었는지를 알 수는 없으나 원의 둘레가 n의 값이 매우 큰 내접하는 정n각형의 둘레와 아주 가깝다는 사실을 이용하여 이 정n각형을 아주 많은 이등변삼각형으로 분할하고 이를 등적변형하여 직각삼각형을 만들었을 것으로 추정된다.

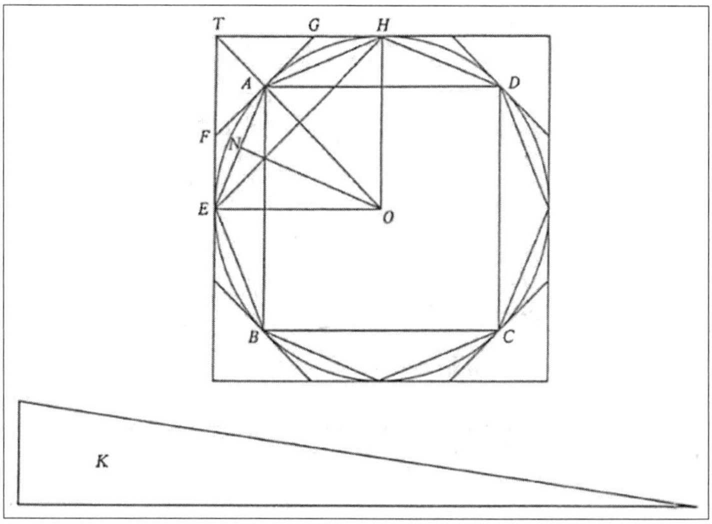

그림 8-34 아르키메데스의 원 넓이 구하기

아르키메데스는 〈그림 8-34〉의 삼각형 K가 명제 1에서 진술한 그런 삼각형이라고 할 때 원의 넓이가 이 삼각형의 넓이보다 크다고 가정하여 모순을 이끌어 내고, 원의 넓이가 이 삼각형의 넓이보다 작다고 가정하여 모순을 이끌어 냄으로써 원의 넓이와 이 삼각형의 넓이가 같을 수밖에 없다고 주장하였다. 이렇게 모순을 이끌어 내어 증명하는 방법을 실진법(method of exhaustion)이라고 한다.

원의 넓이가 이 직각삼각형의 넓이와 같다면 원의 넓이는 $r \times 2\pi r \div 2 = \pi r^2$이 된다.

라) 케플러의 방법

케플러(Kepler, 1571-1630)는 1609년에 '(1) 행성은 태양을 한 초점에 두고 타원 궤도를 따라 태양을 중심으로 움직인다, (2) 행성과 태양을 연결하는 가상의 선분이 같은 시간 동안 쓸고 지나가는 넓이는 항상 같다.'라는 두 가지 행성 운동 법칙을 발표하였다. 이와

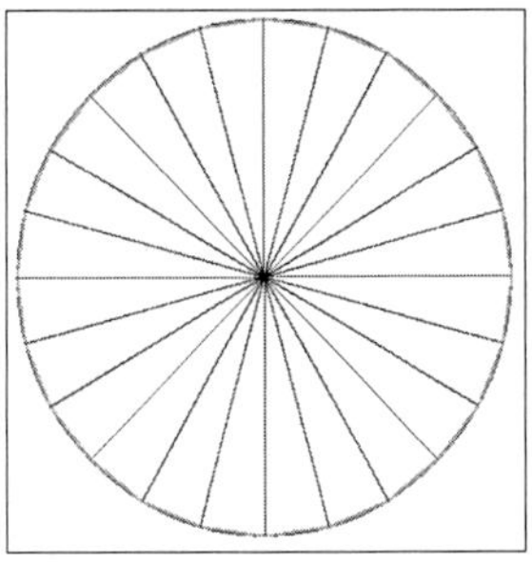

그림 8-35

같은 넓이 문제를 처리하면서 원을 〈그림 8-35〉와 같이 무한히 얇은 이등변삼각형으로 구성된 내접다각형으로, 그리고 그 높이는 반지름과 동일한 것으로 생각하였다.

원주를 따라 놓인 무한히 많은 작은 밑변을 $b_1,\ b_2,\ \dots,\ b_n,\ \dots$이라고 하면, 작은 삼각형의 넓이의 합은 $\frac{1}{2}r(b_1+b_2+\dots+b_n+\dots)$가 되고, $b_1+b_2+\dots+b_n+\dots$가 원주이므로, 삼각형의 넓이, 즉 원의 넓이는 $\frac{1}{2}r\times 2\pi r=\pi r^2$이 된다(Boyer, 2011, p.298; NCTM, 1993, p.407-408).

아직 미적분이 발달하지 않았지만, 이러한 케플러의 방법에는 원을 무한히 작은 요소로 분할하고 이 합의 극한값을 구하는 미적분의 아이디어가 들어 있다.

마) 카발리에리의 방법

카발리에리(Cavalieri)는 선은 무수히 많은 점으로, 평면은 무수히 많은 선으로, 입체는 무수히 많은 평면으로 이루어져 있다고 주장하였다(Smith, 1958a, p.362). 이에 근거하여 그는 원의 넓이를 구하는 방법을 다음 〈그림 8-36〉과 같이 설명한다. 원을 아주 얇은 여러 개의 동심원으로 생각하여 이를 잘라서 그림처럼 펼친다. 그러면 이것은 높이가 반지름이고 원의 둘레가 밑변이 되는 삼각형과 같게 된다. 삼각형의 넓이는 $\frac{1}{2}$×(반지름)×(원주)가 되므로 원의 넓이 공식을 얻을 수 있다.

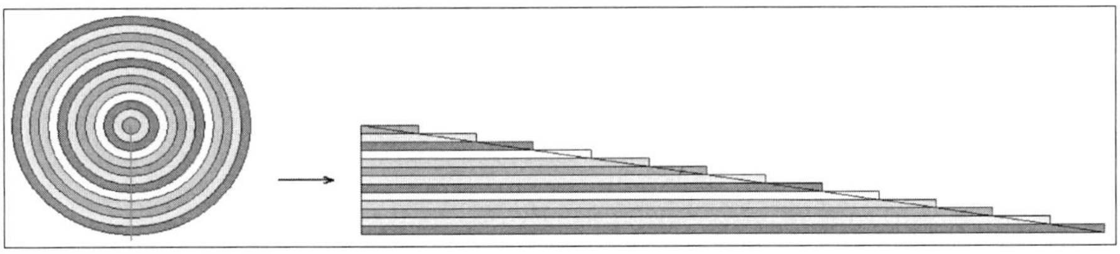

그림 8-36

바) 원의 분할 및 재배열 방법

6학년 2학기 교과서에서는 원을 분할하여 재배열하는 방식을 통해 직사각형으로 등적변형하도록 하고 있다.[41]

41) 우리나라 교과서에서 지도하는 이런 방법에 대한 적절한 이름이 없다. 저자는 이런 방법을 잠정적으로 '원의 분할 및 재배열 방법'이라고 명명하였다.

활동 1 **원의 크기를 알기 위해 원을 잘라서 다른 도형으로 만들어 봅시다.**

- 원을 다음과 같이 잘라서 이어 붙여 보세요.

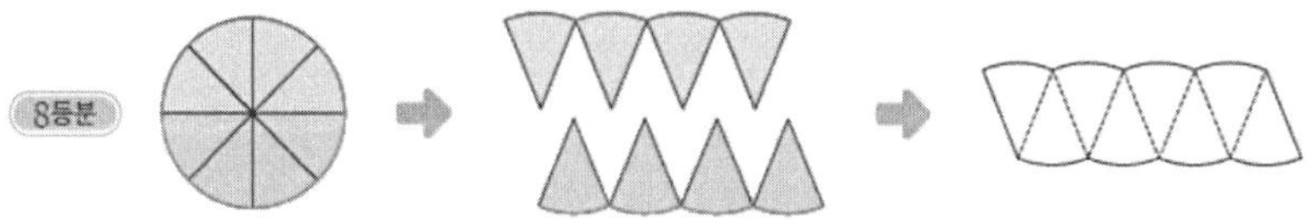

- 원을 더 많은 조각으로 잘라서 이어 붙이면 어떤 도형에 가까워지는지 말해 보세요.

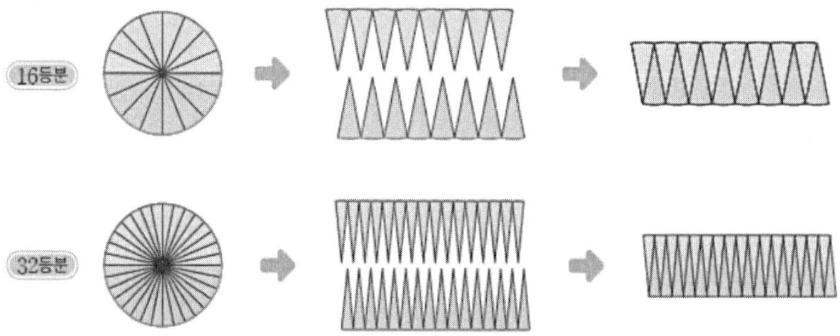

그림 8-37 원의 분할 및 재배열(강문봉 외, 출판예정d, 112쪽).

이러한 방법은 언제 등장하였을까? Katz(1998, pp.21-2)는 고대 바빌로니아나 중국에서 이런 방법을 사용했을 가능성을 내비친다. 케플러가 〈그림 8-38〉과 같은 그림을 이용하여 원의 넓이 공식을 설명하였으며(Bunt, et al., 1988, p.113), 1698년의 일본의 한 문서에서도 이런 분할 및 재배열 방식이 설명되고 레오나르도 다빈치도 16세기에 이런 방법을 사용하였다(Beckmann, 1971, p.19).

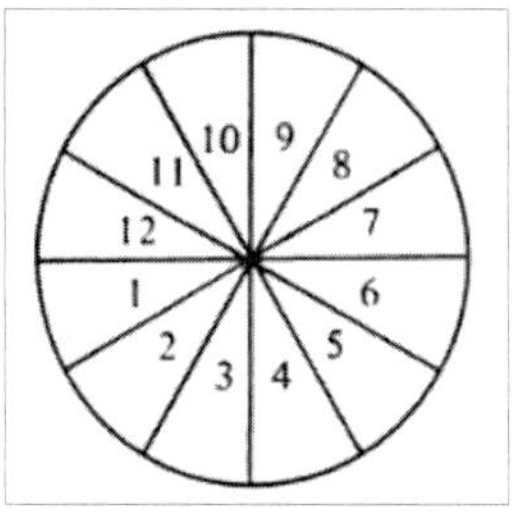

그림 8-38

그러나 지금까지의 등적변형과 달리 이러한 분할 및 재배열 방법에는 극한 개념이 포함되기 때문에 아동들이 이해하기 쉽지 않다. 그러므로 〈그림 8-37〉과 같이 원을 여러 조각으로 등분할하여 옮겨서 점점 직사각형 모양이 되어 가는 과정을 시각적으로 보여주는 소프트웨어를 이용하거나 교사가 직접 제작하여 보여주는 것도 도움이 될 것이다.

이런 다양한 방법 중에서 원주, 즉 원주율을 이용하여 넓이를 구하는 것은 아르키메데스의 방법과 케플러의 방법, 카발리에리의 방법, 원의 분할 및 재배열 방법이므로, 원주율을 이용한 방법에 초점을 두어 지도해야 한다. 내접하고 외접하는 정다각형의 넓이를 이용하거나 아메스의 방법에서 나온 비례상수가 비록 원주율과 흡사한 3 또는 3.16이라고 하더라도 그 의미는 원주율과는 전혀 무관하다.

어느 방법을 사용하든 초등학교 아동들이 원의 넓이 공식을 이해하기는 쉽지 않을 것이다. 그러므로 원의 넓이를 구하는 방법을 찾고자 우리 선조들이 오랜 세월 고생하였고, 보다 정확한 공식을 찾으려고 노력하였다는 것을 이해하고, 넓이 공식을 이용하여 원의 넓이를 구할 수 있는 정도로 만족해야 할 것이다.

원의 넓이를 구하는 공식은 여러 곳에서 이용하기 때문에 충분히 숙달할 수 있도록 지도하여야 한다.

9) 입체도형의 겉넓이

겉넓이란 물체 겉면의 넓이를 말한다. 초등학교에서 겉넓이를 지도하는 입체도형은 직육면체에 한한다. 여기서는 직육면체의 겉넓이와 원기둥의 겉넓이에 대해서 살펴본다.

가) 직육면체의 겉넓이

직육면체는 겉면이 모두 직사각형이고 6개 있다. 그리고 마주 보는 면은 합동이다. 그러므로 이러한 성질을 이용하여 다양한 방법으로 겉넓이를 구할 수 있다. 예를 들어, 〈그림 8-39〉와 같은 직육면체의 겉넓이를 구해보자.

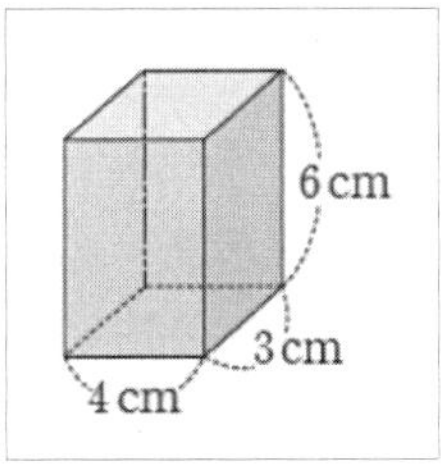

그림 8-39

(1) 6개의 면의 넓이를 구하여 더하는 방법

직육면체의 면이 모두 6개이므로 6개의 면 각각의 넓이를 구하여 더하는 방법이다. 어떤 다면체에서든지 가능한 방법이지만, 불편한 방법이기도 하다.

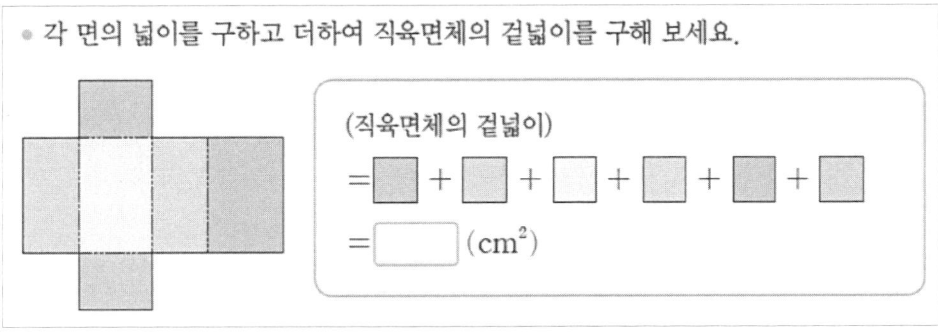

그림 8-40 6개의 면의 넓이를 더하는 방법

(2) 마주 보는 면이 합동임을 이용하는 방법

마주 보는 세 쌍의 면이 합동이므로 세 면의 넓이를 구하고 각각 2배 하여 더하면 된다.

● 평행한 두 면의 넓이가 같다는 것을 이용해서 구해 보세요.

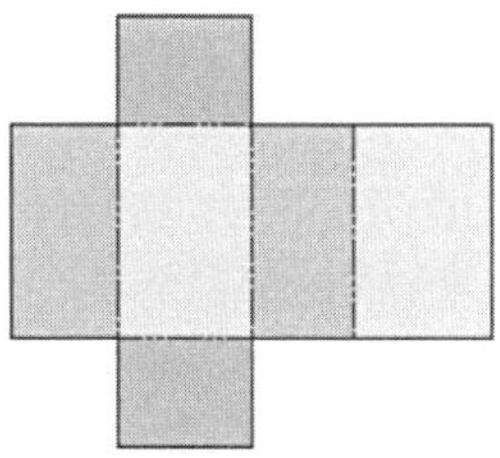

(직육면체의 겉넓이)

=□×2+□×2+□×2

=□(cm²)

그림 8-41 마주 보는 면이 합동임을 이용하는 방법

(3) 옆면과 밑면으로 생각하여 구하는 방법

전개도를 이용하여 옆면과 밑면의 넓이를 구하면 좀 더 편하게 계산할 수 있다. 이 경우 옆면이 어떻게 되는지를 잘 이해하고 있어야 한다.

● 전개도를 이용하여 밑면과 옆면으로 나누어 구해 보세요.

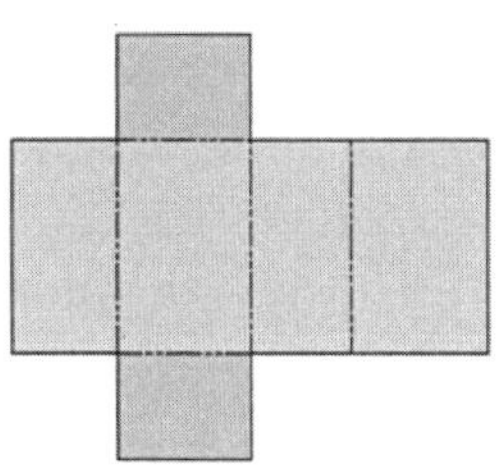

(직육면체의 겉넓이)

=(밑면의 넓이)×2+(옆면의 넓이)

=□×2+□

=□(cm²)

그림 8-42 옆면과 밑면을 이용하는 방법

나) 원기둥의 겉넓이

원기둥의 겉넓이는 교육과정과 교과서에서 다루지 않지만 실제 교과서에서는 원기둥의 옆면을 펼쳐서 만든 직사각형의 가로와 세로를 구해보게 하고 있으므로 원기둥의 겉넓이를 구하는 수준에까지 거의 다다른 셈이다. 원기둥의 겉넓이는 옆면의 넓이와 두 밑면의 넓이의 합으로 구할 수 있다.

〈그림 8-43〉은 원기둥의 전개도와 관련한 문제이다. 이 그림을 보면서 원기둥의 겉넓이를 구해보자.

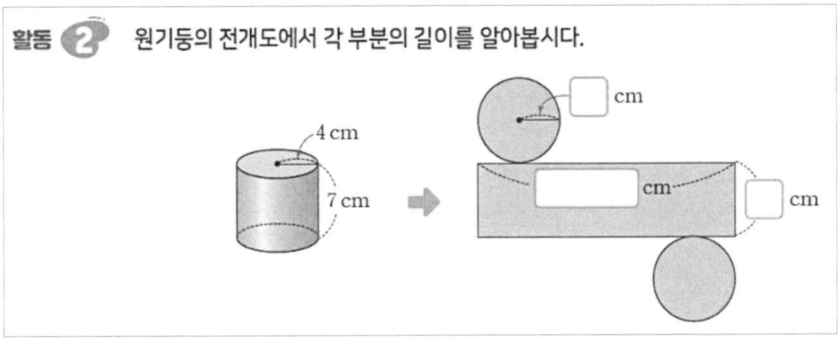

그림 8-43 원기둥과 전개도(강문봉 외, 출판예정d, 130쪽)

① 전개도에서 직사각형의 가로를 구한다. 가로는 밑면인 원의 둘레와 같으므로 2×4×3.14=25.12(cm)이다.

② 옆면의 넓이를 구한다. 세로가 7 cm이므로 옆면의 넓이는 25.12×7=175.84(cm^2)이다.

③ 두 밑면의 넓이를 구한다. 4×4×3.14×2=100.48(cm^2)이다.

④ 두 밑면의 넓이와 옆면의 넓이를 더한다. 100.48+175.84=276.32(cm^2)이다.

이와 같이 원기둥의 겉넓이를 구할 수 있다. 소수의 곱셈이 귀찮을 수는 있겠으나 계산기를 사용하게 하면 문제가 되지 않는다.

4 들이와 부피 지도

들이는 용기의 내부 공간에 담을 수 있는 양이다. 그러므로 용기에 어떤 물체가 현재 들어 있는 양과는 무관하다. 들이는 1학년에서부터 4학년까지 지도한다. 1-2학년군에서는 구체물의 들이를 비교하여 '많다, 적다'를 구분하여 말할 수 있으며, 직관적 비교, 직접 비교, 간접 비교를 상황에 따라 알맞게 다루도록 하고 있다. 3-4학년군에서는 들이를 나타내는 표준 단위의 필요성을 인식하여 1 L와 1 mL의 단위를 알고 이를 이용하여 들이를 측정하고 어림하면서 들이에 대한 양감을 기르며, 1 L와 1 mL의 관계를 알아 들이를 단명수와 복명수로 나타낼 수 있게 한다. 또한 들이의 덧셈과 뺄셈을 할 수 있게 한다. 지나친 단위 환산은 다루지 않는다.

부피는 입체가 차지하는 공간의 크기를 말한다. 부피는 5-6학년군에서 다룬다. 부피 개념을 이해하고 1 cm^3와 1 m^3 단위 및 그 관계를 이해하며, 직육면체와 정육면체의 부피를 구할 수 있게 한다. 부피를 구할 때 복잡한 계산은 계산기를 사용하도록 허용한다.

표 8-5 들이와 부피의 내용 체계(교육부, 2022)

핵심 아이디어	• 측정은 여러 가지 속성의 양을 비교하고 속성에 따른 단위를 이용하여 양을 수치화함으로써 여러 가지 현상을 해석하거나 실생활 문제를 해결하는 데 활용된다.		
구분 / 범주	내용 요소		
	초등학교		
	1~2학년	3~4학년	5~6학년
지식·이해	• 양의 비교	• 들이(L, mL)	• 직육면체와 정육면체의 겉넓이와 부피
과정·기능	• 여러 가지 양을 비교, 측정, 어림하는 방법 탐구하기 • 측정 단위 사이의 관계 탐구하기 • 측정 단위를 사용하여 양을 표현하기 • 실생활 문제 상황에서 길이, 들이, 무게, 시간의 덧셈과 뺄셈하기 • 도형의 둘레, 넓이, 부피 구하는 방법 탐구하기 • 측정을 실생활 및 타 교과와 연결하여 문제해결하기		
가치·태도	• 표준 단위의 필요성 인식 • 넓이와 부피를 구하는 방법의 편리함 인식 • 도형과 측정 관련 문제해결에서 비판적으로 사고하는 태도		

가. 들이

들이의 지도 역시 다른 양의 지도와 마찬가지로 비교, 임의 단위를 이용한 측정, 표준 단위를 이용한 측정의 순서를 따르지만 간접 측정은 다루지 않는다.

1) 비교

컵, 주전자, 우유팩 등 용기를 제시하고 어느 용기에 액체를 더 많이 담을 수 있는지 비교하게 한다. 교육과정에서는 들이의 비교로 '많다, 적다'라는 표현을 제시하고 있어서 2022 국정 교과서에서 〈그림 8-44〉와 같이 '더 많습니다, 더 적습니다'라고 기술하고 있지만, '많이 들어간다, 적게 들어간다'와 같이 표현하는 것도 무방할 것이다.

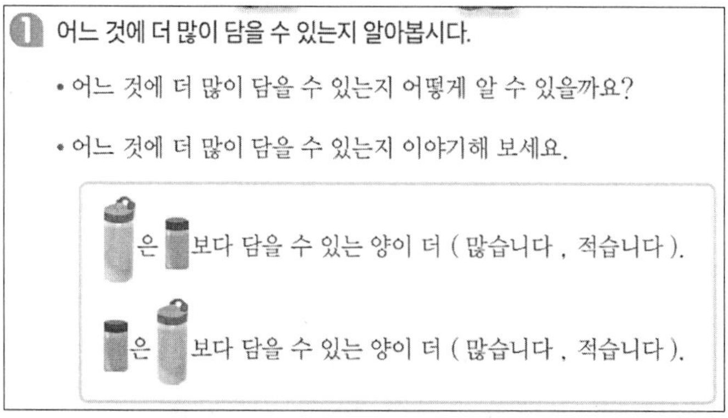

그림 8-44 들이의 비교 1(교육부, 2024a, 98쪽)

들이는 용기의 외형만으로 직접 비교하기가 곤란하기 때문에, 물과 같은 액체를 넣으면서 비교하는 것이 바람직하다. 물론 현격하게 차이가 나는 두 용기의 경우는 눈으로 보고 비교하는 직관적 비교도 할 수 있다.

비슷한 용량의 용기를 비교할 때는 〈그림 8-45〉의 첫 번째와 같이, 한 용기에 물을 가득 넣은 다음 그것을 다른 용기에 붓는다. 이렇게 해서 어느 용기에 더 많이 물을 담을 수 있는지를 알 수 있다. 이러한 비교를 직접 비교로 보기도 하고 간접 비교로 보는 경우도 있다. 직접 비교냐 간접 비교냐를 너무 예민하게 따질 필요는 없다.

〈그림 8-45〉의 두 번째와 같이, 두 용기(A와 B)에 물을 가득 부은 다음 같은 모양의 다른 두 용기(C와 D)에 각각 부어서 C와 D에 들어 있는 물의 수면의 높이를 비교하여도 A와 B의 들이를 비교할 수 있다. 이 경우는 명백히 간접 비교이다. 혹은 A의 물을 C에 부어서 그 수면의 높이를 표시한 다음 그 물을 버리고 B의 물을 C에 부어서 표시했던 수면의 높이와 비교하는 것도 한 가지 방법인데 이 역시 간접 비교이다.

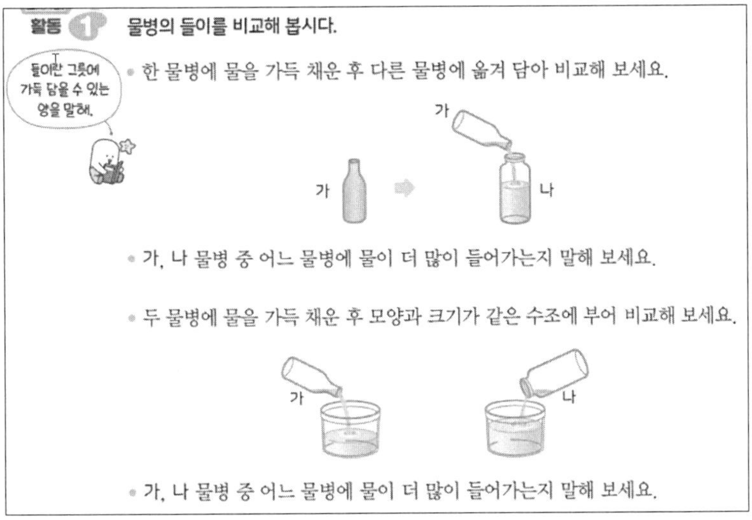

그림 8-45 들이의 비교 2(강문봉 외, 2025c, 92쪽)

2) 임의 단위를 이용한 직접 측정

매개물로 사용될 만큼 어느 정도 큰 용기가 없으면 요구르트병, 우유갑, 종이컵과 같이 작은 용기에 몇 번 부을 수 있는가를 세어볼 수 있다. 이 경우 작은 용기가 임의 단위가 된다. 임의 단위를 사용하여 측정하면서 임의 단위의 부정확함이나 사용하는 임의 단위의 차이로 인해 의사소통의 문제점이 발생하는 상황을 드러내면서 들이의 단위를 합의할 필요성을 인식시킨다.

3) 표준 단위를 이용한 직접 측정

가) 표준 단위의 도입

길이와 넓이의 표준 단위가 확립된 상황에서는 들이의 표준 단위를 도입하는 것은 어렵지 않다. 들이의 표준 단위로는 1 L, 1 dL, 1 mL 등이 있다. 1 L는 1795년 프랑스 과학원에서 한 변의 길이가 10 cm인 정육면체의 부피에 해당하는 용량으로 정하였다. 1 dL는 1 L의 $\frac{1}{10}$ 인데, 7차 교육과정에서부터 다루지 않는다. 1 mL는 1 L의 $\frac{1}{1000}$ 로서, 한 변이 1 cm인 정육면체의 부피에 해당하는 용량이다. 일상생활에서는 1 mL와 같은 단위로 1 cc도 사용되지만 cc는 교과서에서는 다루지 않는다. 들이는 이와 같이 부피와 밀접한 관계가 있다. 그러나 들이와 부피의 관계는 지도하지 않는다.

들이를 측정하는 도구로는 용기의 표면에 들이의 눈금이 표시된 비커나 메스실린더가 있다.

L와 mL를 지도하면, 이어서 단위 환산과 함께 들이를 단명수와 복명수로 나타내고 들이의 덧셈과 뺄셈을 지도한다.

들이의 간접 측정은 지도하지 않는다.

나) 들이의 덧셈과 뺄셈

들이는 용기의 내부 공간에 담을 수 있는 양이지만, 들이의 덧셈과 뺄셈에서는 〈그림 8-46〉에서와 같이 용기의 크기를 더하거나 빼지 않고, 액체의 양만을 더하거나 뺀다. 복명수로 덧셈이나 뺄셈을 할 때는 '1 L = 1000 mL'라는 관계를 이용하여 받아올림이나 받아내림을 해야 하는 점을 주의해야 한다.

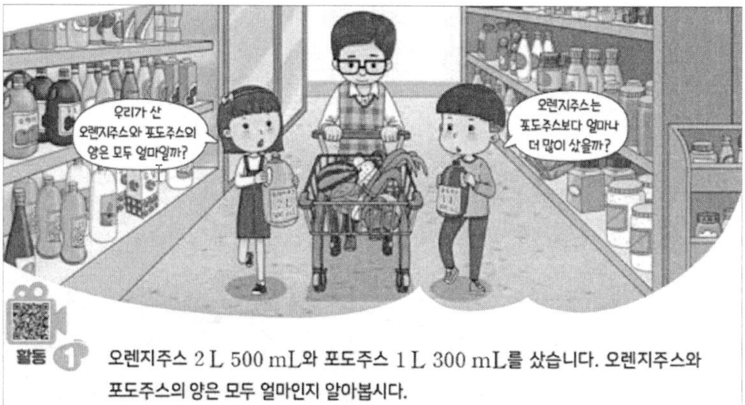

그림 8-46 들이의 덧셈과 뺄셈(강문봉 외, 2025c, 98쪽)

나. 부피

부피의 지도 순서는 다음과 같다.

1) 비교

어느 물체가 공간을 더 많이 차지하고 있는가 하는 부피의 비교에서, 현격한 차이가 있어서 직관적으로 비교하는 경우가 아니라면 직접 비교는 매우 어렵다. 두 물체가 밑면이 같은 직육면체나 원기둥의 경우에는 두 물체의 높이를 비교하는 것으로 부피 비교가 가능하지만 일반적으로 직접 비교가 불가능하다. 비교하기 위해서 한 물체를 옮겼을 때 비어 있는 그 공간을 기억할 수 없기 때문이다.

간접 비교는 비교적 쉽다. 아르키메데스가 목욕탕 욕조에 들어갔다가 넘치는 물을 보고 깨달은 것처럼 물속에 물체를 집어넣고 높아진 수면을 비교하면 된다. 가끔 두 상자의 부피를 비교하기 위하여 상자 속에 물건을 채워서 비교하기도 하는데 이것은 부피의 비교가 아니라 들이를 비교하고 이것을 이용하여 부피를 비교하는 셈이 된다. 이런 경우 상자의 두께가 문제가 될 수도 있다.

2) 임의 단위를 이용한 측정

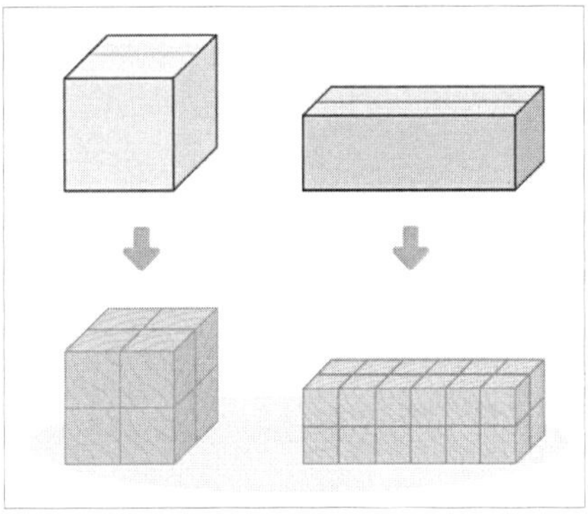

그림 8-47

부피의 직접 비교가 쉽지 않지만 단위를 이용한 직접 측정도 쉽지 않고 일반적으로 불가능하다고 할 수 있다. 어떤 물체의 부피를 단위를 이용하여 측정하려면 그 물체를 밀어내고 그 빈 공간에 단위를 넣어 보아야 하는데 이것은 불가능하다. 그러나 예를 들어 다음 〈그림 8-47〉과 같이 가로와 세로, 높이만큼 단위를 쌓을 수 있는 직육면체의 경우에는 측정이 가능하다. 부피의 임의 단위로는 쌓기나무나 직육면체 모양의 벽돌이나 상자 등을 생각할 수 있다.

3) 표준 단위를 이용한 측정

부피의 표준 단위로 한 변이 1 cm인 정육면체나 한 변이 1 m인 정육면체의 부피를 선정한다. 즉, 한 변이 1 cm인 정육면체의 부피를 1 cm^3라고 하고 한 변이 1 m인 정육면체의 부피를 1 m^3로 정한다. 초등학교에서 다루지는 않지만 한 변이 1 mm, 혹은 1 km인 정육면체의 부피를 각각 1 mm^3와 1 km^3로 정한다.

1 m = 100 cm이므로 1 m^3에는 한 변이 1 cm인 정육면체가 가로, 세로, 높이에 각각 100개씩 포함된다. 그러므로 1 m^3 = (100 × 100 × 100) cm^3 = 1000000 cm^3이다.

4) 간접 측정

가) 직육면체의 부피 측정

주어진 직육면체의 부피를 직접 측정하기는 쉽지 않다. 그보다는 단위 정육면체를 쌓아서 직육면체를 만들고 만들어진 직육면체의 부피를 구해보는 활동을 통해 직육면체의 부피 공식을 찾는 것이 보다 자연스럽고 쉽다. 즉, 아동들에게 단위 정육면체(쌓기나무)를 이용하여 임의로 직육면체를 만들고 〈표 8-6〉과 같은 표를 완성하게 한다.

표 8-6 직육면체의 부피

	가로에서 쌓기나무 개수	세로에서 쌓기나무 개수	높이에서 쌓기나무 개수	전체 쌓기나무 개수(부피)
직육면체 1				
직육면체 2				
직육면체 3				
직육면체 4				

이때 곧바로 가로, 세로, 높이의 길이를 재어서 부피를 구하게 할 것이 아니라 가로, 세로, 높이 방향으로 단위 정육면체를 몇 개 쌓을 수 있는지, 그래서 그 개수가 모두 몇 개인지를 조사해서 부피를 구한 다음에, 단위 정육면체의 개수를 세는 것보다 더 편리한 방법으로 그 길이를 재어보게 하는 것이 보다 의미 있는 전개가 될 것이다.

이를 통해 다음과 같은 부피 공식을 만들 수 있다.

(직육면체의 부피)=(밑면의 가로)×(밑면의 세로)×(높이)

(정육면체의 부피)=(한 변의 길이)×(한 변의 길이)×(한 변의 길이)

나) 원기둥의 부피 측정

직육면체의 부피는 다음과 같이 변형하여 구할 수도 있다.

(직육면체의 부피)=(밑면의 넓이)×(높이)

(밑면의 가로)×(밑면의 세로)는 직육면체의 가장 밑바닥에 놓인 단위 정육면체의 개수를 구하기 위한 공식이지만 밑면인 직사각형의 넓이를 구하는 공식이기도 하기 때문이다.

그러나 초등학교 수준에서 부피는 단위 정육면체의 개수를 말한다. 그러므로 (밑면의 넓이)×(높이)와 같이 넓이와 길이를 곱하는 것은 초등학교 수준에서 다루어질 내용은 아니다. 그런데 원기둥의 부피 공식을 얻으려면 이런 공식이 필요하다.

원기둥의 부피를 구하기 위해서는 원기둥을 직육면체로 변형해야 한다. 원을 무수히 많은 여러 조각으로 잘라서 엇갈리게 이어 붙이면 직사각형 모양이 된다는 것은 원의 넓이를 구할 때 살펴보았다. 이와 비슷하게 원기둥을 무수히 작은 부채꼴 기둥으로 잘라서 엇갈리게 이어 붙이면 〈그림 8-48〉과 같이 직육면체가 된다. 이 직육면체의 부피는 (가로)×(세로)×(높이)인데, (가로)×(세로)가 곧 밑면인 원의 넓이이다. 그러므로 다음과 같은 공식이 유도된다.

(원기둥의 부피)=(밑면의 넓이)×(높이)

=(반지름)×(반지름)×(원주율)×(높이)

즉, 원기둥의 부피는 단위 정육면체의 개수를 세어서 구하기보다는 (넓이)×(길이)와 같은 공식으로 주어지게 된다. 그러나 2015 개정 교육과정에서부터 원기둥의 부피를 구하는 내용이 삭제되었으므로 넓이를 이용한 직육면체의 부피 공식은 지도하지 않아도 무방하다.

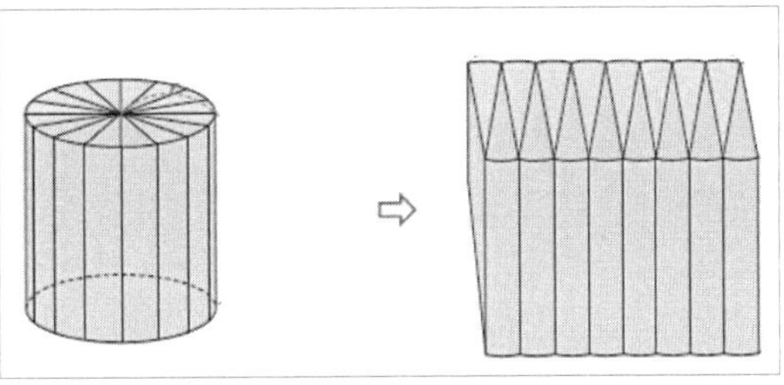

그림 8-48 원기둥을 직육면체로 변형

참고사항 걸리버 여행기

조나단 스위프트(Swift, 1667-1745)는 〈걸리버 여행기〉에서 소인의 키를 걸리버의 키의 $\frac{1}{12}$로, 대인의 키는 걸리버의 키의 10배로 정하였다. 왜 이렇게 일관성 없이 정했을까? 걸리버는 소인국인 릴리퍼트 사람을 보고 "the man was six inches tall."이라고 말했다. 걸리버의 키는 물론 six feet일 것이다. 즉 스위프트는 feet보다 작은 단위인 inch를 소인에게 적용하다 보니 $\frac{1}{12}$배가 된 것이고, 거인에게 적용할 feet보다 더 큰 적절한 단위가 없었기에 10배를 한 것으로 보인다.

베르베르는 〈제3 인류〉라는 책에서 제1 인류의 키는 17 m, 그들이 만든 제2 인류인 인간은 1.7 m, 제2 인류가 만든 제3의 인류는 17 cm로 정했는데, 이는 각각 자신들의 키의 $\frac{1}{10}$배 크기가 되는 새로운 인류를 만든 것이다(강문봉, 김정하, 2015, 80-3쪽). 이러한 예들은 단위가 우리의 사고에 많은 영향을 미치고 있음을 보여준다.

5 기타 외연량의 지도

지금까지 살펴본 길이, 넓이, 부피와 들이 이외에 무게, 시간, 각도와 같은 외연량의 지도에 대해 알아보자.

표 8-7 무게, 시간, 각도의 내용 체계(교육부, 2022)

핵심 아이디어	• 측정은 여러 가지 속성의 양을 비교하고 속성에 따른 단위를 이용하여 양을 수치화함으로써 여러 가지 현상을 해석하거나 실생활 문제를 해결하는 데 활용된다.		
구분 / 범주	내용 요소		
	초등학교		
	1~2학년	3~4학년	5~6학년
지식·이해	• 양의 비교 • 시각과 시간(시, 분)	• 시각과 시간(초) • 무게(kg, g, t) • 각도(°)	
과정·기능	• 여러 가지 양을 비교, 측정, 어림하는 방법 탐구하기 • 측정 단위 사이의 관계 탐구하기 • 측정 단위를 사용하여 양을 표현하기 • 실생활 문제 상황에서 길이, 들이, 무게, 시간의 덧셈과 뺄셈하기 • 측정을 실생활 및 타 교과와 연결하여 문제해결하기		
가치·태도	• 표준 단위의 필요성 인식 • 도형과 측정 관련 문제해결에서 비판적으로 사고하는 태도		

가. 무게

무게는 지구가 물체를 끌어당기는 힘의 크기로서 시각적으로 판단할 수 없는 양이다. 그런데 우리가 '무게'라고 하는 이름으로 지도하고 있는 내용은 '무게'라기보다는 '질량'이라고 해야 할 것이다. 질량은 물체의 고유한 속성을 나타내는 물리량의 하나로 단위는 kg, g, t 등으로 나타낸다. 반면에 질량이 있는 물체가 받는 중력의 크기를 무게(중량)라고 하며, 단위는 N(뉴턴), 혹은 일상적으로는 kgf(킬로그램중, 킬로그램힘)를 사용한다. 물체의 질량은 어디서나 일정하지만 무게는 위치에 따라 변한다. 그러므로 '무게'라는 이름으로 지도하는 내용은 실제로는 질량이고 그 단위로는 무게의 단위를 사용하는 것이다. 일상생활에서도 마찬가지이다.

그래서 교육과정을 개정하면서 무게라고 해야 할 것인지 질량이라고 해야 할 것인지에 대해 고민했었고, 초등학교에서는 관습적으로 '무게'라는 말을 사용하는 것으로 결정하였다. 2022 개정 교육과정의 '성취기준 해설'에서 "[4수03-20] 초등학교에서는 무게와 질량의 개념을 엄밀하게 구분하지 않으며, 무게를 비교하고 측정하는 데에 g, kg의 단위를 사용하게 한다."라는 내용이 새롭게 추가된 것은 이런 고민의 결과라고 할 것이다.

교육과정의 1-2학년군에서는 구체물의 무게를 비교하고, '무겁다, 가볍다'를 구분하여 말할 수 있으며, 직관적 비교, 직접 비교, 간접 비교를 상황에 따라 알맞게 다루도록 하고 있다. 3-4학년군에서는 무게를 나타내는 표준 단위의 필요성을 인식하여 1 g과 1 kg의 단위를 알고 이를 이용하여 무게를 측정하고 어림하면서 무게에 대한 양감을 기르며, 1 kg과 1 g의 관계를 알아 무게를 단명수와 복명수로 나타낼 수 있게 한다. 또한 무게의 덧셈과 뺄셈을 할 수 있게 한다.

무게의 지도 순서는 다음과 같다.

1) 비교

무게는 직관적 비교가 쉽지 않다. 코뿔소와 다람쥐같이 직관적으로 비교가 가능한 경우도 있지만 매우 큰 물체가 오히려 더 가벼울 수도 있고 부피가 같아도 재질에 따라 무게가 다르기도 하기 때문이다. 그러므로 직관적 비교보다는 물건을 직접 들어보고 더 무겁다거나 더 가볍다는 정도를 느끼게 하는 것이 좋겠다. 큰 물건일 경우 한 물건을 들어보고 나서 다른 물건을 들어보고 비교할 수도 있고 작은 물건의 경우에는 〈그림 8-49〉와 같이 양손에 하나씩 들고서 비교할 수도 있다. 혹은 눈금이 없는 양팔 저울을 사용할 수도 있다. 시소를 타면서 직접 비교할 수도 있다. 시소의 경우에는 균형점에서 같은 거리에 위치해야 한다는 점을 주의해야 한다.

직접 비교가 어려운 경우에는 무게가 비슷한 매개물을 사용하여 간접 비교를 할 수도 있다.

그림 8-49 무게의 비교(교육부, 2024a, 95쪽)

2) 임의 단위를 이용한 측정

무게를 좀 더 정확하게 비교하기 위해서 〈그림 8-50〉과 같이 양팔 저울의 한쪽에 클립이나 바둑돌, 추 등을 여러 개 놓을 수 있다. 이 경우 클립, 바둑돌, 추 등은 임의 단위가 된다. 이와 같이 임의 단위를 이용하여 물건의 무게를 측정하고 어느 것이 얼마나 더 무거운지를 비교할 수 있다.

활동 2 클립을 단위로 하여 연필과 지우개의 무게를 비교해 봅시다.

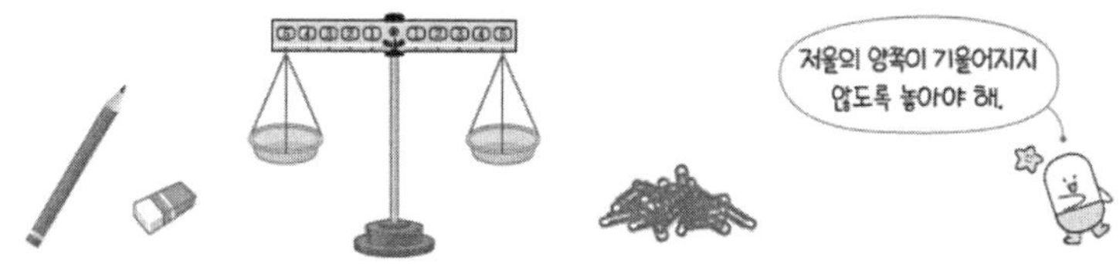

- 연필과 지우개의 무게를 클립으로 비교해 보세요.

연필	지우개
클립 ☐ 개	클립 ☐ 개

☐ 은/는 ☐ 보다 클립 ☐ 개만큼 더 무겁습니다.

그림 8-50 임의 단위를 이용한 무게 측정(강문봉 외, 2025c, 83쪽)

임의 단위를 이용한 측정을 지도할 때는 항상 임의 단위를 사용할 때의 문제점을 인식하게 하는 것이 중요하다. 그래야 표준 단위를 도입하려는 생각을 하게 된다. 예를 들어 바둑돌을 무게의 단위로 사용한다고 하자. 바둑돌은 바둑판의 크기에 맞게 어느 정도 일정한 규격으로 만들어져 있기는 하지만 크기가 다르고 재질에 따라 무게가 달라서 무게에 관한 의사소통이 어려울 수 있다.

3) 표준 단위를 이용한 측정

무게를 모든 사람이 정확하게 측정하고 의사소통을 하기 위해서 무게 단위를 정한다. 표준 단위로는 1 g, 1 kg, 1 t 등이 있다. 교과서에서는 1 kg과 1 g을 동시에 도입하고 있지만 어느 하나를 먼저 도입하고, 도입한 단위로는 측정하기가 너무 가볍거나 너무 무거운 상황에서 새로운 단위를 도입하는 방식으로 진행해도 무방하다. 혹은 이런 과정을 이미 다른 양의 지도에서 여러 차례 반복했다면 여기서는 동시에 도입하여도 무방하다.

1 g, 1 kg, 1 t 사이의 관계를 지도한다. 1 t = 1000 kg, 1 kg = 1000 g이다. 단위 환산과 복

명수와 단명수의 계산을 지도하지만 교육과정에서는 t을 g으로 환산하는 것은 지도하지 않도록 하고 있으므로 t과 kg 사이에서, 그리고 kg과 g 사이에서만 단위 환산을 하도록 한다. 이어서 무게의 덧셈과 뺄셈을 지도한다. 무게의 단위는 십진법 체계를 따르고 있기 때문에 받아올림이 있는 덧셈이나 받아내림이 있는 뺄셈이 그리 어렵지는 않지만 복잡한 계산을 할 필요는 없다.

4) 간접 측정

초등학교 수준에서는 공식을 이용하여 무게를 측정하는 간접 측정은 다루지 않는다. 다만, 추를 이용하는 양팔 저울로 측정하는 것은 직접 측정이지만, 접시 저울, 용수철 저울, 판지시 저울 등은 단위가 몇 개인가를 측정하는 것이 아니라 무게에 따라 변하는 바늘의 각도나 용수철의 길이 등을 이용한 것이므로 이러한 저울을 이용하여 무게를 재는 것은 일종의 간접 측정이라고 할 수 있다.

나. 시간

시각은 사건의 발생 시기 혹은 흘러가는 순간 가운데의 어느 시점을 말하며, **시간**은 사건의 지속 기간 혹은 흘러가는 어느 시점부터 시점까지의 간격이다. 그러므로 시간은 양이지만 시각은 양이 아니다.

1-2학년군에서는 시계를 보고 '몇 시 몇 분' 또는 '몇 시 몇 분 전'으로 읽을 수 있게 한다. 즉, 시각을 지도한다. 다만 '3시 12분 전'과 같이 읽을 필요는 없으며 5분 단위 정도로 읽을 수 있게 하고 있다. 그리고 시간으로서, 1 분, 1 시간, 1 일, 1 주일, 1 개월, 1 년 사이의 관계를 1-2학년군에서 지도한다.

3-4학년군에서는 1 분이 60 초임을 알고 1 초 단위까지 시각을 읽을 수 있게 하고, 1 초 단위까지의 시간의 덧셈과 뺄셈을 지도한다. 시간에서의 지나친 단위 환산은 다루지 않는다.

1) 비교

길이, 무게, 넓이, 들이의 비교는 1학년 1학기에서 지도하지만, 시간의 지도는 1학년 2학기에서 곧바로 시계 보기로부터 시작한다. 그만큼 시간의 비교나 임의 단위를 이용한 측정이 쉽지 않다는 것을 의미할 것이다.

시간의 비교는 얼마나 오래 가는지를 비교하는 것으로 시작할 수 있다. 두 사람이 줄넘

기를 하고 있는데 누가 더 오래 하는가 등으로 시간 감각을 가질 수 있다. 그러나 시간은 주관적인 느낌이 많이 작용하기 때문에 비교하는 것이 그렇게 쉽지는 않다.

2) 임의 단위를 이용한 측정

아동들은 놀이터에서 온종일 놀다 왔으면서도 시간이 금방 간 것처럼 생각한다. 그러므로 막연한 '감'보다는 임의 단위로 시간을 측정하는 것이 좋다. 임의 단위로는 '하나, 둘, 셋, …'과 같이 천천히 수를 세는 데 걸리는 시간이나 애국가를 한 절 또는 한 소절 부르는 데 걸리는 시간을 생각할 수 있다. 맥박 수도 시간을 측정하는 데 사용한다면 임의 단위가 된다. 그러나 수를 세거나 노래를 부르는 경우에도 측정하는 사람이 제각각의 빠르기로 진행할 수 있어서 정확하지 못하고, 의사소통에도 문제가 생길 수 있다. 보다 정확한 임의 단위를 생각한다면 모래시계가 있을 것이다.

우리가 흔히 사용하는 언어 중에서 시간의 임의 단위를 나타내는 것들을 찾아보는 것도 의미가 있을 것이다. 아주 짧은 시간을 나타내는 '찰나'도 있고, '순식간'도 있다. '순'은 눈 한 번 깜박거리는 데 걸리는 시간이고, '식'은 숨을 한 번 내쉬는 데 걸리는 시간이다. '한나절'은 아침 식사 이후부터 점심 식사 전까지 또는 점심 식사 후부터 저녁 식사 전까지의 시간을 말한다.

시간의 비교나 임의 단위를 이용한 시간의 측정은 교육과정에서 다루지 않고 있다. 그러나 '시간'이라는 양을 지도하기 위해서 시계 보기를 지도하기 전에 가볍게라도 다룰 필요가 있지 않을까 생각한다.

3) 표준 단위를 이용한 측정

시간은 시각과 시각 사이의 간격이므로 시간을 지도하기 위해서는 먼저 시계를 읽는 법을 지도해야 한다. 요즘 디지털 시계가 많이 보급되어 있기 때문에 아날로그 시계를 읽을 줄 몰라도 문제가 되지는 않는다. 그러나 아날로그 시계 역시 여전히 주변에서 많이 볼 수 있기 때문에 아날로그 시계를 읽는 법과 디지털 시계를 읽은 법을 모두 지도해야 할 것이다.

가) 시계 보기와 시각의 지도

아날로그 시계는 원형으로 1에서 12까지 30° 간격으로 숫자가 배열되어 있고, 숫자와 숫자 사이에 5등분한 작은 눈금이 있다. 숫자는 '몇 시'라는 시각을 나타내며, 전체 60개의 눈금은 분 바늘이 가리킬 때는 '몇 분'이라는 시각을, 초 바늘이 가리킬 때는 '몇 초'를 나타낸다. 디지털 시계는 〈그림 8-51〉과 같이 A : B : C와 같은 형식으로 시각을 표시내는데, A는 시간, B는 분, C는 초를 나타낸다. 그러나 디지털 시계는 다양한 형태가 있고 심지어 시간과 분만 나타내고 초는 나타내지 않는 것도 있으니 디지털 시계에서 시계 보기를 지도할 때 유의해야 한다.

그림 8-51 아날로그 시계와 디지털 시계의 예

먼저 1학년 2학기에서 정각인 시각을 보는 법을 지도한다. 이어서 긴바늘이 6을 가리킬 때 '몇 시 30분'이라고 읽는 법을 지도한다. 6을 가리킬 때 왜 30분이라고 하는지를 설명하기가 쉽지 않을 것이다. 필요하다면 분을 나타내는 긴바늘이 12에서 6까지 갈 때 분을 나타내는 눈금 30개를 지나는 것이라는 정도로 간단하게 설명해 주면 된다. '몇 시 30분'은 '몇 시 반'이라고도 읽는데 2학년에서 '몇 시 몇 분'을 배우기 전까지는 '몇 시 반'이라고 읽는 것이 차라리 이해하기는 쉬울 것이다. '몇 시 30분'을 지도할 때 짧은바늘은 숫자와 숫자의 중간에 위치하고 긴바늘은 6을 가리킴을 주의시킨다.

2학년 2학기에서는 1분 단위의 시각을 읽는 법을 학습한다. 곱셈구구를 학습하였기 때문에 시계의 긴바늘이 가리키는 수에 5배를 한 것이 분임을 아는 것은 어렵지 않을 것이다. 5분, 10분 등의 시각을 읽고, 1분 간격으로 읽는 법을 지도한다. 교육과정에서는 5분 전, 10분 전, 15분 전과 같이 읽는 법도 지도하게 하고 있다.

1시(1 o'clock)는 시각을 나타내고 1시간(1 hour)은 시간(time)을 나타낸다. '시간'은 특정한 단위를 의미하면서도 길이, 넓이 등과 같이 특정한 양의 이름이기도 하다. 1분 또는 1초는 시각과 시간 모두를 나타내는 데 사용된다. 일상적으로 "출발한 시간은 몇 시야?"와 같이 시각 대신 시간이란 말을 사용하기도 한다. 이러한 용어의 의미 때문에 간혹 혼란스러워하는 아동이 있을 수 있으므로 이러한 단어들이 사용되는 다양한 사례를 제시하며 상황에 따른 의미를 알 수 있도록 지도해야 할 것이다.

나) 시간의 표준 단위 지도

2학년 2학기에서 '몇 시 몇 분'과 같이 시계를 보는 법을 지도한 다음, 시작한 시각과 끝난 시각 사이의 간격으로 '시간' 개념을 지도한다.

그림 8-52 시간의 지도(교육부, 2024e, 92쪽)

계속해서 1시간은 60분, 하루는 24시간이며, 오전과 오후 개념 및 1주일은 7일, 1년은 12개월임을 지도하고 시간 단위 사이의 환산을 지도한다. 이와 동시에 달력에 대해서도 지도한다. 각 월이 며칠인지를 지도하고 있지만 1년이 365일 또는 366이며, 2월은 28일이지만 29일일 때도 있다는 사실은 교과서에서 다루고 있지 않다.

3학년 1학기에서는 〈그림 8-53〉과 같이 1분보다 작은 시간 단위인 1초를 도입하고 나서 '몇 분 몇 초', '몇 시 몇 분 몇 초'와 같이 시계를 읽는 법을 지도한다. 2학년까지는 시계 읽기를 통해 시각으로서의 시와 분을 도입하고 나서 시간으로서의 시와 분을 지도하였지만, 초의 경우는 시간으로서의 초를 먼저 약속하고 나서 초 단위까지 시각을 읽는 법을 지도하고 있다.

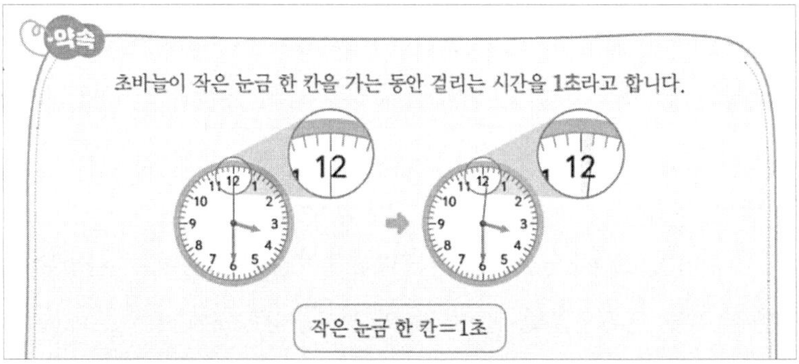

그림 8-53 시간으로서의 초 단위 도입(강문봉 외, 2025a, 109쪽)

다) 시간 단위의 환산

시간의 단위를 나타내는 초, 분, 시간, 일, 주일, 달, 연을 지도한 다음에는 이러한 단위 사이의 환산을 지도한다. 길이, 넓이, 무게 등 여러 양들은 십진법을 사용하기 때문에 단위 환산이 그리 어렵지는 않았다. 그러나 시간에서는 60진법을 사용하기 때문에 단위 환산에 오류가 많이 생기게 된다. 교육과정에서는 지나친 단위 환산은 지도하지 않도록 하고 있지만 초를 분으로, 분을 시간으로 고치는 것은 일상생활과 밀접하게 관련되므로 충분히 지도하는 것이 좋을 것이다.

라) 시간의 덧셈과 뺄셈

3학년 1학기에서 '초'에 대해서 지도하고 나서, 시간의 덧셈과 뺄셈을 지도한다. 시간의 계산에서 주의해야 할 점은 크게 두 가지이다. 하나는 시간이 오전과 오후의 구분이 없는 24시간제로 주어졌는지 아니면 오전과 오후의 구분이 있는 12시간제로 주어졌는지의 문제이며, 다른 하나는 시간의 덧셈과 뺄셈에서 받아올림이나 받아내림이 있는가 하는 문제이다. 첫 번째 문제는 큰 어려움이 없지만 두 번째의 문제는 60진법에 따른 시간 환산을 해야 하기 때문에 어려움이 있을 수 있다. 그러나 교육과정의 취지에 맞게 받아올림과 받아내림의 계산을 강조할 필요는 없다. 시간 계산에서는 다음과 같은 여러 가지 상황이 있다.

① (시각)±(시간)=(시각)

예를 들어, '현재 시각은 오후 1시 10분입니다. 학교에서 집으로 가는 데 50분이 걸립니다. 집에 도착하는 시각은 몇 시 몇 분입니까?'와 같은 문제가 이에 해당한다.

② (시간)±(시간)=(시간)

예를 들어, '전망대를 구경하는 데 1시간 30분이 걸리고 수족관을 구경하는 데는 2시간 10분 걸립니다. 수족관을 구경하는 시간은 전망대를 구경하는 시간보다 얼마나 더 걸립니까?'와 같은 문제가 이에 해당한다.

③ (시각)-(시각)=(시간)

예를 들어, '뮤지컬 공연이 오후 6시 10분에 시작하여 오후 8시 30분에 끝납니다. 뮤지컬 공연하는 데 시간이 얼마나 걸립니까?'와 같은 문제가 이에 해당한다.

다. 각도

각은 3학년 1학기에서 지도하고 각도는 4학년 1학기에서 지도한다. 각의 두 변이 벌어진 정도를 각의 크기라고 하고 각의 크기를 간단히 **각도**라고 한다. 각의 크기를 각의 꼭짓점을 중심으로 하여 한 변을 다른 변까지 회전한 양으로 정의할 수도 있으나, 초등학교에서 각을 한 점에서 그은 두 반직선으로 이루어진 도형으로 정의하고 있으므로 두 변이 벌어진 정도로 각의 크기를 정의하는 것이 적합하다.

각의 크기를 비교하고, 각의 크기의 단위인 1도(°)를 이해하고 각도기를 이용하여 각의 크기를 측정하고 어림한다. 또한 삼각형과 사각형의 내각의 크기의 합을 추론하게 한다.

1) 비교

각의 크기가 현저하게 다른 두 개의 각 중에서 어느 것이 더 벌어졌는지를 비교하게 하면서 '벌어진 정도'를 인식하게 한다. 입체의 일부분으로서의 각은 직접 비교하거나 같은 크기로 벌어진 다른 매개물을 이용하여 간접 비교할 수 있다. 종이에 그려진 각의 경우는 투명종이에 본을 떠서 겹쳐보게 함으로써 비교하게 할 수 있다. 주의할 것은 각의 변은 반직선이기 때문에 종이에 그려진 선분의 길이에 주목하는 것이 아니라 벌어진 정도를 주목하게 해야 한다는 점이다.

2) 임의 단위를 이용한 측정

종이에 그려진 각이나 입체의 일부분인 각의 크기를 비교할 때 임의 단위를 사용하여 크기를 측정하여 비교할 수도 있다. 이때 사용되는 임의 단위로는 부채의 부챗살이나 패턴블록의 마름모 조각 혹은 손가락을 벌려서 생기는 손가락으로 이루어진 각의 크기 등을 생각할 수 있다.

각의 크기를 임의 단위로 측정할 때도 임의 단위 사용의 불편함이나 문제점을 인식시켜서 표준 단위 도입의 필요성을 느끼게 한다.

3) 표준 단위를 이용한 측정

각도의 표준 단위로 1°(도)를 사용한다. 1°는 직각을 90등분 한 하나의 크기이다. 1°보다 작은 각의 크기로 1′(분), 1″(초)가 있다. 시간에서와 마찬가지로 1°=60′, 1′=60″이다. 그러나 초등학교에서 각도의 단위로서 분(′)과 초(″)는 다루지 않는다.

각의 크기를 측정하기 위해 각도기를 사용한다. 그러므로 각도기를 사용하는 방법을 지도해야 한다. 각도기를 이용하여 각의 크기를 측정할 때 보통 〈그림 8-54〉의 각 BAC와 같이 각의 한 변이 가로나 세로로 놓여 있을 때는 제대로 측정하지만, 각 ABC와 같이 비스듬히 놓여 있는 경우에는 각도기를 잘 사용하지 못하는 경우가 있으므로 이에 대한 지도도 필요하다.

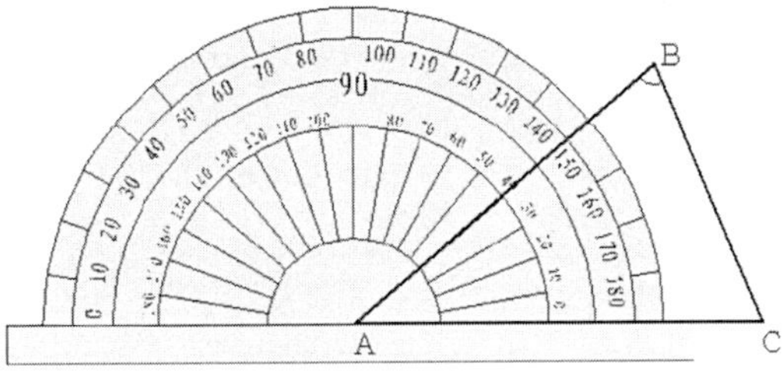

그림 8-54 각도 측정

각의 두 변이 포개졌을 때 각의 크기는 0°이며 두 변이 일직선을 이루면 그 각의 크기는 180°이다. 초등학교에서는 크기가 180°를 넘는 각은 지도하지 않는다. 그러나 도형의 이동을 지도할 때는 270° 돌리기와 360° 돌리기를 다루며, 각의 크기의 합에서는 180° 이상도 나타나므로 180°보다 작은 각으로 너무 제한하여 다룰 필요는 없을 것이다.

각도기를 이용하여 주어진 크기의 각을 그리는 것은 2022 개정 교육과정에서 삭제되었다. 이 기준이 도형 영역인지 측정 영역인지 논란이 있을 수는 있으나 그러한 논란이 이 기준을 삭제하는 이유가 될 수는 없다. 또한 각을 작도하는 내용이 중학교 교육과정에서 다루기 때문에 중복되어 삭제해야 한다고 할 수도 있으나 초등학교에서는 각도기를 사용한다는 점에서 중학교 기준과 다르고, 중복성이 진짜 이유라면 초등학교의 성취 기준 중 많은 부분이 삭제되어야 할 것이다. 각도기를 이용하여 주어진 크기의 각을 그리는 것이 어려운 일이 아니며 주어진 크기의 각을 그려보는 것이 도형의 성질을 탐구하기 위해서도 매우 유용한 기능이기 때문에 이러한 기능을 지도할 필요가 있어 보인다.

4) 각도의 합과 차

각도기 사용법을 배우고 나면 각도의 합과 차를 지도하는데, 도(°)라는 하나의 단위만 사용하기 때문에 특별히 어렵지는 않다. 다만, 각도의 합과 차를 지도할 때는 단순히 두 양을 더하거나 빼게 할 것이 아니라, 〈그림 8-55〉와 같은 활동이 필요할 수 있다. 이 활동은 먼저 도형으로서의 두 각을 합하고, 합해진 각의 크기가 처음 두 도형의 각의 크기의 합과 같은지를 확인해 보는 활동이다. 이것은 각도가 더할 수 있는 외연량인지 아닌지를 확인해 보려는 취지이다.

활동 1 두 각도의 합을 어떻게 구하는지 알아봅시다.

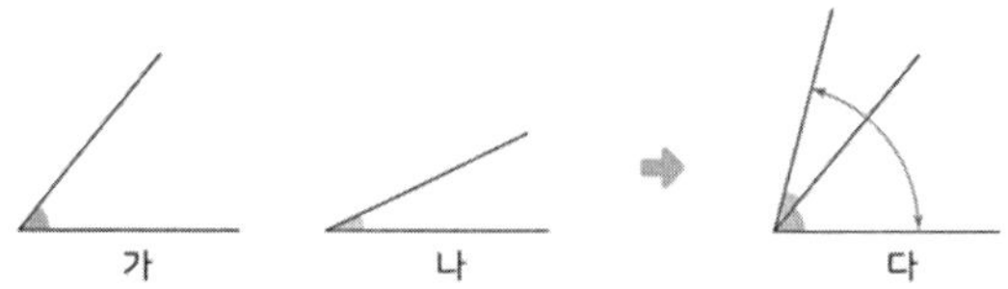

- **가**와 **나**의 각도를 각각 재어 보세요.
- 두 각을 **다**와 같이 이어붙였습니다. 합한 각 **다**의 크기를 각도기로 재어보세요.
- **가**와 **나**의 각도를 더해보고, 합한 각 **다**의 크기와 비교해 보세요.
- **가**와 **나**의 각도의 합을 구하는 식을 써 보세요.

$\square^\circ + \square^\circ = \square^\circ$

그림 8-55 각도의 합 구하기

이어서 삼각형의 세 각의 크기의 합과 사각형의 네 각의 크기의 합을 지도한다. 이것은 삼각형과 사각형의 성질로서, 이미 도형 영역에서 설명하였다.

참고사항 왜 직각을 90등분하였을까?

각도의 표준 단위를 정하기 위해 직각을 90등분한 이유는 무엇일까? 일반적으로, 고대 바빌로니아인들은 1년이 대략 360일이라고 알고 있었고 반지름이 원을 6개의 동일한 호로 나눌 수 있다는 것을 알고 있었기 때문에 고대 바빌로니아인들이 원을 360등분하였다고 생각하고 있다.

그러나 스미스(Smith)는 이러한 추정에 대하여 역사적으로 주장할 근거는 없으며, 바빌로니아인들은 원을 8등분, 12등분, 120등분, 240등분, 480등분하였지만 360등분하지는 않았다고 한다. 오히려 그리스 천문학자들이 60진 분수를 발명하였는데, 60은 2, 3, 4, 5, 6, 10, 12, 15, 20, 30을 인수로 가지고 있어서 천문학 연구에 필요했을 것으로 본다. 그리스인들이 원의 $\frac{1}{360}$을 호의 측정 단위로 삼으면서 이 단위를 도(degree)라고 불렀으며, 도의 $\frac{1}{60}$을 첫 번째 부분(minute, 분), $\frac{1}{3600}$을 두 번째 부분(second, 초)이라고 불렀다고 한다(Smith, 1958b, pp.230-2).

어느 경우든 원을 360등분하는 것은 직각을 90등분한 것에 해당한다.

6 내포량의 지도

내포량은 속력, 밀도, 농도 등과 같이 더할 수 없는 양이다. 일반적으로 내포량은 두 외연량의 몫 또는 비율로 표현된다. 그러므로 내포량은 비와 비율 영역에서 지도할 수도 있다.

두 외연량이 같은 종류일 때 두 외연량의 몫은 양이 아니라 순수한 수가 되며 이러한 수는 일반적으로 '…율(率)'과 같이 부른다. 원주율, 타율, 환율, 확률, 출석률 등이 여기에 해당한다. 그러나 실제 거리를 지도에 맞게 일정하게 줄인 비율을 말하는 축척은 '율'을 붙이지 않았다.

두 외연량이 다른 종류일 때 두 외연량의 몫은 새로운 양이 되며 이러한 양을 내포량이라고 한다. 내포량은 일반적으로 '…도(度)'라고 부른다. (거리)÷(시간)인 속력(속도), (인구의 수)÷(넓이)인 인구밀도 등이 여기에 해당한다. 속도에는 m/분, 인구밀도에는 명/km^2과 같이 두 외연량의 몫으로 만들어진 새로운 단위가 사용된다.

농도의 경우는 약간 미묘하다. 농도를 나타내는 단위는 상황에 따라 다르다. 예를 들어 초미세먼지의 농도는 25 $\mu g/m^3$와 같이 나타낸다. 이 경우 농도는 (무게)÷(부피)로서 두 외연량의 몫이다. mg/L와 같이 (무게)÷(들이)로 나타내는 농도도 있다. 소금물의 농도는 (소금의 양)÷(소금물의 양)으로서 같은 두 외연양(무게)의 몫이다. 이와 같이 농도는 두 외연량이 같은 경우에도 사용되고 다른 경우에도 사용된다.

초등학교에서는 소금물의 농도라는 표현 대신 소금물의 진하기, 속도나 속력 대신 시간에 대한 거리의 비율 또는 빠르기, 인구밀도 대신에 넓이에 대한 인구의 비율이라는 표현을 사용하고 있다.

내포량은 두 외연량의 몫으로 표현되기 때문에 내포량의 지도는 두 외연량을 함께 보는 안목을 길러주어야 한다. 예를 들어 다음 〈표 8-8〉을 보고 어느 학교 운동장이 전교생이 나와서 놀기에 좋은지를 설명해 보게 하여 단위 넓이에 대한 아동 수를 비교하려는 생각을 가지게 하면서 내포량을 다루는 것이 효과적일 것이다.

표 8-8 운동장 넓이와 아동 수

학교	아동 수(명)	운동장 넓이(m^2)
A	400	4500
B	500	5000

7 개측(어림 측정)

측정 지도의 마지막 단계가 어림 측정 또는 개측이다. 어림 측정은 측정 도구를 사용하지 않고 대략적으로 측정값을 얻는 것을 말한다. 어림 측정에는 양감에 의해 얼마쯤인지를 짐작하는 어림 측정과, 전략에 따라 계산하여 구하는 어림 측정이 있다. 1 cm가 어느 정도 길이인지, 1 kg은 어느 정도의 무게인지 등과 같이 표준 단위의 크기에 대한 느낌은 아주 기본적인 양감이다.

가. 어림 측정의 지도 이유

어림 측정을 지도하는 이유는 다음과 같다. 첫째 적절한 측정 도구를 선택하기 위해서이다. 큰 단위와 작은 단위가 함께 포함된 측정 도구가 있기는 하지만 보통은 큰 단위에 적합한 도구, 작은 단위에 적합한 측정 도구들이 있게 마련이다. 그러므로 대략적으로 측정해서 그에 맞는 측정 도구를 선택하는 것이 현명하다.

둘째, 굉장히 큰 양이나 아주 작은 양을 측정하기 위한 적절한 도구가 없을 때 어림 측정이 필요하기 때문이다. 이와 같은 측정 도구가 없을 때는 다른 측정 도구에 견주어서 대략적으로 그 양을 짐작할 수밖에 없다.

셋째, 정확한 측정이 필요하지 않고 대략적인 측정으로 만족할 경우가 있기 때문이다. 항상 정확한 측정이 필요한 것은 아니며, 개측만으로 충분히 필요한 일을 할 수 있는 경우들도 많이 있다. 이럴 때 굳이 정확하게 측정하려고 시도할 필요는 없다.

나. 어림 측정 전략

어림 측정의 결과가 정확한 값이 아니라고 해서 어림을 아무렇게나 적당히 얼마쯤이라고 말하는 것이라고 생각해서는 안된다. 이런 어림으로는 경우에 따라서 아주 근사한 측정값을 얻을 수 있지만 합리적인 측정이 아니다. 어림 측정을 지도할 때는 측정한 결과가 참값에 얼마나 가까운가를 평가할 것이 아니라, 어림 측정하는 과정이 얼마나 합리적인가에 일차적 목표를 두고 그다음에는 합리적 측정이 얼마나 정확하게 수행되는가에 목표를 두어야 할 것이다.

그러므로 어림 측정의 합리성을 위하여 다음과 같은 어림 측정 전략을 지도할 필요가 있다.

첫째, 측정할 양을 적절히 분할하여 어림 측정하는 것이다. 10층 건물의 높이를 어림할 때는 이 건물의 높이를 10등분하여 한 층의 높이만 어림한 후 열 배를 하거나, 용기에 들어 있는 콩의 개수를 어림할 때는 컵으로 몇 컵이 될지를 짐작해 보고, 한 컵의 콩의 수를 어림하여 컵의 수를 곱한다든가 하는 방법이 이에 해당한다. 이때 몇 컵이 되는지는 어림할 수도 있고 실제로 컵으로 측정할 수도 있다. 이런 방법을 단위화 전략이라고 할 수 있다.

둘째, 첫 번째 방법과 반대로 측정할 양의 적당한 배수를 생각하고 그것을 어림 측정하여 처음의 양을 구하는 방법이다. 종이 한 장의 두께가 얼마인지를 어림할 때 너무 얇아서 어림하기가 곤란하므로 이 종이를 여러 장 쌓은 후에 전체가 얼마쯤 되는지를 어림한 후 종이의 장 수로 나누는 방법이다. 종이 한 장의 두께를 어림하기는 힘들어도 종이를 여러 장 쌓으면 그 두께를 어림하기는 쉽기 때문이다. 이 방법은 크기가 같은 것만이 아니라 크기가 비슷한 것끼리 모으는 데도 적용할 수 있기 때문에 배수화 전략 또는 집단화 전략이라고 할 수 있다.

마지막으로, 참조물(벤치마크)을 이용하는 방법이다. 예를 들어 길이를 어림할 때 자신의 뼘의 길이가 몇 cm인지, 한 걸음이 몇 cm인지를 미리 알아두면 뼘이나 걸음 수를 측정하여 그 길이를 어림할 수 있다. 넓이의 경우는 손바닥에 해당하는 직사각형의 넓이나 천 원짜리 지폐의 넓이, 자주 가지고 다니는 교통카드나 휴대폰의 넓이 등을 미리 알아두면 유용하다. 시간에 대해서는 천천히 열까지 셀 때의 시간이 벤치마크가 될 수 있다. 각도에 대해서는 〈그림 8-56〉과 같이 30°나 45°에 해당하는 벤치마크를 확보할 필요가 있다. 이러한 삼각자를 가지고 다니라는 것이 아니라 마음속에서 이러한 크기를 생각하면서 각의 크기를 어림하라는 의미이다. 부피나 들이, 무게에 대해서도 주변에서 쉽게 구할 수 있는 임의 단위들을 벤치마크로 사용하면 좋다. 임의 단위가 벤치마크로 사용되고 있기는 하지만 이것은 임의 단위를 사용한 측정이 아니다. 임의 단위가 표준 단위로 얼마인지를 알고 임의 단위를 이용하여 직접 측정하거나 대략적으로 측정한 후 이를 다시 표준 단위로 환산하는 것이라 임의 단위를 이용한 측정과는 다르다.

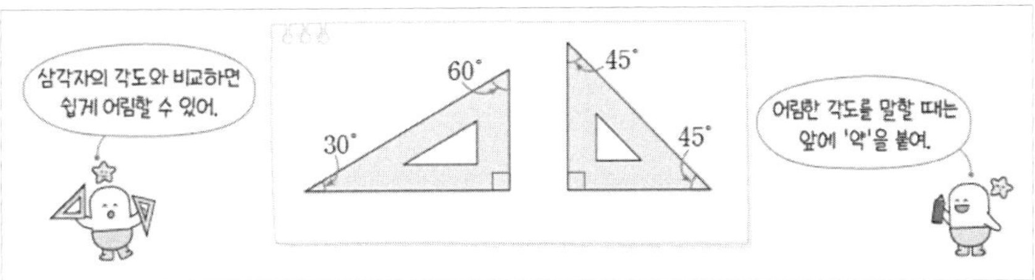

그림 8-56 각도의 참조물(강문봉, 2025e, 44쪽)

다. 어림 측정의 실제

어림 측정은 어떤 양을 지도하든 그 마지막 단계에서 다루어지고 있다. 어림 측정을 지도할 때는 적절한 양감의 형성 및 양감에 의해 짐작하는 것과 적절한 전략을 사용하여 어림 측정하는 것을 지도해야 한다.

적절한 양감을 형성하고 양감에 의해 어림짐작하게 하기 위해서는 표준 단위의 크기를 이해하게 하고 주변에서 흔히 보는 물건들을 표준 단위를 이용하여 측정해 보고 어림하는 경험을 많이 갖게 해야 한다. 이때 두 가지 방향으로 진행한다. 한 가지 방향은 어떤 대상의 측정값이 얼마인지를 어림하는 것이다. 예를 들어 '교실의 넓이가 얼마일까?'와 같은 경우이다. 다른 한 가지 방향은 이와 반대로, 측정값에 해당하는 대상을 찾는 것이다.

그림 8-57 거리 개측(강문봉 외, 2025a, 106쪽)

길이나 거리의 어림 측정은 3학년 1학기에서 지도하고 있다. 주변의 짧은 물건의 길이가 얼마나 되는지를 어림하고 실제로 측정해서 비교해 보기도 하고, 연필이나 버스, 또는 먼 거리의 측도를 주고 그에 알맞은 단위가 무엇인지를 찾아보게 한다.

긴 거리나 높은 빌딩의 높이는 단순히 양감에 의해 짐작하기가 쉽지 않다. 그러므로 적절한 어림 측정 전략을 사용할 필요가 있다. 〈그림 8-57〉의 경우 그림만 이용하여 답을 구하는 경우에는 어림 측정을 하는 것이 아니라 '(어림) 계산'을 하게 될 가능성이 많다. 1 km와 같이 주어진 거리에 대한 거리 감각이 없어도 해결할 수 있기 때문이다. 그러므로 교과서를 참고하되, 교과서를 떠나 교실 밖으로 나가서 일정한 장소까지의 거리를 어림하고 이것을 참조물로 삼아서 다른 거리를 어림 측정해 보게 해야 할 것이다.

들이와 무게의 어림 측정은 3학년 2학기에서 지도한다. 거리의 어림 측정에서와 마찬가지로 작은 물건의 들이나 무게를 어림해 보게 하고 실제로 들이나 무게를 측정하여 비교해 본다(그림 8-58). 또한 측정값을 주고 그에 적절한 물건을 말하게 하고 있다(그림 8-59).

활동 1 여러 가지 물건의 들이를 어림하고 재어 봅시다.

들이를 어림하여 말할 때는 '약'이라는 말을 사용해.

물건	어림한 들이	직접 잰 들이
컵	약 200 mL	230 mL

- 어림한 들이와 직접 잰 들이를 비교해 보세요.

그림 8-58 들이의 어림 1(강문봉 외, 2025c, 96쪽)

활동 2 들이에 알맞은 물건을 예상하고 확인해 봅시다.

들이	예상한 물건	직접 잰 들이
100 mL		
1 L 500 mL		

- 들이에 알맞은 물건을 어떻게 찾았는지 이야기해 보세요.

그림 8-59 들이의 어림 2(강문봉 외, 2025c, 96쪽)

〈그림 8-60〉은 무게의 어림에서 측정할 양을 적절히 분할하는 전략과 참조물을 이용하는 전략을 보여준다.

활동 3 바나나 한 송이의 무게를 어림하는 방법을 알아봅시다.

그림 8-60 무게의 어림(강문봉 외, 2025c, 89쪽)

4학년 1학기에서는 각도를 어림 측정한다. 각의 크기를 어림하고 실제로 측정하여 어림한 값과 비교해 보게 한다. 각도의 경우 측정 단위가 1도(1°)뿐이므로 알맞은 단위를 찾아보는 활동은 하지 않는다.

넓이는 5학년 1학기에서 다루고 있는데 넓이를 어림 측정하는 활동은 거의 찾아보기 힘들다. 교실의 가로와 세로를 어림하고 이를 바탕으로 교실의 넓이를 어림하거나 운동장의 넓이를 어림해 보게 할 수도 있을 것이다. 운동장이 직사각형 모양이 아닐 경우에는 마음속으로 적당한 도형으로 분할하여 어림 측정할 수 있다.

9장

자료와 가능성 및 그 지도

1. 관련 이론

2. 통계 지도

3. 가능성의 지도

9장

자료와 가능성 및 그 지도

생각할 문제

이 단원을 학습하기 전에 다음 문제를 생각해 봅시다.

1 우리 생활에서 가능성에 대한 고려가 왜 필요한가?

2 동전을 9번 던져서 모두 앞면이 나왔다고 하자. 열 번째 던질 때는 동전의 앞면 또는 뒷면 어느 것이 나올 가능성이 더 많은가? 왜 그렇게 생각하는가?

3 세상에는 그럴듯한 거짓말, 새빨간 거짓말, 그리고 통계라는 세 가지 거짓말이 있다는 우스개가 있다. 통계가 왜 거짓말이라고 하는가?

4 평균이 불합리하다고 생각한 적이 있는가? 있다면 언제인가?

1 관련 이론

가. 확률과 통계 지도의 목적

확률과 통계를 지도하는 목적은 다음과 같다.[42)]

첫째, 우리 주변에 통계적 현상이나 확률이 관련된 현상들이 많이 있기 때문이다. 하나하나의 사건에서는 인과 관계가 명확하지 않지만 그러한 사건들을 모두 모아서 보면 대체적인 어떤 규칙성을 찾을 수 있는 경우가 있는데, 이러한 규칙성을 찾기 위해서는 확률과 통계에 대한 지식이 필요하다.

둘째, 통계적 능력은 민주시민의 중요한 소양이기 때문이다. 현대사회에는 엄청나게 많은 정보가 쏟아진다. 국내외의 여러 경제와 정치, 심지어는 전염병과 관련해서도 많은 정보들을 인터넷과 신문, 방송을 통해 접하게 된다. 이러한 정보를 수집하여 정리하고 해석하며, 정보에 기초하여 합리적인 의사결정을 하는 것은 민주시민으로서 필요한 소양이 되고 있다.

셋째, 통계적 과정은 그 자체로 흥미가 있으며 일상생활에서 수학의 힘과 유용성을 느끼게 하기 때문이다. 아동들은 주변에서 자신과 관련된 여러 자료를 수집하고 분류함으로써 통계적 활동에 관심을 가지게 되며, 통계를 이용하여 관심 있는 문제를 해결함으로써 수학의 가치를 인식하게 된다.

넷째, 자료의 활용은 수를 생각하고 이용하고 이해하며 해석할 기회를 제공하여 수 감각을 발전시킬 수 있기 때문이다.

다섯째, 통계학은 물리, 공학, 생물학, 의학은 물론 경제, 경영, 정치, 심리학, 교육학 등 많은 분야에 응용되고 있기 때문이다.

여섯째, 비판적 사고를 길러줄 수 있는 장을 제공할 수 있기 때문이다. 통계를 가르친다는 것은 평균을 구하고 그래프를 그리는 것을 지도하는 것만을 의미하지 않는다. 자료의 수집 과정이나 통계적 추론에서의 잘못된 점을 파악하고 올바른 판단을 하도록 하는 것도 통계 교육의 중요한 목적이다.

나. 관련 용어

확률은 사건이 일어날 가능성을 0과 1 사이의 수로 나타낸 것이다. 1에 가까울수록 일

42) 교육과정의 영역 이름에서 '자료'는 '통계'를, '가능성'은 '확률'을 의미한다.

어날 가능성이 매우 높으며 0에 가까울수록 일어날 가능성이 매우 적다.

통계는 한꺼번에 몰아서 계산한다는 뜻으로, 어떤 집단의 자료를 수집하여 집단의 특성을 수로 파악하고 요약하며 그로부터 어떤 판단을 내리는 기술이다.

무작위성(임의성)은 우연 이외에 다른 요인이 작용하지 않는 것이다. 통계에서는 무작위성이 매우 중요한데 무작위성을 보장하기 위해 주사위를 이용하거나 난수표를 이용하기도 한다. 난수는 특정한 순서나 규칙을 가지지 않고 나열된 수들을 말한다.

다. 확률의 역사

인간이 확률을 생각했다는 흔적은 고대 문명으로 거슬러 올라갈 수 있다. 기원전 3500년경에 주사위 놀이에 사용된 것으로 추정되는 양의 복사뼈가 발견되었으며, 기원전 300년경에 바빌론에서 사용된 것으로 보이는 주사위는 거의 완벽한 정육면체 모양이다(이경화, 1997, 54쪽). 그러나 이러한 주사위는 수학적 탐구 도구라기보다는 신의 뜻을 확인하려는 종교적 도구라고 할 수 있다. “여호와께서 모세에게 명하신 대로 그들의 기업을 제비 뽑아 아홉 지파와 반 지파에게 주었으니”(여호수아 14 : 2)라는 글에서 알 수 있는 것처럼 제비를 뽑은 결과도 신의 뜻으로 받아들였다. 우연이라는 현상을 탐구하는 것은 신의 영역을 엿보는 것으로 여겨졌기 때문에 확률에 대한 학문적 연구는 15세기가 지나서야 가능할 정도로 매우 늦어졌다.

인도에서는 850년경에 n개 중에서 r개를 택하는 방법의 수, 곱의 법칙, 같은 종류의 문자가 포함된 여러 문자를 정렬하는 방법 등을 알고 있었고, 중국에서는 주세걸(1353)의 〈사원옥감〉이라는 책에서 오늘날 우리가 파스칼의 삼각형으로 알려진 내용을 다루었다(이면우 역, 2000, 69쪽).

확률론과 관련하여 수학사에 처음 등장하는 인물은 카르다노(Cardano)이다. 도박을 좋아했던 카르다노는 〈우연의 게임에 관한 책〉을 쓰게 되는데, 이 책은 확률론을 최초로 체계화한 것이다. 카르다노는 1550년경에 이 책의 원고를 썼는데, 그가 죽은 후 이 원고가 발견되어 1663년에 출판되었다. 이 책은 확률론의 발전에 기여한 페르마(Permat)와 파스칼(Pascal)보다 50여 년 앞서 확률 이론의 기반을 마련한 것이다. 카르다노는 확률을 ‘동일하게 일어날 수 있는 사건의 비율’로 대략적으로 정의했다. 지금 표현을 빌린다면 ‘각 근원사건이 일어날 가능성이 모두 같은 정도로 기대될 때, 사건 A가 일어날 확률은 $\frac{\text{사건 } A\text{가 일어날 경우의 수}}{\text{일어날 수 있는 모든 경우의 수}}$’라는 수학적 확률과 매우 비슷한 표현이다. 카르다노

당시에 사용되던 주사위는 지금과 같이 정교하게 만들어진 것이 아니기 때문에 주사위를 던질 때 각각의 눈이 나올 확률이 지금처럼 $\frac{1}{6}$이라고 할 수가 없었다. 그런데 카르다노가 공정한 주사위를 생각하고 우연적 사건을 생각했다는 것은 놀라운 일이며, 그래서 그를 현대 확률 이론의 아버지라고 하기도 한다(Burton, 2011, p.445).

확률론의 탄생은 17세기에 파스칼과 페르마가 편지 왕래를 통해 해결한 '드 메레의 문제'와 '상금의 분배 문제'에서 이루어졌다. 드 메레의 문제는 다음과 같다.

> 한 개의 주사위를 4번 던졌을 때 적어도 한 번 6의 눈이 나오는 것에 내기를 걸면 유리한데, 두 개의 주사위를 24번 던졌을 때 적어도 한 번 (6, 6)이 나오는 것에 내기를 거는 것이 왜 불리한가?

파스칼은 적어도 한 번 6의 눈이 나올 확률은 $1-(\frac{5}{6})^4=0.508$이고 (6, 6)이 나올 확률은 $1-(\frac{35}{36})^{24}=0.491$이므로 6의 눈이 적어도 한 번 나오는 사건이 더 유리하다고 답하였다. 그러나 드 메레는 한 개의 주사위를 던지면 6가지 경우가 있는데 4번 던지는 것과 두 개의 주사위를 던지면 36가지 경우가 있는데 24번 던지는 것은 $6:4=36:24$로 똑같다고 생각하였던 것이다.

상금의 분배 문제는 다음과 같다.

> A, B 두 사람이 내기 돈을 걸고 5회 먼저 이기는 사람이 내기 돈을 모두 갖는다. 매회 두 사람이 이길 확률은 각각 $\frac{1}{2}$이다. A가 $4:3$으로 유리한 상황에서 게임이 중단될 때 어떻게 내기 돈을 나누는 것이 공평한가?

드 메레는 A가 이기려면 1번 더 이기면 되고 B가 이기려면 2번 더 이겨야 하기 때문에 내기 돈을 $2:1$로 분배해야 한다고 생각하였으나 파스칼은 게임이 계속 된다는 가정하에 A가 5회 이길 확률은 $\frac{3}{4}$이고 B가 5회 이길 확률은 $\frac{1}{4}$이므로 $\frac{3}{4}:\frac{1}{4}=3:1$로 분배해야 한다고 하였다.

파스칼의 이러한 문제해결은 확률의 개념화에 큰 진전을 이루었다. 그 후 호이겐스(Huygens), 야곱 베르누이(Bernoulli) 등을 거쳐 라플라스(Laplace, 1749-1827)에 와서 확률이 정의되었다. 라플라스는 사건 A의 확률을 $\frac{\text{A가 일어나는 모든 경우의 수}}{\text{시행에서 가능한 모든 경우의 수}}$라고 정의하였다. 이것을 고전적 확률이라고 한다.

심슨(Thomas Simpson)과 베이즈(Thomas Bayes), 라플라스, 가우스 등의 노력 덕분으로 19세기에는 물리학, 천문학, 생물학, 통계학 등 다양한 분야에서 확률론이 해당 분야의 이론적 근거 역할을 할 수 있었다. 그러나 확률의 정의에 대해서는 계속 문제가 제기되어 왔다. 그러다가 1900년 힐베르트가 확률의 공리화를 제안하였고, 마침내 콜모고로프(Kolmogorov)가 확률을 공리적으로 정의하는 데 성공하여 확률을 수학적으로 엄밀하게 체계화할 수 있었다. 그러나 여전히 확률의 정의에 대해서는 다양한 관점이 공존하고 있다(이경화, 1997).

라. 수학적 확률과 통계적 확률

1) 수학적 확률

수학적 확률이란 각각의 근원사건이 일어날 가능성이 같은 어떤 실험이나 관찰에서 모든 경우의 수에 대한 사건 A가 일어날 경우의 수의 비율을 말한다. 수학적 확률을 구하려면 각각의 근원사건이 일어날 가능성이 같아야 하고 경우의 수를 구할 수 있어야 한다. 그러므로 수학적 확률을 지도하기 전에 경우의 수를 지도해야 한다. 2009 개정 교육과정에서부터 초등학교에서 확률이란 용어를 사용하지 않고 가능성이란 말을 사용하기 때문에 수학적 확률은 물론 경우의 수도 지도하지 않는다.

경우의 수란 어떤 일이 일어날 수 있는 경우의 가짓수이다. 동전을 하나 던질 때 나오는 경우의 수는 앞면과 뒷면의 2가지이며 앞면과 뒷면이 나올 가능성은 각각 같다. 주사위를 던질 때 나오는 경우의 수는 1, 2, 3, 4, 5, 6의 6가지이며 이때 각각 일어날 가능성이 같다.

주사위를 던져서 짝수가 나올 확률은 짝수가 나올 경우의 수가 2, 4, 6의 3가지이므로 이때 수학적 확률은 $\frac{3}{6}=\frac{1}{2}$이다. 수학적 확률은 실제로 행해보기 전에 확률을 구할 수 있다는 점에서 선험적 확률이라고도 한다.

2) 통계적 확률

앞면과 뒷면의 모양이 같은 동전을 던질 때와 달리 윷가락은 안면과 바깥면이 다르기 때문에 윷가락 하나를 던질 때 나오는 경우의 수는 2가지이지만 각각 일어날 가능성은 같지 않다. 그러므로 수학적 확률을 구할 수 없다. 이런 경우에는 통계적 확률을 구해야 한다.

통계적 확률은 어떤 사건이 일어난 상대도수의 극한값으로 정의된다. 실제로 무수히 많이 행할 수 없고 따라서 상대도수의 극한값을 알 수 없기 때문에 시행 횟수가 많은 경우의 상대도수를 생각한다. 동전을 던지는 경우와 같이 수학적 확률로 구할 수 있는 경우에도 통계적 확률을 구할 수 있는데 시행 횟수가 많으면 많을수록 수학적 확률에 근사하게 된다. 예를 들어 동전 2개를 던져서 앞면과 뒷면이 하나씩 나올 수학적 확률은 $\frac{1}{2}$이다. 컴퓨터 프로그램을 이용하여 시뮬레이션한 실험에서는 100번 시행했을 때 49회, 1000번 시행했을 때는 523회, 10000번 시행했을 때는 4999회가 나온 경우가 있다.

간혹 윷가락 하나를 던졌을 때 안면과 바깥면이 나올 확률이 각각 $\frac{1}{2}$이라고 하고, 도, 개, 걸, 윷, 모가 각각 나올 확률을 구하는 경우가 있는데 이는 수학적 확률을 잘못 적용한 것이다. 윷을 던지는 데에 수학적 확률을 적용할 수는 없으며 통계적 확률을 적용해야 한다. 이론적으로는 넓이를 이용하여 그 확률을 계산할 수 있다. 〈그림 9-1〉을 보자. 윷을 만든 원기둥의 밑면의 반지름이 r, 높이가 h라고 하면 안면인 직사각형의 넓이는 $2rh$이고 바깥면인 곡면의 넓이는 πrh이다. 그러므로 일어날 확률의 비는 $2rh : \pi rh = 2 : \pi$이므로 약 2 : 3이 된다. 즉, 안면이 나올 확률은 약 40%, 바깥면이 나올 확률은 약 60%이다. 윷을 만드는 방식에 따라서 넓이가 다를 수 있으니, 안면이 나올 확률을 35-45%로 보면 된다.

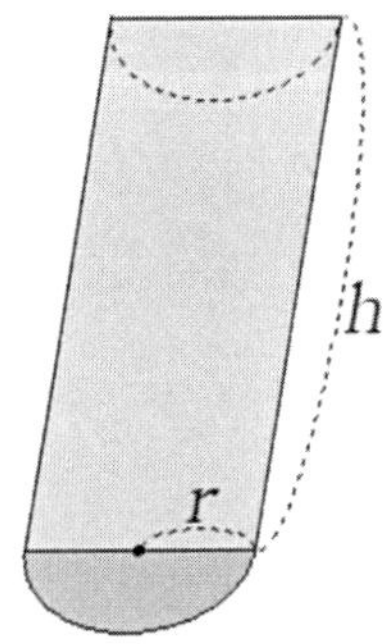

그림 9-1

마. 통계의 역사

1) 근대 통계학의 출발

17세기 통계는 독일의 국세학, 영국의 정치산술, 프랑스의 확률론에 그 뿌리를 두고 있다. 독일의 콘링(Conring, 1606-1681)은 30년 전쟁 이후 폐허화된 국가를 재건하기 위해 인구와 토지, 군사력, 세입과 세출 등의 국세(國勢)를 기술하고 사회현상을 규명하고자 하였는데, 이러한 접근이 근대 통계학의 시작이라고 할 수 있다. 통계학(statistics)이라는 용어가 국가(state)에 근원을 둔 이유이다. 영국에서는 그론트(Graunt, 1620-1674)가 1662년에 출생 및 사망에 관한 표를 만들고 여기서 인구의 추정, 출생, 사망에 관한 분석 및 통계적 규칙을 발견하였는데, 이것은 인구에 대한 최초의 과학적 연구이다.

18세기에는 천문학과 측지학에서 관찰값의 오차를 어떻게 최소화할 것인가 하는 문제를 다루면서 통계적 접근의 이론화가 시작되었다. 마이어(Mayer, 1723-1762), 오일러(Euler, 1707-1783), 라플라스(Laplace, 1749-1827), 메어(Maire, 1697-1767)와 보스코비치(Boscovitch, 1711-1787) 등이 이런 문제를 해결하려고 시도하였으며, 이러한 과정에서 통계학의 이론화의 출발점으로 간주되는 최소제곱법에 관한 이론적 방향이 확고해졌다.[43]

2) 기술통계학

1805년 르장드르(Legendre)가 오차를 최소화하기 위한 노력의 결실을 발표한 이후 19세기에는 최소제곱법이 많은 분야에 급속하게 적용되었다. 19세기는 또한 정규분포에 관한 관심이 고조되었던 시기이기도 하다.[44] 이 시기에 벨기에의 케틀레(Quetelet)가 사회과학적 자료의 통계적 분포에 주목하였다. 그는 출생과 사망에 관한 정부의 통계가 불합리한 방법에 많이 의존하고 있음을 주목하고, 평균적인 사람과 정규분포라는 주제에 몰두하였다.

19세기 중반 갈톤(Galton)은 아버지와 아들의 키를 분석하는 과정에서 상관관계에 대한 아이디어를 다루었고, 피어슨(Pearson)이 상관분석을 정교하게 이론화하였다. 갈톤은 두 변수 간에 관계가 있는지 없는지를 추측하기 위한 상관분석 외에도 한 변수의 값으로부터 다른 변수의 값을 예측하는 통계적 방법인 회귀분석도 시도하였다. 피어슨은 비정규분포에 관한 연구에 몰두하였다. 비대칭 도수분포 곡선을 두 개의 정규 곡선의 합으로 나타내는 방법은 그의 업적 중에서 가장 중요한 것이다. 대량 자료를 정리하는 방법에 주목하는 기술 통계 영역의 대부분은 피어슨이 이론화한 것이다.

기술통계학은 전수조사에 의해 얻은 통계적 자료를 가지고 집단을 기술하는 것을 목적으로 한다. 도수분포, 집단의 특성값(평균, 분산 등), 상관분석, 회귀분석 등이 기술통계학에서 다루는 내용으로, 초등학교에서 다루는 통계 내용은 대부분 기술통계학에 속한다.

3) 추측통계학

1907년에 고세트(Gosset)는 소표본으로 모집단에 대한 통계적 추론을 하는 방법을 연구하여 t-분포에 관한 결과를 발표하였다. 지금까지의 통계 분석에는 많은 자료를 필요로 하였는데 많은 자료는 정규분포를 따르기 때문이다. 그러나 적은 수의 표본은 정규분

43) 최소제곱법은 주어진 데이터와의 오차를 최소화하는 직선을 구하는 방법이다.

44) 정규분포곡선은 평균을 중심으로 좌우 대칭이다. 중앙에 사례 수가 모여 있고, 양극단으로 갈수록 x축에 무한히 접근하지만 x축에 닿지는 않는다.

포를 따른다는 보장이 없기 때문에 이에 대한 이론화는 추측통계학의 시작인 셈이다. **추측통계학**은 적은 수의 표본에서 얻어진 결과를 활용하여 모집단의 특성을 추측해 내는 통계학이다.

피셔(Fisher)는 피어슨이 완전히 해결하지 못한 문제를 완성하고, 최우추정법을 통하여 효율적인 통계량을 구하는 과정, 분산분석 등 추측통계학에 큰 업적을 남겼다. 피셔가 통계학을 귀납적으로 설명하려고 한 반면에 네이만(Neumann)은 가설 검정 이론을 발전시키고 통계적 사고의 이면에 연역적 추론이 강하게 들어 있음에 주목하여 통계학 발전에 큰 기여를 하였다(이경화, 1997).

참고사항　나이팅게일과 로즈 다이어그램

현대 간호학의 창시자인 나이팅게일(Nightingale, 1820-1910)은 뛰어난 통계학자이자 영국 왕립통계학회 최초의 여성 회원이다. 그녀는 군의료 체계를 개혁하기 위하여 방대한 양의 자료를 시각화하여 보고서를 작성하였다.

그녀는 대부분 자료를 숫자를 포함하는 도표 형식으로 정리하였는데, 특히 〈영국군대의 건강, 효율, 병원 행정에 영향을 미치는 요소에 관한 노트〉에서는 로즈 다이어그램으로 불리는 장미를 닮은 다이어그램이 등장한다. 로즈 다이어그램은 〈그림 9-2〉와 같이 원을 30°씩 12등분하여 12개의 부채꼴로 월별 사망자 수를 표시하였다. 각각의 부채꼴에는 부상에 의한 사망(빨간색), 기타 원인에 의한 사망(검은색), 전염병에 의한 사망(파란색)과 같이 사망 원인을 색깔로, 사망자 수는 부채꼴의 길이로 나타내었다(나동혁, 2019, 252-3쪽).

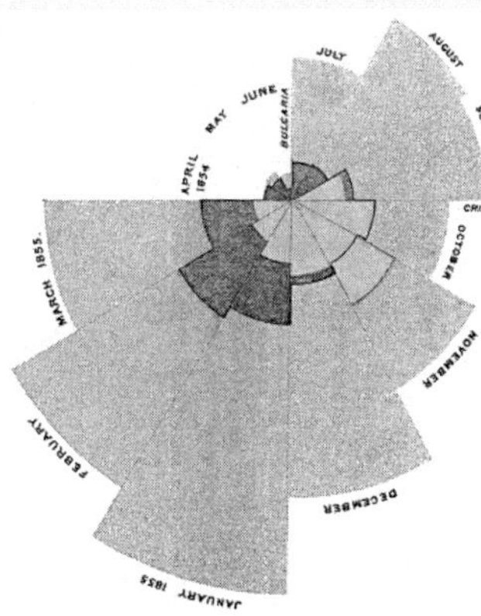

그림 9-2 로즈 다이어그램

로즈 다이어그램은 자료를 시각화한 최초의 그래프로 평가된다.

바. 통계적 탐구 절차

통계적인 탐구 절차는 문제 인식, 문제를 해결하기 위한 자료 수집, 자료의 분석, 분석 결과의 해석, 문제의 해결 순으로 진행된다.[45]

45) GAISE 보고서는 통계적 문제의 해결 과정을 문제 설정, 자료 수집, 자료 분석, 결과 해석의 4단계로 제시하고 있다(Franklin, C., et al. 2007, p.11). 강홍재 외(2018)는 통계의 과정을 목적 확인, 자료 수집, 분류·정리, 해석, 판단의 단계로 구분하며, 강현영 외(2019, 111-3쪽)는 통계적 문제해결 과정을 문제 설정, 자료 수집, 자료 분석, 결과 해석의 단계로 구분한다.

1) 문제 인식

문제로부터 탐구가 시작된다. 통계적 탐구에서의 문제는 결정론적인 문제가 아니라 통계적인 문제이다. 아동들이 관심을 가질 수 있는 문제, 그중에서도 교실이나 주변에서 자료 수집이 가능한 다음과 같은 통계적 문제를 인식하게 해야 한다. 그러나 사행심을 조장하는 문제나 차별적 인식이 들어갈 수 있는 문제는 피하도록 한다.

- 우리나라 어린이들이 어른이 되어서 하고 싶은 직업은 무엇일까?
- 우리 반 학생들이 어느 달에 가장 많이 태어났을까?
- 우리 친구들이 요즘 가장 많이 보고 있는 TV 드라마는 무엇일까?
- 우리 반 친구들은 어떤 운동을 좋아할까?
- 우리 반 친구들은 어떤 체험 활동을 하고 싶어 할까?

이런 문제들은 자료를 수집해서 경향을 분석해야 하는 통계적인 문제이다. 이런 문제로부터 자연스럽게 자료 수집의 필요성이 나타난다.

2) 자료 수집

통계적인 문제를 해결하기 위해 자료를 수집할 방법을 생각한다. 어떤 자료를 수집할 것인지, 자료 수집 대상이 누구인지, 언제, 어디서, 어떤 방법으로 수집할 것인지를 정하고 정해진 방법에 따라 자료를 수집한다.

초등학교 수준에서 자료를 수집할 때는 모집단 전체를 대상으로 하지만, 가끔 표본을 추출해야 하는 상황도 있을 수 있다. 이런 경우에는 무작위로 표본을 추출해야 하지만 초등학교 수준에서는 무작위 추출을 강조할 필요는 없다.

자료를 수집할 때는 타당성과 신뢰성이 있는지를 유의해야 한다. **타당성**은 목적(문제의 해결)에 비추어 알맞은 자료인가 하는 것이며 **신뢰성**은 조사 방법이 정확한가 하는 것이다.

3) 자료의 분석

문제를 해결하기 위해서는 수집한 자료를 적절히 분류하고 정리하면서 자료를 분석해야 한다.

분류는 어떤 기준에 의해서 자료를 분할하는 것이다. 예를 들어 색깔별로, 장소별로, 종류별로, 크기별로 구분하여 분할하는 것이 분류이다. 분류의 기준에는 나라, 직업, 과목과 같이 질적인 것과 나이, 키, 개수와 같은 양적인 것이 있다.

분류한 자료를 표나 그래프로 나타내거나 평균 등을 산출하여 알기 쉽게 만드는 것을 **정리**라고 한다. 표에는 여러 가지 종류가 있으며, 그래프도 그림그래프, 막대그래프, 꺾은선그래프, 비율그래프 등이 있다. 자료의 전체적인 경향을 알아보기 위하여 평균이나 중앙값, 최빈값을 구하고 분산 또는 표준편차를 구하기도 한다. 초등학교에서는 중앙값, 최빈값, 분산, 표준편차는 다루지 않는다. 한때 그래프의 하나로서 줄기와 잎 그림을 초등학교에서도 지도하기도 하였으나 지금은 중학교에서만 지도한다.

분류하고 정리할 때는 자료가 누락되거나 중복되지 않도록 주의해야 한다.

초등학교의 통계 영역에서 비중이 가장 큰 부분이 자료를 표나 그래프로 나타내고 평균을 구하는 내용이다. 이 부분은 이하에서 따로 설명한다.

4) 분석 결과의 해석

자료가 정리된 표나 그래프를 보고 이 표나 그래프가 무엇을 나타내는지, 그 의미가 무엇인지를 명확히 해석하고, 표나 그래프를 통해서 무엇을 알 수 있는지를 파악해야 한다.

먼저 표나 그래프의 제목을 확인한다. 제목은 표나 그래프가 무엇을 나타내기 위한 것인지를 가장 잘 드러내는 정보이기 때문에 반드시 가장 먼저 확인해야 한다.

이어서 표에서는 각 항목 또는 구간의 정보를 파악하고 항목이나 구간의 도수를 확인한다. 그림그래프의 경우 단위를 나타내는 그림이 무엇을 의미하는지 그 크기가 얼마인지를 확인한다. 그리고 각각의 항목이나 지역의 도수를 확인한다.

막대그래프나 꺾은선그래프의 경우에는 가로와 세로의 눈금 하나가 얼마를 나타내는지 그 크기를 확인한다. 이어서 가로의 항목이나 연속량이 무엇인지 확인한 다음 각 항목이나 구간의 도수를 확인한다.

원그래프나 띠그래프의 경우에도 각 항목별 비율을 확인한다. 비율그래프의 경우에는 비율로 나타내기 때문에 전체 도수에 대한 정보가 주어질 수도 있으므로 이런 경우 전체 도수가 얼마인지도 확인해야 한다.

5) 문제의 해결

지금까지 진행한 통계적 활동에 근거하여 이제 자료를 수집하게 된 최초의 문제로 돌아가서 문제를 해결하게 된다. 그래프나 평균 그 자체로 우리가 탐구했던 문제를 간단히 해결할 수 있는 경우도 있으나 이를 바탕으로 하여 우리가 얻지 못한 자료를 추정해서 문제를 해결해야 하는 경우도 있다.

분석 결과를 해석하면서 자연스럽게 최초의 문제를 해결할 수도 있기 때문에 이 단계는 해석 단계와 통합될 수도 있다. 그러나 문제의 인식이 통계적 탐구의 중요한 출발점이 된다는 점에서 문제의 해결 단계를 강조하는 것도 의미가 있다.

2 통계 지도

1-2학년군에서는 주변에 있는 사물들을 기준에 따라 분류하여 개수를 세어보고, 분류한 자료를 표로, 그리고 ○, ×, / 등을 이용하여 그래프로 나타내고, 표와 그래프의 편리한 점을 알게 한다. 3-4학년군에서는 자료를 수집, 분류, 정리, 해석하게 한다. 즉, 간단한 그림그래프나 막대그래프, 꺾은선그래프로 나타낼 수 있게 하고, 자료의 특성에 맞는 그래프를 선택하여 나타내고 그래프를 해석할 수 있게 한다. 5-6학년군에서는 자료를 띠그래프와 원그래프로 나타내며, 자료를 수집, 분류, 정리하여 목적에 맞는 그래프를 그리고, 그래프를 해석할 수 있게 한다. 또한 평균의 의미를 알고 평균을 구할 수 있게 한다. 또한 평균이 집단의 자료를 대표하는 값임을 이해하게 하고 있다.

표 9-1 통계 내용 체계(교육부, 2022)

핵심 아이디어	• 자료를 수집, 정리, 해석하는 통계는 자료의 특징을 파악하고 두 집단을 비교하며 자료의 관계를 탐구하는 데 활용된다. • 자료를 이용하여 통계적 문제해결 과정을 실천하고 생활 속의 가능성을 탐구하는 것은 미래를 예측하고 합리적인 의사 결정을 하는 데 기반이 된다.		
범주 \ 구분	내용 요소		
	초등학교		
	1~2학년	3~4학년	5~6학년
지식·이해	• 자료의 분류 • 표 • ○, ×, ／를 이용한 그래프	• 그림그래프 • 막대그래프 • 꺾은선그래프	• 평균 • 띠그래프, 원그래프
과정·기능	• 자료를 기준에 따라 분류하고 설명하기 • 탐구 문제를 설정하고 그에 맞는 자료를 수집하기 • 자료를 표나 그래프로 나타내고 해석하기 • 자료의 평균을 구하고 해석하기 • 자료를 수집하고 정리하여 문제해결하기		
가치·태도	• 표와 그래프의 편리함 인식 • 평균의 유용성 인식 • 자료를 이용한 통계적 문제해결 과정의 가치 인식 • 자료와 가능성 관련 문제해결에서 비판적으로 사고하는 태도		

가. 여러 가지 통계 그래프

1) 자료의 분류와 표

자료를 타당하고 신뢰성 있게 수집하였더라도 수집한 자료 그 자체만으로는 통계적 문제를 해결하기 어렵다. 목적에 맞게 자료를 분류하여야 한다. 자료를 분류할 때는 문제 해결에 적합하게 분류 기준을 잡아야 한다. 자료가 기준에 해당하는지 해당하지 않는지를 판단할 수 있도록, 기준은 간단하고 명확해야 한다. 기준을 정하고 기준에 따라 분류하고 정리하는 내용은 〈그림 9-3〉과 같이 2학년 1학기에서 지도된다.

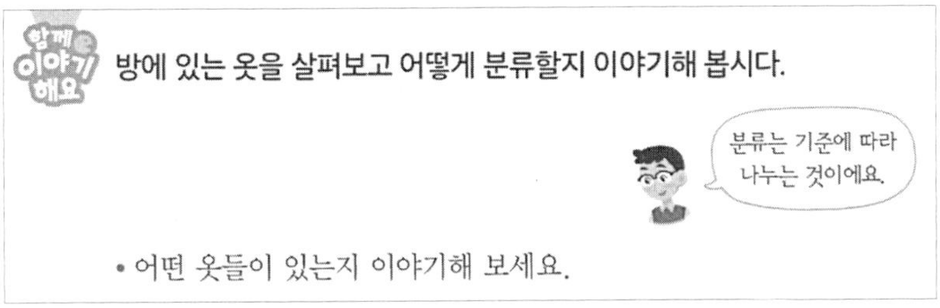

그림 9-3 분류하기(교육부, 2024c, 120쪽)

2학년 2학기 교과서에서는 반 학생들이 2학년 때 즐거워했던 활동이 무엇인지를 알아보기 위해 〈그림 9-4〉와 같이 자료를 조사하였다. 이때 분류 기준은 '2학년 때 가장 즐거워했던 활동'이다.

그림 9-4 자료 조사 및 수집(교육부, 2024e, 110쪽)

자료를 조사하기 전에 어떤 방법으로 자료를 조사할 것인지를 생각해 보게 할 필요가 있다. 〈그림 9-5〉는 여러 가지 조사 방법을 보여준다. 스티커를 붙이거나 설문지나 인터뷰 등 다양한 방법이 있지만 문제를 해결하는 데 적합하고 조사 대상자의 수준에 맞는 방법을 선택하여야 한다.

그림 9-5 자료 조사 방법(교육부, 2024e, 112쪽)

이 자료를 분류하여 표를 만들면 다음 〈표 9-2〉와 같다. 표를 만들 때는 표를 작성하는 목적에 맞게 제목을 정하고, 활동 종류, 학생 수와 같이 표의 행과 열이 무엇을 의미하는지의 성격을 정한다. 보통 제목은 '○○○별 □□□ 수'라고 하고, 표의 윗줄은 '○○○', 아랫줄은 '□□□ 수'로 정하는 것이 편리하다. 합계 항목을 반드시 만들어야 하는 것은 아니지만 만드는 것이 도움이 될 때가 많다. 활동의 종류를 어떤 순서로 정할 것인가와 같이 항목의 순서를 결정해야 하는 경우도 있다. 도수가 가장 큰 순서대로 항목을 정리하는 것도 한 가지 방법이다. 도수가 1이거나 다른 항목에 비해 지나치게 적은 항목이 여럿 나올 수도 있다. 이런 경우는 이러한 항목을 모두 모아서 '기타'로 정리할 수도 있다. 가급적 기타 항목의 도수는 다른 항목의 도수보다 많지 않도록 하는 것이 좋다.

표 9-2 2학년 때 즐거웠던 활동별 학생 수

활동	현장 체험학습	안전체험	놀이 한마당	신나는 무용	텃밭 가꾸기	합계
학생 수(명)	4	5	6	7	2	24

이와 같이 표를 만들면 우리 반이 즐거워했던 활동의 종류가 몇 가지인지, 어떤 활동을

가장 많이 즐거워했는지를 쉽게 파악할 수 있는 장점이 있다. 반면에 누가 어떤 활동을 즐거워했는지는 알 수가 없다. 이 정보는 원래 자료에 존재한다. 이처럼 표가 가지는 장점이 있고 표로 만들면서 사라지는 정보들도 있음을 알 필요가 있다.

2) ○, ×, /를 이용한 그래프

표는 항목별 수로 나타내어진다. 표를 보면 어느 항목이 가장 많고 어느 항목이 가장 적은지 그리고 몇 개의 항목이 있는지를 어렵지 않게 확인할 수 있다. 그러나 이를 그래프로 나타내면 시각적으로 이러한 사실들을 확인할 수 있기 때문에 표를 보는 것보다 심적 부담이 적다.

아동들에게 그래프를 처음 도입할 때는 〈그림 9-6〉의 왼쪽과 같이 '좋아요' 스티커를 붙이는 방법을 사용할 수 있다. 스티커가 붙어 있는 것을 보면 어느 쪽이 많은지를 알 수는 있으나 경우에 따라서 정확하게 파악하기 어려울 수도 있다. 그래서 스티커를 한 줄로 정렬하여 붙이고, 이어서 스티커를 추상화하여 ○나 ×, /를 이용하여 나타내게 한다.

이러한 그래프는 표를 보고 그 도수만큼 ○ 기호를 그리면서 만들 수 있으나 표를 만들지 않고서도 자료를 보고 직접 그릴 수 있다는 점에서 간단하면서도 시각적 효과가 있다. 여기서 ○의 수만큼 막대를 그려 넣으면 곧바로 막대그래프가 될 수 있다.

○나 × 등을 이용하여 〈그림 9-6〉의 오른쪽과 같은 그래프로 나타내는 것은 2학년 2학기에서 지도한다.

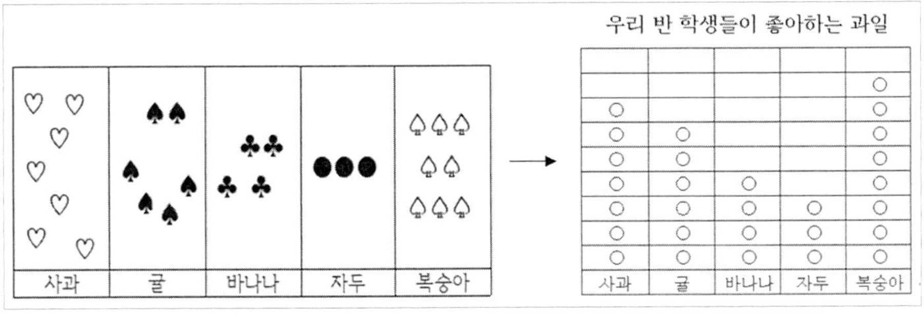

그림 9-6 '좋아요' 그림과 ○을 사용한 그래프

3) 그림그래프

그림그래프에서는 〈그림 9-7〉에서와 같이 그림의 크기와 개수로 자료의 도수를 나타낸다. 그림을 이용한 그래프는 수나 식에 대한 이해 없이도 그림을 보고 직관적으로 해석할 수 있다는 점에서 교육 수준이 낮은 경우에 그림그래프를 많이 이용할 수 있다. 그 외에

도 그림으로 나타내면 보는 사람들의 흥미를 유발할 수도 있고 그림의 형태에서 창의적인 그래프를 그릴 수도 있다.

그림그래프에서는 그림의 크기(길이나 넓이)로 단위를 비례적으로 구별하고 그림의 개수로 자료의 도수를 나타낸다. 그렇기 때문에 자료의 양을 정확하게 표현하지는 못하는 단점이 있다.

그림그래프는 크게 두 가지 형태가 있다. 2015 개정 교과서에서는 3학년에서 〈그림 9-7〉의 왼쪽과 같이 1차원 그림그래프를, 6학년에서는 〈그림 9-7〉의 오른쪽과 같이 2차원 그림그래프를 지도하였으나, 2022 개정 교육과정에서는 3-4학년군에서만 그림그래프를 다루도록 하고 있기 때문에 2차원 그림그래프도 3-4학년에서 함께 간단하게 다루는 게 좋을 것이다.

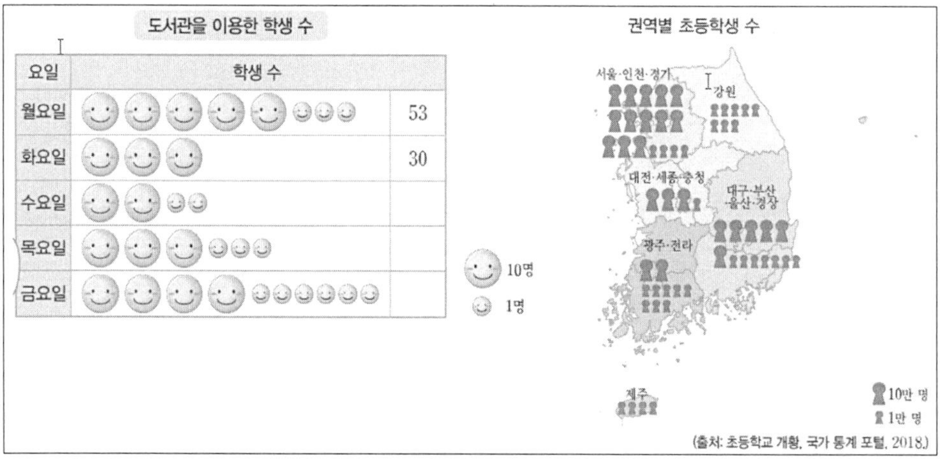

그림 9-7 두 종류의 그림그래프(교육부, 2018a, 130쪽; 2019b, 94쪽)

그림그래프를 그릴 때는 단위를 나타내는 그림은 2개가 적당하다. 3개일 수도 있으나 그 이상이면 그림을 보고 해석하는 데 불편할 수가 있다. 또한 단위 그림의 수가 각 항목별로 너무 많으면 그림 수를 세는 데 불편하기 때문에 단위의 크기를 적절히 잡아야 하되 10의 거듭제곱이 되도록 하는 것이 좋다. 예를 들어 단위 그림 하나가 3천 명을 의미하기보다는 1천 명 또는 1만 명을 의미하도록 한다.

〈그림 9-7〉의 왼쪽 그림그래프에서 금요일의 학생 수가 월요일의 학생 수보다 더 많다고 해석하는 아동이 있을 수 있으므로 그림의 단위를 먼저 확인해보도록 지도할 필요가 있다.

4) 막대그래프

막대그래프는 〈그림 9-8〉과 같이 수량을 막대의 길이로 나타내는 그래프로서, 자료가 국어, 수학과 같이 항목이거나 사람 수와 같이 이산량일 때 많이 사용된다. 자료의 수량은 막대의 길이와 비례한다. 막대는 보통 세로로 그리지만 가로로 그릴 때도 있다. 막대그래프는 여러 항목의 도수를 전체적으로 한눈에 쉽게 비교할 수 있는 장점이 있다.

막대그래프와 비슷한 것으로서 히스토그램이 있다. 히스토그램은 자료가 연속량일 때 사용하는 것으로서 막대그래프의 막대는 서로 분리되어 있지만 히스토그램에서는 막대가 서로 붙어 있다는 차이가 있다.

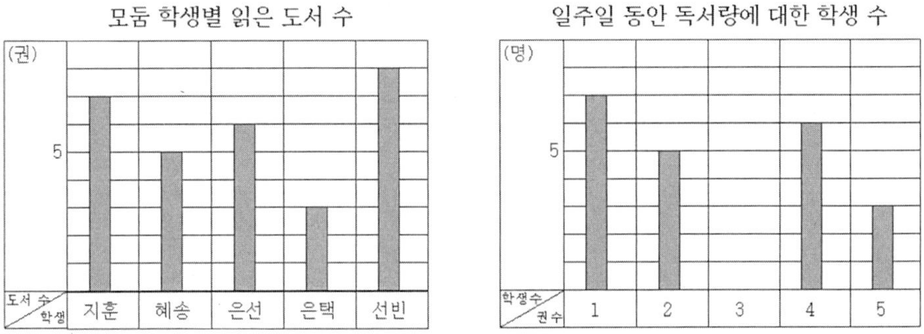

그림 9-8 막대그래프

막대그래프는 4학년 1학기에서 지도하는데, 막대그래프를 그리는 순서는 다음과 같다.

① 항목 또는 이산량을 가로와 세로 어느 쪽에 나타낼 것인지를 정한다. 보통 항목이나 이산량을 가로로 배치하지만, 그래프를 나타낼 지면의 공간에 따라 혹은 디자인에 따라 세로로 배치할 수도 있다.

② 항목의 순서를 정한다. 항목의 순서는 그래프를 그리는 사람의 관점에 따라 정해진다. 도수가 많은 순서대로 그릴 수도 있고 항목의 관계에 맞춰 다른 순서로 그릴 수도 있다.

③ 눈금 한 칸의 크기를 정한다. 가장 큰 도수를 살펴서 눈금의 수가 그래프를 나타낼 지면의 공간에 나타날 수 있도록 적절히 정한다. 눈금 한 칸의 크기가 작으면 눈금의 수가 많아지므로 눈금 수가 너무 많아지거나 너무 적어지지 않게 정해야 한다. 또한 조사한 자료가 눈금에 맞지 않게 되는 사례가 너무 많아도 좋지 않다. 이때 한 눈금의 크기가 얼마인지를 알 수 있는 단서를 적는다. 〈그림 9-8〉에서는 그래프의 왼쪽 세로에 있는 5라는 숫자가 눈금의 크기에 대한 단서이다.

④ 조사한 빈도에 맞게 막대를 그린다. 막대는 너무 가늘지 않게 그리고, 막대가 서로 붙어 있지 않도록 그린다.

⑤ 마지막으로 그래프에 알맞은 제목을 간단하게 붙인다.

5) 꺾은선그래프

꺾은선그래프는 시간의 경과에 따른 변화를 나타낼 때 유용하다. **꺾은선그래프**는 시간에 따른 수량을 점으로 나타내고 그 점을 선분으로 이어 그린 그래프이다. 꺾은선그래프는 가로에 시각, 월, 연도 등 시간의 흐름을 나타내며 세로에는 시간에 따라 조사한 여러 가지 양, 즉 키, 기온, 강수량 등의 연속량이나 출생 인구수, 황사 발생 일수 등의 이산량을 나타낸다.

꺾은선그래프로 나타내면 시간의 경과에 따른 변화를 한눈에 파악할 수 있으며, 변화가 심한 구간을 알 수 있고, 조사하지 않은 중간 시기의 값을 추정할 수 있다.

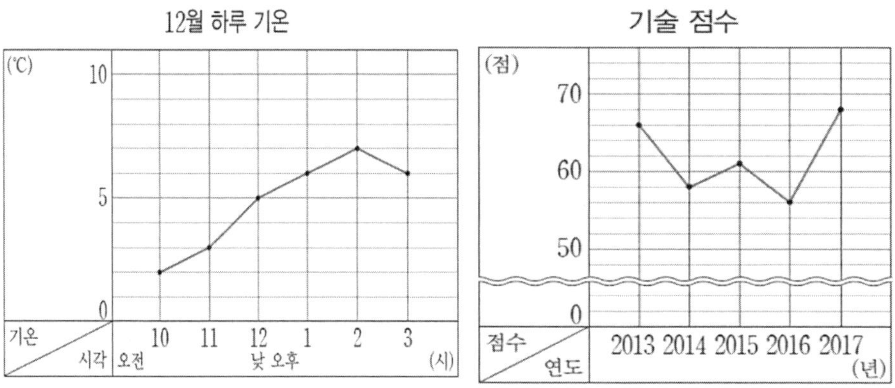

그림 9-9 꺾은선그래프

〈그림 9-9〉의 왼쪽 꺾은선그래프를 보고 예를 들어 11시 30분의 기온이 몇 도인지를 추정할 수 있다. 이웃한 점을 선분으로 연결하였기 때문에 이 사이의 변화는 일정하다는 가정이 전제되어 있다. 그러므로 11시 30분의 기온은 정확한 값은 아니며 대략적인 기온의 추정치이다.

꺾은선그래프를 보고 조사하지 않은, 미래의 변화를 예측할 수 있다고 하지만 이는 매우 조심스럽게 접근해야 할 문제이다. 미래를 예측하는 것은 우리가 경험적으로 알고 있거나 혹은 증가 또는 감소에 관한 이론적 근거가 있기 때문에 가능한 것이며, 꺾은선그래프의 경향만을 보고 판단할 문제는 아닌 것이다. 예를 들어 하루의 기온을 측정할 때 오후 2시까지만 측정한 자료를 가지고 꺾은선그래프를 그려서 추정한다면 3시 이후에도 계속 기온이 상승한다고 잘못된 예측을 할 수 있다.

시간의 경과에 따른 경우에도 막대그래프로 나타낼 수 있으나 막대그래프로는 중간의 값을 추정할 수 없다.

꺾은선그래프는 4학년 2학기에서 지도하는데, 꺾은선그래프를 그리는 순서는 다음과 같다.

① 가로에는 시간의 흐름을 나타낸다. 시간은 발생 순서대로 기록하되, 가로의 길이는 시간 간격에 비례하도록 정한다.

② 세로로 눈금 한 칸의 크기를 정한다. 조사한 양 중에서 가장 큰 값이 나타날 수 있도록 적절히 눈금 수를 정한다. 가장 작은 값이 그래프의 일정한 위치 위에 자리하여 그 밑에 불필요한 공간이 많을 때는 〈그림 9-9〉의 오른쪽 그래프처럼 물결선을 이용하여 중간을 생략할 수 있다. 물결선을 이용하거나 혹은 눈금의 크기를 크게 하면 시각적으로 변화가 큰 것처럼 보일 수 있어서 그래프를 잘못 해석할 가능성도 있기 때문에 눈금의 크기를 유의해서 살펴봐야 한다.

③ 해당하는 위치에 점을 찍고, 이웃한 점들을 선분으로 연결한다.

④ 마지막으로 그래프에 알맞은 제목을 간단하게 붙인다.

6) 비율그래프

지금까지의 그래프는 자료의 도수나 값을 그대로 나타내었다. 막대그래프나 꺾은선그래프에서 도수 대신 상대도수, 즉 비율로 나타낼 수도 있다. 그러나 비율을 나타내는 특화된 그래프가 있는데 그러한 그래프를 비율그래프라고 한다. **비율그래프**는 일반적으로 전체를 100%로 보고 각 항목이 차지하는 비율만큼 띠나 원, 사각형에 나타내는 그래프이다. 비율그래프는 6학년 1학기에서 지도한다.

가) 띠그래프

띠그래프는 직사각형 모양의 얇고 긴 띠에 각 항목의 양이 차지하는 비율만큼 띠의 길이의 비율을 배정한 그래프이다. 각 항목별 배열은 그래프를 그리는 사람의 의도에 따라 달라지겠지만 보통은 항목 배열의 순서가 어떤 의미가 있을 때는 그 순서에 따라 나타내고 그렇지 않을 때는 비율이 높은 순서대로 나타낸다.

띠그래프를 그리는 순서는 다음과 같다.

① 각 항목의 백분율을 구한다.

② 띠의 전체 길이를 정하고 각 항목의 비율에 맞게 그 길이를 배분한다.

③ 나눈 띠 안에 각 항목의 명칭을 적는다. 항목의 길이로 그 비율을 알 수 있지만 가독성을 높이기 위해 항목의 백분율을 함께 적는 것이 좋다.

④ 마지막으로 띠그래프의 제목을 적는다.

띠그래프는 각 항목이 차지하는 비율의 크기를 시각적으로 쉽게 알아볼 수 있다는 장점이 있다. 그러나 항목의 비율에 맞는 띠의 길이를 구하는 것이 쉽지 않기 때문에 교과서에서는 다음 〈그림 9-10〉과 같이 띠 위에 20등분한 눈금자를 추가하여 띠의 길이를 구하기 쉽게 하고 있다. 20등분하면 한 눈금이 5%를 의미하게 된다. 문제에 따라서 100등분한 눈금자를 제공할 수도 있다.

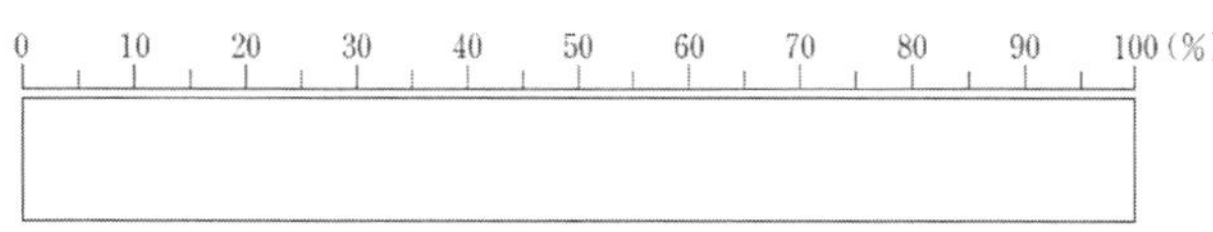

그림 9-10 백지 띠그래프

비율그래프, 특히 그중에서도 띠그래프를 이용하는 이유는 전체 도수가 다른 두 자료를 비교할 때 유용하기 때문이다. 〈그림 9-11〉의 비율그래프를 보자. 이 그래프에는 2012년 자원봉사자 수와 2017년 자원봉사자 수에 대한 정보는 없다. 만약 이 두 해의 자원봉사자 수가 같다면 막대그래프로도 비교가 수월할 수 있다. 그러나 전체 자원봉사자 수가 다르다면 단순히 도수로 나타낸 표나 막대그래프로는 비교하기 쉽지 않다. 그러나 비율그래프로 나타내면 2012년에 비해 2017년에는 '생활편의'와 '안전방범'에 대한 자원봉사자 비율이 줄어들었고 '문화행사'나 '환경보호' 등에 대한 자원봉사자의 비율이 높아졌다고 해석할 수 있게 된다. 다만 이 그래프에서 '기타'의 비율이 너무 높아서 기타 항목을 좀 더 세분하고 구체화할 필요는 있다.

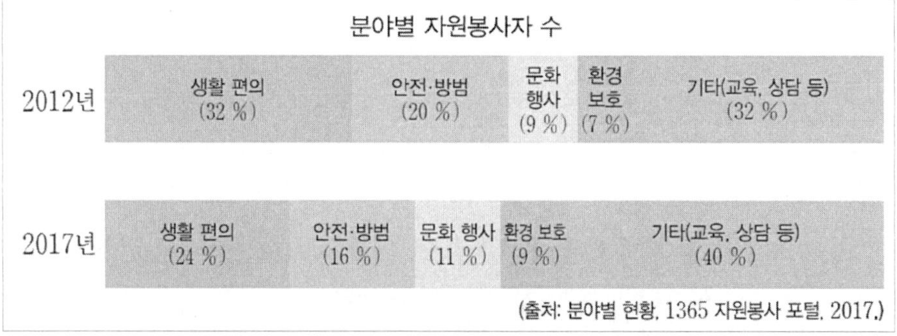

그림 9-11 띠그래프의 비교(교육부, 2019b, 104쪽)

나) 원그래프

원그래프는 전체를 원으로 하여 각 항목의 양이 차지하는 비율만큼 원의 중심각으로 나타낸 그래프이다. 띠그래프에서와 마찬가지로 각 항목별 배열은 그래프를 그리는 사람의 의도에 따라 달라지겠지만 보통은 항목 배열의 순서가 어떤 의미가 있을 때는 그 순서에 따라 나타내고 그렇지 않을 때는 비율이 높은 순서대로 나타낸다.

원그래프를 그리는 순서는 다음과 같다.

① 각 항목의 백분율을 구한다.

② 각 항목의 비율에 맞게 원의 중심각을 구하여 원을 분할한다. 아동들이 아직은 중심각의 개념을 알지 못하기 때문에 원주를 각 비율만큼 분할하여 원의 중심을 잇도록 지도한다.

③ 나눈 원의 부채꼴 안에 각 항목의 명칭을 적고, 항목의 백분율도 함께 적는다.

④ 마지막으로 원그래프의 제목을 적는다.

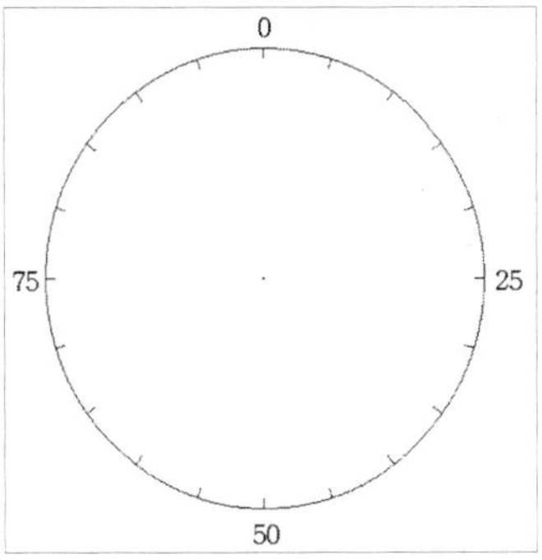

그림 9-12 백지 원그래프

원그래프는 각 항목이 차지하는 비율을 시각적으로 쉽게 알아볼 수 있으며 보기도 좋다. 그러나 원그래프를 그리려면 중심각의 크기를 구해야 하는데 이것은 띠그래프에서 항목별 길이를 구하는 것보다 더 어렵다. 그래서 초등학교 수준에서는 〈그림 9-12〉와 같이 원주 위에 20등분 표시를 하여 원그래프를 보다 쉽게 그릴 수 있도록 배려하고 있다. 즉, 중심각의 크기를 구하지 않고 비율만으로 원그래프를 그릴 수 있도록 하였다. 문제에 따라서 원주 위에 100등분 표시를 할 수도 있다.

다) 사각형그래프

비율을 나타내는 그래프로는 사각형그래프도 있다. 사각형그래프는 전체에 대한 각 부분의 비율을 사각형의 넓이로 나타내는 것인데, 6차 교육과정의 6학년 1학기 교과서에서 〈그림 9-13〉과 같이 다룬 적이 있으나 그 후로는 다루지 않는다.

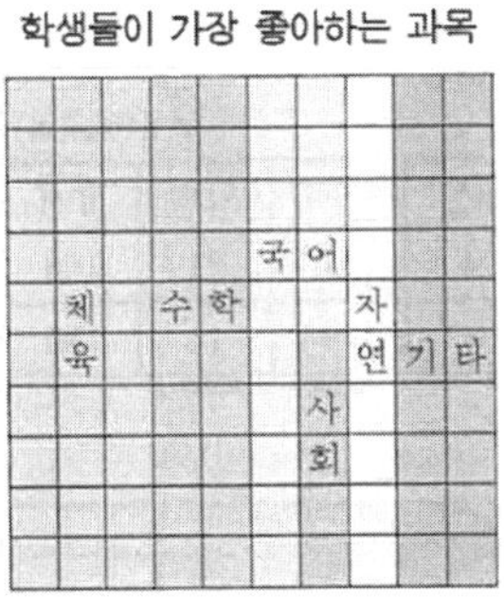

그림 9-13 사각형그래프

참고사항 백분율의 합은 항상 100이 되는가?

자료를 수집하여 비율그래프로 나타낼 때 백분율을 구하고, 백분율의 합이 100이 되는지를 확인해야 한다. 실제로 자료를 수집하여 비율을 구하게 되면 비율이 무한소수가 되는 경우도 흔하다. 그러므로 비율을 어림하게 되는데, 초등학교 수준에서 비율그래프를 그리기 위해서는 반올림하여 일의 자리까지 나타내게 된다. 이 경우 백분율의 합은 100보다 작거나 클 수 있다. 〈그림 9-14〉의 경우 백분율의 합은 99이다.

다음은 우리나라 권역별 산불 발생 건수를 조사하여 나타낸 지도입니다. 지도를 보고 표를 완성하고, 띠그래프와 원그래프로 나타내어 봅시다.

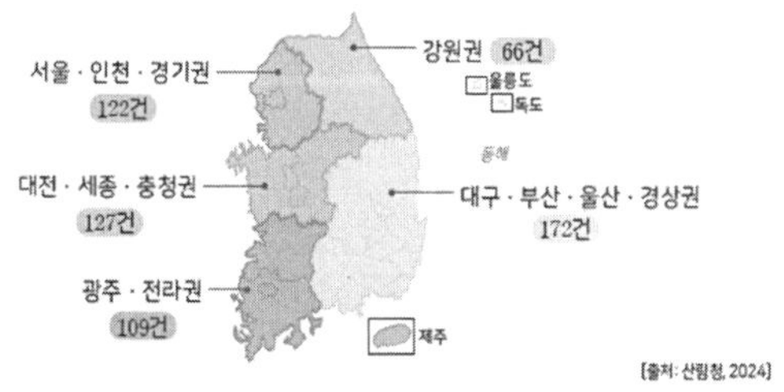

우리나라 권역별 산불 발생 건수

지역	강원권	광주·전라권	대구·부산·울산·경상권	대전·세종·충청권	서울·인천·경기권	합계
발생 건수(회)	66	109	172	127	122	
백분율(%)						

그림 9-14 백분율과 그 합 구하기

이런 경우에 어떻게 해야 하는지의 원칙은 없다. 반올림하면서 생기게 되는 오차의 문제이므로, 저자의 입장에서는 다음과 같이 제안하고 싶다. 즉, 합이 100보다 작은 경우에는 반올림하면서 버려진 것 중에서 가장 큰 부분을 올려주고, 합이 100보다 큰 경우에는 반올림하면서 올려진 것 중에서 가장 작은 부분을 버려서 100으로 맞춘다.

7) 여러 가지 그래프의 특징

각각의 그래프는 자료의 특성이나 그래프를 만드는 사람의 의도에 따라 적절히 선택될 수 있지만 각 그래프가 가지고 있는 특징이 있다. 그러므로 그 특징을 잘 파악해 두면 자료의 특성에 적합한 그래프를 선정하고 그리는 데 도움이 될 수 있다.

표 9-3 여러 가지 그래프의 특징

종류	특징
그림그래프	• 시각적 효과가 크다. • 숫자에 대한 부담이 없다. • 지리적 또는 항목별 특성을 반영하는 것이 가능하다. • 시각적 오류를 범하기 쉽다. • 단위로 사용되는 그림에 대한 이해가 필요하다. • 정확성이 떨어질 수 있다.
막대그래프	• 일상생활에서 자주 볼 수 있다. • 항목 또는 이산적인 자료에 활용된다. • 시각적으로 비교가 쉽다.

종류	특징
꺾은선그래프	• 일상생활에서 자주 볼 수 있다. • 시간에 따른 변화를 보는 데 효율적이다. • 조사하지 않은 중간의 값을 추정할 수 있다. • 좌표에 대한 선수학습 역할을 할 수 있다. • 눈금의 크기가 다르면 변화에 대해 오류를 범할 수 있다.
띠그래프	• 항목의 비율을 시각적으로 파악하기 쉽다. • 집단의 수가 다른 여러 집단을 비교하는 데 효과적이다. • 비율이 적은 항목을 그리기가 쉽지 않다. • 그래프를 그리기가 쉽지 않다.
원그래프	• 항목의 비율을 시각적으로 파악하기 쉽다. • 비율이 적은 항목을 그리기가 쉽지는 않지만, 띠그래프보다는 그리기 쉽다. • 그래프를 그리기가 쉽지 않다.

나. 대푯값과 평균

통계 집단에는 많은 자료가 있으며 그런 자료들을 대표하여 어떤 하나의 값을 사용할 수 있는데 그런 값을 **대푯값**이라고 한다. 대푯값으로 사용할 수 있는 수는 여러 가지가 있지만, 평균, 중앙값, 최빈값을 일반적으로 사용하며, 그중 가장 많이 사용하는 것은 평균이다. 우리나라에서는 평균을 지도하고 중앙값이나 최빈값을 다루지 않고 있지만 실생활에서는 중앙값과 최빈값도 의미 있는 대푯값이다.

2022 개정 교육과정에서는 "평균은 집단의 자료를 대표하는 값임을 이해하고"와 같이 평균이 자료의 대푯값임을 지도하도록 하는 내용이 처음으로 추가되었다. 그러나 이미 2009 개정 교과서와 2015 개정의 국정 교과서에서도 평균이 대푯값임을 드러내고 있다. 다만 2022 개정 교육과정에서는 이를 명문화하였기 때문에 '평균이 대푯값'임을 명시적으로 지도해야 한다.

1) 평균의 의미

평균에도 산술평균, 기하평균, 조화평균 등 여러 가지가 있으나 평균이라고 하면 보통 산술평균을 말한다.

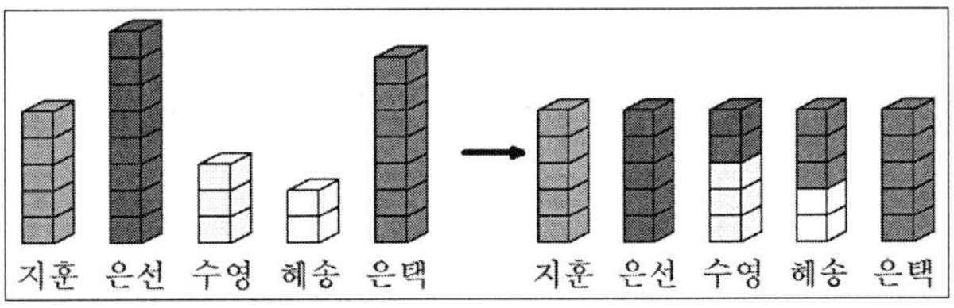

그림 9-15 수준이 같은 의미로서의 평균

산술평균은 여러 의미를 가지고 있다. 우선 '수준이 같다' 또는 '고르다'는 의미이다. 〈그림 9-15〉에서 보는 것처럼 다섯 사람의 수준이 다르지만 수준이 높은 경우를 낮은 곳으로 옮겨서 수준을 같게 만들면(이것은 '고르게' 나누어 가진다는 의미가 된다) 이 수준이 평균이 되는 것이다.

평균은 균형점의 의미를 가지기도 하다. 〈그림 9-16〉에서 받침대를 어디에 두면 균형을 이룰 것인가 하는 지점이 평균인데, 이 경우에는 7 지점이 해당된다.

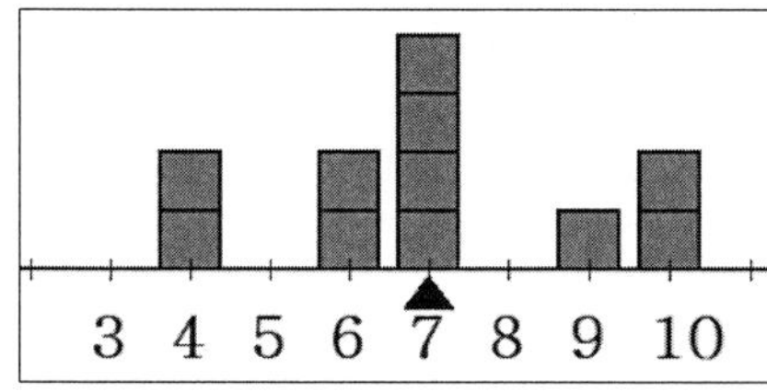

그림 9-16 균형점의 의미로서의 평균

두 수의 경우에는 이를 수직선 위에 나타냈을 때 두 수 사이의 중간 위치가 평균이기도 하다.

평균은 이와 같이 여러 의미를 가지고 있지만 어느 경우든 평균을 구할 때는 자룟값의 총합을 구한 후 자료의 개수로 나누면 된다. 평균을 구하기 위해서 〈그림 9-17〉과 같이 고르게 해 보는 활동에서 (평균)=(자룟값의 합)÷(자료 수)와 같은 계산으로 이행하기 위해서는, 많은 교과서에서 사용하고 있는 〈그림 9-18〉과 같이 종이띠를 이어 붙이고 접어보는 활동이 직관적으로 이해하는 데 도움이 될 것이다.

그림 9-17 고르게 하기

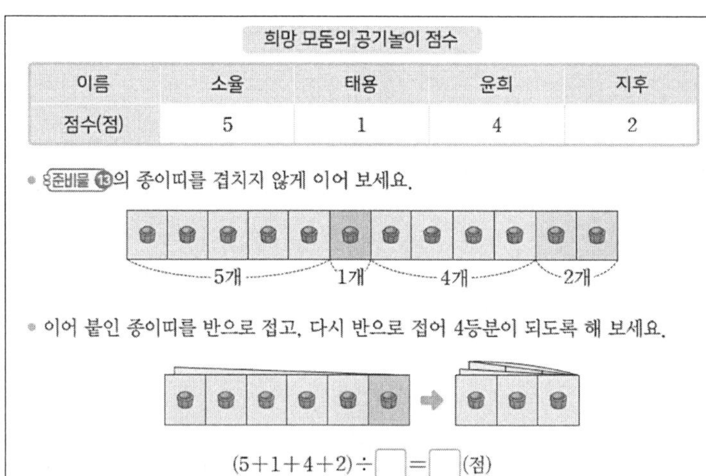

그림 9-18 평균 계산(강문봉 외, 출판예정b, 134쪽)

평균을 구할 때 자료의 값이 0인 경우도 변량의 수에 포함되어야 한다는 점을 주의해야 한다. 즉, 자료가 5, 6, 3, 0, 4일 때 평균은 $\frac{5+6+3+4}{4}=4.5$가 아니라

$\frac{5+6+3+0+4}{5}=3.6$이다.[46] 또한 평균은 자료의 값 중 하나라고 잘못 생각하는 아동도 있을 수 있다. 그러므로 구한 평균이 주어진 자료의 어떠한 값과도 같지 않은 경우를 다루면서 이런 오류를 피하게 해야 한다.

평균을 지도할 때 너무 계산 위주로 지도할 것이 아니라 평균의 의미를 이해하도록 지도하는 것도 필요하다.

2) 대푯값으로서의 평균

“00네 모둠의 투호 기록 5, 6, 5, 4를 모두 더해 자료의 수 4로 나눈 수 5는 00네 모둠의 투호 기록을 대표하는 값으로 정할 수 있습니다. 이 값을 평균이라고 합니다.”와 같이 대푯값과 평균을 정의하는 경우가 있다. 그러나 이런 표현은 대푯값이 곧 평균이라는 오해를 야기할 수 있다. 평균은 여러 대푯값 중의 하나이므로 〈그림 9-19〉와 같이 평균을 먼저 정의하고, 평균을 자료를 대표하는 값으로 정할 수 있다고 기술해야 그런 오해를 피할 수 있을 것이다.

> **약속**
> 각 자룟값을 고르게 한 값을 그 자료의 **평균**이라고 합니다. 평균을 그 자료를 대표하는 값으로 정할 수 있습니다.

그림 9–19 평균과 대푯값(강문봉 외, 출판예정b, 133쪽)

사실, 평균이 대푯값이라는 것을 초등학교 수준에서 강조하여 드러낼 필요가 있을지는 의문이지만 2022 개정 교육과정에서 명문화하였기 때문에 평균이 집단의 자료를 대표하는 값임을 이해시켜야 한다. 평균이 왜 대푯값인지를 이해하게 하려면 자료를 대표하는 값이 왜 필요한지를 인식하게 해야 하며, 대표하는 값은 여러 개가 있을 수 있고 평균은 그러한 여러 대푯값 중의 하나라는 것을 이해시켜야 할 것이다.

이를 위해서 다음 〈그림 9-20〉을 보자. 지후네 모둠과 윤희네 모둠의 학생 수는 다르다. ‘어느 모둠이 콩주머니를 더 잘 넣었다고 해야 할까?’ 그리고 ‘그러한 판단의 근거는 무엇일까?’ 이에 대해 서로 토론해 보게 한다. 학생 수가 같다면 넣은 콩주머니의 전체 개

46) 평균을 구하는 문제는 5학년 2학기 6단원에서 다루지만 평균을 구하면 소수가 되는 경우가 흔하다. 그런데 몫이 소수가 되는 (자연수)÷(자연수)는 6학년 1학기 3단원에서 지도된다. 평균이 자연수가 되도록 문제 상황을 만드는 것은 쉽지 않을뿐만 아니라 자연스럽지도 않다. 그러므로 몫이 소수가 되는 (자연수)÷(자연수)를 평균을 지도하기 전에 지도하도록 교육과정을 수정하거나, 아니면 계산기를 사용해서 평균을 구하도록 할 필요가 있다.

수로 결정하면 될 것이다. 그러나 학생 수가 다르기 때문에 다른 방법을 써야 한다. 이때 우리가 합리적으로 내세울 수 있는 기준이 '한 명당 몇 개의 콩주머니를 넣었다고 할 수 있는가?'일 것이다. 이것이 평균이고 그래서 평균을 각 모둠을 대표하는 값으로 볼 수 있다는 것이다.

지후네 모둠이 넣은 콩주머니 개수

이름	콩주머니 개수(개)
나은	3
민근	5
지연	2
지후	6
미진	4

윤희네 모둠이 넣은 콩주머니 개수

이름	콩주머니 개수(개)
준서	6
윤희	4
태용	7
서오	3

그림 9-20 두 모둠이 넣은 콩주머니 개수(강문봉 외, 출판예정b, 132쪽)

그러나 만약, 콩주머니를 많이 던지는 시합에 '우리 모둠의 누구를 "대표"로 보낼 것인가?'라고 한다면 지후네 모둠은 지후를, 윤희네 모둠은 태용이를 내세우게 될 것이고 이때의 대푯값은 각각 6과 7이 될 것이다. 이와 같이 집단의 자료를 대표하는 값은 여러 가지가 될 수 있다.

3) 중앙값

중앙값은 자료를 작은 순서부터 나열하였을 때 가장 중앙에 위치한 값이다. 예를 들어 중앙값은 다음과 같이 구한다.

1, 2, 5, 6, 7, 7, 8의 경우 중앙값은 6

1, 2, 5, 6, 6, 8, 9의 경우 중앙값은 6

1, 2, 5, 6, 7, 8, 9, 10의 경우 중앙값은 (6+7)÷2=6.5

영희의 5차례 수학 시험 성적이 70, 85, 90, 10, 85라고 하자. 4번째 시험을 볼 때 영희가 많이 아파서 공부를 제대로 하지 못했다. 이 경우 영희의 평균 점수는 68점이다. 그러나 중앙값은 85점이다. 68점과 85점 중 어느 점수가 영희의 수학 실력을 대표한다고 하는 게 합리적일까? 평균인 68점과 중앙값인 85점 모두 합리적인 면이 있다. 다만, 평균은 이와 같이 극단적인 자료에 영향을 많이 받게 되지만, 중앙값은 극단적인 자료의 영향을 크게 받지 않는 장점이 있다.

4) 최빈값

최빈값은 수집된 자료 중에서 가장 많이 나타나는 값이다. 최빈값은 구하기도 쉽고 극단적인 값에 영향을 거의 받지 않는다는 장점이 있다.

아동 신발 가게 주인을 생각해 보자. 근처 학교의 아동들의 발의 크기의 평균을 구하고 그에 맞는 신발을 준비했다면 그 신발은 많이 팔릴 것인가? 최악의 경우 평균적인 신발은 하나도 팔리지 않을 수 있다. 현명한 가게 주인이라면 평균보다는 아동들의 발 크기의 최빈값을 생각할 것이다. 그래야 가장 많이 팔리게 된다. 이와 같이 최빈값은 실생활에서도 유용하게 사용될 수 있는 대푯값이다.

다. 산포도

산포도(散布度, dispersion, scatter, spread)는 매우 생소해 보이는 용어인데, 변량들이 흩어져 있는 정도를 나타낸 값이다. 자료들이 대푯값을 중심으로 모여 있으면 산포도가 작고, 멀리 흩어져 있으면 산포도가 크다. 산포도로 사용하는 값이 여러 가지가 있으나 대표적으로 분산과 표준편차가 있다.

3 가능성의 지도

가능성은 5-6학년군에서 다룬다. 실생활에서 가능성과 관련된 상황을 '불가능하다', '~아닐 것 같다', '반반이다', '~일 것 같다', '확실하다' 등으로 나타내게 하고, 가능성을 비교하고, 수로 표현할 수 있게 한다. 가능성을 수로 표현할 때는 0, $\frac{1}{2}$, 1 등 직관적으로 파악되는 경우를 다루도록 하고 있다.

2022 개정 교육과정에서 "자료를 이용하여 가능성을 예상하고, 가능성에 근거하여 적절한 판단을 내릴 수 있다."라는 내용이 새로 추가되었다.

표 9-4 확률 내용(가능성) 체계(교육부, 2022)

핵심 아이디어	• 사건이 일어날 가능성을 여러 가지 방법으로 표현하는 것은 불확실성을 이해하는 데 도움이 되며, 가능성을 확률로 수치화하면 불확실성을 수학적으로 다룰 수 있게 된다.

범주 \ 구분	내용 요소		
	초등학교		
	1~2학년	3~4학년	5~6학년
지식·이해			• 가능성
과정·기능	• 사건이 일어날 가능성을 비교하고 표현하기 • 실생활과 연결하여 사건이 일어날 가능성을 예상하기		
가치·태도	• 가능성에 근거하여 판단하는 태도 • 자료와 가능성 관련 문제해결에서 비판적으로 사고하는 태도		

가. 가능성의 지도 단계

2009 개정 교육과정에서부터 확률이란 용어는 사라지고 대신 가능성이란 단어를 사용한다. 확률은 사건이 일어날 가능성을 0과 1 사이의 수로 나타낸 것이다. 확실히 일어나는 사건의 확률을 1, 일어날 수 없는 사건의 확률을 0으로 하고, 일어나기 쉬운 사건에 확률이 높게 부여된다. 그러므로 확률은 형식적인 수학적 개념이며 가능성은 확률에 대한 비형식적 개념이라고 할 수 있다.

가능성은 먼저 가능성의 개념을 지도하고, 가능성의 정도를 말로 나타내고, 이어서 가능성의 정도를 수로 나타내는 순서로 지도한다.

1) 가능성의 개념

우리 주변에서 '~일 것 같다', '~아닐 것 같다', '반반이다' 등과 같은 말로 표현될 수 있는 일들을 조사하면서 가능성이란 개념을 이해하게 한다. 가능성의 개념이 이해되면 '불가능하다'와 '확실하다'로 표현될 수 있는 일들을 조사하고 이러한 표현도 가능성의 개념에 포함됨을 인식시킨다.

2) 가능성의 정도

가능성을 나타내는 '~일 것 같다', '~아닐 것 같다', '반반이다', '불가능하다', '확실하다' 라는 표현을 비교하여, 이러한 표현이 나타내는 가능성의 정도를 질적으로 파악하게 한다.

먼저 '반반이다'라는 가능성이 어느 정도인지를 이해하게 한다. '가능성이 반반이다'라는 표현은 어떤 일이 일어날 가능성과 일어나지 않을 가능성이 같을 때 사용한다. 동전을 던졌을 때 앞면이 나올 가능성과 뒷면이 나올 가능성을 비교해 보게 하는 것이 한 가지 방법이 될 것이다. 이때 '같다'라는 의미를 수학적으로 정확하게 사용할 필요는 없다.

이제 '반반이다'를 기준으로 하여 '~일 것 같다', '~아닐 것 같다'의 정도를 비교하고, '확실하다'와 '불가능하다'를 비교하면서 이러한 가능성의 정도를 다음 〈그림 9-21〉과 같은 척도에 표시해 보게 하는 것도 좋을 것이다.

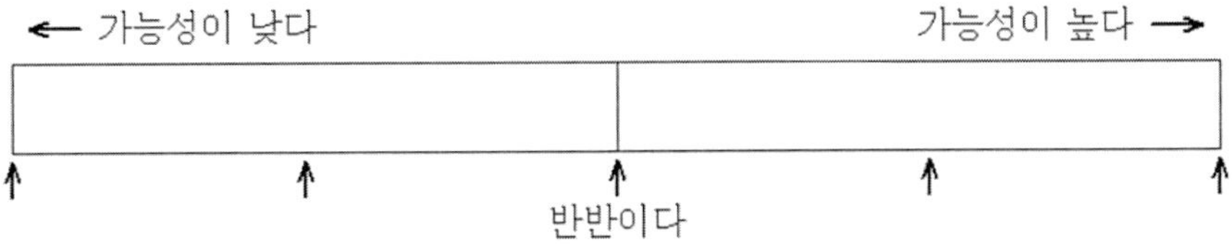

그림 9-21 가능성의 척도

3) 가능성의 수화(數化)

이어서 가능성의 정도를 수로 나타내게 한다. 가능성의 정도를 수로 나타내는 방법은 다양하겠지만, '확실하다', 즉 반드시 일어나는 가능성을 1로, '불가능하다', 즉 절대 일어나지 않을 가능성을 0으로 하여 다른 가능성을 수로 나타내보게 한다. 이렇게 하면 사건이 일어날 가능성과 일어나지 않을 가능성이 같은 경우, 즉 가능성이 반반인 사건이 일어날 가능성은 $\frac{1}{2}$로 표현할 수 있음을 이해하게 될 것이다.

2022 개정 교육과정에서 가능성의 정도를 언어적으로는 5단계로 비교하였지만 이것을 수로 나타낼 때는 "가능성이 직관적으로 파악되는 생활 속의 간단한 사건에 대하여 그 가능성을 0, $\frac{1}{2}$, 1 등과 같은 수로 표현하게 한다."라고 명시하였다. 2009 개정 교육과정에서는 가능성을 수로 나타낼 때 0, $\frac{1}{4}$, $\frac{1}{2}$, $\frac{3}{4}$, 1과 같이 나타내도록 하였으나 2015 개정 교육과정은 물론 2022 개정 교육과정에서도 '0, $\frac{1}{2}$, 1 등과 같은 수'로 표현하게 하고 있다. 이것이 $\frac{1}{4}$이나 $\frac{3}{4}$으로 표현하지 말라는 금지 규정은 아니지만, 2009 개정 교육과정에서 명시적으로 표현했던 이 두 수가 그 후의 개정 교육과정에서 삭제되었다는 것은 이 두 수를 사용하지 말라는 암묵적 금지라고 해석해야 할 것이다. 그렇기는 하지만 성취기준 [6수04-04]의 해설에서 가능성의 언어적 표현을 5단계로 나타내도록 하였기 때문에 이를 수화(數化)할 때도 5단계 척도로 나타내는 것이 그리 무리가 될 것 같지는 않으며, 아동들의 수준에서도 그다지 어려울 것 같지는 않다. 다만 정확한 수화는 경우의 수의 비율에 근거해야 하는데 초등학교에서 경우의 수를 다루지 않기 때문에 정확하게 5단계 척도

를 고집할 필요는 없다. '~일 것 같다'는 가능성은 $\frac{1}{2}$보다 크고, '~아닐 것 같다'는 가능성은 $\frac{1}{2}$보다 작다고 표현할 수는 있을 것이다.

교과서에서는 경우의 수를 다루지 않는 대신 〈그림 9-22〉와 같이 회전판의 넓이를 이용하여 직관적으로 가능성을 수로 표현하려고 하고 있다.

그림 9-22 회전판(강문봉 외, 출판예정b, 140쪽)

나. 가능성에 근거한 판단

2022 개정 교육과정에서 "자료를 이용하여 가능성을 예상하고, 가능성에 근거하여 적절한 판단을 내릴 수 있다."라는 내용이 새로 추가되었다. 그런데 자료를 이용하여 가능성을 예상, 측정하는 일은 상대도수로부터 확률을 구하는 상급 학교 수준의 내용으로 보일 수 있다. 초등학교에서 지도하던 확률을 2009 개정 교육과정에서부터 중학교로 올리고 초등학교에서는 확률의 직관적 수준인 가능성을 지도하는 흐름에 볼 때 '자료를 이용한 가능성의 예상'은 아주 모순적으로 보일 수 있다. 그러므로 자료에 근거하되 가능성을 대략적으로 예상하고, 경우의 수나 상대도수, 즉 비율을 이용하여 가능성을 정확한 수로 나타내는 것은 지양해야 할 것이다.

다음 〈그림 9-23〉은 회전판을 돌리는 실험을 통해 자료를 수집하고 정리하여 가능성을 예상해 보게 하는 활동이다. 가능성을 비율을 이용하여 정확하게 계산하게 하는 것이 아니라 직관적인 방식으로 해당하는 회전판을 찾아야 할 것이다. 예를 들어, 회전판의 빨간색(또는 파란색) 부분이 넓을수록 화살이 빨간색(또는 파란색)에 멈출 가능성이 높다거나, 혹은 빨간색(또는 파란색) 부분에 멈출 가능성이 대략적으로 0이나 1 또는 $\frac{1}{2}$에 가까운지 혹은 $\frac{1}{2}$보다 큰지 작은지를 어림하고 이에 근거하여 해당하는 회전판을 찾아보게 해야 할 것이다.

활동 2 빨간색, 파란색으로 이루어진 회전판의 화살을 100번 돌려 화살이 멈춘 횟수를 나타낸 표입니다. 일이 일어날 가능성을 비교해 봅시다.

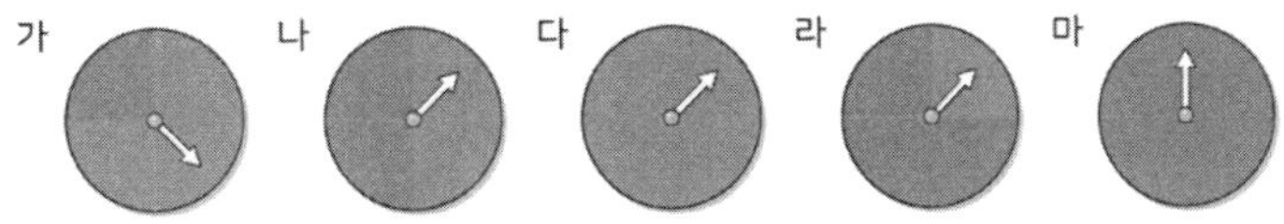

화살이 멈춘 횟수

빨간색에 멈춘 횟수(번)	77	100	29	52	0
파란색에 멈춘 횟수(번)	23	0	71	48	100
회전판 기호					

- 화살이 멈춘 횟수를 보고 어떤 회전판의 화살을 돌린 것인지 예상하여 회전판의 기호를 빈칸에 써넣으세요.

그림 9-23 가능성에 근거한 판단(강문봉 외, 출판예정b, 143쪽)

10장

변화와 관계 및 그 지도

10장

변화와 관계 및 그 지도

생각할 문제

이 단원을 학습하기 전에 다음 문제를 생각해 봅시다.

1 왜 수학을 규칙성의 과학이라고 할까?

2 규칙성을 탐구하면 좋은 점은 무엇일까?

3 1, 2, 4, 8, □와 같이 규칙을 찾을 때 몇 개의 자료를 제시해 주는 것이 좋을까?

4 어느 가게에서 물건값을 10% 인상했다가 그다음 달에 10% 인하하였다. 그러면 처음 물건값과 같을까 다를까?

5 1월을 기준으로 하여 2월에는 물가가 5% 상승하였고, 3월에는 1월에 비해 7% 상승하였다. 그러면 3월 물가는 2월에 비해 2% 상승하였다고 말할 수 있을까?

1 관련 이론

2022 개정 교육과정은 기존의 '규칙성' 영역을 '변화와 관계' 영역으로 칭하고 교육과정에서의 나열 순서를 4번째에서 2번째로 앞당기고 있다. 이러한 명칭 변화와 나열 순서의 변화는 어떤 특별한 이유라기보다는 교육과정의 문서에서 초등학교와 중학교의 학습 요소에서의 연계성을 확보하고자 하는 의도로 보인다.

'변화와 관계' 영역에서 지도하는 내용은 크게 (1) 규칙과 대응, (2) 비와 비율 및 비례, 그리고 새로 추가된 (3) 동치 관계로 구분할 수 있다.

가. 등호의 의미 지도 이유

등호(=)의 의미를 지도한다는 것은 기호 =가 '같다'는 관계를 나타낸다는 것을 지도한다는 것이다. 등호의 의미를 지도하는 목적은 다음과 같다.

첫째, 등호(=)는 초등수학에서부터 고등수학에 이르기까지 가장 많이 볼 수 있는 기호 중의 하나이며 수학의 여러 내용을 이해하기 위한 필수적인 기호이기 때문이다.

둘째, 기호 =는 여러 의미를 가지고 있는데, 많은 아동들은 기호 =를 조작적 의미로 받아들이고 있기 때문에 등호의 관계적 의미를 드러내어 지도할 필요가 있다.

셋째, 동치 관계인 등호는 연산의 원리와 성질을 이해하는 바탕이 되고, 따라서 산술적 사고에서 대수적 사고로의 이행에 필수적이기 때문이다. 초등학교 수학에서 다루는 내용의 상당 부분은 산술을 너머 대수적 사고를 요구하고 있다. 그러므로 기호 =의 의미가 조작적 의미가 아닌 관계적 의미로 이해될 수 있도록 지도할 필요가 있다.

나. 동치 관계와 기호 =의 의미

1) 동치 관계

등호와 동치 관계는 2022 개정 교육과정에서 처음 도입되어 지도한다.

집합 X 위의 어떤 관계 ~가 다음 세 가지 성질을 만족할 때 이 관계를 동치 관계라고 한다.

임의의 $a,\ b,\ c \in X$에 대하여

(1) $a \sim a$ (반사성, Reflexive)

(2) $a \sim b$이면 $b \sim a$ (대칭성, Symmetric)

(3) $a \sim b$이고 $b \sim c$이면 $a \sim c$ (추이성, Transitive)

같음(=), 도형의 합동(≡), 도형의 닮음(∽)은 대표적인 동치 관계이다. 같음 관계 =가 동치 관계임을 알아보자.

(1) 임의의 수 a에 대하여 $a=a$이다.

(2) 임의의 수 a, b에 대하여 $a=b$이면 $b=a$이다.

(3) 임의의 a, b, c에 대하여 $a=b$이고 $b=c$이면 $a=c$이다.

그러므로 같음 관계 =는 동치 관계이다. 합동과 닮음이 동치 관계임도 같은 방법으로 증명할 수 있다.

2) 기호 =의 의미

기호 =는 조작적 의미와 관계적 의미를 가진다.

조작적 의미는 기호 =를 계산 결과를 나타내는 기호로 이해하는 것이다. 예를 들어, '3과 2를 더하면 5가 된다'를 3+2=5와 같이 나타낼 때 기호 =의 왼쪽을 계산하면 기호 =의 오른쪽이 된다는 의미가 된다. 이 경우 기호 =는 '계산하면'과 같이 방향성을 가지는 조작적 의미로 사용된 것으로, 화살표(→)와 같은 기호로도 대체가 가능하다.

관계적 의미는 기호 =가 이 기호의 왼쪽과 오른쪽에 있는 두 식이나 수가 서로 같다는 관계를 나타내는 의미이다. 이러한 의미를 가질 때 이 기호를 '등호'라고 할 수 있다. 등호의 의미로 이해되면 등호의 왼쪽과 오른쪽을 서로 바꾸는 것도 가능해진다. 즉, 기호 =가 조작적 의미로 사용될 때는 좌우가 비대칭적인 의미이지만 관계적 의미로 사용되면 대칭적 의미를 가지게 된다.

등호가 사용되는 문맥은 연산이 등호의 어느쪽에서 사용되느냐에 따라 등호의 왼쪽에만 연산이 있는 경우, 오른쪽에만 있는 경우, 양쪽에 있는 경우, 등호의 양쪽에 연산이 없는 경우로 구분할 수 있다(기정순, 정영옥, 2008, 539쪽).

3) 등호의 역사

고대 이집트의 린드 파피루스에 '~가 된다'를 나타내는 기호가 있고, 고대 그리스의 디오판토스는 '같음'을 의미하는 기호를 사용하였고, 15세기 독일 수학자인 레기오몬타누스(Regiomontanus)는 **40ℭ et 320ℨ — 200ℨ et 800**[47]와 같이 약간 긴 가로선으로 등호를 나타내었다(Cajori, 1993, p.297). 그라프(Abraham de Graaf, 1635-1717)는 긴 가로선 다음에 계산 결과를 기록하였다.[48]

47) 이것은 $40x^2+320x=200x+800$을 나타낸다.

우리가 지금 사용하고 있는 기호 =는 영국의 레코드(Recorde)가 1557년에 쓴 〈지혜의 숫돌〉이라는 책에서 처음 나타난다. 그는 등호를 지금보다 길게 ═══와 같이 썼다. 그는 "세상에서 2개의 평행선만큼 같은 것은 없다."라는 뜻에서 이 기호를 만들었다고 한다(Kline, 1972, pp.259-260; Smith, 1958b. p.411).

그런데 유럽에서는 16세기 말에서 17세기 중반까지 '같음'을 나타내기 위해서 여러 가지 다른 기호를 사용하였다. 케플러, 갈릴레오, 네이피어, 페르마 등은 '같다'라는 말인 aequales이나 이것을 줄인 형태의 aeq.와 같은 축약된 단어를 사용하였다. 1559년에 프랑스 수도사인 부테오(Buteo)는 $3A.3B.15C$ [120과 같은 표현을 사용하였는데, 이것은 $3x+3y+15z=120$을 의미한다. 독일 수학자 자일랜더(Xylander)는 1571년에 등호로 기호 ‖를 사용하였는데, 이후 100여 년 동안 네덜란드와 프랑스의 일부 수학자들이 비율이 같음을 나타낼 때 이 기호를 사용하였다. 에리곤네(Hérigone)는 1634년에 2|2를 등호로 사용하기도 하였다. 그는 '같지 않음'을 나타내는 부등호도 이와 비슷하게 3|2, 2|3과 같은 기호로 나타내기도 하였다. 비에트(François Viète)는 등호로 기호 ~를 사용했다. ꝏ와 같은 기호를 등호로 사용한 수학자들도 많이 있었다.(Cajori, 1993, pp.297-303).

레코드의 등호는 그가 처음 만든 후 60여 년간 사용되지 않다가 영국의 수학자 헤리옷(Harriet)과 오우트레드(Oughtred) 등이 이 기호를 다시 사용하고, 월리스(John Wallis), 배로우(Isaac Barrow), 뉴톤, 라이프니츠 등이 사용하면서 다른 기호보다 우위를 점하게 되었다.

한편, '같음'을 나타내는 데 여러 가지 기호가 사용되고 있는 동안에 기호 =는 '같음'이 아닌 다른 의미로 사용되기도 했다. 비에트는 1646년에는 어느 것이 더 큰지를 모를 때 두 수의 차를 나타내는 기호로 우리가 지금 사용하는 등호보다 조금 더 긴 ═를 사용했으며, 요한 카라무엘(Johann Caramuel)은 우리가 현재 표시하는 102.857를 102=857과 같이 소수점을 나타내는 기호로 =를 사용하였다. 두 개의 직선이 평행하다는 것을 나타내는 데 기호 =를 사용한 수학자도 있으며, 데카르트는 기호 =를 ±를 나타내는 데 사용하기도 하였다(Cajori, 1993, pp.298-9).

---

48) 그라프가 표기한 $\dfrac{\overline{a+b},,-cc}{\overline{a+b},,-ccd}d$는 $(a+b)(-cc)(d)=(a+b)(-ccd)$를 의미한다(Cajori, 1993, p.267). 여기서 곱셈 기호로 이중콤마(,,)를 사용하였으며, 계산 결과는 긴 가로선 밑에 적었음을 알 수 있다.

다. 비와 비율의 지도 이유

비와 비율은 우리 주변에서 흔히 마주치게 되는 개념으로, 비와 비율을 지도하는 이유는 다음과 같다.

첫째, 일상생활에서 비나 비율 또는 비례와 관련한 다양한 현상들을 접하게 되기 때문이다. 물건의 할인율, 야구 선수들의 타율, 비가 올 확률, 초미세먼지의 농도, 지도의 축척이나 닮음, 남학생과 여학생의 비 등 비와 비율이 관련된 현상들이 주변에 많이 있다. 또한 그런 상황에서 비례적 추론을 해야 하기 때문이다.

둘째, 비와 비율은 수학의 여러 주제들과 밀접하게 관련되어 있기 때문이다. 비와 비율은 분수의 곱셈이나 나눗셈 문제를 해결하는 데 도움을 주며, 통계에서의 상대도수와 확률, 이후에 학습하게 될 닮음이나 정비례와 반비례, 함수 등의 기초가 된다. 측정하는 것도 단위에 대한 전체의 비를 구하는 것이다.

셋째, 비와 비율은 다른 교과 내용과 수학을 연결해 주기 때문이다. 비와 비율은 과학에서 농도나 속도, 음악에서의 박자나 음계, 미술에서의 비례적 구도, 문학에서의 여러 표현 등을 연결하는 데 도움을 준다.

라. 비와 비율에 관한 여러 개념

비, 비율, 비례 개념은 독립적인 개념이 아니라 서로 관련되어 있으며, 곱셈, 나눗셈, 분수 등과도 밀접하게 관련되어 있다.

1) 비

비와 비율에 대한 명확하고 통일된 정의는 아직까지는 확립되지 않은 것으로 생각된다. '비'는 수를 비교하는 것인지 양을 비교하는지, 혹은 같은 양을 비교하는 것인지, 서로 다른 두 양의 비교도 가능한 것인지가 명확하지 않다. 그러므로 교과서에 제시된 비와 비율의 개념 역시 명확하다고는 할 수 없다.

비(比)는 두 양의 관계에 주목하는 개념(김수미, 2015, 445쪽)이라고 하지만, 2015 개정 교육과정의 국정 교과서에서는 〈그림 10-1〉과 같이 두 수의 곱셈적 비교를 나타낼 때 비를 사용한다고 하고 있으며, 대부분의 검정 교과서들도 이를 따르고 있으므로, 2022 개정 교과서들도 비슷할 것이라 생각한다. 그러므로 여기서도 원칙적으로 2015 개정 국정 교과서의 정의를 따라서 기술한다.

두 수 a, b를 비교할 때 두 수의 차를 구해서 두 수의 크기를 비교하는 방법이 있는데 이를 **절대적 비교** 또는 **덧셈적 비교**라고 한다. 한 수가 다른 수의 몇 배인가를 알아보기 위해 두 수를 비교하는 경우도 있다. 이럴 때는 나누어서 비교하게 되는데 이를 **상대적 비교** 또는 **곱셈적 비교**라고 한다. 덧셈적 비교를 할 때 $a-b$와 같이 나타내듯이 곱셈적 비교를 할 때는 $a:b$로 나타내며 이를 a와 b의 **비**, a의 b에 대한 비, b에 대한 a의 비라고 읽는다. 이때 a를 **비교하는 양**, b를 **기준량**이라고 한다.

> 두 수를 나눗셈으로 비교하기 위해 기호 :을 사용하여 나타낸 것을 비라고 합니다. 두 수 3과 2를 비교할 때 3 : 2라 쓰고 3 대 2라고 읽습니다. 3 : 2는 "3과 2의 비", "3의 2에 대한 비", "2에 대한 3의 비"라고도 읽습니다.

그림 10-1 비의 정의(교육부, 2019b, 76쪽)

비로 나타내는 상황에는 3가지가 있다. (1) 기준량과 비교하는 양이 전체와 부분의 관계에 있는 경우, (2) 기준량과 비교하는 양이 한 전체의 서로 다른 부분과 부분의 관계에 있는 상황, 그리고 (3) 서로 다른 두 종류의 양이 기준량과 비교하는 양이 되는 상황이다. 예를 들어 우리 반의 남학생이 10명이고 여학생이 15명일 때 전체 학생 수에 대한 여학생 수의 비는 (1)의 상황이며, 남학생 수에 대한 여학생의 수의 비는 (2)의 상황이다. 한편, 2시간 동안에 9 km를 걸었을 때 시간에 대한 거리의 비는 (3)의 상황이다. (1)과 (2)의 경우에 두 수의 곱셈적 비교가 가능하고 의미가 있지만, (3)의 경우에 두 수인 9와 2를 곱셈적으로 비교하여 9는 2의 $\frac{9}{2}$배라고 하는 것은 전혀 의미를 가지지 못한다.

2) 내적비와 외적비

프로이덴탈(Freudenthal)은 비를 "function of an ordered pair of numbers or magnitude values"(Freudenthal, 1983, p.179)로 보고, 비의 속성을 두 가지로 구분하여 설명한다. 하나는 양 내에서의 함수이고 다른 하나는 양 사이에서의 함수이다(Freudenthal, 1983, p.183).

표 10-1 시간과 거리

시간	거리(km)
2	10
4	20

예를 들어, 2시간에 10 km를 걷는다면 4시간에는 20 km를 걷게 된다. 이때 (1) $2:4=10:20$ 또는 (2) $2:10=4:20$과 같은 비례식을 만들게 된다. ⟨표 10-1⟩을 보자. 비례식 (1)은 세로로 보고, 시간끼리 비교하거나 거리끼리 비교하고 있음을 알 수 있다. 이와 같이 시간이나 거리처럼 한 체계 내에서의 비를 **내적비**라고 한

다. 반면에 비례식 (2)는 표를 가로로 보고, 시간과 거리를 비교하고 있다. 이와 같이 다른 두 체계 사이의 비를 **외적비**라고 한다. Freudenthal(1983)에 의하면 아동들은 내적비보다 외적비에 대해 더 심리적으로 어려움을 느낀다.

내적비는 그 결과가 수(數)이지만 외적비는 새로운 양(量)이다. 예를 들어 거리와 시간의 비는 속도(km/h), 사람 수와 땅의 넓이의 비는 인구밀도(명/km^2)와 같은 새로운 내포량을 생성한다.

3) 비율과 비의 값

비는 두 수를 비교할 때 사용하는 개념이며, 비율은 기준량에 대한 비교하는 양을 하나의 수치로 나타낸 값이다. 이러한 정의에 따르면 기준량을 1로 볼 수도 있으나 10, 100, 1000 등으로 볼 수도 있다. 과거에는 기준량을 1로 볼 때의 비율을 '비의 값'이라고 하여 비의 값과 비율을 함께 지도하였으나 2015 개정 교육과정에서부터 비의 값은 다루지 않는다.

> 비 10 : 20에서 기호 :의 오른쪽에 있는 20은 기준량이고, 왼쪽에 있는 10은 비교하는 양입니다.
> 기준량에 대한 비교하는 양의 크기를 비율이라고 합니다.
>
> $$(\text{비율})=(\text{비교하는 양})\div(\text{기준량})=\frac{(\text{비교하는 양})}{(\text{기준량})}$$
>
> 비 10 : 20을 비율로 나타내면 $\frac{10}{20}$ 또는 0.5입니다.

그림 10-2 비율의 정의(교육부, 2019b, 78쪽)

〈그림 10-2〉를 보면 비율을 $\frac{(\text{비교하는 양})}{(\text{기준량})}$으로 계산한다. 이것은 기준량을 1로 볼 때의 비교하는 양을 비율이라고 하는 것과 같다. 반면에 백분율(퍼센트)은 기준량을 100으로 본 비율이다.

기준량과 비교하는 양이 수이거나 같은 양일 경우 비율은 '배'의 의미를 가지지만 기준량과 비교하는 양이 시간과 거리처럼 서로 다른 양일 때는 비율이 배의 의미가 아니라 한 양의 단위에 대한 다른 양의 크기를 의미하게 된다.

4) 비례와 비례식

비례(proportion)는 두 변량 또는 그 역수 사이에서 대응하는 원소들이 일정한 비 관계에 있음을 의미한다(Ben-Chaim, Keret & Ilany, 2012, p.33). 즉, 정비례와 반비례를 포함하여 말한다. 정비례와 반비례는 2009 개정 교육과정에서는 지도하였으나 2015 개정 교육과정에서부터 중학교로 이동하였다.

정비례는 두 양 x, y에서 x가 2배, 3배, 4배, …로 변함에 따라 y도 2배, 3배, 4배, …로 변하는 관계를 말하며, **반비례**는 두 양 x, y에서 x가 2배, 3배, 4배, …로 변함에 따라 y는 $\frac{1}{2}$배, $\frac{1}{3}$배, $\frac{1}{4}$배, …로 변하는 관계를 말한다. 정비례와 반비례는 함수를 지도하는 데 기초가 된다.

이와 같이 비례는 규칙적으로 변화하는 두 양 사이의 곱셈적 관계이다. 특히 정비례는 비의 불변을 의미하고 반비례는 곱의 불변을 의미한다. 다음 정비례를 나타내는 표를 보자.

표 10-2 정비례

x	1	2	3	4	5	6
y	3	6	9	12	15	18

이때 x와 y의 비는 1 : 3으로 일정하다. 반면 반비례를 나타내는 다음 표를 보자. 여기서는 x와 y의 비는 서로 다르지만 x와 y의 곱은 24로 변하지 않는다.

표 10-3 반비례

x	1	2	3	4	6	8
y	24	12	8	6	4	3

비율이 같은 두 비를 기호 '='를 사용하여 나타낸 것을 **비례식**이라고 한다. 비례식에서는 다음과 같은 성질이 있다.

> 비례식에서 외항의 곱과 내항의 곱은 같다.
>
> $2\times15=30$
>
> $2 : 3 = 10 : 15$
>
> $3\times10=30$

5) 비와 비례식 기호의 역사

가) 비의 기호의 역사

오우트레드는 ⟨수학의 열쇠(Clavis mathematicae)⟩라는 그의 책에서 150개 이상의 수학 기호를 제시하였다. Clavis의 1631년판에서 비를 나타내는 데에 점(.)을, 비례식을 나타내기 위해 이중 콜론(::)을 사용하였다. 즉 그는 $a.b :: c.d$와 같이 나타내었다(Cajori, 1993, p.275).

기호 :는 존슨(Johnson, 1633)이 분수를 표현하기 위해서 처음 사용한 것으로 보인다. 즉, 그는 분수 $\frac{3}{4}$를 나타내기 위해서 3 : 4라고 표기하였다(Cajori, 1993, p.276; Smith, 1958b, pp.406-7).

기호 :가 비를 의미하는 기호로는 빈센트 윙(Vincent Wing)과 무명의 저자가 1651년에 쓴 천문학 서적에서 처음 사용되었다. 이 책에서 윙은 오우트레드의 표기법인 $A.B :: C.D$를 여러 번 사용하였지만, 새로운 표기법인 $A : B :: C : D$를 같은 의미로 사용하였다(Cajori, 1993, p.275). 라이프니츠가 1684년 논문에서 나눗셈 기호로 :를 사용한 것은 이런 데서 비롯되었을 가능성이 많다. 기호 :가 나눗셈 기호 ÷에서 가로선을 생략해서 나왔을 것이라는 가설이 있기는 하지만 이것은 역사적 근거가 없다(Smith, 1958b, p.407).

오우트레드의 점(.)과 윙의 콜론(:)이 비를 나타내는 대표적인 기호이기는 하지만 다른 기호들도 사용되었다. 발람(Balam, 1653)은 3..1과 같이 두 점(..)을 비를 나타내는 기호로 사용하였으며, 욕(Thomas York, 1687)은 '33600 7 :: 153600 32'와 같이 부호를 사용하지 않고 빈 공간을 두어 비를 나타내기도 하였다. $\ddot{-}$(John Alexander, 1693), ∺(Swedenborg, 1716), π(Hérigone, 1834)와 같은 기호를 사용하거나, 우리가 사용하는 $a : b$의 의미로 $\frac{a}{b}$와 같이 나타낸 사람도 있다.

콜론(:)이 비가 아닌 다른 의미를 나타내는 기호로 사용되기도 했다. 발람은 소수를 나타내는 데 콜론을 이용하였으며, 11피트 4인치를 11 : 4와 같이 표현한 사람도 있다(Cajori, 1993, pp.276-7).

나) 비례식 기호의 역사

인도의 바크샬리 필사본에서 비례식이 다음 〈그림 10-3〉과 같이 언어적 표현이 아닌 형태로 제시되었다. 이것은 $10 : \frac{163}{60} = 4 : \frac{163}{150}$을 의미한다.

10	163	4	*pha* 163
1	60	1	150

그림 10-3

스티펠(Stifel, 1553)은 '100 | $\frac{1}{6}z$ | $100z$ | Facit $\frac{1}{6}zz$'과 같이 세로선을 사용하였으며, 타르탈리아(Tartaglia, 1556)는 비슷하게 //을 사용하였다. 클라비우스(Clavius, 1583)는 '9 . 126 . 5 . ? fiunt 70'과 같이 점을 사용하였는데, 1699년 코라칸(Corachan)의 책에서

도 점을 사용한 기록이 나온다. 약간 긴 가로선을 이용한 사람도 있다. 영국의 오우트레드가 그의 Clavis의 1631년 판에서 5.10 :: 6.12와 같이 ::을 이용하여 비례식을 나타내었으며, 유럽 대륙에서는 데카르트(1619-21)가 $a|b\|c|d$와 같은 기호를 사용하여 비례식을 나타내었다(Cajori, 1993, pp.282-8).

네덜란드 작가 요한 스탐피오엔(Stampioen)은 오우트레드가 . :: . 방식을 제안한 지 불과 8년 후인 1639년에 $A,, B = C,, D$와 같은 방식을 사용하였다. 스탐피오엔의 두드러진 특징은 비례식을 쓰는 데 레코드의 등호 기호를 사용한다는 것인데, 이것은 라이프니츠보다 반세기 이상 앞선 것이다(Cajori, 1993, p.292).

라이프니츠의 $a:b=c:d$와 같은 표기법은 1708년 Acta eruditmm의 271페이지에서 사용되었다(Cajori, 1993, p.295). 라이프니츠의 표기법은 그 후 점차 확산되어 19세기에 유럽에서 일반적으로 채택되었으며, 미국에서는 20세기에 들어와서 일반적으로 채택되게 된다.

다) 백분율 기호의 역사

소수가 발명되기 오래전부터 10분의 1, 100분의 1을 계산해야 할 상황이 많이 있었다. 고대 로마에서는 해방 노예에게는 20분의 1의 세금을, 팔린 노예에게는 25분의 1의 세금을, 경매에서 팔린 상품에 대해서는 100분의 1 등의 세금을 부과하였으며, 중세 시대에 와서 액면가가 큰 화폐가 사용되면서 100을 기준으로 하는 계산이 필요하게 되고, 따라서 이를 표기할 수 있는 방법을 생각하게 되었다.

1481년 키아리노(Giorgio Chiarino)의 저서에는 20%를 나타내는 "xx. per .c."와 8~10%를 나타내는 "viii in x perceto"와 같은 표현이 많이 사용되었다(Smith, 1958b. p.248). 이와 같이 사람들은 per 100, per cento와 같은 표현을 사용하다가 이를 축약하여 'per $\overset{\circ}{\mathrm{c}}$' 또는 '$p^{\circ}_{c}$'와 같이 표현하였는데, 15세기 상업 산술 원고에서 이러한 표현이 많이 나타난다.[49] 그리고 16세기 초부터 상업 산술은 이자나 손익과 관련하여 퍼센트 개념을 상당히 많이 사용했다.

이렇게 축약된 기호가 17세기 중반에 'per $\frac{\circ}{\circ}$' 형태로 발전한 후 결국에는 'per'가 삭제되고 현대에 와서는 사선 형태의 기호 %가 완성되었다(Smith, 1958b. p.250). 1425년경 어느 이름을 알 수 없는 수학자가 per cento 대신에 $\mathrm{P}c\overset{\circ}{—}$와 같은 기호를 사용하였고,

49) cento, cent는 모두 100을 의미한다.

1650년경에 기호 $c\overset{\circ}{-}$가 $\div$으로 바뀌었다고 한다(Cajori, 1993, p.312).

100을 기준으로 한 백분율(퍼센트) 개념과 기호는 1000을 기준으로 한 천분율(퍼밀리지, 단위는 퍼밀)로 발전하게 되며 그 기호는 ‰이다. 기호 ‰는 칸토어(Cantor)의 책에 나타난다. 칸토어는 19세기 중반에 형성된 기호 %는 100이 1과 두 개의 0으로 구성되었다는 것을 상기시켜주며, 기호 ‰은 1000이 1과 세 개의 0으로 구성되었음을 의미한다고 하였다(Cantor, 1903, p.4).

6) 비, 비율, 백분율에 대한 정의의 변화

비와 비율에서 다루어지는 용어에는 비, 비의 값, 비율, 백분율, 비례식, 비례배분 등이 있으며, 교육과정이 개정될 때마다 이러한 용어에 대한 정의가 달라졌다. 그것은 이러한 용어의 개념이 아주 모호하고 아직도 명확히 확정되지 않았다는 것을 의미한다. 2차 교육과정의 6학년 1학기 교과서에서는 "비율은 비로 나타내기도 하지만, 분수나 소수로도 나타낸다."라고 하여 비율을 비에 통합하였지만 보편적으로 비와 비율을 달리 구분하여 사용한다. 과거에 교과서에서 정의되었던 내용들을 살펴보자.

표 10-4 비와 비율에서의 용어 정의의 변화

	비	비율과 비의 값	백분율
6차	여학생 수가 남학생 수의 몇 배인지를 나타내기 위하여 기호 :를 사용한다. 여학생 수 3을 남학생 수 6에 대하여 3 : 6으로 나타내고, 3 **대** 6이라 읽는다. 이것을 **6에 대한 3의 비** 또는 **3의 6에 대한 비**라 하고 간단히 **3과 6의 비**라고도 한다.	나의 길이를 1로 볼 때 가의 길이가 $\frac{5}{8}$라는 뜻과 같다. 이때 가의 길이를 **비교하는 양**, 나의 길이를 **기준량**이라 한다. 그리고 $\frac{5}{8}$를 8에 대한 5의 **비의 값**이라 하고, 비의 값 $\frac{5}{8}$를 소수 0.625로도 나타낸다. $5:8 \Rightarrow \frac{5}{8}$ $(\text{비의 값}) = \frac{(\text{비교하는 양})}{(\text{기준량})}$ 나에 대한 가의 비는 2 : 5이고, 그 비의 값은 $\frac{2}{5}$이다. 이 비의 값은 기준량 나를 1로 보았을 때, 비교하는 양 가가 $\frac{2}{5}$임을 뜻하며, 이것을 **비율**이라고 한다.	비율에서 기준량을 100으로 보았을 때, 비교하는 양을 나타내는 수를 **백분율** 또는 **퍼센트**라 하고, 기호 %로 나타낸다.

	비	비율과 비의 값	백분율
7차	남학생 수와 여학생 수를 비교하기 위하여 기호 :를 사용합니다. 남학생 수 3명과 여학생 수 5명을 비교하는 것을 3 : 5로 나타내고, **3 대 5**라고 읽습니다. 이것을 **5에 대한 3의 비** 또는 **3의 5에 대한 비**라 하고 간단히 **3과 5의 비**라고 합니다.	8명을 기준으로 하여 여자 5명을 비교할 때, 8명을 **기준량**, 5명을 **비교하는 양**이라고 합니다. 기준량에 대한 비교하는 양의 크기를 **비율**이라고 합니다. 기준량을 1로 볼 때의 비율을 **비의 값**이라고 합니다. $(\text{비율}) = \dfrac{(\text{비교하는 양})}{(\text{기준량})}$	기준량을 100으로 할 때의 비율을 **백분율**이라 하고, 기호 %를 써서 나타냅니다.
2007 개정	학생 수 1명과 공책 수 4권을 비교하기 위하여 비로 나타냅니다. 이것을 1 : 4라 쓰고 **1 대 4**라고 읽습니다. 1 : 4는 공책 수 4를 기준으로 하여 학생 수 1을 비교한 것입니다. 이것을 **4에 대한 1의 비** 또는 **1의 4에 대한 비**라고 합니다. 또는 간단하게 **1과 4의 비**라고도 합니다.	남자 선생님 5명의 크기를 비교하기 위하여 여자 선생님 20명을 기준으로 할 때, 5명을 **비교하는 양**, 20명을 **기준량**이라고 합니다. 기준량에 대한 비교하는 양의 크기 $\dfrac{(\text{비교하는 양})}{(\text{기준량})}$을 **비율**이라고 합니다.	기준량을 100으로 할 때 비교하는 양 80의 비율 $\dfrac{80}{100}$을 **백분율**이라고 합니다. 백분율 $\dfrac{80}{100}$을 %를 써서 **80%**라 나타내고, **80퍼센트**라고 읽습니다.
2009 개정	두 수를 나눗셈으로 비교할 때 기호 :을 사용합니다. 두 수 7과 1을 비교할 때 7 : 1이라 쓰고 **7 대 1**이라고 읽습니다. 7 : 1은 **1에 대한 7의 비**, **7의 1에 대한 비**, **7과 1의 비**라고도 읽습니다.	비 150 : 200에서 기호 :의 왼쪽에 있는 150은 **비교하는 양**이고, 오른쪽에 있는 200은 **기준량**입니다. 비교하는 양을 기준량으로 나눈 값을 **비의 값** 또는 **비율**이라고 합니다. $(\text{비율}) = (\text{비교하는 양}) \div (\text{기준량}) = \dfrac{(\text{비교하는 양})}{(\text{기준량})}$	비율에 100을 곱한 값을 **백분율**이라고 합니다. 백분율은 기호 %를 사용하여 나타냅니다. 비율 $\dfrac{72}{100}$ 또는 0.72를 백분율로 72%라 쓰고 **72 퍼센트**라고 읽습니다.
2015 개정 (국정)	두 수를 나눗셈으로 비교하기 위해 기호 :을 사용하여 나타낸 것을 **비**라고 합니다. 두 수 3과 2를 비교하기 위해 3 : 2라 쓰고 **3 대 2**라고 읽습니다. 3 : 2는 "3과 2의 비", "3의 2에 대한 비", "2에 대한 3의 비"라고도 읽습니다.	비 10 : 20에서 기호 :의 오른쪽에 있는 20은 **기준량**이고, 왼쪽에 있는 10은 **비교하는 양**입니다. 기준량에 대한 비교하는 양의 크기를 **비율**이라고 합니다. $(\text{비율}) = (\text{비교하는 양}) \div (\text{기준량}) = \dfrac{(\text{비교하는 양})}{(\text{기준량})}$	**기준량**을 100으로 할 때의 비율을 **백분율**이라고 합니다. 백분율은 기호 %를 사용하여 나타냅니다. 비율 $\dfrac{85}{100}$를 **85%**라 쓰고 **85퍼센트**라고 읽습니다.
2022 개정 (지학사)	두 수 또는 양을 나눗셈으로 비교하기 위해 기호 :을 사용하여 나타낸 것을 **비**라고 합니다. 두 수 5와 2를 비교할 때 5 : 2라 쓰고 **5 대 2**라고 읽습니다. 5 : 2는 "5와 2 의 비", "5의 2에 대한 비", "2에 대한 5의 비"라고도 읽습니다. 5 : 2 비교하는 양 ← 5, 2 → 기준량	기준량에 대한 비교하는 양의 크기를 **비율**이라고 합니다. $(\text{비율}) = (\text{비교하는 양}) \div (\text{기준량}) = \dfrac{(\text{비교하는 양})}{(\text{기준량})}$	**기준량**을 100으로 할 때의 비율을 **백분율**이라고 합니다. 백분율은 기호 %를 사용하여 나타냅니다. 비율 $\dfrac{1}{100}$를 1%라 쓰고 **일 퍼센트**라고 읽습니다.

용어의 변화에서 특징적인 점들은 다음과 같다.

첫째, 비의 값이라는 용어를 2015 개정 교과서에서부터는 사용하지 않는다는 점이다. 비의 값과 비율이 서로 혼동되는 면이 많기 때문에 2007 개정 교과서에서는 삭제되었고, 2009 개정 교과서에서는 비율과 비의 값을 같은 개념으로 도입하고 나서 원주율 설명에서 한 차례 사용한 것 외에는 거의 사용하지 않았다. 그리고 2015 개정에서부터는 교육과정은 물론 교과서에서도 삭제되었다.

둘째, 두 수를 비교하기 위해서 비로 나타낸다고 하다가 2009 개정 교육과정에서부터 두 수를 나눗셈으로 비교할 때 비를 사용하는 것으로 비교의 방법을 분명하게 제시하고 있다. 뺄셈으로도 두 수를 비교할 수 있기 때문에 이러한 변화는 비의 의미를 좀 더 명확하게 해 줄 수 있다.

셋째, 교육과정의 변천과 무관하게 교과서에서는 시종일관 두 '수'를 나눗셈으로 비교하는 것을 비라고 정의하고 있다. 두 수의 비교로 정의하면 비의 기호 왼쪽과 오른쪽 부분을 비교하는 양과 기준량이라고 부르기보다는 비교하는 수와 기준 수로 부르는 것이 더 적절해 보인다. 비를 수의 비교로 정의하면 내적비와 외적비의 문제를 회피할 수 있는 장점이 있기는 하지만 이는 본질적인 문제를 회피하는 정의로 보인다.

넷째, 비율은 약간의 차이가 있기는 하지만 '기준량에 대한 비교하는 양의 크기'로 확립되는 것 같다. 그러나 두 가지 문제점이 생긴다. 한 가지는, 비를 두 수의 크기를 비교하는 것으로 정의하면서 비율은 두 양에 관한 내용이라는 점이다. 다른 한 가지는 '크기'라는 개념이 모호하다는 점이다. 그래서 백분율을 정의할 때 문제가 생기게 된다.

다섯째, 백분율은 '기준량을 100으로 할 때의 비교하는 양'(6차), '기준량을 100으로 할 때의 비율'(7차, 2007 개정), '비율에 100을 곱한 값'(2009 개정), '기준량을 100으로 할 때의 비율'(2015 개정, 2022 개정)과 같이 교육과정을 개정할 때마다 매번 그 정의가 달라졌다. '비교하는 양'이나 '비율에 100을 곱한 값'이 백분율이라고 한다면 백분율은 비율이 아닌 것이 된다. 한편, 비율이 $\frac{(\text{비교하는 양})}{(\text{기준량})}$이라는 것이 맞다면 기준량을 1로 하든 100으로 하든 그 값은 동일할 수밖에 없다. 그러므로 백분율을 비율이라고 하는 것도 적절하지 않아 보인다.

엄밀하게 구분하려면, 기준량에 대한 비교하는 양의 크기를 비율이라 하고, 특히 기준량이 100일 때의 비율을 백분율이라고 해야 할 것이다. $\frac{(\text{비교하는 양})}{(\text{기준량})}$은 비율을 구하는 공식이 아니라 기준량이 1일 때의 비율, 즉 비의 값을 구하는 공식이라고 하면 될 것이다.[50] 그러나 비의 값을 다시 비율과 구별하여 지도하는 것이 의미가 있을지는 의문이다.

여섯째, 외적비를 다루어야 할지 어떨지에 대한 지침이 전혀 없다. 내적비만 다루면 어려움은 없겠지만, 속력이나 인구밀도, 미세먼지 농도와 같이 생활에서 밀접하게 사용되는 외적비가 있으며 또한 외적비를 이용한 비례식으로 문제를 해결하는 상황도 많이 있기 때문에 내적비와 외적비에 대한 혼란이 있다 하더라도 교과서에서 적절히 외적비를 다룰 필요가 있어 보인다.

마. 규칙성 지도의 이유

규칙성을 지도하는 이유는 다음과 같다.

첫째, 우리 주변에서는 물론 수학의 여러 영역에서도 규칙성이 많이 존재하며, 규칙을 이용하여 자연과 사회와 수학의 현상을 이해하기 때문이다. 보도블록과 같이 우리 주변에 흔히 있는 디자인이나 가구의 배열, 식물의 모양, 동물의 걸어 다니는 패턴, 수학에서의 수의 배열 등에서 우리는 규칙을 접하게 된다. 이러한 여러 가지 규칙을 인식하고 해석하며, 규칙을 창조하는 경험은 수학적 능력을 향상시킬 것이다. 그러므로 생활 주변과 수학적 활동에 있는 많은 변화 속에서 어떤 규칙성과 관계를 인식하고 표현하려는 마음을 갖게 하는 것과 그런 능력을 기르는 것은 수학교육의 중요한 목표 중의 하나이다.

둘째, 규칙성과 관계를 찾고 기술하는 것은 함수와 대수를 이해하는 중요한 방식이기 때문이다. 예를 들어 수의 배열에서 전항보다 3이 크다는 규칙을 찾아서 이를 말로 표현하고 식으로 나타내면서 함수식을 이해하게 되고 대수의 학습으로 이어질 수 있다.

셋째, 규칙성 찾기는 귀납적 사고의 일종이며, 중요한 문제해결 전략 중의 하나이기 때문이다. 귀납적 사고는 수학에서 새로운 사실을 발견하는 중요한 발견적 사고이며 규칙성 찾기는 귀납적 사고의 한 가지 방법이다. 또한 규칙성을 찾아서 해결하는 수학 문제들이 초, 중, 고 수준에서 많이 있다.

넷째, 수학의 많은 영역들이 규칙성으로 연결될 수 있기 때문이다. 도형에서, 측정에서, 통계적 현상에서, 수나 연산 영역에서 많은 규칙을 탐구하고 이를 말로, 그림으로, 식으로 표현하고 계산할 수 있다.

다섯째, 규칙성 탐구는 아동들의 다양한 수준에서 접근 가능하게 해 주고, 의사소통 능

---

50) 이러한 구분은 비율을 상위 개념으로, 비의 값과 백분율을 하위 개념으로 정립하는 것이 될 것이다(임재훈, 2015, 373쪽).

력을 신장시킬 수 있기 때문이다. 규칙성을 탐구할 때 동일한 상황에 대해서도 구체물을 조작하거나 그림을 이용하거나, 수식을 이용하여 접근할 수 있으며, 탐구한 규칙 또한 궁극적으로는 동일한 수식으로 정리될 수 있겠지만 한 가지 방법으로 표현되지 않고, 예를 들어 $a=2b+6$, $a=2(b+2)+2$, $a=3(b+2)-b$ 등과 같은 형태로 다양하게 표현될 수 있다. 이러한 결과를 서로 발표하고 상대방의 아이디어를 경청하고 토론하며 의사소통 능력도 신장할 수 있다.

바. 규칙성의 유형

규칙은 모양에서, 위치에서, 색에서, 크기에서, 수에서 다양하게 나타난다. 그러한 규칙을 몇 가지로 유형화하면 초등학교 아동들에게 규칙을 인지하고 찾을 수 있도록 도움을 줄 수 있을 것이다.

1) 속성에 따른 규칙의 유형

대상들이 가지는 속성에서 규칙이 있을 수 있다.

표 10-5 속성에 따른 규칙 유형

속성	예
도형의 모양이나 성질과 같은 기하학적 속성	□ △ ○ □ △ ○ …
방향, 크기, 두께, 색과 같은 물리적 속성	↑ → ↓ ← ↑ → ↓ ← …
수열이나 함수 등과 같이 요소들 사이의 관계적인 속성	1, 3, 5, 7, 9, …

2) 생성 방식에 따른 규칙의 유형

대상들이 만들어지는 방식에 규칙이 있을 수 있다.

첫째, 반복적인 규칙이 있다. 반복하는 순환마디는 간단한 경우에는 ab일 수도 있으며 조금 더 복잡해지면 abc, aab 등이 있을 수 있다. 이러한 순환마디는 색이나 모양, 소리, 위치, 수 등 다양한 형태로 나타날 수 있다.

둘째, 반복하는 마디가 증가 또는 감소하는 경우도 있다. $ababbabbb$…와 같이 어느 하나만 증가하는 경우도 있고, $abaabbaaabbb$…와 같이 두 가지가 함께 증가하는 경우도 있다. 이와 같이 증가하는 경우만 있는 것이 아니라 감소하는 경우도 있을 수 있다.

셋째, 이웃한 수의 차가 일정한 수의 배열인 등차수열이 있다. 예를 들어 1, 3, 5, 7, 9, ⋯와 같은 수의 배열은 홀수로 이루어진 경우이지만 이웃한 항의 차가 2로 일정한 경우이다.

넷째, 이전 수에 일정한 수를 곱한 수의 배열인 등비수열이 있다. 예를 들어 1, 2, 4, 8, 16, ⋯

은 전항에 2를 곱한 값이 다음 항이 되는 수의 배열이다.

다섯째, 이웃한 두 수의 합이 그다음 수가 되는 규칙이 있다. 피보나치 수열은 1, 1, 2, 3, 5, 8, 13, …과 같이 $a_1 = a_2 = 1$이고 $a_n + a_{n+1} = a_{n+2}$인 규칙을 가지고 있다. 초등학생에게는 쉽지 않은 수의 배열이기는 하지만 가끔 초등학생들에게 노출되는 규칙이기도 하다.

여섯째, n번째 항이 n^2이 되는 수의 배열이 있다. 예를 들어 홀수를 순서대로 더한 값이라든가 다음 〈그림 10-4〉에서 가장 작은 정삼각형의 개수를 찾는다거나 할 때 이런 규칙이 나타난다.

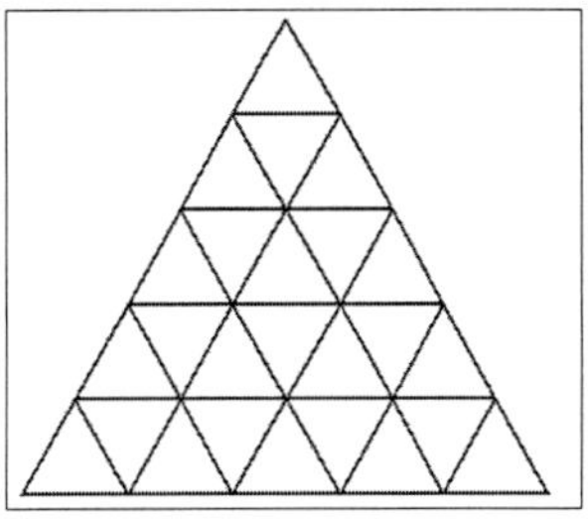

그림 10-4

일곱째, 대칭적인 규칙도 있다. 예를 들어, 1, -1, 2, -2, 3, -3, …과 같이 기본 단위가 대칭으로 나타나는 경우이다. 물론 이런 경우에 (1, -1), (2, -2), (3, -3), …과 같이 해석하면 등차수열의 쌍으로 볼 수도 있다.

여덟째, 두 변수 사이의 관계를 찾아야 하는 대응도 있다. 예를 들어, 다음 〈표 10-6〉에서 대응 규칙을 찾아보고 이를 식으로 나타낼 수 있다.

표 10-6 사람 수에 따른 손의 수

사람 수(△)	1	2	3	4	5
손의 수(□)	2	4	6	8	10

이 표를 보고 사람 수가 1명씩 늘어난다거나 손의 수가 2씩 늘어나는 규칙을 찾을 수도 있지만 이런 경우에는 사람 수와 손의 수 사이의 관계를 주목해야 한다. 그리고 손의 수는 사람 수의 2배임을 파악하고 이를 □=△×2와 같이 식으로 표현하게 된다. 이것은 두 양 사이의 관계를 식으로 나타낸 것이지만 사람 수가 달라지면 그에 따라 손의 수도 달라지는 함수식을 만든 것이다.

이전의 유형들도 식으로 나타내고 함수로 발전할 수 있다. 예를 들어, 1, 3, 5, 7, 9, …와 같은 수의 배열에서는 n번째 수에 대한 식을 생각하면 $f(n) = 2n - 1$과 같이 나타낼 수 있다. 이와 같이 규칙을 찾게 되면 항상 가능한 것은 아니지만 식으로 나타내고 함수와 대수로 이어지게 된다.

참고사항 **피보나치 수열**

피보나치(Leonardo Fibonacci, 1170?-1250?)가 쓴 〈산반의 책〉에 다음과 같은 문제가 있다.

> 한 쌍의 토끼가 있다. 이 한 쌍의 토끼는 매달 암수 한 쌍의 새끼를 낳으며, 새로 태어난 토끼쌍도 태어난 지 두 달 후부터 매달 한 쌍씩 암수 새끼를 낳는다고 한다. 갓 태어난 한

> 쌍의 토끼가 있을 때, 1년이 지나면 토끼는 모두 몇 쌍이 될까?[51)]

〈산반의 책〉에 있는 여러 문제 중 이 문제가 후대 수학자들에게 가장 큰 영감을 주었는데, 이 책이 처음 출간되었을 때는 사람들이 별로 눈여겨 보지 않았던, 아주 사소한 것이었다. 그러나 19세기 프랑스의 정수론자 에두아르 루카스(Lucas)가 이 사소한 문제에 나타나는 수열에 피보나치의 이름을 붙인 덕분에 오늘날 피보나치는 이 '피보나치 수열'로 기억되고 있다. 사실 이런 규칙을 가지는 수열은 이미 500년 전 인도에도 있었던 것이다. 피보나치가 처음 만든 것도 아닌데 그의 이름을 붙이는 것이 적절하지는 않다.

위의 문제를 해결하다 보면 1, 1, 2, 3, 5, 8, 13, 21, …과 같은 수열이 나타난다. 이 수열은 $a_n + a_{n+1} = a_{n+2}$가 되는 규칙을 가지고 있다. 신기하게도 이런 피보나치 수열이나 이 수열에 들어 있는 수들은 자연 현상에서 많이 발견된다(강문봉, 김정하, 2024, 78-81쪽).

2 등호의 지도

등호의 지도는 2022 개정 교육과정에서 처음 도입된 내용으로, 3-4학년군에서 '등호를 사용하여 크기가 같은 두 양을 식으로 나타내게' 한다. 이를 위해 등호(=)의 의미를 토대로 구체물, 그림 등을 사용하여 주어진 식이 옳은지 판단하는 활동, 크기가 같은 두 양을 찾는 활동 등을 통해 동치 관계를 이해하게 한다.

표 10-7 등호와 동치 관계 내용 체계(교육부, 2022)

핵심 아이디어	• 동치 관계, 대응 관계, 비례 관계 등은 여러 현상에 들어있는 대상들 사이의 다양한 관계를 기술하고 복잡한 문제를 해결하는 데 유용하게 활용된다. • 수와 그 계산은 문자와 식을 사용하여 일반화되며, 특정한 관계를 만족시키는 미지의 값은 방정식과 부등식을 해결하는 적절한 절차를 거쳐 구해진다.		
범주 \ 구분	내용 요소		
	초등학교		
	1~2학년	3~4학년	5~6학년
지식·이해		• 동치 관계	
과정·기능	• 두 양의 관계를 탐구하고, 등호를 사용하여 나타내기		
가치·태도	• 규칙, 동치 관계 탐구에 대한 흥미 • 변화와 관계 관련 문제해결에서 비판적으로 사고하는 태도		

51) 〈산반의 책〉에 있는 문제를 이해하기 쉽도록 재구성하였다. 그래서 〈산반의 책〉에서의 답은 377쌍이지만, 이 경우에는 답이 233쌍이 된다.

가. □가 사용된 식

그림 10-5 덧셈 문제(교육부, 2024a, 69쪽)

1학년과 2학년 교과서를 보면 □가 포함된 식이 많이 등장한다. 그러나 3+4=□와 같은 식에서의 □는 답을 쓰는 빈 공간을 나타내는 것이라서 등호 및 동치관계의 내용과는 거리가 멀다. 또한 〈그림 10-5〉와 같이 1학년이나 2학년에서 등장하는 □+□=□ 또는 3+□=□와 같은 형식의 문제는 그림 정보가 주어지고 빈칸을 채우는 문제이므로 이것은 □가 사용된 식에서 □의 값을 구하는 문제라기보다는 그림이나 글로 쓰여진 정보를 식으로 '번역'하는 문제라고 할 수 있다. 즉, 이러한 문제 역시 등호와 관련한 문제라고 보기는 어렵다.

그러나 그림 정보 없이 3+□=8에서 □의 값을 구하는 문제가 다루어질 수 있다. 이런 경우에는 덧셈과 뺄셈의 관계를 이용하거나 혹은 시행착오 방법을 사용하여 해결하도록 지도한다.

나. 크기가 같은 두 양을 등호로 나타내기

기호 =가 처음 도입되는 경우는 다음 〈그림 10-6〉과 같이 초등학교 1학년 1학기에서 덧셈을 지도할 때이다. 이때 3+1=4를 "3 더하기 1은 4와 같습니다."라고 읽는 것은 기호 =를 3+1과 4가 '같다'는 의미로 보는 것이며, "3과 1의 합은 4입니다."라고 읽는 것은 기호 =를 '같다'는 기호인 등호로 보기보다는 "3과 1을 합하면 4가 됩니다."와 같은 절차적 의미를 갖는 것으로 본 것이라고 할 수 있다.

그림 10-6 덧셈식(교육부, 2024a, 66쪽)

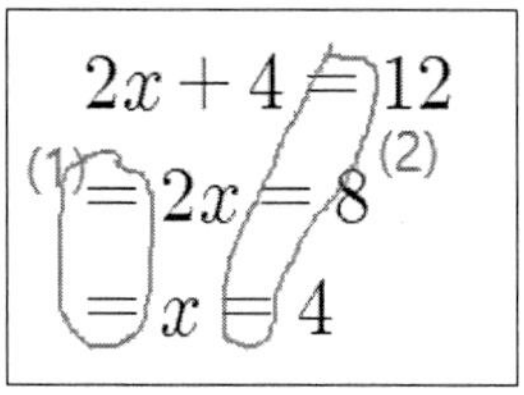

그림 10-7

기호 =가 '같다'는 관계를 나타내는 기호임을 이해하는 것은 쉬운 일이 아니다. 많은 아동들이 처음에는 기호 =를 '같다'라는 의미보다는 '계산하면'과 같은 조작적 측면으로 이해한다. 그래서 아동들은 3+4+2를 계산하라고 하면 3+4=7+2=9와 같이 쓰면서 계산하기도 하고, 4+3=□의 답은 쉽게 쓸 수 있지만 4+□=7이나 □+4=7과 같은 식은 계산해야 할 수가 주어지지 않아서 어려워하기도 한다.

성인들도 중학생 때 〈그림 10-7〉과 같이 방정식을 푼 경험도 있을 것이다. 여기서 (1)의 기호 =는 잘못 표현한 것이기는 하지만 이런 표현을 한 학생에게는 '같다'를 의미하는 기호가 아니라 '계산하면'을 의미하는 절차적, 조작적 의미를 가진다. 반면 (2)의 기호 =는 좌변과 우변이 같다는 관계적 의미를 가진다.

기호 =가 '같다'는 의미이며, '같다'가 동치 관계임을 지도한다고 해서 관계 =가 반사적, 대칭적, 추이적 성질을 가지고 있다는 점을 명료하게 드러낼 필요는 없을 것이다. 3-4학년군에서 ① 4=4, ② 1+3=4, ③ 4=1+3, ④ 3+2=1+4와 같은 다양한 표현이 가능하다는 것을 알게 하는 정도로 충분할 것이라고 생각한다. 이러한 표현이 가능하다는 것을 지도하기 위해서 양팔저울을 이용하여 수평이 되도록 하는 활동이나 같은 개수를 다른 방식으로 표현해 보게 하는 활동이 유용할 것이다.

예를 들어, 다음 〈그림 10-8〉을 보자. 두 접시에 쌓기나무를 올려둔다. 4=4의 경우는 양쪽 접시에 쌓기나무를 똑같이 4개씩 올려 놓은 경우이며, 4=1+3과 같은 경우는 왼쪽 접시에는 쌓기나무를 4개 올려놓고 오른쪽 접시에는 쌓기나무를 1개와 3개를 나란히 배열한 경우이다. 이와 같이 올려놓고 수평이 되는지를 확인해 보게 하고 수평이 된 상황을 어떻게 나타낼 것인지를 생각해 보게 하면서 등호의 의미를 깨닫게 한다. 왼쪽 접시에 쌓기나무를 3개와 2개 오른쪽 접시에는 1개와 4개를 나란히 올려놓으면 3+2=1+4가 된다.

그다음에는 식 1+3=4가 1과 3을 합하면 4가 되는 것일 뿐만 아니라 왼쪽의 1+3과 오른쪽의 4가 같은 값이라는 것을 인식하게 하여 이러한 표현에서도 기호 =가 등호임을 인식하도록 해 주어야 한다.

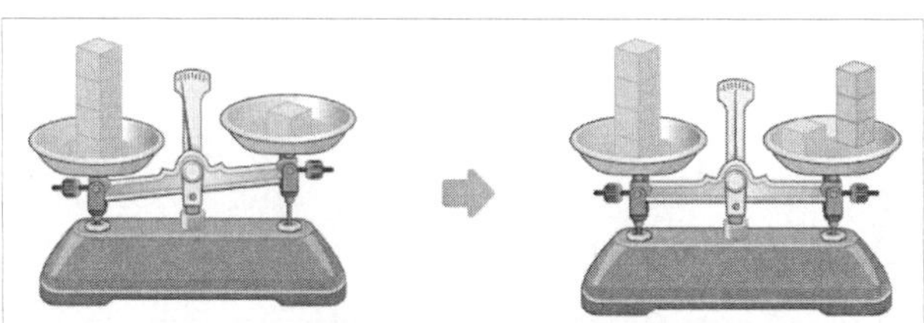

그림 10-8 양팔저울 활동

같은 값을 다르게 표현하는 활동도 등호의 의미를 이해하는 데 도움이 될 수 있다. 예를 들어 〈그림 10-9〉는 12를 여러 가지 다른 식으로 나타내어 보게 하고 이 식을 등호를 이용하여 나타내도록 하는 활동이다.

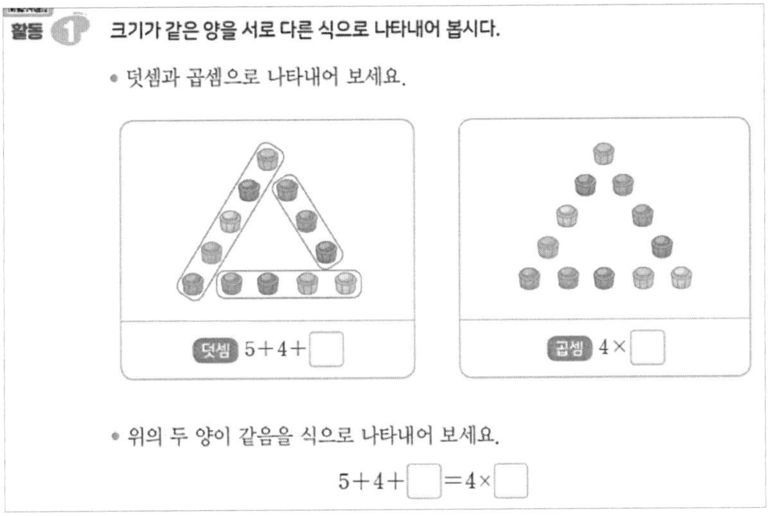

그림 10-9 크기가 같은 양(강문봉 외, 2025e, 138쪽)

〈그림 10-10〉은 바둑돌과 같은 구체물을 옮겨서 식으로 나타내보게 하면서 등식을 만들어보게 하는 활동이다.

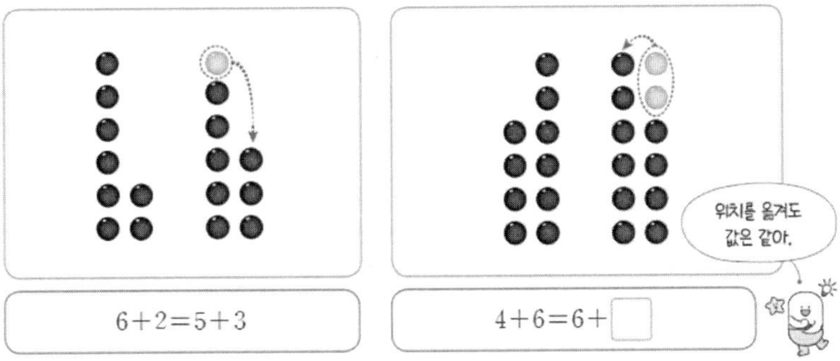

그림 10-10 등식(강문봉 외, 2025e, 137쪽)

다. 등식의 참과 거짓 판단

교육과정은 등호가 사용된 식이 옳은지를 판단해 보게 하고 있다. 이것은 거짓인 등식을 아동들에게 노출하라는 의미이기도 하다.

등호가 사용된 식이 옳은지를 판단하는 것은 어려운 일이 아니다. 그러나 계산해서 판단하게 하는 것에 그치지 말고 그림을 이용하거나 아동들의 수 감각이나 학생이 직관적으로 이해하고 있는 연산의 성질을 이용하여 두 양이 서로 같은지 비교하게 하는 것이 바람직할 것이다. 이때 두 자리 수의 범위에서 다루도록 교육과정에서 제한하고 있기도 하지만 굳이 큰 수를 다룰 필요는 없으며 한 자리 수를 다루어도 충분하다.

3 비와 비율의 지도

비와 비율은 5-6학년군에서 다룬다. 두 양을 비교하는 상황을 통해 비의 개념을 이해하고, 그 관계를 비로 나타내며, 비율을 이해하고 비율을 분수, 소수, 백분율로 나타내게 한다. 또한 비례식의 성질을 이해하고 이를 활용하여 간단한 비례식을 풀며, 주어진 양을 비례배분하게 한다.

두 양을 비교할 때 한 양이 다른 양의 몇 배인가를 나타낼 필요성을 인식하게 하면서 비의 개념을 도입하도록 하고 있으며, 타 교과나 실생활에서 비율이 적용되는 사례를 사용하되, 속력, 인구밀도, 축척, 농도 등을 구하는 문제는 평가하지 않도록 하고 있다.

표 10-8 비와 비율 내용 체계(교육부, 2022)

<table>
<tr><th>핵심 아이디어</th><td colspan="3">• 동치 관계, 대응 관계, 비례 관계 등은 여러 현상에 들어있는 대상들 사이의 다양한 관계를 기술하고 복잡한 문제를 해결하는 데 유용하게 활용된다.</td></tr>
<tr><th rowspan="3">구분
범주</th><td colspan="3">내용 요소</td></tr>
<tr><td colspan="3">초등학교</td></tr>
<tr><td>1~2학년</td><td>3~4학년</td><td>5~6학년</td></tr>
<tr><th>지식·이해</th><td></td><td></td><td>• 비와 비율
• 비례식과 비례배분</td></tr>
<tr><th>과정·기능</th><td colspan="3">• 두 양의 관계를 비나 비율로 나타내기
• 비율을 분수, 소수, 백분율로 나타내기
• 비율을 실생활 및 타 교과와 연결하여 문제해결하기
• 비례식을 풀고, 주어진 양을 비례배분하기</td></tr>
<tr><th>가치·태도</th><td colspan="3">• 대응 관계, 비 표현의 편리함 인식
• 비와 비율의 유용성 인식
• 변화와 관계 관련 문제해결에서 비판적으로 사고하는 태도</td></tr>
</table>

가. 비

비보다 비율을 먼저 지도하자는 연구(김수현, 나귀수, 2008)도 있으나, 우리나라 교과서는 전통적으로 비를 비율보다 먼저 지도하고 있다.

비 개념을 지도하기 위해서는 두 수를 곱셈적으로 비교하게 해야 한다. 그러나 지금까지 덧셈적 사고를 해 왔기 때문에 두 수를 곱셈적으로 비교하도록 상황을 조성할 필요가 있다. 남학생 3명과 여학생 6명을 비교하게 하면 여학생이 6-3=3(명) 더 많다고 답하기 쉽다. 수나 양의 비교에는 이러한 뺄셈적 비교 외에도 '여학생이 남학생의 2배'라는 나눗셈을 이용한 비교도 있다. 이와 같은 나눗셈을 이용한 비교를 하게 하려면 나눗셈을 이용한 비교가 좋은 경우를 경험시켜야 한다. 그러기 위해서는 단순히 두 수나 양을 비교하게 하는 것이 아니라 〈그림 10-11〉과 같이 비례적 상황을 제시하여 뺄셈으로 비교해 보고 나눗셈으로 비교해 보게 하여 나눗셈으로 비교할 때의 좋은 점을 인식하게 한다.

활동 2 나비 수에 따른 다리 수와 날개 수를 비교해 봅시다.

- 표를 완성해 보세요.

나비 수(마리)	1	2	3	4	5	…
다리 수(개)	6	12	18	24		…
날개 수(개)	4	8	12			…

- 나비 수에 따른 다리 수와 날개 수를 뺄셈으로 비교해 보세요.

- 나비 수에 따른 다리 수와 날개 수를 나눗셈으로 비교해 보세요.

- 뺄셈으로 비교한 경우와 나눗셈으로 비교한 경우에는 어떤 차이가 있는지 이야기해 보세요.

그림 10-11 두 양의 비교(강문봉 외, 출판예정c, 85쪽)

이러한 비교 후에 나눗셈을 이용한 비교를 기호 :을 사용하여 나타내게 한다. 나눗셈을 이용하여 비교하면 '날개 수는 다리 수의 $\frac{2}{3}$배'와 같이 비율 개념으로 이어지게 되겠지만, 곧바로 비율로 이행하지 않고 4÷6과 같은 나눗셈을 이용한 비교를 기호 :를 이용하여 4 : 6과 같이 나타내게 한다.

기호 :를 사용하여 4 : 6과 같이 나타낸 것을 비라고 하고, 이것을 읽는 법을 지도한다. 4 : 6을 '사 대 육'이라고 읽는 것은 어렵지 않으나 '4의 6에 대한 비', '6에 대한 4의 비'와 같이 읽는 법, 그리고 기준량을 기호 : 뒤에 적는 이유 등에 대해서 많이 혼란스러울 수 있다.

분수를 나타낼 때 분자와 분모를 바꿔서 적는 아동들이 있는 것처럼 비교하는 양과 기준량을 적는 순서에 혼란이 올 수 있는데, 그것은 언어적 관습 탓이다. 예를 들어 가로와 세로의 비가 3 : 4라고 할 때는 어느 것이 기준량인가 하는 문제는 그리 중요하지 않다. 그러나 토끼 5마리와 거북 6마리가 있을 때 거북 수에 대한 토끼 수의 비는 5 : 6으로 나타내는데, 우리 말의 언어적 표현에서 먼저 등장하는 것이 보통은 기준량이다. 그러나 이것을 비로 나타낼 때는 뒤에 표시한다. 영어에서는 언어적 관습과 수학적 표현의 순서가 동일하다. 예를 들어 'a ratio of 7 to 3'은 7 : 3으로 나타낸다. 우리나라 언어적 표현과 수학적 표현 사이의 이러한 괴리는 여러 군데서 나타나므로 이러한 표현 방법에 유의해야 할 것이다.

나. 비율

1) 비율과 백분율의 개념

비율은 비를 하나의 수치로 나타낼 때 쓰는 개념이다. 그러므로 일단 비로 표현되었으면 비율은 (비교하는 양)÷(기준량)으로 간단히 계산할 수 있다. 비율은 분수나 소수, 또는 **백분율**로 나타낼 수 있도록 지도한다.

백분율은 일상에서도 많이 사용되는 개념이다. 백분율의 정의는 교육과정을 개정할 때마다 조금씩 달라졌음을 알고 있다. 2015 및 2022 개정 교과서에서의 정의도 깔끔하지는 않지만 그 의도하는 실체를 우리는 알고 있으므로 교과서의 정의인 '기준량을 100으로 할 때의 비율'을 그대로 인정하고 넘어가자.

백분율은 다음 공식으로 구할 수 있으며, 이 수치에 기호 %(퍼센트)를 붙여서 사용한다.

$$\frac{\text{비교하는 양}}{\text{기준량}} \times 100$$

분수 또는 소수로 나타낸 비율을 백분율로 나타내고 그 반대로도 나타낼 수 있도록 지도한다. 백분율은 내적비에서 사용한다.

백분율과 관련한 오개념의 한 가지를 해소하기 위해 2009 개정 교과서에서는 퍼센트포인트(%p)라는 개념을 도입하였으나 2015 개정 교과서에서는 삭제되었다. 퍼센트포인트는 백분율을 뺄셈으로 비교할 때 사용한다. 예를 들어 '작년 기준 올해 50% 증가하였는데 내년에는 (작년 기준으로) 60% 증가하여 금년에 비해 10% 증가할 예정이다.'와 같은 (잘못된) 표현이 있을 수 있다. 이 경우 10% 증가가 아니라 '10%p 증가'라고 하는 것이 옳다. 이와 같이 %p를 사용하는 사례가 일상에서, 특히 주식 시세의 경우에 많이 등장한다. 필요한 개념이기는 하지만 초등학교 수준에서는 이러한 차이점을 인식하게 하기가 쉽지 않다고 판단되어 삭제했을 것이다.

2) 비율과 백분율이 사용되는 경우

주변에서 비율이 사용되는 경우를 살펴보면서 비율에 대한 이해를 심화시킨다. 직사각형 액자의 가로와 세로의 비율, 야구 선수의 타율, 음료수에서의 성분별 비율, 시장에서의 물건 할인율, 여러 가지 경쟁률, 음식을 만들 때의 여러 재료 사이의 비율, 물건의 할인율 등을 다룰 수 있다. 우리나라에서 마스크의 등급을 나타내는 KF80, KF94에도 백분율의 의미가 들어 있다. 주로 내적비에서의 비율을 다룬다. 소금물의 농도도 소금물의 무게에 대한 소금의 무게의 비율이므로 다룰 수 있는데, 교과서에서는 소금물의 농도를 **진하기**라는 표현으로 다루고 있기는 하다.

외적비에서의 비율도 우리 주변에서 찾을 수 있다. 초미세먼지의 농도나 속력, 인구밀도 등에서도 외적비의 비율이 들어 있다. 그러나 비를 내적비로 도입하였기 때문에 이런 경우에는 비율로 지도하지 않고 '…당(per)'이라는 표현으로 사용하는 것도 한 가지 방법일 것이다. 즉 미세먼지의 농도는 '1 m^3당 …g'으로, 속력은 '한 시간에(당) …km'로, 인구밀도는 '1 km^2에(당) … 명'으로 지도해도 되지 않을까 생각한다.

2015 개정 교육과정에서는 비율을 평가할 때 속력, 인구밀도, 축척, 농도 등을 구하는 문제는 다루지 않도록 하였으나, 2022 개정 교육과정에서는 이 제한 규정이 삭제되었다. 그렇다고 이러한 문제를 적극적으로 다루어도 된다는 신호로 해석할 필요는 없기 때문에 지나치게 어려운 문제는 다루지 않는 것이 좋을 것이다.

다. 비례식과 비례배분

비례식과 비례배분은 6학년 2학기에서 지도한다. 먼저 비의 성질을 다룬다. 같은 시간 같은 장소에서의 물체와 그림자의 길이의 비나 확대 또는 축소된 직사각형의 가로와 세로의 비 등과 같은 정비례 관계에 있는 상황에서 여러 개의 비와 비율을 구해보고 비의 표현은 다르지만 모두 비율이 같음을 확인한다.

다음 〈그림 10-12〉를 예로 살펴보자. 구슬 수와 매듭 수는 노리개 수에 따라 3 : 2, 6 : 4, 9 : 6 등이 된다. 그러나 비율은 모두 $\frac{3}{2}$이다.

활동 1 노리개 하나를 만들기 위해 구슬 3개와 매듭 2개가 필요합니다. 만드는 노리개 수에 따라 필요한 구슬 수와 매듭 수의 비와 비율을 비교해 봅시다.

- 표를 완성해 보세요.

노리개 수(개)	1	2	3	4
구슬 수(개)	3	6		
매듭 수(개)	2		6	
구슬 수와 매듭 수의 비	3 : 2			
구슬 수와 매듭 수의 비율	$\frac{3}{2}$			

그림 10-12 구슬과 매듭의 수의 비와 비율(강문봉 외, 출판예정d, 80쪽)

여기서 비의 **전항**과 **후항**을 약속하고, 다음과 같은 비의 성질을 찾아낸다.

> 비의 전항과 후항에 0이 아닌 같은 수를 곱하여도 비율은 같다.
> 비의 전항과 후항을 0이 아닌 같은 수로 나누어도 비율은 같다.

비의 성질을 이용하여 큰 수가 사용되거나 분수나 소수로 나타내어진 비를 비율이 같은 간단한 비로 나타낼 수 있도록 지도한다.

이어서 비율이 같은 두 비를 등호를 사용하여 나타낼 수 있으며 이 식을 **비례식**이라고 부른다는 것을 지도한다. 비례식 6 : 4 = 18 : 12에서 바깥쪽에 있는 6과 12를 **외항**, 안쪽에 있는 4와 18을 **내항**으로 약속하고 다음과 같은 비례식의 성질을 발견한다.

> 비례식의 내항의 곱과 외항의 곱은 같다.

이러한 비례식의 성질은 많은 문제를 해결하는 데 유용한 수단이 되므로 잘 이해할 수 있도록 한다. 비례식을 기계적으로 이용하면 비례 관계가 성립하지 않는 상황에서도 비례식을 적용하는 오류를 범하게 되므로 비례식을 적용하기 전에 비례 관계가 성립하는지를 확인해 보게 해야 한다.

마지막으로 비례배분을 지도한다. **비례배분**은 전체를 주어진 비로 배분하는 것을 말한다. 예를 들어, 두 사람에게 3 : 2로 나누어 주려면 한 사람에게는 전체의 $\frac{3}{3+2}$만큼, 다른 사람에게는 $\frac{2}{3+2}$만큼 배분하면 된다.

4 규칙성의 지도

1-2학년군에서는 물체, 무늬, 수 등의 배열에서 크기, 색깔, 위치, 방향 등에 대한 규칙을 찾고 자신이 정한 규칙에 따라 물체, 무늬, 수 등을 배열할 수 있게 한다. 수에 대해서는 수의 배열뿐만 아니라 덧셈표, 곱셈표 등을 활용하기도 한다.

3-4학년군에서는 다양한 변화 규칙을 찾아 설명하고 규칙을 수나 식으로 나타낼 수 있게 하며, 계산식의 배열에서 규칙을 분석하여 찾고, 계산 결과를 추측할 수 있게 한다. 규칙을 찾을 때 계산기를 사용할 수 있게 하고 있다.

5-6학년군에서는 한 양이 변할 때 다른 양이 그에 종속하여 변하는 대응 관계를 나타낸 표에서 규칙을 찾아 설명하고, □, △ 등을 사용하여 식으로 나타내게 하고 있다. 대응 관계를 나타내는 식은 덧셈식, 뺄셈식, 곱셈식, 나눗셈 식 중의 하나로 표현되는 간단한 경우만 다루도록 하고 있다.

표 10-9 규칙성 내용 체계(교육부, 2022)

<table>
<tr><td>핵심 아이디어</td><td colspan="3">• 변화하는 현상에 반복적인 요소로 들어있는 규칙은 수나 식으로 표현될 수 있으며, 규칙을 탐구하는 것은 수학적으로 추측하고 일반화하는 데 기반이 된다.
• 동치 관계, 대응 관계, 비례 관계 등은 여러 현상에 들어있는 대상들 사이의 다양한 관계를 기술하고 복잡한 문제를 해결하는 데 유용하게 활용된다.
• 한 양이 변함에 따라 다른 양이 하나씩 정해지는 두 양 사이의 대응 관계를 나타내는 함수와 그 그래프는 변화하는 현상 속의 다양한 관계를 수학적으로 표현한다.</td></tr>
<tr><td rowspan="3">구분 / 범주</td><td colspan="3">내용 요소</td></tr>
<tr><td colspan="3">초등학교</td></tr>
<tr><td>1~2학년</td><td>3~4학년</td><td>5~6학년</td></tr>
<tr><td>지식·이해</td><td>• 규칙</td><td>• 규칙</td><td>• 대응 관계</td></tr>
<tr><td>과정·기능</td><td colspan="3">• 물체, 무늬, 수, 계산식의 배열에서 규칙을 탐구하기
• 규칙을 찾아 여러 가지 방법으로 표현하기
• 대응 관계를 탐구하고, □, △ 등을 사용하여 식으로 나타내고 설명하기</td></tr>
<tr><td>가치·태도</td><td colspan="3">• 규칙, 동치 관계 탐구에 대한 흥미
• 대응 관계, 비 표현의 편리함 인식
• 변화와 관계 관련 문제해결에서 비판적으로 사고하는 태도</td></tr>
</table>

가. 규칙성 찾기 지도에서 주의할 점

규칙성의 지도는 중요하지만 무엇을 언제 지도할 것인가에 대하여는 아직 체계가 잘 잡혀 있지 않는 영역이다. 교과서에서 한 단원으로 설정하여 지도한다면 규칙성은 수학의 다른 내용과 별개의 주제로 인식되기 쉬우며, 지도할 주제를 학년에 적합하게 배치하는 것도 쉽지 않다.

수학의 여러 내용을 지도하면서 관련하여 규칙을 찾도록 구성할 수도 있다. 예를 들어 〈그림 10-13〉과 같이 벽의 무늬를 보고 규칙을 찾는 내용은 도형 영역에서 지도할 수 있으며, 〈그림 10-14〉와 같이 곱셈표에서 규칙을 찾는 것은 곱셈구구를 만들고 나서, 그곳에서 지도할 수도 있다. 이와 같이 수를 지도하면서 수에서의 규칙을, 연산을 지도하면서 연산과 관련한 규칙을, 도형이나 측정을 지도하면서 이와 관련한 규칙을 지도하면 훨씬 다양하고 의미 있는 규칙을 찾을 수 있으며 규칙성을 찾을 필요성도 인식할 수 있을 것이다.

1 벽의 무늬를 보고 규칙을 찾아봅시다.

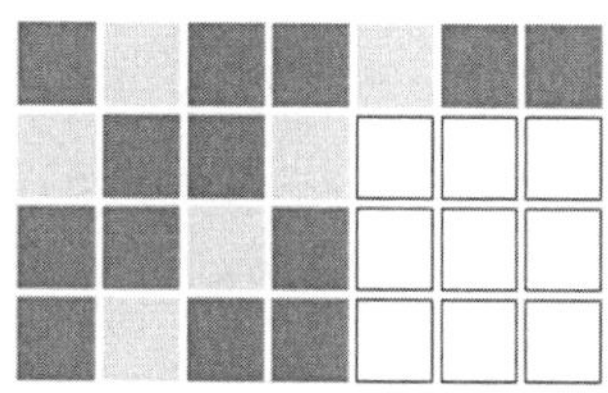

그림 10-13 무늬에서의 규칙(교육부, 2024e, 132쪽)

1 곱셈표에서 규칙을 찾아봅시다.

×	1	2	3	4	5	6	7	8	9
1	1	2	3	4	5	6	7	8	9
2	2	4	6	8	10	12	14	16	18
3	3	6	9	12	15	18	21	24	27
4	4	8	12			24	28	32	36
5	5	10	15			30	35	40	45
6	6	12	18			36	42	48	54
7	7	14	21	28	35	42	49	56	63
8	8	16	24	32	40	48		64	72
9	9	18	27	36	45			72	81

그림 10-14 곱셈표에서의 규칙(교육부, 2024e, 140쪽)

규칙성을 지도할 때 주의할 점이 있다.

첫째, 동일한 현상에서 여러 가지 규칙이 있을 수 있다는 점이다. 본질적으로는 수학적으로 동일한 규칙에 이르게 되지만 아동들 입장에서는 다르게 보이는 규칙이 있을 수 있다. 예를 들어 다음 〈그림 10-15〉를 보고 색칠한 모눈의 개수에 대한 규칙을 말해보자. 이 경우 $(n+2)\times4-4$, $(n+1)\times4$, $(n+2)^2-n^2$ 등 다양한 규칙을 생각할 수 있다.

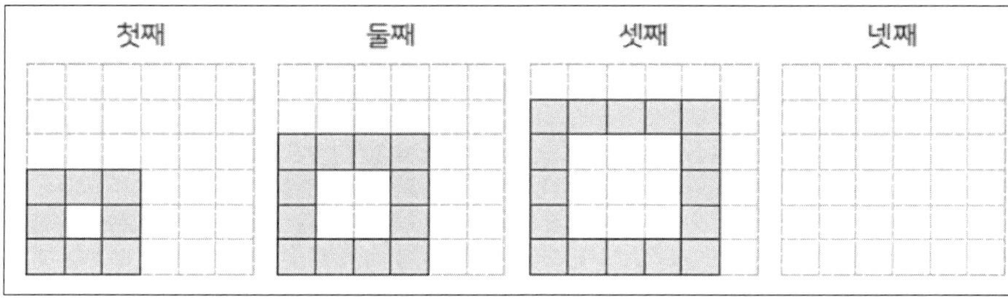

그림 10-15 모눈의 개수에 대한 규칙 찾기

둘째, 찾은 규칙이 반례에 의해 틀린 것으로 판정될 수 있다는 점이다. 이럴 경우에는 규칙을 수정하거나 새로운 규칙을 찾아야 한다.

셋째, 규칙을 찾기에 적절한 자료의 수에 대한 기준이 없다는 점이다. 예를 들어 1, 2, 4에서 규칙을 찾게 할 것인지, 1, 2, 4, 8에서 혹은 1, 2, 4, 8, 16에서 규칙을 찾게 해야 할 것인지, 어느 경우에 확실한 규칙을 찾을 수 있을지에 대한 기준이 없다는 점이다. 1, 2, 4 다음에 8이 올 수도 있고 7이 올 수도 있다. 심지어는 1이 올 수도 있고 전혀 예측하지 못한 수가 나올 수도 있다. 1, 2, 4, 8일 경우에 나올 수 있는 수는 16일 가능성이 높지만, 6일 수도, 1일 수도 혹은 다른 수일 수도 있다. 주어진 자료가 많을수록 가능한 규칙이 제한되기는 하지만 그렇다고 확실한 규칙을 보증하는 것은 아니다. 주어진 자료에서 규칙을 생각해 보고 그다음에 추가되는 자료에 의해서 그 규칙이 반박될 수도 있음을, 그래서 앞선 규칙을 수정할 수 있음을 인정해야 한다.

넷째, 수학적으로 표현할 수 없는 규칙도 있다는 점이다. 예를 들어 〈그림 10-16〉을 보고, 영화 〈페르마〉에 나오는 다음 수의 배열의 규칙을 생각해 보자. 5-4-2-9-8-6-7-3-1. 이것은 수학적인 규칙에 의해서 배열된 것이 아니라 스페인의 수 이름의 알파벳 순서로 해당되는 수를 배열한 것이다. 즉, 5(cinco), 4(cuatro), 2(dos), 9(nueve), 8(ocho), 6(seis), 7(siete), 3(tres), 1(uno)이다.

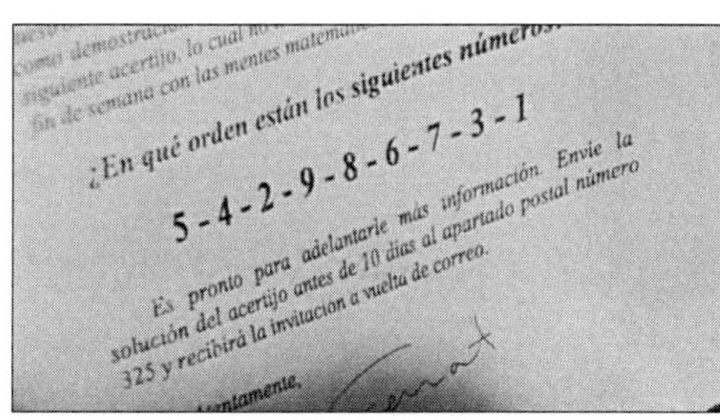

그림 10-16 영화 〈페르마〉에서의 수의 배열

나. 대응 관계

대응 관계와 관련하여 2022 개정 교육과정의 성취기준은 다음과 같다.

> 한 양이 변할 때 다른 양이 그에 종속하여 변하는 대응 관계를 나타낸 표에서 규칙을 찾아 설명하고, □, △ 등을 사용하여 식으로 나타낼 수 있다.

여기서 '대응'이 무엇인지를 생각할 필요가 있다. 성취기준을 보면 대응 관계는 '종속하여 변하는 관계'를 말하는 것인지 혹은 대응 관계 중에서 '종속하여 변하는 관계'를 지도하라는 것인지의 해석이 미묘하다.

이 성취기준은 2015 개정과 변함이 없는데, 2015 개정 교과서에서 대응에 대한 정의를 제시한 교과서는 두 종류 뿐이다. 한 교과서에서는 "변하는 두 양 사이에서 한 양이 다른 양과 짝 짓는 것을 대응"(비상)이라고 하였고, 다른 교과서에서는 "일정한 관계가 있는 두 양이 짝 지어질 때 두 양은 대응"(YBM)한다고 하였다. 두 교과서의 정의에서 '종속성'이 드러나지는 않는다.

종속성을 의도하면 이러한 대응을 식으로 나타낼 때 독립변수와 종속변수를 구분해서 식으로 나타내야 한다. 초등학교 학생들이 이런 종속성을 고려하면서 식으로 나타낼 수 있을지는 의문이다.

대응을 지도할 때 고려해야 할 또 하나의 문제는 양 사이의 관계인지 아니면 수 사이의 관계도 포함하는지의 문제이다. 교육과정이나 두 교과서를 보면 대응을 양 사이의 관계로 보고 있거나 아니면 양 사이의 대응 관계만 지도하려는 의미로 보인다. 그러나 대응을 종속적인 관계로 보거나 양 사이의 관계로 한정하면 대응과 대응 관계를 식으로 나타낼 수 있는 상황이 아주 제한적일 수밖에 없으며, 굳이 그런 제한을 둘 필요는 없어 보인다.

지금까지의 규칙 찾기는 하나의 양 또는 하나의 변수에서의 변화를 찾은 것이다. 그러나 **대응**은 두 양 또는 두 변수 사이의 관계를 찾는 것이다. 물론 하나의 변수에서 규칙을 찾을 때도 암묵적으로 자연수라는 또 하나의 변수가 존재하기는 하지만 이를 의식하거나 드러내지 않아도 된다. 그러나 대응에서는 두 변수에 주목해야 하기 때문에 훨씬 어려울 수 있다. 그래서 2022 개정 교육과정에서는 "대응 관계를 탐구할 때는 두 양의 변화를 함께 고려하게 하고, 한 양의 변화에만 초점을 두지 않도록 한다."라는 주의점을 제시하고 있다. 한 양의 변화에만 초점을 두게 되면 그 양에서의 규칙성을 찾을 수는 있지만 대응 관계를 놓치게 되기 때문이다. 또한 교육과정에서는 대응을 다룰 때 '복잡한 경우를 다루지 않고 덧셈식, 뺄셈식, 곱셈식, 나눗셈식 중의 하나로 표현되는 간단한 경우만 다루도록' 하고 있다.

다음 표를 보자.

표 10-10 대응관계

자동차 대수(□)	1	2	3	4	5	6
바퀴 수(△)	4	8	12	16	?	24

□와 △ 사이의 대응 관계를 알기 위해서는 표를 가로로 살필 것이 아니라 세로로 살펴보아야 한다. □=1일 때 △=4이다. 이것은 △=□+3일 수도 있고 △=□×4일 수도, 혹은 □의 3배에 1을 더한 것일 수도 있다. □=2일 때는 △=8이다. 이것은 △=□+6일 수도 있고 △=□×4일 수도 있고 다른 관계를 찾을 수도 있다. 이러한 여러 관계 중에서 공통인 관계를 찾아야 한다. 그렇게 해서 대응 관계를 식으로 나타내면 △=□×4가 된다. 〈표 10-10〉에서 자동차가 5대일 경우의 바퀴 수를 조사하지 못했지만 이 대응 규칙을 이용하여 □=5일 때 △=20임을 구할 수 있다. 이와 같이 대응 규칙을 이용하여 누락된 부분을 구할 수도 있어야 한다.

〈그림 10-17〉과 같은 입력과 출력이라는 대응 상자를 이용하여 대응 관계를 찾는 활동을 할 수도 있다. 두 명이 하는 활동으로, 한 사람은 대응 상자의 규칙을 미리 정하여 혼자만 알고 있는다. 예를 들어 입력한 수에 2를 곱하는 규칙이라고 하자. 상대방이 몇 번의 질문을 통해 이 대응 규칙을 찾아내도록 한다. 즉, 한 사람이 2를 말하면 규칙을 정한 사람이 4라고 대답한다. 다시 입력할 수로 3을 말하면 규칙을 정한 사람은 6이라고 답한다. 이런 과정을 통하여 대응 규칙을 찾아내게 된다. 이러한 활동은 대응 규칙을 찾는 재미있는 놀이가 될 것이다.

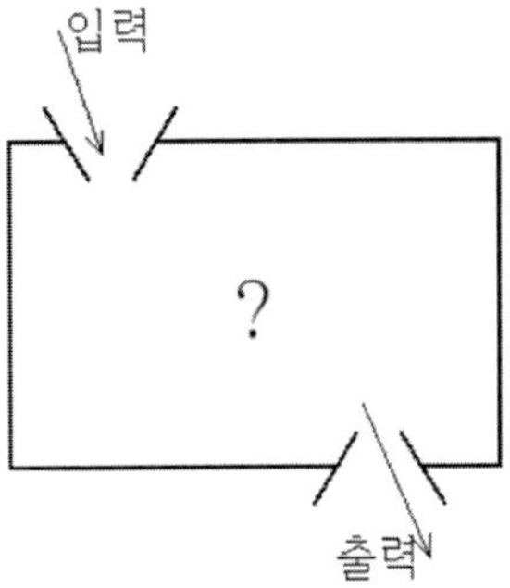

그림 10-17 대응상자

11장

가치·태도 및 그 지도

1. 교육과정에 반영된 가치·태도

2. 가치·태도의 지도

11장

가치·태도 및 그 지도

1 교육과정에 반영된 가치·태도

2022 개정 교육과정은 2015 개정 교육과정의 연장선에서 학교 교육 전 과정을 통해 길러지는 범교과적이고 일반적인 역량과 더불어 '미래 변화에 유연하게 대응할 수 있도록 지식·이해, 과정·기능, 가치·태도를 아우르는 역량'인 교과 역량 함양을 추구하고 있다. 이 중에서 가치·태도는 교과의 학습 과정에서 습득되는 교과 내용과 관련된 태도와 교과를 학습하여 내면화한 사람이 습득하게 되는 가치이다(이경화 외, 2022, 14-5쪽). 2022 개정 교육과정은 총론에서 '각 교과목의 핵심 아이디어를 중심으로 지식·이해, 과정·기능, 가치·태도의 내용 요소를 유기적으로 연계하도록' 하였기 때문에, 2015 개정 교육과정에서 설정한 수학 교과 역량 중에서 '태도 및 실천' 역량(〈표 1-16〉 참고)은 2022 개정 교육과정에서 가치·태도의 내용 요소로 재조정해야 할 필요가 생기게 되었다.

'교과 활동을 통해서 기를 수 있는 고유한 가치 및 태도'인 가치·태도는 다음 〈표 11-1〉과 같이 수학 가치 인식과 수학 태도의 함양이라는 두 범주로 구분할 수 있다(이경화 외, 2022, 238쪽).[52)]

표 11-1 가치·태도의 요소

가치·태도의 범주	요소
수학의 가치 인식	• 수학(*)의 유용성 인식 • 수학 용어, 기호, 표현 편리함 인식 • 수학의 아름다움 인식

52) 이경화 외(2022)는 가치·태도를 수학 가치와 수학 태도로 범주화하고 그 표를 제시하였는데, 필자는 〈표 11-1〉에서 이를 '수학의 가치'와 '수학에 대한 태도'로 표현을 약간 수정하였다.

가치·태도의 범주	요소
수학에 대한 태도 함양	• 수학(*)에 대한 흥미와 관심 • 수학(*) 학습에 대한 자신감 • 수학 활동에 적극적으로 참여

수학(*) 대신 영역의 특수한 내용으로 대체 가능

2022 개정 수학과 교육과정은 가치·태도를 각 영역별로 다음 〈표 11-2〉와 같이 제시하고 있다.

표 11-2 영역별 가치·태도의 내용

영역	가치·태도
수와 연산	• 자연수, 분수, 소수의 필요성 인식 • 사칙계산, 어림의 유용성 인식 • 수 표현의 편리함 인식 • 수와 연산 관련 문제해결에서 비판적으로 사고하는 태도
변화와 관계	• 규칙, 동치 관계 탐구에 대한 흥미 • 대응 관계, 비 표현의 편리함 인식 • 비와 비율의 유용성 인식 • 변화와 관계 관련 문제해결에서 비판적으로 사고하는 태도
도형과 측정	• 평면도형, 입체도형에 대한 흥미와 관심 • 합동인 도형, 선대칭도형, 점대칭도형의 아름다움 인식 • 표준 단위의 필요성 인식 • 넓이와 부피를 구하는 방법의 편리함 인식 • 도형과 측정 관련 문제해결에서 비판적으로 사고하는 태도
자료와 가능성	• 표와 그래프의 편리함 인식 • 평균의 유용성 인식 • 자료를 이용한 통계적 문제해결 과정의 가치 인식 • 가능성에 근거하여 판단하는 태도 • 자료와 가능성 관련 문제해결에서 비판적으로 사고하는 태도

가치·태도는 교육과정의 성취기준으로는 거의 제시되지 않는다. 1-2학년군에서는 자료와 가능성 영역에서, 3-4학년군에서는 도형과 측정 영역에서, 5-6학년군에서는 수와 연산 영역에서 일부 성취기준으로 제시되고 있고, 대부분 성취기준 해설이나 영역 성취기준 적용 시 고려사항에서 관련 내용이 기술되고 있다.

1-2학년군에서 제시하고 있는 가치·태도의 내용은 다음 〈표 11-3〉과 같다.

표 11-3 1-2학년군의 영역별 가치·태도

영역	내용
수와 연산	(나) 영역 성취기준 적용 시 고려사항 • ... 실생활에서 수가 사용되는 사례를 통하여 네 자리 이하의 수의 필요성을 인식하게 한다.
변화와 관계	(나) 영역 성취기준 적용 시 고려사항 • 학생이 스스로 만든 규칙에 따라 물체, 무늬, 수 등을 배열하는 활동을 통해 수학에 대한 흥미를 느끼게 할 수 있다.
도형과 측정	(가) 성취기준 해설 • [2수03-10] 길이의 표준 단위를 도입하기 전에 구체물을 직접 비교해 보거나 여러 가지 임의단위를 사용하여 구체물의 길이를 재어보는 활동을 통해 표준 단위의 필요성을 알게 한다. (나) 영역 성취기준 적용 시 고려사항 • 입체도형과 평면도형의 모양을 이용한 모양 만들기의 주제는 학생들에게 친근한 소재인 동물, 탈 것, 건물 등으로 다양하게 제시하여 수학에 대한 흥미와 관심을 갖게 한다.
자료와 가능성	1 자료의 정리 • [2수04-02] 자료를 분류하여 표로 나타내고, 자료를 표로 나타내면 편리한 점을 말할 수 있다. • [2수04-03] 자료를 분류하여 ○, ×, / 등을 이용한 그래프로 나타내고, 자료를 그래프로 나타내면 편리한 점을 말할 수 있다. (가) 성취기준 해설 • [2수04-02] 표를 이용하여 자료의 크기를 수로 정리하면, 자료의 크기를 나타내고 비교하는 데 편리하다는 점을 통해 수학의 유용성을 인식하게 한다. • [2수04-03] 그래프를 이용하여 자료의 크기를 시각적으로 나타내면, 자료의 크기를 한눈에 비교하는 데 편리하다는 점을 통해 수학의 유용성을 인식하게 한다.

3-4학년군에서 제시하고 있는 가치·태도의 내용은 다음 〈표 11-4〉와 같다.

표 11-4 3-4학년군의 영역별 가치·태도

영역	내용
수와 연산	(가) 성취기준 해설 • [4수01-09] 1보다 작은 양을 나타내는 경우를 통하여 분수의 필요성이나 그 표현의 편리함을 인식하게 할 수 있다. (나) 영역 성취기준 적용 시 고려사항 • ... 실생활에서 다섯 자리 이상의 큰 수가 쓰이는 경우를 찾아보게 한다. 조사한 결과를 바탕으로 큰 수와 관련하여 이야기하는 활동을 통하여 큰 수에 대한 필요성을 인식하고 양감을 기르게 한다. • 나눗셈에 대한 검산에서는 나눗셈식을 보고 곱셈식으로 나타내는 것보다 검산의

영역	내용
	목적과 필요성을 이해하는 데 초점을 둔다. • 친근한 실생활 상황을 이용하여 자연수의 덧셈, 뺄셈, 곱셈, 나눗셈에 관련된 문제를 만들어 해결하게 하고, 사칙계산의 유용성을 인식하게 한다. • 실생활에서 소수를 활용한 사례를 통해 소수의 필요성을 인식하게 한다.
변화와 관계	〈없음〉
도형과 측정	[8] 길이 • [4수03-15] 길이 단위 1mm와 1km를 알고, 이를 이용하여 길이를 측정하고 어림하며 수학의 유용성을 인식할 수 있다. [9] 들이 • [4수03-17] 들이 단위 1L와 1mL를 알고, 이를 이용하여 들이를 측정하고 어림하며 수학의 유용성을 인식할 수 있다. [10] 무게 • [4수03-20] 실생활에서 무게를 나타낼 때 사용하는 단위 1g과 1kg을 알고, 이를 이용하여 무게를 측정하고 어림하며 수학의 유용성을 인식할 수 있다. (나) 영역 성취기준 적용 시 고려사항 • 평면도형의 이동, 원 그리기 등을 이용하여 여러 가지 모양이나 무늬 만들기 활동을 통해 수학의 아름다움을 느끼게 할 수 있다. • 들이, 무게의 표준 단위를 도입하기 전에 표준 단위의 필요성을 알게 한다.
자료와 가능성	(나) 영역 성취기준 적용 시 고려사항 • 여러 가지 사회, 환경 문제를 탐구하는 데 그림그래프, 막대그래프, 꺾은선그래프로부터 얻은 정보를 활용하게 할 수 있다.

5-6학년군에서 제시하고 있는 가치·태도의 내용은 다음 〈표 11-5〉와 같다.

표 11-5 5-6학년군의 영역별 가치·태도

영역	내용
수와 연산	[2] 수의 범위와 올림, 버림, 반올림 • [6수01-03] ... 올림, 버림, 반올림의 의미와 필요성을 알고, 이를 실생활에 활용함으로써 수학의 유용성을 인식할 수 있다. (나) 영역 성취기준 적용 시 고려사항 • 소수의 곱셈과 나눗셈에서 계산 결과를 어림할 필요가 있는 상황, 정확한 계산 대신에 어림셈으로 비교가 가능한 상황 등 어림셈이 필요한 여러 가지 실생활 상황을 제시하여 어림셈의 필요성과 유용성을 알게 한다.
변화와 관계	(가) 성취기준 해설 • [6수02-02] 두 양을 비교할 때는 한 양을 기준으로 다른 양이 몇 배가 되는지를 나타낼 필요성을 인식하면서 비의 개념을 이해하게 한다. (나) 영역 성취기준 적용 시 고려사항 • 비와 비율을 탐구할 때는 실생활 및 타 교과에서 비와 비율이 적용되는 간단한 사례를 활용하며 수학의 유용성을 인식하게 한다.

영역	내용
	• 대응 관계를 기호를 사용하여 식으로 나타내고 두 양의 관계를 비로 나타내 보는 경험을 통해 수학적 표현의 편리함을 인식하게 할 수 있다.
도형과 측정	(나) 영역 성취기준 적용 시 고려사항 • 실생활이나 자연 환경 등에서 도형의 합동, 선대칭도형, 점대칭도형의 예를 찾고 수학의 아름다움을 느낄 수 있게 한다. • 실생활에서 접할 수 있는 여러 가지 물건, 건축물 등에서 직육면체, 정육면체, 각기둥, 각뿔, 원기둥, 원뿔, 구를 찾고 수학에 대한 흥미와 관심을 갖게 한다. • 도형의 넓이와 부피를 구하는 방법의 편리함을 인식하게 한다.
자료와 가능성	(가) 성취기준 해설 • [6수04-01] 평균은 집단의 자료를 대표하는 값임을 이해하고, 여러 집단의 평균을 비교하는 활동을 통해 수학의 유용성을 인식하게 한다. (나) 영역 성취기준 적용 시 고려사항 • 조사 자료에서 전체에 대한 각 부분의 비율을 비교해야 하는 문제 상황을 제시하여 띠그래프와 원그래프의 필요성을 인식하게 한다. • 여러 가지 사회, 환경 문제를 탐구하는 데 그림그래프, 막대그래프, 꺾은선그래프, 띠그래프, 원그래프로부터 얻은 정보를 활용하게 할 수 있다.

2 가치·태도의 지도

수학의 가치와 수학에 대한 태도를 교과서에 반영하여 지도하는 것은 교과서의 내용 전개상 쉬운 일이 아니다. 가치·태도에 대한 내용이 교과서에 반영되든 아니든 모든 단원에서 가치·태도를 지도할 필요가 있다.

가. 수학의 유용성 및 편리함 인식

수학 용어나 기호의 사용 및 수학적 표현이 편리하다는 것은 수학이 유용하다는 것을 의미하므로 수학의 유용성 인식과 수학 용어, 기호, 표현의 편리함 인식은 크게 보면 같은 요소로 간주할 수도 있다.

수학의 유용성 및 편리함을 인식하게 하려면 어떤 점이 좋은지 혹은 만약 수학이 없다면 어떤 불편한 일이 생길지에 대해서 이야기해 보게 하는 것이 좋다.

〈그림 11-1〉은 받아올림이 있는 세 자리 수의 덧셈 방법을 배우지 않은 상태에서 어림 계산을 하게 하고 어림 계산의 유용성에 대해서 논의하게 하는 예이다.

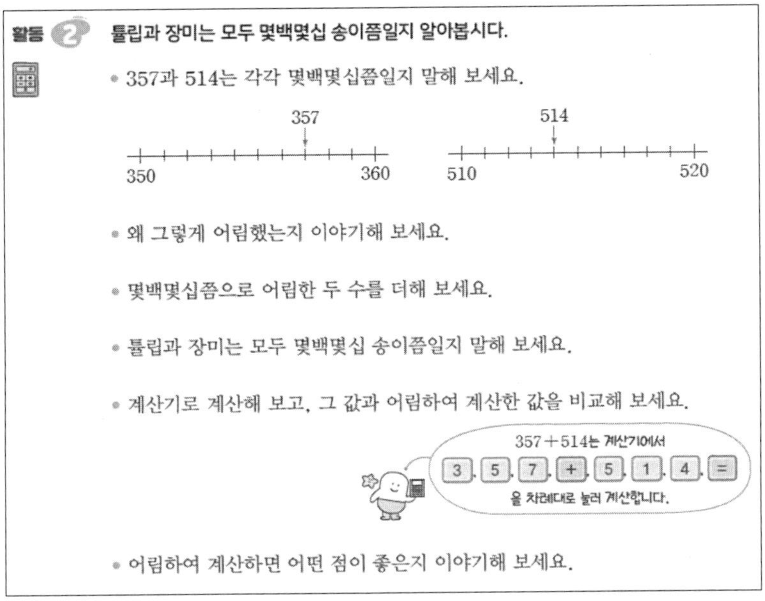
활동 2 튤립과 장미는 모두 몇백몇십 송이쯤일지 알아봅시다.

- 357과 514는 각각 몇백몇십쯤일지 말해 보세요.

- 왜 그렇게 어림했는지 이야기해 보세요.
- 몇백몇십쯤으로 어림한 두 수를 더해 보세요.
- 튤립과 장미는 모두 몇백몇십 송이쯤일지 말해 보세요.
- 계산기로 계산해 보고, 그 값과 어림하여 계산한 값을 비교해 보세요.

- 어림하여 계산하면 어떤 점이 좋은지 이야기해 보세요.

그림 11-1 어림 계산의 좋은 점(강문봉 외, 2025a, 15쪽)

〈그림 11-2〉는 소수를 학습하고 나서 소수로 나타내면 어떤 점이 좋은지에 대해서 이야기해 보게 하는 예이다. 아동들은 분모가 10인 분수를 소수로 고치는 단순 활동에서 소수의 유용성을 깨닫지 못할 수도 있다. 소수가 유용한 이유 중 몇 가지는 인쇄상의 편리함이며, 분수 계산의 불편함에서 오는 문제의 해결이다. 그러므로 소수의 유용성을 알게 하려면 소수가 만들어진 역사적 과정을 고려하는 것이 도움이 될 것이다.

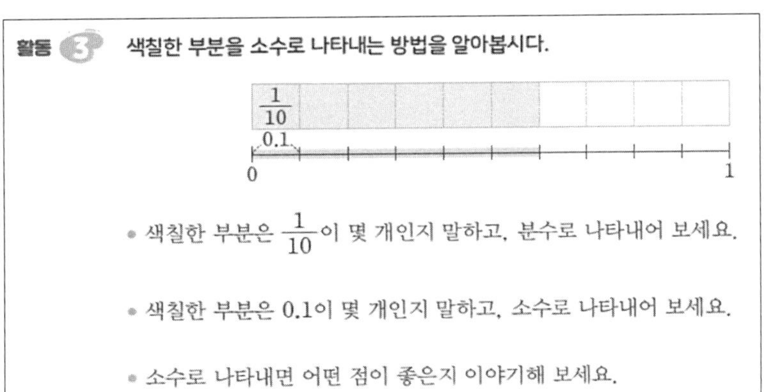
활동 3 색칠한 부분을 소수로 나타내는 방법을 알아봅시다.

- 색칠한 부분은 $\frac{1}{10}$이 몇 개인지 말하고, 분수로 나타내어 보세요.
- 색칠한 부분은 0.1이 몇 개인지 말하고, 소수로 나타내어 보세요.
- 소수로 나타내면 어떤 점이 좋은지 이야기해 보세요.

그림 11-2 소수의 좋은 점(강문봉 외, 2025a, 139쪽)

〈그림 11-3〉은 곱셈 방법을 학습하고 나서, 곱셈 방법의 유용성을 알게 하기 위하여 곱셈 방법을 모르면 어떤 점이 불편할지에 대해서 이야기해 보게 하는 예이다. 이런 경우

곱셈 방법을 모른다고 가정한 연극 대본을 만들고 연극을 하게 하는 것도 재미있는 진행이 될 것이다.

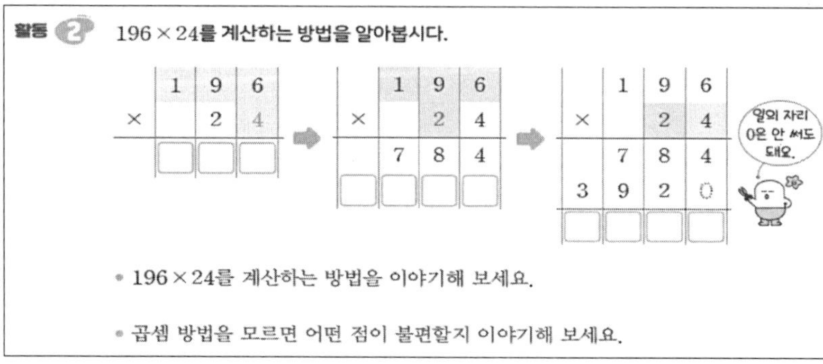

그림 11-3 곱셈 방법의 좋은 점(강문봉 외, 2025e, 67쪽)

나. 수학의 아름다움 인식

수학의 아름다움은 규칙의 발견이나 수학 공식의 간결함 등에서도 발견할 수 있지만, 초등학교 수준에서 이런 아름다움을 이야기하기는 쉽지 않다. 주로 기하학적 도형 그 자체나 도형의 규칙적인 배열에서 수학의 아름다움을 인식할 수 있을 것이다.

〈그림 11-4〉는 밀기, 뒤집기, 돌리기를 학습한 후에 이를 이용한 무늬를 만들어 보고, 규칙적인 모양의 배열에서 수학의 아름다움을 인식하였는지를 확인하는 예이다.

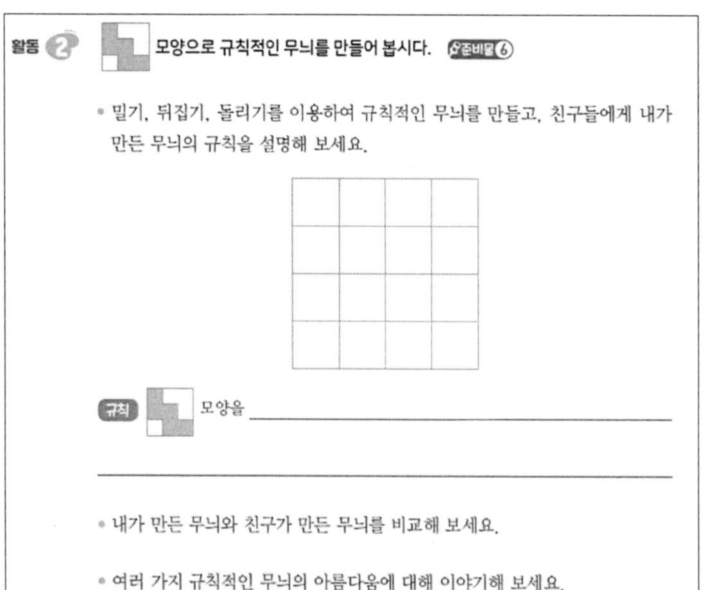

그림 11-4 무늬의 아름다움(강문봉 외, 2025e, 103쪽)

〈그림 11-5〉는 점대칭도형을 학습하고 점대칭인 모양을 찾아 보고, 점대칭도형의 아름다움에 대하여 이야기해 보게하는 예이다.

활동 3 주변에서 점대칭도형의 모양인 것을 찾아봅시다.

- 주변에서 점대칭도형의 모양인 것을 찾아보세요.
- 점대칭도형의 아름다움을 이야기해 보세요.

그림 11-5 점대칭도형의 아름다움(강문봉 외, 출판예정b, 70쪽)

다. 수학에 대한 흥미와 관심

수학에 대해 흥미와 관심을 가지도록 지도하는 것은 쉬운 일이 아니다. 아동들이 공부하는 이유가 과목 자체에 대한 관심보다 부모의 관심이나 선생님에 대한 선호도가 더 원인일 수도 있기 때문이다.

〈그림 11-6〉은 여러 가지 사각형을 학습한 후에 사각형을 분류하는 활동을 하고 그 과정에서 어떤 흥미를 가지게 되었는지를 이야기해 보게 하는 예이다.

활동 3 알맞은 사각형을 모두 찾아 기호를 써 봅시다.

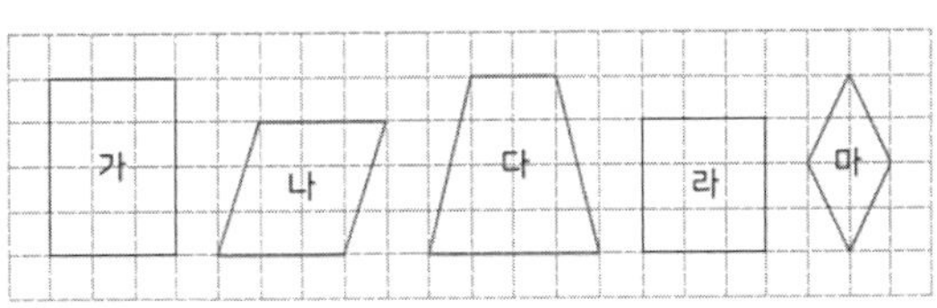

	사다리꼴	평행사변형	마름모	직사각형	정사각형
기호					

- 그렇게 생각한 이유를 이야기해 보세요.
- 다양한 사각형을 찾을 때 어떤 점이 흥미로웠는지 이야기해 보세요.

그림 11-6 사각형 찾기에서의 흥미(강문봉 외, 2025g, 101쪽)

수학에 대한 흥미나 관심은 수학 수업보다는 독서 활동을 통해서 효과적으로 증진시킬 수 있을 것이다. 문학 작품은 학생들에게 동기를 부여하고, 흥미를 불러일으키며, 수학적 아이디어를 그들의 개인적인 경험에 관련시킬 수 있으며, 비판적 사고를 증진시키고, 문제 해결을 위해 수학을 사용하기 위한 맥락을 제공하며, 책의 스타일이나 형태는 문제를 쓰거나 자신의 책을 디자인하는 데에 동기 부여를 할 수 있기 때문이다(김정하, 2009, 204쪽).

아동 수준에 맞는 수학자나 수학 내용에 관한 책을 선정하여 아동들에게 읽어보게 하고 독후감을 발표하거나 내용에 대해 토론해 보게 하면 수학자의 삶에 관심을 가지게 되고 수학 내용에 대한 보다 깊은 이해와 관심을 가지게 될 것이며, 수학에 대한 긍정적 태도와 자기주도적 학습 능력의 신장에도 도움이 될 것이다.

라. 수학 학습에 대한 자신감과 수학 활동 참여

수학 학습에 대한 자신감이 어느 정도인지 그리고 수학 활동에 얼마나 적극적으로 참여하는지는 수업 시간에 교사가 관찰을 통해서 파악하고 지도할 수 있다. 교사는 체크리스트를 만들어서 아동들이 개인 활동을 하는지, 집단 활동에서 어느 정도 기여하는지, 집단 활동에서 주도적인지 수동적인지, 수학적 내용을 다루면서 활동하는지 비수학적 내용을 가지고 활동하는지 등을 체크할 수 있다. 혹은 다음 〈그림 11-7〉, 〈그림 11-8〉과 같은 자기 평가를 통해 파악할 수도 있다.

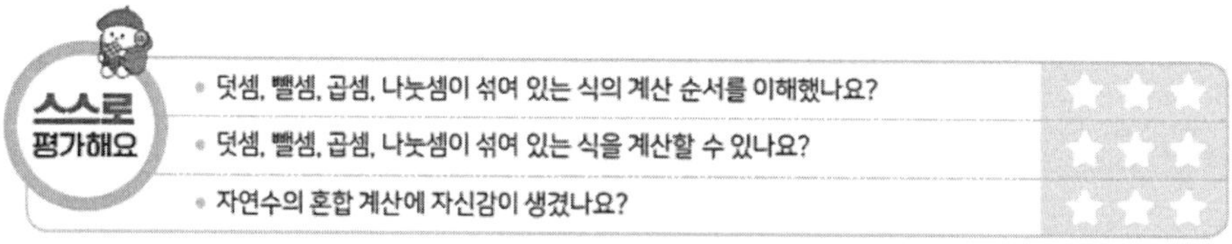

그림 11-7 자기 평가 1(강문봉 외, 출판예정a, 28쪽)

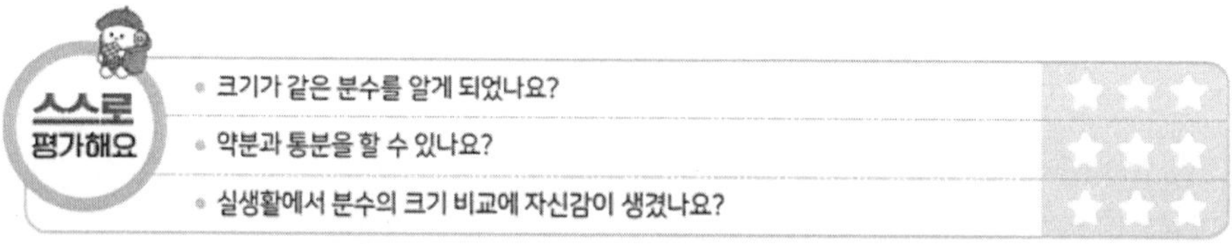

그림 11-8 자기 평가 2(강문봉 외, 출판예정a, 90쪽)

위의 자기평가 문항은 지식·이해, 과정·기능, 가치·태도의 세 가지 범주를 다루고 있으므로, 세 번째 범주에 〈그림 11-9〉, 〈그림 11-10〉과 같이 자신감 외에 유용성이나 관심, 수학에 아름다움 등을 묻는 문항으로 대신하여 다른 요소를 평가할 수도 있다.

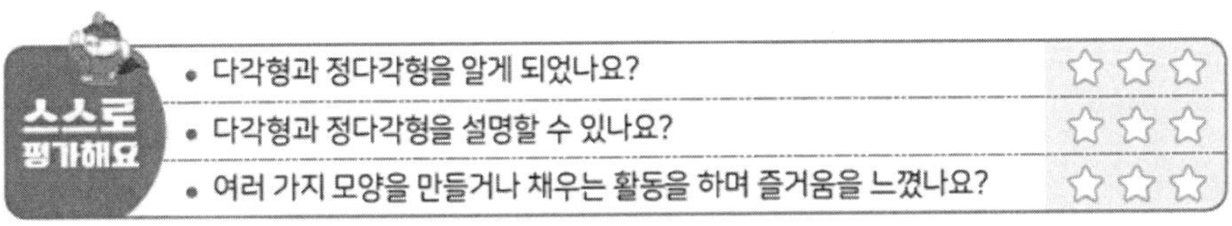

그림 11-9 자기 평가 3(강문봉 외, 2025g, 152쪽)

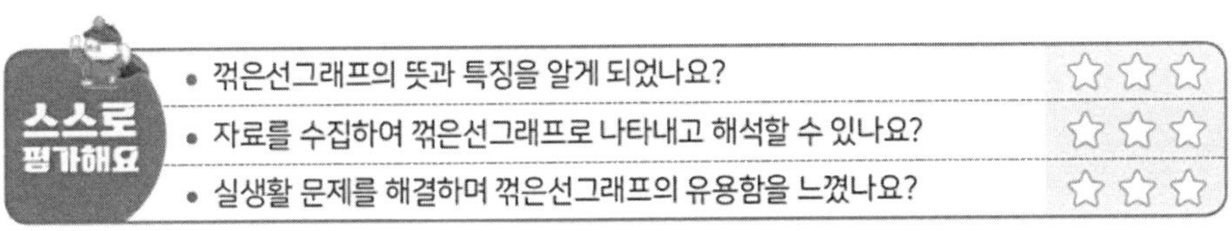

그림 11-10 자기 평가 4(강문봉 외, 2025g, 130쪽)

부록

수업 지도안

부록 1: 속성 모형을 적용한 수업 지도안

부록 2: 개념형성 모형을 적용한 수업 지도안

부록 3: 원리탐구 모형을 적용한 수업 지도안

부록 4: 귀납적 추론 수업 모형을 적용한 수업 지도안

부록 5: 문제해결 수업 모형을 적용한 수업 지도안

여기 수록된 지도안은 2022 개정 교육과정에 따른 지학사 교사용지도서에 수록된 지도안을 일부 수정·보완한 것이다.

부록 1 속성 모형을 적용한 수업 지도안

다음 지도안은 3학년 1학기 지학사 교과서를 참고하여 속성모형에 적합하게 구성한 것이다. 직사각형의 개념을 먼저 정의하고 직사각형의 속성을 검토한다.

<table>
<tr><th colspan="2">단원</th><td colspan="5">2. 평면도형</td></tr>
<tr><th colspan="2">차시명</th><td colspan="3">직사각형을 알아봅시다.</td><th>차시</th><td>7/11</td></tr>
<tr><th colspan="2">학습 목표</th><td colspan="5">직사각형을 알고 직사각형을 그릴 수 있다.</td></tr>
<tr><th colspan="2">적용 모형</th><td>개념학습모형(속성모형)</td><th>교과서 쪽수</th><td>46-47</td><th>익힘책 쪽수</th><td>34-35</td></tr>
<tr><th colspan="2">학습 단계</th><th colspan="3">교수 학습 활동</th><th>시간</th><th>자료 및 유의사항</th></tr>
<tr><td colspan="2">도입</td><td colspan="3">• 지난 시간에 학습한 내용을 기억할 수 있어요?
- 예, 직각삼각형을 배웠어요.
• 어떤 삼각형을 직각삼각형이라고 하는지 말해볼래요?
- 한 각이 직각인 삼각형입니다.
• 잘 알고 있군요. 오늘은 직사각형에 대해서 공부하겠어요.</td><td></td><td></td></tr>
<tr><td rowspan="3">전개</td><td>개념 정의</td><td colspan="3">• 다음 그림과 같이 네 각이 모두 직각인 사각형을 직사각형이라고 해요.
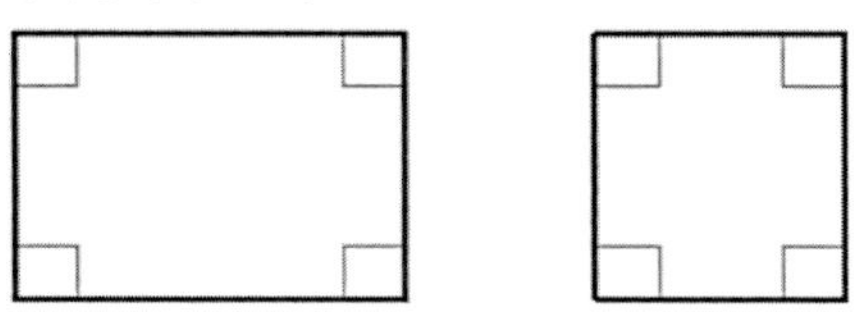
• 직사각형은 어떤 도형이라고 했어요?
- 직사각형은 네 각이 모두 직각인 사각형입니다.</td><td></td><td>- 네 변의 길이가 다른 직사각형뿐만 아니라 네 변의 길이가 같은 직사각형(즉, 정사각형)도 제시한다.</td></tr>
<tr><td>속성 검토</td><td colspan="3">• 좋아요. 직사각형의 변의 길이는 어떤가요?
- 마주 보는 변의 길이는 같아요.
- 이웃한 변의 길이는 같은 것도 있고 다른 것도 있네요.
• 이웃한 변의 길이가 같은 도형에서 각은 어떤가요?
- 모두 직각입니다.
• 그렇죠? 이웃한 변의 길이가 같든 다르든 각이 모두 직각이면 직사각형이에요. 그런데 마주 보는 변의 길이가 다르면 어떻게 될까요?
- 마주 보는 변의 길이가 다르게 그림을 그려보았는데 직각이 나오지 않아요.
• 맞아요. 그래서 직사각형은 네 각이 모두 직각이고 마주 보는 변의 길이가 같아요.</td><td></td><td>- 속성은 질문이 아니라 직접 제시해도 무방하다.

- 평행을 학습하지는 않았지만 평행성에 주목했을 경우 대변이 평행하다는 속성을 다루어도 무방하다.</td></tr>
<tr><td>예와 비예의</td><td colspan="3">• 다음 도형들이 직사각형인지 아닌지, 아니라면 왜 아닌지 검토해 보세요.</td><td></td><td></td></tr>
</table>

학습 단계		교수 학습 활동	시간	자료 및 유의사항
	검토	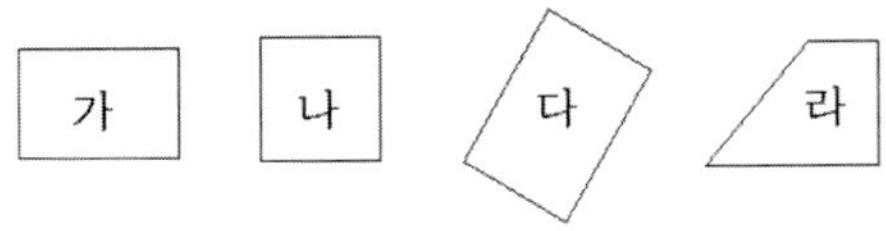 - '가'는 직사각형이고, '나'도 직사각형입니다. - '다'는 기울어져 있지만 각이 모두 직각이니 직사각형 맞아요. - '라'는 직각이 두 개뿐이라서 직사각형이 아닙니다.		
	개념 분석	• 잘했어요. 직각삼각형과 직사각형은 어떤 차이가 있나요? - 직각삼각형은 직각이 하나 있어도 직각삼각형이지만 직사각형은 각이 모두 직각이라야 해요. - 직각이 있는 삼각형을 직각삼각형이라고 했는데, 사각형에서는 직각사각형이라고 하지 않고 직사각형이라고 해요. • 좋아요. 그럼, 모눈종이에 직사각형을 3개씩 그려보세요. - 각자 모눈종이에 직사각형을 그려본다.		- 직각사각형이라고 부르지 않고 직사각형이라고 부른다는 것을 강조할 필요가 있다.
정리		• 오늘 배운 내용을 정리해 볼게요. 직사각형은 네 각이 모두 직각인 사각형입니다. 직사각형의 마주 보는 변의 길이는 같습니다. 직사각형의 이웃한 변의 길이는 다를 수도 있고 같을 수도 있습니다.		

다음 지도안은 3학년 2학기 지학사 교과서를 참고하여 속성모형에 적합하게 구성한 것이다. 진분수와 가분수의 개념을 먼저 정의하고 진분수와 가분수의 속성을 검토한다.

단원	5. 분수				
차시명	진분수와 가분수를 알아봅시다.			차시	5/10
학습 목표	진분수와 가분수를 알고 구분할 수 있다.				
적용 모형	개념학습모형(속성모형)	교과서 쪽수	116-117	익힘책 쪽수	78-79

학습 단계	교수 학습 활동	시간	자료 및 유의사항
도입	• 지난 시간에 학습한 내용을 기억할 수 있어요? - 예, 전체의 몇분의 몇을 배웠어요. • 분수의 가로선 밑에 있는 수와 위에 있는 수를 각각 무엇이라고 하죠? - 아래에 있는 것은 분모, 위에 있는 것은 분자라고 해요. • 잘 알고 있군요. 오늘은 진분수와 가분수에 대해서 공부하겠어요.		

전개	개념 정의	• $\frac{1}{3}$이 2개인 분수를 어떻게 나타낼까요? - $\frac{2}{3}$요. • 그럼 $\frac{1}{3}$이 3개, 4개, 5개, 6개 있는 분수를 수직선에 표시하고 각각 말해보세요. 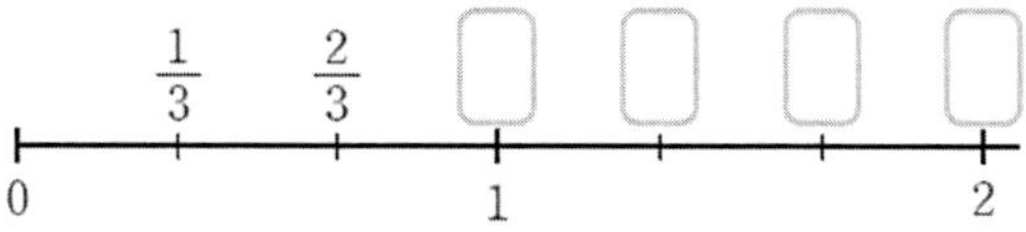 - 순서대로 $\frac{3}{3}, \frac{4}{3}, \frac{5}{3}, \frac{6}{3}$ - (은선) 그런데 이건 6개로 나눈 것이니까 $\frac{1}{6}, \frac{2}{6}$가 되어야 하는 것 아닌가요? • 은선이처럼 생각하는 학생들이 많아요. 그렇지만 이건 하나를 3등분한 조각의 개수를 나타내는 것이에요. 그래서 $\frac{3}{3}, \frac{4}{3}, \frac{5}{3}, \frac{6}{3}$이라고 해야 해요. - 아하! • 이제 분수를 분류해 보겠어요. 다음과 같이 분자가 분모보다 작은 분수를 진분수라고 해요. $\frac{2}{3}, \frac{3}{5}, \frac{4}{5}$ - $\frac{5}{3}$와 같이 분자가 분모보다 큰 분수는 뭐라고 하나요? • 분자가 분모와 같거나 분모보다 큰 분수를 가분수라고 해요. 진짜 분수, 진짜가 아닌 분수라는 의미로 붙인 이름입니다.		- 가분수가 처음 다루어지는 곳이라 은선이의 오류에 대해서 지도할 필요가 있다. - 진분수, 가분수를 예시적으로 정의할 때 분모를 다양하게 제시하는 것이 좋다.
	속성 검토	• 진분수는 어떤 성질이 있나요? - 분자가 분모보다 작아요. - 전체보다 작은 분수에요. • 가분수는 어떤 성질이 있나요? - 분자와 분모가 같거나 분자가 분모보다 큰 분수입니다.		
	예와 비예의 검토	• 다음 중에서 진분수인 것과 가분수인 것을 골라보세요. $\frac{2}{11}, \frac{5}{4}, \frac{6}{6}, \frac{3}{7}, \frac{1}{1}, \frac{4}{5}$ - 진분수는 $\frac{2}{11}, \frac{3}{7}, \frac{4}{5}$이고, 가분수는 $\frac{5}{4}, \frac{6}{6}$입니다. - $\frac{1}{1}$도 분수인가요? • $\frac{1}{1}$도 분수입니다. 어떤 분수일까요?		

		- 분자가 분모와 같으니 가분수네요. • 예 맞아요. 분자와 분모가 어떤 수든지 간에 분자가 분모보다 작으면 진분수, 분자가 분모와 같거나 크면 가분수입니다.		
	개념 분석	• 단위분수도 진분수인가요? - 예 진분수입니다. • 수직선을 잘 보세요. 1에 해당하는 분수는 얼마이고 무슨 분수인가요? - $\frac{3}{3}$인데 가분수입니다. • 2에 해당하는 분수는요? - $\frac{6}{3}$인데 이것도 가분수입니다. • 잘 알고 있군요. 1, 2, 3과 같은 수는 분수와 달리 자연수라고 한다는 것도 알아두세요.		
정리		• 오늘 배운 내용을 정리해 볼게요. 진분수: 분자가 분모보다 작은 분수 가분수: 분자가 분모와 같거나 분자가 분모보다 큰 분수 자연수: 1, 2, 3과 같은 수		

부록 2 개념형성 모형을 적용한 수업 지도안

다음 지도안은 3학년 1학기 지학사 교과서를 참고하여 개념형성 모형에 적합하게 구성한 것이다. 속성모형에서와는 달리 분류 활동을 한 후에 직사각형의 개념을 정의한다.

<table>
<tr><th colspan="2">단원</th><td colspan="6">2. 평면도형</td></tr>
<tr><th colspan="2">차시명</th><td colspan="4">직사각형을 알아봅시다.</td><th>차시</th><td>7/11</td></tr>
<tr><th colspan="2">학습 목표</th><td colspan="6">직사각형을 알고 직사각형을 그릴 수 있다.</td></tr>
<tr><th colspan="2">적용 모형</th><td>개념형성 모형</td><th>교과서 쪽수</th><td>46-47</td><th>익힘책 쪽수</th><td colspan="2">34-35</td></tr>
<tr><th colspan="2">학습 단계</th><th colspan="3">교수 학습 활동</th><th>시간</th><th colspan="2">자료 및 유의사항</th></tr>
<tr><td colspan="2">도입</td><td colspan="3">• 지난 시간에 학습한 내용을 기억할 수 있어요?
- 예, 직각삼각형을 배웠어요.
• 어떤 삼각형을 직각삼각형이라고 하는지 말해볼래요?
- 한 각이 직각인 삼각형입니다.
• 잘 알고 있군요. 오늘은 사각형을 분류해 볼게요.</td><td></td><td colspan="2">- 직사각형 개념을 형성해야 하므로 그 개념을 정의하기 전에는 '직사각형'이라는 용어를 사용하지 않는다.</td></tr>
<tr><td rowspan="3">전개</td><td>범례제시 및 분류</td><td colspan="3">• 다음 사각형을 기준을 정해서 분류해 보세요.
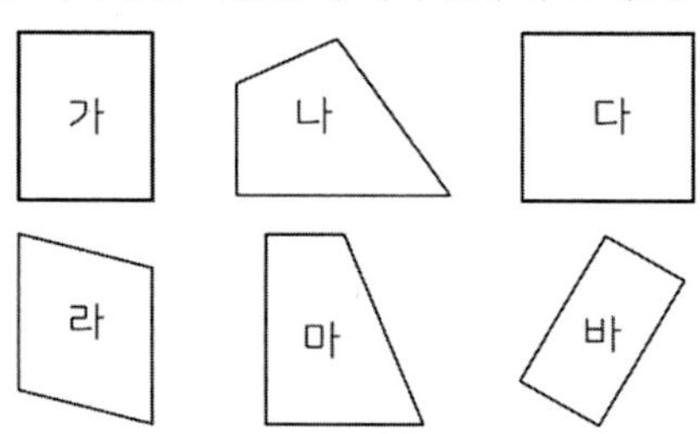

- 은택: (가, 다, 바)와 (나, 라, 마)
- 지훈: (가, 나, 다, 마)와 (라, 바)</td><td></td><td colspan="2">- 범례로 정사각형과 '바'와 같이 비스듬한 직사각형도 제시한다.

- 다양한 분류가 나타날 수 있다. 수학적이지 않는 분류라고 무시해서는 안된다.</td></tr>
<tr><td>공통성질 확인</td><td colspan="3">• 지훈이는 왜 그렇게 분류했어요?
- 가로로 놓여 있는 것과 비스듬히 놓여 있는 것으로 분류했어요.
• 그런 기준으로 분류하는 것도 좋은 생각입니다. 오늘은 은택이의 분류를 좀 더 깊게 생각해 보도록 해요.
• 은택이는 왜 그렇게 분류했어요?
- 각이 모두 직각인 사각형을 골랐어요.(혹은, 네모 반듯한 것을 골랐어요.)
• 좋아요. (가, 다, 바)의 공통점은 무엇인가요?
- 네 각이 모두 직각으로 크기가 같아요.
- 마주 보는 변의 길이는 같은데, 그런 도형으로는 '라'도 있어요.</td><td></td><td colspan="2">- '네모 반듯한' 것도 좋은 분류 기준이지만, 수학적인 용어를 사용하도록 유도한다.</td></tr>
<tr><td>개념 정의</td><td colspan="3">• 각이 모두 직각이군요. 이런 도형에 이름을 붙여</td><td></td><td colspan="2">- 직각사각형 등 여러</td></tr>
</table>

		볼까요? - 반듯사각형이라고 해요. - 직각사각형이라고 해요. • 예, 여러 이름을 생각할 수 있는데, 옛날 수학자들은 이런 도형을 '직사각형'이라고 했어요. 우리도 직사각형이라고 합시다. 어떤 사각형을 직사각형이라고 한다고요? - 직사각형은 네 각이 모두 직각인 사각형입니다.		이름이 나올 수 있으며, 반드시 '직사각형'으로 수업을 진행할 필요는 없다. 다만 그럴 경우 적절한 시기에 적절한 방법으로 용어를 수정해야 한다.
	개념의 속성 조사	• 직사각형은 어떤 특징(성질)이 있는지 알아봅시다. - 마주 보는 변의 길이가 같아요. - 이웃한 변의 길이는 달라요. - 아뇨. '다'도 각이 모두 직각이어서 직사각형인데, 이웃한 변의 길이는 같아요. • 그래요. 직사각형은 마주 보는 변의 길이는 같지만, 이웃한 변의 길이는 같을 수도 있고 다를 수도 있어요.		
	익히기	• 이제 모눈종이에 직사각형을 여러 개 그려보면서 직사각형에 대해서 더 확실히 알아봅시다. - 각자 모눈종이에 직사각형을 그려본다.		
정리		• 오늘 배운 내용을 정리해 볼게요. 직사각형은 네 각이 모두 직각인 사각형입니다. 직사각형의 마주 보는 변의 길이는 같습니다. 직사각형의 이웃한 변의 길이는 다를 수도 있고 같을 수도 있습니다. • 이런 내용을 여러분은 분류하고, 공통점을 찾아보면서 알게 되었어요.		

다음 지도안은 4학년 2학기 지학사 교과서를 참고하여 개념형성 모형에 적합하게 구성한 것이다. 잘 구성된 범례를 분류하는 활동을 하고 나서 예각과 둔각의 개념을 정의한다.

단원	2. 각도				
차시명	여러 종류의 각을 알아봅시다.			차시	4/11
학습 목표	예각과 둔각을 알고 찾을 수 있다.				
적용 모형	개념형성모형	교과서 쪽수	42-43	익힘책 쪽수	28-29

학습 단계	교수 학습 활동	시간	자료 및 유의사항
도입	• 지난 시간에 학습한 내용을 기억할 수 있어요? - 예, 각의 크기(각도)와 각도기를 사용하는 법을 배웠어요. • 잘 알고 있군요. 혹시 직각을 기억하고 있나요?		- 예각과 둔각 개념을 형성해야 하므로 그 개념을 정의하기 전에는 '예각', '둔각'이

<table>
<tr><td colspan="2"></td><td>- 예, 알고 있어요. 그리고 직각의 크기를 90등분 하여 1°로 정했어요.
• 좋아요. 오늘은 직각이 아닌 각에 대해서 공부하겠어요.</td><td></td><td>라는 용어를 사용하지 않는다.</td></tr>
<tr><td rowspan="3">전개</td><td>범례제시 및 분류</td><td>• 다음 그림에 표시되어 있는 여러 각을 분류해 볼까요?
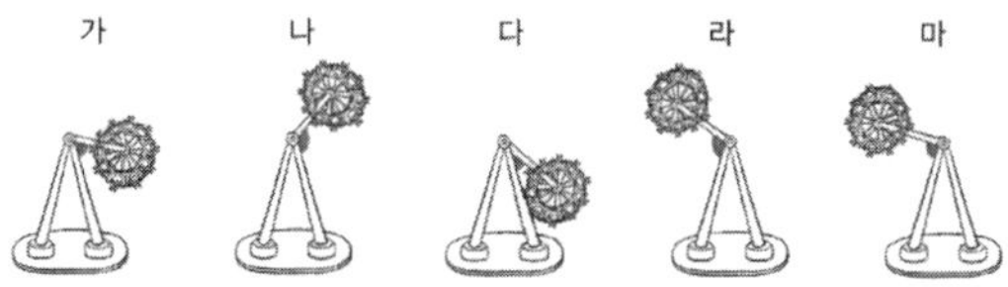

- 혜송: (가, 나, 다)와 (라, 마)
- 은선: (가, 다)와 (나, 라)와 (마)</td><td></td><td>- 직각인 '마'는 제시하지 않을 수도 있다.</td></tr>
<tr><td>공통성질 확인</td><td>• 혜송이는 왜 그렇게 분류했어요?
- 놀이기구의 오른쪽에 있는 각과 왼쪽에 있는 각으로 분류했어요.
• 재미있는 기준이네요. 좋아요. 은선이는 왜 그렇게 분류했나요?
- 저는 이미 배운 직각보다 크기가 작은 각과 큰 각으로 분류했어요.
• 각자 기준을 정해서 잘 분류했군요. 오늘은 은선이의 분류를 조금 더 깊게 살펴봅시다.
• (가, 다)에는 어떤 공통 성질이 있을까요?
- 직각보다 작은 각입니다.
- 뾰쪽해요.
• (나, 라)의 공통점은 무엇인가요?
- 직각보다 큰 각입니다.
- 둔해 보여요.
• 예 잘했어요. (가, 다)와 같은 각은 직각보다 작고 그래서 뾰쪽하죠? (나, 라)와 같은 각은 직각보다 크고 그래서 둔해 보입니다.</td><td></td><td>- 학생들이 다양한 기준으로 분류할 수 있으며, 그러한 기준은 모두 존중될 필요가 있다.</td></tr>
<tr><td>개념 정의</td><td>• (가, 다)와 같은 각을 무엇이라고 부를까요?
- 여러 이름(작은 각, 뾰쪽각 등)을 제안한다.
• 좋아요. 이런 각은 뾰쪽하고 예리해서 '예각'이라고 부릅시다. (나, 라)와 같은 각은 무엇이라고 부를까요?
- 그러면 둔하니까 '둔각'이라고 불러요.
• 좋아요. 이제 이름을 정했으니, 어떤 각을 예각과 둔각이라고 할지 약속해 봐요.
- 학생들이 여러 가지 방법으로 이야기한다.
• 여러분이 이야기한 것을 정리해서 이렇게 말하면 약속하면 좋겠어요.
예각: 0°보다 크고 90°보다 작은 각
둔각: 90°보다 크고 180°보다 작은 각.</td><td></td><td>- 예각(銳角)과 둔각(鈍角)에서 '예리함'과 '둔함'을 함께 이야기해주는 것이 용어를 기억하는 데 도움이 된다.
- '0°보다 크다'거나 '180°보다 작다'는 조건은 아동들이 제시하기 어려우므로 교사가 추가해준다.</td></tr>
</table>

익히기	• 다음 선분을 한 변으로 하는 예각과 둔각을 그려보세요.  예각 둔각 둔각 예각		- 주어진 선분의 어느 끝점을 각의 꼭짓점으로 생각해도 무방하다. - 선분, 반직선 개념을 너무 엄격하게 생각할 필요는 없다.
정리	• 오늘 배운 내용을 정리해 볼게요. 예각: 0°보다 크고 90°보다 작은 각 둔각: 90°보다 크고 180°보다 작은 각 • 여러분은 분류하고 이름을 정하고 약속하면서 예각과 둔각을 알게 되었어요. 이렇게 종종 분류해 보세요.		

부록 3 원리탐구 수업 모형을 적용한 수업 지도안

다음 지도안은 3학년 1학기 지학사 교과서를 참고하여 원리탐구 수업 모형에 적합하게 구성한 것이다. 올림이 있는 곱셈의 계산 원리를 탐구하기 위하여 아동들의 오류에서 출발하여 조작 활동을 하고 곱셈의 계산 원리를 형식화하여 알고리즘을 개발한다.

이 수업은 원리를 탐구하려는 데 목적이 있으므로 학습목표로 '계산 방법 탐구'를 설정하였으며, 조작활동을 할 때는 올림을 하는 이유를 탐구할 수 있도록 십진법의 원리가 내재된 수 모형을 이용하였다.

<table>
<tr><td colspan="2">단원</td><td colspan="5">4. 곱셈</td></tr>
<tr><td colspan="2">차시명</td><td colspan="3">(몇십몇)×(몇)을 구해 봅시다</td><td>차시</td><td>5/9</td></tr>
<tr><td colspan="2">학습 목표</td><td colspan="5">올림이 있는 (몇십몇)×(몇)의 계산 방법을 탐구한다.</td></tr>
<tr><td colspan="2">적용 모형</td><td>원리탐구 수업 모형</td><td>교과서 쪽수</td><td>86-87</td><td>익힘책 쪽수</td><td>56-57</td></tr>
<tr><td colspan="2">학습 단계</td><td colspan="3">교수 학습 활동</td><td>시간</td><td>자료 및 유의사항</td></tr>
<tr><td colspan="2">도입</td><td colspan="3">전시 학습 내용을 확인
동기유발</td><td></td><td></td></tr>
<tr><td rowspan="3">전개</td><td>수학적 원리의 필요성 인식</td><td colspan="3">• 오늘은 다음과 같은 문제를 풀어 보겠어요.
'친구와 함께 도전하기' 행사에 하루에 23명씩 참가할 수 있어요. 4일 동안 참가할 수 있는 학생은 몇 명일까요?
- 쉽네. 곱셈으로 구할 수 있어요.
• 그래요. 어떤 학생이 이 문제를 23×4=812와 같이 구했어요.
$\begin{array}{r} 2\ 3 \\ \times\quad 4 \\ \hline 8\ 1\ 2 \end{array}$
- 맞아요. 일의 자리 수에 곱하고 그 다음에는 십의 자리 수에 곱했어요.
- 그런데, 어림 계산하면 20×4=80인데, 답이 너무 커요. 어딘가 잘못 계산했어요.
• 그렇죠? 지난 시간에 배웠던 방법으로 계산하면 안되겠죠?</td><td></td><td>- 지난 차시와 겉보기에는 같아 보이지만 지난 차시 방법이 적용되지 않는 문제와 오류 사례를 제시하였다.
- 기존 방법으로는 해결이 되지 않는다는 것을 인식하고 새로운 방법을 찾으려는 마음을 갖게 한다.</td></tr>
<tr><td>수학적 원리가 내재된 조작 활동</td><td colspan="3">• 이제 수 모형을 이용해서 구해 보세요.
〈수 모형으로 23×4를 구하게 한다. 이때 일 모형 10개를 십 모형으로 교환하는 부분을 주목하여 살펴본다.〉
- 23×4는 92네요.
• 수 모형으로 어떻게 구했는지 발표해 보세요.
〈학생들이 발표한다.〉</td><td></td><td>- 십진법의 개념이 내재된 교구를 활용한다.</td></tr>
<tr><td>수학적 원리의 형식화</td><td colspan="3">• 수 모형 활동을 잘 생각해 보면서 이제 계산 방법을 찾아보겠어요. 먼저 무엇을 했나요?
- 십 모형이 2개씩 4개니까 십 모형이 8개가 되었어요.</td><td></td><td></td></tr>
</table>

		• 그것을 식으로 나타내면 이렇게 되겠군요. 십 모형이니 십의 자리를 잘 생각해서 써야겠죠? 그다음에는요? $\begin{array}{r} 2\,3 \\ \times\quad 4 \\ \hline 8\ \ \end{array}$ - 일 모형은 3개씩 4개니까 12개가 되었어요. 그중 10개는 십 모형 하나와 교환했어요. • 맞아요. 12를 자리를 잘 생각해서 써야 해요. 그러면 곱셈을 이렇게 하면 되겠지요? $\begin{array}{r} 2\,3 \\ \times\quad 4 \\ \hline 8\ \ \\ 1\,2 \\ \hline 9\,2 \end{array}$ - 아하! • 그런데 계산을 편하게 하기 위해서 일 모형부터 먼저 처리할 수 있어요. 그래서 12를 먼저 써 보겠어요. 이제 8은 12의 오른쪽 자리에 맞춰서 써야 할까요? - 아뇨. 8은 십 모형 8개를 말하는 것이니까 십의 자리에 맞춰서 써야 해요. $\begin{array}{r} 2\,3 \\ \times\quad 4 \\ \hline 1\,2 \\ 8\ \ \\ \hline 9\,2 \end{array}$ • 맞아요. 잘 이해했군요. 그러면 계산을 이렇게 쓰면 되겠군요.		- 형식화의 단계에서 올림을 작은 숫자로 표시하는 방법을 추가적으로 지도할 수도 있다.
	수학적 원리 익히기 및 적용하기	• 이제 수 모형을 사용하지 않고 다음을 계산해 보세요. $\begin{array}{r} 3\,9 \\ \times\quad 2 \\ \hline \end{array}$ $\begin{array}{r} 6\,1 \\ \times\quad 5 \\ \hline \end{array}$		- 십의 자리에서 올림이 있는 곱셈을 별도로 지도하지 않고 연습문제로 익히도록 하였다.
정리		• 오늘 무엇을 배웠나요? - 일의 자리에서 올림이 있는 곱셈 방법을 배웠습니다. - 십의 자리에서 올림이 있는 문제도 풀었어요. - 어림해서 계산한 것과 비교하니 계산이 틀렸는지를 알 수 있었어요. • 잘했습니다. 앞으로도 계산 방법을 모를 때는 이처럼 수 모형을 이용해서 구해보고 그 방법을 잘 생각해 보면 여러분들도 계산 방법을 찾을 수 있어요.		

다음 지도안은 5학년 1학기 지학사 교과서를 참고하여 원리탐구 수업 모형에 적합하게 구성한 것이다. 분모가 다른 두 진분수의 덧셈 계산 원리를 탐구하기 위하여 아동들의 오류에서 출발하여 조작 활동을 하고 분수의 덧셈 계산 원리를 형식화하여 알고리즘을 개발한다.

이 수업은 원리를 탐구하려는 데 목적이 있으므로 학습목표로 계산 기능 외에 '덧셈 원리 탐구'를 설정하였으며, 조작활동을 할 때는 조작활동을 할 때는 통분을 해야 하는 이유를 탐구할 수 있도록 직사각형 그림을 이용하였다.

<table>
<tr><td>단원</td><td colspan="5">5. 분수의 덧셈과 뺄셈</td></tr>
<tr><td>차시명</td><td colspan="3">진분수의 덧셈을 알아봅시다(1)</td><td>차시</td><td>2/10</td></tr>
<tr><td>학습 목표</td><td colspan="5">분모가 다른 두 진분수의 덧셈 원리를 탐구한다.
분모가 다른 두 진분수의 덧셈을 할 수 있다.</td></tr>
<tr><td>적용 모형</td><td>원리탐구 수업 모형</td><td>교과서 쪽수</td><td>94-95</td><td>익힘책 쪽수</td><td>54-55</td></tr>
</table>

<table>
<tr><th colspan="2">학습 단계</th><th>교수 학습 활동</th><th>시간</th><th>자료 및 유의사항</th></tr>
<tr><td colspan="2">도입</td><td>• 여러분은 쌀이 어떻게 나오는지 아세요?
- 농부들이 논에서 농사를 지어서 쌀을 생산해요.
• 맞아요. 쌀을 생산하기 위해서는 논에서 모를 심어야 합니다. 이때 일손이 많이 필요해서 모내기 봉사도 하곤 해요.
- 아하! 그래서 5학년과 4학년 학생들이 모를 심고 있군요.
• 그래요. 오늘은 모내기를 얼마나 했는지 분수 계산을 해봅시다.</td><td></td><td>- '생각열기'의 삽화를 보면서 모내기에 대한 이야기를 한다.</td></tr>
<tr><td rowspan="2">전개</td><td>수학적 원리의 필요성 인식</td><td>• 다음 문제를 풀어 볼까요?

5학년은 전체 논의 $\frac{1}{2}$만큼, 4학년은 전체 논의 $\frac{1}{4}$만큼 모내기를 했습니다. 모두 얼마나 했는지 알아봅시다.

• 식으로 나타내 볼까요?
- 모두를 구하는 것이니 $\frac{1}{2}+\frac{1}{4}$입니다.
• 여러분은 4학년에서 분수의 덧셈을 배웠으니 이 계산을 할 수 있나요?
- (은혜) 예, 분자끼리 분모끼리 더하면 $\frac{1}{2}+\frac{1}{4}=\frac{2}{6}$입니다.
• 은혜가 한 계산을 잘 살펴볼까요? 먼저 $\frac{2}{6}$의 크기가 어느 정도 될까요?
- 2가 6의 반인 3보다 작으니 $\frac{2}{6}$는 $\frac{1}{2}$보다 작아요.
- $\frac{1}{2}$에 $\frac{1}{4}$을 더하면 $\frac{1}{2}$보다 커야 하는데 더 작아졌어요. 왜 그렇죠?
- 분자끼리, 분모끼리 더하면 안 될 것 같아요.
• 그래요. 방법을 찾아봅시다.</td><td></td><td>- 은혜와 같은 풀이가 없다면, 하나의 사례로 가져와서 진행할 수도 있다.
- 학생의 오개념을 드러내고, 그런 방법으로는 해결이 되지 않는다는 것을 인식하고 새로운 방법을 찾으려는 마음을 갖게 한다.
- 어림이 아닌 그림을 그려서 오류를 드러내도 좋다.</td></tr>
<tr><td>수학적 원리가 내재된 조작 활동</td><td>• 그림으로 알아볼까요? 해당하는 만큼 색칠하면서 구해 보세요.
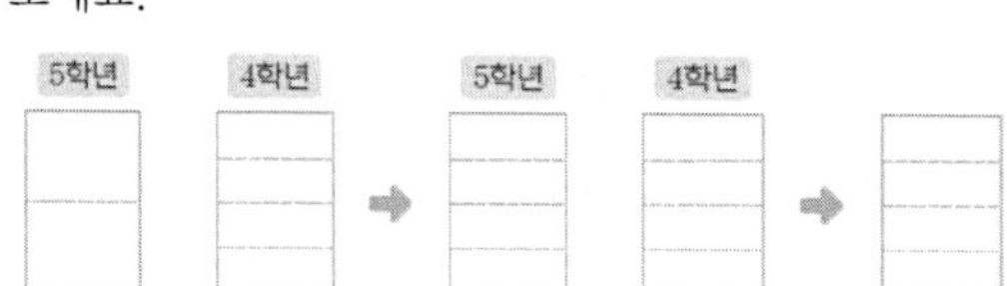</td><td></td><td>- 그림으로 알아보는 대신 4학년에서 배운 '분모가 같은 분수의 덧셈' 방법을 회상하게 하여 원리를 탐구하게 할 수도 있다.</td></tr>
</table>

		- (색칠하면서 구해본다.) • 어떻게 구했어요? - 분수의 합의 크기를 알려면 한 칸의 크기를 같게 나누어주어야 했어요. - 칸의 크기가 같으면 칸수만 세면 알 수 있어요.		
	수학적 원리의 형식화	• 잘했어요. 활동을 잘 생각해 보면서 분모가 다른 분수의 덧셈을 어떻게 할 것인지 알아봅시다. 먼저 무엇을 해야 하나요? - 칸의 크기를 같게 했어요. • 칸의 크기가 같다는 것은 분모가 같다는 의미지요. 그러니 분모가 같은지 다른지 확인해서 분모가 다르면 분모를 같게 해야 해요. • 그리고, 분모를 같게 하면 그다음에는요? - 칸의 수를 세는 것이니까, 분자끼리만 더하면 돼요. • 좋아요. 이제 분모가 다른 두 분수의 덧셈을 어떻게 하는지 정리해 봅시다. ① 먼저 분모를 통분합니다. ② 분자끼리만 더하고 분모는 그대로 씁니다.		
	수학적 원리 익히기 및 적용하기	• 이제 다음 분수의 덧셈을 해 보세요. 1. $\frac{3}{8}+\frac{3}{10}$ 2. 서아네 가족은 주말 농장에서 고추 $\frac{7}{15}$ kg, 방울토마토 $\frac{5}{12}$ kg을 땄습니다. 서아네 가족이 딴 고추와 방울토마토는 모두 몇 kg인지 식을 쓰고, 답을 구해 보세요. - (다음과 같은 두 가지 방법으로 두 문제를 계산한다.) ① $\frac{3}{8}+\frac{3}{10}=\frac{30}{80}+\frac{24}{80}=\frac{54}{80}=\frac{27}{40}$ ② $\frac{3}{8}+\frac{3}{10}=\frac{15}{40}+\frac{12}{40}=\frac{27}{40}$ • 잘했어요. 두 방법을 비교하여 이야기해 보세요. - (어느 방법이 더 편한지 각자의 관점에서 이야기한다.)		- 교과서나 익힘책 문제를 이용하여 연습시킨다. - 반드시 분모의 공통분모로 최소공배수를 사용하지 않아도 무방하며, 약분하지 않아도 틀린 것은 아니다. - 어느 방법이 편한지는 각자에 따라 다를 수 있고 정답이 있는 것은 아니다.
정리		• 오늘 무엇을 배웠나요? - 분모가 다른 분수의 덧셈 방법을 배웠습니다. • 분자끼리 분모끼리 더하나요? - 아니요. 먼저 분모를 통분한 다음에 분자끼리만 더하면 됩니다. • 잘했어요. 다음에는 분수의 뺄셈에 대해서 공부하겠습니다.		

부록 4 귀납적 추론 수업 모형을 적용한 수업 지도안

다음 지도안은 4학년 1학기 지학사 교과서를 참고하여 귀납적 추론 수업 모형에 적합하게 구성한 것이다. 여러 가지 삼각형을 그리고 각을 재어서 삼각형의 세 각의 크기의 합이 얼마인지를 추측하고 종이접기를 이용하여 검증하도록 하였다.

단원	2. 각도				
차시명	삼각형의 세 각의 크기의 합을 알아봅시다.			차시	7/11
학습 목표	삼각형의 세 각의 크기의 합이 180°임을 안다. 귀납적으로 추론하는 경험을 가진다.				
적용 모형	귀납적 추론 수업 모형	교과서 쪽수	48-49	익힘책 쪽수	34-35

학습 단계		교수 학습 활동	시간	자료 및 유의사항
도입		• 선생님이 칠판에 삼각형을 하나 그렸어요. 성광이가 나와서 각 '가'와 '나'의 크기를 재어볼까요? 몇 도인가요? (선생님이 임의의 삼각형을 그리고 성광이가 나와서 두 각의 크기를 재어본다.) - 40°와 110°입니다. • 그러면 나머지 각은 몇 도일까요? 선생님은 재어보지 않고도 알 수 있어요. 30°죠? (성광이가 재어보고 맞았다고 함. 학생들이 신기해 함.) • 삼각형에서 두 각의 크기를 알면 선생님처럼 나머지 각의 크기를 알 수 있어요. 왜 그런지 오늘 함께 알아 봐요. - 예. 재미있을 것 같아요.		- 동기유발을 위해 다른 학생이 나와서 각을 그리고 재어보게 할 수도 있다.
전개	자료 수집 (관찰 및 실험)	• 각자 삼각형을 다양하게 그려보세요. (교과서나 공책에 삼각형을 적당히 그린다.) • 그린 삼각형의 세 각의 크기를 각도기로 재어보세요. 정확하게 재야 해요. (각도기로 삼각형의 세 각의 크기를 잰다.) • 세 각의 크기를 합해 보세요. 합이 얼마인지 말해 볼까요? - 180°입니다. - 어! 나도 180°야. (신기하다는 반응이 나올 수 있음)		- 임의의 삼각형을 그리게 되므로 각의 크기도 임의로 나오게 되어 계산하기 불편한 경우도 있을 수 있고, 측정 오차로 각의 크기의 합이 180°가 안될 수도 있다.
	추측하기 (일반화하기)	• 잘했어요. 그럼 세 각의 크기의 합에 대해서 무엇을 알 수 있을까요? - 180°입니다. - 모든 삼각형의 세 각의 크기의 합은 180°입니다.		
	추측의 검증	• 우리가 그려서 재어본 삼각형에서는 모두 세 각의 크기의 합이 180°가 되었죠? 그러면 아주 특별한 삼각형에서도 같은 결과가 나올까요? - 아주 납작한 삼각형에서는 각의 크기를 재기가 어려워요.		- 아주 납작한 삼각형이나 아주 뾰족한 삼각형을 그려서 확인해 보게 한다.

		• 그렇군요. 그러면 다음과 같이 삼각형을 접어서 확인해 봐요. • 삼각형의 모양의 종이를 접어서 삼각형의 세 각의 크기의 합을 알아보세요. 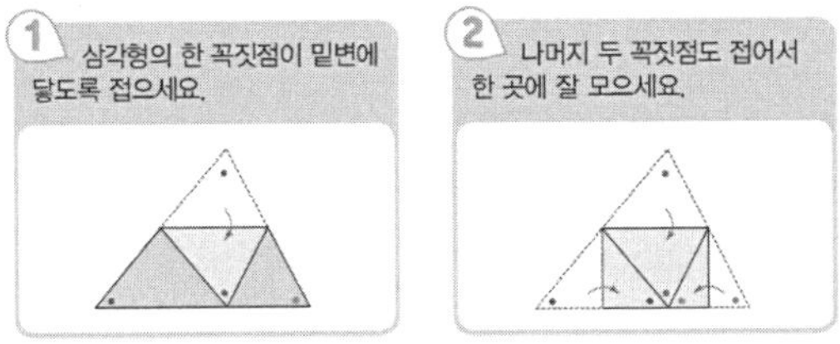 (삼각형을 접어보고 세 꼭짓점이 한곳에 모이는 것을 확인한다.) • 어떤 삼각형이든 이렇게 접을 수 있겠죠? 그러니 모든 삼각형에서 세 각의 크기의 합이 180°임을 알 수 있겠죠? - 예. • 선생님이 처음에 두 각의 크기를 말할 때 다른 각의 크기를 재어보지 않고도 알 수 있었던 비밀을 이제 알 수 있나요? - 예.		- 삼각형의 세 변의 중점을 표시해 주면 삼각형을 접기가 쉽다.
	발전	- 선생님, 삼각형에서 그런 비밀이 있다면 사각형에서도 비밀이 있나요? • 좋은 질문입니다. 그 비밀은 다음 시간에 찾아봅시다.		
정리		• 오늘은 삼각형의 세 각의 크기의 합이 몇 도인지 찾아봤어요. 몇 도인가요? - 세 각의 합은 180°입니다. • 맞아요. 여러 가지 삼각형에서 각을 재어서 알아보았고, 삼각형을 접어서 확인해 봤어요. 다음 시간에는 사각형에서의 비밀을 찾아봅시다.		

다음 지도안은 5학년 2학기 지학사 교과서를 참고하여 귀납적 추론 수업 모형에 적합하게 구성한 것이다. 곱하는 수가 10배로 증가하거나 $\frac{1}{10}$배씩 줄어들 때마다 소수점의 위치가 어떻게 되는지, 그리고 두 소수를 곱하면 곱의 소수점의 위치가 어떻게 되는지의 두 가지 사실을 귀납하게 되므로, 자료 수집, 추측, 검증의 과정이 두 번 반복되도록 지도안을 구성하였다.

단원	**4. 소수의 곱셈**				
차시명	곱의 소수점의 위치를 알아봅시다.			**차시**	8/11
학습 목표	소수의 곱셈에서 소수점의 위치를 알 수 있다.				
적용 모형	귀납적 추론 수업 모형	**교과서 쪽수**	96-97	**익힘책 쪽수**	64-65

<table>
<tr><th colspan="2">학습 단계</th><th>교수 학습 활동</th><th>시간</th><th>자료 및 유의사항</th></tr>
<tr><td colspan="2">도입</td><td>• 지난 시간에 무엇을 배웠어요?
- (소수)×(소수)를 배웠어요.
• (소수)×(소수)를 어떻게 계산하는지 누가 말해 볼까요?
- 자연수의 곱셈을 이용해서 계산해요. 그런데 소수점을 찍다가 위치를 잘못 찍을 때가 있어요.
• 그렇군요. 그러면 오늘은 소수의 곱셈을 할 때 소수점을 어디에 찍어야 하는지, 그 위치에 대해서 공부해 봐요.</td><td></td><td></td></tr>
<tr><td rowspan="4">전개</td><td>자료 수집 (관찰 및 실험) (1)</td><td>• 다음 계산을 해 보세요. 남학생은 (가) 문제, 여학생은 (나) 문제를 풀어보세요.
<table>
<tr><th>(가)</th><th>(나)</th></tr>
<tr><td>1.75×1
1.75×10
1.75×100
1.75×1000</td><td>1750×1
1750×0.1
1750×0.01
1750×0.001</td></tr>
</table>
- (각자 풀어본다.)</td><td></td><td>- 소수점의 규칙을 찾으려고 하는 것이므로 필산 대신 계산기를 사용하게 해도 좋다.</td></tr>
<tr><td>추측하기 (일반화 하기) (1)</td><td>• 좋아요. 이제 (가) 문제에서 무엇을 발견하였는지 누가 발표해 볼까요?
- 곱하는 수가 1, 10, 100, 1000과 같이 10배가 될 때마다 소수점은 오른쪽으로 하나씩 옮겨집니다.
• 그렇군요. 그런 (나) 문제에서는 무엇을 발견했나요?
- 곱하는 수가 1, 0.1, 0.01과 같이 $\frac{1}{10}$배씩 줄어들 때마다 소수점은 왼쪽으로 하나씩 옮겨집니다.</td><td></td><td>- 추측은 다양한 방식으로 설명될 수 있으므로, 그 의미가 맞으면 충분하다.</td></tr>
<tr><td>추측의 검증 (1)</td><td>• 이제 여러분의 생각이 맞는지 확인해 볼까요? 1.75×10000과 1750×0.0001을 계산해 보세요.
- 1.75×10000=17500, 1750×0.0001=0.175가 되는데, 소수점이 이동하는 규칙과 맞습니다.
• 잘했어요. 여러분이 발견한 규칙을 이용하면 계산하지 않고도 소수점의 위치를 알 수 있겠군요.</td><td></td><td>- 소수 세 자리 수와 소수 네 자리 수는 배우지 않았지만, 이에 대해서 특별히 지도할 필요는 없다.</td></tr>
<tr><td>자료 수집 (관찰 및 실험) (2)</td><td>• 이번에는 다른 계산을 해 보세요. 계산기를 사용해도 좋아요.
<table>
<tr><th>×</th><th>3</th><th>0.3</th><th>0.03</th></tr>
<tr><td>7</td><td>21</td><td></td><td></td></tr>
<tr><td>0.7</td><td></td><td></td><td></td></tr>
<tr><td>0.07</td><td></td><td></td><td></td></tr>
</table>
- (각자 계산해 본다.)</td><td></td><td>- 새로운 귀납 활동임. 소수점의 규칙을 찾으려고 하는 것이므로 필산 대신 계산기를 사용하게 해도 좋다.</td></tr>
</table>

	추측하기 (일반화 하기) (2)	• 이제 계산한 것을 잘 살펴보세요. 어떤 규칙이 있는지 찾을 수 있나요? - 곱하는 두 수에 3과 7이 있어서 곱에도 모두 21이 있습니다. - 곱의 소수점 위치는 곱해지는 수와 곱하는 수의 소수점 아래 자릿수의 합이 됩니다.		
	추측의 검증 (2)	• 여러분의 생각이 맞는지 확인해 볼까요? 3.42×1.234의 소수점의 위치가 어떻게 될 것 같아요? - (각자 생각을 말한다.) • 계산기로 계산해서 확인해 봐요. - 4.22028로 소수점 이하 다섯 자리가 맞아요. • 잘했어요. 그럼 3.42×1.25는 어떻게 될 것 같아요? - 소수점 이하 네 자리 수가 될 것 같아요. • 계산기로 확인해 볼까요? - 4.275. 어? 아니네요! • 이상하죠? 손으로 계산해 볼까요? - (각자 계산하고), 4.2750이 나와요. • 맞아요. 여러분의 생각이 틀린 것이 아니라 342×125=42750인데, 소수 4자리 수가 되도록 점을 찍고 나면 맨 끝에 있는 0은 생략하게 되어 그런 거예요. 알았죠? - 예.		- 자연수의 곱셈을 하면 문제가 없지만 계산기로 계산하면 이런 경우가 생기게 된다.
	발전	• 이제 이제 교과서와 익힘책의 문제를 풀어봅시다. - (교과서와 익힘책 문제를 풀어본다.)		- 교과서와 익힘책의 문제를 해결하면서 기능을 숙달한다.
정리		• 오늘은 소수의 곱셈에서 소수점의 위치에 대해서 공부했습니다. 배운 내용을 잘 기억해 두세요.		

부록 5 문제해결 수업 모형을 적용한 수업 지도안

다음 지도안은 4학년 1학기 지학사 교과서를 참고하여 문제해결 수업 모형에 적합하게 구성한 것이다. 문제를 해결하는 과정과 규칙성 찾기 전략을 지도하는 데 초점을 두었다.

<table>
<tr><th colspan="2">단원</th><td colspan="6">6. 규칙 찾기</td></tr>
<tr><th colspan="2">차시명</th><td colspan="4">모양의 배열에서 규칙을 찾아 식으로 나타내어 봅시다.</td><th>차시</th><td>6/11</td></tr>
<tr><th colspan="2">학습 목표</th><td colspan="6">문제를 해결하는 과정을 경험한다.
규칙을 찾아 문제를 해결한다.</td></tr>
<tr><th colspan="2">적용 모형</th><td>문제해결 수업 모형</td><th>교과서 쪽수</th><td>144-145</td><th>익힘책 쪽수</th><td colspan="2">88-89</td></tr>
<tr><th colspan="2">학습 단계</th><th colspan="3">교수 학습 활동</th><th>시간</th><th colspan="2">자료 및 유의사항</th></tr>
<tr><th colspan="2">도입</th><td colspan="3">전시 학습 내용을 확인한다.</td><td></td><td colspan="2"></td></tr>
<tr><th rowspan="2">전개</th><th>이해</th><td colspan="3">• 다음 문제를 풀어볼까요?
모양의 배열에서 규칙을 찾아 모양을 만드는 식을 써 봅시다.

| | 첫째 | 둘째 | 셋째 | 넷째 |
| 식 | | | | |
• 구하려고 하는 것은 무엇인가요?
- 첫째, 둘째, 셋째, 넷째 모양을 만드는 식입니다.
• 문제에서 무엇을 알 수 있나요?
- 첫째, 둘째, 넷째의 모양입니다.
• 모양이 어떻게 배열되어 있는지 알 수 있나요?
- '정육각형' 모양이 처음에는 한 개, 그다음부터는 처음 정육각형의 각 변에 또 정육각형을 빈틈없이 채우고 있어요.</td><td></td><td colspan="2">- 학생들이 '정육각형'이란 표현을 사용하지 않고 같은 의미의 표현을 하는 것으로도 충분하다.</td></tr>
<tr><th>계획</th><td colspan="3">• 좋아요. 그러면 어떤 방법으로 이 문제를 풀 수 있을지 생각해 봅시다.
- 그림 모양이 어떻게 되는지는 알 수 있어요.
- 먼저 셋째 그림을 그려봐야 할 것 같아요.
• 좋은 생각입니다. 셋째에 해당하는 그림을 그려볼까요?
(학생들은 다음과 같은 그림을 그린다.)
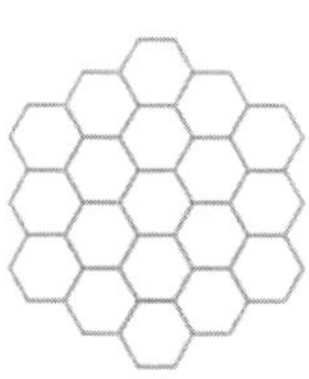
• 이제 어떻게 하면 좋을까요?
- 정육각형의 개수를 세어보면 되겠어요.</td><td></td><td colspan="2">- 그림을 잘못 그리면 규칙을 찾는 데 문제가 생기므로 정확하게 그렸는지 확인한다.</td></tr>
</table>

		- 식을 써야 하니 개수가 중요한 것이 아니라 몇 개씩 더 많아지는가를 알아봐야겠어요. - 많아지는 것이니까 더하거나 곱하기로 나타낼 수 있을 것 같아요.		
	실행	• 좋아요. 그러면 여러분이 생각한 것처럼 개수를 세어보고, 몇 개씩 많아지는지 확인해 보세요. - 개수는 1, 7, 19, 37개입니다. - 두 번째는 6개, 세 번째는 12개, 네 번째는 18개 많아져요. • 어떤 규칙이 있는지 말해보세요. - 순서대로 6×1, 6×2, 6×3과 같이 많아지고 있어요. • 순서대로 식을 써볼까요? - 1, 1+6, 1+6+12, 1+6+12+18 - 1, 1+6×1, 1+6×1+6×2, 1+6×1+6×2+6×3		- 다른 규칙을 찾을 수도 있다.
	반성	• 잘했어요. 다시 한번 정육각형의 개수를 잘 세어보고 이상이 없는지 확인해 보세요. - 예, 확인해 보니 이상 없습니다. • 이 문제의 다섯째 그림에서 작은 정육각형 모양의 개수는 어떻게 될까요? - 넷째 모양보다 6×4=24(개)가 많겠습니다. - 식을 만들어서 계산하면 1+6+12+18+24=61, 61개입니다. • 좋아요.		
정리		• 이제 정리해 볼게요. 이 문제를 어떻게 풀었나요? - 개수를 세어보고 규칙을 찾아서 풀었어요. • 맞아요. 규칙을 찾으면 어떤 점이 좋을까요? - 그림을 그려보지 않고, 세어보지 않아도 규칙을 적용하면 답을 구할 수 있어서 좋아요. • 그렇죠. 앞으로 규칙을 찾아서 문제를 풀 수 있는지 잘 확인해 보도록 하세요. • 그리고, 어려운 문제를 풀 때는 문제를 먼저 잘 이해하고 어떻게 풀면 좋을지 생각하고 나서 풀면 좋아요.		

다음 지도안은 5학년 1학기 지학사 교과서를 참고하여 문제해결 수업 모형에 적합하게 구성한 것이다. 평행사변형의 넓이를 구하기 위해서 이미 알고 있는 지식(직사각형의 넓이를 구하는 방법)을 동원하는 경험을 해 보고, 문제를 해결하는 과정에서 넓이를 해결하는 데 필요한 지식(평행사변형의 밑변과 높이)을 만들어내는 경험을 하게 한다. 그러므로 평행사변형의 밑변과 높이의 개념을 처음부터 지도하지 않고 나중에 필요에 의해서 이러한 용어를 만들어내게 하고 있다.

<table>
<tr><td>단원</td><td colspan="6">6. 다각형의 둘레와 넓이</td></tr>
<tr><td>차시명</td><td colspan="4">평행사변형의 넓이를 구해봅시다.</td><td>차시</td><td>7,8/16</td></tr>
<tr><td>학습 목표</td><td colspan="6">평행사변형의 넓이를 구할 수 있다.
알고 있는 지식을 이용하는 경험을 가진다.</td></tr>
<tr><td>적용 모형</td><td>문제해결 수업 모형</td><td>교과서 쪽수</td><td>128-131</td><td>익힘책 쪽수</td><td colspan="2">76-79</td></tr>
</table>

<table>
<tr><th colspan="2">학습 단계</th><th>교수 학습 활동</th><th>시간</th><th>자료 및 유의사항</th></tr>
<tr><td colspan="2">도입</td><td>• 전시 학습 내용을 확인하고, 다음 그림을 이용해서 평행사변형의 넓이를 구하려고 한다.

</td><td></td><td></td></tr>
<tr><td rowspan="3">전개</td><td>이해</td><td>• 구하려고 하는 것은 무엇인가요?
- 평행사변형의 넓이입니다.
• 평행사변형 그림이 그려져 있는데, 평행사변형이 어떤 도형인지 알고 있나요?
- 예, 이웃한 두 쌍의 대변이 평행한 사각형입니다.
• 넓이를 어떻게 구하는지 알고 있나요?
- 단위 정사각형의 개수를 알면 넓이를 구할 수 있습니다.</td><td></td><td>- 평행사변형의 밑변과 높이를 학습하지 않았으므로 아직은 해당하는 수치를 주지 않아도 된다.</td></tr>
<tr><td>계획</td><td>• 좋아요. 그러면 단위 정사각형의 개수를 세어서 다음 평행사변형의 넓이를 구해보세요.
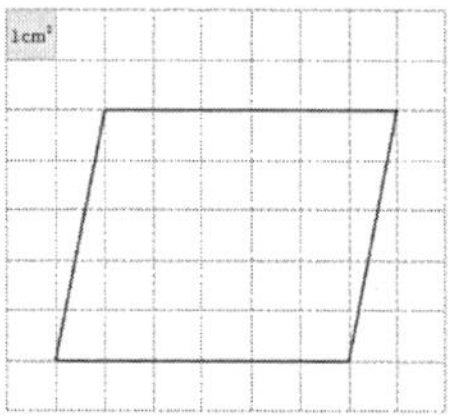

- 평행사변형의 양옆에는 단위 정사각형의 개수를 세기가 어려워요.
• 그러면 뭔가 다른 방법을 찾아볼까요?
- 짝을 짓기도 힘들고요. 아! 왼쪽과 오른쪽이 같은 모양이니 잘라서 붙이면 될 것 같아요.
- 직사각형 넓이를 구할 수 있으니까 이 도형을 직사각형으로 변형하면 될 것 같아요.</td><td></td><td>- 단위 정사각형의 개수를 세는 것보다 더 편한 방법을 찾게 하려는 것이 목적이므로 높이는 짝수보다는 홀수로 제시하는 것이 더 바람직하다.</td></tr>
<tr><td>실행</td><td>• 좋아요. 그럼 여러분이 생각한 방법으로 도형을 변형해 보세요.
- (다음과 같이 잘라 붙여서 직사각형을 만든다.)</td><td></td><td>- 아래 그림처럼 일으켜 세워서 직사각형을 만들려는 학생이 있을 수 있다. 이 경우 넓이가 달라지게 됨을 이해하게 한다.</td></tr>
</table>

		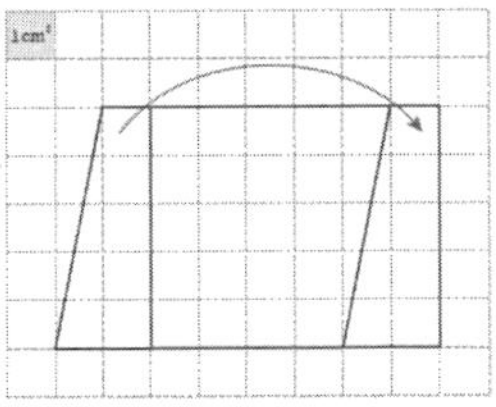 • 직사각형과 평행사변형은 넓이가 같을까요, 다를까요? - 잘라서 그대로 붙였으니 넓이는 똑같습니다. • 직사각형의 넓이를 구해볼까요? - 가로가 6 cm, 세로가 5 cm이니까 넓이는 6×5=30, 30 cm²입니다. • 평행사변형의 넓이는 얼마일까요? - 직사각형 넓이와 같으니까 30 cm²입니다. • 아주 잘했어요.		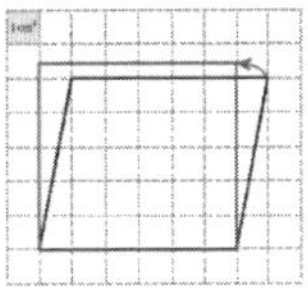
	점검	• 평행사변형의 넓이는 어떻게 구했나요? - 직사각형으로 변형하여 구했습니다. • 직사각형으로 변형했을 때 직사각형의 가로에 해당하는 부분을 평행사변형에 파란색으로 긋고, 세로에 해당하는 부분을 빨간색으로 그어보세요. - (해당하는 부분에 선을 그린다.) • 아주 잘했어요. 이제부터 가로에 해당하는 변을 밑변이라고 하고, 세로에 해당하는 길이를 높이라고 부르기로 해요. 밑변은 평행사변형의 평행한 두 변이고, 높이는 두 밑변 사이의 거리가 돼요. • 그러면 평행사변형의 넓이는 어떻게 구하면 될까요? 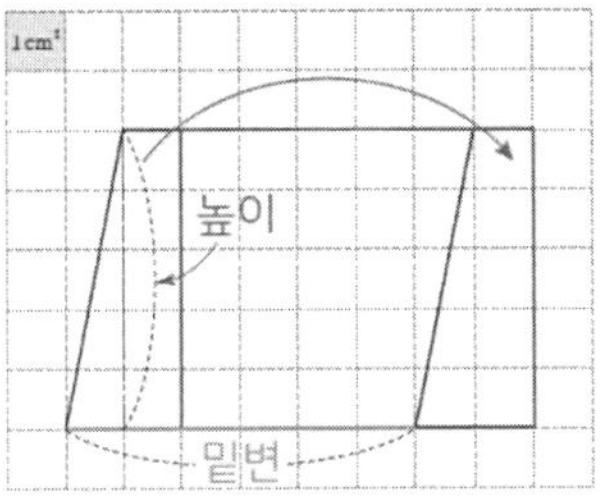 - (밑변의 길이)×(높이)를 계산하면 구할 수 있습니다.		- 문제를 해결하기는 했지만, 이 차시의 목표는 평행사변형의 넓이를 구하는 것이므로 넓이를 구하는 공식을 유도하는 것까지 진행해야 한다. 이 과정에서 '밑변'과 '높이' 개념을 도입한다.
정리		• 잘 했어요. 오늘 배운 내용을 정리해 볼게요. 평행사변형의 밑변: - 직사각형의 가로에 해당하는 변 - 평행사변형의 평행한 두 변 평행사변형의 높이: - 직사각형의 세로에 해당하는 변 - 두 밑변 사이의 거리 (평행사변형의 넓이)=(밑변의 길이)×(높이)		

다음 지도안은 6학년 2학기 지학사 교과서를 참고하여 문제해결 수업 모형에 적합하게 구성한 것이다. 분수의 나눗셈 계산 방법을 발견하기 위해 단위비율 결정 맥락을 이용하였으며, 단순화하기 전략을 사용하여 나눗셈 식을 만들어보고, 문제를 해결하는 과정에서 분수 나눗셈 계산 방법을 발견하게 한다. 따라서 계획과 실행 단계가 두 번 반복된다.

<table>
<tr><th>단원</th><td colspan="5">분수의 나눗셈</td></tr>
<tr><th>차시명</th><td colspan="3">(분수)÷(분수)를 분수의 곱셈으로 나타내어 봅시다</td><th>차시</th><td>6/10</td></tr>
<tr><th>학습 목표</th><td colspan="5">단순화하기 전략을 이용하여 문제를 이해하고 식을 만들 수 있다.
(분수)÷(분수)를 분수의 곱셈으로 나타낼 수 있는 원리를 안다.
(분수)÷(분수)를 계산할 수 있다.</td></tr>
<tr><th>적용 모형</th><td>문제해결 수업 모형</td><th>교과서 쪽수</th><td>20-21</td><th>익힘책 쪽수</th><td>18-19</td></tr>
</table>

<table>
<tr><th colspan="2">학습 단계</th><th>교수 학습 활동</th><th>시간</th><th>자료 및 유의사항</th></tr>
<tr><td colspan="2">도입</td><td>• 요즘 무역 놀이를 하면서 분수 나눗셈을 배우고 있죠?
- 예.
• 이제 설탕나라를 살펴보겠어요. 다음 그림을 보고 은선이가 궁금해 하는 것을 알아봅시다.

</td><td></td><td></td></tr>
<tr><td rowspan="2">전개</td><td>이해</td><td>• 구하려고 하는 것은 무엇인가요?
- 1시간 동안 생산할 수 있는 설탕의 양입니다.
• 알고 있는 것은 무엇인가요?
- $\frac{3}{4}$시간 동안에 설탕을 $\frac{2}{5}$ kg 생산할 수 있습니다.</td><td></td><td></td></tr>
<tr><td>계획(1)</td><td>• 그럼, 1시간 동안 생산할 수 있는 설탕의 양을 구할 수 있는 식은 어떻게 만들 수 있을까요?
- 이건 더하는 것인지 곱하는 것인지, 나누는 것인지 전혀 모르겠어요.
- 제 생각으로는 나누는 것 같은데, $\frac{3}{4}\div\frac{2}{5}$인지 $\frac{2}{5}\div\frac{3}{4}$인지 헷갈려요.
• 분수가 있어서 어떻게 식을 만들어야 할지 헷갈리죠? 그럴 때는 분수가 없는 문제, 즉 분수를 자연수로 바꾸면 좀 더 간단한 문제가 되어서, 식을 만드는 데 도움이 될 거예요.
- 어떻게 간단한 문제를 만들어요?
• 분수를 자연수로 바꾸어 보세요. 계산하기 쉬운 수로 바꾸면 돼요.</td><td></td><td></td></tr>
</table>

실행(1)	-(다음과 같은 문제를 만들어본다.) 설탕나라에서는 3시간 동안 설탕 6 kg을 만들 수 있습니다. 한 시간 동안에 생산할 수 있는 설탕의 양을 구해 보세요. • 잘했어요. 이 문제는 어떻게 풀 수 있나요? - 한 시간 동안에 생산할 수 있는 설탕의 양을 구하려면 6÷3을 계산하면 됩니다. - 맞아요. (설탕의 양)÷(시간)으로 구할 수 있어요. • 그러면 처음 문제와 간단하게 변형한 문제를 비교하면서 처음 문제의 식을 만들어 보세요. - 아하! 처음 문제도 나눗셈 문제군요. - (설탕의 양)÷(시간)이니까 $\frac{2}{5}\div\frac{3}{4}$이라는 식을 만들 수 있어요.		- 단순히 분수를 자연수로 변형하면 되지만, 단위 변환을 하여 $\frac{3}{4}$시간을 45분, $\frac{2}{5}$ kg을 400 g으로 고친 문제를 제시할 수도 있다. 이런 방식도 나쁘지는 않다.
계획(2)	- 그런데 $\frac{2}{5}\div\frac{3}{4}$이라는 식을 어떻게 계산해요? • $\frac{2}{5}\div\frac{3}{4}$이 무슨 의미인지, 처음에 제시되었던 문장제를 볼까요? 어떻게 구할 수 있을지 생각해 보세요. 설탕나라에서는 $\frac{3}{4}$시간 동안 설탕 $\frac{2}{5}$ kg을 만들 수 있습니다. 한 시간 동안에 생산할 수 있는 설탕의 양을 구해 보세요. - 그림을 그려보면 방법이 나올 것 같습니다.		- 이 문제는 처음부터 제시되겠지만, 이 지도안에서는 그림 상황으로 제시되었다.
실행(2)	(아래 참조)		- 분수의 나눗셈은 분모를 통분해서 분자끼리 나누는 방법으로 계산할 수도 있으나, 여기서는 단위비율 결정 맥락이므로 줄이고 늘이는 방법으로 진행하였다. 앞서 배운 통분 방법으로 생각할 수 있다면 이 부분은 '문제'로 인식되지 않고 진행할 수도 있다.

실행(2)

• 좋아요. 시간과 설탕의 양이 나오도록 그림을 그려서 해결해 봅시다. 먼저 그림을 그려보세요.
- 이렇게 그렸습니다.

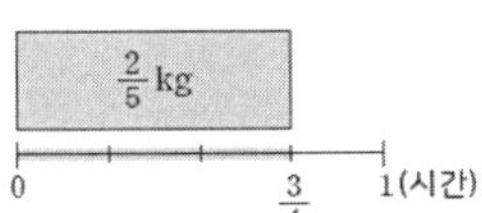

• 잘했어요. 그림을 잘 살펴보고 문제를 해결해 보세요.
- 아! 한 시간이 되려면 $\frac{3}{4}$을 3으로 나눈 하나를 $\frac{3}{4}$에 더해주면 되겠어요.
- 그러면 먼저 $\frac{2}{5}$를 3으로 나눈 다음에, 음…, 더할 필요 없이 4배 하면 되겠네요.

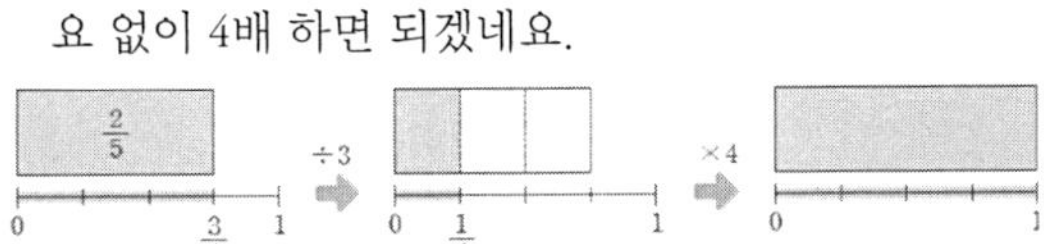

• 좋아요. 그렇게 해 보세요.
- $\frac{2}{5}\div3=\frac{2}{15}$이고, $\frac{2}{15}\times4=\frac{8}{15}$입니다. 그러니까

		$\frac{2}{5}\div\frac{3}{4}=\frac{8}{15}$ 입니다. 한 시간에 생산할 수 있는 설탕의 양은 $\frac{8}{15}$ kg입니다.		
	점검	• 계산 과정이 맞는지 풀이 과정을 잘 확인해 보세요. - (나눗셈 과정이 맞는지 확인해 본다.) • 여러분이 분수 계산한 과정을 다시 볼게요. $\frac{2}{5}$를 3으로 나누고 4를 곱했으니, 다음과 같이 나타낼 수 있어요. $\frac{2}{5}\div\frac{3}{4}=\frac{2}{5}\div3\times4=\frac{2}{5}\times\frac{1}{3}\times4=\frac{2}{5}\times\frac{4}{3}$ 나누는 수가 어떻게 변했나요? - 분자와 분모를 바꾸어서 곱하게 되었어요. • 맞아요. 이제부터 분수 나눗셈을 할 때는 뒤에 있는 나누는 분수의 분자와 분모를 바꾸어서 곱하면 더 편하게 할 수 있어요. - 예.		
정리		• 오늘 공부한 내용을 확인해 볼게요. 처음 문제가 나눗셈인지, 그리고 그 식이 $\frac{3}{4}\div\frac{2}{5}$ 인지 $\frac{2}{5}\div\frac{3}{4}$ 인지 헷갈렸는데, 어떻게 해서 이 부분을 해결했나요? - 예, 분수가 있는 부분에 자연수를 넣어서 생각해 보니까 알 수 있었어요. • 이렇게 문제를 변형해 보면 계산 방법을 찾아볼 수 있는 경우가 있어요. • $\frac{2}{5}\div\frac{3}{4}$을 계산하는 방법은 어떻게 알게 되었나요? - 생산량과 시간을 그림으로 나타내 보니까 '줄이고 늘이는 방법'을 생각할 수 있게 되었어요. • 맞아요. 그래서 분수의 나눗셈은 다음과 같이 나누는 수의 분자와 분모를 바꿔서 곱하면 돼요. 오늘 열심히 잘했어요. $\frac{2}{5}\div\frac{3}{4}=\frac{2}{5}\times\frac{4}{3}=\frac{8}{15}$		

참고문헌

강문봉 (1993). **Lakatos의 수리철학의 교육적 연구**. 서울대학교 박사학위 논문.

강문봉 (2001). 초등학교 수학 학습용 게임 개발 및 활용에 관한 연구, **대한수학교육학회지 수학교육학연구, 9권** 2호, 199-214.

강문봉 (2005). 디피 활동에서의 수학적 추측과 발견, **대한수학교육학회지 학교수학, 7권** 4호, 319-336.

강문봉 (2011). 자연수의 나눗셈 지도에 대한 고찰, **대한수학교육학회지 수학교육학연구, 21권** 1호, 1-16.

강문봉 (2019). **수학이 보인다 History**. 경문사.

강문봉, 김정하 (2015). **수학이 보인다 Art**. 경문사.

강문봉, 김정하 (2024). **수와 논리로 세상을 풀다**. 빈빈책방.

강문봉 외 (2013). **초등수학교육의 이해(제 3판)**. 경문사.

강문봉, 서동엽, 이동환, 정은실, 조진석, 김정하 외 12인 (2025a). **수학 3-1**. 지학사.

강문봉, 서동엽, 이동환, 정은실, 조진석, 김정하 외 12인 (2025b). **수학 3-1 지도서**. 지학사.

강문봉, 서동엽, 이동환, 정은실, 조진석, 김정하 외 12인 (2025c). **수학 3-2**. 지학사.

강문봉, 서동엽, 이동환, 정은실, 조진석, 김정하 외 12인 (2025d). **수학 3-2 지도서**. 지학사.

강문봉, 서동엽, 이동환, 정은실, 조진석, 김정하 외 12인 (2025e). **수학 4-1**. 지학사.

강문봉, 서동엽, 이동환, 정은실, 조진석, 김정하 외 12인 (2025f). **수학 4-1 지도서**. 지학사.

강문봉, 서동엽, 이동환, 정은실, 조진석, 김정하 외 12인 (2025g). **수학 4-2**. 지학사.

강문봉, 이동환, 정은실, 조진석, 김정하 외 12인 (출판예정a). **수학 5-1**. 지학사.

강문봉, 이동환, 정은실, 조진석, 김정하 외 12인 (출판예정b). **수학 5-2**. 지학사.

강문봉, 이동환, 정은실, 조진석, 김정하 외 12인 (출판예정c). **수학 6-1**. 지학사.

강문봉, 이동환, 정은실, 조진석, 김정하 외 12인 (출판예정d). **수학 6-2**. 지학사.

강옥기 외 (1985). **수학과 문제 해결력 신장을 위한 수업 방법 개선연구**. 한국교육개발원.

강현영, 이동환 (2019). **통계의 필수 이해: 6-8학년**. 교우사.

강홍재 외 (2018). **2015 교육과정에 따른 초등수학 교수법**. 동명사.

교육부 (2014). **수학 4-1**. 천재교육.

교육부 (2015a). **수학 6-1**. 천재교육.

교육부 (2015b). **수학 6-1 지도서**. 천재교육.

교육부 (2017). **수학 2-2**. 천재교육.

교육부 (2018a). **수학 3-2**. 천재교육.

교육부 (2018b). **수학 4-1 교사용지도서**. 천재교육.

교육부 (2019a). **수학 5-1**. 천재교육.

교육부 (2019b). **수학 6-1**. 천재교육.

교육부 (2019c). **수학 6-2**. 천재교육.

교육부 (2019d). **수학 6-2 교사용지도서**. 천재교육.

교육부 (2022). **수학과 교육과정**, 교육부 고시 제2022-33호 [별책 8]. 교육부.

교육부 (2024a). **수학 1-1**. 교육부.

교육부 (2024b). **수학 1-2**. 교육부.

교육부 (2024c). **수학 2-1**. 교육부.

교육부 (2024d). **수학 2-1 지도서**. 교육부.

교육부 (2024e). **수학 2-2**. 교육부.

기정순, 정영옥 (2008), 등호 문맥에 따른 초등학생의 등호 개념 이해와 지도 방법 연구, **대한수학교육학회지 〈학교수학〉 10권** 4호, 537-555.

김수미 (2012). 학년 상승에 따른 초등학생들의 자연수 사칙 계산 오답 유형 및 오답률 추이와 그에 따른 교수학적 시사점. **한국초등수학교육학회지, 16**(1), 125-143.

김수미 (2015). 수학용어에 대한 논쟁을 통해 본 비(比)에 대한 미국과 한국의 관점차, **수학교육학연구 25**(3). 431-448.

김수현, 나귀수 (2008). 비와 비율 지도에 대한 연구-교과서 재구성을 중심으로-, **대한수학교육학회지 수학교육학연구 18**(3), 309-333.

김정하 (2009). 문학 작품을 활용한 수학 학습 지도 방안 연구. **대한수학교육학회지 학교수학 11권** 1호, 187-206.

김정하 (2019). 삼각형의 세 내각의 크기의 합과 관련 교과서 분석 및 지도방안 연구, **학습자중심교과교육연구 제19권** 제7호, 141-159.

김정하 (2020). 분수 나눗셈 지도 방법의 변천과정 분석, **대한수학교육학회지 수학교육학연구 30**(1). 67-88.

김정하, 강문봉 (2011). 평면도형의 넓이 측정 지도에 관한 고찰. **한국초등수학교육학회지, 15권** 3호, 509-531.

김정환 (1970). **ペスタロッチ教育學における數學教育の理論とその數學教育史的位置**. 廣島大學院 박사학위 논문.

김태은 외 (2018). **초·중학교 학습부진학생의 성장 과정에 대한 연구(Ⅱ)**. 한국교육과정평가원.

나동혁 (2019). **수학의 눈으로 보면 다른 세상이 열린다**. 지상의책.

문교부 (1975a). **산수 3-1**. 국정교과서주식회사.

문교부 (1975b). **산수 3-2**. 국정교과서주식회사.

문교부 (1975c). **산수 5-1**. 국정교과서주식회사.

박경미 외 (2015). **2015 개정 수학과 교육과정 시안 개발 연구 Ⅱ**. 한국과학창의재단.

박교식 (2010). 우리나라 초등학교 수학에서의 비율 정의와 비의 값 정의의 비판적 분석, **대한수학교육학회지 수학교육학연구, 20권** 3호, 397-411.

방정숙 역 (2013). **효과적인 수학적 논의를 위해 교사가 알아야 할 5가지 관행**. 경문사. (Smith, M. S., Stein, M. K., 2011. *5 practices for orchestrating productive mathematics discussions*, NCTM.)

백석윤 (1996). 종이접기를 통한 초등 기하 학습 지도 방법의 탐색, **대한수학교육학회지 수학교육학연구 6**(1), 25-32.

우정호 (2017). **개정판 학교 수학의 교육적 기초 (하)**. 서울대학교출판문화원.

우정호, 변희현. (2005). 소수 개념의 교수학적 분석. **대한수학교육학회지 수학교육학연구** 15(3), 289-313.

윤기옥, 정문성, 최영환, 강문봉, 노석구 (2009). **수업모형**. 동문사.

윤희태 (2002). **초등학생들의 기초 계산 오류에 대한 분석적 연구 -곱셈과 나눗셈을 중심으로-**. 인천교육대학교 석사학위 논문.

이경화 (1997). 확률과 통계의 역사. **한국초등수학교육학회지** 1, 53-65.

이경화 외 (2022). **2022 개정 수학과 교육과정 시안 개발 연구**. 교육부와 한국창의재단.

이면우 역 (2000). **중국의 과학과 문명: 수학, 하늘과 땅의 과학, 물리학**. 까치글방.

이영선 (2004). **초등 수학 수업에서의 계산 오류 활용에 관한 연구**. 경인교육대학교 석사학위 논문.

이용률 (2010). **초등학교 수학의 중요한 지도 내용**. 경문사.

이지영 (2018). 19÷5=3…4에서 등호의 사용에 대한 비판적 고찰, **대한수학교육학회지 학교수학 20권** 1호, 209-225.

이창덕, 조형일, 강남욱 (2023). **궁금하고 알아보면 재미있는 한국어 이야기**. 도서출판 역락.

임재훈 (2012). 초등수학 교과서의 분수 곱셈 알고리즘 구성 활동 분석: 모델과 알고리즘의 연결성을 중심으로, **대한수학교육학회지 학교수학 14권** 1호, 135-150.

임재훈 (2012). 비의 값과 비율 용어에 대한 교수학적 분석, **한국초등수학교육학회지 19권** 3호, 371-386.

임재훈 (2023). 제수가 자연수인 소수의 나눗셈 계산 방법의 교육에 대한 논의, **JERM 33** (1), 27-40.

임재훈, 김수미, 박교식 (2005). 분수 나눗셈 알고리즘 도입 방법 연구: 남북한, 중국, 일본의 초등학교 수학 교과서의 내용 비교를 중심으로, **대한수학교육학회지 학교수학 7권** 2호, 103-121.

장경윤, 강문봉, 박경미 (2020). **간추린 수학사**. 신한출판미디어. (Struik, Dirk Jan, 1987. *A concise history of mathematics: fourth revised edition*. Dover.)

장혜원 (2006). **산학서로 보는 조선 수학**. 경문사.

장혜원, 서동엽 외 12인 (2023). **수학 6-2**. 미래엔.

정동권 (2018). **교사를 위한 수학사 개론**. 경문사.

정동권 (2019). 곱셈과 곱셈구구, **한국수학교육학회 뉴스레터 제35권 22 제6호 통권 제184호**, 22-29.

정영옥 (2013). 초등수학에서 자연수 곱셈 지도-곱셈의 도입과 곱셈 구구를 중심으로-, **대한수학교육학회지 학교수학 15권** 4호, 889-920.

정영옥, 박교식 외 19인 (2022). **수학 4-2**. 동아출판.

정은실 (2006). 분수 개념의 의미 분석과 교육적 시사점, **대한수학교육학회지 학교수학 8권** 2호, 123-138.

조영선, 정영옥 (2012). 초등학생들의 공간 감각 실태 조사 -4,5,6학년을 중심으로-, **한국초등수학교육학회지 16**(3), 359-388.

조진석 (2022). **초등수학교육을 위한 학교수학의 이해**. 경문사.

한성구 역 (2021). **번역과 중국의 근대**. 궁리.

한태식 (1995). van Hiele 이론에 근거한 대표적 연구의 비교, **대한수학교육학회 논문집 5권** 1호, 29-37.

허민 역 (2009). **산학계몽 상**. 소명출판.

Beckmann, Petr (1971). *A History of π*. The Golem Press.

Bell, E. T. (1945). *The development of mathematics* (Second Edition), McGrw-Hill.

Ben-Chaim, D., Keret, Y., & Ilany, B. S. (2012). *Ratio and proportion. research and teaching in mathematics teachers' education (pre-and in-service mathematics teachers of elementary and middle school classes)*. Rotterdam, AW: Sense Publishers.

Boyer, Carl B. (2011). *A history of mathematics* (Third Edition). John Wiley & Sons, Inc.

Brown, S. I., and Walter, M. I. (2005), *The art of problem posing*. Lawrence Erlbaum Associates, Publishers.

Bunt, Lucas N. H., Jones, Phillip S., & Bedient, Jack D. (1988). *The historical roots of elementary mathematics*. Dover Publications, Inc..

Burton, D. M. (2011). *The history of mathematics: An introduction, Seventh edition*. McGraw-Hill.

Cajori, F. (1917). *A history of elementary mathematics with hints on methods of teaching.* New York: The Macmillan company.

Cajori, F. (1993). *A history of mathematical notations.* Vol. 1. Dover Publications, Inc.

Cantor, Moritz (1903). *Politische arithmetik oder die arithmetik des täglichen lebens.* B.G. Teubner.

Datta, B., and Singh, A. N. (1935). *History of Hindu mathematics. a sourcebook part 1 numeral notation and arithmatic.* Allahabad Law Journal Press.

Devlin, Keith (1994). *Mathematics, the science of patterns: the search for order in life, mind, and the universe.* Scientific American Library.

Dienes, Z. P. (1964). *Building up mathematics.* Hutchinson Educational.

Eves, H. (1969). *An introduction to the history of mathematics.* Ho1t, Rinehart and Winston. Inc.

Fauvel, J., and Gray, J. (1988). *The history of mathematics: a reader.* Macmillan Press.

Franklin, Christine, Gary Kader, Denise Mewborn, Jerry Moreno, Roxy Peck, Mike Perry, and Richard Scheaffer (2007). *Guidelines for assessment and instruction in statistics education.* American Statistical Association.

Freudenthal, H. (1983). *Didactical phenomenology of mathematical structures.* D. Reidel Publishing Company.

Hersh, R. (1997). *What is mathematics, really?* Oxford University Press.

Katz, Victor J. (1998). *A history of mathematics (Second Edition).* Addison-Wesley EducationaI Publishers, lnc.

Kline, M. (1972). *Mathematical thought from ancient to modern times.* Oxford University Press.

Lakatos, Imre (1976). *Proofs and refutations. the logic of mathematical discovery.* Cambridge University Press.

McLellan, J. A., and Dewey, J. (1895). *The psychology of number and its applications to methods of teaching arithmetic.* New York: D. Appleton and Company.

NCTM (1989). *Curriculum and evaluation standards for school mathematics.* NCTM.

NCTM (1993). *Historical topics for the mathematics classroom.* NCTM.

NCTM (1995). *Geometry and spatial sense. Curriculum and evaluation standards for school mathematics addenda series K-6.* NCTM.

Poincaré, Henri (1952). *Science and method.* Trans. by Francis Maitland, Dover Publications, Inc..

Polya, G. (1962), *Mathematical discovery, v.1.* New York: John Wiley & Sons, Inc.

Polya, G. (1973). *How to solve it.* Princeton University Press.

Reys, R. E., Suydam, M. N. and Lindquist, M. M. (1995). *Helping children learn mathematics.* Allyn and Bacon.

Robins, G., and Shute, C. (1987). *The Rhind mathematical papyrus: an ancient Egyptian text.* Dover Publications.

Scandrett, H. (2008). Using geoboards in primary mathematics, *APMC 13* (2), 29-32.

Smith, D. E. (1958a). *History of mathematics. Vol. 1.* Dover.

Smith, D. E. (1958b). *History of mathematics. Vol. 2.* Dover.

Thomas, Ivor (1939). *Greek mathematical works, Volume I: Thales to Euclid.* Harvard University Press.

Travers, K. J., Pikaart, L., Suydam, M. N., and Runion, G. E. (1977). *Mathematics teaching*, Harper & Row, Publishers.

찾아보기

ㅇ

/ 저 · 자 · 약 · 력 /

강문봉

서울대학교 수학교육학 박사학위 취득
(전) 경인교육대학교 수학교육과 교수
(전) 대한수학교육학회 회장
2022 개정 초등수학 교과서(지학사) 대표저자

[저서 및 번역서]
초등수학교육의 이해(경문사)
수학이 보인다 Life(경문사)
수학이 보인다 History(경문사)
수학이 보인다 Art(경문사)
수업모형(동문사)
수와 논리로 세상을 풀다(빈빈책방)
초등수학 지도방법(지오북스)
수학교육철학(번역, 경문사)
간추린 수학사(번역, 신한출판미디어)

김정하

이화여자대학교 수학교육학 박사학위 취득
일본 츠쿠바 대학교 파견교원
미국 유타대학교 박사후 과정
(현) 경인교육대학교, 춘천교육대학교 강사
(전) EBS 컨텐츠 개발자
2015 개정 초등수학 교과서 검토위원
2022 개정 초등수학 교과서(지학사) 저자

[저서]
파스칼이 들려주는 수학이야기(자음과 모음)
재미있는 수학 이야기(가나출판사)
수와 논리로 세상을 풀다(빈빈책방)
수학이 보인다 Life(경문사)
수학이 보인다 Art(경문사)

2022 개정 교육과정을 반영한
초등수학의 내용과 그 지도

초판발행 2025년 7월 25일

지은이 강문봉 · 김정하
펴낸이 오판근
펴낸곳 (주) 교우
주　소 서울시 동대문구 약령시로 8 교우빌딩 2층 (주)교우
전　화 02-925-2861 / **팩　스** 070-7966-8610, **편집부** 02-925-2825
홈페이지&북스토어 www.kyowoo.co.kr / **이메일** kyowoo@kyowoo.co.kr

등　록 1994년 3월 24일 제1994-000013호
ISBN 979-11-251-0463-6 (93410)

Published by Kyowoo Co., Ltd. Printed in Korea

(주) 교우는 보다 혁신적이고 참신한 도서를 다양하게 기획하고 있습니다.
책으로 펴내고자 하는 아이디어나 원고는 메일로 보내주세요.
(주) 교우는 전과정을 책임지고 최선을 다하겠습니다.

값. 38,000원

교우미디어는 (주) 교우의 Imprint 사입니다.
수학정원·과학정원은 (주) 교우의 새로운 브랜드명입니다.

잘못된 책은 구입하신 서점에서 교환해 드립니다.